LE NOUVEAU TESTAMENT
DU SEMEUR

Traduite en français
d'après les textes originaux
hébreu et grec

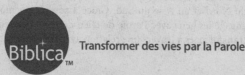

Biblica™   Transformer des vies par la Parole de Dieu

Pour plus renseignements autour de Biblica, Inc.™ :

Internet: Biblica.com
E-mail: BiblicaDirectService@Biblica.com

Téléphone: 719-488-9200
Poste: 1820 Jet Stream Drive
Colorado Springs, CO 80921-3696

Biblica met à la disposition des peuples du monde la Parole de Dieu à travers la Traduction de la Bible, la Publication de la Bible et par l'Engagement Biblique en Afrique, en Asie Orientale Pacifique, en Europe, en Amérique Latine, au Moyen Orient, en Amérique du Nord et en Asie du Sud. Grâce à son réseau mondial, Biblica engage les gens avec Parole de Dieu de sorte que leurs vies soient transformées à travers une relation avec Jésus Christ.

NT français 33547
15000
ISBN 978-1-56320-638-2

11/11
Printed in U.S.A.

Table des matières

Comment lire la Bible chaque jour ?

a) Le faire à une heure et un endroit fixes.

b) **PRIEZ** Dieu de vous aider à comprendre sa Parole.

c) **LISEZ DANS LA BIBLE** avec soin le passage.

d) **REFLECHISSEZ** au texte lu.

e) Répondez aux questions ci-dessous (au moins à une d'entre elles).

f) Choisissez le plus beau verset ou les mots qui vous parlent le plus. Copiez-les dans un carnet. Redites-les aux autres. Pensez-y pendant la journée.

g) **PRIEZ.**

h) Puis allez et **OBEISSEZ** à ce que Dieu vous a dit.

QUESTIONS

1. De quoi ou de qui parlent ces versets ?

2. Est-ce que ce passage m'apprend quelque chose sur Dieu ?

3. Y a-t-il un exemple à suivre ou à ne pas suivre ?

4. Y a-t-il un ordre auquel obéir ?

5. Y a-t-il une promesse ?

6. Y a-t-il un avertissement ?

7. Quelle vérité Dieu me révèle-t-il ?

8. Y a-t-il d'autres passages bibliques qui m'aident à comprendre ce que j'ai lu ?

CHAQUE JOUR, DEMANDEZ-VOUS :

A. Quel verset me frappe le plus ?

B. Pour ma prière, y a-t-il quelque chose que Dieu me montre

 – dont j'aie à me repentir ?

 – à laquelle croire et obéir ?

 – pour laquelle le remercier et louer ?

 – à lui demander ?

Préface

Le Nouveau Testament est la seconde partie de la Bible, l'un des plus anciens livres de l'humanité qui, actuellement encore, reste le best-seller mondial. Car il nous parle de Dieu comme Dieu seul peut le faire, et il nous révèle l'homme tel qu'il est. Mais surtout il nous montre comment l'homme dont la vie est marquée par le mal – que la Bible appelle péché – peut entrer en communion avec le Dieu saint. Ce Dieu, pour nous réconcilier avec lui, a envoyé son Fils dans le monde. Ce Fils, Jésus, né d'une femme, y a vécu comme un simple homme ; « il allait de lieu en lieu en faisant du bien », guérissant les malades, parlant de son Père. Mais les hommes ont rejeté son message ; ils l'ont cloué sur une croix et il a été enseveli. Le troisième jour, Jésus est ressuscité ; plusieurs centaines de personnes l'ont vu. Puis, après quarante jours, il est remonté auprès de son Père. Ses disciples ont parcouru le monde antique pour proclamer la Bonne Nouvelle de sa résurrection et du pardon des péchés pour tous ceux qui placent leur confiance en Jésus, le Christ, c'est-à-dire le Messie, celui qui, par sa mort, allait effacer nos péchés.

Telle est l'histoire merveilleuse – et vraie – que nous raconte ce *Nouveau Testament* dans les quatre évangiles et dans le livre des Actes. Les lettres qui suivent ont été adressées par les apôtres (c'est-à-dire « les envoyés ») du Christ à des communautés constituées d'hommes et de femmes qui avaient mis leur foi en jésus et qui adoptaient son enseignement comme règle de vie. Ces lettres expliquent l'œuvre de Jésus-Christ et précisent comment vivre pour lui être agréable. Enfin, l'Apocalypse dévoile les forces agissantes de l'histoire et l'issue finale du conflit entre Dieu et le Mal.

Ce livre unique par son thème, son inspiration et son impact, a été traduit, en tout ou en partie, dans plus de 2000 langues. Il a aussi été bien des fois traduit et retraduit en français pour que chaque génération comprenne, dans sa langue, le message de vérité que Dieu adresse à l'humanité.

Cette version, fruit de plusieurs dizaines d'années de travail, a pour but de rendre le texte biblique compréhensible à l'homme d'aujourd'hui, peu familiarisé avec les termes théologiques, et de permettre aux chrétiens de longue date de saisir d'une manière neuve le sens et la richesse de ce texte.

La comparaison de près d'une centaine de versions a été utile pour déterminer les formulations les plus aptes à rendre la pensée des auteurs bibliques pour les hommes de notre temps. La révision de ce travail a été faite sous les auspices de la Société Biblique Internationale, par un comité de théologiens évangéliques et de spécialistes de la traduction biblique[1]. Ils se sont constamment référés aux originaux grecs en consultant les meilleurs commentaires actuels. Les acquis récents de la linguistique et de l'exégèse ont été mis à profit pour le choix des termes et la reformulation du sens suivant le génie de notre langue. Cet effort considérable a été motivé par le désir de mettre en les mains du public francophone un texte pouvant servir à la fois à un premier contact avec la Bible, à la lecture et la méditation personnelle, à l'étude approfondie et à la lecture publique. L'objectif premier de l'équipe de traduction a été d'allier fidélité aux originaux et compréhensibilité du texte. Une attention spéciale a été portée à la dimension esthétique du texte pour rendre la prose de manière bien fluide et la poésie par des vers libres rythmés.

Le vœu des éditeurs est que cette Version nouvelle pour notre temps du Nouveau Testament de la Bible du Semeur conduise beaucoup de lecteurs à connaître Jésus-Christ, la Parole de vie, qui offre la vie et change les vies.

Le Comité de Traduction
Janvier 2000

---

1. Le comité de traduction se composait de Jacques Buchhold (Faculté Libre de Théologie Évangélique, Vaux sur Seine), Alfred Kuen (Institut Biblique et Missionnaire Emmaüs, St Légier), André Lovérini (professeur agrégé de grec, Montpellier) et Sylvain Romerowski (Institut Biblique, Nogent-sur-Marne).

Ont participé à la traduction, au contrôle exégétique ou à la relecture de certains livres : Samuel Bénétreau, Henri Blocher, Amar Djaballah, Jacques Lemaire, Jean-Claude Margot, Emile Nicole, Isabelle Oleknovitch.

Ont collaboré à la relecture stylistique : Jacques Blocher, Claude-Bernard Costecalde.

En 1997-1998, le comité de traduction a entrepris une révision de fond de l'édition de 1992 (déjà améliorée par des corrections mineures dans les éditions ultérieures). Il a été secondé par des spécialistes d'Europe, d'Amérique et d'Afrique convoqués pour un séminaire de traduction par la Société Biblique Internationale à la Faculté Libre de Théologie Evangélique de Vaux-sur-Seine. Plus de 4000 corrections plus ou moins importantes ont été apportées au texte. De plus, la présentation des passages poétiques a été modifiée (dans 30 000 endroits) pour se calquer sur la structure des vers hébraïques – tout en conservant aux lecteurs francophones la possibilité de lire ces textes de manière rythmée (par l'adjonction du signe | à l'intérieur des vers).

Le comité de révision se composait, en plus du comité de traduction, de MM. Siméon Havyarimana (Société Biblique Internationale, Afrique), Harold Kallemeyn (Faculté Libre de Théologie Réformée, Aix-en-Provence), Scott Munger (Consultant en traduction, Société Biblique Internationale Etats-Unis), Erwin Ochsenmeier (Institut Biblique Belge), Gene Rubingh (Responsable des traductions de la Société Biblique Internationale, Etats-Unis), Tite Tiénou (Faculté de Théologique Evangélique de l'Alliance chrétienne, Abidjan et Trinity Evangelical Divinity School, Chicago-Deerfield), Issac Zokoué (Faculté de Théologie Evangélique de Bangui).

Présentation

Conseils de lecture

Quelques brefs conseils de lecture pourraient aider ceux qui découvrent le Nouveau Testament.

Pour avoir une vue d'ensemble de l'histoire du Nouveau Testament, il est utile de lire tout d'abord l'œuvre de Luc : l'évangile selon Luc puis les Actes des Apôtres. Ces deux livres, qui forment un ouvrage en deux volumes, retracent, en effet, la vie de Jésus et les trente premières années de l'existence de l'Église. C'est dans cette tranche d'histoire que s'inscrivent la plupart des événements que mentionnent les autres livres du Nouveau Testament (hormis quelques lettres et l'Apocalypse).

Cette information peut être complétée par la lecture d'un autre évangile, peut-être celui selon Jean.

Avant d'aborder les grandes épîtres de Paul, il est bon de se familiariser avec sa pensée et son style en lisant, par exemple, 1 et 2 Thessaloniciens qui comptent parmi les lettres les plus anciennes de l'apôtre. Par la suite, on lira peut-être 1 et 2 Corinthiens, avec leur message éthique d'une très grande richesse. Puis, bien entendu, Romains, la lettre la plus doctrinale de l'apôtre, dont l'enseignement sur le pardon des péchés et le salut que Dieu offre a joué un rôle si central dans l'histoire de l'Église.

Finalement, après avoir peut-être relu un évangile, le lecteur finira la lecture des épîtres du Nouveau Testament et conclura par le dernier évangile et l'Apocalypse.

Les aides

De brèves *introductions* à chaque livre du Nouveau Testament permettent au lecteur de mieux situer ce qu'il va lire.

Des *notes*, en bas de page, avec leur renvoi dans le texte offrent quatre type d'informations :
– des renseignements d'ordre historique, géographique ou culturel nécessaires à la compréhension du passage ;
– d'autres traductions possibles de l'original grec ;
– l'indication de divergences textuelles dans les manuscrits du Nouveau Testament ;
– la référence des passages de l'Ancien Testament cités dans le texte.

Un *lexique* contient l'explication des termes techniques ou fréquents qui n'ont pu être évités. Les mots du lexique sont signalés dans le texte par un astérisque (par ex. *sabbat).

Et enfin, des *cartes de Palestine et de l'Asie mineure à l'époque du Nouveau Testament* aident à situer les événements qui ont ponctué la vie de Jésus et de l'Église du premier siècle.

Les abréviations utilisées dans les notes et le lexique

15.4-6 renvoie au chapitre 15 et aux versets 4 à 6 du livre qui contient la note.
Mc 13.12 renvoie au chapitre 13 et au verset 12 de l'évangile selon Marc.

Abréviations :

A.T	Ancien Testament	N.T.	Nouveau Testament
anc.	ancien(ne)	par ex.	par exemple
ap.	après	p.	page
av.	avant	pp.	pages
cf.	confer	s.	suivant
ch.	chapitre	ss.	suivants
J.-C.	Jésus-Christ	v.	verset(s)

Abréviations des noms des livres bibliques

Ab	Abdias	Jos	Josué
Ac	Actes des Apôtres	Jr	Jérémie
Ag	Aggée	Jude	Jude
Am	Amos	Lc	Luc
Ap	Apocalypse	Lm	Lamentations
1 Ch	1 Chroniques	Lv	Lévitique
2 Ch	2 Chroniques	Mc	Marc
1 Co	1 Corinthiens	Mi	Michée
2 Co	2 Corinthiens	Ml	Malachie
Col	Colossiens	Mt	Matthieu
Ct	Cantique des Cantiques	Na	Nahoum
Dn	Daniel	Nb	Nombres
Dt	Deutéronome	Ne	Néhémie
Ec	Ecclésiaste	Os	Osée
Ep	Ephésiens	1 P	1 Pierre
Es	Esaïe	2 P	2 Pierre
Esd	Esdras	Ph	Philippiens
Est	Esther	Phm	Philémon
Ex	Exode	Pr	Proverbes
Ez	Ezéchiel	Ps	Psaumes
Ga	Galates	1 R	1 Rois
Gn	Genèse	2 R	2 Rois
Ha	Habaquq	Rm	Romains
He	Hébreux	Rt	Ruth
Jb	Job	1 S	1 Samuel
Jc	Jacques	2 S	2 Samuel
Jg	Juges	So	Sophonie
Jl	Joël	1 Th	1 Thessaloniciens
Jn	Jean	2 Th	2 Thessaloniciens
1 Jn	1 Jean	1 Tm	1 Timothée
2 Jn	2 Jean	2 Tm	2 Timothée
3 Jn	3 Jean	Tt	Tite
Jon	Jonas	Za	Zacharie

EVANGILE SELON MATTHIEU

L'auteur du premier évangile est un *Juif lettré que la tradition la plus ancienne identifie à Matthieu, le *collecteur d'impôts, un des douze *apôtres. Il écrit pour des Juifs auxquels il a souci de montrer, par ses abondantes citations de l'Ancien Testament, que Jésus accomplit les prophéties.

Son évangile s'organise autour de cinq longs discours de Jésus :
—le sermon « sur la montagne », qui traite du comportement du *disciple (ch. 5-7) ;
—les recommandations aux disciples avant le départ en mission (ch. 10) ;
—les *paraboles qui expliquent ce qu'est le *royaume des cieux (ch. 13) ;
—le discours sur la vie de l'Eglise, la communauté qui appartient au Christ (ch. 18) ;
—le discours sur la fin des temps (ch. 24-25).

Le thème du royaume des cieux apparaît comme central dans l'enseignement de Jésus, ce que confirme l'appellation fréquente de Jésus comme « *Fils de David ». Jésus est le roi qui devait venir, qu'annonçaient les *prophètes : tel est le message de Matthieu. Les mages apportent des cadeaux « au roi des *Juifs » (2.2). Jésus proclame que « le règne des cieux est proche » (4.17) et qu'il appartient à ceux qui *changent de vie (4.7), qui reconnaissent leur besoin de Dieu (5.1-10).

Mais le roi a beau donner les signes du royaume en guérissant les malades, en donnant à manger aux foules affamées (ch. 8, 9, 12, 14-15), il est rejeté, comme il l'avait annoncé lui-même à plusieurs reprises : les Juifs qui demandaient un roi n'avaient pas compris que ce roi devait souffrir.

« Es-tu le roi des Juifs ? » demande *Pilate après l'avoir arrêté. « Tu le dis toi-même », répond Jésus (27.11).

Après sa résurrection, Jésus révèle qu'il n'est pas seulement le roi des Juifs : « J'ai reçu les pleins pouvoirs dans le ciel et sur terre » et il ordonne : « Faites des disciples parmi tous les peuples » (28.18-19).

Avant sa mort, Jésus avait donné à ses disciples la clé qui donne accès à son royaume : se convertir et devenir comme de petits enfants (18.3).

NAISSANCE ET ENFANCE DE JESUS

La généalogie de Jésus
(Lc 3.23-38)

1 Voici la généalogie de Jésus-Christ, de la descendance de David et d'*Abraham :
² Abraham eut pour descendant *Isaac.
Isaac eut pour descendant *Jacob.
Jacob eut pour descendant *Juda et ses frères.
³ De Thamar, Juda eut pour descendant Péretz et Zérah.
Péretz eut pour descendant Hetsrom.
Hetsrom eut pour descendant Aram.
⁴ Aram eut pour descendant Aminadab.
Aminadab eut pour descendant Nahchôn,
Nahchôn eut pour descendant Salma.
⁵ De Rahab, Salma eut pour descendant Booz.
De Ruth, Booz eut pour descendant Obed.
⁶ Obed eut pour descendant Isaï.
Isaï eut pour descendant le roi David.
De la femme d'Urie, David eut pour descendant *Salomon.

⁷ Salomon eut pour descendant Roboam.
Roboam eut pour descendant Abiya.
Abiya eut pour descendant Asa.
⁸ Asa eut pour descendant Josaphat.
Josaphat eut pour descendant Yoram.
Yoram eut pour descendant Ozias.
⁹ Ozias eut pour descendant Yotham.
Yotham eut pour descendant Ahaz.
Ahaz eut pour descendant Ezéchias.
¹⁰ Ezéchias eut pour descendant Manassé.
Manassé eut pour descendant Amôn.
Amôn eut pour descendant Josias.
¹¹ A l'époque de la déportation à Babylone,
Josias eut pour descendant Yékonia et ses frères.
¹² Après la déportation à Babylone,
Yékonia eut pour descendant Chéaltiel.
Chéaltiel eut pour descendant Zorobabel.
¹³ Zorobabel eut pour descendant Abioud.
Abioud eut pour descendant Eliaqim.
Eliaqim eut pour descendant Azor.
¹⁴ Azor eut pour descendant Sadoq.
Sadoq eut pour descendant Ahim.
Ahim eut pour descendant Elioud.

15 Elioud eut pour descendant Eléazar.
Eléazar eut pour descendant Matthan.
Matthan eut pour descendant Jacob.

16 Jacob eut pour descendant Joseph,
l'époux de Marie laquelle donna naissance à
Jésus, appelé le Christ.

17 Il y eut donc en tout quatorze
générations d'Abraham à David, quatorze
de David jusqu'à la déportation à Babylone,
et quatorze de cette déportation jusqu'au
Christ.

L'annonce de la naissance de Jésus

18 Voici dans quelles circonstances Jésus-
Christ vint au monde : Marie, sa mère, était
liée par fiançailles à Joseph ; or elle se trouva
enceinte par l'action du Saint-Esprit, avant
qu'ils n'aient vécu ensemble a. 19 Joseph, son
futur mari, était un homme bon et droit. Il
ne voulait pas la livrer au déshonneur. C'est
pourquoi il se proposa de rompre ses
fiançailles sans en ébruiter la raison.
20 Il réfléchissait à ce projet quand un *ange
du Seigneur lui apparut en rêve et lui dit :
—Joseph, descendant de *David, ne crains
pas de prendre Marie pour femme, car
l'enfant qu'elle porte vient de l'Esprit Saint.
21 Elle donnera naissance à un fils, tu
l'appelleras Jésus. C'est lui, en effet, qui
*sauvera son peuple de ses péchés b.
22 Tout cela arriva pour que s'accomplisse
cette parole du Seigneur c transmise par le
*prophète :

23 Voici, la jeune fille vierge sera enceinte.
Et elle enfantera un fils d
que l'on appellera Emmanuel,
ce qui veut dire : Dieu est avec nous e.

24 A son réveil, Joseph fit ce que l'ange du
Seigneur lui avait commandé : il prit sa
fiancée pour femme. 25 Mais il n'eut pas de
relations conjugales avec elle avant qu'elle
ait mis au monde un fils, auquel il donna le
nom de Jésus.

La visite des mages

2 Jésus était né à Bethléhem f en *Judée,
sous le règne du roi *Hérode g. Or, des
mages h venant de l'Orient arrivèrent à
*Jérusalem. 2 Ils demandaient :
—Où est le roi des *Juifs qui vient de
naître ? Nous avons vu se lever son étoile, et
nous sommes venus lui rendre hommage i.
3 Quand le roi Hérode apprit la nouvelle,
il en fut profondément troublé, et tout
Jérusalem avec lui. 4 Il convoqua tous les
chefs des *prêtres et les *spécialistes de la
*Loi que comptait son peuple et il leur
demanda où devait naître le *Messie.
5 —A Bethléhem en Judée, lui répondirent-
ils, car voici ce que le prophète a écrit :

6 Et toi, Bethléhem, | village de Judée,
tu n'es certes pas le plus insignifiant
des chefs-lieux de *Juda,
car c'est de toi que sortira le chef
qui, comme un berger, | conduira *Israël mon
peuple j.

7 Là-dessus, Hérode fit appeler secrètement les mages et se fit préciser à quel
moment l'étoile leur était apparue. 8 Puis il
les envoya à Bethléhem en disant :
—Allez là-bas et renseignez-vous avec
précision sur cet enfant ; puis, quand vous
l'aurez trouvé, venez me le faire savoir, pour
que j'aille, moi aussi, lui rendre hommage.

9 Quand le roi leur eut donné ces
instructions, les mages se mirent en route. Et
voici : l'étoile qu'ils avaient vu se lever les
précédait. Elle parvint au-dessus de l'endroit
où se trouvait le petit enfant. Et là, elle
s'arrêta. 10 En revoyant l'étoile, les mages
furent remplis de joie. 11 Ils entrèrent dans la
maison, virent l'enfant avec Marie, sa mère
et, tombant à genoux, ils lui rendirent
hommage. Puis ils ouvrirent leurs coffrets et
lui offrirent en cadeau de l'or, de l'*encens et
de la *myrrhe.

---

a. 1.18 En Israël, les fiancés étaient juridiquement
mariés mais n'avaient pas encore de vie commune.
b. 1.21 Jésus signifie : l'Eternel est (ou donne) le
salut.
c. 1.22 Traduction adoptée par l'anc. version grecque de l'A.T. du nom que nous avons rendu par
l'Eternel dans l'A.T.
d. 1.23 Es 7.14 cité selon l'anc. version grecque.
e. 1.23 Es 8.8,10 cité selon l'anc. version grecque.

f. 2.1 Bethléhem était le lieu d'origine du roi
David.
g. 2.1 Hérode le Grand est mort en 4 avant Jésus.
La naissance de Jésus a eu lieu quelque temps
auparavant, sans doute en 7 ou 6 avant notre ère.
h. 2.1 Les mages étaient des sages (ou savants) de
l'Orient qui s'occupaient, entre autres, d'astrono-
mie.
i. 2.2 Autre traduction : l'adorer, de même qu'aux
v.8 et 11.
j. 2.6 Mi 5.1.

¹²Cependant, Dieu les avertit par un rêve de ne pas retourner auprès d'Hérode. Ils regagnèrent donc leur pays par un autre chemin.

La fuite en Egypte

¹³Après leur départ, un *ange du Seigneur apparut à Joseph dans un rêve et lui dit :

–Lève-toi, prends l'enfant et sa mère, et fuis en Egypte. Tu y resteras jusqu'à ce que je te dise de revenir, car Hérode fera rechercher l'enfant pour le tuer.

¹⁴Joseph se leva donc et partit dans la nuit, emmenant l'enfant et sa mère pour se réfugier en Egypte. ¹⁵Il y resta jusqu'à la mort d'Hérode. Ainsi s'accomplit ce que le Seigneur avait dit par le *prophète : *J'ai appelé mon fils à sortir d'Egypte*[a].

¹⁶Quand Hérode s'aperçut que les mages s'étaient moqués de lui, il devint furieux : il donna l'ordre de tuer à Bethléhem et dans les environs tous les garçons en-dessous de deux ans, conformément aux précisions que lui avaient données les mages sur l'époque où l'étoile était apparue.

¹⁷Ainsi s'accomplit la parole transmise par Jérémie, le prophète :

¹⁸*On entend à Rama une voix qui gémit*
et d'abondants sanglots amers :
Rachel pleure ses fils
et elle ne veut pas se laisser consoler
car ses fils ne sont plus[b].

Retour au pays

¹⁹Après la mort d'Hérode, un *ange du Seigneur apparut en rêve à Joseph, en Egypte, ²⁰et lui dit :

–Lève-toi, prends l'enfant et sa mère et retourne avec eux dans le pays d'*Israël, car ceux qui voulaient tuer l'enfant sont morts.

²¹Joseph se leva, prit l'enfant et sa mère et retourna dans le pays d'Israël. ²²Mais il apprit qu'Archélaüs était devenu roi de Judée à la place de son père Hérode. Il eut donc peur de s'y installer et, averti par Dieu dans un rêve, il se retira dans la province de *Galilée, ²³où il s'établit dans une ville appelée *Nazareth. Ainsi se réalisa cette parole des prophètes : *On l'appellera : le Nazaréen*[c].

L'EVANGILE DU ROYAUME

Jean-Baptiste, messager de Dieu
(Mc 1.2-6 ; Lc 3.1-6 ; Jn 1.19-23)

3 En ce temps-là, parut Jean-Baptiste. Il se mit à prêcher dans le désert de *Judée[d]. ²Il disait :

–*Changez[e], car le règne[f] des cieux est proche.

³C'est Jean que le *prophète *Esaïe a annoncé lorsqu'il a dit :

On entend la voix de quelqu'un | qui crie
  dans le désert :
Préparez le chemin pour le Seigneur,
faites-lui des sentiers droits[g].

⁴Jean portait un vêtement de poil de chameau maintenu autour de la taille par une ceinture de cuir. Il se nourrissait de sauterelles et de miel sauvage. ⁵On venait à lui de *Jérusalem, de la Judée entière et de toutes les contrées riveraines du *Jourdain. ⁶Tous se faisaient baptiser par lui dans le Jourdain, en reconnaissant ainsi leurs péchés.

(Lc 3.7-9)

⁷Beaucoup de *pharisiens et de *sadducéens venaient se faire baptiser par lui. Il leur dit :

–Espèces de vipères ! Qui vous a enseigné à fuir la colère de Dieu qui va se manifester ? ⁸Montrez plutôt par vos actes que vous avez changé de vie. ⁹Ne vous imaginez pas qu'il vous suffit de répéter en vous-mêmes : « Nous sommes les descendants d'*Abraham. » Car, regardez ces pierres : je vous déclare que Dieu peut en faire des enfants d'Abraham.

¹⁰Attention : la hache est déjà sur le point d'attaquer les arbres à la racine. Tout arbre qui ne produit pas de bon fruit sera coupé et jeté au feu.

(Mc 1.7-8 ; Lc 3.15-18 ; voir Jn 1.24-28)

¹¹–Moi, je vous baptise dans l'eau, en signe de votre changement de vie. Mais quelqu'un vient après moi : il est bien plus puissant que moi et je ne suis même pas digne de lui enlever les sandales. C'est lui qui vous baptisera dans le Saint-Esprit et le

---

a. 2.15 Os 11.1.
b. 2.18 Jr 31.15.
c. 2.23 *Nazaréen* : c'est-à-dire de Nazareth. Les premiers chrétiens furent aussi appelés ainsi (voir Ac 24.5).

d. 3.1 *désert de Judée* : région aride et presque inhabitée située entre Jérusalem et le cours inférieur du Jourdain ou la mer Morte.
e. 3.2 Autres traductions : *repentez-vous* ou *changez d'attitude* ou *changez de comportement*.
f. 3.2 Autre traduction : *le royaume*.
g. 3.3 Es 40.3 cité selon l'anc. version grecque.

feu. [12] Il tient en main sa pelle à vanner[a] il va nettoyer son aire de battage et amasser le blé dans son grenier. Quant à la bale, il la brûlera dans un feu qui ne s'éteindra jamais.

Le baptême de Jésus
(Mc 1.9-11 ; Lc 3.21-22 ; voir Jn 1.29-34)

[13] C'est à cette époque que parut Jésus. Il se rendit de la *Galilée au Jourdain, auprès de Jean, pour être baptisé par lui. [14] Mais Jean essaya de l'en dissuader. Il lui disait :

—C'est moi qui ai besoin d'être baptisé par toi, et c'est toi qui viens à moi !

[15] Jésus lui répondit :

—Accepte, pour le moment, qu'il en soit ainsi ! Car c'est de cette manière qu'il nous convient d'accomplir tout ce que Dieu demande.

Là-dessus, Jean accepta de le baptiser.

[16] Aussitôt après avoir été baptisé, Jésus sortit de l'eau. Alors le ciel s'ouvrit pour lui[b] et il vit l'Esprit de Dieu descendre sous la forme d'une colombe et venir sur lui. [17] En même temps, une voix venant du ciel fit entendre ces paroles :

—Celui-ci est mon Fils bien-aimé, celui qui fait toute ma joie[c].

La tentation de Jésus
(Mc 1.12-13 ; Lc 4.1-13)

4 Alors l'Esprit Saint conduisit Jésus dans le désert pour qu'il y soit tenté par le diable. [2] Après avoir jeûné pendant quarante jours et quarante nuits, il eut faim. [3] Le tentateur s'approcha et lui dit :

—Si tu es le Fils de Dieu, ordonne que ces pierres se changent en pains.

[4] Mais Jésus répondit :

—Il est écrit :

*L'homme n'a pas seulement besoin de pain
    pour vivre,
mais aussi de toute parole que Dieu
    prononce[d].*

[5] Alors le diable le transporta dans la cité sainte, le plaça sur le haut du *Temple [6] et lui dit :

—Si tu es le Fils de Dieu, lance-toi dans le vide, car il est écrit :

*Il donnera des ordres à ses *anges à ton sujet.
Ils te porteront sur leurs mains,
    pour que ton pied ne heurte aucune pierre[e].*

[7] Jésus lui dit :

—Il est aussi écrit : *Tu ne forceras pas la main du Seigneur, ton Dieu[f].*

[8] Le diable le transporta encore sur une très haute montagne. Là, il lui montra tous les royaumes du monde et leur magnificence. [9] Puis il lui dit :

—Tout cela, je te le donnerai si tu te prosternes devant moi pour m'adorer.

[10] Alors Jésus lui dit :

—Va-t'en, *Satan ! Car il est écrit :

*Tu adoreras le Seigneur, ton Dieu,
et c'est à lui seul que tu rendras un culte[g].*

[11] Là-dessus, le diable le laissa. Et voici que des anges vinrent et se mirent à le servir.

Jésus à Capernaüm et en Galilée
(Mc 1.14-15 ; Lc 4.14-15)

[12] Quand Jésus apprit que Jean avait été emprisonné, il regagna la *Galilée, [13] mais il ne resta pas à *Nazareth. Il alla s'établir à *Capernaüm, une ville située au bord du lac, aux confins des territoires de Zabulon et de Nephtali. [14] Ainsi s'accomplit cette parole du *prophète *Esaïe qui avait annoncé :

[15] *Ecoute, ô toi, terre de Zabulon | et toi, terre
    de Nephtali,
    contrée voisine de la mer, | située au-delà du
        *Jourdain,
    ô toi, Galilée des nations païennes :
[16] Le peuple qui vivait dans les ténèbres
    a vu briller une grande lumière,
    et sur ceux qui habitaient dans le pays
    sur lequel planait l'ombre de la mort,
    une lumière s'est levée[h].*

[17] A partir de ce moment, Jésus commença à prêcher en public en disant :

—*Changez[i], car le règne[j] des cieux est proche.

---

a. **3.12** *pelle à vanner :* instrument servant à lancer le blé en l'air pour que le vent emporte la bale (la paille) qui enveloppe le grain.
b. **3.16** L'expression *pour lui* est absente de plusieurs manuscrits.
c. **3.17** *toute ma joie :* expression idiomatique. Litt. : *en qui j'ai pris plaisir.* Allusion à Es 42.1.
d. **4.4** Dt 8.3.

e. **4.6** Ps 91.11-12.
f. **4.7** Dt 6.16.
g. **4.10** Dt 6.13.
h. **4.16** Es 8.23 ; 9.1.
i. **4.17** Autres traductions : *repentez-vous* ou *changez d'attitude* ou *changez de comportement.*
j. **4.17** Voir note 3.2.

(Mc 1.16-20 ; Lc 5.1-11)

18 Un jour qu'il marchait au bord du lac de Galilée, il vit deux frères : *Simon (qu'on appelle aussi Pierre), et André, son frère, qui lançaient un filet dans le lac, car ils étaient pêcheurs. **19** Il leur dit :

—Suivez-moi et je ferai de vous des pêcheurs d'hommes.

20 Ils abandonnèrent aussitôt leurs filets et le suivirent.

21 Poursuivant son chemin, il vit deux autres frères : *Jacques, fils de Zébédée, et Jean, son frère. Ils étaient dans leur barque avec Zébédée, leur père, et ils réparaient leurs filets. Il les appela **22** et, aussitôt, ils laissèrent leur barque, quittèrent leur père, et le suivirent.

(Lc 6.17-19)

23 Jésus faisait le tour de toute la Galilée, il enseignait dans les *synagogues, proclamait la bonne nouvelle du règne[a] des cieux et guérissait ceux qu'il rencontrait de toutes leurs maladies et de toutes leurs infirmités. **24** Bientôt, on entendit parler de lui dans toute la *Syrie. On lui amena tous ceux qui étaient atteints de diverses maladies et souffraient de divers maux : ceux qui étaient sous l'emprise de démons ainsi que des épileptiques[b] et des paralysés, et il les guérit tous. **25** Des foules nombreuses se mirent à le suivre ; elles étaient venues de la Galilée, de la région des « Dix Villes »[c], de *Jérusalem, de la *Judée et du territoire transjordanien.

La loi du royaume
(Mc 3.13 ; Lc 6.12-13,20)

5 Jésus, voyant ces foules, monta sur une colline. Il s'assit, ses *disciples se rassemblèrent autour de lui **2** et il se mit à les enseigner. Il leur dit :

Les béatitudes
(Lc 6.20-26)

3 —Heureux ceux qui se reconnaissent spirituellement pauvres[d], car le *royaume des cieux leur appartient.

4 Heureux ceux qui pleurent, car Dieu les consolera.

5 Heureux ceux qui sont humbles, *car Dieu leur donnera la terre en héritage*[e].

6 Heureux ceux qui ont faim et soif de justice, car ils seront rassasiés.

7 Heureux ceux qui témoignent de la bonté, car Dieu sera bon pour eux.

8 Heureux ceux dont le cœur est *pur, car ils verront Dieu.

9 Heureux ceux qui répandent autour d'eux la paix, car Dieu les reconnaîtra pour ses fils.

10 Heureux ceux qui sont opprimés pour la justice, car le royaume des cieux leur appartient.

11 Heureux serez-vous quand les hommes vous insulteront et vous persécuteront, lorsqu'ils répandront toutes sortes de calomnies sur votre compte à cause de moi.

12 Oui, réjouissez-vous alors et soyez heureux, car une magnifique récompense vous attend dans les cieux. Car vous serez ainsi comme les *prophètes d'autrefois : eux aussi ont été persécutés avant vous de la même manière.

Témoins
(Mc 9.50 ; 4.21 ; Lc 14.34-35)

13 —Vous êtes le sel[f] de la terre. Si ce sel perd sa saveur, avec quoi le salera-t-on[g] ? Ce sel ne vaut plus rien : il n'est bon qu'à être jeté dehors et piétiné.

14 Vous êtes la lumière du monde. Une ville au sommet d'une colline n'échappe pas aux regards. **15** Il en est de même d'une lampe : si on l'allume, ce n'est pas pour la mettre sous une mesure à grains : au contraire, on la fixe sur un pied de lampe pour qu'elle éclaire tous ceux qui sont dans la maison. **16** C'est ainsi que votre lumière doit briller devant tous les hommes, pour qu'ils voient le bien que vous faites et qu'ils en attribuent la gloire à votre Père céleste.

Jésus et la Loi
17 —Ne vous imaginez pas que je sois venu pour abolir ce qui est écrit dans la *Loi ou les prophètes[h] ; je ne suis pas venu pour abolir,

---

a. 4.23 Voir note 3.2.

b. 4.24 L'épilepsie est une maladie provoquant des convulsions et des évanouissements.

c. 4.25 La région des « Dix Villes » se trouvait au sud-est du lac de Galilée.

d. 5.3 Autres traductions : *pauvres en ce qui concerne l'Esprit* ou *pauvres en ce qui concerne les choses de l'Esprit.*

e. 5.5 Ps 37.11. Certains manuscrits inversent l'ordre des versets 4 et 5.

f. 5.13 Le sel utilisé en Palestine contenait beaucoup de cristaux n'ayant aucun pouvoir salant. Lorsque ce sel était exposé à l'humidité, le chlorure de sodium fondait et seuls les cristaux non salants restaient.

g. 5.13 Autre traduction : *avec quoi le rendra-t-on de nouveau salé ?*

h. 5.17 *la Loi et les prophètes* : expression qui désigne l'ensemble de l'Ancien Testament.

mais pour accomplir. ¹⁸ Oui, vraiment, je vous l'assure : tant que le ciel et la terre resteront en place, ni la plus petite lettre de la Loi, ni même un point sur un i n'en sera supprimé jusqu'à ce que tout se réalise.

¹⁹ Par conséquent, si quelqu'un n'obéit pas à un seul de ces commandements – même s'il s'agit du moindre d'entre eux – et s'il apprend aux autres à faire de même, il sera lui-même considéré comme « le moindre » dans le *royaume des cieux. Au contraire, celui qui obéira à ces commandements et qui les enseignera aux autres, sera considéré comme grand dans le royaume des cieux.

²⁰ Je vous le dis : si vous n'obéissez pas à la Loi mieux que les *spécialistes de la Loi et les *pharisiens, vous n'entrerez pas dans le royaume des cieux.

La loi de Jésus
(Mc 11.25 ; Lc 12.57-59)

²¹ –Vous avez appris qu'il a été dit à nos ancêtres : « *Tu ne commettras pas de meurtre* ^a. Si quelqu'un a commis un meurtre, il en répondra devant le tribunal. » ²² Eh bien, moi, je vous dis : Celui qui se met en colère contre son frère sera traduit en justice. Celui qui lui dit « imbécile » passera devant le tribunal, et celui qui le traite de fou est bon pour le feu de l'enfer.

²³ Si donc, au moment de présenter ton offrande devant l'autel, tu te souviens que ton frère a quelque chose contre toi, ²⁴ laisse là ton offrande devant l'autel, et va d'abord te réconcilier avec ton frère ; puis tu reviendras présenter ton offrande.

²⁵ Si quelqu'un porte des accusations contre toi, dépêche-toi de t'entendre avec ton adversaire pendant que tu es encore en chemin avec lui. Sinon, ton adversaire remettra l'affaire entre les mains du juge, qui fera appel aux huissiers de justice, et tu seras mis en prison. ²⁶ Et là, vraiment, je te l'assure : tu n'en sortiras pas avant d'avoir remboursé jusqu'au dernier centime.

(Mt 18.8-9 ; Mc 9.43,47-48)

²⁷ –Vous avez appris qu'il a été dit : « *Tu ne commettras pas d'adultère* ^b. » ²⁸ Eh bien, moi je vous dis : Si quelqu'un jette sur une femme un regard chargé de désir, il a déjà commis adultère avec elle dans son cœur. ²⁹ Par conséquent, si ton œil droit te fait tomber dans le péché, arrache-le et jette-le au loin, car

il vaut mieux pour toi perdre un de tes organes que de voir ton corps entier précipité en enfer. ³⁰ Si ta main droite te fait tomber dans le péché, coupe-la et jette-la au loin. Il vaut mieux pour toi perdre un de tes membres que de voir tout ton corps jeté en enfer.

(Mt 19.7-9 ; Mc 10.11-12 ; Lc 16.18)

³¹ –Il a aussi été dit : « *Si quelqu'un divorce d'avec sa femme, il doit le lui signifier par une déclaration écrite* ^c. » ³² Eh bien, moi, je vous dis : Celui qui divorce d'avec sa femme – sauf en cas d'immoralité sexuelle – l'expose à devenir adultère ^d, et celui qui épouse une femme divorcée commet lui-même un adultère.

³³ –Vous avez encore appris qu'il a été dit à nos ancêtres : « *Tu ne rompras pas ton serment ; ce que tu as promis avec serment devant le Seigneur, tu l'accompliras* ^e. » ³⁴ Eh bien, moi je vous dis de ne pas faire de serment du tout. Ne dites pas : « Je le jure par le ciel », car le ciel, c'est le trône de Dieu. ³⁵ Ou : « J'en prends la terre à témoin », car elle est l'escabeau où Dieu pose ses pieds. Ou : « Je le jure par *Jérusalem », car elle est la ville de Dieu, le grand Roi. ³⁶ Ne dites pas davantage : « Je le jure sur ma tête », car tu ne peux pas rendre un seul de tes cheveux blanc ou noir.

³⁷ Dites simplement « oui » si c'est oui, « non » si c'est non. Tous les serments qu'on y ajoute viennent du diable ^f.

(Lc 6.29-30)

³⁸ –Vous avez appris qu'il a été dit : « *œil pour œil, dent pour dent* ^g. » ³⁹ Eh bien, moi je vous dis : Ne résistez pas à celui qui vous veut du mal ; au contraire, si quelqu'un te gifle sur la joue droite, tends-lui aussi l'autre. ⁴⁰ Si quelqu'un veut te faire un procès pour avoir ta chemise, ne l'empêche pas de prendre aussi ton vêtement. ⁴¹ Et si quelqu'un te réquisitionne ^h pour porter un fardeau sur un kilomètre, porte-le sur deux kilomètres avec lui. ⁴² Donne à celui qui te demande, ne tourne pas le dos à celui qui veut t'emprunter.

---

a. 5.21 Ex 20.13 ; Dt 5.17.
b. 5.27 Ex 20.14 ; Dt 5.18.

c. 5.31 Dt 24.1.
d. 5.32 *à devenir adultère* : en se remariant du vivant de son mari (voir Rm 7.3).
e. 5.33 Lv 19.12 ; Nb 30.2.
f. 5.37 Autre traduction : *le mal.*
g. 5.38 Ex 21.24 ; Lv 24.20 ; Dt 19.21.
h. 5.41 Les soldats et les fonctionnaires romains avaient le droit de réquisitionner n'importe qui pour porter leurs fardeaux.

(Lc 6.27-36)

43 —Vous avez appris qu'il a été dit : « *Tu aimeras ton prochain* et tu haïras ton ennemi[a]. » 44 Eh bien, moi je vous dis : Aimez vos ennemis et priez pour ceux qui vous persécutent. 45 Ainsi vous vous comporterez vraiment comme des enfants de votre Père céleste, car lui, il fait luire son soleil sur les méchants aussi bien que sur les bons, et il accorde sa pluie à ceux qui sont justes comme aux injustes.

46 Si vous aimez seulement ceux qui vous aiment, allez-vous prétendre à une récompense pour cela ? Les *collecteurs d'impôts eux-mêmes n'en font-ils pas autant ? 47 Si vous ne saluez que vos frères, que faites-vous d'extraordinaire ? Les païens n'agissent-ils pas de même ? 48 Votre Père céleste est parfait. Soyez donc parfaits comme lui.

Contre l'hypocrisie religieuse

6 Prenez garde de ne pas accomplir devant les hommes, pour vous faire remarquer par eux, ce que vous faites pour obéir à Dieu, sinon vous n'aurez pas de récompense de votre Père céleste. 2 Si donc tu donnes quelque chose aux pauvres, ne le claironne[b] pas ainsi. Ce sont les hypocrites qui agissent ainsi dans les *synagogues et dans les rues pour que les autres chantent leurs louanges. Vraiment, je vous l'assure : leur récompense, ils l'ont d'ores et déjà reçue. 3 Quant à toi, si tu veux donner quelque chose aux pauvres, que la main gauche ne sache pas ce que fait ta main droite. 4 Que ton aumône se fasse ainsi en secret ; et ton Père, qui voit dans le secret, te le rendra.

5 Quand vous priez, n'imitez pas ces hypocrites qui aiment à faire leurs prières debout dans les synagogues et à l'angle des rues : ils tiennent à être remarqués par tout le monde[c]. Vraiment, je vous l'assure : leur récompense, ils l'ont d'ores et déjà reçue. 6 Mais toi, quand tu veux prier, va dans ta pièce la plus retirée, verrouille ta porte et adresse ta prière à ton Père qui est là dans le lieu secret. Et ton Père, qui voit dans ce lieu secret, te le rendra.

7 Dans vos prières, ne rabâchez pas des tas de paroles, à la manière des païens ; ils s'imaginent qu'à force de paroles Dieu les entendra. 8 Ne les imitez pas, car votre Père sait ce qu'il vous faut, avant que vous le lui demandiez.

(Lc 11.2-4)

9 Priez donc ainsi :
Notre Père,
toi qui es dans les cieux,
que tu sois reconnu pour Dieu[d],
10 que ton règne vienne,
que ta volonté soit faite,
et tout cela, sur la terre comme au ciel.
11 Donne-nous aujourd'hui
le pain dont nous avons besoin[e],
12 pardonne-nous nos torts envers toi
comme nous pardonnons nous-mêmes
les torts des autres envers nous[f].
13 Garde-nous de céder à la tentation[g],
et surtout, délivre-nous du diable[h].
[Car à toi appartiennent
le règne et la puissance
et la gloire à jamais[i].]

14 En effet, si vous pardonnez aux autres leurs fautes, votre Père céleste vous pardonnera aussi. 15 Mais si vous ne pardonnez pas aux hommes, votre Père ne vous pardonnera pas non plus vos fautes.

16 —Lorsque vous jeûnez, n'ayez pas, comme les hypocrites, une mine triste. Pour bien montrer à tout le monde qu'ils jeûnent, ils prennent des visages défaits. Vraiment, je vous l'assure : leur récompense, ils l'ont d'ores et déjà reçue ! 17 Toi, au contraire, si tu veux jeûner, parfume tes cheveux et lave ton visage 18 pour que personne ne se rende compte que tu es en train de jeûner. Que ce

---

a. 5.43 Lv 19.18.

b. 6.2 *claironne* : au temps de Jésus, les Juifs riches se faisaient précéder d'un serviteur qui annonçait à coups de trompette la venue de son maître pour que les pauvres se rassemblent et reçoivent des aumônes. De même, dans la synagogue, chacun indiquait à haute voix la somme qu'il donnait.

c. 6.5 Comme la prière devait se faire à des heures fixes, certains Juifs s'arrangeaient pour être dans la rue à ces heures-là afin que tout le monde voie qu'ils accomplissaient leurs devoirs religieux (voir Lc 18.10-14).

d. 6.9 Autres traductions : *que les hommes te rendent le culte qui t'est dû* ou *que la gloire de ta personne soit manifeste*.

e. 6.11 Autres traductions : *le pain de ce jour* ou *du lendemain*.

f. 6.12 Autre traduction : *comme nous avons nous-mêmes pardonné les torts des autres envers nous*.

g. 6.13 Autres traductions : *ne nous expose pas à la tentation* (ou : *à l'épreuve*) ou *ne nous conduis pas dans la tentation*.

h. 6.13 C'est-à-dire, *du diable*. D'autres traduisent : *du mal*.

i. 6.13 Les mots entre crochets sont absents de plusieurs manuscrits.

soit un secret entre toi et ton Père qui est là dans le lieu secret. Alors ton Père, qui voit ce qui se fait en secret, te le rendra.

Les biens matériels
(Lc 12.33-34)

19 –Ne vous amassez pas des richesses sur la terre où elles sont à la merci de la rouille, des mites qui rongent, ou des cambrioleurs qui percent les murs pour voler. 20 Amassez-vous plutôt des trésors dans le ciel, où il n'y a ni rouille, ni mites qui rongent, ni cambrioleurs qui percent les murs pour voler. 21 Car là où est ton trésor, là sera aussi ton cœur.

(Lc 11.34-36)

22 –Les yeux sont comme une lampe pour le corps ; si donc tes yeux sont en bon état, ton corps entier jouira de la lumière. 23 Mais si tes yeux sont malades, tout ton corps sera plongé dans l'obscurité. Si donc la lumière qui est en toi est obscurcie, dans quelles ténèbres profondes te trouveras-tu !

(Lc 16.13)

24 –Nul ne peut être en même temps au service de deux maîtres, car ou bien il détestera l'un et aimera l'autre, ou bien il sera dévoué au premier et méprisera le second. Vous ne pouvez pas servir en même temps Dieu et l'Argent a.

(Lc 12.22-31)

25 –C'est pourquoi je vous dis : ne vous inquiétez pas en vous demandant : « Qu'allons-nous manger ou boire ? Avec quoi allons-nous nous habiller ? » La vie ne vaut-elle pas bien plus que la nourriture ? Et le corps ne vaut-il pas bien plus que les habits ? 26 Voyez ces oiseaux qui volent dans les airs, ils ne sèment ni ne moissonnent, ils n'amassent pas de provisions dans des greniers, et votre Père céleste les nourrit. N'avez-vous pas bien plus de valeur qu'eux ? 27 D'ailleurs, qui de vous peut, à force d'inquiétude, prolonger son existence, ne serait-ce que de quelques instants b ? 28 Quant aux vêtements, pourquoi vous inquiéter à leur sujet ? Observez les lis sauvages ! Ils poussent sans se fatiguer à tisser des vêtements. 29 Pourtant, je vous

l'assure, le roi *Salomon lui-même, dans toute sa gloire, n'a jamais été aussi bien vêtu que l'un d'eux ! 30 Si Dieu habille avec tant d'élégance la petite plante des champs qui est là aujourd'hui et qui demain sera jetée au feu, à plus forte raison ne vous vêtira-t-il pas vous-mêmes ? Ah, votre foi est encore bien petite ! 31 Ne vous inquiétez donc pas et ne dites pas : « Que mangerons-nous ? » ou : « Que boirons-nous ? Avec quoi nous habillerons-nous ? » 32 Toutes ces choses, les païens s'en préoccupent sans cesse. Mais votre Père, qui est aux cieux, sait que vous en avez besoin. 33 Faites donc du règne de Dieu c et de ce qui est juste ses yeux votre préoccupation première, et toutes ces choses vous seront données en plus. 34 Ne vous inquiétez pas pour le lendemain ; le lendemain se souciera de lui-même. A chaque jour suffit sa peine.

La vraie religion
(Lc 6.37-42)

7 Ne condamnez pas les autres, pour ne pas être vous-mêmes condamnés. 2 Car vous serez condamnés vous-mêmes de la manière dont vous aurez condamné, et on vous appliquera la mesure dont vous serez servis pour mesurer les autres.

3 Pourquoi vois-tu les grains de sciure dans l'œil de ton frère, alors que tu ne remarques pas la poutre qui est dans le tien ? 4 Comment oses-tu dire à ton frère : « Laisse-moi enlever cette sciure de ton œil, alors qu'il y a une poutre dans le tien » ? 5 Hypocrite ! Commence donc par retirer la poutre de ton œil, alors tu y verras assez clair pour ôter la sciure de l'œil de ton frère.

6 –Gardez-vous de donner aux chiens ce qui est sacré, et ne jetez pas vos perles devant les porcs, de peur qu'ils ne piétinent vos perles et que les chiens ne se retournent contre vous pour vous déchirer.

(Lc 11.9-13)

7 –Demandez, et vous recevrez ; cherchez, et vous trouverez ; frappez, et l'on vous ouvrira. 8 Car celui qui demande reçoit ; celui qui cherche trouve, et l'on ouvre à celui qui frappe.

9 Qui de vous donnera un caillou à son fils quand celui-ci lui demande du pain ? 10 Ou bien, s'il lui demande un poisson, lui donnera-t-il un serpent ? 11 Si donc, tout

---

a. 6.24 *Argent* : littéralement : *Mamon*, dieu personnifiant la richesse.

b. 6.27 Autre traduction : *augmenter sa taille, ne serait-ce que de quelques centimètres.*

---

c. 6.33 L'expression *de Dieu* est absente de nombreux manuscrits.

mauvais que vous êtes, vous savez donner de bonnes choses à vos enfants, à combien plus forte raison votre Père céleste donnera-t-il de bonnes choses à ceux qui les lui demandent.

(Lc 6.31)

12 —Faites pour les autres tout ce que vous voudriez qu'ils fassent pour vous, car c'est là tout l'enseignement de la *Loi et des *prophètes.

(Lc 13.24)

13 —Entrez par la porte étroite ; en effet, large est la porte et facile la route qui mènent à la perdition. Nombreux sont ceux qui s'y engagent. 14 Mais étroite est la porte et difficile le sentier qui mènent à la vie ! Qu'ils sont peu nombreux ceux qui les trouvent !

(Lc 6.43-44)

15 —Gardez-vous des faux *prophètes ! Lorsqu'ils vous abordent, ils se donnent l'apparence d'agneaux mais, en réalité, ce sont des loups féroces. 16 Vous les reconnaîtrez à leurs fruits. Est-ce que l'on cueille des raisins sur des buissons d'épines ou des figues sur des ronces ?

17 Ainsi, un bon arbre porte de bons fruits, un mauvais arbre produit de mauvais fruits. 18 Un bon arbre ne peut pas porter de mauvais fruits, ni un mauvais arbre de bons fruits. 19 Tout arbre qui ne donne pas de bons fruits est arraché et jeté au feu. 20 Ainsi donc, c'est à leurs fruits que vous les reconnaîtrez.

Appliquer l'enseignement reçu
(Lc 13.25-27)

21 —Pour entrer dans le *royaume des cieux, il ne suffit pas de me dire : « Seigneur ! Seigneur ! » Il faut accomplir la volonté de mon Père céleste. 22 Au jour du jugement, nombreux sont ceux qui me diront : « Seigneur ! Seigneur ! Nous avons *prophétisé en ton nom, nous avons chassé des démons en ton nom, nous avons fait beaucoup de miracles en ton nom. » 23 Je leur déclarerai alors : « Je ne vous ai jamais connus ! Allez-vous-en, vous qui pratiquez le mal ! »

(Lc 6.47-49)

24 —C'est pourquoi, celui qui écoute ce que je dis et qui l'applique, ressemble à un homme sensé qui a bâti sa maison sur le roc. 25 Il a plu à verse, les fleuves ont débordé, les vents ont soufflé avec violence, ils se sont déchaînés contre cette maison : elle ne s'est pas effondrée, car ses fondations reposaient

sur le roc. 26 Mais celui qui écoute mes paroles sans faire ce que je dis, ressemble à un homme assez fou pour construire sa maison sur le sable. 27 Il a plu à verse, les fleuves ont débordé, les vents ont soufflé avec violence, ils se sont déchaînés contre cette maison : elle s'est effondrée et sa ruine a été complète.

(Mc 1.22 ; Lc 4.32)

28 Quand Jésus eut fini de parler, les foules étaient impressionnées par son enseignement. 29 Car il parlait avec une autorité que n'avaient pas leurs *spécialistes de la Loi.

L'EVANGILE ET L'AUTORITE DE JESUS

Jésus guérit les malades
(Mc 1.40-45 ; Lc 5.12-16)

8 Quand Jésus descendit de la montagne, une foule nombreuse le suivit. 2 Et voici qu'un lépreux s'approcha et se prosterna devant lui en disant :

—Seigneur, si tu le veux, tu peux me rendre *pur[a].

3 Jésus tendit la main et le toucha en disant :

—Oui, je le veux, sois pur.

A l'instant même, il fut guéri de sa lèpre.

4 —Attention, lui dit Jésus, ne dis à personne ce qui t'est arrivé ; mais va te faire examiner par le *prêtre et apporte l'offrande prescrite par *Moïse. Cela leur servira de témoignage[b].

(Lc 7.1-10 ; Jn 4.43-54)

5 Jésus entrait à *Capernaüm, quand un officier romain l'aborda. 6 Il le supplia :

—Seigneur, mon serviteur est couché chez moi, il est paralysé, il souffre terriblement.

7 —Je vais chez toi, lui répondit Jésus, et je le guérirai.

8 —Seigneur, dit alors l'officier, je ne suis pas qualifié[c] pour te recevoir dans ma maison, mais tu n'as qu'un mot à dire et mon serviteur sera guéri. 9 Car moi-même,

---

a. 8.2 C'est-à-dire, *tu peux me guérir.* La lèpre rendait rituellement impur ; demander à être purifié équivalait à demander la guérison.

b. 8.4 Autres traductions : *cela leur prouvera qui je suis* ou *pour prouver à tous que tu es guéri* ou *pour prouver mon respect de la Loi.*

c. 8.8 Autres traductions : *je ne mérite pas* ou *je ne suis pas digne* (voir 3.11). L'officier romain savait sans doute que la tradition ne permettait pas aux Juifs de pénétrer dans la maison d'un non-Juif.

je ne suis qu'un officier subalterne, mais j'ai des soldats sous mes ordres et quand je dis à l'un : « Va ! », il va. Quand je dis à un autre : « Viens ! », il vient. Quand je dis à mon esclave : « Fais ceci ! », il le fait.

¹⁰ En entendant cela, Jésus fut rempli d'admiration et, s'adressant à ceux qui le suivaient, il dit :

—Vraiment, je vous l'assure : chez personne, en *Israël, je n'ai trouvé une telle foi. ¹¹ Je vous le déclare : beaucoup viendront de l'Orient et de l'Occident et prendront place à table auprès d'*Abraham, d'*Isaac et de *Jacob, dans le *royaume des cieux. ¹² Mais ceux qui devaient hériter du royaume, ceux-là seront jetés dans les ténèbres du dehors. C'est là qu'il y aura des pleurs et d'amers regrets.

¹³ Puis Jésus dit à l'officier :

—Rentre chez toi et qu'il te soit fait selon ce que tu as cru. Et, à l'heure même, son serviteur fut guéri.

Il a porté nos maladies
(Mc 1.29-34 ; Lc 4.38-41)

¹⁴ Jésus se rendit alors à la maison de Pierre. Il trouva la belle-mère de celui-ci alitée, avec une forte fièvre. ¹⁵ Il lui prit la main, et la fièvre la quitta. Alors elle se leva et le servit.

¹⁶ Le soir venu, on lui amena beaucoup de gens qui étaient sous l'emprise de démons : par sa parole, il chassa ces mauvais esprits. Il guérit aussi tous les malades. ¹⁷ Ainsi se réalisait cette parole du *prophète *Esaïe :

Il s'est lui-même chargé de nos infirmités et il a porté nos maladies [a].

L'engagement total du disciple
(Lc 9.57-62)

¹⁸ Lorsque Jésus se vit entouré d'une foule nombreuse, il donna ordre à ses *disciples de passer de l'autre côté du lac. ¹⁹ Un *spécialiste de la Loi s'approcha et lui dit :

—Maître, je te suivrai partout où tu iras.

²⁰ Jésus lui répondit :

—Les renards ont des tanières et les oiseaux du ciel des nids ; mais le *Fils de l'homme n'a pas d'endroit où reposer sa tête.

²¹ —Seigneur, lui dit un autre qui était de ses disciples, permets-moi d'aller d'abord enterrer mon père.

²² Mais Jésus lui répondit :

—Suis-moi et laisse à ceux qui sont morts le soin d'enterrer leurs morts.

Plus fort que la tempête
(Mc 4.35-41 ; Lc 8.22-25)

²³ Il monta dans une barque et ses disciples le suivirent. ²⁴ Tout à coup, une grande tempête se leva sur le lac et les vagues passaient par-dessus la barque. Pendant ce temps, Jésus dormait. ²⁵ Les disciples s'approchèrent de lui et le réveillèrent en criant :

—Seigneur, *sauve-nous, nous sommes perdus !

²⁶ —Pourquoi avez-vous si peur ? leur dit-il. Votre foi est bien petite !

Alors il se leva, parla sévèrement au vent et au lac, et il se fit un grand calme.

²⁷ Saisis d'étonnement, ceux qui étaient présents disaient :

—Quel est donc cet homme pour que même les vents et le lac lui obéissent ?

Plus fort que les démons
(Mc 5.1-20 ; Lc 8.26-39)

²⁸ Quand il fut arrivé de l'autre côté du lac, dans la région de Gadara [b], deux hommes qui étaient sous l'emprise de démons sortirent des tombeaux et vinrent à sa rencontre. Ils étaient si dangereux que personne n'osait plus passer par ce chemin. ²⁹ Et voici qu'ils se mirent à crier :

—Que nous veux-tu, Fils de Dieu ? Es-tu venu nous tourmenter avant le temps ?

³⁰ Or, il y avait, à quelque distance de là, un grand troupeau de porcs [c] en train de paître. ³¹ Les démons supplièrent Jésus :

—Si tu veux nous chasser, envoie-nous dans ce troupeau de porcs.

³² —Allez ! leur dit-il.

Les démons sortirent de ces deux hommes et entrèrent dans les porcs. Aussitôt, tout le troupeau s'élança du haut de la pente et se précipita dans le lac, et toutes les bêtes périrent noyées.

³³ Les gardiens du troupeau s'enfuirent, coururent à la ville et allèrent raconter tout ce qui s'était passé, en particulier comment les deux hommes qui étaient sous l'emprise de démons avaient été guéris. ³⁴ Là-dessus, tous les habitants de la ville sortirent à la rencontre de Jésus et, quand ils le virent, le supplièrent de quitter leur territoire.

---

a. 8.17 Es 53.4.

b. 8.28 *Gadara* se trouvait en territoire non-juif, à 10 km au sud-est du lac de Galilée.

c. 8.30 Le *porc* était considéré par les Juifs comme un animal impur. Seuls les non-Juifs élevaient des porcs.

Jésus guérit un malade et pardonne ses péchés
(Mc 2.1-12 ; Lc 5.17-26)

9 Jésus monta dans une barque, traversa le lac et se rendit dans sa ville[a]. [2] On lui amena un paralysé couché sur un brancard. Lorsqu'il vit quelle foi ces gens avaient en lui, Jésus dit au paralytique :

—Prends courage, mon enfant, tes péchés te sont pardonnés.

[3] Là-dessus, quelques *spécialistes de la Loi pensèrent en eux-mêmes : « Cet homme *blasphème ! »

[4] Mais Jésus connaissait leurs pensées. Il leur dit :

—Pourquoi avez-vous ces mauvaises pensées en vous-mêmes ? [5] Qu'est-ce qui est le plus facile ? Dire : « Tes péchés te sont pardonnés » ou dire : « Lève-toi et marche » ? [6] Eh bien, vous saurez que le *Fils de l'homme a, sur la terre, le pouvoir de pardonner les péchés.

Alors il dit au paralysé :

—Je te l'ordonne : lève-toi, prends ton brancard et rentre chez toi.

[7] Le paralysé se leva et s'en alla chez lui.

[8] En voyant cela, les foules furent saisies de frayeur et rendirent gloire à Dieu qui avait donné aux hommes un si grand pouvoir.

Jésus est contesté
(Mc 2.13-22 ; Lc 5.27-39)

[9] Jésus s'en alla. En passant, il vit un homme installé au poste de péage. Son nom était Matthieu. Il lui dit :

—Suis-moi !

Matthieu se leva et le suivit. [10] Un jour, Jésus était à table chez Matthieu. Or, beaucoup de *collecteurs d'impôts et de pécheurs notoires étaient venus et avaient pris place à table avec lui et ses *disciples. [11] En voyant cela, les *pharisiens interpellèrent ses disciples :

—Comment votre maître peut-il s'attabler de la sorte avec des collecteurs d'impôts et des pécheurs notoires ?

[12] Mais Jésus, qui les avait entendus, leur dit :

—Les bien-portants n'ont pas besoin de médecin ; ce sont les malades qui en ont besoin. [13] Allez donc apprendre quel est le sens de cette parole : *Je désire que vous fassiez preuve d'amour envers les autres plutôt que vous m'offriez des sacrifices*[b]. Car je ne suis

pas venu appeler des justes, mais des pécheurs.

[14] Alors les disciples de Jean vinrent trouver Jésus et lui demandèrent :

—Comment se fait-il que tes disciples ne jeûnent pas, alors que nous, comme les pharisiens, nous le faisons souvent ?

[15] Jésus leur répondit :

—Comment les invités d'une noce pourraient-ils être tristes tant que le marié est avec eux ? Le temps viendra où celui-ci leur sera enlevé. Alors ils jeûneront.

[16] Personne ne rapièce un vieux vêtement avec un morceau d'étoffe neuve, car la pièce rapportée arracherait une partie du vieux manteau et la déchirure serait pire qu'avant. [17] De même, on ne verse pas dans de vieilles *outres du moût qui fermente, sinon le vin nouveau ferait éclater, il se répand et les outres sont perdues. Non, on met le vin nouveau dans des outres neuves. Ainsi le vin et les outres se conservent.

Plus fort que la maladie et la mort
(Mc 5.21-43 ; Lc 8.40-56)

[18] Pendant que Jésus leur disait cela, un responsable juif arriva, se prosterna devant lui et lui dit :

—Ma fille vient de mourir : mais viens lui imposer les mains, et elle revivra.

[19] Jésus se leva et le suivit avec ses disciples. [20] A ce moment, une femme qui souffrait d'hémorragies depuis douze ans, s'approcha de lui par derrière et toucha la frange de son vêtement. [21] Elle se disait : « Si seulement j'arrive à toucher son vêtement, je serai guérie. »

[22] Jésus se retourna et, quand il l'aperçut, il lui dit :

—Prends courage, ma fille : parce que tu as eu foi en moi, tu es guérie[c].

A l'instant même, la femme fut guérie.

[23] Lorsque Jésus arriva à la maison du responsable juif, il vit des joueurs de flûtes et toute une foule agitée[d]. [24] Alors il leur dit :

—Retirez-vous, la fillette n'est pas morte, elle est seulement endormie.

Mais les gens se moquaient de lui.

[25] Lorsqu'il eut fait mettre tout le monde dehors, il entra dans la chambre, prit la main de la jeune fille, et elle se leva.

---

a. **9.1** D'après Mc 2.1, *Capernaüm* était considérée comme étant la ville de Jésus.

b. **9.13** Os 6.6.

c. **9.22** Autre traduction : *tu es sauvée.*

d. **9.23** Lors des enterrements, on engageait des joueurs de flûte et des pleureuses pour exprimer le deuil.

26 La nouvelle de ce qui s'était passé fit le tour de toute la contrée.

27 Lorsque Jésus partit de là, deux aveugles le suivirent en criant :

—*Fils de David, aie pitié de nous !

28 Lorsqu'il fut arrivé à la maison, les aveugles s'approchèrent de lui. Il leur dit :

—Croyez-vous que j'ai le pouvoir de faire ce que vous me demandez ?

—Oui, Seigneur, lui répondirent-ils.

29 Alors il leur toucha les yeux en disant :

—Qu'il vous soit fait selon votre foi !

30 Et aussitôt, leurs yeux s'ouvrirent. Jésus ajouta d'un ton sévère a :

—Attention, veillez à ce que personne n'apprenne ce qui vous est arrivé.

31 Mais, une fois dehors, ils se mirent à raconter dans toute la région ce que Jésus avait fait.

Par quel pouvoir ?

32 Mais alors que les deux hommes sortaient, on amena à Jésus un homme qui était sous l'emprise d'un démon qui le rendait muet. 33 Jésus chassa le démon et le muet se mit à parler. La foule était émerveillée et disait :

—Jamais on n'a rien vu de pareil en *Israël !

34 Mais les pharisiens, eux, déclaraient :

—C'est par le pouvoir du chef des démons qu'il chasse les démons.

La moisson et le choix des Douze
(Mc 6.34 ; Lc 10.2)

35 Jésus parcourait toutes les villes et tous les villages pour y donner son enseignement dans leurs *synagogues. Il proclamait la Bonne Nouvelle du règne de Dieu et guérissait toute maladie et toute infirmité. 36 En voyant les foules, il fut pris de pitié pour elles, car ces gens étaient inquiets et abattus, comme des brebis sans berger. 37 Alors il dit à ses *disciples :

—La moisson est abondante, mais les ouvriers sont peu nombreux ! 38 Demandez donc au Seigneur, à qui appartient la moisson, d'envoyer des ouvriers pour la rentrer.

(Mc 3.13-19 ; Lc 6.12-16)

10
Jésus appela ses douze disciples et leur donna l'autorité de chasser les esprits mauvais et de guérir toute maladie et toute infirmité. 2 Voici les noms des douze *apôtres :

d'abord, *Simon appelé Pierre puis André son frère ; *Jacques, fils de Zébédée, et Jean son frère ; 3 Philippe et Barthélemy ; Thomas et Matthieu, le *collecteur d'impôts ; *Jacques, fils d'Alphée, et Thaddée ; 4 Simon, le Zélé b, et Judas Iscariot, celui qui a trahi Jésus.

L'envoi des Douze
(Mc 6.7-13 ; Lc 9.1-6)

5 Ce sont ces douze hommes que Jésus envoya, après leur avoir fait les recommandations suivantes :

—N'allez pas dans les contrées païennes et n'entrez pas dans les villes de la Samarie. 6 Rendez-vous plutôt auprès des brebis perdues du peuple d'*Israël. 7 Partout où vous passerez, annoncez que le règne c des cieux est tout proche. 8 Guérissez les malades, ressuscitez les morts, rendez *purs les lépreux, expulsez les démons.

Vous avez reçu gratuitement, donnez gratuitement. 9 Ne mettez dans vos bourses ni or, ni argent, ni pièce de cuivre. 10 N'emportez pour le voyage ni sac, ni tunique de rechange, ni sandales, ni bâton, car « l'ouvrier mérite sa nourriture ».

11 Chaque fois que vous arriverez dans une ville ou un village, faites-vous indiquer quelqu'un de recommandable d et restez chez lui jusqu'à votre départ de la localité. 12 En franchissant le seuil de la maison, saluez ses occupants et dites : « Que la paix soit avec vous e ! » 13 S'ils en sont dignes, qu'elle repose sur eux. Sinon, qu'elle vous revienne. 14 Si, dans une maison ou dans une ville, on ne veut pas vous recevoir, ni écouter vos paroles, quittez la maison ou la ville en secouant la poussière de vos pieds f. 15 Vraiment, je vous l'assure : au jour du jugement, les villes de *Sodome et de *Gomorrhe g seront traitées avec moins de rigueur que les habitants de ces lieux-là.

---

a. 9.30 D'autres traduisent : Jésus, indigné, leur dit. L'indignation de Jésus vient de ce que les aveugles l'ont appelé publiquement : « fils de David ».

b. 10.4 Ce surnom peut faire allusion à son zèle pour la Loi, ou, selon certains, à son appartenance au parti nationaliste des zélotes.

c. 10.7 Voir note 3.2.

d. 10.11 Autre traduction : quelqu'un qui soit en mesure (ou désireux) de vous accueillir.

e. 10.12 Salutation juive habituelle.

f. 10.14 Pour signifier qu'ils ne voulaient plus rien avoir de commun avec cette ville.

g. 10.15 Deux villes frappées par le jugement de Dieu. Leur histoire est racontée dans Gn 18-19.

Les difficultés de la mission
(Mc 13.9-13 ; Lc 21.12-19)

16 –Voici : je vous envoie comme des brebis au milieu de loups. Soyez prudents comme des serpents et innocents comme des colombes. **17** Soyez sur vos gardes ; car on vous traduira devant les tribunaux des *Juifs et on vous fera fouetter dans leurs *synagogues.

18 On vous forcera à comparaître devant des gouverneurs et des rois à cause de moi pour leur apporter un témoignage, ainsi qu'aux nations païennes. **19** Lorsqu'on vous traduira devant les autorités, ne vous inquiétez ni du contenu ni de la forme de ce que vous direz, car cela vous sera donné au moment même. **20** En effet, ce n'est pas vous qui parlerez, ce sera l'Esprit de votre Père qui parlera par votre bouche.

21 Le frère livrera son propre frère pour le faire condamner à mort, et le père livrera son enfant. Des enfants se dresseront contre leurs parents et les feront mettre à mort. **22** Tout le monde vous haïra à cause de moi. Mais celui qui tiendra bon jusqu'au bout sera *sauvé.

23 Si l'on vous persécute dans une ville, fuyez dans une autre ; vraiment, je vous l'assure : vous n'achèverez pas le tour des villes d'Israël avant que le *Fils de l'homme ne vienne.

24 Le *disciple n'est pas plus grand que celui qui l'enseigne, ni le serviteur supérieur à son maître. **25** Il suffit au disciple d'être comme celui qui l'enseigne et au serviteur comme son maître. S'ils ont qualifié le maître de la maison de Béelzébul[a], que diront-ils de ceux qui font partie de cette maison ?

Prendre courage pour la mission
(Lc 12.2-9)

26 –N'ayez donc pas peur de ces gens-là ! Car tout ce qui se fait en secret sera dévoilé, et tout ce qui est caché finira par être connu. **27** Ce que je vous dis en secret, répétez-le en plein jour. Ce qu'on vous chuchote dans le creux de l'oreille, criez-le du haut des toits.

28 –Ne craignez donc pas ceux qui peuvent tuer le corps, mais qui n'ont pas le pouvoir de faire mourir l'âme. Craignez plutôt celui qui peut vous faire périr corps et âme dans l'enfer. **29** Ne vend-on pas une paire de moineaux pour un sou ? Et pourtant, pas un seul d'entre eux ne tombe à

terre sans le consentement de votre Père. **30** Quant à vous, même les cheveux de votre tête sont tous comptés. **31** N'ayez donc aucune crainte ; car vous, vous avez plus de valeur que toute une volée de moineaux.

32 C'est pourquoi, tous ceux qui se déclareront pour moi devant les hommes, je me déclarerai moi aussi pour eux devant mon Père céleste. **33** Mais celui qui aura prétendu ne pas me connaître devant les hommes, je ne le reconnaîtrai pas non plus devant mon Père céleste.

(Lc 12.51-53)

34 –Ne croyez pas que je sois venu apporter la paix sur terre : ma mission n'est pas d'apporter la paix, mais l'épée. **35** Oui, je suis venu opposer *le fils à son père, la fille à sa mère, la belle-fille à sa belle-mère :* **36** *on aura pour ennemis les membres de sa propre famille*[b].

(Lc 14.26-27)

37 –Celui qui aime son père ou sa mère plus que moi n'est pas digne de moi. Celui qui aime son fils ou sa fille plus que moi n'est pas digne de moi. **38** Et celui qui ne se charge pas de sa croix et ne me suit pas n'est pas digne de moi. **39** Celui qui cherche à *sauver sa vie la perdra ; et celui qui l'aura perdue à cause de moi la retrouvera.

(Mc 9.41)

40 –Si quelqu'un vous accueille, c'est moi qu'il accueille. Or celui qui m'accueille, accueille celui qui m'a envoyé. **41** Celui qui accueille un *prophète parce qu'il est un prophète recevra la même récompense que le prophète lui-même[c]. Et celui qui accueille un juste parce que c'est un juste aura la même récompense que le juste lui-même[d]. **42** Si quelqu'un donne à boire, ne serait-ce qu'un verre d'eau fraîche, au plus insignifiant de mes *disciples parce qu'il est mon disciple, vraiment, je vous l'assure, il ne perdra pas sa récompense.

11 Quand Jésus eut achevé de donner ces instructions à ses douze *disciples, il partit de là pour enseigner et prêcher dans les villes de la région.

---

a. **10.25** *Béelzébul*, « chef des démons », selon 12.24, était l'un des noms du diable.

b. **10.36** Mi 7.6.

c. **10.41** Autre traduction : *recevra une récompense réservée à un prophète.*

d. **10.41** Autre traduction : *recevra une récompense réservée à un juste.*

L'EVANGILE ET LA MONTEE DE L'OPPOSITION

Jésus et Jean-Baptiste
(Lc 7.18-35)

² Du fond de sa prison, Jean apprit tout ce que faisait le Christ. Il envoya auprès de lui deux de ses disciples. Ils lui demandèrent :

³ —Es-tu celui qui devait venir [a] ou bien devons-nous en attendre un autre ?

⁴ Et Jésus leur répondit :

—Retournez auprès de Jean et racontez-lui ce que vous entendez et ce que vous voyez : ⁵ les aveugles voient, les paralysés marchent normalement, les lépreux sont guéris, les sourds entendent, les morts ressuscitent, la Bonne Nouvelle est annoncée aux pauvres [b]. ⁶ Heureux celui qui ne perdra pas la foi à cause de moi.

⁷ Comme les envoyés s'en allaient, Jésus saisit cette occasion pour parler de Jean-Baptiste à la foule :

—Qu'êtes-vous allés voir au désert ? leur demanda-t-il. Un roseau, agité çà et là par le vent ? ⁸ Oui, qui donc êtes-vous allés voir ? Un homme habillé avec élégance ? Généralement, ceux qui sont élégamment vêtus vivent dans les palais royaux. ⁹ Mais qu'êtes-vous donc allés voir au désert ? Un *prophète ? Oui, assurément, et même bien plus qu'un prophète, c'est moi qui vous le dis. ¹⁰ Car c'est celui dont il est écrit :

J'enverrai mon messager devant toi,
il te préparera le chemin [c].

¹¹ Vraiment, je vous l'assure : parmi tous les hommes qui sont nés d'une femme, il n'en a paru aucun de plus grand que Jean-Baptiste. Et pourtant, le plus petit dans le *royaume des cieux est plus grand que lui. ¹² Depuis l'époque où Jean-Baptiste a paru jusqu'à cette heure, le royaume des cieux se force un passage avec violence [d], et ce sont les violents qui s'en emparent [e]. ¹³ En effet, jusqu'à Jean, tous les prophètes et la *Loi l'ont prophétisé. ¹⁴ Et, si vous voulez le croire, c'est lui, cet Elie qui devait venir. ¹⁵ Celui qui a des oreilles, qu'il entende.

¹⁶ —A qui donc pourrais-je comparer les gens de notre temps ? Ils sont comme ces enfants assis sur la place du marché qui crient à leurs camarades :

¹⁷ Quand nous avons joué de la flûte,
vous n'avez pas dansé.
Et quand nous avons chanté des airs de deuil,
vous ne vous êtes pas lamentés.

¹⁸ En effet, Jean est venu, il ne mangeait pas et ne buvait pas de vin. Et qu'a-t-on dit ? « Il a un démon en lui ! » ¹⁹ Le *Fils de l'homme est venu, il mange et boit, et l'on dit : « Cet homme ne pense qu'à faire bonne chère et à boire du vin, il est l'ami des *collecteurs d'impôts et des pécheurs notoires. » Et cependant, la sagesse de Dieu se fait reconnaître comme telle par les œuvres qu'elle accomplit [f].

Les reproches aux villes rebelles
(Lc 10.12-15)

²⁰ Alors Jésus adressa de sévères reproches aux villes où il avait fait la plupart de ses miracles, parce que leurs habitants n'avaient pas *changé de vie.

²¹ —Malheur à toi, Chorazin [g] ! Malheur à toi, Bethsaïda ! car si les miracles qui se sont produits au milieu de vous avaient eu lieu à *Tyr et à Sidon, il y a longtemps que leurs habitants auraient *changé de vie et l'auraient manifesté, en revêtant des habits de toile de sac et en se couvrant de cendre [e]. ²² C'est pourquoi, je vous le déclare : au jour du jugement, ces villes seront traitées avec moins de rigueur que vous.

²³ Et toi, *Capernaüm, crois-tu que tu seras élevée jusqu'au ciel ? Non ! Tu seras précipitée au séjour des morts. Car si les miracles qui se sont produits chez toi avaient eu lieu à *Sodome, elle existerait encore aujourd'hui. ²⁴ C'est pourquoi, je vous le déclare : au jour du jugement, le pays de Sodome sera traité avec moins de rigueur que toi.

---

a. 11.3 C'est-à-dire : « Es-tu le Messie attendu, promis par les prophètes ? »

b. 11.5 Es 35.5-6 ; 61.1.

c. 11.10 Ml 3.1.

d. 11.12 Autre traduction : le royaume des cieux est soumis à la violence.

e. 11.12 Autre traduction : et des hommes violents l'assaillent.

---

f. 11.19 Autre traduction : mais la sagesse a été reconnue juste d'après ses effets.

g. 11.21 Chorazin... Bethsaïda : deux villes voisines de Capernaüm. Tyr... Sidon : deux villes phéniciennes, donc non-juives.

(Lc 10.21-22)

²⁵ Vers cette même époque, Jésus dit :

—Je te loue, ô Père, Seigneur du ciel et de la terre, parce que tu as caché ces vérités aux sages et aux intelligents et que tu les as dévoilées à ceux qui sont tout petits. ²⁶ Oui, Père, car dans ta bonté, tu l'as voulu ainsi.

²⁷ Mon Père a remis toutes choses entre mes mains. Personne ne connaît le Fils, si ce n'est le Père ; et personne ne connaît le Père, si ce n'est le Fils et celui à qui le Fils veut le révéler.

²⁸ Venez à moi, vous tous qui êtes accablés sous le poids d'un lourd fardeau, et je vous donnerai du repos. ²⁹ Prenez mon joug sur vous et mettez-vous à mon école, car je suis doux et humble de cœur, et vous trouverez le repos pour vous-mêmes. ³⁰ Oui, mon joug est facile à porter et la charge que je vous impose est légère.

Jésus maître du sabbat
(Mc 2.23-28 ; Lc 6.1-5)

12 A cette époque, un jour de *sabbat, Jésus traversait des champs de blé. Comme ses *disciples avaient faim, ils se mirent à cueillir des épis pour en manger les grains ᵃ.

² Quand les *pharisiens virent cela, ils dirent à Jésus :

—Regarde tes disciples : ils font ce qui est interdit le jour du sabbat !

³ Il leur répondit :

—N'avez-vous donc pas lu ce qu'a fait *David lorsque lui et ses compagnons avaient faim ? ⁴ Il est entré dans le sanctuaire de Dieu et il a mangé avec eux les pains exposés devant Dieu. Or, ni lui ni ses hommes n'avaient le droit d'en manger, ils étaient réservés uniquement aux *prêtres. ⁵ Ou bien, n'avez-vous pas lu dans la *Loi que, le jour du sabbat, les prêtres qui travaillent dans le *Temple violent la loi sur le sabbat, sans pour cela se rendre coupables d'aucune faute ?

⁶ Or, je vous le dis : il y a ici plus que le Temple. ⁷ Ah ! si vous aviez compris le sens de cette parole : *Je désire que vous fassiez preuve d'amour envers les autres plutôt que vous m'offriez des sacrifices* ᵇ, vous n'auriez pas condamné ces innocents. ⁸ Car le *Fils de l'homme est maître du sabbat.

(Mc 3.1-6 ; Lc 6.6-11)

⁹ En partant de là, Jésus se rendit dans l'une de leurs *synagogues. ¹⁰ Il y avait là un homme paralysé d'une main.

Les *pharisiens demandèrent à Jésus :

—A-t-on le droit de guérir quelqu'un le jour du sabbat ?

Ils voulaient ainsi pouvoir l'accuser.

¹¹ Mais il leur répondit :

—Supposez que l'un de vous n'ait qu'une seule brebis et qu'un jour de sabbat, elle tombe dans un trou profond. Ne la tirera-t-il pas pour l'en sortir ? ¹² Eh bien, un homme a beaucoup plus de valeur qu'une brebis ! Il est donc permis de faire du bien le jour du sabbat.

¹³ Alors il dit à l'homme :

—Etends la main !

Il la tendit et elle redevint saine, comme l'autre.

¹⁴ Les pharisiens sortirent de la synagogue et se concertèrent sur les moyens de faire mourir Jésus.

Jésus le Serviteur de l'Eternel

¹⁵ Quand Jésus sut qu'on voulait le tuer, il partit de là. Une grande foule le suivit et il guérit tous les malades. ¹⁶ Mais il leur défendit formellement de le faire connaître. ¹⁷ Ainsi devait s'accomplir cette parole du prophète Esaïe :

¹⁸ *Voici mon serviteur, dit Dieu, celui que*
      j'ai choisi,
   celui que j'aime et qui fait ma joie.
   Je ferai reposer mon Esprit sur lui
   et il annoncera la justice aux nations.
¹⁹ *Il ne cherchera pas querelle,*
   il n'élèvera pas le ton.
   On n'entendra pas sa voix dans les rues.
²⁰ *Il ne brisera pas le roseau qui se ploie,*
   et il n'éteindra pas la lampe
   dont la mèche fume encore.
   Il agira encore,
   jusqu'à ce qu'il ait assuré le triomphe de
      la justice ᶜ.
²¹ *Tous les peuples mettront leur espoir en lui* ᵈ.

Dieu ou Satan ?
(Mc 3.20-30 ; Lc 11.14-23 ; 12.10)

²² On lui amena encore un homme qui était sous l'emprise d'un démon qui le rendait aveugle et muet. Jésus le guérit, et l'homme put de nouveau parler et voir.

²³ La foule, stupéfaite, disait :

—Cet homme n'est-il pas le *Fils de David ?

²⁴ Les *pharisiens, ayant appris ce qu'on disait de lui, déclarèrent :

---

a. 12.1 Voir Dt 23.26.
b. 12.7 Os 6.6.

c. 12.20 Es 42.1-3.
d. 12.21 Es 42.4 cité selon l'anc. version grecque.

—Si cet homme chasse les démons, c'est par le pouvoir de Béelzébul [a], le chef des démons.

25 Mais Jésus, connaissant leurs pensées, leur dit :

—Un pays déchiré par la guerre civile est dévasté. Aucune ville, aucune famille divisée ne peut subsister. 26 Si donc *Satan se met à chasser Satan, son royaume est divisé contre lui-même. Comment alors ce royaume subsistera-t-il ?

27 D'ailleurs, si moi je chasse les démons par Béelzébul, qui donc donne à vos *disciples le pouvoir de les chasser ? C'est pourquoi ils seront eux-mêmes vos juges. 28 Mais si c'est par l'Esprit de Dieu que je chasse les démons, alors, de toute évidence, le *royaume de Dieu est venu jusqu'à vous.

29 Ou encore : Comment quelqu'un peut-il pénétrer dans la maison d'un homme fort et s'emparer de ses biens s'il n'a pas, tout d'abord, ligoté cet homme fort ? C'est alors qu'il pillera sa maison.

30 Celui qui n'est pas avec moi, est contre moi, et celui qui ne se joint pas à moi pour rassembler, disperse. 31 C'est pourquoi je vous avertis : tout péché, tout *blasphème sera pardonné aux hommes mais pas le blasphème contre le Saint-Esprit. 32 Si quelqu'un s'oppose au *Fils de l'homme, il lui sera pardonné ; mais si quelqu'un s'oppose au Saint-Esprit, il ne recevra pas le pardon, ni dans la vie présente ni dans le monde à venir.

(Lc 6.43-45)

33 —Considérez ou bien que l'arbre est bon et que son fruit est bon, ou bien que l'arbre est mauvais et que son fruit est mauvais [b], car c'est à son fruit que l'on reconnaît l'arbre. 34 Espèces de vipères ! Comment pouvez-vous tenir des propos qui soient bons alors que vous êtes mauvais ? Car ce qu'on dit vient de ce qui remplit le cœur. 35 L'homme qui est bon tire de bonnes choses du bon trésor qui est en lui ; mais l'homme qui est mauvais tire de mauvaises choses du mauvais trésor qui est en lui. 36 Or, je vous le déclare, au jour du jugement les hommes rendront compte de toute parole sans fondement [c] qu'ils auront prononcée. 37 En effet, c'est en

fonction de tes propres paroles que tu seras déclaré juste, ou que tu seras condamné.

(Mc 8.11-12 ; Lc 11.29-32)

38 Quelques *spécialistes de la Loi et des pharisiens intervinrent en disant :

—Maître, nous voudrions te voir faire un signe miraculeux.

39 Il leur répondit :

—Ces gens de notre temps qui sont mauvais et infidèles à Dieu réclament un signe miraculeux ! Un signe... il ne leur en sera pas accordé d'autre que celui du *prophète Jonas. 40 En effet, comme Jonas resta trois jours et trois nuits dans le ventre du poisson [d], ainsi le Fils de l'homme passera trois jours et trois nuits dans le sein de la terre. 41 Au jour du jugement, les habitants de Ninive [e] se lèveront et condamneront les gens de notre temps, car eux, ils ont *changé de vie en réponse à la prédication de Jonas. Or, il y a ici plus que Jonas. 42 Au jour du jugement, la reine du Midi se lèvera avec ces gens de notre temps et elle les condamnera, car elle est venue du bout du monde pour écouter l'enseignement plein de sagesse de *Salomon. Or, il y a ici plus que Salomon !

(Lc 11.24-26)

43 —Lorsqu'un esprit mauvais est sorti de quelqu'un, il erre çà et là dans des lieux déserts, à la recherche d'un lieu de repos et il n'en trouve pas. 44 Il se dit alors : Mieux vaut regagner la demeure que j'ai quittée. Il y retourne donc et la trouve vide, balayée, et mise en ordre. 45 Alors il va chercher sept autres esprits encore plus méchants que lui et les ramène avec lui. Ils envahissent la demeure et s'y installent. Finalement, la condition de cet homme est pire qu'avant. C'est exactement ce qui arrivera à ces gens de notre temps qui sont mauvais.

La vraie famille de Jésus
(Mc 3.31-35 ; Lc 8.19-21)

46 Pendant que Jésus parlait encore à la foule, voici que sa mère et ses frères se tenaient dehors, cherchant à lui parler.

[47 Quelqu'un vint lui dire :

—Ta mère et tes frères sont là. Ils cherchent à te parler] [f].

---

a. 12.24 Béelzébul : voir note Mt 10.25.

b. 12.33 Autre traduction : ou bien vous considérez... ou bien vous considérez...

c. 12.36 Autre traduction : sans efficacité.

d. 12.40 Jon 1.17.

e. 12.41 Ninive : ancienne capitale de l'Assyrie dont les habitants ont changé d'attitude en entendant la prédication du prophète Jonas.

f. 12.47 Ce verset est absent dans de nombreux manuscrits.

48 Mais Jésus lui répondit :

—Qui est ma mère ? Qui sont mes frères ? **49** Puis, désignant ses *disciples d'un geste de la main, il ajouta : Ma mère et mes frères, les voici. **50** Car celui qui fait la volonté de mon Père céleste, celui-là est pour moi un frère, une sœur, une mère.

Les paraboles du royaume
La parabole du semeur
(Mc 4.1-9 ; Lc 8.4-8).

13 Ce jour-là, Jésus sortit de chez lui et alla s'asseoir au bord du lac. **2** Autour de lui la foule se rassembla si nombreuse qu'il dut monter dans une barque. Il s'y assit. La foule se tenait sur le rivage.

3 Il prit la parole et leur exposa bien des choses sous forme de paraboles. Il leur dit :

—Un semeur sortit pour semer. **4** Alors qu'il répandait sa semence, des grains tombèrent au bord du chemin ; les oiseaux vinrent et les mangèrent. **5** D'autres tombèrent sur un sol rocailleux et, ne trouvant qu'une mince couche de terre, ils levèrent rapidement parce que la terre n'était pas profonde. **6** Mais quand le soleil fut monté haut dans le ciel, les petits plants furent vite brûlés, et comme ils n'avaient pas vraiment pris racine, ils séchèrent. **7** D'autres grains tombèrent parmi les ronces. Celles-ci grandirent et étouffèrent les jeunes pousses. **8** D'autres grains enfin tombèrent sur la bonne terre et donnèrent du fruit avec un rendement de cent, soixante, ou trente pour un. **9** Celui qui a des oreilles, qu'il entende !

(Mc 4.10-12 ; Lc 8.9-10)

10 Alors ses disciples s'approchèrent et lui demandèrent :

—Pourquoi te sers-tu de paraboles pour leur parler ?

11 Il leur répondit :

—Vous avez reçu le privilège de connaître les secrets du *royaume des cieux, eux ne l'ont pas reçu. **12** Car à celui qui a, on donnera encore, jusqu'à ce qu'il soit dans l'abondance ; mais à celui qui n'a pas, on ôtera même ce qu'il a.

13 Voici pourquoi je me sers de paraboles, pour leur parler : c'est que, bien qu'ils regardent, ils ne voient pas, et bien qu'ils écoutent, ils n'entendent pas et ne comprennent pas. **14** Pour eux s'accomplit cette prophétie d'*Esaïe :

Vous aurez beau entendre,
vous ne comprendrez pas.

Vous aurez beau voir de vos propres yeux,
vous ne saisirez pas.
15 *Car le cœur de ce peuple est devenu*
insensible,
ils ont fait la sourde oreille
et ils se sont bouché les yeux,
de peur que leurs yeux ne voient,
et que leurs oreilles n'entendent,
de peur que leur cœur ne comprenne,
qu'ils ne se tournent vers moi
et que je les guérisse [a].

16 Vous, au contraire, vous êtes heureux, vos yeux voient et vos oreilles entendent ! **17** Vraiment, je vous l'assure : beaucoup de *prophètes et de justes ont désiré voir ce que vous voyez, mais ne l'ont pas vu ; ils ont désiré entendre ce que vous entendez, mais ne l'ont pas entendu.

(Mc 4.13-20 ; Lc 8.11-15)

18 —Vous donc, écoutez ce que signifie la parabole du semeur : **19** Chaque fois que quelqu'un entend le message qui concerne le royaume et ne le comprend pas, le diable [b] vient arracher ce qui a été semé dans son cœur. Tel est celui qui a reçu la semence « au bord du chemin ».

20 Puis il y a celui qui reçoit la semence « sur le sol rocailleux » : quand il entend la Parole, il l'accepte aussitôt avec joie. **21** Mais il ne la laisse pas prendre racine en lui, car il est inconstant. Que surviennent des difficultés ou la persécution à cause de la Parole, le voilà qui abandonne tout. **22** Un autre encore a reçu la semence « parmi les ronces ». C'est celui qui écoute la Parole, mais en qui elle ne porte pas de fruit [c] parce qu'elle est étouffée par les soucis de ce monde et par l'attrait trompeur des richesses. **23** Un autre enfin a reçu la semence « sur la bonne terre ». C'est celui qui écoute la Parole et la comprend. Alors il porte du fruit : chez l'un, un grain en rapporte cent, chez un autre soixante, chez un autre trente.

La parabole de la mauvaise herbe

24 Il leur proposa une autre *parabole :

—Il en est du *royaume des cieux comme d'un homme qui avait semé du bon grain dans son champ. **25** Pendant que tout le

---

a. 13.15 Es 6.9-10 cité selon l'anc. version grecque.
b. 13.19 Autre traduction : *le mal.*
c. 13.22 Autre traduction : *mais qui ne porte pas de fruit.*

monde dormait, son ennemi sema une mauvaise herbe au milieu du blé, puis s'en alla. 26 Quand le blé eut poussé et produit des épis, on vit aussi paraître la mauvaise herbe. 27 Les serviteurs du propriétaire de ce champ vinrent lui demander :

–Maître, n'est-ce pas du bon grain que tu as semé dans ton champ ? D'où vient donc cette mauvaise herbe ?

28 Il leur répondit :

–C'est un ennemi qui a fait cela !

Alors les serviteurs demandèrent :

–Veux-tu donc que nous arrachions cette mauvaise herbe ?

29 –Non, répondit le maître, car en enlevant la mauvaise herbe, vous risqueriez d'arracher le blé en même temps. 30 Laissez pousser les deux ensemble jusqu'à la moisson. A ce moment-là, je dirai aux moissonneurs : « Enlevez d'abord la mauvaise herbe et liez-la en bottes pour la brûler : ensuite vous couperez le blé et vous le rentrerez dans mon grenier. »

Les paraboles de la graine de moutarde et du levain
(Mc 4.30-32 ; Lc 13.18-19)

31 Jésus leur raconta une autre *parabole :

–Le *royaume des cieux ressemble à une graine de moutarde qu'un homme a prise pour la semer dans son champ. 32 C'est la plus petite de toutes les semences ; mais quand elle a poussé, elle dépasse les autres plantes du potager et devient un arbuste, si bien que les oiseaux du ciel viennent nicher dans ses branches.

(Lc 13.20-21)

33 Il leur raconta une autre parabole :

–Le royaume des cieux ressemble à du *levain qu'une femme prend pour le mélanger à une vingtaine de kilogrammes de farine. Et, à la fin, toute la pâte lève.

(Mc 4.33-34)

34 Jésus enseigna toutes ces choses aux foules en employant des paraboles, et il ne leur parlait pas sans paraboles. 35 Ainsi se réalisa la parole du *prophète :

Je leur parlerai à l'aide de paraboles.
Je leur annoncerai des secrets \ cachés depuis la
création du monde [a].

La parabole de la mauvaise herbe expliquée

36 Alors Jésus laissa la foule et il rentra dans la maison. Ses disciples vinrent auprès de lui et lui demandèrent :

–Explique-nous la parabole de la mauvaise herbe dans le champ.

37 Il leur répondit :

–Celui qui sème la bonne semence, c'est le *Fils de l'homme ; 38 le champ, c'est le monde ; la bonne semence, ce sont ceux qui font partie du *royaume. La mauvaise herbe, ce sont ceux qui suivent le diable [b]. 39 L'ennemi qui a semé les mauvaises graines, c'est le diable ; la moisson, c'est la fin du monde ; les moissonneurs, ce sont les *anges.

40 Comme on arrache la mauvaise herbe et qu'on la ramasse pour la jeter au feu, ainsi en sera-t-il à la fin du monde : 41 le Fils de l'homme enverra ses anges et ils élimineront de son royaume tous ceux qui incitent les autres à pécher et ceux qui font le mal. 42 Ils les précipiteront dans la fournaise ardente où il y aura des pleurs et d'amers regrets. 43 Alors les justes resplendiront comme le soleil dans le royaume de leur Père. Celui qui a des oreilles, qu'il entende.

Les paraboles du trésor et de la perle

44 –Le *royaume des cieux ressemble à un trésor enfoui dans un champ. Un homme le découvre : il le cache de nouveau, s'en va, débordant de joie, vend tout ce qu'il possède et achète ce champ.

45 Voici à quoi ressemble encore le royaume des cieux : un marchand cherche de belles perles. 46 Quand il en a trouvé une de grande valeur, il s'en va vendre tout ce qu'il possède et achète cette perle précieuse.

La parabole du filet

47 –Voici encore à quoi ressemble le royaume des cieux : des pêcheurs ont jeté en mer un filet qui ramasse toutes sortes de poissons. 48 Une fois qu'il est rempli, les pêcheurs le tirent sur le rivage, puis ils s'assoient autour et trient leur prise : ce qui est bon, ils le mettent dans des paniers et ce qui ne vaut rien, ils le rejettent. 49 C'est ainsi que les choses se passeront à la fin du monde : les *anges viendront et sépareront les méchants d'avec les justes 50 et ils les précipiteront dans la fournaise ardente où il y aura des pleurs et d'amers regrets.

---

a. 13.35 Ps 78.2. Cité selon l'anc. version grecque.

b. 13.38 Autre traduction : *le mal.*

⁵¹ —Avez-vous compris tout cela ?

—Oui, répondirent-ils.

⁵² Alors Jésus conclut :

—Ainsi donc, tout *spécialiste de la Loi qui a été instruit des choses qui concernent le royaume des cieux est semblable à un père de famille qui tire de son trésor des choses nouvelles et des choses anciennes.

⁵³ Quand Jésus eut fini de raconter ces paraboles, il partit de là.

L'EVANGILE : LE REJET ET LA FOI

Jésus rejeté à Nazareth
(Mc 6.1-6 ; Lc 4.16-30)

⁵⁴ Il retourna dans la ville où il avait vécu ᵃ. Il enseignait ses concitoyens dans leur *synagogue. Son enseignement les remplissait d'étonnement, si bien qu'ils disaient :

—D'où tient-il cette sagesse et le pouvoir d'accomplir ces miracles ? ⁵⁵ N'est-il pas le fils du charpentier ? N'est-il pas le fils de Marie, et le frère de *Jacques, de Joseph, de Simon et de Jude ! ⁵⁶ Ses sœurs ne vivent-elles pas toutes parmi nous ? D'où a-t-il reçu tout cela ?

⁵⁷ Et voilà pourquoi ils trouvaient en lui un obstacle à la foi.

Alors Jésus leur dit :

—C'est seulement dans sa patrie et dans sa propre famille que l'on refuse d'honorer un *prophète.

⁵⁸ Aussi ne fit-il là que peu de miracles, à cause de leur incrédulité.

L'exécution de Jean-Baptiste
(Mc 6.14-29 ; Lc 9.7-9 ; 3.19-20)

14 A cette époque, *Hérode, le gouverneur de la *Galilée, entendit parler de Jésus.

² —Cet homme, dit-il à ses courtisans, c'est sûrement Jean-Baptiste : le voilà ressuscité des morts ! C'est pour cela qu'il détient le pouvoir de faire des miracles.

³ En effet, Hérode avait ordonné d'arrêter Jean, l'avait fait enchaîner et jeter en prison, à cause d'Hérodiade, la femme de Philippe, son demi-frère, ⁴ parce qu'il lui disait :

—Tu n'as pas le droit de la prendre pour femme.

⁵ *Hérode cherchait donc à le faire mourir. Mais il craignait la foule, car elle considérait Jean-Baptiste comme un *prophète. ⁶ Or, le jour de l'anniversaire d'Hérode, la fille d'Hérodiade exécuta une danse devant les invités. Hérode était sous son charme : ⁷ aussi lui promit-il, avec serment, de lui donner tout ce qu'elle demanderait.

⁸ A l'instigation de sa mère, elle lui dit :

—Donne-moi ici, sur un plat, la tête de Jean-Baptiste.

⁹ Cette demande attrista le roi. Mais à cause de son serment et de ses invités, il donna l'ordre de la lui accorder. ¹⁰ Il envoya le bourreau décapiter Jean-Baptiste dans la prison. ¹¹ La tête du prophète fut apportée sur un plat et remise à la jeune fille qui la porta à sa mère. ¹² Les *disciples de Jean-Baptiste vinrent prendre son corps pour l'enterrer, puis ils allèrent informer Jésus de ce qui s'était passé.

Avec cinq pains et deux poissons
(Mc 6.30-44 ; Lc 9.10-17 ; Jn 6.1-15)

¹³ Quand Jésus entendit la nouvelle, il quitta la contrée en barque et se retira, à l'écart, dans un endroit désert. Mais les foules l'apprirent ; elles sortirent de leurs bourgades et le suivirent à pied. ¹⁴ Aussi, quand Jésus descendit de la barque, il vit une foule nombreuse. Alors il fut pris de pitié pour elle et guérit les malades.

¹⁵ Le soir venu, les disciples s'approchèrent de lui et lui dirent :

—Cet endroit est désert et il se fait tard ; renvoie donc ces gens pour qu'ils aillent dans les villages voisins s'acheter de la nourriture.

¹⁶ Mais Jésus leur dit :

—Ils n'ont pas besoin d'y aller : donnez-leur vous-mêmes à manger.

¹⁷ —Mais, lui répondirent-ils, nous n'avons ici que cinq pains et deux poissons.

¹⁸ —Apportez-les moi, leur dit Jésus.

¹⁹ Il ordonna à la foule de s'asseoir sur l'herbe, puis il prit les cinq pains et les deux poissons, il leva les yeux vers le ciel et prononça la prière de bénédiction ; ensuite, il partagea les pains et en donna les morceaux aux disciples qui les distribuèrent à la foule.

²⁰ Tout le monde mangea à satiété. On ramassa les morceaux qui restaient ; on en remplit douze paniers. ²¹ Ceux qui avaient mangé étaient au nombre de cinq mille hommes, sans compter les femmes et les enfants.

Jésus marche sur les eaux
(Mc 6.45-52 ; Jn 6.16-21)

²² Aussitôt après, Jésus pressa ses disciples de remonter dans la barque pour qu'il le précèdent de l'autre côté du lac, pendant

---

a. **13.54** C'est-à-dire à Nazareth (voir 2.23 ; Lc 4.16).

qu'il renverrait la foule. ²³ Quand tout le monde se fut dispersé, il gravit une colline pour prier à l'écart. A la tombée de la nuit, il était là, tout seul.

²⁴ Pendant ce temps, à plusieurs centaines de mètres au large, la barque luttait péniblement contre les vagues, car le vent était contraire. ²⁵ Vers la fin de la nuit, Jésus se dirigea vers ses disciples en marchant sur les eaux du lac. ²⁶ Quand ils le virent marcher sur l'eau, ils furent pris de panique :

—C'est un fantôme, dirent-ils.

Et ils se mirent à pousser des cris de frayeur.

²⁷ Mais Jésus leur parla aussitôt :

—Rassurez-vous, leur dit-il, c'est moi, n'ayez pas peur.

²⁸ Alors Pierre lui dit :

—Si c'est bien toi, Seigneur, ordonne-moi de venir te rejoindre sur l'eau.

²⁹ —Viens, lui dit Jésus.

Aussitôt, Pierre descendit de la barque et se mit à marcher sur l'eau, en direction de Jésus. ³⁰ Mais quand il remarqua combien le vent soufflait fort, il prit peur et, comme il commençait à s'enfoncer, il s'écria :

—Au secours ! Seigneur !

³¹ Immédiatement, Jésus lui tendit la main et le saisit.

—Ta foi est bien faible ! lui dit-il, pourquoi as-tu douté ?

³² Puis ils montèrent tous deux dans la barque ; le vent tomba.

³³ Les hommes qui se trouvaient dans l'embarcation se prosternèrent devant lui en disant :

—Tu es vraiment le Fils de Dieu.

Les guérisons à Génésareth
(Mc 6.53-56)

³⁴ Après avoir traversé le lac, ils touchèrent terre à Génésareth[a]. ³⁵ Quand les habitants du lieu eurent reconnu Jésus, ils firent prévenir tout le voisinage, et on lui amena tous les malades. ³⁶ Ils le suppliaient de leur permettre simplement de toucher la frange de son vêtement. Et tous ceux qui le touchaient étaient guéris.

Jésus et la tradition religieuse juive
(Mc 7.1-23)

15 A cette époque, des *pharisiens et des *spécialistes de la Loi vinrent de *Jérusalem ; ils abordèrent Jésus pour lui demander :

² —Pourquoi tes *disciples ne respectent-ils pas la tradition des ancêtres ? Car ils ne se lavent pas les mains selon le rite usuel avant chaque repas.

³ —Et vous, répliqua-t-il, pourquoi désobéissez-vous à l'ordre de Dieu lui-même pour suivre votre tradition ? ⁴ En effet, Dieu a dit : *Honore ton père et ta mère*[b] et *Que celui qui maudit son père ou sa mère soit puni de mort*[c]. ⁵ Mais vous, qu'enseignez-vous ? Qu'il suffit de dire à son père ou à sa mère : « Je fais offrande à Dieu d'une part de mes biens avec laquelle j'aurais pu t'assister », ⁶ pour ne plus rien devoir à son père ou à sa mère. Ainsi vous annulez la Parole de Dieu et vous la remplacez par votre tradition. ⁷ Hypocrites ! *Esaïe vous a fort bien dépeints dans sa prophétie :

⁸ *Ce peuple m'honore du bout des lèvres,*
mais, au fond de son cœur, il est bien loin
*   de moi !*
⁹ *Le culte qu'il me rend n'a aucune valeur,*
car les enseignements qu'il donne
ne sont que des règles inventées par les
*   hommes*[d].

¹⁰ Alors Jésus appela la foule et lui dit :

—Ecoutez-moi et comprenez-moi bien : ¹¹ Ce qui rend un homme impur, ce n'est pas ce qui entre dans sa bouche, mais ce qui en sort.

¹² Alors les disciples s'approchèrent de lui pour lui faire remarquer :

—Sais-tu que les pharisiens ont été très choqués par tes paroles ?

¹³ Il leur répondit :

—Toute plante que mon Père céleste n'a pas lui-même plantée sera arrachée. ¹⁴ Laissez-les : ce sont des aveugles qui conduisent d'autres aveugles ! Or, si un aveugle en conduit un autre, ils tomberont tous deux dans le fossé.

¹⁵ Pierre intervint en disant :

—Explique-nous la comparaison de tout à l'heure.

¹⁶ —Eh quoi ! répondit Jésus, vous aussi, vous ne comprenez pas ? ¹⁷ Ne saisissez-vous pas que tout ce qui entre par la bouche va dans le ventre, puis est évacué par voie naturelle ? ¹⁸ Mais ce qui sort de la bouche vient du cœur, et c'est cela qui rend l'homme impur. ¹⁹ Car, c'est du cœur que proviennent les mauvaises pensées qui mènent au meurtre,

---

a. 14.34 *Génésareth :* région fertile au sud-ouest de Capernaüm.

b. 15.4 Ex 20.12 ; Dt 5.16.

c. 15.4 Ex 21.17.

d. 15.9 Es 29.13 cité selon l'anc. version grecque.

à l'adultère, à l'immoralité, au vol, aux faux témoignages, aux *blasphèmes a. **20** Voilà ce qui rend l'homme impur. Mais manger sans s'être lavé les mains ne rend pas l'homme impur.

La foi d'une non-Juive
(Mc 7.24-30)

21 En quittant cet endroit, Jésus se rendit dans la région de *Tyr et de Sidon. **22** Et voilà qu'une femme cananéenne b, qui habitait là, vint vers lui et se mit à crier :

—Seigneur, *Fils de David, aie pitié de moi ! Ma fille est sous l'emprise d'un démon qui la tourmente cruellement.

23 Mais Jésus ne lui répondit pas un mot. Ses disciples s'approchèrent de lui et lui dirent :

—Renvoie-la c, car elle ne cesse de nous suivre en criant.

24 Ce à quoi il répondit :

—Ma mission se limite aux brebis perdues du peuple d'*Israël.

25 Mais la femme vint se prosterner devant lui et reprit :

—Seigneur, viens à mon secours !

26 Il lui répondit :

—Il ne serait pas juste de prendre le pain des enfants de la maison pour le jeter aux petits chiens.

27 —C'est vrai, Seigneur, reprit-elle, et pourtant les petits chiens mangent les miettes qui tombent de la table de leurs maîtres.

28 Alors Jésus dit :

—O femme, ta foi est grande ! Qu'il en soit donc comme tu le veux !

Et, sur l'heure, sa fille fut guérie.

Nombreuses guérisons
(Mc 7.31)

29 Jésus partit de cette région et retourna au bord du lac de *Galilée. Il monta sur une colline où il s'assit. **30** Des foules nombreuses vinrent auprès de lui et, avec elles, des paralysés, des aveugles, des sourds-muets, des estropiés et beaucoup d'autres malades. On les amena aux pieds de Jésus, et il les guérit. **31** La foule s'émerveillait de voir les sourds-muets parler, les estropiés reprendre l'usage de leurs membres, les paralysés marcher, les

aveugles retrouver la vue, et tous se mirent à chanter la gloire du Dieu d'Israël.

Avec sept pains et des poissons
(Mc 8.1-10)

32 Jésus appela ses *disciples et leur dit :

—J'ai pitié de cette foule. Voilà déjà trois jours qu'ils sont restés là, avec moi, et ils n'ont rien à manger. Je ne veux pas les renvoyer à jeun, de peur que les forces ne leur manquent sur le chemin du retour.

33 Ses disciples lui dirent :

—Où pourrions-nous trouver, dans ce lieu désert, assez de pains pour nourrir une telle foule ?

34 —Combien de pains avez-vous ?

—Sept, répondirent-ils, et quelques petits poissons.

35 Alors il invita tout le monde à s'asseoir par terre. **36** Il prit ensuite les sept pains et les poissons et, après avoir remercié Dieu, les partagea et les donna aux disciples, qui les distribuèrent à la foule. **37** Tous mangèrent à satiété. On ramassa sept corbeilles pleines des morceaux qui restaient. **38** Ceux qui furent ainsi nourris étaient au nombre de quatre mille hommes, sans compter les femmes et les enfants.

39 Après avoir congédié la foule, Jésus monta dans une barque et se rendit dans la région de Magadan.

Jésus et les chefs religieux juifs
(Mc 8.11-13 ; Lc 12.54-56)

16 Quelques *pharisiens et *sadducéens abordèrent Jésus pour lui tendre un piège. Ils lui demandèrent de leur montrer un signe miraculeux venant du ciel.

2 Il leur répondit :

[—Au crépuscule, vous dites bien : « Demain, il fera beau, car le ciel est rouge. » **3** Ou bien, à l'aurore : « Aujourd'hui, on aura de l'orage, car le ciel est rouge sombre. » Ainsi, vous savez reconnaître ce qu'indique l'aspect du ciel ; mais vous êtes incapables de reconnaître les signes de notre temps d.] **4** Ces gens de notre temps qui sont mauvais et infidèles à Dieu réclament un signe miraculeux ! Un signe... il ne leur en sera pas accordé d'autre que celui de Jonas.

Là-dessus, il les quitta et partit de là.

---

a. 15.19 Autre traduction : *injures.*
b. 15.22 Cette femme, appelée *cananéenne,* faisait partie de la population non-juive qui vivait dans cette partie de la Phénicie.
c. 15.23 Autre traduction : *délivre-la,* c'est-à-dire, *donne-lui ce qu'elle demande.*

d. 16.3 Les versets 2 et 3 sont absents de plusieurs manuscrits.

(Mc 8.14-21)

⁵ En passant de l'autre côté du lac, les disciples avaient oublié d'emporter du pain. ⁶ Jésus leur dit :

—Faites bien attention : gardez-vous du *levain des pharisiens et des sadducéens.

⁷ Les disciples discutaient entre eux :

—Il dit cela parce que nous n'avons pas pris de pain !

⁸ Jésus, sachant ce qui se passait, leur dit :

—Pourquoi discutez-vous entre vous parce que vous n'avez pas de pain ? Ah, votre foi est encore bien petite ! ⁹ Vous n'avez donc pas encore compris ? Ne vous souvenez-vous pas des cinq pains distribués aux cinq mille hommes et combien de paniers vous avez remplis avec les restes ? ¹⁰ Et des sept pains distribués aux quatre mille hommes et du nombre de corbeilles que vous avez emportées ? ¹¹ Comment se fait-il que vous ne compreniez pas que ce n'est pas de pain quand je vous disais : Gardez-vous du *levain des pharisiens et des sadducéens !

¹² Alors ils comprirent qu'il leur avait dit de se garder, non pas du levain que l'on met dans le pain, mais de l'enseignement des pharisiens et des sadducéens.

Qui est vraiment Jésus ?

(Mc 8.27-30 ; Lc 9.18-21)

¹³ Jésus se rendit dans la région de *Césarée de Philippe. Il interrogea ses *disciples :

—Que disent les gens au sujet du *Fils de l'homme ? Qui est-il d'après eux ?

¹⁴ Ils répondirent :

—Pour les uns, c'est Jean-Baptiste ; pour d'autres : Elie ; pour d'autres encore : Jérémie ou un autre *prophète.

¹⁵ —Et vous, leur demanda-t-il, qui dites-vous que je suis ?

¹⁶ Simon Pierre lui répondit :

—Tu es le *Messie, le Fils du Dieu vivant.

¹⁷ Jésus lui dit alors :

—Tu es heureux, *Simon, fils de Jonas, car ce n'est pas toi-même qui tu as trouvé cela. C'est mon Père céleste qui te l'a révélé. ¹⁸ Et moi, je te déclare : Tu es Pierre, et sur cette pierre j'édifierai mon Eglise, contre laquelle la mort elle-même ne pourra rien. ¹⁹ Je te donnerai les clés du *royaume des cieux : tous ceux que tu excluras sur la terre auront été exclus aux yeux de Dieu et tous ceux que tu accueilleras sur la terre auront été accueillis aux yeux de Dieu[a].

²⁰ Puis Jésus interdit à ses disciples de dire à qui que ce soit qu'il était le *Messie.

Comment suivre Jésus

(Mc 8.31 à 9.1 ; Lc 9.22-27)

²¹ A partir de ce jour, Jésus commença à exposer à ses disciples qu'il devait se rendre à *Jérusalem, y subir de cruelles souffrances de la part des responsables du peuple, des chefs des *prêtres et des *spécialistes de la Loi, être mis à mort et ressusciter le troisième jour.

²² Alors Pierre le prit à part et se mit à lui faire des reproches :

—Que Dieu t'en préserve, Seigneur ! Cela ne t'arrivera pas !

²³ Mais Jésus, se retournant, lui dit :

—Arrière, « *Satan » ! Eloigne-toi de moi ! Tu es un obstacle à ma mission, car tes pensées ne sont pas celles de Dieu ; ce sont des pensées tout humaines.

²⁴ Puis, s'adressant à ses disciples, Jésus dit :

—Si quelqu'un veut marcher à ma suite, qu'il renonce à lui-même, qu'il se charge de sa croix et qu'il me suive. ²⁵ Car celui qui est préoccupé de *sauver sa vie la perdra ; mais celui qui perdra sa vie à cause de moi, la retrouvera. ²⁶ Si un homme parvient à posséder le monde entier, à quoi cela lui sert-il s'il perd sa vie ? Et que peut-on donner pour racheter sa vie ? ²⁷ Le *Fils de l'homme viendra dans la gloire de son Père, avec ses *anges, et alors il donnera à chacun ce que lui auront valu ses actes. ²⁸ Vraiment, je vous l'assure, plusieurs de ceux qui sont ici ne mourront pas avant d'avoir vu le Fils de l'homme venir comme Roi.

La révélation du royaume

(Mc 9.2-9 ; Lc 9.28-36)

17 Six jours plus tard, Jésus prit avec lui Pierre, *Jacques et Jean son frère, et les emmena sur une haute montagne, à l'écart. ² Il fut transfiguré devant eux : son visage se mit à resplendir comme le soleil ; ses vêtements prirent une blancheur éclatante, aussi éblouissante que la lumière. ³ Et voici que *Moïse et Elie[b] leur apparurent : ils s'entretenaient avec Jésus.

⁴ Pierre s'adressa à Jésus et lui dit :

—Seigneur, il est bon que nous soyons ici. Si tu es d'accord, je vais dresser ici trois ten-

---

a. 16.19 Autre traduction : *tout ce que tu interdiras sur la terre aura été interdit aux yeux de Dieu et tout ce que tu permettras sur la terre aura été permis aux yeux de Dieu* (voir 18.18).

b. 17.3 *Moïse et Elie* représentent toute l'ancienne alliance : la Loi et les prophètes.

tes, une pour toi, une pour Moïse et une pour Elie...

5 Pendant qu'il parlait ainsi, une nuée lumineuse les enveloppa, et une voix en sortit qui disait :

—Celui-ci est mon Fils bien-aimé, celui qui fait toute ma joie. Ecoutez-le !

6 En entendant cette voix, les disciples furent remplis de terreur et tombèrent le visage contre terre.

7 Mais Jésus s'approcha et posa la main sur eux en disant :

—Relevez-vous et n'ayez pas peur.

8 Alors ils levèrent les yeux et ne virent plus que Jésus seul.

9 Pendant qu'ils descendaient de la montagne, Jésus leur donna cet ordre :

—Ne racontez à personne ce que vous venez de voir avant que le *Fils de l'homme ne soit ressuscité des morts.

(Mc 9.10-13)

10 Les disciples lui demandèrent alors :

—Pourquoi donc les *spécialistes de la Loi disent-ils qu'Elie doit venir en premier lieu ?

11 Il leur répondit :

—Effectivement, Elie doit venir remettre toutes choses en ordre. **12** Or, je vous le déclare : Elie est déjà venu, mais ils ne l'ont pas reconnu. Au contraire, ils l'ont traité comme ils ont voulu. Et c'est le même traitement que va subir de leur part le Fils de l'homme.

13 Les disciples comprirent alors qu'il parlait de Jean-Baptiste.

La guérison d'un enfant possédé
(Mc 9.14-29 ; Lc 9.37-43)

14 Quand ils furent revenus auprès de la foule, un homme s'approcha de Jésus, se jeta à genoux devant lui et le supplia :

15 —Seigneur, aie pitié de mon fils : il est épileptique a et il souffre beaucoup : il lui arrive souvent de tomber dans le feu ou dans l'eau. **16** Je l'ai bien amené à tes disciples, mais ils n'ont pas réussi à le guérir.

17 Jésus s'exclama alors :

—Vous êtes un peuple incrédule et infidèle à Dieu ! Jusqu'à quand devrai-je encore rester avec vous ? Jusqu'à quand devrai-je encore vous supporter ? Amenez-moi l'enfant ici.

18 Jésus commanda avec sévérité au démon de sortir et, immédiatement, celui-ci sortit de l'enfant, qui fut guéri à l'heure même.

19 Alors, les disciples prirent Jésus à part et le questionnèrent :

—Pourquoi n'avons-nous pas réussi, nous, à chasser ce démon ?

20 —Parce que vous n'avez que peu de foi, leur répondit-il. Vraiment, je vous l'assure, si vous aviez de la foi, même si elle n'était pas plus grosse qu'une graine de moutarde b, vous pourriez commander à cette montagne : Déplace-toi d'ici jusque là-bas, et elle le ferait. Rien ne vous serait impossible c.

La nouvelle annonce de la mort et de la résurrection de Jésus
(Mc 9.30-32 ; Lc 9.43-45)

22 Un jour qu'ils parcouraient tous ensemble la *Galilée, Jésus leur dit :

—Le *Fils de l'homme va être livré aux mains des hommes. **23** Ils le feront mourir, mais, le troisième jour, il ressuscitera.

Les disciples furent extrêmement affligés par ces paroles.

L'impôt du Temple

24 Ils se rendirent à *Capernaüm. Là, les agents chargés de percevoir l'impôt pour le *Temple vinrent trouver Pierre et lui demandèrent :

—Est-ce que votre Maître ne paie pas l'impôt du Temple ?

25 —Mais si, répondit-il, il le paie.

Quand Pierre fut entré dans la maison, Jésus, prenant les devants, lui demanda :

—Qu'en penses-tu, *Simon ? Qui est-ce qui paie les taxes et les impôts aux rois de la terre ? Les fils ou les étrangers ?

26 —Les étrangers, répondit Pierre.

—Donc, reprit Jésus, les fils n'ont rien à payer. **27** Toutefois, ne jetons pas ces gens dans le trouble. Descends donc jusqu'au lac, lance ta ligne à l'eau, attrape le premier poisson qui mordra, et ouvre-lui la bouche : tu y trouveras une pièce d'argent. Prends-la et donne-la aux agents en paiement de l'impôt pour nous deux.

La communauté du Messie
L'accueil des « petits »
(Mc 9.33-37 ; Lc 9.46-48)

18 A ce moment-là, les *disciples s'approchèrent de Jésus et lui demandèrent :

---

a. **17.15** *épileptique* : voir note Mt 4.24.

b. **17.20** La *graine de moutarde* était, en Palestine, la plus petite graine connue.

c. **17.20** Certains manuscrits ajoutent : **21** *Mais cette sorte de démon ne sort que par la prière et le jeûne.*

—Qui donc est le plus grand dans le *royaume des cieux ?

2 Alors Jésus appela un petit enfant, le plaça au milieu d'eux, 3 et dit :

—Vraiment, je vous l'assure : si vous ne changez pas d'attitude et ne devenez pas comme de petits enfants, vous n'entrerez pas dans le royaume des cieux. 4 C'est pourquoi le plus grand dans le royaume des cieux est celui qui s'abaisse lui-même comme cet enfant, 5 et celui qui accueille, en mon nom, un enfant comme celui-ci, m'accueille moi-même.

(Mc 9.42-48 ; Lc 17.1-2)

6 —Si quelqu'un devait faire tomber dans le péché l'un de ces petits qui croient en moi, il vaudrait mieux qu'on lui attache au cou une de ces pierres de meule que font tourner les ânes, et qu'on le précipite au fond du lac.

7 Quel malheur pour le monde qu'il y ait tant d'occasions de tomber dans le péché[a] ! Il est inévitable qu'il y en ait, mais malheur à celui qui crée de telles occasions.

8 Si ta main ou ton pied te font tomber dans le péché, coupe-les, et jette-les au loin. Car il vaut mieux pour toi entrer dans la vie avec une seule main ou un seul pied que de garder tes deux mains ou tes deux pieds et d'être jeté dans le feu éternel.

9 Si ton œil te fait tomber dans le péché, arrache-le et jette-le au loin, car il vaut mieux pour toi entrer dans la vie avec un seul œil, que de conserver tes deux yeux et d'être jeté dans le feu de l'enfer.

(Lc 15.1-7)

10 —Faites attention ! Ne méprisez pas un seul de ces petits ; je vous l'assure : leurs *anges dans le ciel se tiennent constamment en présence de mon Père céleste[b].

12 Qu'en pensez-vous ? Si un homme a cent brebis, et que l'une d'elles s'égare, ne laissera-t-il pas les quatre-vingt-dix-neuf autres dans la montagne, pour aller à la recherche de celle qui s'est égarée ? 13 Et s'il réussit à la retrouver, vraiment, je vous l'assure : cette brebis lui causera plus de joie que les quatre-vingt-dix-neuf autres qui ne s'étaient pas égarées. 14 Il en est de même

pour votre Père céleste : il ne veut pas qu'un seul de ces petits se perde.

La démarche du pardon

15 —Si ton frère s'est rendu coupable [à ton égard[c]], va le trouver, et convaincs-le de sa faute : mais que cela se passe en tête-à-tête. S'il t'écoute, tu auras gagné ton frère. 16 S'il ne t'écoute pas, reviens le voir en prenant avec toi une ou deux autres personnes, pour *que tout ce qui sera dit soit appuyé sur les déclarations de deux ou de trois témoins[d]*. 17 S'il refuse de les écouter, dis-le à l'Eglise. S'il refuse aussi d'écouter l'Eglise, mets-le sur le même plan que les païens et les *collecteurs d'impôts. 18 Vraiment, je vous l'assure : tous ceux que vous exclurez sur la terre auront été exclus aux yeux de Dieu et tous ceux que vous accueillerez sur la terre auront été accueillis aux yeux de Dieu[e].

19 J'ajoute que si deux d'entre vous se mettent d'accord ici-bas au sujet d'un problème pour l'exposer à mon Père céleste, il les exaucera. 20 Car là où deux ou trois sont ensemble en mon nom, je suis présent au milieu d'eux.

21 Alors Pierre s'approcha de Jésus et lui demanda :

—Seigneur, si mon frère se rend coupable à mon égard, combien de fois devrai-je lui pardonner ? Irai-je jusqu'à sept fois ?

22 —Non, lui répondit Jésus, je ne te dis pas d'aller jusqu'à sept fois, mais jusqu'à soixante-dix fois sept fois[f]. 23 En effet, il en est du *royaume des cieux comme d'un roi qui voulut régler ses comptes avec ses serviteurs. 24 Lorsqu'il commença à compter, on lui en présenta un qui lui devait soixante millions de pièces d'argent[g]. 25 Comme ce serviteur n'avait pas de quoi rembourser ce qu'il devait, son maître donna ordre de le vendre comme esclave avec sa femme et ses enfants ainsi que tous ses biens pour rembourser sa dette. 26 Le serviteur se jeta alors aux pieds du roi et, se prosternant devant lui, supplia :

---

a. **18.7** Autre traduction : *malheur au monde qui cause tant de chutes !*

b. **18.10** Certains manuscrits ajoutent : 11 *Car le Fils de l'homme est venu chercher et amener au salut ce qui était perdu* (voir Lc 9.10).

c. **18.15** Certains manuscrits n'ont pas : *à ton égard.*

d. **18.16** Dt 19.15.

e. **18.18** Autre traduction : *tout ce que vous interdirez sur la terre aura été interdit aux yeux de Dieu et tout ce que vous permettrez sur la terre aura été permis aux yeux de Dieu* (voir 16.19).

f. **18.22** *soixante-dix-sept fois.*

g. **18.24** Il s'agit de *dix mille talents.* Un talent valait à peu près six mille deniers (cf. v.28).

« Sois patient envers moi, accorde-moi un délai et je te rembourserai tout. »

27 Pris de pitié pour lui, son maître le renvoya libre, après lui avoir remis toute sa dette.

28 A peine sorti, ce serviteur rencontra un de ses compagnons de service qui lui devait cent pièces d'argent [a]. Il le saisit à la gorge en criant :

« Paie-moi ce que tu me dois ! »

29 Son compagnon se jeta à ses pieds et le supplia :

« Sois patient envers moi, lui dit-il, accorde-moi un délai et je te rembourserai. »

30 Mais l'autre ne voulut rien entendre. Bien plus : il alla le faire jeter en prison en attendant qu'il ait payé tout ce qu'il lui devait.

31 D'autres compagnons de service, témoins de ce qui s'était passé, en furent profondément attristés et allèrent rapporter toute l'affaire à leur maître. 32 Alors celui-ci fit convoquer le serviteur qui avait agi de la sorte :

« Tu es vraiment odieux ! lui dit-il. Tout ce que tu me devais, toi mon serviteur, je te l'avais remis parce que tu m'en avais supplié. 33 Ne devais-tu pas, toi aussi, avoir pitié de ton compagnon, comme j'ai eu pitié de toi ? »

34 Et, dans sa colère, son maître le livra aux bourreaux jusqu'à ce qu'il ait remboursé toute sa dette.

35 Voilà comment mon Père céleste vous traitera, vous aussi, si chacun de vous ne pardonne pas du fond du cœur à son frère.

LA RUPTURE ET LA GRACE

Controverse sur le divorce
(Mc 10.1-12)

19 Après avoir donné ces enseignements, Jésus quitta la *Galilée et se rendit dans la partie de la *Judée située de l'autre côté du *Jourdain. 2 De grandes foules le suivaient et il guérit là les malades.

3 Des *pharisiens s'approchèrent de lui avec l'intention de lui tendre un piège. Ils lui demandèrent :

—Un homme a-t-il le droit de divorcer d'avec sa femme pour une raison quelconque ?

4 Il leur répondit :

—N'avez-vous pas lu dans les Ecritures qu'au commencement le Créateur a créé l'être humain homme et femme [b] 5 et qu'il a déclaré : *C'est pourquoi l'homme quittera son père et sa mère pour s'attacher à sa femme*, et *les deux ne feront plus qu'un* [c] ? 6 Ainsi, ils ne sont plus deux ; ils font un. Que l'homme ne sépare donc pas ce que Dieu a uni.

7 Mais les *pharisiens objectèrent :

—Pourquoi alors *Moïse a-t-il commandé à l'homme de remettre à sa femme un certificat de divorce quand il divorce d'avec elle [d] ?

8 Il leur répondit :

—C'est à cause de la dureté de votre cœur que Moïse vous a permis de divorcer d'avec vos épouses. Mais, au commencement, il n'en était pas ainsi. 9 Aussi, je vous déclare que celui qui divorce et se remarie, commet un adultère – sauf en cas d'immoralité sexuelle.

10 Les *disciples lui dirent :

—Si telle est la situation de l'homme par rapport à la femme, il n'est pas intéressant pour lui de se marier.

11 Il leur répondit :

—Tous les hommes ne sont pas capables d'accepter cet enseignement. Cela n'est possible qu'à ceux qui en ont reçu le don. 12 En effet, il y a ceux qui ne peuvent pas se marier parce que, de naissance, ils en sont incapables ; d'autres le sont devenus par une intervention humaine. D'autres, enfin, renoncent à se marier à cause du *royaume des cieux. Que celui qui est capable d'accepter cet enseignement, l'accepte !

Jésus accueille des enfants
(Mc 10.13-16 ; Lc 18.15-17)

13 Peu après, des gens lui amenèrent des petits enfants pour qu'il leur impose les mains et prie pour eux. Les disciples leur firent des reproches. 14 Mais Jésus leur dit :

—Laissez donc ces petits enfants, ne les empêchez pas de venir à moi, car le royaume des cieux appartient à ceux qui leur ressemblent.

15 Puis il leur imposa les mains et poursuivit son chemin.

Les riches et le royaume de Dieu
(Mc 10.17-31 ; Lc 18.18-30)

16 Alors un jeune homme s'approcha de lui et lui dit :

---

a. **18.28** Il s'agit de *deniers* ; le denier représentait le salaire journalier d'un ouvrier agricole.

b. **19.4** Gn 1.27 ; Gn 5.2.

c. **19.5** Gn 2.24.

d. **19.7** Dt 24.1-4.

–Maître, que dois-je faire de bon pour avoir la vie éternelle ?

[17] –Pourquoi m'interroges-tu sur ce qui est bon ? lui répondit Jésus. Un seul est bon. Si tu veux entrer dans la vie, applique les commandements.

[18] –Lesquels ? demanda l'autre.

–Eh bien, répondit Jésus, *tu ne commettras pas de meurtre ; tu ne commettras pas d'adultère ; tu ne voleras pas ; tu ne porteras pas de faux témoignage*[a] ; [19] *honore ton père et ta mère, et tu aimeras ton prochain comme toi-même*[b].

[20] –Tout cela, lui dit le jeune homme, je l'ai appliqué. Que me manque-t-il encore ?

[21] Jésus lui répondit :

–Si tu veux être parfait, va vendre tes biens, distribue le produit de la vente aux pauvres, et tu auras un capital dans le ciel. Puis viens et suis-moi.

[22] Quand il entendit cela, le jeune homme s'en alla tout triste : car il était très riche.

[23] Alors Jésus dit à ses *disciples :

–Vraiment, je vous l'assure : il est difficile à un riche d'entrer dans le *royaume des cieux. [24] Oui, j'insiste : il est plus facile à un chameau de passer par le trou d'une aiguille qu'à un riche d'entrer dans le royaume de Dieu.

[25] En entendant cela, les disciples furent très étonnés et demandèrent :

–Mais alors, qui donc peut être *sauvé ?

[26] Jésus les regarda et leur dit :

–Cela est impossible aux hommes ; mais à Dieu, tout est possible.

[27] Alors Pierre prit la parole et lui dit :

–Et nous ? Nous avons tout quitté pour te suivre : qu'en sera-t-il de nous ?

[28] Jésus leur dit :

–Vraiment, je vous l'assure : quand naîtra le monde nouveau et que le *Fils de l'homme aura pris place sur son trône glorieux, vous qui m'avez suivi, vous siégerez, vous aussi, sur douze trônes pour gouverner les douze tribus d'*Israël. [29] Tous ceux qui auront quitté, à cause de moi, leurs maisons, leurs frères ou leurs sœurs, leur père ou leur mère, leurs enfants ou leur terre, recevront cent fois plus et auront part à la vie éternelle. [30] Mais beaucoup de ceux qui sont maintenant les premiers seront parmi les derniers, et beaucoup de ceux qui sont maintenant les derniers seront parmi les premiers.

La parabole du vigneron et de ses ouvriers

20 Voici, en effet, à quoi ressemble le *royaume des cieux : un propriétaire sort le matin de bonne heure afin d'embaucher des ouvriers pour travailler dans son vignoble. [2] Il convient avec eux de leur donner comme salaire une pièce d'argent pour la journée, puis il les envoie dans sa vigne. [3] Vers neuf heures du matin, il sort de nouveau et en aperçoit d'autres qui se tiennent sur la place du marché sans rien faire. [4] Il leur dit :

« Vous aussi, allez travailler dans ma vigne, et je vous paierai correctement. »

[5] Ils y vont.

Il sort encore vers midi, puis vers trois heures de l'après-midi et, chaque fois, il agit de la même manière. [6] Enfin, étant ressorti à cinq heures du soir, il en trouve encore d'autres sur la place. Il leur dit :

« Pourquoi restez-vous ainsi toute la journée à ne rien faire ? »

[7] « C'est que personne ne nous a embauchés. »

« Eh bien, vous aussi, allez travailler dans ma vigne ! »

[8] Le soir, le propriétaire du vignoble dit à son administrateur :

« Fais venir les ouvriers et donne-leur la paye. Tu commenceras par ceux qui ont été engagés les derniers, pour finir par les premiers. »

[9] Les ouvriers embauchés à cinq heures du soir se présentent d'abord et touchent chacun une pièce d'argent. [10] Puis vient le tour des premiers engagés : ils s'attendent à recevoir davantage, mais eux aussi touchent chacun une pièce d'argent. [11] Lorsqu'ils la reçoivent, ils manifestent leur mécontentement à l'égard du propriétaire :

[12] « Ceux-là sont arrivés les derniers, disent-ils, ils n'ont travaillé qu'une heure, et tu leur as donné autant qu'à nous qui avons travaillé dur toute la journée sous la forte chaleur. »

[13] Mais le maître répond à l'un d'eux :

« Mon ami, dit-il, je ne te fais pas le moindre tort. Une pièce d'argent : n'est-ce pas le salaire sur lequel nous étions d'accord ? [14] Prends donc ce qui te revient et rentre chez toi. Si cela me fait plaisir de donner au dernier arrivé autant qu'à toi, cela me regarde. [15] Ne puis-je pas disposer de mon argent comme je le veux ? Ou bien, m'en veux-tu parce que je suis bon ? »

[16] Voilà comment les derniers seront les premiers et comment les premiers seront les derniers.

---

a. **19.18** Ex 20.12-16 ; Dt 5.16-20.
b. **19.19** Lv 18.18.

Ce qui attend Jésus à Jérusalem
(Mc 10.32-34 ; Lc 18.31-34)

17 Alors qu'il montait à *Jérusalem, Jésus prit les Douze à part et leur dit, en cours de route :

18 —Voici, nous montons à Jérusalem. Le *Fils de l'homme y sera livré aux chefs des *prêtres et aux *spécialistes de la Loi. Ils le condamneront à mort, **19** et le remettront entre les mains des païens pour qu'ils se moquent de lui, le battent à coups de fouet et le clouent sur une croix. Puis, le troisième jour, il ressuscitera.

Grandeur et service
(Mc 10.35-45 ; Lc 22.25-27)

20 Alors, la femme de Zébédée, la mère de *Jacques et de Jean, s'approcha de Jésus avec ses fils. Elle se prosterna devant lui pour lui demander une faveur.

21 —Que désires-tu ? lui demanda-t-il.

Elle lui répondit :

—Voici mes deux fils. Promets-moi de faire siéger l'un à ta droite, l'autre à ta gauche, dans ton *royaume.

22 Jésus leur répondit :

—Vous ne vous rendez pas compte de ce que vous demandez. Pouvez-vous boire la coupe que je vais boire ?

—Oui, lui répondirent-ils, nous le pouvons.

23 Alors Jésus reprit :

—Vous boirez, en effet, ma coupe, mais quant à siéger à ma droite ou à ma gauche, il ne m'appartient pas de vous l'accorder. Ces places reviendront à ceux pour qui mon Père les a préparées.

24 En entendant cela, les dix autres s'indignèrent contre les deux frères. **25** Alors Jésus les appela tous auprès de lui et dit :

—Vous savez ce qui se passe dans les nations : les chefs politiques dominent sur leurs peuples et les grands personnages font peser sur eux leur autorité. **26** Qu'il n'en soit pas ainsi parmi vous. Au contraire : si quelqu'un veut être grand parmi vous, qu'il soit votre serviteur, **27** si quelqu'un veut être le premier parmi vous, qu'il soit votre esclave. **28** Car le *Fils de l'homme n'est pas venu pour se faire servir, mais pour servir lui-même et donner sa vie en rançon[a] pour beaucoup.

La guérison de deux aveugles
(Mc 10.46-52 ; Lc 18.35-43)

29 Lorsqu'ils sortirent de *Jéricho, une grande foule suivit Jésus. **30** Deux aveugles étaient assis au bord du chemin. Quand ils entendirent que Jésus passait par là, ils se mirent à crier :

—Seigneur, *Fils de David, aie pitié de nous !

31 La foule les rabroua pour les faire taire, mais ils se mirent à crier de plus belle :

—Seigneur, Fils de David, aie pitié de nous !

32 Jésus s'arrêta, les appela et leur demanda :

—Que voulez-vous que je fasse pour vous ?

33 —Seigneur, répondirent-ils, que nos yeux s'ouvrent !

34 Pris de pitié pour eux, Jésus leur toucha les yeux. Aussitôt, ils recouvrèrent la vue et le suivirent.

L'entrée du Roi à Jérusalem
(Mc 11.1-11 ; Lc 19.28-38 ; Jn 12.12-19)

21 En approchant de *Jérusalem, ils arrivèrent près du village de Bethphagé, sur le mont des Oliviers. Jésus envoya deux de ses *disciples **2** en leur disant :

—Allez dans le village qui se trouve là devant vous. Dès que vous y serez, vous trouverez une ânesse attachée et, près d'elle, son petit. Détachez-les et amenez-les moi. **3** Si quelqu'un vous fait une observation, vous n'aurez qu'à lui dire : « Le Seigneur en a besoin », et on vous les laissera prendre immédiatement.

4 Tout cela arriva pour que se réalise la prédiction du *prophète :

5 *Dites à la communauté de Sion :*
Voici ton Roi qui vient à toi ;
humble, il vient monté sur une ânesse,
sur un ânon,
le petit d'une bête de somme[b].

6 Les disciples partirent donc et suivirent les instructions de Jésus. **7** Ils amenèrent l'ânesse et son petit et posèrent sur eux leurs manteaux, et Jésus s'assit dessus. **8** Une grande foule de gens étendirent leurs manteaux sur le chemin. D'autres coupèrent des branches aux arbres et en jonchèrent le chemin. **9** Et toute la foule, de la tête à la fin du cortège, criait :

---

a. 20.28 Somme versée pour racheter la liberté d'un esclave ou d'un prisonnier.

b. 21.5 Es 62.11 ; Za 9.9.

Hosanna au *Fils de David !*
Béni soit celui qui vient | de la part du
Seigneur !
Hosanna à Dieu au plus haut des cieux [a] !

[10] Quand Jésus entra dans Jérusalem,
toute la ville fut en émoi. Partout on
demandait :

—Qui est-ce ?

[11] Et la foule qui l'accompagnait
répondait :

—C'est Jésus le prophète, de *Nazareth en
*Galilée.

Jésus dans le Temple
(Mc 11.15-19 ; Lc 19.45-48 ; voir Jn 2.13-16)

[12] Jésus entra dans la cour du *Temple. Il
en chassa tous les marchands, ainsi que leurs
clients. Il renversa les comptoirs des
changeurs d'argent [b], ainsi que les chaises
des marchands de pigeons, [13] et il leur dit :

—Il est écrit : *On appellera ma maison une*
maison de prière [c], mais vous, vous en faites
un repaire de brigands [d].

[14] Des aveugles et des paralysés
s'approchèrent de lui dans la cour du
Temple et il les guérit. [15] Quand les chefs
des *prêtres et les *spécialistes de la Loi
virent les miracles extraordinaires qu'il
venait d'accomplir, quand ils entendirent les
cris des enfants dans la cour du Temple :
« *Hosanna* au *Fils de David !* », ils se mirent
en colère [16] et lui dirent :

—Tu entends ce qu'ils crient ?

—Parfaitement, leur répondit Jésus. Et
vous, n'avez-vous donc jamais lu cette
parole :

De la bouche des tout petits
et de celle des nourrissons,
tu as su tirer ta louange [e].

[17] Puis il les laissa et quitta la ville pour se
rendre à Béthanie, où il passa la nuit.

La malédiction du figuier
(Mc 11.12-14,20-25)

[18] Tôt le lendemain matin, en revenant
vers la ville, il eut faim. [19] Il aperçut un
figuier sur le bord de la route et s'en
approcha ; mais il n'y trouva que des
feuilles. Alors, il dit à l'arbre :

—Tu ne porteras plus jamais de fruit !

A l'instant même, le figuier devint tout sec.
[20] En voyant cela, les disciples furent très
étonnés et s'écrièrent :

—Comment ce figuier est-il devenu sec en
un instant ?

[21] —Vraiment, je vous l'assure, répondit
Jésus, si vous avez la foi, si vous ne doutez
pas, non seulement vous pourrez accomplir
ce que j'ai fait à ce figuier, mais même si
vous dites à cette colline : « Soulève-toi de là
et jette-toi dans la mer », cela se fera. [22] Si
vous priez avec foi, tout ce que vous
demanderez, vous l'obtiendrez.

L'autorité de Jésus contestée
(Mc 11.27-33 ; Lc 20.1-8)

[23] Jésus se rendit au *Temple et se mit à
enseigner.

Alors, les chefs des *prêtres et les
responsables du peuple vinrent le trouver et
l'interpellèrent :

—De quel droit agis-tu ainsi ? Qui t'a
donné le droit de faire cela ?

[24] Jésus leur répondit :

—Moi aussi, j'ai une question à vous poser,
une seule. Si vous me répondez, je vous dirai
à mon tour de quel droit je fais cela. [25] De
qui Jean tenait-il son mandat pour baptiser ?
De Dieu ou des hommes ?

Alors ils se mirent à raisonner
intérieurement :

—Si nous disons : « De Dieu », il va nous
demander : « Pourquoi alors n'avez-vous pas
cru en lui ? » [26] Mais si nous répondons :
« Des hommes », nous avons bien lieu de
craindre la réaction de la foule, car tout le
monde tient Jean pour un *prophète.

[27] Ils répondirent donc à Jésus :

—Nous ne savons pas.

Et lui de leur répliquer :

—Eh bien, moi non plus, je ne vous dirai
pas de quel droit j'agis comme je le fais.

La parabole des deux fils

[28] —Que pensez-vous de l'histoire que
voici ? ajouta Jésus. Un homme avait deux
fils. Il alla trouver le premier et lui dit :
« Mon fils, va aujourd'hui travailler dans
notre vigne. »

---

a. 21.9 Ps 118.25-26. *Hosanna au Fils de David :*
primitivement, *hosanna* signifiait « viens à notre
secours », mais avec le temps, l'expression avait
pris le sens de « gloire, louange à ».
b. 21.12 Les *changeurs* échangeaient les monnaies
« profanes » contre la monnaie du Temple qui
avait seule cours dans l'enceinte sacrée.
c. 21.13 Es 56.7.
d. 21.13 Jr 7.11.
e. 21.16 Ps 8.3 cité selon l'anc. version grecque.

29 « Je n'en ai pas envie », lui répondit celui-ci.

Mais, plus tard, il regretta d'avoir répondu ainsi et se rendit dans la vigne [a]. 30 Le père alla trouver le second fils et lui fit la même demande. Celui-ci lui répondit : « Oui, mon Seigneur, j'y vais ! »

Mais il n'y alla pas.

31 Lequel des deux a fait la volonté de son père ?

—C'est le premier, répondirent-ils.

Et Jésus ajouta :

—Vraiment, je vous l'assure : les *collecteurs d'impôts et les prostituées vous précéderont dans le *royaume de Dieu. 32 En effet, Jean est venu, il vous a montré ce qu'est une vie juste, et vous n'avez pas cru en lui — tandis que les collecteurs d'impôts et les prostituées ont cru en lui. Et, bien que vous ayez eu leur exemple sous vos yeux, vous n'avez pas éprouvé les regrets qui auraient pu vous amener enfin à croire en lui.

La culpabilité des chefs religieux juifs
(Mc 12.1-12 ; Lc 20.9-19)

33 —Ecoutez encore une *parabole : Un homme avait une propriété. Il y planta une vigne, l'entoura d'une haie, y creusa un trou pour le pressoir et y construisit une tour pour la surveiller. Après cela, il la loua à des vignerons et partit en voyage.

34 A l'approche des vendanges, il envoya ses serviteurs auprès de ces vignerons pour recevoir la part de récolte qui lui revenait. 35 Mais les vignerons se précipitèrent sur ces serviteurs : l'un d'eux fut roué de coups, un autre fut tué, un troisième assommé à coups de pierres.

36 Le propriétaire envoya alors d'autres serviteurs, plus nombreux que les premiers. Mais ils furent reçus de la même manière par les vignerons.

37 Finalement, il leur envoya son propre fils en se disant : Pour mon fils au moins, ils auront du respect !

38 Mais dès que les vignerons aperçurent le fils, ils se dirent entre eux : « Voilà l'héritier ! Venez ! Tuons-le ! Et nous récupérerons son héritage. »

39 Ils se jetèrent donc sur lui, le traînèrent hors du vignoble et le tuèrent. 40 Quand le propriétaire de la vigne viendra, comment agira-t-il envers ces vignerons ?

41 Ils lui répondirent :

—Il fera exécuter sans pitié ces misérables, puis il confiera le soin de sa vigne à d'autres vignerons qui lui donneront sa part de récolte en temps voulu.

42 Et Jésus ajouta :

—N'avez-vous jamais lu dans les Ecritures :

*La pierre rejetée par les constructeurs
est devenue la pierre principale, \ à l'angle de
l'édifice.
C'est le Seigneur \ qui l'a voulu ainsi
et c'est un prodige à nos yeux [b].*

43 Voilà pourquoi je vous déclare que le *royaume de Dieu vous sera enlevé et sera donné à un peuple qui en produira les fruits. 44 [Mais :

*Celui qui tombera sur cette pierre-là,
se brisera la nuque,
et si elle tombe sur quelqu'un,
elle l'écrasera [c].]*

45 Après avoir entendu ces paraboles, les chefs des *prêtres et les *pharisiens comprirent que c'était eux que Jésus visait. 46 Ils cherchaient un moyen de l'arrêter, mais ils avaient peur des réactions de la foule, car tous considéraient Jésus comme un *prophète.

La parabole des invités
(Lc 14.15-24)

22 Jésus leur parla de nouveau au moyen de *paraboles. Il leur dit :

2 —Il en est du *royaume des cieux comme d'un roi qui célèbre les noces de son fils. 3 Il envoie ses serviteurs convier les invités aux noces. Mais ceux-ci refusent de venir. 4 Alors il envoie d'autres serviteurs pour insister de sa part auprès des invités :

« Portez-leur ce message : J'ai préparé mon banquet, j'ai fait tuer mes jeunes taureaux et mes plus belles bêtes, et tout est prêt. Venez donc aux noces. »

5 Mais les invités restent indifférents, et s'en vont, l'un à son champ, l'autre à ses affaires. 6 Les autres s'emparent des serviteurs, les maltraitent et les tuent.

7 Alors le roi se met en colère. Il envoie ses troupes exterminer ces assassins et mettre le

---

a. 21.29 Certains manuscrits changent l'ordre des réponses des v. 29 et 30.

b. 21.42 Ps 118.22-23.

c. 21.44 Ce verset est absent de plusieurs manuscrits (voir Lc 20.18).

feu à leur ville. [8] Ensuite, il dit à ses serviteurs :

« Le repas de noces est prêt, mais les invités n'en étaient pas dignes. [9] Allez donc aux carrefours des chemins et invitez au festin tous ceux que vous trouverez. »

[10] Alors les serviteurs s'en vont par les routes et rassemblent tous ceux qu'ils rencontrent, méchants et bons, de sorte que la salle des noces se remplit de monde. [11] Le roi entre pour voir l'assistance. Il aperçoit là un homme qui n'a pas d'habit de noces.

[12] « Mon ami, lui demande-t-il, comment as-tu pu entrer ici sans être habillé comme il convient pour un mariage ? »

L'autre ne trouve rien à répondre.

[13] Alors le roi dit aux serviteurs :

« Prenez-le et jetez-le, pieds et poings liés, dans les ténèbres du dehors où il y a des pleurs et d'amers regrets. »

[14] Car, beaucoup sont invités, mais ceux qui sont élus sont peu nombreux.

Controverse sur l'impôt dû à César
(Mc 12.13-17 ; Lc 20.20-26)

[15] Alors les *pharisiens s'éloignèrent et discutèrent entre eux pour trouver une question à poser à Jésus, afin de le prendre au piège par ses propres paroles. [16] Ils lui envoyèrent donc quelques-uns de leurs *disciples accompagnés de gens du parti d'*Hérode [a]. Ces émissaires lui dirent :

—Maître, nous savons que tu dis la vérité et que tu enseignes en toute vérité comment Dieu nous demande de vivre. Tu ne te laisses influencer par personne, car tu ne regardes pas à la position sociale des gens. [17] Dis-nous donc ce que tu penses de ceci : A-t-on, oui ou non, le droit de payer des impôts à César ?

[18] Mais Jésus, connaissant leurs mauvaises intentions, leur répondit :

—Hypocrites ! Pourquoi me tendez-vous un piège ? [19] Montrez-moi une pièce qui sert à payer cet impôt.

Ils lui présentèrent une pièce d'argent.

[20] Alors il leur demanda :

—Cette effigie et cette inscription, de qui sont-elles ?

[21] —De César.

Jésus leur dit alors :

—Rendez donc à César ce qui revient à César, et à Dieu ce qui revient à Dieu.

[22] En entendant cette réponse, ils en restèrent tout déconcertés. Ils le laissèrent donc et se retirèrent.

Controverse sur la résurrection
(Mc 12.18-27 ; Lc 20.27-40)

[23] Ce même jour, des *sadducéens vinrent le trouver. Ils prétendent que les morts ne ressuscitent pas. Ils lui posèrent la question suivante :

[24] —Maître, *Moïse a donné cet ordre : *Si quelqu'un meurt sans avoir d'enfant, son frère devra épouser sa veuve, pour donner une descendance au défunt* [b]. [25] Or, il y avait parmi nous sept frères. L'aîné s'est marié, et il est mort sans avoir de descendant. Il a donc laissé sa veuve à son frère. [26] Il est arrivé la même chose au deuxième frère, puis au troisième, et ainsi de suite jusqu'au septième. [27] En fin de compte, la femme est décédée elle aussi. [28] A la résurrection, duquel des sept frères sera-t-elle la femme ? Car ils l'ont tous eue pour épouse.

[29] Jésus leur répondit :

—Vous êtes dans l'erreur, parce que vous ne connaissez pas les Ecritures, ni quelle est la puissance de Dieu. [30] En effet, une fois ressuscités, les hommes et les femmes ne se marieront plus ; ils vivront comme les *anges qui sont dans le ciel. [31] Quant à la résurrection des morts, n'avez-vous donc jamais lu ce que Dieu vous a déclaré : [32] *Je suis le Dieu d'*Abraham, le Dieu d'*Isaac, le Dieu de *Jacob* [c] ? Dieu n'est pas le Dieu des morts, mais le Dieu des vivants.

[33] Les foules qui entendaient ses réponses étaient profondément impressionnées par son enseignement.

Le plus grand commandement
(Mc 12.28-34)

[34] En apprenant que Jésus avait réduit au silence les sadducéens, les *pharisiens se réunirent. [35] L'un d'entre eux, un enseignant de la *Loi, voulut lui tendre un piège. Il lui demanda :

[36] —Maître, quel est, dans la Loi, le commandement le plus grand ?

[37] Jésus lui répondit :

—*Tu aimeras le Seigneur, ton Dieu, de tout ton cœur, de toute ton âme et de toute ta pensée* [d]. [38] C'est là le commandement le plus grand et le plus important. [39] Et il y en

---

a. **22.16** Le *parti d'Hérode* comprenait les Juifs qui soutenaient le règne d'Hérode Antipas et voulaient qu'un membre de la famille hérodienne remplace le gouverneur romain.

b. **22.24** Dt 25.5.
c. **22.32** Ex 3.6,15.
d. **22.37** Dt 6.5.

a un second qui lui est semblable : *Tu aimeras ton prochain comme toi-même*[a]. [40] Tout ce qu'enseignent la Loi et les *prophètes est contenu dans ces deux commandements.

Controverse sur l'identité du Messie
(Mc 12.35-37 ; Lc 20.41-44)

[41] Comme les *pharisiens se trouvaient rassemblés là, Jésus les interrogea à son tour : [42] –Quelle est votre opinion au sujet du *Messie ? D'après vous, de qui descend-il ?

–De *David, lui répondirent-ils.

[43] –Alors, comment se fait-il que David, parlant sous l'inspiration de l'Esprit de Dieu, l'appelle *Seigneur* ? En effet, il déclare :

[44] *Le Seigneur a dit à mon Seigneur :*
Viens siéger à ma droite,
jusqu'à ce que j'aie mis tes ennemis sous tes
pieds[b].

[45] Si donc David l'appelle son *Seigneur*, comment est-il possible que le Messie soit son descendant ?

[46] Nul ne fut capable de lui donner un mot de réponse et, à partir de ce jour-là, personne n'osa plus lui poser de question.

La condamnation des chefs religieux
(Mc 12.38-40 ; Lc 11.39-52 ; 20.45-47)

23 Alors Jésus, s'adressant à la foule et à ses disciples, dit :

[2] –Les *spécialistes de la Loi et les *pharisiens sont chargés d'enseigner la *Loi transmise par *Moïse. [3] Faites donc tout ce qu'ils vous disent, et réglez votre conduite sur leur enseignement. Mais gardez-vous de prendre modèle sur leurs actes, car ils parlent d'une manière et agissent d'une autre.

[4] Ils lient de pesants fardeaux et les placent sur les épaules des hommes ; mais ils ne bougeraient même pas le petit doigt pour les déplacer. [5] Dans tout ce qu'ils font, ils agissent pour être vus des hommes. Ainsi, les petits coffrets à versets qu'ils portent pendant la prière sont plus grands que ceux des autres, et les franges de leurs manteaux plus longues[c]. [6] Ils affectionnent les meilleures places dans les banquets et les sièges d'honneur dans les *synagogues. [7] Ils aiment qu'on les salue sur les places publiques et qu'on les appelle « Maître ».

[8] Mais vous, ne vous faites pas appeler « Maître », car pour vous, il n'y a qu'un seul Maître, et vous êtes tous frères. [9] Ne donnez pas non plus à quelqu'un, ici-bas, le titre de « Père », car pour vous, il n'y a qu'un seul Père : le Père céleste. [10] Ne vous faites pas non plus appeler chefs[d], car un seul est votre Chef : le Christ.

[11] Le plus grand parmi vous sera votre serviteur. [12] Car celui qui s'élève sera abaissé ; et celui qui s'abaisse lui-même sera élevé.

[13] –Malheur à vous, *spécialistes de la Loi et pharisiens hypocrites ! Parce que vous barrez aux autres l'accès au *royaume des cieux. Non seulement vous n'y entrez pas vous-mêmes, mais vous empêchez d'entrer ceux qui voudraient le faire.

[14] [Malheur à vous, *spécialistes de la Loi et pharisiens hypocrites, car vous dépouillez les veuves de leurs biens, tout en faisant de longues prières pour l'apparence. C'est pourquoi votre condamnation n'en sera que plus sévère[e].]

[15] Malheur à vous, *spécialistes de la Loi et pharisiens hypocrites ! Vous parcourez terre et mer pour amener ne fût-ce qu'un seul païen à votre religion, et quand vous l'avez gagné, vous lui faites mériter l'enfer deux fois plus que vous.

[16] Malheur à vous, guides aveugles ! En effet, vous dites : Si quelqu'un jure « par le *Temple », il n'est pas tenu par son serment, mais s'il jure « par l'or du Temple », il doit tenir son serment. [17] Insensés et aveugles que vous êtes ! Qu'est-ce qui est plus important : l'or ou le Temple qui rend cet or sacré ? [18] Ou bien vous dites : Si quelqu'un jure « par l'autel », il n'est pas tenu par son serment ; mais s'il jure « par l'offrande qui est sur l'autel », il doit tenir son serment. [19] Aveugles que vous êtes ! Qu'est-ce qui est plus important : l'offrande ou l'autel qui

---

c. 23.5 Pour la prière, les Juifs plaçaient des bandes de parchemin, sur lesquelles étaient inscrits des versets de la Loi, dans de petites boîtes fixées à des lanières que l'on attachait au front ou au bras gauche. Les Juifs pieux mettaient des franges à leurs habits pour rappeler les commandements de la Loi. De grandes franges devaient montrer à tous combien la piété de ces hommes était grande. Voir Dt 22.12.

d. 23.10 Matthieu emploie un mot unique dans le N.T. qui peut désigner aussi l'enseignant, le directeur, le guide.

e. 23.14 Ce verset est absent de plusieurs manuscrits. Voir Mc 12.40.

---

a. **22.39** Lv 19.18.
b. **22.44** Ps 110.1.

rend cette offrande sacrée ? ²⁰ En fait, celui qui jure « par l'autel », jure à la fois par l'autel et par tout ce qui est dessus. ²¹ Celui qui jure « par le Temple », jure à la fois par le Temple et par celui qui y habite. ²² Celui qui jure « par le ciel », jure à la fois par le trône de Dieu et par celui qui y siège.

²³ Malheur à vous, *spécialistes de la Loi et pharisiens hypocrites ! Vous vous acquittez scrupuleusement de la dîme sur la menthe, l'anis et le cumin, mais vous laissez de côté ce qu'il y a de plus important dans la *Loi, c'est-à-dire la justice, la bonté et la fidélité^a. Voilà ce qu'il fallait pratiquer, sans négliger le reste.

²⁴ Guides aveugles que vous êtes ! Vous avez soin de filtrer vos boissons pour éliminer le moindre moucheron, et vous avalez le chameau tout entier.

²⁵ Malheur à vous, *spécialistes de la Loi et pharisiens hypocrites ! Vous nettoyez soigneusement l'extérieur de vos coupes et de vos assiettes, mais vous les remplissez du produit de vos vols et de ce que vos désirs incontrôlés convoitent. ²⁶ Pharisien aveugle, commence donc par purifier l'intérieur de la coupe et de l'assiette, alors l'extérieur lui-même sera pur.

²⁷ Malheur à vous, *spécialistes de la Loi et pharisiens hypocrites ! Vous êtes comme ces tombeaux crépis de blanc^b, qui sont beaux au-dehors. Mais à l'intérieur, il n'y a qu'ossements de cadavres et pourriture. ²⁸ Vous de même, à l'extérieur, vous avez l'air de justes aux yeux des hommes, mais, à l'intérieur, il n'y a qu'hypocrisie et désobéissance à Dieu.

²⁹ Malheur à vous, *spécialistes de la Loi et pharisiens hypocrites ! Vous édifiez de somptueux tombeaux aux *prophètes, vous couvrez d'ornements ceux des justes. ³⁰ Vous dites : Si nous avions vécu du temps de nos ancêtres, nous ne nous serions pas associés à eux pour tuer les prophètes. ³¹ En disant cela, vous attestez vous-mêmes que vous êtes bien les descendants de ceux qui ont fait périr les prophètes. ³² Eh bien, ce que vos pères ont commencé, portez-la à son comble !

³³ Serpents, race de vipères ! Comment pouvez-vous penser que vous éviterez le châtiment de l'enfer ? ³⁴ En effet, je vais vous envoyer des prophètes, des sages et des spécialistes de l'Écriture : vous allez tuer ou crucifier les uns, fouetter les autres dans vos *synagogues, et les persécuter d'une ville à l'autre, ³⁵ pour que retombe sur vous le châtiment qu'appelle le meurtre de tous les innocents, depuis celui d'Abel, le juste, jusqu'à celui de Zacharie, fils de Barachie, que vous avez assassiné entre le Temple et l'autel du sacrifice.

³⁶ Oui, vraiment, je vous l'assure : le châtiment mérité par tous ces meurtres retombera sur les hommes de cette génération.

Lamentation sur Jérusalem
(Lc 13.34-35)

³⁷ –Ah, *Jérusalem ! Jérusalem ! toi qui fais mourir les prophètes et qui tues à coups de pierres ceux que Dieu t'envoie ! Combien de fois j'ai voulu rassembler tes habitants auprès de moi comme une poule rassemble ses poussins sous ses ailes ! Mais vous ne l'avez pas voulu ! ³⁸ Maintenant, votre maison va être abandonnée et restera déserte^c.

³⁹ En effet, je vous le déclare : Désormais, vous ne me verrez plus jusqu'à ce que vous disiez : *Béni soit celui qui vient de la part du Seigneur*^d !

La suite des temps
De la destruction de Jérusalem à la venue du Fils de l'homme
(Mc 13.1-13 ; Lc 21.5-19)

24 Là-dessus, Jésus quitta la cour du *Temple. Tandis qu'il s'éloignait, ses *disciples s'approchèrent pour lui faire remarquer l'architecture du Temple. ² Alors il leur dit :

–Oui, regardez bien tout cela ! Vraiment, je vous l'assure : tout sera démoli : il ne restera pas une pierre sur une autre.

³ Comme il était assis sur le mont des Oliviers, ses disciples s'approchèrent, le prirent à part, et lui demandèrent :

–Dis-nous quand cela se produira et quel signe annoncera ta venue et la fin du monde.

⁴ Jésus leur répondit :

–Faites bien attention que personne ne vous induise en erreur. ⁵ Car plusieurs viendront sous mon nom en disant : « Je suis le Messie^e », et ils tromperont beaucoup de gens. ⁶ Vous entendrez parler de guerres et de menaces de guerres. Attention ! ne vous laissez pas troubler par ces nouvelles, car cela doit arriver, mais ce ne sera pas encore la fin.

---

a. 23.23 Autre traduction : *foi*.
b. 23.27 Toucher un tombeau rendait rituellement impur. C'est pourquoi on les peignait en blanc (couleur de la pureté) afin qu'on ne les touche pas la nuit par inadvertance.

c. 23.38 Certains manuscrits omettent *déserte*.
d. 23.39 Ps 118.26. Autre traduction : *Béni soit, au nom du Seigneur, celui qui vient !*
e. 24.5 Autre traduction : *Le Christ*.

[7] En effet, *on verra se dresser une nation contre une nation, un royaume contre un autre*[a] *;* il y aura des famines et des tremblements de terre en divers lieux. [8] Mais ce ne seront que les premières douleurs de l'enfantement.

[9] Alors on vous persécutera et l'on vous mettra à mort. Toutes les nations vous haïront à cause de moi. [10] A cause de cela, beaucoup abandonneront la foi, ils se trahiront et se haïront les uns les autres.

[11] De nombreux faux prophètes surgiront et ils tromperont beaucoup de gens. [12] Parce que le mal ne cessera de croître, l'amour du plus grand nombre se refroidira. [13] Mais celui qui tiendra bon jusqu'au bout sera *sauvé. [14] Cette Bonne Nouvelle du règne de Dieu sera proclamée dans le monde entier pour que tous les peuples en entendent le témoignage. Alors seulement viendra la fin.

(Mc 13.14-23 ; Lc 21.20-24)
[15] –Quand donc vous verrez *l'abominable profanation*[b] annoncée par le *prophète Daniel s'établir dans le *lieu saint – que celui qui lit comprenne – [16] alors, que ceux qui sont en *Judée s'enfuient dans les montagnes. [17] Si quelqu'un est sur son toit en terrasse, qu'il ne rentre pas dans sa maison pour emporter les biens qui s'y trouvent ! [18] Que celui qui sera dans les champs ne retourne pas chez lui pour aller chercher son manteau ! [19] Malheur, en ces jours-là, aux femmes enceintes et à celles qui allaitent. [20] Priez pour que votre fuite n'ait pas lieu en hiver, ni un jour de *sabbat. [21] Car *à ce moment-là, la détresse sera plus terrible que tout ce qu'on a connu depuis le commencement du monde*[c] *;* et jamais plus, on ne verra pareille souffrance.

[22] Vraiment, si le Seigneur n'avait pas décidé de réduire le nombre de ces jours, personne n'en réchapperait ; mais, à cause de ceux qu'il a choisis, il abrégera ce temps de calamité.

(Mc 13.24-31 ; Lc 17.23-24 ; 21.25-31)
[23] –Si quelqu'un vous dit alors : « Voyez, le Christ est ici ! » ou : « Il est là ! » – ne le croyez pas. [24] De faux christs surgiront, ainsi que de faux prophètes. Ils produiront des signes extraordinaires et des prodiges au point de tromper, si c'était possible, ceux que Dieu a choisis. [25] Voilà, je vous ai prévenus !

[26] Si l'on vous dit : « Regardez, il est dans le désert ! » n'y allez pas ! Si l'on prétend : « Il se cache en quelque endroit secret ! » n'en croyez rien. [27] En effet, quand le *Fils de l'homme viendra, ce sera comme l'éclair qui jaillit du levant et illumine tout jusqu'au couchant. [28] *Où que soit le cadavre, là s'assembleront les vautours*[d].

[29] Immédiatement après ces jours de détresse,

le soleil s'obscurcira,
la lune perdra sa clarté,
les étoiles tomberont du ciel,
les puissances célestes \ seront ébranlées[e].

[30] C'est alors que le signe du Fils de l'homme apparaîtra dans le ciel. Alors *tous les peuples de la terre se lamenteront*, et ils verront *le Fils de l'homme venir sur les nuées du ciel*[f] avec beaucoup de puissance et de gloire. [31] Il enverra ses *anges rassembler, au son des trompettes éclatantes, ses élus des quatre coins du monde, d'un bout à l'autre de l'univers.

[32] Que l'exemple du figuier vous serve d'enseignement : quand ses rameaux deviennent tendres et que ses feuilles poussent, vous savez que l'été est proche. [33] De même, quand vous verrez tous ces événements, sachez que le Fils de l'homme est proche, comme aux portes de la ville. [34] Vraiment, je vous assure que cette génération-ci ne passera pas avant que tout cela ne commence à se réaliser[g]. [35] Le ciel et la terre passeront, mais mes paroles ne passeront jamais.

Se tenir prêt
(Mc 13.32-37 ; Lc 17.26-30,34-35)
[36] –Quant au jour et à l'heure où cela se produira, personne ne les connaît, ni les *anges du ciel, ni même le Fils[h] ; personne, sauf le Père, et lui seul.

[37] Lors de la venue du Fils de l'homme, les choses se passeront comme au temps de *Noé, [38] en effet, à l'époque qui précéda le déluge, les gens étaient occupés à manger et à boire, à se marier et à marier leurs enfants,

---

a. 24.7 Voir Es 19.2.
b. 24.15 Dn 9.27 ; 11.31 ; 12.11.
c. 24.21 Dn 12.1.

d. 24.28 Jb 39.30. C'est-à-dire que la venue du Fils de l'homme sera évidente pour tous et que nul n'échappera au jugement.
e. 24.29 Es 13.10 ; 34.4.
f. 24.30 Dn 7.13.
g. 24.34 Autre traduction : *avant que tout cela ne se réalise.*
h. 24.36 L'expression *ni même le Fils* ne se trouve pas dans certains manuscrits.

jusqu'au jour où Noé entra dans le bateau. 39 Ils ne se doutèrent de rien, jusqu'à ce que vienne le déluge qui les emporta tous.

Ce sera la même chose lorsque le Fils de l'homme viendra. 40 Alors deux ouvriers travailleront côte à côte dans un champ : l'un sera emmené, l'autre laissé. 41 Deux femmes seront en train de tourner la pierre de meule : l'une sera emmenée, l'autre laissée.

42 Tenez-vous donc en éveil, puisque vous ignorez quel jour votre Seigneur viendra. 43 Vous le savez bien : si le maître de maison savait à quelle heure de la nuit le voleur doit venir, il resterait éveillé pour ne pas le laisser pénétrer dans sa maison. 44 Pour cette même raison, vous aussi, tenez-vous prêts, car c'est à un moment que vous n'auriez pas imaginé que le Fils de l'homme viendra.

(Lc 12.41-48)

45 —Quel est le serviteur fidèle et sensé à qui le maître a confié le soin de veiller sur l'ensemble de son personnel pour qu'il distribue à chacun sa nourriture au moment voulu ? 46 Heureux ce serviteur que le maître, à son retour, trouvera en train d'agir comme il le lui a demandé ! 47 Vraiment, je vous l'assure, son maître lui confiera l'administration de tout ce qu'il possède.

48 Mais si c'est un mauvais serviteur, qui se dit : « Mon maître n'est pas près de rentrer », 49 et se met à maltraiter ses compagnons de service, à manger et à boire avec les ivrognes, 50 son maître arrivera un jour où il ne s'y attendra pas et à un moment qu'il ne connaît pas. 51 Alors le maître le punira très sévèrement, et le traitera comme on traite les hypocrites. C'est là qu'il y aura des pleurs et d'amers regrets.

La parabole des dix jeunes filles

25 Ce jour-là, il en sera du *royaume des cieux comme de dix jeunes filles qui prirent leurs lampes et s'en allèrent à la rencontre du marié. 2 Cinq d'entre elles étaient insensées, les cinq autres étaient avisées : 3 les jeunes filles insensées prirent leurs lampes sans penser à emporter de réserve d'huile, 4 mais celles qui étaient avisées prirent, avec leurs lampes, des flacons contenant de l'huile.

5 Comme le marié se faisait attendre, elles s'assoupirent toutes et finirent par céder au sommeil. 6 A minuit, un cri retentit :

« Voici l'époux ! Allez à sa rencontre ! »

7 Toutes les jeunes filles se levèrent et préparèrent leurs lampes. 8 Alors les jeunes filles insensées s'adressèrent à celles qui étaient avisées :

« Donnez-nous de votre huile, car nos lampes sont en train de s'éteindre. »

9 Mais celles-ci leur répondirent :

« Non ! Il n'y en aurait jamais assez pour nous et pour vous. Courez plutôt vous en acheter chez le marchand. »

10 Elles partirent en chercher. Pendant ce temps, le marié arriva : celles qui étaient prêtes entrèrent avec lui dans la salle de noces, et l'on ferma la porte.

11 Plus tard, les autres jeunes filles arrivèrent à leur tour ; mais elles eurent beau crier :

« Seigneur, Seigneur, ouvre-nous ! »

12 Il leur répondit :

« Vraiment, je vous l'assure : je ne sais pas qui vous êtes. »

13 C'est pourquoi, ajouta Jésus, tenez-vous en éveil, car vous ne savez ni le jour, ni l'heure de ma venue.

La parabole de l'argent à faire fructifier
(Lc 19.12-27)

14 —Il en sera comme d'un homme qui partit pour un voyage : il convoqua ses serviteurs et leur confia l'administration de ses biens. 15 Il remit à l'un cinq lingots [a], à un autre deux, et à un troisième un seul, en tenant compte des capacités personnelles de chacun. Puis il s'en alla. 16 Celui qui avait reçu les cinq lingots se mit sans tarder à les faire fructifier, de sorte qu'il en gagna cinq autres. 17 Celui qui en avait reçu deux fit de même et en gagna deux autres. 18 Quant à celui qui n'en avait reçu qu'un, il s'en alla creuser un trou dans la terre pour y cacher l'argent de son maître.

19 Longtemps après, le maître de ces serviteurs revint et leur fit rendre compte de leur gérance.

20 Celui qui avait reçu les cinq lingots se présenta, apportant les cinq lingots supplémentaires qu'il avait gagnés.

« Maître, dit-il, tu m'avais remis cinq lingots, j'en ai gagné cinq autres. Les voici. »

21 « Très bien, lui dit son maître, tu es un bon serviteur, en qui l'on peut avoir confiance. Tu t'es montré fidèle en peu de choses. C'est pourquoi je t'en confierai de plus importantes. Viens partager la joie de ton maître ! »

22 Celui qui avait reçu les deux lingots se présenta aussi et dit :

---

a. 25.15 Il s'agit de *talents*. Le *talent* équivalait à dix fois le salaire annuel d'un ouvrier.

« Maître, tu m'avais remis deux lingots, j'en ai gagné deux autres. Les voici. »

²³ « Très bien, lui dit son maître, tu es un bon serviteur, en qui l'on peut avoir confiance. Tu t'es montré fidèle en peu de choses. C'est pourquoi je t'en confierai de plus importantes. Viens partager la joie de ton maître ! »

²⁴ Enfin, celui qui n'avait reçu qu'un lingot vint à son tour et dit :

« Maître, je savais que tu es un homme dur : tu moissonnes là où tu n'as rien semé, tu récoltes où tu n'as pas répandu de semence. ²⁵ Alors, j'ai pris peur et je suis allé cacher ton argent dans la terre. Voilà : prends ce qui t'appartient. »

²⁶ Mais son maître lui répondit :

« Vaurien ! Fainéant ! Tu savais que je moissonne là où je n'ai rien semé et que je récolte là où je n'ai pas répandu de semence ! ²⁷ Eh bien, tu aurais dû placer mon argent chez les banquiers et, à mon retour, j'aurais récupéré le capital et les intérêts. ²⁸ Qu'on lui retire donc le lingot et qu'on le donne à celui qui en a déjà dix. »

²⁹ Car à celui qui a, on donnera encore, et il sera dans l'abondance. Mais à celui qui n'a pas, on ôtera même ce qu'il a. ³⁰ Quant à ce vaurien, jetez-le dans les ténèbres du dehors, où il y aura des pleurs et d'amers regrets.

Le jugement dernier

³¹ –Quand le *Fils de l'homme viendra dans sa gloire, avec tous ses *anges, il prendra place sur son trône glorieux. ³² Tous les peuples de la terre seront rassemblés devant lui. Alors il les divisera en deux groupes – tout comme le berger fait le tri entre les brebis et les boucs. ³³ Il placera les brebis à sa droite et les boucs à sa gauche. ³⁴ Après quoi, le roi dira à ceux qui seront à sa droite :

« Venez, vous qui êtes bénis par mon Père : prenez possession du *royaume qu'il a préparé pour vous depuis la création du monde. ³⁵ Car j'ai souffert de la faim, et vous m'avez donné à manger. J'ai eu soif, et vous m'avez donné à boire. J'étais un étranger, et vous m'avez accueilli chez vous. ³⁶ J'étais nu, et vous m'avez donné des vêtements. J'étais malade, et vous m'avez soigné. J'étais en prison, et vous êtes venus à moi. »

³⁷ Alors, les justes lui demanderont :

« Mais, Seigneur, quand t'avons-nous vu avoir faim, et t'avons-nous donné à manger ? Ou avoir soif, et t'avons-nous donné à boire ? ³⁸ Ou étranger et t'avons-nous accueilli ? Ou nu, et t'avons-nous

vêtu ? ³⁹ Ou malade ou prisonnier, et sommes-nous venus te rendre visite ? »

⁴⁰ Et le roi leur répondra :

« Vraiment, je vous l'assure : chaque fois que vous avez fait cela au moindre de mes frères que voici, c'est à moi-même que vous l'avez fait. »

⁴¹ Puis il se tournera vers ceux qui seront à sa gauche :

« Retirez-vous loin de moi, vous que Dieu a maudits, et allez dans le feu éternel préparé pour le diable et ses anges. ⁴² Car j'ai souffert de la faim, et vous ne m'avez rien donné à manger. J'ai eu soif, et vous ne m'avez rien donné à boire. ⁴³ J'étais un étranger, et vous ne m'avez pas accueilli chez vous. J'étais nu, et vous ne m'avez pas donné de vêtements. J'étais malade et en prison, et vous n'avez pas pris soin de moi. »

⁴⁴ Alors, ils lui demanderont à leur tour :

« Mais, Seigneur, quand t'avons-nous vu souffrant de la faim ou de la soif ; quand t'avons-nous vu étranger, nu, malade ou en prison, et avons-nous négligé de te rendre service ? »

⁴⁵ Alors il leur répondra :

« Vraiment, je vous l'assure : chaque fois que vous n'avez pas fait cela au moindre de ceux que voici, c'est à moi que vous avez manqué de le faire. »

⁴⁶ Et ils s'en iront au châtiment éternel. Tandis que les justes entreront dans la vie éternelle.

MORT ET RESURRECTION DE JESUS

Le complot
(Mc 14.1-2 ; Lc 22.1-2 ; Jn 11.47-53)

26 Quand Jésus eut fini de donner toutes ces instructions, il dit à ses *disciples :
² –Vous savez que la fête de la *Pâque aura lieu dans deux jours. C'est alors que le *Fils de l'homme sera livré pour être crucifié.

³ Alors, les chefs des *prêtres et les responsables du peuple se rassemblèrent dans la cour du *grand-prêtre Caïphe ; ⁴ ils décidèrent d'un commun accord de s'emparer de Jésus par ruse pour le faire mourir.

⁵ Cependant ils se disaient :

–Il ne faut pas agir pendant la fête, pour ne pas provoquer d'émeute parmi le peuple.

L'onction à Béthanie
(Mc 14.3-9 ; Jn 12.1-8)

⁶ Jésus se trouvait à Béthanie, dans la maison de Simon, le lépreux. ⁷ Une femme

s'approcha de lui, tenant un flacon d'albâtre rempli d'un parfum de *myrrhe de grande valeur [a]. Pendant que Jésus était à table, elle répandit ce parfum sur sa tête.

[8] En voyant cela, les disciples manifestèrent leur indignation en disant :

—Pourquoi un tel gaspillage ? [9] On aurait pu vendre ce parfum pour un bon prix et donner l'argent aux pauvres.

[10] Mais, se rendant compte de cela, Jésus leur dit :

—Pourquoi faites-vous de la peine à cette femme ? Ce qu'elle vient d'accomplir pour moi est vraiment une belle action. [11] Des pauvres, vous en aurez toujours autour de vous ; mais moi, vous ne m'aurez pas toujours avec vous. [12] Si elle a répandu cette myrrhe sur moi, c'est pour préparer mon enterrement. [13] Vraiment, je vous l'assure, dans le monde entier, partout où cette Bonne Nouvelle sera annoncée, on racontera aussi, en souvenir d'elle, ce qu'elle vient de faire.

La trahison
(Mc 14.10-11 ; Lc 22.3-6)

[14] Alors, l'un des Douze, celui qui s'appelait Judas Iscariot, se rendit auprès des chefs des *prêtres [15] pour leur demander :

—Si je me charge de vous livrer Jésus, quelle somme me donnerez-vous ?

Ils lui versèrent trente pièces d'argent. [16] A partir de ce moment-là, il chercha une occasion favorable pour leur livrer Jésus.

Jésus célèbre la Pâque avec ses disciples
(Mc 14.12-16 ; Lc 22.7-13)

[17] Le premier jour de la fête des pains sans *levain, les disciples vinrent trouver Jésus pour lui demander :

—Où veux-tu que nous fassions les préparatifs pour le repas de la *Pâque ?

[18] Il leur répondit :

—Allez à la ville, chez un tel, et parlez-lui ainsi : « Le Maître te fait dire : Mon heure est arrivée. C'est chez toi que je prendrai le repas de la Pâque avec mes disciples. »

[19] Les disciples se conformèrent aux ordres de Jésus et préparèrent le repas de la Pâque.

(Mc 14.17-21 ; Lc 22.14 ; Jn 13.21-30)

[20] Le soir, Jésus se mit à table avec les Douze et, [21] pendant qu'ils mangeaient, il dit :

—Vraiment, je vous l'assure : l'un de vous me trahira.

[22] Les disciples en furent consternés. Ils se mirent, l'un après l'autre, à lui demander :

—Seigneur, ce n'est pas moi, n'est-ce pas ?

[23] En réponse, il leur dit :

—Celui qui a trempé son pain dans le plat avec moi, c'est lui qui me trahira. [24] Certes, le *Fils de l'homme s'en va conformément à ce que les Ecritures annoncent à son sujet. Mais malheur à celui qui le trahit ! Il aurait mieux valu, pour lui, n'être jamais né.

[25] A son tour, Judas, qui le trahissait, lui demanda :

—Maître, ce n'est pas moi, n'est-ce pas ?

—Tu le dis toi-même, lui répondit Jésus.

(Mc 14.22-25 ; Lc 22.15-20 ; voir 1 Co 11.23-25)

[26] Au cours du repas, Jésus prit du pain, puis, après avoir prononcé la prière de reconnaissance, il le partagea en morceaux, puis il le donna à ses *disciples, en disant :

—Prenez, mangez, ceci est mon corps.

[27] Ensuite il prit une coupe et, après avoir remercié Dieu, il la leur donna en disant :

—Buvez-en tous ; [28] ceci est mon sang, par lequel est *scellée l'*alliance. Il va être versé pour beaucoup d'hommes, afin que leurs péchés soient pardonnés. [29] Je vous le déclare : Désormais, je ne boirai plus du fruit de la vigne jusqu'au jour où je boirai le vin nouveau avec vous dans le *royaume de mon Père.

Jésus annonce le reniement de Pierre
(Mc 14.26-31 ; Lc 22.33-34 ; Jn 13.37-38)

[30] Après cela, ils chantèrent les psaumes de la Pâque [b]. Ensuite ils sortirent pour se rendre au mont des Oliviers.

[31] Jésus leur dit alors :

—Cette nuit, ce qui m'arrivera vous ébranlera tous dans votre foi. En effet, il est écrit :

Je frapperai le berger,
et les brebis du troupeau s'enfuiront de tous
    côtés [c].

[32] Néanmoins, quand je serai ressuscité, je vous précéderai en *Galilée.

[33] Pierre prit la parole et lui dit :

—Même si tous les autres sont ébranlés à cause de ce qui t'arrivera, moi je ne le serai pas.

---

a. 26.7 Les parfums de grand prix étaient conservés dans des vases taillés dans une pierre blanche, l'albâtre.

b. 26.30 Pendant le repas de la Pâque, on chantait les Ps 113 à 118.
c. 26.31 Za 13.7.

34 Jésus reprit :

—Vraiment, je te l'assure : cette nuit même, avant que le coq ait chanté, tu m'auras renié trois fois.

35 Pierre réaffirma :

—Même s'il me fallait mourir avec toi, je ne te renierai pas.

Et tous les disciples dirent la même chose.

Sur le mont des Oliviers
(Mc 14.32-42 ; Lc 22.39-46)

36 Là-dessus, Jésus arriva avec eux en un lieu appelé Gethsémané. Il dit à ses disciples :

—Asseyez-vous ici pendant que je vais prier là-bas.

37 Il prit avec lui Pierre et les deux fils de Zébédée. Il commença à être envahi d'une profonde tristesse, et l'angoisse le saisit. **38** Alors il leur dit :

—Je suis accablé de tristesse, à en mourir. Restez ici et veillez avec moi !

39 Puis il fit quelques pas, se laissa tomber la face contre terre, et pria ainsi :

—O Père, si tu le veux, écarte de moi cette coupe[a] ! Toutefois, que les choses se passent, non pas comme moi je le veux, mais comme toi tu le veux.

40 Ensuite, il revint auprès des disciples et les trouva endormis. Il dit à Pierre :

—Ainsi, vous n'avez pas été capables de veiller une seule heure avec moi ! **41** Veillez et priez, pour ne pas céder à la tentation[b]. L'esprit de l'homme est plein de bonne volonté, mais la nature humaine est bien faible.

42 Puis il s'éloigna une deuxième fois, et se remit à prier en disant :

—O mon Père, s'il n'est pas possible que cette coupe me soit épargnée, s'il faut que je la boive, alors, que ta volonté soit faite.

43 Il revint encore vers ses disciples et les trouva de nouveau endormis, car ils avaient tellement sommeil qu'ils n'arrivaient pas à garder les yeux ouverts.

44 Il les laissa donc, et s'éloigna de nouveau. Pour la troisième fois, il pria en répétant les mêmes paroles. **45** Lorsqu'il revint auprès de ses disciples, il leur dit :

—Vous dormez encore et vous vous reposez[c]. L'heure est venue où le *Fils de l'homme va être livré entre les mains des pécheurs. **46** Levez-vous et allons-y. Celui qui me trahit est là.

L'arrestation de Jésus
(Mc 14.43-50 ; Lc 22.47-53 ; Jn 18.2-11)

47 Il n'avait pas fini de parler que Judas, l'un des Douze, survint, accompagné d'une troupe nombreuse armée d'épées et de gourdins. Cette troupe était envoyée par les chefs des *prêtres et les responsables du peuple. **48** Le traître avait convenu avec eux d'un signe en disant :

—Celui que j'embrasserai, c'est lui, saisissez-vous de lui.

49 Il se dirigea donc tout droit sur Jésus et lui dit :

—Bonsoir, Maître !

Et il l'embrassa.

50 —Mon ami, lui dit Jésus, ce que tu es venu faire ici, fais-le !

Alors les autres s'avancèrent et, mettant la main sur Jésus, ils se saisirent de lui.

51 A ce moment, l'un des compagnons de Jésus porta la main à son épée, la dégaina, en frappa le serviteur du grand-prêtre et lui emporta l'oreille.

52 Jésus lui dit :

—Remets ton épée à sa place, car tous ceux qui se serviront de l'épée mourront par l'épée. **53** Penses-tu donc que je ne pourrais pas faire appel à mon Père ? A l'instant même, il enverrait des dizaines de milliers d'*anges à mon secours. **54** Mais alors, comment les Ecritures, qui annoncent que tout doit se passer ainsi, s'accompliraient-elles ?

55 Là-dessus, Jésus dit à la troupe :

—Me prenez-vous pour un bandit, pour que vous soyez venus en force avec épées et gourdins afin de vous emparer de moi ? J'étais assis chaque jour dans la cour du *Temple pour donner mon enseignement et vous ne m'avez pas arrêté ! **56** Mais tout ceci est arrivé pour que les écrits des prophètes s'accomplissent.

Alors tous les disciples l'abandonnèrent et prirent la fuite.

Jésus devant le Grand-Conseil
(Mc 14.53-65 ; Lc 22.54-55, 63-71 ; Jn 18.12-14, 19-23)

57 Ceux qui avaient arrêté Jésus le conduisirent devant Caïphe, le *grand-prêtre, chez qui les *spécialistes de la Loi et

---

a. 26.39 Autre traduction : *cette coupe du jugement.* Allusion à la coupe du vin de la colère de Dieu, jugement contre le péché (Es 51.17, 22 ; Jr 25.15 ; Ap 15.7).

b. 26.41 Autre traduction : *pour ne pas entrer en tentation.*

c. 26.45 Autre traduction : *dormez maintenant et reposez-vous !*

les responsables du peuple s'étaient déjà rassemblés. 58 Pierre le suivit à distance jusqu'au palais du grand-prêtre et il entra dans la cour où il s'assit au milieu des gardes pour voir comment tout cela finirait.

59 Les chefs des *prêtres et le *Grand-Conseil au complet cherchaient un faux témoignage contre Jésus pour pouvoir le condamner à mort. 60 Mais, bien qu'un bon nombre de faux témoins se fussent présentés, ils ne parvenaient pas à trouver de motif valable.

Finalement, il en vint tout de même deux 61 qui déclarèrent :

—Cet homme a dit : « Je peux démolir le *Temple de Dieu et le rebâtir en trois jours. »

62 Alors le grand-prêtre se leva et demanda à Jésus :

—Tu n'as rien à répondre aux témoignages qu'on vient de porter contre toi ?

63 Jésus garda le silence.

Alors le grand-prêtre reprit en disant :

—Je t'adjure, par le Dieu vivant, de nous déclarer si tu es le *Messie, le Fils de Dieu.

64 Jésus lui répondit :

—Tu l'as dit toi-même. De plus, je vous le déclare : A partir de maintenant, vous verrez le *Fils de l'homme siéger à la droite du Tout-Puissant[a] et venir en gloire sur les nuées du ciel[b].

65 A ces mots, le grand-prêtre déchira ses vêtements en signe de consternation et s'écria :

—Il vient de prononcer des paroles blasphématoires ! Qu'avons-nous encore besoin de témoins ? Vous venez vous-mêmes d'entendre le *blasphème. 66 Quel est votre verdict ?

Ils répondirent :

—Il est passible de mort.

67 Alors, ils lui crachèrent au visage et le frappèrent. D'autres le giflèrent 68 en disant :

—Hé, Messie, fais le *prophète ! Dis-nous qui vient de te frapper !

Pierre renie son Maître
(Mc 14.66-72 ; Lc 22.56-62 ; Jn 18.15-18, 25-27)

69 Pendant ce temps, Pierre était resté assis dehors, dans la cour intérieure.

Une servante s'approcha de lui et dit : .

—Toi aussi, tu étais avec Jésus le Galiléen.

70 Mais Pierre le nia en disant devant tout le monde :

—Je ne vois pas ce que tu veux dire.

71 Comme il se dirigeait vers le porche pour sortir, une autre servante l'aperçut et dit à ceux qui étaient là :

—En voilà un qui était avec ce Jésus de *Nazareth.

72 Il le nia de nouveau et il jura :

—Je ne connais pas cet homme !

73 Après un petit moment, ceux qui se tenaient dans la cour s'approchèrent de Pierre et lui dirent :

—C'est sûr, toi aussi, tu fais partie de ces gens ! C'est évident : il suffit d'entendre ton accent !

74 Alors Pierre se mit à dire :

—Je le jure ! Et que je sois maudit si ce n'est pas vrai : je ne connais pas cet homme. Et aussitôt, un coq chanta.

75 Alors Pierre se souvint de ce que Jésus lui avait dit : « Avant que le coq chante, tu m'auras renié trois fois. » Il se glissa dehors et se mit à pleurer amèrement.

Jésus devant Pilate
(Mc 15.1 ; Lc 23.1 ; Jn 18.28)

27 L'aube s'était levée. L'ensemble des chefs des *prêtres et des responsables du peuple tinrent conseil contre Jésus pour le faire condamner à mort. 2 Ils le firent lier et le conduisirent chez *Pilate, le gouverneur, pour le remettre entre ses mains.

Le suicide de Judas
(voir Ac 1.18-19)

3 En voyant que Jésus était condamné, Judas, qui l'avait trahi, fut pris de remords : il alla rapporter aux chefs des prêtres et aux responsables du peuple les trente pièces d'argent 4 et leur dit :

—J'ai péché en livrant un innocent à la mort !

Mais ils lui répliquèrent :

—Que nous importe ? Cela te regarde !

5 Judas jeta les pièces d'argent dans le *Temple, partit, et alla se pendre.

6 Les chefs des prêtres ramassèrent l'argent et déclarèrent :

—On n'a pas le droit de verser cette somme dans le trésor du Temple, car c'est le prix du sang[c].

7 Ils tinrent donc conseil et décidèrent d'acquérir, avec cet argent, le « Champ-du-

---

a. 26.64 Ps 110.1.
b. 26.64 Dn 7.13.

c. 27.6 Le *prix du sang*, c'est-à-dire le prix d'une vie humaine.

Potier » et d'en faire un cimetière pour les étrangers. **8** Voilà pourquoi ce terrain s'appelle encore de nos jours « le champ du sang ».

9 Ainsi se réalisa la parole du *prophète Jérémie :

*Ils ont pris les trente pièces d'argent, le prix auquel les descendants d'*Israël l'ont estimé,* **10** *et ils les ont données pour acheter le champ du potier, comme le Seigneur me l'avait ordonné* [a].

Jésus condamné à mort
(Mc 15.2-15 ; Lc 23.2-5,13-25 ; Jn 18.29-40 ; 19.4-16)

11 Jésus comparut devant le gouverneur qui l'interrogea.

—Es-tu le roi des *Juifs ? lui demanda-t-il.

—Tu le dis toi-même, répondit Jésus.

12 Mais ensuite, quand les chefs des prêtres et les responsables du peuple vinrent l'accuser, il ne répondit rien.

13 Alors Pilate lui dit :

—Tu n'entends pas tout ce qu'ils disent contre toi ?

14 Mais, au grand étonnement du gouverneur, Jésus ne répondit pas même sur un seul point.

15 A chaque fête de *Pâque, le gouverneur avait l'habitude de relâcher un prisonnier, celui que la foule désignait. **16** Or, à ce moment-là, il y avait sous les verrous, un prisonnier célèbre nommé Barabbas [b].

17 En voyant la foule rassemblée, Pilate lui demanda donc :

—Lequel de ces deux hommes voulez-vous que je vous relâche, Barabbas ou Jésus, qu'on appelle le Christ ?

18 En effet, il s'était bien rendu compte que c'était par jalousie qu'on lui avait livré Jésus.

19 Pendant qu'il siégeait au tribunal, sa femme lui fit parvenir un message disant :

—Ne te mêle pas de l'affaire de ce juste, car cette nuit, j'ai été fort tourmentée par des rêves à cause de lui.

20 Cependant, les chefs des prêtres et les responsables du peuple persuadèrent la foule de réclamer la libération de Barabbas et l'exécution de Jésus.

21 Le gouverneur prit la parole et redemanda à la foule :

—Lequel des deux voulez-vous que je vous relâche ?

—Barabbas ! crièrent-ils.

22 —Mais alors, insista Pilate, que dois-je faire de Jésus, qu'on appelle le Messie [c] ?

Et tous répondirent :

—Crucifie-le !

23 —Mais enfin, reprit Pilate, qu'a-t-il fait de mal ?

Eux, cependant, criaient de plus en plus fort :

—Crucifie-le !

24 Quand Pilate vit qu'il n'aboutissait à rien, mais qu'au contraire, l'agitation de la foule augmentait, il prit de l'eau et, devant la foule, se lava les mains en disant :

—Je ne suis pas responsable de la mort de cet homme. Cela vous regarde.

25 Et tout le peuple répondit :

—Que la responsabilité de sa mort retombe sur nous et sur nos enfants !

26 Alors Pilate leur relâcha Barabbas. Quant à Jésus, après l'avoir fait battre à coups de fouet, il le livra pour qu'on le crucifie.

(Mc 15.16-20 ; Lc 23.11 ; Jn 19.2-3)

27 Les soldats du gouverneur traînèrent Jésus vers l'intérieur du palais et rassemblèrent toute la cohorte autour de lui. **28** Ils lui arrachèrent ses vêtements et le revêtirent d'un manteau écarlate. **29** Ils lui posèrent sur la tête une couronne tressée de rameaux épineux ; dans sa main droite, ils placèrent un roseau en guise de sceptre. Ils s'agenouillèrent devant lui en disant sur un ton sarcastique :

—Salut, roi des Juifs !

30 Ils crachaient sur lui et, prenant le roseau, ils le frappaient à la tête. **31** Quand ils eurent fini de se moquer de lui, ils lui ôtèrent le manteau, lui remirent ses vêtements et l'emmenèrent pour le crucifier.

La mort de Jésus
(Mc 15.21-32 ; Lc 23.26-43 ; Jn 19.17-22)

32 A la sortie de la ville, ils rencontrèrent un nommé Simon, originaire de Cyrène. Ils lui firent porter la croix de Jésus.

33 Ils arrivèrent à un endroit nommé Golgotha (c'est-à-dire : « le lieu du Crâne »). **34** Là, ils donnèrent à boire à Jésus du vin mélangé avec du fiel [d] ; mais quand il l'eut

---

a. 27.10 Za 11.12-13. Voir Jr 18.2-3 ; 19.1-2 ; 32.6-15.

b. 27.16 *Barabbas :* certains manuscrits ont *Jésus Barabbas.* De même qu'au v. 17.

c. 27.22 Autre traduction : *Le Christ.*

d. 27.34 Sorte d'anesthésique destiné à adoucir la douleur. Mais Jésus a voulu rester lucide jusqu'à la fin.

goûté, il refusa de le boire. 35 Après l'avoir cloué sur la croix, les soldats se partagèrent ses vêtements en les tirant au sort. 36 Puis ils s'assirent pour monter la garde.

37 Ils avaient fixé au-dessus de la tête de Jésus un écriteau sur lequel était inscrit, comme motif de sa condamnation : « Celui-ci est Jésus, le roi des Juifs ». 38 Deux brigands furent crucifiés en même temps que lui, l'un à sa droite, l'autre à sa gauche.

39 Ceux qui passaient par là lui lançaient des insultes en secouant la tête, 40 et criaient :

—Hé, toi qui démolis le *Temple et qui le reconstruis en trois jours, sauve-toi toi-même. Si tu es le Fils de Dieu, descends de la croix !

41 De même, les chefs des *prêtres se moquaient de lui, avec les *spécialistes de la Loi et les responsables du peuple, en disant :

42 -Dire qu'il a sauvé les autres, et qu'il est incapable de se sauver lui-même ! C'est ça le roi d'*Israël ? Qu'il descende donc de la croix, alors nous croirons en lui ! 43 Il a mis sa confiance en Dieu. Eh bien, si Dieu trouve son plaisir en lui, qu'il le délivre[a] ! N'a-t-il pas dit : « Je suis le Fils de Dieu » ?

44 Les brigands crucifiés avec lui l'insultaient, eux aussi, de la même manière.

(Mc 15.33-41 ; Lc 23.44-49 ; Jn 19.25-30)

45 A partir de midi, et jusqu'à trois heures de l'après-midi, le pays entier[b] fut plongé dans l'obscurité.

46 Vers trois heures, Jésus cria d'une voix forte :

—*Eli, Eli, lama sabachthani ?* ce qui veut dire : *Mon Dieu, mon Dieu, pourquoi m'as-tu abandonné[c]* ?

47 En entendant ces paroles, certains de ceux qui étaient là s'exclamèrent :

—Il appelle Elie !

48 L'un d'entre eux courut aussitôt prendre une éponge, qu'il imbiba de vinaigre et piqua au bout d'un roseau. Il la présenta à Jésus pour qu'il boive, 49 quand les autres lui dirent :

—Attends ! On va bien voir si Elie vient le délivrer.

50 A ce moment, Jésus poussa de nouveau un grand cri et rendit l'esprit. 51 Et voici qu'au même instant, le rideau du Temple se déchira en deux, de haut en bas ; la terre trembla, les rochers se fendirent. 52 Des tombes s'ouvrirent et les corps de beaucoup d'hommes fidèles à Dieu qui étaient morts ressuscitèrent. 53 Ils quittèrent leurs tombeaux et, après la résurrection de Jésus, ils entrèrent dans la ville sainte où beaucoup de personnes les virent.

54 En voyant le tremblement de terre et tout ce qui se passait, l'officier romain et les soldats qui gardaient Jésus furent saisis d'épouvante et dirent :

—Cet homme était vraiment le Fils de Dieu[d].

55 Il y avait aussi là plusieurs femmes qui regardaient de loin ; c'étaient celles qui avaient suivi Jésus depuis la *Galilée[e], pour être à son service. 56 Parmi elles, Marie de Magdala, Marie, la mère de *Jacques et de Joseph et la mère des fils de Zébédée.

Jésus mis au tombeau
(Mc 15.42-47 ; Lc 23.50-56 ; Jn 19.38-42)

57 Le soir venu, arriva un homme riche appelé Joseph, originaire de la ville d'Arimathée. Lui aussi était un *disciple de Jésus. 58 Il alla demander à *Pilate le corps de Jésus. Alors Pilate donna l'ordre de le lui remettre. 59 Joseph prit donc le corps, l'enroula dans un drap de lin pur 60 et le déposa dans le tombeau tout neuf qu'il s'était fait tailler pour lui-même dans le roc. Puis il roula un grand bloc de pierre devant l'entrée du tombeau et s'en alla. 61 Il y avait là Marie de Magdala et l'autre Marie, assises en face de la tombe.

62 Le lendemain, le jour qui suivait la préparation du *sabbat[f], les chefs des *prêtres et des *pharisiens se rendirent ensemble chez Pilate 63 pour lui dire :

—Excellence, nous nous souvenons que cet imposteur a dit, pendant qu'il était encore en vie : « Après trois jours, je ressusciterai. » 64 Fais donc surveiller étroitement la tombe jusqu'à ce troisième jour : il faut à tout prix éviter que ses *disciples ne viennent dérober le corps pour dire ensuite au peuple qu'il est ressuscité d'entre les morts. Cette dernière supercherie serait encore pire que la première.

65 Pilate leur déclara :

---

a. 27.43 Ps 22.9.

b. 27.45 Autre traduction : *sur toute la terre.*

c. 27.46 Ps 22.1.

d. 27.54 Ou : *un fils de Dieu.*

e. 27.55 Le ministère de Jésus avait commencé dans la province du nord de la Palestine, la *Galilée.*

f. 27.62 Le vendredi était appelé jour de la préparation (du sabbat) : les Juifs accomplissaient toutes les tâches qui leur éviteraient de travailler le jour du repos.

–D'accord ! Prenez un corps de garde [a] et assurez la protection de ce tombeau à votre guise.

⁶⁶ Ils se rendirent donc au tombeau et le firent surveiller après avoir apposé les scellés sur la pierre en présence de la garde.

Jésus est ressuscité !
(Mc 16.1-8 ; Lc 24.1-12 ; Jn 20.1-2)

28 Après le *sabbat, comme le jour commençait à poindre le dimanche matin, Marie de Magdala et l'autre Marie se mirent en chemin pour aller voir la tombe. ² Tout à coup, voici qu'il y eut un violent tremblement de terre : un *ange du Seigneur descendit du ciel, s'approcha de la tombe, roula la pierre de côté et s'assit sur elle. ³ Il avait l'apparence de l'éclair, et ses vêtements étaient aussi blancs que la neige. ⁴ Les gardes furent saisis d'épouvante : ils se mirent à trembler et devinrent comme morts.

⁵ Mais l'ange, s'adressant aux femmes, leur dit :

–Vous autres, n'ayez pas peur ; je sais que vous cherchez Jésus, celui qui a été crucifié. ⁶ Il n'est plus ici, car il est ressuscité comme il l'avait dit. Venez voir l'endroit où il était couché. ⁷ Puis allez vite annoncer à ses *disciples qu'il est ressuscité d'entre les morts. Et voici : il vous précède en *Galilée. Là vous le verrez. Voilà ce que j'avais à vous dire.

⁸ Elles quittèrent le tombeau en hâte, tout effrayées, mais en même temps remplies d'une grande joie, et elles coururent porter la nouvelle aux *disciples. ⁹ Et voici que, tout à coup, Jésus vint à leur rencontre et leur dit :

–Salut à vous.

Elles s'approchèrent de lui, lui embrassèrent les pieds et l'adorèrent.

¹⁰ Alors Jésus leur dit :

–N'ayez aucune crainte ! Allez dire à mes frères qu'ils doivent se rendre en Galilée : c'est là qu'ils me verront.

¹¹ Pendant qu'elles étaient en chemin, quelques soldats de la garde retournèrent en ville pour faire aux chefs des *prêtres leur rapport sur tous ces événements. ¹² Ceux-ci convoquèrent les responsables du peuple et, après avoir délibéré avec eux, versèrent aux soldats une forte somme d'argent ¹³ avec cette consigne :

–Vous raconterez que ses disciples sont venus pendant la nuit et qu'ils ont volé son cadavre pendant que vous dormiez. ¹⁴ Si jamais l'affaire venait aux oreilles du gouverneur, nous saurons lui parler et faire le nécessaire pour que vous n'ayez pas d'ennuis.

¹⁵ Les soldats prirent l'argent et se conformèrent à ces consignes. Cette version des faits s'est propagée parmi les *Juifs où elle a cours jusqu'à aujourd'hui.

La souveraineté du Ressuscité

¹⁶ Les onze disciples se rendirent en Galilée, sur la colline que Jésus leur avait indiquée. ¹⁷ Dès qu'ils l'aperçurent, ils l'adorèrent. Quelques-uns cependant eurent des doutes. ¹⁸ Alors Jésus s'approcha d'eux et leur parla ainsi :

–J'ai reçu tout pouvoir dans le ciel et sur la terre : ¹⁹ allez donc dans le monde entier, faites des disciples parmi tous les peuples, baptisez-les au nom du Père, du Fils et du Saint-Esprit ²⁰ et apprenez-leur à obéir à tout ce que je vous ai prescrit. Et voici : je suis moi-même avec vous chaque jour, jusqu'à la fin du monde.

---

a. 27.65 Autre traduction : *vous avez une garde.*

EVANGILE SELON MARC

C'est auprès de l'*apôtre Pierre, dont il fut le secrétaire (1 P 5.13) après avoir été le collaborateur de Paul (Ac 12.25), que Marc recueillit les informations nécessaires à la rédaction de son évangile. Cet évangile, en effet, contient des détails qui portent la marque du témoin oculaire.

Les spécialistes, dans leur majorité, pensent que Marc écrit de Rome vers les années 63 à 68. Il s'adresse à des chrétiens issus du paganisme pour lesquels il prend soin de traduire les expressions araméennes et hébraïques et d'expliquer les coutumes juives.

L'intérêt de Marc porte surtout sur les œuvres de Jésus : il le montre en pleine action, guérissant les malades, multipliant le pain pour les foules. Il ne rapporte pas moins de dix-huit miracles.

Les œuvres de Jésus authentifient sa divinité. En effet, dès le premier verset, Marc nous dit que Jésus est « Fils de Dieu » (1.1) et, vers la fin de l'évangile, au pied de la croix, le centurion romain s'exclame : « Cet homme était vraiment Fils de Dieu ! » (15.39).

Ces miracles, cependant, ne sont pas le fait d'un homme qui recherche la gloire : Jésus sait qu'il va souffrir. C'est pourquoi Marc présente la vie de Jésus comme une préparation à sa mort : dans les treize premiers chapitres, Jésus annonce, à plusieurs reprises, ses souffrances à venir. Le récit, qui suit ses déplacements géographiques, de *Galilée en *Judée, peut aussi être lu comme une montée vers *Jérusalem où il va mourir.

Cette mort est néanmoins une bonne nouvelle, car Jésus a accompli la prophétie d'*Esaïe (Es 53.12) : il est venu pour « donner sa vie en rançon pour beaucoup » (10.45) et, comme il l'avait annoncé, il est ressuscité. Le Fils de Dieu ne pouvait rester dans la tombe !

PREPARATION DU MINISTERE DE JESUS

Jean-Baptiste, messager de Dieu
(Mt 3.1-12 ; Lc 3.1-6,15-18 ; voir Jn 1.19-28)

1 C'est ainsi qu'a commencé la Bonne Nouvelle de Jésus-Christ, le Fils de Dieu [a], ² selon ce qui est écrit dans le livre du *prophète *Esaïe :

J'enverrai mon messager devant toi.
Il te préparera le chemin [b].
³ *On entend la voix de quelqu'un | qui crie dans le désert :*
Préparez le chemin pour le Seigneur,
faites-lui des sentiers droits [c].

⁴ Jean parut. Il baptisait dans le désert. En effet, il appelait les gens à se faire baptiser pour indiquer qu'ils changeaient de vie, afin de recevoir le pardon de leurs péchés. ⁵ Tous les habitants de la *Judée et de *Jérusalem se rendaient auprès de lui. Ils se faisaient baptiser par lui dans le *Jourdain en reconnaissant leurs péchés. ⁶ Jean était vêtu d'un vêtement de poils de chameau maintenu autour de la taille par une ceinture de cuir. Il se nourrissait de sauterelles et de miel sauvage. ⁷ Et voici le message qu'il proclamait :

—Après moi va venir quelqu'un qui est plus puissant que moi. Je ne suis pas digne de me baisser devant lui pour dénouer la lanière de ses sandales. ⁸ Moi, je vous ai baptisés dans l'eau, mais lui, il vous baptisera dans le Saint-Esprit.

Le baptême et la tentation de Jésus
(Mt 3.13-17 ; Lc 3.21-22)

⁹ Or, en ce temps-là, Jésus vint de *Nazareth, un village de *Galilée. Il fut baptisé par Jean dans le Jourdain. ¹⁰ Au moment où il sortait de l'eau, il vit le ciel se déchirer et l'Esprit descendre sur lui comme une colombe. ¹¹ Une voix retentit alors du ciel :

—Tu es mon Fils bien-aimé, tu fais toute ma joie.

(Mt 4.1-11 ; Lc 4.1-13)

¹² Aussitôt après, l'Esprit poussa Jésus dans le désert. ¹³ Il y resta quarante jours et y fut tenté par *Satan. Il était avec les bêtes sauvages, et les *anges le servaient.

---

a. 1.1 L'expression *le Fils de Dieu* est absente de certains manuscrits.
b. 1.2 Ml 3.1.
c. 1.3 Es 40.3 cité selon l'anc. version grecque.

MINISTERE DE JESUS EN GALILEE

Les premiers disciples
(Mt 4.12-17 ; Lc 4.14-15)

14 Lorsque Jean eut été arrêté, Jésus se rendit en Galilée. Il y prêcha la Bonne Nouvelle qui vient de Dieu. 15 Il disait :

–Le temps est accompli. Le règne de Dieu a est proche. Changez b et croyez à la Bonne Nouvelle.

(Mt 4.18-22 ; Lc 5.1-3,10-11)

16 Un jour, comme il longeait le lac de Galilée, il vit *Simon et André, son frère. Ils lançaient un filet dans le lac, car c'étaient des pêcheurs.

17 Jésus leur dit :

–Suivez-moi et je ferai de vous des pêcheurs d'hommes.

18 Ils abandonnèrent aussitôt leurs filets et le suivirent. 19 Poursuivant son chemin, il vit, un peu plus loin, *Jacques, fils de Zébédée, et Jean son frère. Eux aussi étaient dans leur barque et réparaient les filets. 20 Aussitôt, il les appela. Ils laissèrent Zébédée, leur père, dans la barque, avec ses ouvriers, et suivirent Jésus.

Exorcismes, guérisons et prédication
(Lc 4.31-37)

21 Ils se rendirent à *Capernaüm. Le jour du *sabbat, Jésus entra dans la *synagogue et se mit à enseigner c. 22 Ses auditeurs furent impressionnés par son enseignement, car il parlait avec une autorité que n'avaient pas les *spécialistes de la Loi.

23 Or, il se trouvait juste à ce moment-là, dans leur synagogue, un homme qui était sous l'emprise d'un esprit mauvais. Il se mit à crier :

24 –Que nous veux-tu, Jésus de *Nazareth ? Es-tu venu pour nous détruire d ? Je sais qui tu es ! Tu es le Saint envoyé par Dieu !

25 Mais d'un ton sévère, Jésus lui ordonna :

–Tais-toi et sors de cet homme !

26 Alors l'esprit mauvais secoua l'homme de convulsions et sortit de lui en poussant un grand cri.

27 Tous furent saisis de stupeur ; ils se demandaient entre eux :

–Que se passe-t-il ? Voilà un enseignement nouveau, et donné avec autorité ! Il commande même aux esprits mauvais, et ils lui obéissent !

28 Aussitôt, sa réputation se répandit dans toute la Galilée.

(Mt 8.14-15 ; Lc 4.38-39)

29 Sortant de la synagogue, Jésus se rendit avec *Jacques et Jean à la maison de *Simon et d'André. 30 La belle-mère de Simon était couchée, avec une forte fièvre. Dès l'arrivée de Jésus, ils lui parlèrent d'elle. 31 Il s'approcha, lui prit la main, la fit lever. La fièvre la quitta, et elle se mit à les servir.

(Mt 4.24 ; 8.16-17 ; Lc 4.40-41)

32 Le soir, après le coucher du soleil, on lui amena tous les malades e et tous ceux qui étaient sous l'emprise de démons. 33 La ville entière se pressait devant la porte de la maison. 34 Il guérit beaucoup de personnes atteintes de diverses maladies. Il chassa aussi beaucoup de démons et leur défendit de parler, car ils savaient qui il était.

(Lc 4.42-44)

35 Le lendemain, bien avant l'aube, en pleine nuit, il se leva et sortit. Il alla dans un lieu désert pour y prier.

36 Simon et ses compagnons partirent à sa recherche. 37 Quand ils l'eurent trouvé, ils lui dirent :

–Tout le monde te cherche.

38 –Allons ailleurs, leur répondit-il, dans les villages voisins ! Il faut que j'y apporte aussi mon message. Car c'est pour cela que je suis venu f.

39 Et il partit à travers toute la *Galilée : il prêchait dans les *synagogues des *Juifs et chassait les démons.

(Mt 8.1-4 ; Lc 5.12-16)

40 Un lépreux s'approcha de lui. Il le supplia, tomba à genoux g devant lui et lui dit :

---

a. 1.15 Autre traduction : le royaume de Dieu.
b. 1.15 Autres traductions : repentez-vous ou changez d'attitude ou changez de comportement.
c. 1.21 Chaque Juif avait le droit de prendre la parole dans la synagogue pour expliquer les Ecritures.
d. 1.24 Autre traduction : tu es venu pour nous détruire.

e. 1.32 Car le sabbat se terminait après le coucher du soleil. On pouvait alors de nouveau transporter des malades.
f. 1.38 Autre traduction : que je suis sorti de Capernaüm (voir v.35).
g. 1.40 L'expression tomba à genoux est absente de certains manuscrits.

—Si tu le veux, tu peux me rendre *pur.

41 Jésus, pris de pitié pour lui[a], tendit la main, le toucha et lui dit :

—Oui, je le veux, sois pur.

42 A l'instant même, la lèpre le quitta et il fut pur.

43 Jésus le renvoya aussitôt, après lui avoir fait de sévères recommandations :

44 —Attention, ne dis rien à personne de ce qui t'est arrivé, mais va te faire examiner par le *prêtre et apporte l'offrande prescrite par *Moïse pour ta *purification. Cela leur prouvera qui je suis[b].

45 Mais lui, à peine sorti, se mit à proclamer à tout le monde ce qui lui était arrivé et il répandit la nouvelle partout. A cause de cela, Jésus ne pouvait plus aller ouvertement dans une localité ; il se tenait en dehors, dans des lieux déserts. Cependant, on venait à lui de toutes parts.

Jésus guérit un malade et pardonne ses péchés
(Mt 9.1-8 ; Lc 5.17-26)

2 Quelques jours plus tard, Jésus se rendit de nouveau à *Capernaüm. On apprit qu'il était à la maison[c]. **2** Une foule s'y rassembla si nombreuse qu'il ne restait plus de place, pas même devant la porte ; et Jésus leur annonçait le message de Dieu. **3** On lui amena un paralysé porté par quatre hommes. **4** Mais ils ne purent pas le transporter jusqu'à Jésus, à cause de la foule. Alors ils montèrent sur le toit en terrasse, défirent la toiture de la maison au-dessus de l'endroit où se trouvait Jésus et, par cette ouverture, firent glisser le brancard sur lequel le paralysé était couché[d].

5 Lorsqu'il vit quelle foi ces hommes avaient en lui, Jésus dit au paralysé :

—Mon enfant, tes péchés te sont pardonnés.

6 Or, il y avait, assis là, quelques *spécialistes de la Loi qui raisonnaient ainsi en eux-mêmes :

7 —Comment cet homme ose-t-il parler ainsi ? Il *blasphème ! Qui peut pardonner les péchés si ce n'est Dieu seul ?

8 Jésus sut aussitôt, en son esprit, les raisonnements qu'ils se faisaient en eux-mêmes ; il leur dit :

—Pourquoi raisonnez-vous ainsi en vous-mêmes ? **9** Qu'y a-t-il de plus facile : Dire au paralysé : « Tes péchés te sont pardonnés », ou bien : « Lève-toi, prends ton brancard et marche » ? **10** Eh bien, vous saurez que le *Fils de l'homme a, sur la terre, le pouvoir de pardonner les péchés.

11 Alors il déclara au paralysé :

—Je te l'ordonne : lève-toi, prends ton brancard, et rentre chez toi.

12 Aussitôt, cet homme se leva, prit son brancard, et sortit devant tout le monde.

Tous en furent stupéfaits et rendirent gloire à Dieu en disant :

—Nous n'avons jamais rien vu de pareil !

Jésus est contesté
(Mt 9.9-13 ; Lc 5.27-32)

13 Une nouvelle fois, Jésus s'en alla du côté du lac. Les foules venaient à sa rencontre et il les enseignait. **14** En passant, il aperçut Lévi, le fils d'Alphée, installé à son poste de péage, et il lui dit :

—Suis-moi !

Lévi se leva et le suivit.

15 Comme Jésus était reçu pour un repas dans la maison de Lévi, beaucoup de *collecteurs d'impôts et de pécheurs notoires prirent place à table avec ses *disciples et avec lui. Car ils étaient nombreux à le suivre.

16 En voyant qu'il mangeait avec ces pécheurs notoires et ces collecteurs d'impôts, les *spécialistes de la Loi qui appartenaient au parti des *pharisiens interpellèrent ses disciples :

—Comment votre maître peut-il manger avec ces collecteurs d'impôts et ces pécheurs ?

17 Jésus, qui les avait entendus, leur dit :

—Les bien-portants n'ont pas besoin de médecin ; ce sont les malades qui en ont besoin. Je ne suis pas venu appeler des justes, mais des pécheurs.

(Mt 9.14-17 ; Lc 5.33-39)

18 Un jour que les disciples de Jean et les pharisiens étaient en train de jeûner, ils vinrent trouver Jésus et lui demandèrent :

—Comment se fait-il que tes disciples ne jeûnent pas, alors que les disciples de Jean et les pharisiens le font ?

19 Jésus leur répondit :

---

a. 1.41 A la place de *pris de pitié pour lui* certains manuscrits ont : *en colère contre lui*. C'est pourquoi d'autres traduisent : *Jésus irrité de son attitude le renvoya*. En effet, le lépreux n'aurait pas dû pénétrer dans le village.

b. 1.44 Autres traductions : *cela prouvera à tous que tu es guéri* ou *cela prouvera à tous mon respect de la Loi*.

c. 2.1 Il s'agit de la maison de Simon et d'André (voir 1.29).

d. 2.4 Les toits en terrasse étaient faits de poutres recouvertes de terre battue.

—Comment les invités d'une noce pourraient-ils jeûner pendant que le marié est avec eux ? Aussi longtemps que le marié se trouve parmi eux, ils ne peuvent pas jeûner ! ²⁰ Le temps viendra où il leur sera enlevé. Alors, ce jour-là, ils jeûneront !

²¹ Personne ne raccommode un vieux vêtement avec un morceau d'étoffe neuve. Sinon, la pièce rapportée tire sur la vieille étoffe et en arrache une partie. Finalement, la déchirure est pire qu'avant. ²² De même, personne ne verse du vin qui fermente encore dans de vieilles *outres, sinon le vin nouveau les fait éclater, et voilà le vin perdu, et les outres aussi. A vin nouveau, outres neuves !

Jésus, maître du sabbat
(Mt 12.1-8 ; Lc 6.1-5)

²³ Un jour de *sabbat, Jésus traversait des champs de blé, et ses disciples, tout en marchant, cueillaient des épis.

²⁴ Les *pharisiens le firent remarquer à Jésus :

—Regarde ! Pourquoi tes disciples font-ils le jour du sabbat ce qui est interdit ce jour-là ?

²⁵ Il leur répondit :

—N'avez-vous jamais lu ce qu'a fait *David lorsque lui et ses compagnons ont eu faim et qu'ils n'avaient rien à manger ? ²⁶ Il est entré dans le sanctuaire de Dieu, à l'époque du *grand-prêtre Abiathar [a], il a mangé les pains exposés devant Dieu que seuls les *prêtres ont le droit de manger, et il en a donné aussi à ses hommes.

²⁷ Et il ajouta :

—Le sabbat a été fait pour l'homme, et non pas l'homme pour le sabbat. ²⁸ C'est pourquoi le *Fils de l'homme est aussi maître du sabbat.

(Mt 12.9-14 ; Lc 6.6-11)

3 Jésus entra de nouveau dans la *synagogue. Il s'y trouvait un homme avec la main paralysée. ² On le surveillait attentivement pour voir s'il le guérirait un jour de sabbat : ils voulaient ainsi pouvoir l'accuser.

³ Jésus dit à l'homme à la main infirme :

—Lève-toi et mets-toi là, au milieu.

⁴ Puis il demanda aux autres :

—Est-il permis, le jour du sabbat, de faire du bien ou de faire du mal ? A-t-on le droit de sauver une vie ou faut-il la laisser se détruire ?

Mais personne ne dit mot.

⁵ Jésus promena sur eux un regard indigné. Profondément attristé par la dureté de leur cœur, il dit à l'homme :

—Etends la main.

Il la tendit et elle fut guérie. ⁶ Aussitôt, les *pharisiens sortirent de la synagogue et allèrent se concerter avec des membres du parti d'*Hérode sur les moyens de faire mourir Jésus.

Jésus parmi la foule
⁷ Jésus se retira du côté du lac avec ses *disciples. Une foule immense le suivit : elle était venue de la *Galilée, ⁸ de la *Judée, de *Jérusalem, de l'Idumée [b], des territoires de l'autre côté du *Jourdain ainsi que de la région de *Tyr et de Sidon. Ces gens venaient à lui car ils avaient appris tout ce qu'il faisait. ⁹ Il demanda alors à ses disciples de tenir une barque à sa disposition pour éviter d'être écrasé par la foule. ¹⁰ En effet, comme il guérissait beaucoup de gens, tous les malades se précipitaient vers lui pour le toucher. ¹¹ Lorsque des gens qui étaient sous l'emprise d'esprits mauvais le voyaient, ils se prosternaient devant lui et s'écriaient :

—Tu es le Fils de Dieu.

¹² Mais il leur défendait absolument de faire savoir qui il était.

Le choix des apôtres
(Mt 10.1-4 ; Lc 6.12-16)

¹³ Plus tard, il monta sur une colline avoisinante et appela ceux qu'il voulait, et ils vinrent à lui. ¹⁴ Il désigna ainsi douze hommes qu'il nomma *apôtres [c] et qui devaient être constamment avec lui ; ¹⁵ il les envoya annoncer l'Evangile avec le pouvoir de chasser les démons. ¹⁶ Voici les noms des Douze qu'il désigna [d] : Simon, auquel Jésus donna le nom de Pierre, ¹⁷ *Jacques, fils de Zébédée et Jean son frère auxquels il donna le nom de Boanergès, ce qui signifie « fils du tonnerre », ¹⁸ André, Philippe, Barthélemy, Matthieu, Thomas, *Jacques, fils d'Alphée, Thaddée, Simon le Zélé [e], ¹⁹ et Judas Iscariot, celui qui le trahit.

---

a. 2.26 L'événement a eu lieu alors qu'Ahimélek est encore grand-prêtre. Mais il meurt aussitôt après. Abiatar, son fils, lui succède. Il est le grand-prêtre du règne. C'est pourquoi on peut aussi comprendre : *Vous avez lu la section du livre où il est question d'Abiatar* (1 S 21.1-5).

b. 3.8 *l'Idumée :* région située au sud de la Judée.

c. 3.14 *qu'il nomma apôtres :* ces mots sont absents de plusieurs manuscrits.

d. 3.16 *qu'il désigna :* ces mots sont absents de plusieurs manuscrits.

e. 3.18 Voir note Mt 10.4.

Jésus : Dieu ou Satan ?

(Mt 12.22-32 ; Lc 11.15-23 ; 12.10)

[20] Jésus alla à la maison et, de nouveau, la foule s'y pressa au point que lui et ses *disciples n'arrivaient même plus à manger. [21] Quand les membres de sa famille l'apprirent, ils vinrent pour le ramener de force avec eux. Ils disaient en effet : « Il est devenu fou. » [22] Les *spécialistes de la Loi qui étaient venus de *Jérusalem disaient :

—Il est sous l'emprise de Béelzébul[a] ; c'est par le pouvoir du chef des démons qu'il chasse les démons.

[23] Alors Jésus les appela et leur expliqua la situation au moyen de *paraboles :

—Comment *Satan peut-il chasser Satan ? [24] Un pays déchiré par la guerre civile ne peut pas subsister. [25] Si une famille est divisée, cette famille ne peut pas subsister. [26] Si donc Satan se bat contre lui-même, si son royaume est divisé, il ne peut plus subsister, c'en est fini de lui. [27] En fait, personne ne peut pénétrer dans la maison d'un homme fort pour s'emparer de ses biens sans avoir d'abord ligoté cet homme fort : c'est alors qu'il pillera sa maison.

[28] Vraiment, je vous avertis : tout sera pardonné aux hommes, leurs péchés et les *blasphèmes qu'ils auront prononcés. [29] Mais si quelqu'un blasphème contre l'Esprit Saint, il ne lui sera jamais pardonné : il portera éternellement la charge de ce péché.

[30] Jésus leur parla ainsi parce qu'ils disaient : « Il est sous l'emprise d'un esprit mauvais. »

La vraie famille de Jésus

(Mt 12.46-50 ; Lc 8.19-21)

[31] La mère et les frères de Jésus arrivèrent. Ils se tinrent dehors et envoyèrent quelqu'un l'appeler. [32] Beaucoup de monde était assis autour de lui. On vint lui dire :

—Ta mère, tes frères et tes sœurs[b] sont dehors et te cherchent.

[33] Il répondit :

—Qui sont ma mère et mes frères ?

[34] Et, promenant les regards sur ceux qui étaient assis en cercle autour de lui, il dit :

—Voici ma mère et mes frères, [35] car celui qui fait la volonté de Dieu, celui-là est pour moi un frère, une sœur, ou une mère.

La parabole du semeur

(Mt 13.1-15 ; Lc 8.4-10)

4 Jésus commença de nouveau à enseigner au bord du lac. Autour de lui, la foule s'assembla si nombreuse qu'il dut monter dans une barque. Il s'y assit. La barque était sur le lac et tous les gens, tournés vers le lac, se tenaient sur le rivage. [2] Il leur enseignait beaucoup de choses sous forme de *paraboles. Voici ce qu'il leur disait :

[3] —Ecoutez : un semeur sortit pour semer. [4] Or comme il répandait sa semence, des grains tombèrent au bord du chemin ; les oiseaux vinrent et les mangèrent. [5] D'autres tombèrent sur un sol rocailleux et, ne trouvant qu'une mince couche de terre, ils levèrent rapidement parce que la terre sur laquelle ils étaient tombés n'était pas profonde. [6] Mais quand le soleil monta dans le ciel, les petits plants furent vite brûlés et, comme ils n'avaient pas pris racine, ils séchèrent. [7] D'autres grains tombèrent parmi les ronces. Celles-ci grandirent et étouffèrent les jeunes pousses, si bien qu'elles ne produisirent pas de fruit. [8] D'autres encore tombèrent dans la bonne terre et donnèrent des épis qui poussèrent et se développèrent jusqu'à maturité, produisant l'un trente grains, un autre soixante, un autre cent. [9] Jésus ajouta : Celui qui a des oreilles pour entendre, qu'il entende !

[10] Quand il fut seul avec eux, ceux qui l'accompagnaient, ainsi que les Douze, lui demandèrent ce que signifiaient les paraboles qu'il venait de raconter. [11] Il leur dit :

—Les secrets du *royaume de Dieu vous ont été confiés ; mais à ceux du dehors, tout est présenté au moyen de paraboles, [12] afin que :

Lorsqu'ils voient de leurs propres yeux,
ils ne saisissent pas ;
quand ils l'entendent de leurs propres oreilles,
ils ne comprennent pas ;
de peur qu'ils ne se tournent vers Dieu
et ne reçoivent le pardon de leurs fautes[c].

[13] Puis il leur dit :

—Vous ne comprenez pas cette parabole ? Comment alors comprendrez-vous les autres ?

(Mt 13.18-23 ; Lc 8.11-15)

[14] —Le semeur, c'est celui qui sème la Parole. [15] Certains hommes se trouvent « au bord du chemin » où la Parole a été semée : à

---

a. 3.22 *Béelzébul* : voir note Mt 10.25.
b. 3.32 Plusieurs manuscrits n'ont pas *tes sœurs*.

c. 4.12 Es 6.9-10 cité selon l'anc. version grecque.

peine l'ont-ils entendue que *Satan vient arracher la Parole qui a été semée en eux. 16 Puis, il y a ceux qui reçoivent la semence « sur le sol rocailleux » : quand ils entendent la Parole, ils l'acceptent aussitôt avec joie, 17 mais ils ne la laissent pas prendre racine en eux, car ils sont inconstants. Que surviennent des difficultés, ou la persécution à cause de la Parole, et les voilà qui abandonnent tout. 18 D'autres reçoivent la semence « parmi les ronces » : ce sont ceux qui écoutent la Parole, 19 mais en qui elle ne porte pas de fruit parce qu'elle est étouffée par les soucis de ce monde, l'attrait trompeur des richesses et toutes sortes d'autres passions qui pénètrent en eux. 20 Enfin, il y a ceux qui reçoivent la semence « dans la bonne terre » : ce sont ceux qui écoutent la Parole, qui la reçoivent et qui portent du fruit : un grain en donne trente, un autre soixante, un autre cent.

La parabole de la lampe
(Lc 8.16-18)

21 Il leur dit aussi :

—Est-ce qu'on apporte une lampe pour la mettre sous une mesure à grains ou sous un lit ? N'est-ce pas plutôt pour la mettre sur un pied de lampe ? 22 Tout ce qui est caché doit être mis en lumière, tout ce qui est secret doit paraître au grand jour. 23 Si quelqu'un a des oreilles pour entendre, qu'il entende. 24 Il ajouta : Faites bien attention à ce que vous entendez. On vous appliquera la mesure dont vous vous serez servi pour mesurer, et on y ajoutera. 25 Car à celui qui a, on donnera encore, mais à celui qui n'a pas, on ôtera même ce qu'il a.

La parabole de la semence

26 Il dit aussi :

—Il en est du *royaume de Dieu comme d'un homme qui a répandu de la semence dans son champ. 27 A présent, qu'il dorme ou qu'il veille, la nuit comme le jour, le grain germe et la plante grandit sans qu'il s'en préoccupe. 28 D'elle-même, la terre fait pousser le blé : d'abord la tige, puis l'épi vert, et enfin les grains de blé remplissant cet épi. 29 Et lorsque le grain est prêt à être cueilli, l'homme y porte aussitôt la faucille, car la moisson est prête.

La parabole de la graine de moutarde
(Mt 13.31-32 ; Lc 13.18-19)

30 Il continua en disant :

—A quoi comparerons-nous le royaume de Dieu ? Par quelle *parabole pourrions-nous le présenter ? 31 Il en est de lui comme d'une graine de moutarde : lorsqu'on la sème dans la terre, c'est la plus petite des semences du monde. 32 Mais, une fois semée, elle pousse et devient plus grande que toutes les plantes du potager. Il y monte des branches si grandes que les oiseaux du ciel peuvent nicher à son ombre.

(Mt 13.34-35)

33 Par beaucoup de paraboles de ce genre, il enseignait la Parole de Dieu à ses auditeurs en s'adaptant à ce qu'ils pouvaient comprendre. 34 Il ne leur parlait pas sans se servir de paraboles et, lorsqu'il était seul avec ses disciples, il leur expliquait tout.

Plus fort que la tempête
(Mt 8.23-27 ; Lc 8.22-25)

35 Ce jour-là, quand le soir fut venu, Jésus dit à ses disciples :

—Passons de l'autre côté du lac.

36 Ils laissèrent la foule et emmenèrent Jésus sur le lac, dans la barque où il se trouvait. D'autres bateaux les accompagnaient. 37 Or, voilà qu'un vent très violent se mit à souffler. Les vagues se jetaient contre la barque, qui se remplissait d'eau. 38 Lui, à l'arrière, dormait, la tête sur un coussin.

Les disciples le réveillèrent et lui crièrent :

—Maître, nous sommes perdus, et tu ne t'en soucies pas ?

39 Il se réveilla, parla sévèrement au vent et ordonna au lac :

—Silence ! Tais-toi !

Le vent tomba, et il se fit un grand calme. 40 Puis il dit à ses disciples :

—Pourquoi avez-vous si peur ? Vous ne croyez pas encore ?

41 Mais eux furent saisis d'une grande crainte ; ils se disaient les uns aux autres :

—Qui est donc cet homme pour que même le vent et le lac lui obéissent ?

Plus fort que les démons
(Mt 8.28-34 ; Lc 8.26-39)

5 Ils arrivèrent de l'autre côté du lac, dans la région de Gérasa a, 2 où Jésus débarqua. Aussitôt, sortant des tombeaux b, un homme qui était sous l'emprise d'un esprit mauvais vint à sa rencontre. 3 Il habitait dans les tombeaux et, même avec une chaîne, personne ne pouvait plus le tenir

---

a. 5.1 *Gérasa* : pays situé à l'est du lac de Galilée.
b. 5.2 Les *tombeaux* se trouvaient dans des cavernes naturelles ou creusées par les hommes. Ces grottes constituaient des abris contre les intempéries.

attaché. [4] Car on l'avait souvent enchaîné et on lui avait mis des fers aux pieds, mais il cassait les chaînes et brisait les fers : personne ne pouvait le maîtriser. [5] Sans cesse, nuit et jour, il errait parmi les tombes et sur les montagnes en hurlant, se blessant contre les rochers.

[6] D'aussi loin qu'il vit Jésus, il accourut, se prosterna devant lui [7] et lui cria de toutes ses forces :

—Que me veux-tu, Jésus, Fils du Dieu très-haut ? Je t'en conjure, au nom de Dieu, ne me tourmente pas !

[8] Car Jésus lui disait :

—Esprit mauvais, sors de cet homme !

[9] Jésus lui demanda :

—Quel est ton nom ?

—Je m'appelle Légion, lui répondit-il, car nous sommes une multitude.

[10] Et il pria instamment Jésus de ne pas les renvoyer du pays. [11] Or, il y avait par là, sur la montagne, un grand troupeau de porcs[a] en train de paître.

[12] Les esprits mauvais supplièrent Jésus :

—Envoie-nous dans ces porcs, pour que nous entrions en eux !

[13] Jésus le leur permit. Ils sortirent donc de l'homme et entrèrent dans les porcs. Aussitôt, le troupeau, qui comptait environ deux mille bêtes, s'élança du haut de la pente et se précipita dans le lac où elles se noyèrent.

[14] Les gardiens s'enfuirent et allèrent raconter l'histoire dans la ville et dans les fermes. Les gens vinrent donc voir ce qui s'était passé. [15] Arrivés auprès de Jésus, ils virent l'homme qui avait été sous l'emprise de cette légion de démons, assis là, habillé et tout à fait sain d'esprit. Alors la crainte s'empara d'eux. [16] Ceux qui avaient assisté à la scène leur racontèrent ce qui était arrivé à cet homme et aux porcs ; [17] et les gens se mirent à supplier Jésus de quitter leur territoire.

[18] Au moment où Jésus remontait dans la barque, l'homme qui avait été délivré des démons lui demanda s'il pouvait l'accompagner.

[19] Mais Jésus ne le lui permit pas. Il lui dit :

—Va, rentre chez toi, auprès des tiens, et raconte-leur ce que le Seigneur a fait pour toi et comment il a eu pitié de toi.

[20] Alors il s'en alla et se mit à proclamer dans la région des « Dix Villes »[b] ce que Jésus avait fait pour lui — au grand étonnement de ceux qui l'écoutaient.

Plus fort que la maladie et la mort
(Mt 9.18-26 ; Lc 8.40-56)

[21] Jésus regagna en barque l'autre rive du lac. Là, une foule immense s'assembla autour de lui sur le rivage.

[22] Survint alors l'un des responsables de la *synagogue, nommé Jaïrus. En voyant Jésus, il se jeta à ses pieds [23] et le supplia instamment :

—Ma petite fille va mourir. Viens lui imposer les mains pour qu'elle guérisse et qu'elle vive.

[24] Alors Jésus partit avec lui, suivi d'une foule nombreuse qui le serrait de tous côtés. [25] Dans la foule se trouvait une femme atteinte d'hémorragies depuis douze ans. [26] Elle avait été soignée par de nombreux médecins et en avait beaucoup souffert. Elle avait dépensé toute sa fortune sans trouver la moindre amélioration ; au contraire, son état avait empiré. [27] Elle avait entendu parler de Jésus, et dans la foule, elle s'était approchée de lui par derrière et avait touché son vêtement, [28] en se disant :

—Si j'arrive à toucher ses vêtements, je serai guérie.

[29] À l'instant même, son hémorragie s'arrêta et elle se sentit délivrée de son mal.

[30] Aussitôt Jésus eut conscience qu'une force était sortie de lui. Il se retourna dans la foule et demanda :

—Qui a touché mes vêtements ?

[31] Ses disciples lui dirent :

—Tu vois la foule qui te presse de tous côtés et tu demandes : « Qui m'a touché ? »

[32] Mais lui continuait à parcourir la foule du regard pour voir celle qui avait fait cela. [33] Alors, saisie de crainte et toute tremblante, la femme, sachant ce qui lui était arrivé, s'avança, se jeta aux pieds de Jésus et lui dit toute la vérité.

[34] Jésus lui dit :

—Ma fille, parce que tu as eu foi en moi, tu es guérie[c] ; va en paix et sois guérie de ton mal.

[35] Pendant qu'il parlait encore, quelques personnes arrivèrent de chez le chef de la synagogue pour lui dire :

—Ta fille est morte. A quoi bon importuner encore le Maître ?

[36] Mais Jésus entendit ces paroles. Il dit au chef de la synagogue :

—Ne crains pas. Crois seulement !

[37] Il ne permit à personne de le suivre plus loin, excepté Pierre, *Jacques et Jean, son

---

a. 5.11 *porcs* : voir note Mt 8.30.
b. 5.20 Les « *Dix Villes* » : région située au sud-est du lac de Galilée.

c. 5.34 Ce qui veut dire aussi : *tu es sauvée*.

frère. **38** En arrivant à la maison du chef de la synagogue, Jésus vit une grande agitation : on pleurait et on poussait des cris ª.

39 Il entra dans la maison et dit :

—Pourquoi ce tumulte ? Pourquoi ces pleurs ? L'enfant n'est pas morte, elle est seulement endormie.

40 Mais on se moqua de lui.

Alors il fit sortir tout le monde, prit avec lui le père et la mère de l'enfant ainsi que les disciples qui l'accompagnaient, et il entra dans la pièce où l'enfant était couchée. **41** Il lui prit la main en disant :

—*Talitha koumi* ᵇ (ce qui signifie : Jeune fille, lève-toi, je te l'ordonne).

42 Aussitôt, la jeune fille se mit debout et marcha. Elle avait environ douze ans. Tous furent frappés de stupeur. **43** Jésus leur recommanda instamment de ne raconter ce miracle à personne et il leur dit de donner à manger à la jeune fille.

Jésus rejeté à Nazareth
(Mt 13.54-58 ; Lc 4.16-30)

6 Jésus partit de là et retourna dans la ville dont il était originaire ᶜ, accompagné de ses *disciples. **2** Le jour du *sabbat, il se mit à enseigner dans la *synagogue.

Beaucoup de ses auditeurs furent très étonnés :

—D'où tient-il cela ? disaient-ils. Qui lui a donné cette sagesse ? D'où lui vient le pouvoir d'accomplir tous ces miracles ? **3** N'est-il pas le charpentier, le fils de Marie, le frère de *Jacques, de Joseph, de Jude et de *Simon ? Ses sœurs ne vivent-elles pas ici parmi nous ?

Et voilà pourquoi ils trouvaient en lui un obstacle à la foi.

4 Alors Jésus leur dit :

—C'est seulement dans sa patrie, dans sa parenté et dans sa famille que l'on refuse d'honorer un *prophète.

5 Il ne put accomplir là aucun miracle, sinon pour quelques malades à qui il imposa les mains et qu'il guérit. **6** Il fut très étonné de leur incrédulité.

L'envoi des Douze
(Mt 10.1,5-14 ; Lc 9.1-6)

Jésus parcourait les villages des alentours pour y donner son enseignement. **7** Il appela les Douze et les envoya en mission deux par deux, en leur donnant autorité sur les esprits mauvais. **8** Il leur recommanda de ne rien emporter pour la route, sauf un bâton.

Il leur dit :

—Ne prenez ni provisions ni sac, ni argent dans votre ceinture. **9** Mettez des sandales à vos pieds et n'emportez pas de tunique de rechange. **10** Là où l'on vous accueillera dans une maison, restez-y jusqu'à votre départ. **11** Et si, dans une ville, on ne veut ni vous recevoir ni vous écouter, partez de là en secouant la poussière de vos sandales ᵈ : cela constituera un témoignage contre eux.

12 Ils partirent donc et proclamèrent qu'il fallait *changer de vie. **13** Ils chassaient aussi beaucoup de démons et guérissaient de nombreux malades en les oignant d'huile.

Hérode et Jean-Baptiste
(Mt 14.1-2 ; Lc 9.7-9)

14 Le roi *Hérode ᵉ entendit parler de Jésus, car sa réputation se répandait partout.

On disait de Jésus :

—C'est Jean-Baptiste qui est ressuscité d'entre les morts ! C'est pour cela qu'il détient le pouvoir de faire des miracles.

15 D'autres disaient :

—C'est Élie.

D'autres encore :

—C'est un *prophète comme il y en avait autrefois.

16 De son côté, Hérode, qui entendait tout cela, se disait :

—C'est celui que j'ai fait décapiter, c'est Jean, et il est ressuscité !

(Mt 14.3-12 ; Lc 3.19-20)

17 En effet, Hérode lui-même avait fait arrêter Jean, l'avait fait enchaîner et jeter en prison, à cause d'Hérodiade, la femme de Philippe, son demi-frère, qu'il avait épousée ᶠ.

18 Car Jean disait à *Hérode :

—Tu n'as pas le droit de prendre la femme de ton frère !

19 Hérodiade, furieuse contre lui, cherchait à le faire mourir, mais elle n'y parvenait pas, **20** car Hérode craignait Jean. Il savait que c'était un homme juste et saint. Il le protégeait donc. Quand il l'entendait parler, il en restait fort perplexe. Et pourtant, il aimait l'entendre.

---

a. **5.38** Selon les coutumes funéraires de l'époque (voir note Mt 9.23).
b. **5.41** Deux mots en araméen, la langue parlée par les Juifs en Palestine au premier siècle.
c. **6.1** C'est-à-dire Nazareth, en Galilée.

d. **6.11** Voir note Mt 10.14.
e. **6.14** C'est-à-dire Hérode Antipas.
f. **6.17** Hérode Philippe vivait à Rome. Antipas avait répudié sa femme pour épouser Hérodiade, femme de Philippe.

²¹ Un jour cependant, Hérodiade trouva une occasion favorable, lors de l'anniversaire d'Hérode. Celui-ci organisa ce jour-là une grande fête à laquelle il invita les hauts dignitaires de sa cour, les officiers supérieurs et les notables de la *Galilée. ²² Au cours du banquet, la fille d'Hérodiade ᵃ entra dans la salle : elle dansa, Hérode et ses invités étaient sous son charme. Le roi dit alors à la jeune fille :

—Demande-moi ce que tu voudras et je te le donnerai. ²³ Il alla même jusqu'à lui faire ce serment : Tout ce que tu me demanderas, je te le donnerai, même si c'est la moitié de mon royaume.

²⁴ Elle sortit pour prendre conseil auprès de sa mère :

—Que vais-je lui demander ?

—La tête de Jean-Baptiste, lui répondit celle-ci.

²⁵ Aussitôt la jeune fille se hâta de retourner auprès du roi pour lui exprimer son *vœu en ces termes :

—Je veux que, tout de suite, tu me donnes sur un plat la tête de Jean-Baptiste.

²⁶ Le roi en fut consterné, mais à cause de son serment, et de ses invités, il ne voulut pas le lui refuser. ²⁷ Il envoya donc aussitôt un garde en lui ordonnant de rapporter la tête de Jean. Celui-ci s'en alla décapiter Jean dans la prison. ²⁸ Il apporta la tête sur un plat et la remit à la jeune fille, et celle-ci la donna à sa mère. ²⁹ Lorsque les disciples de Jean apprirent ce qui s'était passé, ils vinrent prendre son corps pour l'ensevelir dans un tombeau.

Les apôtres rentrent de mission
(Mt 14.13-21 ; Lc 9.10-17 ; Jn 6.1-15)

³⁰ A leur retour, les *apôtres se réunirent auprès de Jésus et lui rendirent compte de tout ce qu'ils avaient fait, et de tout ce qu'ils avaient enseigné.

³¹ Alors il leur dit :

—Venez avec moi, dans un endroit isolé, et vous prendrez un peu de repos.

Il y avait effectivement beaucoup de monde qui allait et venait et ils ne trouvaient même pas le temps de manger. ³² Ils partirent donc dans la barque pour aller à l'écart dans un endroit désert.

Avec cinq pains et deux poissons

³³ Mais beaucoup les virent s'en aller et les reconnurent. De toutes les bourgades, on accourut à pied, et on les devança à l'endroit où ils se rendaient. ³⁴ Aussi, quand Jésus descendit de la barque, il vit une foule nombreuse. Il fut pris de pitié pour eux parce qu'ils étaient comme des brebis sans berger ; alors il se mit à enseigner longuement.

³⁵ Il se faisait déjà tard. Ses disciples s'approchèrent de lui et lui dirent :

—Cet endroit est désert, et il est déjà tard. ³⁶ Renvoie donc ces gens pour qu'ils aillent dans les hameaux et les villages des environs s'acheter de quoi manger.

³⁷ Mais Jésus leur répondit :

—Donnez-leur vous-mêmes à manger.

Ils lui demandèrent :

—Faut-il que nous allions acheter pour deux cents pièces d'argent ᵇ de pain, et que nous le leur donnions à manger ?

³⁸ Jésus reprit :

—Combien avez-vous de pains ? Allez voir !

Ils allèrent se renseigner et revinrent lui dire :

—Il y en a cinq, et deux poissons.

³⁹ Alors il leur ordonna de faire asseoir la foule par groupes sur l'herbe verte. ⁴⁰ Les gens s'installèrent par terre, par rangées de cent et de cinquante. ⁴¹ Jésus prit les cinq pains et les deux poissons, leva les yeux vers le ciel, prononça la prière de bénédiction et partagea les pains ; puis il donna les morceaux aux disciples pour qu'ils les distribuent à la foule. Il partagea aussi les deux poissons entre tous. ⁴² Tout le monde mangea à satiété. ⁴³ On ramassa les morceaux de pain qui restaient. Il y en eut douze paniers pleins. Il restait aussi des poissons. ⁴⁴ Or, ceux qui avaient mangé ces pains étaient au nombre de cinq mille hommes.

Jésus marche sur les eaux
(Mt 14.22-33 ; Jn 6.16-21)

⁴⁵ Aussitôt après, Jésus pressa ses disciples de remonter dans la barque pour qu'ils le précèdent de l'autre côté du lac, vers Bethsaïda, pendant que lui-même renverrait la foule. ⁴⁶ Après l'avoir congédiée, il se rendit sur une colline pour prier.

⁴⁷ A la tombée de la nuit, la barque se trouvait au milieu du lac et Jésus était resté seul à terre. ⁴⁸ Il vit que ses disciples avaient beaucoup de mal à ramer, car le vent leur était contraire. Vers la fin de la nuit, il se dirigea vers eux en marchant sur les eaux du lac. Il voulait les dépasser. ⁴⁹ Mais quand ils le

---

a. **6.22** Certains manuscrits ont : *sa fille Hérodiade.*

b. **6.37** Il s'agit de deniers. Le denier était le salaire normal d'une journée de travail.

virent marcher ainsi sur l'eau, ils crurent que c'était un fantôme et se mirent à pousser des cris. ⁵⁰ En effet, tous l'avaient aperçu et étaient pris de panique.

Aussitôt, il se mit à leur parler :

—Rassurez-vous, leur dit-il, c'est moi ; n'ayez pas peur !

⁵¹ Puis il monta auprès d'eux dans la barque. Le vent tomba. Ils en furent frappés de stupeur. ⁵² Car ils n'avaient pas compris ce qui s'était passé au sujet des pains. Leur intelligence était aveuglée.

(Mt 14.34-36)

⁵³ La traversée achevée, ils touchèrent terre à Génésareth ᵃ où ils amarrèrent leur barque. ⁵⁴ Comme ils en descendaient, les gens reconnurent aussitôt Jésus et ⁵⁵ parcoururent toute la région pour annoncer sa venue. Ils lui amenaient les malades sur des brancards, dès qu'ils apprenaient son arrivée quelque part. ⁵⁶ Partout où il se rendait, dans les villages, les villes, les campagnes, ils apportaient les malades sur les places publiques et le suppliaient de leur permettre de toucher ne serait-ce que la frange de son vêtement ᵇ. Et tous ceux qui la touchaient étaient guéris.

Jésus et la tradition religieuse juive
(Mt 15.1-20)

7 Des *pharisiens et des *spécialistes de la Loi venus de *Jérusalem se rassemblèrent autour de Jésus. ² Ils remarquèrent que certains de ses *disciples prenaient leur repas avec des mains « impures », c'est-à-dire qu'ils ne s'étaient pas lavé les mains. (³ En effet, les pharisiens, et les *Juifs en général, ne se mettent jamais à table sans avoir soigneusement lavées ; ils observent ainsi la tradition de leurs ancêtres. ⁴ De même, en revenant du marché, ils ne mangent pas sans avoir fait leurs ablutions. Ils ont reçu beaucoup d'autres traditions qu'ils observent, comme celles de laver rituellement les coupes, les pots et les vases de bronze.)⁵ Les pharisiens et les spécialistes de la Loi demandèrent donc à Jésus :

—Pourquoi tes disciples ne se conforment-ils pas à la tradition de nos ancêtres ? Pourquoi prennent-ils leur repas avec des mains impures ?

⁶ —Hypocrites, leur répondit-il, *Esaïe vous a fort bien dépeints dans sa prophétie où il est écrit :

Ce peuple m'honore du bout des lèvres,
mais, au fond de son cœur, il est bien loin
*   de moi !*
⁷ *Le culte qu'il me rend n'a aucune valeur,*
car les enseignements qu'il donne
ne sont que des règles inventées par les
*   hommes ᶜ.*

⁸ Vous mettez de côté le commandement de Dieu, pour observer la tradition des hommes !

⁹ Puis il ajouta :

—Ah ! vous réussissez parfaitement à mettre de côté le commandement de Dieu pour établir votre propre tradition ! ¹⁰ En effet, *Moïse a dit : *Honore ton père et ta mère* ᵈ et *Que celui qui maudit son père ou sa mère soit puni de mort* ᵉ.

¹¹ Mais vous, que dites-vous ? Si un homme dit à son père ou à sa mère : « La part de mes biens avec laquelle j'aurais pu t'assister est corban (c'est-à-dire offrande à Dieu) », ¹² alors vous ne le laissez plus rien faire pour son père ou sa mère. ¹³ Voilà comment vous annulez la Parole de Dieu par votre tradition, celle que vous vous transmettez. Et vous faites bien d'autres choses du même genre.

¹⁴ Puis Jésus appela de nouveau la foule et lui dit :

—Ecoutez-moi tous, et comprenez-moi bien. ¹⁵ Rien de ce qui vient du dehors et qui pénètre dans l'homme ne peut le rendre impur. C'est, au contraire, ce qui sort de l'homme qui le rend impur ! [¹⁶ Si quelqu'un a des oreilles pour entendre, qu'il entende ! ᶠ]

¹⁷ Lorsque Jésus, laissant la foule, fut rentré à la maison, ses *disciples lui demandèrent de leur expliquer le sens de cette image.

¹⁸ Il leur répondit :

—Ainsi, vous aussi, vous ne comprenez pas ? Ne saisissez-vous pas ce que je veux dire ? De tout ce qui vient du dehors et pénètre dans l'homme, rien ne peut le rendre impur. ¹⁹ Tout cela, en effet, ne va pas dans

---

a. **6.53** *Génésareth :* voir note Mt 14:34.
b. **6.56** Le vêtement de dessus que portaient les Juifs était bordé de franges.

c. **7.7** Es 29.13 cité selon l'anc. version grecque.
d. **7.10** Ex 20.12 ; Dt 5.16.
e. **7.10** Ex 21.17.
f. **7.16** Ce verset est absent de plusieurs manuscrits.

son cœur mais dans son ventre, et est évacué par les voies naturelles. – Il déclarait par là même que tous les aliments sont *purs. – ²⁰ Et il ajouta :

—Ce qui sort de l'homme, c'est cela qui le rend impur. ²¹ Car c'est du dedans, c'est du cœur de l'homme que proviennent les pensées mauvaises qui mènent à l'immoralité, au vol, au meurtre, ²² à l'adultère, l'envie, la méchanceté, la tromperie, le vice, la jalousie, le *blasphème ᵃ, l'orgueil, et à toutes sortes de comportements insensés. ²³ Tout ce mal sort du dedans et rend l'homme impur.

La foi d'une non-Juive
(Mt 15.21-28)

²⁴ Jésus partit de là et se rendit dans la région de *Tyr. Il entra dans une maison ; il ne voulait pas qu'on sache qu'il était là, mais il ne put cacher sa présence. ²⁵ En effet, à peine était-il arrivé, qu'une femme, qui avait entendu parler de lui et dont la fillette était sous l'emprise d'un esprit mauvais, vint se jeter à ses pieds. ²⁶ C'était une femme païenne, originaire de Syro-Phénicie. Elle le supplia de chasser le démon qui tourmentait sa fille.

²⁷ Jésus lui dit :

—Laisse d'abord se rassasier les enfants de la maison. Car il ne serait pas convenable de prendre le pain des enfants pour le jeter aux petits chiens.

²⁸ —Sans doute, Seigneur, reprit-elle, mais les petits chiens, qui sont sous la table, mangent les miettes que laissent tomber les enfants.

²⁹ Et Jésus de répondre :

—A cause de cette parole, va, retourne chez toi, le démon vient de sortir de ta fille.

³⁰ Elle rentra chez elle et trouva son enfant couchée sur le lit : le démon était parti.

Guérison d'un sourd-muet

³¹ Jésus quitta la région de *Tyr, passa par Sidon, et regagna le lac de *Galilée en traversant le territoire des « Dix Villes ». ³² On lui amena un sourd qui avait du mal à parler et on le pria de lui imposer les mains. ³³ Jésus l'emmena seul avec lui, loin de la foule : après avoir posé ses doigts sur les oreilles du malade, il les humecta de salive et lui toucha la langue ; ³⁴ alors il leva les yeux au ciel, poussa un soupir et dit :

—*Ephphatha* (ce qui signifie : ouvre-toi).

³⁵ Aussitôt les oreilles de cet homme s'ouvrirent, sa langue se délia et il se mit à parler correctement. ³⁶ Jésus recommanda à ceux qui étaient là de n'en rien dire à personne ; mais plus il le leur défendait, plus ils en parlaient.

³⁷ Remplies d'étonnement, les foules s'écriaient :

—Tout ce qu'il fait est magnifique : il fait entendre les sourds et parler les muets !

Avec sept pains et des poissons
(Mt 15.32-39)

8 En ces jours-là, une grande foule s'était de nouveau rassemblée autour de Jésus et elle n'avait rien à manger. Jésus appela donc ses *disciples et leur dit :

² —J'ai pitié de cette foule : cela fait trois jours que ces gens sont avec moi et ils n'ont rien à manger. ³ Si je les renvoie chez eux à jeun, les forces vont leur manquer en chemin, car certains d'entre eux sont venus de loin.

⁴ Ses disciples lui répondirent :

—Où pourra-t-on trouver dans cet endroit désert assez de pain pour les nourrir ?

⁵ —Combien avez-vous de pains ? leur demanda-t-il.

—Sept, répondirent-ils.

⁶ Alors il invita tout le monde à s'asseoir par terre. Il prit les sept pains et, après avoir remercié Dieu, il les partagea et les donna à ses disciples pour qu'ils les distribuent à la foule. Ce qu'ils firent. ⁷ Ils avaient aussi quelques petits poissons. Jésus prononça la prière de bénédiction pour les poissons et dit à ses disciples de les distribuer également. ⁸ Tout le monde mangea à satiété. On ramassa sept corbeilles des morceaux qui restaient. ⁹ Il y avait là environ quatre mille hommes. Ensuite Jésus les congédia.

¹⁰ Aussitôt après, il monta dans la barque avec ses disciples et se rendit dans la région de Dalmanoutha ᵇ.

Jésus et les chefs religieux juifs
(Mt 16.1-4)

¹¹ Des *pharisiens arrivèrent et engagèrent une discussion avec lui. Ils lui demandaient de leur faire voir un signe miraculeux qui viendrait du ciel : ils lui tendaient un piège.

¹² Jésus poussa un profond soupir et dit :

—Pourquoi les gens de notre temps réclament-ils un signe miraculeux ? Vraiment, je vous l'assure : il ne leur en sera accordé aucun !

---

a. 7.22 Autre traduction : *les injures.*   b. 8.10 A l'ouest du lac de Galilée.

¹³ Il les quitta, remonta dans la barque et partit pour l'autre rive.

(Mt 16.5-12)
¹⁴ Les disciples avaient oublié d'emporter du pain ; ils n'en avaient qu'un seul avec eux dans la barque.

¹⁵ Or, Jésus leur recommanda :
—Faites bien attention : gardez-vous du *levain des pharisiens et de celui d'*Hérode !

¹⁶ Les disciples discutaient entre eux :
—Il dit cela parce que nous n'avons pas de pain !

¹⁷ Jésus, sachant ce qui se passait, leur dit :
—Vous discutez parce que vous n'avez pas de pain. Pourquoi ? Ne comprenez-vous pas encore et ne saisissez-vous pas ? Votre intelligence est-elle aveuglée ? ¹⁸ *Avez-vous des yeux pour ne pas voir, des oreilles pour ne pas entendre*ᵃ *?* Ne vous souvenez-vous pas : ¹⁹ quand j'ai partagé les cinq pains entre les cinq mille hommes, combien de paniers pleins de morceaux avez-vous emportés ?
—Douze, répondirent-ils.

²⁰ —Et quand j'ai partagé les sept pains entre les quatre mille hommes, combien de corbeilles pleines de morceaux avez-vous emportées ?
—Sept, dirent-ils.

²¹ Alors il ajouta :
—Vous ne comprenez toujours pas ?

La guérison d'un aveugle
²² Ils arrivèrent à Bethsaïda. On amena un aveugle à Jésus et on le supplia de le toucher.

²³ Jésus prit l'aveugle par la main et le conduisit hors du village, puis il lui mouilla les yeux avec sa salive, lui imposa les mains et lui demanda :
—Est-ce que tu vois quelque chose ?

²⁴ L'aveugle regarda et répondit :
—J'aperçois des hommes, mais je les vois comme des arbres qui marchent.

²⁵ Jésus posa de nouveau ses mains sur les yeux de l'aveugle. Alors celui-ci vit clair ; il était guéri et voyait tout distinctement.

²⁶ Jésus le renvoya chez lui en lui disant :
—Ne rentre pas dans le village !

JESUS ET SES DISCIPLES

Qui est vraiment Jésus ?
(Mt 16.13-23 ; Lc 9.18-22)
²⁷ Jésus s'en alla, accompagné de ses disciples, et se rendit dans les villages autour de *Césarée de Philippe ᵇ. En chemin, il interrogea ses disciples :
—Que disent les gens à mon sujet ? Qui suis-je d'après eux ?

²⁸ Ils lui répondirent :
—Pour les uns, tu es Jean-Baptiste ; pour d'autres, Elie ; pour d'autres encore, l'un des *prophètes.

²⁹ Alors il leur demanda :
—Et vous, qui dites-vous que je suis ?
Pierre lui répondit :
—Tu es le *Messie !

³⁰ Il leur ordonna de ne le dire à personne.

³¹ Et il commença à leur enseigner que le *Fils de l'homme devait beaucoup souffrir, être rejeté par les responsables du peuple, les chefs des *prêtres et les *spécialistes de la Loi ; il devait être mis à mort et ressusciter trois jours après. ³² Il leur dit tout cela très clairement.

Alors Pierre le prit à part et se mit à lui faire des reproches.

³³ Mais Jésus se retourna, regarda ses disciples et reprit Pierre sévèrement :
—Arrière, « *Satan » ! Eloigne-toi de moi ! Car tes pensées ne sont pas celles de Dieu ; ce sont des pensées tout humaines.

Comment suivre Jésus
(Mt 16.24-28 ; Lc 9.23-27)
³⁴ Là-dessus, Jésus appela la foule ainsi que ses disciples et leur dit :
—Si quelqu'un veut me suivre, qu'il renonce à lui-même, qu'il se charge de sa croix et qu'il me suive. ³⁵ En effet, celui qui est préoccupé de sauver sa vie la perdra ; mais celui qui perdra sa vie à cause de moi et de l'Evangile, la sauvera. ³⁶ Si un homme parvenait à posséder le monde entier, à quoi cela lui servirait-il, s'il perd sa vie ? ³⁷ Et que peut-on donner pour racheter sa vie ? ³⁸ Si quelqu'un a honte de moi et de mes paroles au milieu des hommes de ce temps, qui sont infidèles à Dieu et qui transgressent sa *Loi, le *Fils de l'homme, à son tour, aura honte de lui quand il viendra dans la gloire de son Père avec les saints *anges.

9 Et il ajouta :
—Vraiment, je vous le déclare, quelques-uns de ceux qui sont ici présents ne mourront pas avant d'avoir vu le règne de Dieu venir avec puissance.

---

a. **8.18** Jr 5.21.

b. **8.27** Ville proche des sources du Jourdain, nommée d'après son fondateur Philippe Hérode.

La révélation du royaume
(Mt 17.1-9 ; Lc 9.28-36)

[2] Six jours plus tard, Jésus prit avec lui Pierre, *Jacques et Jean, et les emmena sur une haute montagne, à l'écart, eux seuls. Là, il fut transfiguré devant eux : [3] ses vêtements devinrent éblouissants et si parfaitement blancs que personne sur la terre ne peut produire une telle blancheur. [4] Alors Elie leur apparut, avec *Moïse ; ils parlaient tous deux avec Jésus.

[5] Pierre s'adressa à Jésus et lui dit :

—Maître, il est bon que nous soyons ici. Nous allons dresser trois tentes, une pour toi, une pour Moïse et une pour Elie.

[6] En fait, il ne savait ce qu'il disait, car ils étaient tous les trois remplis de peur.

[7] Une nuée se forma alors et les enveloppa. Une voix en sortit :

—Celui-ci est mon Fils bien-aimé, écoutez-le.

[8] Aussitôt les disciples regardèrent autour d'eux, et ils ne virent plus personne, sinon Jésus, qui était seul avec eux.

[9] Pendant qu'ils descendaient de la montagne, il leur ordonna de ne raconter à personne ce qu'ils venaient de voir, jusqu'à ce que le *Fils de l'homme ressuscite d'entre les morts. [10] Ils obéirent à cet ordre, mais discutaient entre eux sur ce que « ressusciter d'entre les morts » voulait dire.

(Mt 17.10-13)

[11] Ils lui demandèrent alors :

—Pourquoi les *spécialistes de la Loi disent-ils qu'Elie doit venir en premier lieu ?

[12] —Oui, leur dit-il, *Elie vient d'abord pour remettre toutes choses en ordre*[a]. Pourquoi l'Ecriture annonce-t-elle aussi que le Fils de l'homme souffrira beaucoup et sera traité avec mépris ?

[13] En fait, je vous le déclare : Elie est venu et ils l'ont traité comme ils ont voulu, comme l'Ecriture l'a annoncé à son sujet[b].

La guérison d'un enfant
(Mt 17.14-21 ; Lc 9.37-43)

[14] Lorsqu'ils revinrent vers les disciples, ils virent une grande foule qui les entourait et des spécialistes de la Loi qui discutaient avec eux. [15] Dès que tous ces gens aperçurent Jésus, ils furent très surpris et se précipitèrent à sa rencontre pour le saluer.

[16] —De quoi discutez-vous avec eux ? leur demanda-t-il.

[17] De la foule, quelqu'un lui répondit :

—Maître, je t'ai amené mon fils car il est sous l'emprise d'un esprit qui le rend muet. [18] Partout où cet esprit s'empare de lui, il le jette par terre, de l'écume sort de la bouche de l'enfant, qui grince des dents ; puis il devient tout raide. J'ai demandé à tes disciples de chasser ce mauvais esprit, mais ils n'ont pas pu le faire.

[19] Jésus s'adressa à eux et leur dit :

—Peuple incrédule ! Jusqu'à quand devrai-je encore rester avec vous ? Jusqu'à quand devrai-je vous supporter ? Amenez-moi l'enfant !

[20] On le lui amena. Mais, dès qu'il vit Jésus, l'esprit mauvais agita convulsivement l'enfant et le jeta par terre. Celui-ci se roula sur le sol, de l'écume à la bouche.

[21] —Depuis combien de temps cela lui arrive-t-il ? demanda Jésus à son père.

—Depuis qu'il est tout petit. [22] Souvent même, l'esprit mauvais le pousse à se jeter dans le feu ou dans l'eau pour le faire mourir. Si tu peux faire quelque chose, aie pitié de nous et viens à notre aide !

[23] —Si tu peux ! répliqua Jésus. Tout est possible à celui qui croit.

[24] Aussitôt le père de l'enfant s'écria :

—Je crois, mais aide-moi, car je manque de foi !

[25] Jésus, voyant la foule affluer, commanda avec sévérité à l'esprit mauvais :

—Esprit qui rends sourd et muet, lui dit-il, je te l'ordonne, sors de cet enfant et ne rentre plus jamais en lui !

[26] L'esprit poussa un grand cri, secoua l'enfant avec violence et sortit de lui. L'enfant resta comme mort, si bien que la plupart des témoins disaient : « Il est mort. »

[27] Mais Jésus, prenant l'enfant par la main, le fit lever, et celui-ci se tint debout.

[28] Jésus rentra à la maison ; ses disciples, qui étaient seuls avec lui, lui demandèrent alors :

—Pourquoi n'avons-nous pas réussi, nous, à chasser cet esprit ?

[29] Jésus leur répondit :

—Des esprits comme celui-là, on ne peut les chasser que par la prière[c].

---

a. **9.12** Voir Ml 3.23.
b. **9.13** Allusion au ministère de Jean-Baptiste.

c. **9.29** Plusieurs manuscrits ajoutent : *et par le jeûne.*

Nouvelle annonce de la mort et de la résurrection de Jésus
(Mt 17.22-23 ; Lc 9.43-45)

[30] En partant de là, ils traversèrent la *Galilée, mais Jésus ne voulait pas qu'on le sache. [31] Car il se consacrait à l'enseignement de ses disciples. Il leur disait :

–Le *Fils de l'homme va être livré aux mains des hommes ; ils le feront mourir mais, trois jours après sa mort, il ressuscitera.

[32] Eux, cependant, ne comprenaient pas ces paroles et ils avaient peur de lui demander des explications.

L'accueil des « petits »
(Mt 18.1-5 ; Lc 9.46-48)

[33] Ils arrivèrent à *Capernaüm. Quand ils furent rentrés à la maison, Jésus leur demanda :

–De quoi avez-vous discuté en route ?

[34] Mais ils se taisaient car, durant le trajet, ils avaient discuté pour savoir lequel d'entre eux était le plus grand.

[35] Jésus s'assit, appela les Douze et leur dit :

–Si quelqu'un désire être le premier, qu'il se fasse le dernier de tous, et le serviteur de tous.

[36] Puis il prit un petit enfant par la main, le plaça au milieu d'eux et, après l'avoir serré dans ses bras, il leur dit :

[37] –Si quelqu'un accueille, en mon nom, un enfant comme celui-ci, il m'accueille moi-même. Et celui qui m'accueille, ce n'est pas moi seulement qu'il accueille, mais aussi celui qui m'a envoyé.

(Lc 9.49-50)

[38] Jean lui dit :

–Maître, nous avons vu quelqu'un qui chassait les démons en ton nom. Nous lui avons dit de ne plus le faire parce qu'il ne nous suit pas.

[39] –Ne l'en empêchez pas, répondit Jésus, car personne ne peut accomplir un miracle en mon nom et, aussitôt après, dire du mal de moi. [40] Celui qui n'est pas contre nous est pour nous. [41] Et même, si quelqu'un vous donne à boire en mon nom, ne serait-ce qu'un verre d'eau, parce que vous appartenez au Christ, vraiment, je vous l'assure, il ne perdra pas sa récompense.

(Mt 18.6-11 ; Lc 17.1-2)

[42] –Mais si quelqu'un devait faire tomber dans le péché l'un de ces petits qui croient en moi, il vaudrait bien mieux pour lui qu'on lui attache au cou une de ces pierres de meule que font tourner les ânes et qu'on le jette dans le lac.

[43] Si ta main te fait tomber dans le péché, coupe-la ; car il vaut mieux pour toi entrer dans la vie avec une seule main que de garder les deux mains et d'être jeté en enfer dans le feu qui ne s'éteint jamais [a]. [45] Si ton pied te fait tomber dans le péché, coupe-le ; car il vaut mieux pour toi entrer dans la vie avec un seul pied que de garder les deux pieds et d'être jeté en enfer [b]. [47] Si c'est ton œil qui te fait tomber dans le péché, jette-le au loin ; car il vaut mieux pour toi entrer avec un seul œil dans le *royaume de Dieu que de garder les deux yeux et d'être jeté en enfer, [48] *où le ver rongeur ne meurt point et où le feu ne s'éteint jamais* [c].

[49] En effet, chacun doit être salé de feu. [50] Le sel est utile, mais s'il perd son goût, avec quoi lui rendrez-vous sa saveur ? Ayez du sel en vous-mêmes et vivez en paix entre vous.

MINISTERE DE JESUS EN JUDEE ET A JERUSALEM

Controverse sur le divorce
(Mt 19.1-12)

10 Jésus partit de là pour se rendre dans la partie de la *Judée située de l'autre côté du *Jourdain. De nouveau, les foules se rassemblèrent autour de lui et, selon son habitude, il se mit à les enseigner.

[2] Des *pharisiens s'approchèrent et lui posèrent une question :

–Un homme a-t-il le droit de divorcer d'avec sa femme ?

Ils voulaient par là lui tendre un piège.

[3] Il leur répondit :

–Quel commandement *Moïse vous a-t-il donné ?

[4] –Moïse, lui dirent-ils, a permis *de divorcer d'avec sa femme, à condition de lui donner un certificat de divorce* [d].

[5] Jésus leur répondit :

–C'est à cause de la dureté de votre cœur que Moïse a écrit ce commandement pour vous. [6] Mais, au commencement de la

---

a. 9.43 Quelques manuscrits ajoutent : [44] *Là, le ver rongeur ne meurt point et le feu ne s'éteint jamais.*
b. 9.45 Quelques manuscrits ajoutent : *dans le feu qui ne s'éteint pas.* [46] *Là, le ver rongeur ne meurt point et le feu ne s'éteint pas.*
c. 9.48 Es 66.24.
d. 10.4 Dt 24.1,3.

création, Dieu a créé *l'être humain homme et femme*[a].

[7] *C'est pourquoi l'homme quittera son père et sa mère pour s'attacher à sa femme*[b] [8] *et les deux ne feront plus qu'un*[c]. Ainsi, ils ne sont plus deux, ils font un.

[9] Que l'homme ne sépare donc pas ce que Dieu a uni.

[10] De retour à la maison, les disciples l'interrogèrent à nouveau sur ce sujet. [11] Il leur dit :

—Celui qui divorce et se remarie commet un adultère à l'égard de sa première femme. [12] Et si une femme divorce et se remarie, elle commet un adultère.

Jésus accueille des enfants
(Mt 19.13-15 ; Lc 18.15-17)

[13] Des gens amenèrent à Jésus de petits enfants pour qu'il pose les mains sur eux, mais les disciples leur firent des reproches.

[14] Jésus le vit, et s'en indigna.

—Laissez donc les petits enfants venir à moi, ne les en empêchez pas, car le *royaume de Dieu appartient à ceux qui leur ressemblent. [15] Vraiment, je vous l'assure : celui qui ne reçoit pas le royaume de Dieu comme un petit enfant, n'y entrera pas.

[16] Là-dessus, il prit les enfants dans ses bras, posa les mains sur eux et les bénit.

Les riches et le royaume
(Mt 19.16-30 ; Lc 18.18-30)

[17] Comme il partait, un homme accourut, se jeta à genoux devant lui et lui demanda :

—Bon Maître, que dois-je faire pour obtenir la vie éternelle ?

[18] —Pourquoi m'appelles-tu bon ? lui répondit Jésus. Personne n'est bon, sinon Dieu seul. [19] Tu connais les commandements : *Ne commets pas de meurtre ; ne commets pas d'adultère, ne vole pas, ne porte pas de faux témoignage, ne fais de tort à personne, honore ton père et ta mère*[d].

[20] —Maître, répondit l'homme, tout cela je l'ai appliqué depuis ma jeunesse.

[21] Jésus posa sur cet homme un regard plein d'amour et lui dit :

—Il ne te manque qu'une chose : va, vends tout ce que tu possèdes, donne le produit de la vente aux pauvres et tu auras un capital au ciel. Puis viens et suis-moi.

[22] En entendant ces paroles, l'homme s'assombrit et s'en alla tout triste, car il était très riche.

[23] Jésus parcourut du regard le cercle de ses disciples, puis il leur dit :

—Qu'il est difficile à ceux qui ont des richesses d'entrer dans le *royaume de Dieu !

[24] Cette parole les surprit, mais Jésus insista :

—Oui, mes enfants, qu'il est difficile[e] d'entrer dans le royaume de Dieu. [25] Il est plus facile à un chameau de passer par le trou d'une aiguille qu'à un riche d'entrer dans le royaume de Dieu.

[26] Les disciples furent encore plus étonnés, et ils se demandaient entre eux :

—Mais alors, qui peut être *sauvé ?

[27] Jésus les regarda et leur dit :

—Aux hommes c'est impossible, mais non à Dieu. Car tout est possible à Dieu.

[28] Alors Pierre demanda :

—Et nous ? Nous avons tout quitté pour te suivre.

Jésus répondit :

[29] —Vraiment, je vous l'assure : si quelqu'un quitte, à cause de moi et de l'Evangile, sa maison, ses frères, ses sœurs, sa mère, son père, ses enfants ou ses terres, [30] il recevra cent fois plus dès à présent : des maisons, des frères, des sœurs, des mères, des enfants, des terres, avec des persécutions ; et, dans le monde à venir, la vie éternelle. [31] Mais beaucoup qui sont maintenant les premiers, seront les derniers, et beaucoup qui sont maintenant les derniers, seront les premiers.

Ce qui attend Jésus à Jérusalem
(Mt 20.17-19 ; Lc 18.31-34)

[32] Ils étaient en route pour monter à *Jérusalem. Jésus marchait en tête. L'angoisse s'était emparée des disciples et ceux qui les suivaient étaient dans la crainte.

Jésus prit de nouveau les Douze à part, et il se mit à leur dire ce qui allait arriver :

[33] —Voici : nous montons à *Jérusalem. Le *Fils de l'homme y sera livré aux chefs des *prêtres et aux *spécialistes de la Loi. Ils le condamneront à mort et le remettront entre les mains des païens. [34] Ils se moqueront de

---

a. 10.6 Gn 1.27 et 5.2.
b. 10.7 L'expression *pour s'attacher à sa femme* est absente de certains manuscrits.
c. 10.8 Gn 2.24.
d. 10.20 Ex 20.12-16 ; Dt 5.16-20.

e. 10.24 Certains manuscrits ajoutent : *à ceux qui se confient dans les richesses.*

lui, lui cracheront au visage, le battront à coups de fouet et le mettront à mort. Puis, au bout de trois jours, il ressuscitera.

Grandeur et service
(Mt 20.20-28 ; Lc 22.25-27)

³⁵ Alors *Jacques et Jean, les fils de Zébédée, s'approchèrent de Jésus et lui dirent :

—Maître, nous désirons que tu fasses pour nous ce que nous allons te demander.

³⁶ —Que désirez-vous que je fasse pour vous ? leur demanda-t-il.

³⁷ Ils répondirent :

—Accorde-nous de siéger l'un à ta droite et l'autre à ta gauche lorsque tu seras dans la gloire.

³⁸ Mais Jésus leur dit :

—Vous ne vous rendez pas compte de ce que vous demandez ! Pouvez-vous boire la coupe que je vais boire, ou passer par le baptême que j'aurai à subir ?

³⁹ —Oui, lui répondirent-ils, nous le pouvons.

Alors Jésus reprit :

—Vous boirez en effet la coupe que je vais boire, et vous subirez le baptême par lequel je vais passer, ⁴⁰ mais quant à siéger à ma droite ou à ma gauche, il ne m'appartient pas de vous l'accorder : ces places reviennent à ceux pour qui elles ont été préparées.

⁴¹ En entendant cela, les dix autres s'indignèrent contre Jacques et Jean.

⁴² Alors Jésus les appela tous auprès de lui et leur dit :

—Vous savez ce qui se passe dans les nations : ceux que l'on considère comme les chefs politiques dominent sur leurs peuples et les grands personnages font peser leur autorité sur eux. ⁴³ Il ne doit pas en être ainsi parmi vous ! Au contraire : si quelqu'un veut être grand parmi vous, qu'il soit votre serviteur, ⁴⁴ et si quelqu'un veut être le premier parmi vous, qu'il soit l'esclave de tous. ⁴⁵ Car le *Fils de l'homme n'est pas venu pour se faire servir, mais pour servir lui-même et donner sa vie en rançon pour beaucoup.

La guérison d'un aveugle
(Mt 20.29-34 ; Lc 18.35-43)

⁴⁶ Ils arrivèrent à *Jéricho. Jésus et ses disciples sortaient de la ville, accompagnés d'une foule nombreuse.

Bartimée, fils de Timée, un mendiant aveugle, était assis au bord du chemin. ⁴⁷ Lorsqu'il entendit que c'était Jésus de *Nazareth, il se mit à crier :

—Jésus, *Fils de David, aie pitié de moi !

⁴⁸ Mais beaucoup le rabrouaient pour le faire taire.

Lui, cependant, criait de plus belle :

—Fils de David, aie pitié de moi !

⁴⁹ Jésus s'arrêta et dit :

—Appelez-le !

On appela l'aveugle en lui disant :

—Courage, lève-toi, il t'appelle.

⁵⁰ A ces mots, il jeta son manteau, se leva d'un bond et vint vers Jésus.

⁵¹ Jésus lui dit :

—Que veux-tu que je fasse pour toi ?

—Maître, lui répondit l'aveugle, fais que je puisse voir !

⁵² —Va, lui dit Jésus. Parce que tu as cru en moi, tu es guéri[a].

Aussitôt, il recouvra la vue et suivit Jésus sur le chemin.

L'entrée du Roi à Jérusalem
(Mt 21.1-11 ; Lc 19.28-40 ; Jn 12.12-19)

11 Alors qu'ils approchaient de *Jérusalem, à la hauteur de Bethphagé et de Béthanie[b], près du mont des Oliviers, Jésus envoya deux de ses disciples ² en leur disant :

—Allez dans le village qui est devant vous. Dès que vous y serez entrés, vous trouverez un ânon attaché que personne n'a encore monté. Détachez-le et amenez-le ici. ³ Si quelqu'un vous demande : « Pourquoi faites-vous cela ? » répondez : « Le Seigneur en a besoin, et il le renverra très bientôt[c]. »

⁴ Ils partirent donc, trouvèrent un ânon attaché dehors, près d'une porte dans la rue, et le détachèrent.

⁵ Quelques personnes, qui se trouvaient là, leur dirent :

—Holà ! Qu'est-ce qui vous prend de détacher cet ânon ?

⁶ Ils répondirent comme Jésus le leur avait ordonné et on les laissa faire.

⁷ Ils amenèrent l'ânon à Jésus et posèrent leurs manteaux sur son dos, et Jésus s'assit dessus. ⁸ Beaucoup de gens étendirent leurs manteaux sur le chemin ; d'autres, des branches vertes coupées dans les champs.

⁹ La foule, de la tête à la fin du cortège, criait :

---

a. 10.52 Autre traduction : *ta foi t'a sauvé.*

b. 11.1 *Bethphagé... Béthanie :* deux villages situés sur le flanc est du mont des Oliviers, une colline séparée de Jérusalem par la vallée du Cédron.

c. 11.3 Autre traduction : *et le propriétaire le laissera venir ici sur-le-champ.*

> Hosanna[a] !
> Béni soit celui qui vient de la part du
>   Seigneur[b] !
> [10] Béni soit le royaume qui vient,
> le royaume de *David, notre Père !
> Hosanna à Dieu au plus haut des cieux !

[11] Une fois entré dans Jérusalem, Jésus se rendit au *Temple et y observa attentivement tout ce qui s'y passait. Ensuite, comme il se faisait déjà tard, il quitta la ville avec les Douze pour se rendre à Béthanie.

La malédiction du figuier
(Mt 21.18-19)

[12] Le lendemain, comme il sortait de Béthanie avec eux, il eut faim. [13] Il aperçut, de loin, un figuier couvert de feuillage. Il se dirigea vers cet arbre pour voir s'il y trouverait quelque fruit. Quand il se fut approché, il n'y trouva que des feuilles, car ce n'était pas la saison des figues[c].

[14] S'adressant alors au figuier, il lui dit :

—Que plus jamais personne ne mange de fruit venant de toi !

Et ses disciples l'entendirent.

Jésus dans le Temple
(Mt 21.12-17 ; Lc 19.45-48 ; voir Jn 2.13-16)

[15] Ils arrivèrent à Jérusalem. Jésus entra dans la cour du *Temple et se mit à en chasser les marchands qui s'étaient installés dans l'enceinte sacrée ainsi que leurs clients[d] ; il renversa les comptoirs des changeurs d'argent ainsi que les chaises des marchands de pigeons ; [16] il ne laissa personne transporter des marchandises dans l'enceinte du Temple.

[17] Puis, s'adressant à tous, il les enseigna en disant :

—N'est-il pas écrit : *On appellera ma maison une maison de prière pour tous les peuples[e] ?* Mais vous, vous en avez fait *un repaire de brigands.*

[18] Les chefs des *prêtres et les *spécialistes de la Loi apprirent ce qui s'était passé et ils cherchèrent un moyen de le faire mourir. En effet, ils craignaient son influence, car son enseignement faisait une vive impression sur la foule.

[19] Le soir venu, Jésus et ses disciples quittèrent la ville.

La leçon du figuier desséché
(Mt 21.20-22)

[20] Le lendemain matin, en passant par là, ils virent le figuier : il avait séché jusqu'aux racines.

[21] Pierre, se souvenant de ce qui s'était passé, dit à Jésus :

—Maître ! regarde le figuier que tu as maudit : il est devenu tout sec !

[22] Jésus répondit :

—Ayez foi en Dieu. [23] Vraiment, je vous l'assure, si quelqu'un dit à cette colline : « Soulève-toi de là et jette-toi dans la mer », sans douter dans son cœur, mais en croyant que ce qu'il dit va se réaliser, la chose s'accomplira pour lui. [24] C'est pourquoi je vous le déclare : tout ce que vous demandez dans vos prières, croyez que vous l'avez reçu et cela vous sera accordé.

[25] Quand vous priez, si vous avez quoi que ce soit contre quelqu'un, pardonnez-lui, pour que votre Père céleste vous pardonne, lui aussi, vos fautes. [[26] Mais si vous ne pardonnez pas, votre Père qui est dans les cieux ne vous pardonnera pas non plus vos fautes[f].]

L'autorité de Jésus contestée
(Mt 21.23-27 ; Lc 20.1-8)

[27] Ils retournèrent à *Jérusalem. Pendant que Jésus marchait dans la cour du *Temple, les chefs des *prêtres, les *spécialistes de la Loi et les responsables du peuple l'abordèrent et lui demandèrent :

[28] —De quel droit agis-tu ainsi ? Qui t'a donné le droit de faire cela ?

[29] Jésus leur répondit :

—J'ai aussi une question à vous poser, une seule. Si vous me répondez, je vous dirai de quel droit je fais cela : [30] De qui Jean tenait-il son mandat pour baptiser ? De Dieu ou des hommes ? Répondez-moi !

[31] Alors ils se mirent à raisonner entre eux :

—Si nous disons : « De Dieu », il va demander : « Pourquoi alors n'avez-vous pas cru en lui ? » [32] Mais, d'autre part, si nous répondons : « Des hommes », alors?...

---

a. **11.9** Voir note Mt 21.11.
b. **11.9** Ps 118.25-26.
c. **11.13** Même en dehors de la saison des figues, les figuiers portent des figues printanières qui se développent en même temps que les feuilles ; tout le monde a le droit d'en manger.
d. **11.15** Voir note Mt 21.12. Ces *changeurs* et ces *marchands* étaient installés dans la cour dite *des non-Juifs* où ceux-ci avaient accès.
e. **11.17** Es 56.7.

f. **11.26** Ce verset est absent de plusieurs manuscrits (voir Mt 6.15).

Ils craignaient les réactions de la foule, car tout le monde pensait que Jean était un vrai *prophète. [33] Ils répondirent donc à Jésus :

—Nous ne savons pas.

Et Jésus répliqua :

—Alors, moi non plus, je ne vous dirai pas de quel droit j'agis comme je le fais.

La culpabilité des chefs religieux juifs
(Mt 21.33-46 ; Lc 20.9-19)

12 Puis il se mit à leur parler en utilisant des *paraboles :

—Un homme planta une vigne, l'entoura d'une haie, creusa un pressoir, et construisit une tour pour la surveiller. Après cela, il la loua à des vignerons et partit en voyage. [2] Au moment des vendanges il envoya un de ses serviteurs aux vignerons pour recevoir la part du produit de sa vigne qui lui revenait. [3] Mais ceux-ci se précipitèrent sur ce serviteur, le rouèrent de coups et le renvoyèrent les mains vides. [4] Alors le propriétaire leur envoya un deuxième serviteur : celui-là, ils le frappèrent à la tête et le couvrirent d'insultes. [5] Le maître leur en envoya un troisième, et celui-là, ils le tuèrent ; puis beaucoup d'autres, et ils battirent les uns et tuèrent les autres.

[6] Il ne lui restait plus, désormais, qu'une seule personne à envoyer : son fils bien-aimé. Il le leur envoya en dernier. Il se disait : « Pour mon fils au moins, ils auront du respect. » [7] Mais les vignerons se dirent entre eux : « Voilà l'héritier, venez, tuons-le, et l'héritage sera à nous ! » [8] Et ils se jetèrent sur lui, le tuèrent et traînèrent son cadavre hors du vignoble.

[9] Que va faire le propriétaire de la vigne ? Il viendra lui-même, fera exécuter les vignerons et confiera le soin de sa vigne à d'autres. [10] N'avez-vous pas lu ces paroles de l'Ecriture :

[11] *La pierre rejetée par les constructeurs*
*   est devenue la pierre principale, | à l'angle de*
*   l'édifice.*
*   C'est le Seigneur | qui l'a voulu ainsi*
*   et c'est un prodige à nos yeux [a] !*

[12] Les chefs des *prêtres, les *spécialistes de la Loi et les responsables du peuple cherchaient un moyen d'arrêter Jésus. Mais ils avaient peur des réactions de la foule. En effet, ils avaient bien compris que c'était eux que Jésus visait par cette parabole. Ils le laissèrent donc, et se retirèrent.

Controverse sur l'impôt dû à César
(Mt 22.15-22 ; Lc 20.20-26)

[13] Cependant, ils lui envoyèrent une délégation de *pharisiens et de membres du parti d'*Hérode pour le prendre au piège de ses propres paroles. [14] Ils vinrent lui dire :

—Maître, nous savons que tu parles vrai et que tu ne te laisses influencer par personne, car tu ne regardes pas à la position sociale, mais tu enseignes en toute vérité comment Dieu nous demande de vivre. Dis-nous : avons-nous le droit de payer des impôts à César ? Devons-nous le faire ou non ?

[15] Mais Jésus, sachant combien ils étaient hypocrites, leur répondit :

—Pourquoi essayez-vous de me prendre au piège ? Apportez-moi une pièce d'argent, que je la voie !

[16] Ils lui en apportèrent une.

Alors il leur demanda :

—Cette effigie et cette inscription, de qui sont-elles ?

—De César.

[17] Alors Jésus leur dit :

—Rendez à César ce qui revient à César, et à Dieu ce qui revient à Dieu.

Ils en restèrent tout déconcertés.

Controverse sur la résurrection
(Mt 22.23-33 ; Lc 20.27-40)

[18] Des *sadducéens vinrent aussi le trouver. Ils prétendent que les morts ne ressuscitent pas. Ils lui demandèrent :

[19] —Maître, dans ses écrits, *Moïse nous a laissé ce commandement : *Si un homme meurt en laissant une femme mais sans avoir eu d'enfant, son frère devra épouser sa veuve et donner une descendance au défunt* [b]. [20] Or, il y avait sept frères. L'aîné s'est marié et il est mort sans laisser de descendant. [21] Le deuxième a épousé la veuve, puis il est décédé, lui aussi, sans avoir eu de descendant. Le troisième a fait de même. [22] Et ainsi de suite. Bref, les sept sont morts sans laisser de descendance. La femme est restée la dernière, puis elle est morte. [23] A la résurrection, quand ils ressusciteront tous, duquel d'entre eux sera-t-elle la femme ? Car tous les sept l'ont eue pour épouse !

[24] Jésus leur dit :

—Vous êtes dans l'erreur, et en voici la raison : vous ne connaissez pas les Ecritures ni quelle est la puissance de Dieu. [25] En effet, une fois ressuscités, les hommes et les femmes ne se marieront plus ; ils vivront comme

---

a. 12.11 Ps 118.22-23.   b. 12.19 Dt 25.5.

les *anges qui sont dans le ciel. 26 Quant à la résurrection des morts, n'avez-vous jamais lu dans le livre de Moïse, lorsqu'il est question du buisson ardent, en quels termes Dieu lui a parlé ? Il lui a dit : *Je suis le Dieu d'*Abraham, le Dieu d'*Isaac, le Dieu de *Jacob*[a]. 27 Dieu n'est pas le Dieu des morts, mais le Dieu des vivants. Oui, vous êtes complètement dans l'erreur.

Le plus grand commandement
(Mt 22.34-40 ; Lc 10.25-28)

28 Un des *spécialistes de la Loi s'approcha de lui ; il avait entendu cette discussion et avait remarqué avec quel à-propos Jésus avait répondu. Il lui demanda :

—Quel est le commandement le plus important de tous ?

29 Jésus répondit :

—Voici le commandement le plus important : *Ecoute, *Israël, le Seigneur est notre Dieu, il est le seul Dieu ; 30 tu aimeras donc le Seigneur, ton Dieu, de tout ton cœur, de toute ton âme, de toute ta pensée et de toute ton énergie*[b]. 31 Et voici celui qui vient en second rang : *Tu aimeras ton prochain comme toi-même*[c]. Il n'y a pas de commandement plus important que ceux-là.

32 —C'est bien, Maître, lui dit le *spécialiste de la Loi, tu as dit vrai : il n'y a qu'un seul Dieu[d], il n'y en a pas d'autre que lui[e] : 33 l'aimer de tout son cœur, de toute son intelligence et de toute son énergie[f], ainsi qu'aimer son prochain comme soi-même[g], c'est bien plus important que tous les *holocaustes[h] et tous les sacrifices.

34 Jésus, voyant qu'il avait répondu avec intelligence, lui dit :

—Tu n'es pas loin du *royaume de Dieu.

Après cela, personne n'osa plus lui poser de question.

Controverse sur l'identité du Messie
(Mt 22.41-46 ; Lc 20.41-44)

35 Pendant qu'il enseignait dans la cour du *Temple, Jésus demanda :

—Comment les *spécialistes de la Loi peuvent-ils dire que le *Messie doit être un descendant de *David ? 36 David lui-même, inspiré par le Saint-Esprit, a déclaré :

Le Seigneur a dit à mon Seigneur :
Viens siéger à ma droite
jusqu'à ce que j'aie mis tes ennemis sous tes
   pieds[i]

37 Si donc David lui-même appelle le Messie « Seigneur », comment celui-ci peut-il être son descendant ?

Il y avait là une foule nombreuse qui écoutait Jésus avec un vif plaisir.

La condamnation des spécialistes de la Loi
(Mt 23.1-12 ; Lc 20.45-47)

38 Il disait dans son enseignement :

—Gardez-vous des *spécialistes de la Loi : ils aiment à parader en costume de cérémonie, être salués sur les places publiques, 39 avoir les sièges d'honneur dans les *synagogues et les meilleures places dans les banquets. 40 Mais ils dépouillent les veuves de leurs biens, tout en faisant de longues prières pour l'apparence. Leur condamnation n'en sera que plus sévère.

La vraie générosité
(Lc 21.1-4)

41 Puis Jésus s'assit en face du tronc ; il observait ceux qui y déposaient de l'argent. Beaucoup de riches y avaient déjà déposé de fortes sommes quand arriva une pauvre veuve 42 qui déposa deux petites pièces, une somme minime.

43 Alors Jésus appela ses disciples et leur dit :

—Vraiment, je vous l'assure, cette pauvre veuve a donné bien plus que tous ceux qui ont mis de l'argent dans le tronc. 44 Car tous les autres ont seulement donné de leur superflu, mais elle, dans sa pauvreté, elle a donné tout ce qu'elle possédait, tout ce qu'elle avait pour vivre.

De la destruction de Jérusalem à la venue du Fils de l'homme
(Mt 24.1-3 ; Lc 21.5-7)

13 Comme Jésus sortait du *Temple, un de ses *disciples lui dit :

—Regarde, Maître, quelles belles pierres ! Quel édifice magnifique !

2 Jésus lui répondit :

---

a. **12.26** Ex 3.6,15.
b. **12.30** Dt 6.4-5.
c. **12.31** Lv 19.18.
d. **12.32** Dt 6.4.
e. **12.32** Dt 4.35 ; Es 45.2.
f. **12.33** Dt 6.5.
g. **12.33** Lv 19.18.
h. **12.33** Les *holocaustes* étaient les sacrifices les plus importants, dans lesquels les victimes étaient entièrement brûlées, c'est-à-dire entièrement consacrées à Dieu.

---

i. **12.36** Ps 110.1.

–Oui, regarde bien ces grandes constructions : il ne restera pas une pierre sur une autre, tout sera démoli.

[3] Puis il alla s'asseoir sur les pentes du mont des Oliviers, en face du Temple.

Pierre, *Jacques, Jean et André le prirent à part et lui demandèrent :

[4] –Dis-nous : quand cela se produira-t-il et à quel signe reconnaîtra-t-on que tous ces événements seront près de s'accomplir [a] ?

(Mt 24.4-14 ; Lc 21.8-19)

[5] Là-dessus, Jésus leur dit :

–Faites attention que personne ne vous induise en erreur. [6] Plusieurs viendront sous mon nom en disant : « Je suis le *Messie », et ils tromperont beaucoup de gens.

[7] Quand vous entendrez parler de guerres et de menaces de guerres, ne vous laissez pas troubler, car cela doit arriver, mais ce ne sera pas encore la fin. [8] En effet, *on verra se dresser une nation contre une nation, un royaume contre un autre* [b], il y aura en divers lieux des tremblements de terre et des famines, mais ce ne seront que les premières douleurs de l'enfantement.

[9] Quant à vous, faites attention à vous-mêmes : on vous traduira devant les tribunaux des *Juifs, on vous fouettera dans les *synagogues, vous comparaîtrez devant des gouverneurs et des rois à cause de moi, pour leur apporter un témoignage. [10] Il faut, avant tout, que la Bonne Nouvelle soit annoncée à toutes les nations. [11] Quand on vous emmènera pour vous traduire devant les autorités, ne vous inquiétez pas à l'avance de ce que vous direz, mais dites simplement ce qui vous sera donné au moment même : car ce n'est pas vous qui parlerez, mais l'Esprit Saint. [12] Le frère livrera son propre frère pour le faire condamner à mort, et le père livrera son enfant ; des enfants se dresseront contre leurs parents et les feront mettre à mort. [13] Tout le monde vous haïra à cause de moi. Mais celui qui tiendra bon jusqu'au bout sera *sauvé.

(Mt 24.15-31 ; Lc 21.20-28 ; 17.23-24)

[14] –Quand vous verrez *l'abominable profanation* [c] établie dans le lieu où elle ne doit pas être – que celui qui lit comprenne ! – alors, que ceux qui sont en *Judée s'enfuient dans les montagnes. [15] Si quelqu'un est sur son toit en terrasse, qu'il ne rentre pas à l'intérieur de sa maison pour emporter quelque bien qui s'y trouve. [16] Que celui qui sera dans les champs ne retourne pas chez lui pour aller chercher son manteau. [17] Malheur, en ces jours-là, aux femmes enceintes et à celles qui allaitent ! [18] Priez pour que cela n'arrive pas en hiver, [19] car ce seront des jours de détresse comme on n'en a pas connus depuis que Dieu a créé le monde [d] et comme jamais plus on n'en verra de semblables.

[20] Vraiment, si le Seigneur n'avait pas décidé de réduire le nombre de ces jours, personne n'en réchapperait, mais, à cause de ceux qu'il a choisis pour qu'ils soient à lui, il abrégera ce temps de calamité.

[21] Si quelqu'un vous dit alors : « Le Christ est ici ! » ou : « Il est là ! » ne le croyez pas. [22] De faux christs surgiront, ainsi que de faux prophètes. Ils produiront des signes miraculeux et de grands prodiges au point de tromper même, si c'était possible, ceux que Dieu a choisis. [23] Vous donc, faites attention, je vous ai prévenus.

[24] Cependant, en ces jours-là, après ce temps de détresse,

le soleil s'obscurcira,
la lune perdra sa clarté,
[25] *les étoiles tomberont du ciel ;*
les puissances célestes \ seront ébranlées [e]

(Mt 24.32-36 ; Lc 21.29-33)

[26] –Alors on verra le *Fils de l'homme venir sur les nuées* [f], avec beaucoup de puissance et de gloire. [27] Il enverra ses *anges rassembler ses élus des quatre coins de l'horizon, d'un bout à l'autre de l'univers.

[28] Que l'exemple du figuier vous serve d'enseignement : quand ses rameaux deviennent tendres et que ses feuilles poussent, vous savez que l'été est proche. [29] De même, quand vous verrez se produire ces événements, sachez que le Fils de l'homme est proche, comme aux portes de la ville. [30] Vraiment, je vous assure que cette génération-ci ne passera pas avant que tout cela ne commence à se réaliser [g]. [31] Le ciel et la terre passeront, mais mes paroles ne passeront jamais. [32] Quant au jour ou à l'heure, personne ne sait quand cela

---

a. **13.4** Autre traduction : *quel signe annoncera la fin de toutes choses ?*
b. **13.8** Voir Es 19.2.
c. **13.14** Dn 9.27 ; 11.31 ; 12.11.
d. **13.19** Dn 12.1.
e. **13.25** Es 13.10 ; 34.4.
f. **13.26** Dn 7.13.
g. **13.30** Autre traduction : *avant que tout cela ne se réalise.*

se produira, ni les *anges du ciel, ni même le Fils ; seul, le Père le sait.

(Mt 24.42)

³³ —Soyez vigilants, restez sur vos gardes, puisque vous ne savez pas quand viendra le moment.

³⁴ Les choses se passeront comme lorsqu'un homme quitte sa maison pour un long voyage et en laisse la responsabilité à ses serviteurs, en confiant à chacun sa tâche. Il commande au portier de veiller. ³⁵ Tenez-vous donc aussi en éveil ! Car vous ne savez pas quand le maître de la maison doit revenir : sera-ce tard ? à minuit ? au chant du coq ? ou le matin ? ³⁶ Qu'il ne vous trouve pas en train de dormir s'il revient à l'improviste ! ³⁷ Ce que je dis là, je vous le dis à tous : Tenez-vous en éveil !

MORT ET RESURRECTION DE JESUS

Le complot
(Mt 26.1-5 ; Lc 22.1-2 ; Jn 11.45-53)

14 On était à deux jours de la *Pâque et de la fête des *pains sans levain. Les chefs des *prêtres et les *spécialistes de la Loi cherchaient un moyen de s'emparer de Jésus par ruse et de le faire mourir. ² Car ils se disaient :

—Il ne faut pas agir pendant la fête, pour ne pas provoquer d'émeute parmi le peuple.

L'onction à Béthanie
(Mt 26.6-13 ; Jn 12.1-8)

³ Jésus était à Béthanie, dans la maison de Simon, le lépreux. Pendant le repas, une femme s'approcha de lui, tenant un flacon d'albâtre rempli d'un parfum de nard pur de grande valeur. Elle cassa le col du flacon et répandit le parfum sur la tête de Jésus.

⁴ Quelques-uns s'en indignèrent et murmurèrent entre eux :

—Pourquoi gaspiller ainsi ce parfum ? ⁵ On aurait pu le vendre et en tirer plus de trois cents pièces d'argent [a], qu'on aurait données aux pauvres.

Et ils ne ménagèrent pas leurs reproches à cette femme.

⁶ Mais Jésus dit :

—Laissez-la donc tranquille ! Pourquoi lui faites-vous de la peine ? Ce qu'elle vient d'accomplir pour moi est une belle action. ⁷ Des pauvres, vous en aurez toujours autour de vous, et vous pourrez leur faire du bien quand vous le voudrez ; mais moi, vous ne m'aurez pas toujours. ⁸ Cette femme a fait ce qu'elle pouvait. Elle a d'avance embaumé mon corps pour préparer mon enterrement [b]. ⁹ Vraiment, je vous l'assure, dans le monde entier, partout où l'Evangile sera annoncé, on racontera aussi, en souvenir de cette femme, ce qu'elle vient de faire.

La trahison
(Mt 26.14-16 ; Lc 22.3-6)

¹⁰ A la suite de cela, Judas Iscariot, l'un des Douze, alla trouver les chefs des *prêtres pour leur proposer de leur livrer Jésus. ¹¹ Sa proposition les réjouit et ils promirent de lui donner de l'argent. Dès lors, il chercha une occasion favorable pour leur livrer Jésus.

Jésus célèbre la Pâque avec ses disciples
(Mt 26.17-19 ; Lc 22.7-13)

¹² Le premier jour de la fête des *pains sans levain, celui où l'on tue l'agneau de la *Pâque, ses *disciples lui demandèrent :

—Où veux-tu que nous fassions les préparatifs pour le repas de la Pâque ?

¹³ Alors il envoya deux d'entre eux en leur donnant les instructions suivantes :

—Allez à la ville. Vous y rencontrerez un homme portant une cruche d'eau. Suivez-le. ¹⁴ Lorsqu'il entrera dans une maison, parlez ainsi au propriétaire : « Le Maître te fait demander : Où est la pièce où je prendrai le repas de la Pâque avec mes disciples ? » ¹⁵ Alors il vous montrera, à l'étage supérieur, une grande pièce aménagée, déjà prête. C'est là que vous ferez les préparatifs pour nous.

¹⁶ Les disciples partirent. Ils arrivèrent à la ville, trouvèrent tout comme Jésus le leur avait dit et préparèrent le repas pascal.

(Mt 26.20-25 ; Lc 22.14 ; Jn 13.21-30)

¹⁷ Le soir, Jésus arriva avec les Douze. ¹⁸ Pendant qu'ils étaient à table et qu'ils mangeaient, il leur dit :

—Vraiment, je vous l'assure, l'un de vous, qui mange avec moi, me trahira.

¹⁹ A ces mots, ils devinrent tout tristes, et, l'un après l'autre, ils lui dirent :

—Ce n'est pas moi, n'est-ce pas ?

---

a. 14.5 Il s'agit de *deniers*. Cette somme représente le salaire d'une année de travail d'un ouvrier agricole.

b. 14.8 Les Juifs embaumaient sommairement les morts avec des onguents et des parfums.

²⁰ Alors il reprit :

—C'est l'un des Douze, celui qui trempe son morceau dans le plat avec moi ᵃ. ²¹ Certes, le *Fils de l'homme s'en va conformément à ce que les Écritures annoncent à son sujet, mais malheur à celui qui trahit le Fils de l'homme. Il aurait mieux valu pour lui n'être jamais né !

(Mt 26.26-30 ; Lc 22.15-20 ; voir 1 Co 11.23-25)

²² Au cours du repas, Jésus prit du pain puis, après avoir prononcé la prière de reconnaissance, il le partagea en morceaux qu'il donna à ses disciples en disant :

—Prenez, ceci est mon corps.

²³ Ensuite il prit une coupe, remercia Dieu et la leur donna. Ils en burent tous. ²⁴ Alors il leur dit :

—Ceci est mon sang, par lequel est *scellée la nouvelle *alliance : il va être versé pour beaucoup d'hommes. ²⁵ Vraiment, je vous le déclare : je ne boirai plus du fruit de la vigne jusqu'au jour où je boirai le vin nouveau dans le *royaume de Dieu.

²⁶ Après cela, ils chantèrent les psaumes de la Pâque. Ensuite, ils sortirent pour se rendre au mont des Oliviers.

Jésus annonce le reniement de Pierre
(Mt 26.31-35 ; Lc 22.31-34 ; Jn 13.36-38)

²⁷ Jésus leur dit :

—Vous allez tous être ébranlés dans votre foi, car il est écrit :

Je frapperai le berger
et les brebis s'enfuiront de tous côtés ᵇ.

²⁸ Mais, quand je serai ressuscité, je vous précéderai en *Galilée.

²⁹ Alors Pierre lui déclara :

—Même si tous les autres étaient ébranlés, moi, pas !

³⁰ Jésus lui répondit :

—Vraiment, je te l'assure : aujourd'hui, oui, cette nuit même, avant que le coq ait chanté deux fois, tu m'auras renié trois fois.

³¹ Mais Pierre protesta avec véhémence :

—Même s'il me fallait mourir avec toi, je ne te renierai pas.

Et tous disaient la même chose.

Sur le mont des Oliviers
(Mt 26.36-46 ; Lc 22.40-46)

³² Ils arrivèrent en un lieu appelé Gethsémané. Jésus dit à ses disciples :

—Asseyez-vous ici pendant que je vais prier.

³³ Il prit avec lui Pierre, *Jacques et Jean. Il commença à être envahi par la crainte, et l'angoisse le saisit. ³⁴ Il leur dit :

—Je suis accablé de tristesse, à en mourir. Restez ici et veillez !

³⁵ Il fit quelques pas, se laissa tomber à terre et pria Dieu que cette heure s'éloigne de lui, si c'était possible :

³⁶ —Abba, Père, pour toi, tout est possible. Éloigne de moi cette coupe ᶜ ; cependant, qu'il arrive non pas ce que moi, je veux, mais ce que toi, tu veux.

³⁷ Il revint vers ses disciples et les trouva endormis.

Il dit à Pierre :

—*Simon, tu dors ? Tu n'as pas été capable de veiller une heure ! ³⁸ Veillez et priez pour ne pas céder à la tentation ᵈ. L'esprit de l'homme est plein de bonne volonté, mais la nature humaine est bien faible.

³⁹ Il s'éloigna de nouveau pour prier, en répétant les mêmes paroles. ⁴⁰ Puis il revint encore vers les disciples et les trouva de nouveau endormis, car ils avaient tellement sommeil qu'ils n'arrivaient pas à garder les yeux ouverts, et ils ne surent que lui répondre.

⁴¹ Lorsqu'il revint pour la troisième fois, il leur dit :

—Vous dormez encore et vous vous reposez ᵉ ! C'en est fait ! L'heure est venue. Le *Fils de l'homme est livré entre les mains des pécheurs. ⁴² Levez-vous et allons-y. Car celui qui me trahit est là.

L'arrestation de Jésus
(Mt 26.47-56 ; Lc 22.47-53 ; Jn 18.2-11)

⁴³ Il n'avait pas fini de parler que soudain survint Judas, l'un des Douze, accompagné d'une troupe armée d'épées et de gourdins. C'étaient les chefs des *prêtres, les *spécialistes de la Loi et les responsables du peuple qui les envoyaient. ⁴⁴ Le traître avait convenu avec eux d'un signal :

—Celui que j'embrasserai, c'est lui. Saisissez-vous de lui et emmenez-le sous bonne garde.

---

a. **14.20** Chacun des convives trempait son morceau de pain dans le plat commun qui contenait la sauce.

b. **14.27** Za 13.7.

c. **14.36** Voir 10.39 et note sur Mt 26.39. Autre traduction : *la coupe du jugement.*

d. **14.38** Autre traduction : *pour ne pas entrer en tentation.*

e. **14.41** Autre traduction : *dormez maintenant et reposez-vous.*

⁴⁵ En arrivant, Judas se dirigea droit sur Jésus ; il lui dit : « Maître ! » et l'embrassa.

⁴⁶ Aussitôt, les autres mirent la main sur Jésus et l'arrêtèrent. ⁴⁷ Mais l'un de ceux qui étaient là dégaina son épée, en donna un coup au serviteur du *grand-prêtre et lui emporta l'oreille.

⁴⁸ Jésus leur dit :

—Me prenez-vous pour un bandit, pour que vous soyez venus en force avec des épées et des gourdins pour vous emparer de moi ? ⁴⁹ J'étais parmi vous chaque jour dans la cour du *Temple pour donner mon enseignement et vous ne m'avez pas arrêté. Mais il en est ainsi pour que les Ecritures s'accomplissent.

⁵⁰ Alors tous ses compagnons l'abandonnèrent et prirent la fuite.

⁵¹ Un jeune homme le suivait, couvert seulement d'un drap. On le saisit, ⁵² mais il abandonna le drap et s'enfuit, tout nu.

Jésus devant le Grand-Conseil

(Mt 26.57-68 ; Lc 22.54-55,63-71 ; Jn 18.12-14, 19-24)

⁵³ Jésus fut conduit devant le *grand-prêtre chez qui se rassemblèrent les chefs des *prêtres, les responsables du peuple et les *spécialistes de la *Loi. ⁵⁴ Pierre l'avait suivi à distance, jusqu'à l'intérieur de la cour du palais du grand-prêtre. Il était assis avec les gardes, près du feu, pour se réchauffer. ⁵⁵ Les chefs des prêtres et le *Grand-Conseil au complet cherchaient un témoignage contre Jésus pour pouvoir le condamner à mort. Mais ils n'en trouvaient pas. ⁵⁶ Car il y avait beaucoup de gens pour apporter des faux témoignages contre lui, mais ces témoignages ne concordaient pas.

⁵⁷ Finalement, quelques-uns se levèrent pour porter contre lui ce faux témoignage :

⁵⁸ —Nous l'avons entendu dire : « Je démolirai ce *Temple fait de main d'homme et, en trois jours, j'en reconstruirai un autre, qui ne sera pas fait par des mains humaines. »

⁵⁹ Mais même là-dessus, leurs dépositions ne s'accordaient pas.

⁶⁰ Alors le grand-prêtre se leva au milieu de l'assemblée et interrogea Jésus.

—Eh bien, demanda-t-il, tu n'as rien à répondre aux témoignages qu'on vient de porter contre toi ?

⁶¹ Mais Jésus garda le silence et ne répondit pas.

Le grand-prêtre l'interrogea de nouveau et lui demanda :

—Es-tu le *Messie, le Fils du Dieu béni ?

⁶² Et Jésus lui répondit :

—Oui, je le suis ! Et vous verrez *le *Fils de l'homme siéger à la droite du Tout-Puissant*[a] *et venir en gloire avec les nuées du ciel*[b].

⁶³ Alors, le grand-prêtre déchira ses vêtements en signe de consternation et s'écria :

—Qu'avons-nous encore besoin de témoins ! ⁶⁴ Vous avez entendu le *blasphème ! Qu'en concluez-vous ?

Tous, alors, le condamnèrent en le déclarant passible de mort. ⁶⁵ Quelques-uns se mirent à cracher sur lui, ils lui recouvrirent le visage et le frappèrent en lui disant :

—Hé ! Fais le *prophète ! Qui c'est ?

Les gardes saisirent Jésus et lui donnèrent des gifles.

Pierre renie son Maître

(Mt 26.69-75 ; Lc 22.56-62 ; Jn 18.15-18, 25-27)

⁶⁶ Pendant ce temps, Pierre était en bas dans la cour intérieure. Une des servantes du *grand-prêtre arriva ; ⁶⁷ elle vit Pierre qui se chauffait et le dévisagea ; elle lui dit :

—Toi aussi, tu étais avec ce Jésus, ce Nazaréen !

⁶⁸ Mais Pierre le nia en disant :

—Je ne vois pas, je ne comprends pas ce que tu veux dire.

Puis il sortit de la cour et entra dans le vestibule. Alors un coq chanta[c].

⁶⁹ Mais la servante le vit et recommença à dire à ceux qui se trouvaient là :

—Il fait aussi partie de ces gens-là.

⁷⁰ Il le nia de nouveau.

Peu après, ceux qui se trouvaient là redirent à Pierre :

—C'est sûr : tu fais partie de ces gens. D'ailleurs, tu es Galiléen.

⁷¹ Alors il déclara :

—Je le jure, et que Dieu me condamne si ce n'est pas vrai, je ne connais pas l'homme dont vous parlez ![d]

⁷² Aussitôt, pour la seconde fois, un coq chanta. Alors, Pierre se souvint de ce que Jésus lui avait dit : « Avant que le coq ne chante deux fois, tu m'auras renié trois fois. » Et il fondit en larmes[e].

---

a. 14.62 Ps 110.1.

b. 14.62 Dn 7.13.

c. 14.68 Les mots *un coq chanta* sont absents dans certains manuscrits.

d. 14.71 Ou : *Que Dieu condamne cet homme. Je jure que je ne connais pas celui dont vous parlez.*

e. 14.72 Autres traductions : *il songea à tout ceci et pleura* ou *il se couvrit la tête et pleura* (signe de deuil). D'autres traduisent : *il sortit précipitamment et il pleura.*

Jésus devant Pilate
(Mt 27.1-2,11-26 ; Lc 23.1-5,13-25 ; Jn 18.28-40 ; 19.4-16)

15 Dès l'aube, les chefs des *prêtres tinrent conseil avec les responsables du peuple, les *spécialistes de la Loi, et tout le *Grand-Conseil[a]. Ils firent enchaîner Jésus, l'emmenèrent et le remirent entre les mains de *Pilate.

² Pilate l'interrogea :

–Es-tu le roi des *Juifs ?

–Tu le dis toi-même, lui répondit Jésus.

³ Les chefs des prêtres portèrent contre lui de nombreuses accusations.

⁴ Pilate l'interrogea de nouveau et lui dit :

–Eh bien ! Tu ne réponds rien ? Tu as entendu toutes les accusations qu'ils portent contre toi ?

⁵ Mais, au grand étonnement de Pilate, Jésus ne répondit plus rien. ⁶ A chaque fête de la *Pâque, Pilate relâchait un prisonnier, celui que le peuple réclamait. ⁷ Or, à ce moment-là, il y avait sous les verrous le nommé Barabbas avec les agitateurs qui avaient commis un meurtre au cours d'une émeute. ⁸ La foule monta donc au prétoire et se mit à réclamer la faveur que le gouverneur lui accordait d'habitude.

⁹ Pilate répondit :

–Voulez-vous que je vous relâche le roi des *Juifs ?

¹⁰ Il s'était rendu compte, en effet, que les chefs des *prêtres lui avaient livré Jésus par jalousie. ¹¹ Mais les chefs des prêtres persuadèrent la foule de demander qu'il libère plutôt Barabbas.

¹² –Mais alors, insista Pilate, que voulez-vous donc que je fasse de celui que vous appelez le roi des Juifs ?

¹³ De nouveau, ils crièrent :

–Crucifie-le !

¹⁴ –Qu'a-t-il fait de mal ?

Eux, cependant, crièrent de plus en plus fort :

–Crucifie-le !

¹⁵ Alors Pilate, voulant donner satisfaction à la foule, leur relâcha Barabbas et, après avoir fait battre Jésus à coups de fouet, il le livra pour qu'on le crucifie.

Jésus condamné à mort et crucifié
(Mt 27.27-31 ; Jn 19.2-3)

¹⁶ Les soldats emmenèrent Jésus dans la cour intérieure du palais et firent venir toute la cohorte. ¹⁷ Alors ils le revêtirent d'un manteau de couleur pourpre[b] et lui posèrent une couronne tressée de rameaux épineux. ¹⁸ Puis ils le saluèrent en disant :

–Salut, roi des Juifs !

¹⁹ Ils le frappaient à la tête avec un roseau et crachaient sur lui, s'agenouillaient et se prosternaient devant lui.

²⁰ Quand ils eurent fini de se moquer de lui, ils lui arrachèrent le manteau de couleur pourpre, lui remirent ses vêtements et l'emmenèrent hors de la ville pour le crucifier.

(Mt 27.33-44 ; Lc 23.26-43 ; Jn 19.16-24)

²¹ Ils obligèrent un passant qui revenait des champs, Simon de Cyrène, le père d'Alexandre et de Rufus, à porter la croix de Jésus. ²² Et ils amenèrent Jésus au lieu appelé Golgotha (ce qui signifie « lieu du Crâne »). ²³ Ils lui donnèrent du vin additionné de *myrrhe[c], mais il n'en prit pas. ²⁴ Ils le clouèrent sur la croix. Puis ils se partagèrent ses vêtements, en tirant au sort ce qui reviendrait à chacun.

²⁵ Il était environ neuf heures du matin quand ils le crucifièrent.

²⁶ L'écriteau sur lequel était inscrit le motif de sa condamnation portait ces mots : « Le roi des Juifs ».

²⁷ Avec Jésus, ils crucifièrent deux brigands, l'un à sa droite, l'autre à sa gauche[d].

²⁹ Ceux qui passaient par là lui lançaient des insultes en secouant la tête, et criaient :

–Hé ! toi qui démolis le *Temple et qui le reconstruis en trois jours, ³⁰ sauve-toi toi-même : descends de la croix !

³¹ De même aussi les chefs des *prêtres se moquaient de lui avec les *spécialistes de la Loi ; ils se disaient entre eux :

–Dire qu'il a sauvé les autres et qu'il est incapable de se sauver lui-même ! ³² Lui ! Le *Messie ! Le roi d'*Israël ! Qu'il descende donc de la croix : alors nous verrons, et nous croirons !

Ceux qui étaient crucifiés avec lui l'insultaient aussi.

---

b. **15.17** Ces manteaux, teints avec la pourpre, une substance colorante extraite d'un coquillage, étaient très chers.

c. **15.23** Breuvage anesthésiant (voir note Mt 27.34).

d. **15.27** Certains manuscrits ajoutent : ²⁸ *C'est ainsi que s'accomplit ce que disait l'Ecriture : « Il a été mis au nombre des criminels. »* Voir Lc 22.37.

---

a. **15.1** Le gouverneur romain devait ratifier les condamnations à mort prononcées par le Grand-Conseil juif.

La mort de Jésus
(Mt 27.45-56 ; Lc 23.44-49 ; Jn 19.25-30)

[33] A midi, le pays tout entier fut plongé dans l'obscurité, et cela dura jusqu'à trois heures de l'après-midi.

[34] Vers trois heures, Jésus cria d'une voix forte :

–*Eli, Eli, lama sabachthani ?* ce qui signifie : *Mon Dieu, mon Dieu, pourquoi m'as-tu abandonné*[a] *?*

[35] En entendant ces paroles, quelques-uns de ceux qui étaient là disaient :

–Voilà qu'il appelle Elie.

[36] Un homme courut imbiber une éponge de vinaigre, la piqua au bout d'un roseau et la présenta à Jésus pour qu'il boive, en disant :

–Laissez-moi faire ! On va bien voir si Elie vient le tirer de là.

[37] Mais Jésus poussa un grand cri et expira.

[38] Alors, le rideau du *Temple se déchira en deux, de haut en bas.

[39] Voyant de quelle manière il était mort[b], l'officier romain, qui se tenait en face de Jésus, dit :

–Cet homme était vraiment Fils de Dieu !

[40] Il y avait aussi là quelques femmes qui regardaient de loin. Parmi elles, Marie de Magdala, Marie la mère de *Jacques le Jeune et de Joses, ainsi que Salomé. [41] Quand il était en *Galilée, c'étaient elles qui l'avaient suivi en étant à son service. Il y avait aussi beaucoup d'autres femmes qui étaient montées avec lui à *Jérusalem.

Jésus mis au tombeau
(Mt 27.57-61 ; Lc 23.50-56 ; Jn 19.38-42)

[42] Le soir venu – c'était le jour de la préparation, c'est-à-dire la veille du *sabbat – [43] Joseph d'Arimathée arriva. C'était un membre éminent du *Grand-Conseil qui, lui aussi, vivait dans l'attente du *royaume de Dieu. Il eut le courage de se rendre chez *Pilate pour lui demander le corps de Jésus. [44] Pilate fut surpris d'apprendre que Jésus était déjà mort. Il fit appeler l'officier de service et lui demanda s'il était mort depuis longtemps. [45] Renseigné par le centurion, il autorisa Joseph à disposer du corps. [46] Celui-ci, après avoir acheté un drap de lin, descendit le corps de la croix, l'enveloppa dans le drap et le déposa dans un tombeau taillé dans le roc. Puis il roula un bloc de pierre devant l'entrée du tombeau.

[47] Marie de Magdala et Marie, mère de Joses, regardaient où il le mettait.

Jésus est ressuscité !
(Mt 28.1-8 ; Lc 24.1-11 ; Jn 20.1-2)

16 Quand le *sabbat fut passé, Marie de Magdala, Marie mère de *Jacques, et Salomé achetèrent des huiles aromatiques pour aller embaumer le corps de Jésus. [2] Il était encore très tôt, le dimanche matin, lorsqu'elles arrivèrent au tombeau. Le soleil se levait. [3] En chemin, elles s'étaient demandé les unes aux autres :

–Qui nous roulera la pierre qui ferme l'entrée du tombeau ?

[4] Or, en levant les yeux, elles s'aperçurent que la pierre avait été roulée sur le côté, et c'était un bloc énorme.

[5] Elles pénétrèrent dans le caveau et virent, assis du côté droit, un jeune homme vêtu d'une robe blanche. Elles furent saisies de frayeur.

[6] Mais le jeune homme leur dit :

–N'ayez pas peur ! Vous cherchez Jésus de *Nazareth, celui qui a été crucifié ? Il est ressuscité, il n'est plus ici. Voyez l'endroit où on l'avait déposé. [7] Et maintenant, allez annoncer à ses *disciples, et aussi à Pierre, qu'il vous précède en *Galilée ; c'est là que vous le verrez, comme il vous l'a dit.

[8] Elles se précipitèrent hors du tombeau et s'enfuirent, toutes tremblantes et bouleversées. Elles ne dirent rien à personne, tant elles étaient effrayées.

Jésus apparaît aux disciples

[[9] Jésus, étant ressuscité le dimanche matin, apparut d'abord à Marie de Magdala dont il avait chassé sept démons. [10] Celle-ci alla porter la nouvelle à ceux qui avaient accompagné Jésus : ils étaient plongés dans la tristesse et en larmes. [11] Mais eux, en l'entendant dire qu'il était vivant et qu'il lui était apparu, ne la crurent pas.

[12] Après cela, alors que deux d'entre eux faisaient route pour se rendre à la campagne, il leur apparut sous un autre aspect. [13] Ils revinrent à *Jérusalem et annoncèrent la nouvelle aux autres ; mais ils ne les crurent pas eux non plus.

[14] Plus tard, il se montra aux Onze pendant qu'ils étaient à table ; il leur reprocha leur incrédulité et leur aveuglement parce qu'ils n'avaient pas cru ceux qui l'avaient vu ressuscité. [15] Et il leur dit :

---

a. 15.34 Ps 22.1.
b. 15.39 Certains manuscrits ajoutent : *en criant ainsi.*

–Allez dans le monde entier, annoncez la Bonne Nouvelle à tous les hommes. 16 Celui qui croira et sera baptisé sera *sauvé, mais celui qui ne croira pas sera condamné. 17 Voici les signes miraculeux qui accompagneront ceux qui auront cru : en mon nom, ils chasseront des démons, ils parleront des langues nouvelles, 18 ils saisiront des serpents venimeux, ou s'il leur arrive de boire un poison mortel, cela ne leur causera aucun mal. Ils imposeront les mains à des malades et ceux-ci seront guéris.

Jésus enlevé au ciel

19 Après leur avoir ainsi parlé, le Seigneur Jésus fut enlevé au ciel et s'assit à la droite de Dieu. 20 Quant à eux, ils s'en allèrent proclamer la Parole en tout lieu. Le Seigneur travaillait avec eux et confirmait leur prédication par les signes miraculeux qui l'accompagnaient a.]

---

a. 16.20 Plusieurs manuscrits, et des meilleurs, ne contiennent pas les v. 9-20. Certains ont une version plus courte de la fin de l'évangile : *Mais elles firent aux compagnons de Pierre un bref récit de tout ce qui leur avait été annoncé. Ensuite Jésus lui-même fit porter par eux, de l'Orient à l'Occident, le message sacré et incorruptible du salut éternel.*

EVANGILE SELON LUC

Cet évangile est la première partie d'un « ouvrage en deux volumes » qui comprend l'évangile et le livre des Actes. Luc l'a écrit, après enquête auprès des témoins oculaires, pour que son lecteur puisse « reconnaître l'entière véracité des enseignements reçus » (1.1-4). Ces deux récits sont adressés à un certain Théophile qui nous demeure inconnu.

En revanche, d'autres textes nous renseignent sur l'identité de Luc : c'est un médecin de culture grecque, collaborateur de Paul, qu'il accompagna jusqu'à Rome (Col 4.14 ; Phm 24 ; 2 Tm 4.11). C'est probablement là qu'il écrivit cet évangile vers 62-65. Non-Juif, il s'adresse à des non-Juifs.

Comme Matthieu, Luc s'intéresse à la naissance miraculeuse de Jésus (ch. 1 et 2) : « Aujourd'hui est né votre *Sauveur, dans la ville de *David... » dit l'*ange aux bergers (2.11), dévoilant déjà le sens de la venue de Jésus. Et, de fait, Jésus commence son ministère à *Nazareth, en révélant qu'il accomplit la prophétie d'*Esaïe qu'un Sauveur viendrait ! (Lc 4.16-21).

Par de multiples guérisons du corps et de l'âme, Jésus authentifie sa mission : il « est venu chercher et amener au salut ce qui était perdu » (19.10). Encore faut-il que les hommes se reconnaissent malades ! C'est pourquoi on trouve dans la bouche de Jésus de nombreux avertissements aux riches de ce monde – « Si un homme parvient à posséder le monde entier, à quoi cela lui sert-il s'il se perd ou se détruit lui-même ? » (9.25) – et des encouragements aux petits de ce monde – « Heureux, vous qui êtes pauvres, car le *royaume de Dieu vous appartient ! » (6.20).

Mais le salut passe par la croix ! En même temps qu'il proclame le salut, Jésus se prépare à l'accomplir : il monte à *Jérusalem où il va mourir. Dès le chapitre 9, on voit croître l'opposition à son égard, qui culmine dans sa mise à mort (ch. 22 et 23).

Le chapitre 24 relate le dernier et le principal événement parmi tous ceux que les témoins oculaires ont transmis à Luc : la résurrection. Jésus ressuscité apparaît aux *apôtres, à des femmes et à des *disciples qui pleuraient sa mort, et il leur explique tout ce qui le concernait dans les Ecritures. Il les envoie annoncer à tous les hommes qu'il est le Sauveur !

INTRODUCTION

1 Plusieurs personnes ont entrepris de composer un récit des événements qui se sont passés parmi nous, [2] d'après les rapports de ceux qui en ont été les témoins oculaires depuis le début et qui sont devenus des serviteurs de la Parole de Dieu.

[3] J'ai donc décidé à mon tour de m'informer soigneusement sur tout ce qui est arrivé depuis le commencement, et de te l'exposer par écrit de manière suivie, très honorable Théophile [a] ; [4] ainsi, tu pourras reconnaître l'entière véracité des enseignements que tu as reçus.

NAISSANCE ET ENFANCE DE JESUS

L'annonce de la naissance de Jean-Baptiste

[5] Il y avait, à l'époque où *Hérode était roi de *Judée [b], un *prêtre nommé Zacharie, qui appartenait à la classe sacerdotale d'Abia. Sa femme était une descendante d'*Aaron ; elle s'appelait Elisabeth. [6] Tous deux étaient justes aux yeux de Dieu et observaient tous les commandements et toutes les lois du Seigneur de façon irréprochable. [7] Ils n'avaient pas d'enfant, car Elisabeth était stérile et tous deux étaient déjà très âgés.

[8] Un jour, Zacharie assurait son service devant Dieu : c'était le tour de sa classe sacerdotale. [9] Suivant la coutume des prêtres, il avait été désigné par le sort pour entrer

---

a. 1.3 Personnage sans doute riche et haut placé à qui Luc dédie son ouvrage. Le titre qui lui est donné était employé pour les membres de l'ordre équestre à Rome.

b. 1.5 Les Grecs avaient l'habitude d'appeler ainsi tout le pays des Juifs.

dans le sanctuaire[a] du Seigneur et y offrir l'*encens. [10] A l'heure de l'offrande des parfums, toute la multitude du peuple se tenait en prière à l'extérieur. [11] Tout à coup, un *ange du Seigneur lui apparut, debout à droite de l'autel des parfums. [12] Quand Zacharie le vit, il en fut bouleversé et la peur s'empara de lui. [13] Mais l'ange lui dit :

—N'aie pas peur, Zacharie, car Dieu a entendu ta prière : ta femme Elisabeth te donnera un fils. Tu l'appelleras Jean. [14] Il sera pour toi le sujet d'une très grande joie, et beaucoup de gens se réjouiront de sa naissance. [15] Il sera grand aux yeux du Seigneur. Il ne boira ni vin, ni boisson alcoolisée. Il sera rempli de l'Esprit Saint dès le sein maternel. [16] Il ramènera beaucoup d'Israélites au Seigneur, leur Dieu. [17] Il accomplira sa mission sous le regard de Dieu, avec l'esprit et la puissance d'Elie, pour réconcilier les pères avec leurs enfants, pour amener ceux qui sont désobéissants à penser comme des hommes justes et former ainsi un peuple prêt pour le Seigneur.

[18] Zacharie demanda à l'ange :

—A quoi le reconnaîtrai-je ? Car je suis moi-même déjà vieux et ma femme est très âgée.

[19] L'ange lui répondit :

—Je suis Gabriel. Je me tiens devant Dieu, qui m'a envoyé pour te parler et t'annoncer cette nouvelle. [20] Alors, voici : tu vas devenir muet et tu resteras incapable de parler jusqu'au jour où ce que je viens de t'annoncer se réalisera ; il en sera ainsi parce que tu n'as pas cru à mes paroles, qui s'accompliront au temps prévu.

[21] Pendant ce temps, la foule attendait Zacharie ; elle s'étonnait de le voir s'attarder dans le sanctuaire. [22] Lorsqu'il sortit enfin, il était incapable de parler aux personnes rassemblées. Elles comprirent alors qu'il avait eu une vision dans le sanctuaire. Quant à lui, il leur faisait des signes et restait muet. [23] Lorsqu'il eut terminé son temps de service, il retourna chez lui.

[24] Quelque temps après, sa femme Elisabeth devint enceinte et, pendant cinq mois, elle se tint cachée. Elle se disait :

[25] —C'est l'œuvre du Seigneur ! Il a jeté maintenant un regard favorable sur moi, et effacé ce qui faisait ma honte aux yeux de tous[b].

L'annonce de la naissance de Jésus

[26] Six mois plus tard, Dieu envoya l'*ange Gabriel dans une ville de *Galilée appelée *Nazareth, [27] chez une jeune fille liée par fiançailles[c] à un homme nommé Joseph, un descendant du roi *David. Cette jeune fille s'appelait Marie.

[28] L'ange entra chez elle et lui dit :

—Réjouis-toi, toi à qui Dieu a accordé sa faveur : le Seigneur est avec toi.

[29] Marie fut profondément troublée par ces paroles ; elle se demandait ce que signifiait cette salutation.

[30] L'ange lui dit alors :

—N'aie pas peur, Marie, car Dieu t'a accordé sa faveur. [31] Voici : bientôt tu seras enceinte et tu mettras au monde un fils ; tu le nommeras Jésus. [32] Il sera grand. Il sera appelé « Fils du Très-Haut », et le Seigneur Dieu lui donnera le trône de David, son ancêtre. [33] Il régnera éternellement sur le peuple issu de *Jacob, et son règne n'aura pas de fin.

[34] Marie dit à l'ange :

—Comment cela se fera-t-il, puisque je suis vierge ?

[35] L'ange lui répondit :

—L'Esprit Saint descendra sur toi, et la puissance du Dieu très-haut te couvrira de son ombre. C'est pourquoi le saint enfant qui naîtra de toi sera appelé Fils de Dieu. [36] Vois : ta parente Elisabeth attend elle aussi un fils, malgré son grand âge ; on disait qu'elle ne pouvait pas avoir d'enfant, et elle en est à son sixième mois. [37] Car rien n'est impossible à Dieu.

[38] Alors Marie répondit :

—Je suis la servante du Seigneur. Que tout ce que tu m'as dit s'accomplisse pour moi.

Et l'ange la quitta.

Marie chez Elisabeth

[39] Peu après, Marie partit pour se rendre en hâte dans une ville de montagne du territoire de *Judée. [40] Elle entra chez Zacharie et salua Elisabeth. [41] Au moment où celle-ci entendit la salutation de Marie, elle sentit son enfant remuer en elle. Elle fut remplie du Saint-Esprit [42] et s'écria d'une voix forte :

—Tu es bénie plus que toutes les femmes et l'enfant que tu portes est béni. [43] Comment ai-je mérité l'honneur que la mère de mon Seigneur vienne me voir ? [44] Car, vois-tu, au moment même où je t'ai entendu me saluer,

---

a. 1.9 C'est-à-dire le lieu saint où seuls les prêtres avaient le droit de pénétrer.

b. 1.25 Pour la femme juive, c'était un déshonneur de ne pas avoir d'enfants.

c. 1.27 En Israël, les *fiancés* étaient juridiquement mariés mais n'avaient pas encore de vie commune.

mon enfant a bondi de joie au dedans de moi. **45** Tu es heureuse, toi qui as cru à l'accomplissement de ce que le Seigneur t'a annoncé [a].

46 Alors Marie dit :

Mon âme chante | la grandeur du Seigneur
47 et mon esprit se réjouit | à cause de Dieu,
    mon *Sauveur.
48 Car il a bien voulu | abaisser son regard |
    sur son humble servante.
C'est pourquoi, désormais, | à travers tous
    les temps, | on m'appellera bienheureuse.
49 Car le Dieu tout-puissant | a fait pour moi
    de grandes choses ;
saint est son nom.
50 *Et sa bonté | s'étendra d'âge en âge*
sur ceux qui le révèrent [b].
51 Il est intervenu | de toute sa puissance
et il a dispersé | les hommes dont le cœur |
    était rempli d'orgueil.
52 *Il a précipité | les puissants de leurs trônes,*
et il a élevé | les humbles.
53 *Il a comblé de biens | ceux qui sont affamés,*
et il a renvoyé | les riches les mains vides.
54 *Oui, il a pris en main | la cause d'*Israël,*
il a témoigné sa bonté | au peuple qui le sert [c],
55 comme il l'avait promis à nos ancêtres,
à *Abraham à ses descendants
    pour tous les temps.

56 Marie resta environ trois mois avec Elisabeth, puis elle retourna chez elle.

La naissance de Jean-Baptiste

57 Le moment arriva où Elisabeth devait accoucher. Elle donna naissance à un fils. **58** Ses voisins et les membres de sa famille apprirent combien le Seigneur avait été bon pour elle, et ils se réjouissaient avec elle.

59 Le huitième jour après sa naissance, ils vinrent pour la *circoncision du nouveau-né. Tout le monde voulait l'appeler Zacharie comme son père, **60** mais sa mère intervint et dit :

—Non, il s'appellera Jean.

61 —Mais, lui fit-on remarquer, personne dans ta famille ne porte ce nom-là !

62 Alors ils interrogèrent le père, par des gestes, pour savoir quel nom il voulait donner à l'enfant. **63** Zacharie se fit apporter une tablette et, au grand étonnement de tous, il y traça ces mots :

—Son nom est Jean.

64 A cet instant, sa bouche s'ouvrit et sa langue se délia : il parlait et louait Dieu.

65 Tous les gens du voisinage furent remplis de crainte, et l'on parlait de tous ces événements dans toutes les montagnes de *Judée. **66** Tous ceux qui les apprenaient en étaient profondément impressionnés et disaient : « Que sera donc cet enfant ? » Car le Seigneur était avec lui.

67 Zacharie, son père, fut rempli de l'Esprit Saint et prophétisa en ces termes :

68 Loué soit le Seigneur, | le Dieu du peuple
    d'*Israël,
car il a pris soin de son peuple | et il l'a
    délivré.
69 Pour nous, il a fait naître | parmi
    les descendants | du roi *David, son
    serviteur,
un Libérateur plein de force.
70 Il vient d'accomplir la promesse | qu'il
    avait faite | depuis les premiers temps |
    par la voix de ses saints *prophètes
71 qu'il nous délivrerait | de tous nos
    ennemis, | et du pouvoir de ceux qui
    nous haïssent.
72 Il manifeste sa bonté | à l'égard de nos
    pères
et il agit conformément | à son *alliance
    sainte.
73 Il accomplit pour nous | le serment qu'il a
    fait | à notre ancêtre, *Abraham,
74 de nous accorder la faveur, | après nous
    avoir délivrés | de tous nos ennemis,
75 de le servir sans crainte | en étant saints et
    justes | en sa présence | tous les jours de
    la vie.
76 Et toi, petit enfant, | tu seras appelé |
    prophète du Très-Haut,
car, devant le Seigneur, | tu marcheras en
    précurseur | pour préparer sa route,
77 en faisant savoir à son peuple | que Dieu
    lui donne le salut | et qu'il pardonne ses
    péchés.
78 Car notre Dieu | est plein de compassion |
    et de bonté,
et c'est pourquoi l'astre levant | viendra
    pour nous d'en haut,
79 *pour éclairer tous ceux | qui habitent dans*
    les ténèbres | et l'ombre de la mort [d],
et pour guider nos pas | sur la voie de
    la paix.

---

a. 1.45 Autre traduction : *car ce que le Seigneur t'a annoncé s'accomplira.*
b. 1.50 Ps 103.17.
c. 1.54 Ps 98.3 ; Es 41.8-9.

---

d. 1.79 Es 9.1.

80 Le petit enfant grandissait et son esprit se fortifiait. Plus tard, il vécut dans des lieux déserts jusqu'au jour où il se manifesta publiquement au peuple d'*Israël.

La naissance de Jésus
(Mt 1.18-25)

2 En ce temps-là, l'empereur Auguste a publia un édit qui ordonnait le recensement de tous les habitants de l'Empire. **2** Ce recensement, le premier du genre, eut lieu à l'époque où Quirinius était gouverneur de la province de *Syrie. **3** Tout le monde allait se faire recenser, chacun dans la localité dont il était originaire. **4** C'est ainsi que Joseph, lui aussi, partit de *Nazareth et monta de la *Galilée en *Judée, à Bethléhem, la ville de *David : il appartenait, en effet, à la famille de *David. **5** Il s'y rendit pour se faire recenser avec Marie, sa fiancée, qui attendait un enfant.
6 Or, durant leur séjour à Bethléhem, arriva le moment où Marie devait accoucher. **7** Elle mit au monde un fils : son premier-né. Elle lui mit des langes et le coucha dans une mangeoire parce qu'il n'y avait pas de place pour eux dans la pièce réservée aux hôtes.
8 Dans les champs environnants, des bergers passaient la nuit pour garder leurs troupeaux. **9** Un *ange du Seigneur leur apparut et la gloire du Seigneur resplendit autour d'eux. Une grande frayeur les saisit.
10 Mais l'ange les rassura :
—N'ayez pas peur : je vous annonce une nouvelle qui sera pour tout le peuple le sujet d'une très grande joie. **11** Un *Sauveur vous est né aujourd'hui dans la ville de David ; c'est lui le *Messie, le Seigneur. **12** Et voici à quoi vous le reconnaîtrez : vous trouverez un nouveau-né dans ses langes et couché dans une mangeoire.
13 Et tout à coup apparut, aux côtés de l'ange, une multitude d'anges de l'armée céleste qui chantaient les louanges de Dieu :

14 Gloire à Dieu au plus haut des cieux !
Et paix sur la terre aux hommes qu'il aime b.

15 Quand les anges les eurent quittés pour retourner au ciel, les bergers se dirent l'un à l'autre :

—Allons donc jusqu'à Bethléhem pour voir ce qui est arrivé, ce que le Seigneur nous a fait connaître.
16 Ils se dépêchèrent donc d'y aller et trouvèrent Marie et Joseph avec le nouveau-né couché dans une mangeoire. **17** Quand ils le virent, ils racontèrent ce qui leur avait été dit au sujet de cet enfant. **18** Tous ceux qui entendirent le récit des bergers en furent très étonnés. **19** Marie, elle, conservait le souvenir de toutes ces paroles et y repensait souvent.
20 Les bergers s'en retournèrent, louant et glorifiant Dieu au sujet de tout ce qu'ils avaient vu et entendu : c'était bien ce que l'ange leur avait annoncé.

Jésus présenté au Temple
21 Lorsque, huit jours plus tard, arriva le moment de *circoncire l'enfant, on lui donna le nom de Jésus : c'était le nom que l'*ange avait indiqué avant qu'il ne fût conçu. **22** Puis, une fois passé le temps prescrit par la *Loi de *Moïse pour leur *purification, les parents de Jésus l'emmenèrent à *Jérusalem pour le présenter au Seigneur. **23** En effet, il est écrit dans la Loi du Seigneur :

Tout garçon premier-né sera consacré au Seigneur c.

24 Ils venaient aussi offrir le sacrifice requis par la Loi du Seigneur : une paire de tourterelles ou deux jeunes pigeons d.
25 Il y avait alors, à Jérusalem, un homme appelé Siméon. C'était un homme droit et pieux ; il vivait dans l'attente du salut d'*Israël, et le Saint-Esprit reposait sur lui. **26** L'Esprit Saint lui avait révélé qu'il ne mourrait pas avant d'avoir vu le *Messie, l'Envoyé du Seigneur.
27 Poussé par l'Esprit, il vint au *Temple. Quand les parents de Jésus apportèrent le petit enfant pour accomplir les rites qu'ordonnait la Loi, **28** Siméon le prit dans ses bras et loua Dieu en disant :

29 Maintenant, Seigneur, | tu laisses ton serviteur
s'en aller en paix : | tu as tenu ta promesse ;
30 car mes yeux ont vu | le *Sauveur qui vient de toi,
31 et que tu as suscité | en faveur de tous les peuples :

---

a. **2.1** Empereur romain qui a régné de 29 av. J.-C. à 14 ap. J.-C. et a fait plusieurs recensements.
b. **2.14** Autre traduction, d'après certains manuscrits : *paix sur terre, bienveillance pour les hommes.*

---

c. **2.23** Ex 13.2,12,15.
d. **2.24** Lv 12.8.

³² il est la lumière | pour éclairer les nations ᵃ,
il sera la gloire | d'*Israël ton peuple.

³³ Le père et la mère de Jésus étaient émerveillés de ce qu'il disait de lui.

³⁴ Siméon les bénit et dit à Marie, sa mère :

—Sache-le : cet enfant est destiné à être, pour beaucoup en Israël, une occasion de chute ou de relèvement. Il sera un signe qui suscitera la contradiction : ³⁵ ainsi seront dévoilées les pensées cachées de bien des gens. Quant à toi, tu auras le cœur comme transpercé par une épée.

³⁶ Il y avait aussi une prophétesse, Anne, fille de Phanuel, de la tribu d'Aser ᵇ. Elle était très âgée. Dans sa jeunesse, elle avait été mariée pendant sept ans, ³⁷ puis elle était devenue veuve et avait vécu seule jusqu'à quatre-vingt-quatre ans. Elle ne quittait jamais le Temple où elle servait Dieu, nuit et jour, par le jeûne et la prière. ³⁸ Elle arriva, elle aussi, au même moment ; elle louait Dieu et parlait de l'enfant à tous ceux qui attendaient que Dieu délivre *Jérusalem.

³⁹ Après avoir accompli tout ce que la Loi du Seigneur ordonnait, Marie et Joseph retournèrent en Galilée, à Nazareth, leur village. ⁴⁰ Le petit enfant grandissait et se développait. Il était plein de sagesse, et la grâce de Dieu reposait sur lui.

Jésus dans le Temple à douze ans

⁴¹ Les parents de Jésus se rendaient chaque année à *Jérusalem pour la fête de la *Pâque. ⁴² Quand Jésus eut douze ans ᶜ, ils y montèrent selon la coutume de la fête.

⁴³ Une fois la fête terminée, ils prirent le chemin du retour, mais Jésus, leur fils, resta à Jérusalem et ses parents ne s'en aperçurent pas. ⁴⁴ Ils supposaient, en effet, qu'il se trouvait avec leurs compagnons de voyage et firent ainsi une journée de marche. Ils se mirent alors à le chercher parmi leurs parents et leurs connaissances. ⁴⁵ Mais ils ne le trouvèrent pas. Aussi retournèrent-ils à Jérusalem pour le chercher.

⁴⁶ Trois jours plus tard, ils le retrouvèrent dans le *Temple, assis au milieu des maîtres ; il les écoutait et leur posait des questions. ⁴⁷ Tous ceux qui l'entendaient s'émerveillaient de son intelligence et de ses réponses. ⁴⁸ Ses parents furent très étonnés de le voir là, et sa mère lui dit :

—Mon enfant, pourquoi nous as-tu fait cela ? Tu sais, ton père et moi, nous étions très inquiets et nous t'avons cherché partout.

⁴⁹ —Pourquoi m'avez-vous cherché ? leur répondit Jésus. Ne saviez-vous pas que je dois m'occuper des affaires de mon Père ?

⁵⁰ Mais ils ne comprirent pas ce qu'il leur disait.

⁵¹ Il repartit donc avec eux et retourna à Nazareth. Et il leur était obéissant. Sa mère gardait précieusement dans son cœur le souvenir de tout ce qui s'était passé. ⁵² Jésus grandissait et progressait en sagesse, et il se rendait toujours plus agréable à Dieu et aux hommes.

PREPARATION DU MINISTERE DE JESUS

Jean-Baptiste, messager de Dieu
(Mt 3.1-10 ; Mc 1.1-6)

3 La quinzième année du règne de l'empereur Tibère ᵈ, Ponce Pilate ᵉ était gouverneur de la *Judée, *Hérode régnait sur la *Galilée comme tétrarque, son frère Philippe sur l'Iturée et la Trachonite, Lysanias sur l'Abilène ᶠ. ² Hanne et Caïphe étaient grands-prêtres ᵍ.

Cette année-là, Dieu confia son message à Jean, fils de Zacharie, dans le désert. ³ Jean se mit à parcourir toute la région du *Jourdain. Il appelait les gens à se faire baptiser pour indiquer qu'ils *changeaient de vie ʰ afin de recevoir le pardon de leurs péchés. ⁴ Ainsi s'accomplit ce que le *prophète *Esaïe avait écrit dans son livre :

*On entend la voix de quelqu'un
qui crie dans le désert :*

---

a. 2.32 Es 42.6 ; 49.6.
b. 2.36 L'une des douze tribus d'Israël.
c. 2.42 A cet âge, les jeunes Juifs étaient considérés comme majeurs pour les questions religieuses.

d. 3.1 Successeur d'Auguste, empereur à Rome de 14 à 37 ap. J.-C. Jean a donc commencé son ministère aux environs de l'année 28.
e. 3.1 *Ponce Pilate* fut gouverneur de la Palestine de 26 à 36 ap. J.-C.
f. 3.1 *L'Iturée* et la *Trachonite* sont deux régions situées au sud-est du Liban. *l'Abilène :* district situé à 27 kilomètres au nord-ouest de Damas.
g. 3.2 *Hanne* avait été grand-prêtre avant l'an 15. Il continuait à exercer son influence sous Caïphe, son successeur (qui était son gendre), titulaire de l'office de 18 à 36.
h. 3.3 Autres traductions : *repentez-vous* ou *changez d'attitude* ou *changez de comportement*.

Préparez le chemin pour le Seigneur,
faites-lui des sentiers droits,
5 *Toute vallée sera comblée,*
   toute montagne et toute colline seront
      abaissées,
   les voies tortueuses deviendront droites,
   les chemins rocailleux seront nivelés,
6 *et tous les hommes verront*
   le salut de Dieu [a].

7 Jean disait à ceux qui venaient en foule se faire baptiser par lui :

—Espèces de vipères ! Qui vous a enseigné à fuir la colère de Dieu qui va se manifester ? 8 Montrez plutôt par vos actes que vous avez changé [b]. Ne vous contentez pas de répéter en vous-mêmes : « Nous sommes les descendants d'*Abraham ! » Car, regardez ces pierres : je vous déclare que Dieu peut en faire des enfants d'Abraham.

9 Attention ! La hache est sur le point d'attaquer les arbres à la racine : tout arbre qui ne porte pas de bon fruit sera coupé et jeté au feu.

10 Les foules lui demandèrent alors :

—Que devons-nous faire ?

11 Il leur répondit :

—Si quelqu'un a deux chemises, qu'il en donne une à celui qui n'en a pas. Si quelqu'un a de quoi manger, qu'il partage avec celui qui n'a rien.

12 Il y avait des *collecteurs d'impôts qui venaient se faire baptiser. Ils demandèrent à Jean :

—Maître, que devons-nous faire ?

13 —N'exigez rien de plus que ce qui a été fixé, leur répondit-il.

14 Des soldats le questionnèrent aussi :

—Et nous, que devons-nous faire ?

—N'extorquez d'argent à personne et ne dénoncez personne à tort : contentez-vous de votre solde.

(Mt 3.11-12 ; Mc 1.7-8 ; Jn 1.19-28)
15 Le peuple était plein d'espoir et chacun se demandait si Jean n'était pas le *Messie.

16 Il répondit à tous :

—Moi je vous baptise dans l'eau. Mais quelqu'un va venir, qui est plus puissant que moi. Je ne suis même pas digne de dénouer la lanière de ses sandales. Lui, il vous baptisera dans le Saint-Esprit et le feu. 17 Il tient en main sa pelle à vanner, pour nettoyer son aire de battage, et il amassera le blé dans son gre-

nier. Quant à la bale, il la brûlera dans un feu qui ne s'éteindra jamais.

18 Jean adressait encore beaucoup d'autres recommandations au peuple et lui annonçait la Bonne Nouvelle.

(Mt 14.3-4 ; Mc 6.17-18)
19 Mais il reprocha au gouverneur Hérode d'avoir épousé Hérodiade, la femme de son demi-frère [c], et d'avoir commis beaucoup d'autres méfaits. 20 Hérode ajouta encore à tous ses crimes celui de faire emprisonner Jean.

Le baptême de Jésus
(Mt 3.13-17 ; Mc 1.9-11)
21 Tout le peuple accourait vers Jean pour se faire baptiser. Jésus fut aussi baptisé. Or, pendant qu'il priait, le ciel s'ouvrit 22 et le Saint-Esprit descendit sur lui, sous une forme corporelle, comme une colombe.

Une voix retentit alors du ciel :

—Tu es mon Fils bien-aimé. Tu fais toute ma joie.

La généalogie de Jésus
(Mt 1.1-17)
23 Jésus avait environ trente ans quand il commença à exercer son ministère. Il était, comme on le pensait, le fils de Joseph, dont voici les ancêtres :

Héli, 24 Matthath, Lévi, Melki, Yannaï, Joseph,
25 Mattathias, Amos, Nahoum, Esli, Naggaï,
26 Maath, Mattathias, Séméïn, Yoseh, Yoda,
27 Yoanan, Rhésa, Zorobabel, Chealtiel, Néri,
28 Melki, Addi, Kosam, Elmadam, Er,
29 Jésus, Eliézer, Yorim, Matthath, Lévi,
30 Siméon, *Juda, Joseph, Yonam, Eliaqim,
31 Méléa, Menna, Mattata, Nathan, *David,
32 Isaï, Obed, Booz, Salmon, Naassôn,
33 Aminadab, Admîn, Arni, Hetsrôn, Pérets, Juda,
34 *Jacob, *Isaac, *Abraham, Térah, Nahor,
35 Seroug, Rehou, Péleg, Héber, Chilah,
36 Qaïnam, Arphaxad, Sem, *Noé, Lémek,
37 Mathusalem, Hénoc, Yered, Maléléel, Qenam,
38 Enosch, Seth, Adam, qui était lui-même fils de Dieu.

---

a. **3.6** Es 40.3-5 cité selon l'anc. version grecque.
b. **3.8** Voir note v.3.

c. **3.19** Hérode vivait avec sa belle-sœur abandonnée par Philippe, son mari.

La tentation de Jésus
(Mt 4.1-11 ; Mc 1.12-13)

4 Jésus, rempli de l'Esprit Saint, revint du *Jourdain et le Saint-Esprit le conduisit dans le désert ² où il fut tenté par le diable durant quarante jours. Il ne mangea rien durant ces jours-là, et, quand ils furent passés, il eut faim.

³ Alors le diable lui dit :

—Si tu es le Fils de Dieu, ordonne donc à cette pierre de se changer en pain.

⁴ Jésus lui répondit :

—Il est dit dans l'Ecriture :

L'homme n'a pas seulement besoin de pain pour vivre ª.

⁵ Le diable l'entraîna sur une hauteur, ⁶ lui montra en un instant tous les royaumes de la terre et lui dit :

—Je te donnerai la domination universelle ainsi que les richesses et la gloire de ces royaumes. Car tout cela a été remis entre mes mains et je le donne à qui je veux. ⁷ Si donc tu te prosternes devant moi, tout cela sera à toi.

⁸ Jésus lui répondit :

—Il est écrit :

Tu adoreras le Seigneur, ton Dieu, et c'est à lui seul que tu rendras un culte ᵇ.

⁹ Le diable le conduisit ensuite à *Jérusalem, le plaça tout en haut du *Temple et lui dit :

—Si tu es le Fils de Dieu, saute d'ici, lance-toi dans le vide, car il est écrit :

¹⁰ *Il donnera ordre à ses *anges de veiller sur toi,*

¹¹ et encore :

Ils te porteront sur leurs mains pour que ton pied ne heurte aucune pierre ᶜ.

¹² Jésus répondit :

—Il est aussi écrit :

Tu ne chercheras pas à forcer la main au Seigneur, ton Dieu ᵈ.

¹³ Lorsque le diable eut achevé de le soumettre à toutes sortes de tentations, il s'éloigna de lui jusqu'au temps fixé ᵉ.

MINISTERE DE JESUS EN GALILEE

Jésus, le Serviteur choisi par Dieu
(Mt 4.12-17 ; Mc 1.14-15)

¹⁴ Jésus, rempli de la puissance de l'Esprit, retourna en *Galilée. Sa réputation se répandit dans toute la région. ¹⁵ Il enseignait dans les *synagogues et tous faisaient son éloge.

(Mt 13.53-58 ; Mc 6.1-6)

¹⁶ Il se rendit aussi à *Nazareth, où il avait été élevé, et il entra dans la synagogue le jour du *sabbat, comme il en avait l'habitude. Il se leva pour faire la lecture biblique ᶠ, ¹⁷ et on lui présenta le rouleau du *prophète *Esaïe. En déroulant le parchemin, il trouva le passage où il est écrit :

¹⁸ *L'Esprit du Seigneur repose sur moi parce qu'il m'a désigné par l'onction pour annoncer une bonne nouvelle aux pauvres.*
Il m'a envoyé \ pour proclamer aux captifs la libération,
aux aveugles le recouvrement de la vue,
pour apporter la délivrance aux opprimés
¹⁹ *et proclamer l'année de grâce accordée par le Seigneur ᵍ.*

²⁰ Il roula le livre, le rendit au servant et s'assit. Dans la synagogue, tous les yeux étaient braqués sur lui.

²¹ —Aujourd'hui même, commença-t-il, pour vous qui l'entendez, cette prophétie de l'Ecriture est devenue réalité.

²² Aucun de ses auditeurs ne restait indifférent : le message de grâce qu'il leur présentait les étonnait beaucoup. Aussi disaient-ils :

—N'est-il pas le fils de Joseph ?

²³ Alors il leur dit :

—Vous ne manquerez pas de m'appliquer ce dicton : « Médecin, guéris-toi toi-même » et vous me direz : « On nous a parlé de ce que tu as accompli à *Capernaüm. Fais-en

---

a. 4.4 Dt 8.3.
b. 4.8 Dt 6.13.
c. 4.11 Ps 91.11-12.
d. 4.12 Dt 6.16.

e. 4.13 Autre traduction : *jusqu'au moment propice.*
f. 4.16 N'importe quel membre juif de l'assistance pouvait être appelé à faire la lecture des livres de l'Ancien Testament durant le culte de la synagogue.
g. 4.19 Es 61.1-2 cité selon l'anc. version grecque.

donc autant ici, dans ta propre ville ! » [24] Et il ajouta : Vraiment, je vous l'assure : aucun prophète n'est bien accueilli dans sa patrie. [25] Voici la vérité, je vous le déclare : il y avait beaucoup de veuves en *Israël à l'époque d'Elie, quand, pendant *trois ans et demi, il n'y a pas eu de pluie et qu'une grande famine a sévi dans tout le pays. [26] Or, Elie n'a été envoyé vers aucune d'entre elles, mais *vers une veuve qui vivait à Sarepta, dans le pays de Sidon* [a]. [27] Il y avait aussi beaucoup de lépreux en Israël au temps du prophète Elisée. Et pourtant, aucun d'eux n'a été guéri. C'est le Syrien Naaman qui l'a été [b].

[28] En entendant ces paroles, tous ceux qui étaient dans la synagogue se mirent en colère. [29] Ils se levèrent, entraînèrent Jésus hors de la ville, jusqu'au sommet de la montagne sur laquelle elle était bâtie, afin de le précipiter dans le vide. [30] Mais il passa au milieu d'eux et s'en alla.

Exorcisme et guérisons à Capernaüm
(Mc 1.21-28)

[31] Il se rendit à *Capernaüm, une autre ville de la Galilée. Il y enseignait les jours de sabbat. [32] Ses auditeurs étaient profondément impressionnés par son enseignement, car il parlait avec autorité. [33] Dans la synagogue se trouvait un homme sous l'emprise d'un esprit mauvais et démoniaque. Il se mit à crier d'une voix puissante :

[34] —Ah ! Qu'est-ce que tu nous veux, Jésus de *Nazareth ? Es-tu venu pour nous détruire [c] ? Je sais qui tu es : le Saint, envoyé par Dieu.

[35] Mais, d'un ton sévère, Jésus lui ordonna :

—Tais-toi, et sors de cet homme !

Le démon jeta l'homme par terre, au milieu des assistants, et sortit de lui, sans lui faire aucun mal. [36] Il y eut un moment de stupeur ; ils se disaient tous, les uns aux autres :

—Quelle est cette parole ? Il donne des ordres aux esprits mauvais, avec autorité et puissance, et ils sortent !

[37] Et la renommée de Jésus se répandait dans toutes les localités environnantes.

(Mt 8.14-17 ; Mc 1.29-34)

[38] En sortant de la synagogue, il se rendit à la maison de *Simon. Or, la belle-mère de Simon souffrait d'une forte fièvre, et l'on demanda à Jésus de faire quelque chose pour elle. [39] Il se pencha sur elle, donna un ordre à la fièvre, et la fièvre la quitta. Alors elle se leva immédiatement et se mit à les servir.

[40] Au coucher du soleil, tous ceux qui avaient chez eux des malades atteints des maux les plus divers les amenèrent à Jésus [d]. Il posa ses mains sur chacun d'eux et les guérit. [41] Des démons sortaient aussi de beaucoup d'entre eux en criant :

—Tu es le Fils de Dieu !

Mais Jésus les reprenait sévèrement pour les faire taire, car ils savaient qu'il était le Christ [e].

(Mc 1.35-39)

[42] Dès qu'il fit jour, Jésus sortit de la maison et se rendit dans un lieu désert. Les foules se mirent à sa recherche et, après l'avoir rejoint, voulurent le retenir pour qu'il ne les quitte pas.

[43] Mais il leur dit :

—Je dois aussi annoncer la Bonne Nouvelle du règne de Dieu aux autres villes, car c'est pour cela que Dieu m'a envoyé.

[44] Et il prêchait dans les synagogues de la *Judée [f].

Les premiers disciples
(Mt 4.18-22 ; Mc 1.16-20)

5 Un jour, alors que Jésus se tenait sur les bords du lac de Génésareth [g] et que la foule se pressait autour de lui pour écouter la Parole de Dieu, [2] il aperçut deux barques au bord du lac. Les pêcheurs en étaient descendus et nettoyaient leurs filets. [3] L'une de ces barques appartenait à *Simon. Jésus y monta et lui demanda de s'éloigner un peu du rivage, puis il s'assit dans la barque et se mit à enseigner la foule.

[4] Quand il eut fini de parler, il dit à Simon :

—Avancé vers le large, en eau profonde, puis, toi et tes compagnons, vous jetterez vos filets pour pêcher.

---

d. 4.40 On attendait le coucher du soleil qui marquait la fin du sabbat pour transporter les malades, car il était interdit de le faire durant le jour du repos.

e. 4.41 Jésus ne voulait pas être « accrédité » par les démons.

f. 4.44 Certains manuscrits ont : *Galilée*.

g. 5.1 Appelé aussi lac de Galilée.

---

a. 4.26 1 R 17.9.

b. 4.27 2 R 5.1-14.

c. 4.34 Autre traduction : *tu es venu pour nous détruire*.

⁵ —Maître, lui répondit Simon, nous avons travaillé toute la nuit et nous n'avons rien pris, mais, puisque tu me le demandes, je jetterai les filets.

⁶ Ils les jetèrent et prirent tant de poissons que leurs filets menaçaient de se déchirer. ⁷ Alors ils firent signe à leurs associés, dans l'autre barque, de venir les aider. Ceux-ci arrivèrent, et l'on remplit les deux barques, au point qu'elles enfonçaient.

⁸ En voyant cela, Simon Pierre se jeta aux pieds de Jésus et lui dit :

—Seigneur, éloigne-toi de moi, car je suis un homme pécheur.

⁹ En effet, il était saisi d'effroi, ainsi que tous ses compagnons, devant la pêche extraordinaire qu'ils venaient de faire. ¹⁰ Il en était de même de *Jacques et de Jean, fils de Zébédée, les associés de Simon.

Alors Jésus dit à Simon :

—N'aie pas peur ! A partir de maintenant, tu seras pêcheur d'hommes.

¹¹ Dès qu'ils eurent ramené leurs bateaux au rivage, ils laissèrent tout et suivirent Jésus.

Jésus guérit des malades et pardonne les péchés
(Mt 8.1-14 ; Mc 1.40-45)

¹² Un autre jour, alors qu'il se trouvait dans une ville, survint un homme couvert de lèpre. En voyant Jésus, il se prosterna devant lui, face contre terre, et lui adressa cette prière :

—Seigneur, si tu le veux, tu peux me rendre *pur.

¹³ Jésus tendit la main et le toucha en disant :

—Oui, je le veux, sois pur.

A l'instant même, la lèpre le quitta. ¹⁴ Il lui recommanda de ne dire à personne ce qui lui était arrivé.

—Mais, lui dit-il, va te faire examiner par le *prêtre et, pour ta purification, offre ce que *Moïse a prescrit. Cela leur prouvera qui je suis ᵃ.

¹⁵ La réputation de Jésus se répandait de plus en plus. Aussi, de grandes foules affluaient pour l'entendre et pour se faire guérir de leurs maladies. ¹⁶ Mais lui se retirait dans des lieux déserts pour prier.

(Mt 9.1-8 ; Mc 2.1-12)

¹⁷ Un jour, il était en train d'enseigner. Des *pharisiens et des enseignants de la *Loi

étaient assis dans l'auditoire. Ils étaient venus de tous les villages de *Galilée et de *Judée ainsi que de *Jérusalem. La puissance du Seigneur se manifestait par les guérisons que Jésus opérait. ¹⁸ Voilà que survinrent des hommes qui portaient un paralysé sur un brancard. Ils cherchaient à le faire entrer dans la maison pour le déposer devant Jésus ¹⁹ mais ils ne trouvèrent pas moyen de parvenir jusqu'à lui, à cause de la foule. Alors ils montèrent sur le toit en terrasse, ménagèrent une ouverture dans les tuiles et firent descendre le paralysé sur le brancard en plein milieu de l'assistance, juste devant Jésus.

²⁰ Lorsqu'il vit quelle foi ces hommes avaient en lui, Jésus dit :

—Mon ami, tes péchés te sont pardonnés.

²¹ Les *spécialistes de la Loi et les pharisiens se mirent à raisonner et à dire :

—Qui est donc cet homme qui prononce des paroles *blasphématoires ? Qui peut pardonner les péchés, si ce n'est Dieu seul ?

²² Mais Jésus connaissait leurs raisonnements. Il leur dit :

—Pourquoi raisonnez-vous ainsi en vousmêmes ? ²³ Qu'y a-t-il de plus facile ? Dire : « Tes péchés te sont pardonnés », ou dire : « Lève-toi et marche » ? ²⁴ Eh bien ! vous saurez que le *Fils de l'homme a, sur la terre, le pouvoir de pardonner les péchés.

Il déclara au paralysé :

—Je te l'ordonne : lève-toi, prends ton brancard et rentre chez toi !

²⁵ Aussitôt, devant tout le monde, l'homme se leva, prit le brancard sur lequel il était couché et s'en alla chez lui en rendant gloire à Dieu.

²⁶ Les témoins de la scène furent tous saisis de stupéfaction. Ils rendaient gloire à Dieu, et, remplis de crainte, disaient :

—Nous avons vu aujourd'hui des choses extraordinaires !

Jésus est contesté
(Mt 9.9-13 ; Mc 2.13-17)

²⁷ Après cela, Jésus s'en alla et vit, en passant, un *collecteur d'impôts nommé Lévi, installé à son poste de péage. Il l'appela en disant :

—Suis-moi !

²⁸ Cet homme se leva, laissa tout et suivit Jésus.

²⁹ Lévi organisa, dans sa maison, une grande réception en l'honneur de Jésus. De nombreuses personnes étaient à table avec eux, et, parmi elles, des *collecteurs d'impôts.

³⁰ Les pharisiens et *les spécialistes de la Loi qui appartenaient à leur parti

---

a. 5.14 Autres traductions : *cela prouvera à tous que tu es guéri* ou *cela prouvera à tous mon respect de la Loi.*

s'indignaient et interpellèrent les *disciples
de Jésus :

–Comment pouvez-vous manger et boire
avec ces collecteurs d'impôts, ces pécheurs
notoires ?

31 Jésus leur répondit :

–Ceux qui sont en bonne santé n'ont pas
besoin de médecin, ce sont les malades qui
en ont besoin. 32 Ce ne sont pas des justes,
mais des pécheurs que je suis venu appeler à
*changer de vie.

Le neuf et l'ancien
(Mt 9.14-17 ; Mc 2.18-22)

33 Certains lui demandèrent :

–Les *disciples de Jean, comme ceux des
pharisiens, se soumettent à des jeûnes fréquents et font des prières, alors que les tiens
mangent et boivent.

34 –Voyons, leur répondit Jésus, il est
impensable que les invités d'une noce jeûnent pendant que le marié est avec eux. 35 Le
temps viendra où celui-ci leur sera enlevé ;
alors, en ces jours-là, ils jeûneront.

36 Et il utilisa la comparaison suivante :

–Personne ne songe à couper un morceau
d'un habit neuf pour rapiécer un vieux vêtement. Sinon on abîme l'habit neuf, et la
pièce d'étoffe qu'on y aura découpée jure
avec le vieil habit. 37 De même, personne ne
met dans de vieilles *outres du vin qui fermente encore, sinon le vin nouveau les fait
éclater, il se répand, et les outres sont perdues. 38 Non, il faut mettre le vin nouveau
dans des outres neuves. 39 Bien sûr, quand
on a bu du vin vieux, on n'en désire pas du
nouveau ; en effet, on se dit : le vieux est
meilleur.

Jésus, maître du sabbat
(Mt 12.1-8 ; Mc 2.23-28)

6 Un jour de *sabbat a, Jésus traversait
des champs de blé. Ses *disciples
cueillaient des épis et, après les avoir frottés
dans leurs mains, en mangeaient les grains b.
2 Des *pharisiens dirent :

–Pourquoi faites-vous ce qui est interdit le
jour du sabbat ?

3 Jésus prit la parole et leur dit :

–N'avez-vous pas lu ce qu'a fait *David
lorsque lui et ses compagnons eurent faim ?
4 Il est entré dans le sanctuaire de Dieu, a pris

les pains exposés devant Dieu et en a mangé,
puis il en a donné à ses hommes, alors que
seuls les *prêtres ont le droit d'en manger.

5 Et il ajouta :

–Le *Fils de l'homme est maître du sabbat.

(Mt 12.9-14 ; Mc 3.1-6)

6 Un autre jour de sabbat, Jésus entra dans
la *synagogue et commença à enseigner. Or,
il y avait là un homme dont la main droite
était paralysée. 7 Les *spécialistes de la Loi et
les pharisiens surveillaient attentivement
Jésus pour voir s'il ferait une guérison le jour
du sabbat : ils espéraient ainsi trouver un
motif d'accusation contre lui.

8 Mais Jésus, sachant ce qu'ils méditaient,
dit à l'homme qui avait la main infirme :

–Lève-toi et tiens-toi là, au milieu !

L'homme se leva et se tint debout.

9 Alors Jésus s'adressa aux autres :

–J'ai une question à vous poser : Est-il
permis, le jour du sabbat, de faire du bien,
ou de faire du mal ? Est-il permis de *sauver
une vie ou bien faut-il la laisser périr ?

10 Il balaya alors l'assistance du regard,
puis il dit à cet homme c :

–Etends la main !

Ce qu'il fit. Et sa main fut guérie. 11 Les
*spécialistes de la Loi et les pharisiens furent
remplis de fureur et se mirent à discuter
entre eux sur ce qu'ils pourraient entreprendre contre Jésus.

Le choix des apôtres
(Mt 10.1-4 ; Mc 3.13-19)

12 Vers cette même époque, Jésus se retira
sur une colline pour prier. Il passa toute la
nuit à prier Dieu. 13 A l'aube, il appela ses
*disciples auprès de lui et choisit douze
d'entre eux, qu'il nomma *apôtres : 14 Simon,
qu'il appela Pierre, André, son frère, *Jacques,
Jean, Philippe, Barthélemy, 15 Matthieu,
Thomas, *Jacques, fils d'Alphée, Simon le
Zélé d, 16 Jude, fils de *Jacques, et Judas l'Iscariot qui finit par le trahir.

Jésus parmi la foule
(Mt 4.23-25 ; Mc 3.7-11)

17 En descendant avec eux de la colline,
Jésus s'arrêta sur un plateau où se trouvaient
un grand nombre de ses disciples, ainsi
qu'une foule immense venue de toute la
*Judée, de *Jérusalem et de la région littorale

---

a. 6.1. Certains manuscrits ont : *un second sabbat
du premier mois*, sabbat qui est proche de la moisson.
b. 6.1 Voir Dt 23.26.

c. 6.10 Certains manuscrits portent : *puis il dit
avec colère à cet homme.*
d. 6.15 Voir note Mt 10.4.

de Tyr et de Sidon ª. ¹⁸ Tous étaient venus pour l'entendre et pour être guéris de leurs maladies. Ceux qui étaient tourmentés par des esprits mauvais étaient délivrés. ¹⁹ Tout le monde cherchait à le toucher, parce qu'une puissance sortait de lui et guérissait tous les malades.

Bonheur ou malheur
(Mt 5.1-12)

²⁰ Alors Jésus, regardant ses disciples, dit :

--Heureux vous qui êtes pauvres, car le *royaume de Dieu vous appartient.

²¹ Heureux êtes-vous, vous qui maintenant avez faim, car vous serez rassasiés.

Heureux vous qui maintenant pleurez, car vous rirez.

²² Heureux serez-vous quand les hommes vous haïront, vous rejetteront, vous insulteront, vous chasseront en vous accusant de toutes sortes de maux à cause du *Fils de l'homme.

²³ Quand cela arrivera, réjouissez-vous et sautez de joie, car une magnifique récompense vous attend dans le ciel. En effet, c'est bien de la même manière que leurs ancêtres ont traité les *prophètes.

²⁴ Mais malheur à vous qui possédez des richesses, car vous avez déjà reçu toute la consolation que vous pouvez attendre.

²⁵ Malheur à vous qui, maintenant, avez tout à satiété, car vous aurez faim !

Malheur à vous qui maintenant riez, car vous connaîtrez le deuil et les larmes.

²⁶ Malheur à vous quand tous les hommes diront du bien de vous, car c'est de la même manière que leurs ancêtres ont traité les faux prophètes.

L'amour pour les autres
(Mt 5.38-48)

²⁷ --Quant à vous tous qui m'écoutez, voici ce que je vous dis : Aimez vos ennemis ; faites du bien à ceux qui vous haïssent ; ²⁸ appelez la bénédiction divine sur ceux qui vous maudissent ; priez pour ceux qui vous calomnient. ²⁹ Si quelqu'un te gifle sur une joue, présente-lui aussi l'autre. Si quelqu'un te prend ton manteau, ne l'empêche pas de prendre aussi ta chemise. ³⁰ Donne à tous ceux qui te demandent, et si quelqu'un te prend ce qui t'appartient, n'exige pas qu'il te le rende.

³¹ Faites pour les autres ce que vous voudriez qu'ils fassent pour vous. ³² Si vous aimez seulement ceux qui vous aiment, pensez-vous avoir droit à une reconnaissance particulière ? Les pécheurs aiment aussi leurs amis. ³³ Et si vous faites du bien seulement à ceux qui vous en font, pourquoi vous attendriez-vous à de la reconnaissance ? Les pécheurs n'agissent-ils pas de même ? ³⁴ Si vous prêtez seulement à ceux dont vous espérez être remboursés, quelle reconnaissance vous doit-on ? Les pécheurs aussi se prêtent entre eux pour être remboursés.

³⁵ Vous, au contraire, aimez vos ennemis, faites-leur du bien et prêtez sans espoir de retour. Alors votre récompense sera grande, vous serez les fils du Très-Haut, parce qu'il est lui-même bon pour les ingrats et les méchants.

³⁶ Votre Père est plein de bonté. Soyez donc bons comme lui.

(Mt 7.1-5)

³⁷ --Ne vous posez pas en juges d'autrui, et vous ne serez pas vous-mêmes jugés. Gardez-vous de condamner les autres, et, à votre tour, vous ne serez pas condamnés. Pardonnez, et vous serez vous-mêmes pardonnés. ³⁸ Donnez, et l'on vous donnera, on versera dans le pan de votre vêtement une bonne mesure bien tassée, secouée et débordante ; car on emploiera, à votre égard, la mesure dont vous vous serez servis pour mesurer.

³⁹ Il ajouta cette comparaison :

--Un aveugle peut-il guider un autre aveugle ? Ne vont-ils pas tous les deux tomber dans le fossé ?

⁴⁰ Le *disciple n'est pas plus grand que son maître ; mais tout disciple bien formé sera comme son maître.

⁴¹ Pourquoi vois-tu les grains de sciure dans l'œil de ton frère, alors que tu ne remarques pas la poutre qui est dans le tien ? ⁴² Comment peux-tu dire à ton frère : « Frère, laisse-moi enlever cette sciure que tu as dans l'œil », alors que tu ne remarques pas la poutre qui est dans le tien ? Hypocrite ! Commence donc par retirer la poutre de ton œil ; alors tu y verras assez clair pour ôter la sciure de l'œil de ton frère.

(Mt 7.16-20)

⁴³ --Un bon arbre ne peut pas porter de mauvais fruits, ni un mauvais arbre de bons fruits. ⁴⁴ En effet, chaque arbre se reconnaît à ses fruits. On ne cueille pas de figues sur des chardons, et on ne récolte pas non plus du raisin sur des ronces. ⁴⁵ L'homme qui est bon

---

a. 6.17 *Tyr* et *Sidon* étaient deux ports phéniciens des bords de la Méditerranée, au nord-ouest du pays d'Israël.

tire le bien du bon trésor de son cœur ; celui qui est mauvais tire le mal de son mauvais fonds. Ce qu'on dit vient de ce qui remplit le cœur.

Vrai et faux disciple
(Mt 7.24-27)

⁴⁶–Pourquoi m'appelez-vous « Seigneur ! Seigneur ! » alors que vous n'accomplissez pas ce que je vous commande ?

⁴⁷ Savez-vous à qui ressemble celui qui vient à moi, qui écoute ce que je dis et l'applique ? C'est ce que je vais vous montrer. ⁴⁸ Il ressemble à un homme qui a bâti une maison : il a creusé, il est allé profond et il a assis les fondations sur le roc. Quand le fleuve a débordé, les eaux se sont jetées avec violence contre la maison, mais elles n'ont pas pu l'ébranler, parce qu'elle était construite selon les règles de l'art.

⁴⁹ Mais celui qui écoute mes paroles sans faire ce que je dis ressemble à un homme qui a construit sa maison directement sur la terre meuble, sans lui donner de fondations ; dès que les eaux du fleuve se sont jetées contre elle, la maison s'est effondrée, et il n'en est resté qu'un grand tas de ruines.

La victoire sur la mort
(Mt 8.5-13 ; Jn 4.46-54)

7 Après avoir dit au peuple tout ce qu'il avait à lui dire, Jésus se rendit à *Capernaüm. ² Un officier romain avait un esclave malade, qui était sur le point de mourir. Or, son maître tenait beaucoup à lui. ³ Quand il entendit parler de Jésus, l'officier envoya auprès de lui quelques responsables juifs pour le supplier de venir guérir son esclave. ⁴ Ils vinrent trouver Jésus et ils le prièrent instamment :

–Cet homme, disaient-ils, mérite vraiment que tu lui accordes cette faveur. ⁵ En effet, il aime notre peuple : il a même fait bâtir notre *synagogue à ses frais.

⁶ Jésus partit avec eux. Il n'était plus qu'à une faible distance de la maison quand l'officier envoya des amis pour lui dire :

–Seigneur, ne te donne pas tant de peine, car je ne suis pas qualifié[a] pour te recevoir dans ma maison. ⁷ C'est la raison pour laquelle je n'ai pas osé venir en personne te trouver. Mais, dis un mot et mon serviteur sera guéri. ⁸ Car, moi-même, je suis un offi-

cier subalterne, mais j'ai des soldats sous mes ordres, et quand je dis à l'un : « Va ! », il va. Quand je dis à un autre : « Viens ! », il vient. Quand je dis à mon esclave : « Fais ceci ! », il le fait. ⁹ En entendant ces paroles, Jésus fut rempli d'admiration pour cet officier : il se tourna vers la foule qui le suivait et dit :

–Je vous l'assure, nulle part en *Israël, je n'ai trouvé une telle foi !

¹⁰ Les envoyés de l'officier s'en retournèrent alors à la maison où ils trouvèrent l'esclave en bonne santé.

¹¹ Ensuite[b], Jésus se rendit dans une ville appelée Naïn[c]. Ses *disciples et une grande foule l'accompagnaient. ¹² Comme il arrivait à la porte de la ville, il rencontra un convoi funèbre : on enterrait le fils unique d'une veuve. Beaucoup d'habitants de la ville suivaient le cortège. ¹³ Le Seigneur vit la veuve et il fut pris de pitié pour elle ; il lui dit :

–Ne pleure pas !

¹⁴ Puis il s'approcha de la civière et posa sa main sur elle. Les porteurs s'arrêtèrent.

–Jeune homme, dit-il, je te l'ordonne, lève-toi !

¹⁵ Le mort se redressa, s'assit et se mit à parler. Jésus le rendit à sa mère. ¹⁶ Saisis d'une profonde crainte, tous les assistants louaient Dieu et disaient :

–Un grand *prophète est apparu parmi nous !

Et ils ajoutaient :

–Dieu est venu prendre soin de son peuple !

¹⁷ Cette déclaration concernant Jésus se répandit dans toute la *Judée et dans les régions environnantes.

Jésus et Jean-Baptiste
(Mt 11.2-11)

¹⁸ Jean fut informé par ses *disciples de tout ce qui se passait. Il appela alors deux d'entre eux ¹⁹ et les envoya auprès du Seigneur pour demander :

–Es-tu celui qui devait venir, ou bien devons-nous en attendre un autre ?

²⁰ Ces hommes se présentèrent à Jésus et lui dirent :

–C'est Jean-Baptiste qui nous envoie. Voici ce qu'il te fait demander : « Es-tu celui qui devait venir, ou bien devons-nous en attendre un autre ? »

---

a. 7.6 Autres traductions : *je ne mérite pas* ou *je ne suis pas digne.* Voir Mt 8.8.

b. 7.11 Certains manuscrits ont : *le lendemain.*

c. 7.11 Ville du sud-est de la Galilée, à une douzaine de kilomètres de Nazareth.

[21] Or, au moment où ils arrivaient, Jésus guérit plusieurs personnes de diverses maladies et infirmités. Il délivra des gens qui étaient sous l'emprise d'esprits mauvais et rendit la vue à plusieurs aveugles. [22] Il répondit alors aux envoyés :

—Retournez auprès de Jean et racontez-lui ce que vous avez vu et entendu : *les aveugles voient*, les paralysés marchent, les lépreux sont guéris, les sourds entendent, les morts ressuscitent, *la Bonne Nouvelle est annoncée aux pauvres* [a]. [23] Heureux celui qui ne perdra pas la foi à cause de moi !

[24] Après le départ des messagers de Jean, Jésus saisit cette occasion pour parler de Jean à la foule :

—Qu'êtes-vous allés voir au désert ? Un roseau agité çà et là par le vent ? [25] Qui donc êtes-vous allés voir ? Un homme habillé avec élégance ? Ceux qui portent des habits somptueux et qui vivent dans le luxe habitent les palais royaux. [26] Mais qu'êtes-vous donc allés voir ? Un *prophète ? Oui, je vous l'assure, et même bien plus qu'un prophète.
[27] Car c'est celui dont il est écrit :

J'enverrai mon messager devant toi,
il te préparera le chemin [b]

[28] Je vous l'assure, parmi tous les hommes qui sont nés d'une femme, il n'y en a pas de plus grand que Jean. Et pourtant, le plus petit dans le *royaume de Dieu est plus grand que lui.

(Mt 11.16-19)
[29] —Tous les gens du peuple et tous les *collecteurs d'impôts qui ont écouté le message de Jean et se sont fait baptiser par lui ont reconnu que Dieu est juste. [30] Mais les *pharisiens et les enseignants de la *Loi, qui ont refusé de se faire baptiser par lui, ont rejeté la volonté de Dieu à leur égard.
[31] A qui donc pourrais-je comparer les gens de notre temps ? A qui ressemblent-ils ? [32] Ils sont comme des enfants assis sur la place du marché qui se crient les uns aux autres :

Quand nous avons joué de la flûte,
    vous n'avez pas dansé !
Et quand nous avons chanté des airs
    de deuil,
vous ne vous êtes pas mis à pleurer !

[33] En effet, Jean-Baptiste est venu, il ne mangeait pas de pain, il ne buvait pas de vin. Qu'avez-vous dit alors ? « Il a un démon en lui ».

[34] Le *Fils de l'homme est venu, il mange et boit, et vous vous écriez : « Cet homme ne pense qu'à faire bonne chère et à boire du vin, il est l'ami des collecteurs d'impôts et des pécheurs notoires. »
[35] Cependant, la sagesse de Dieu est reconnue comme telle par ceux qui la reçoivent.

L'amour, fruit du pardon

[36] Un *pharisien invita Jésus à manger. Jésus se rendit chez lui et se mit à table. [37] Survint une femme connue dans la ville pour sa vie dissolue. Comme elle avait appris que Jésus mangeait chez le pharisien, elle avait apporté un flacon d'albâtre [c] rempli de parfum. [38] Elle se tint derrière lui, à ses pieds [d]. Elle pleurait ; elle se mit à mouiller de ses larmes les pieds de Jésus ; alors elle les essuya avec ses cheveux et, en les embrassant, elle versait le parfum sur eux.

[39] En voyant cela, le pharisien qui l'avait invité se dit : Si cet homme était vraiment un *prophète, il saurait quelle est cette femme qui le touche, que c'est quelqu'un qui mène une vie de débauche.

[40] Jésus lui répondit à haute voix :
—Simon, j'ai quelque chose à te dire.
—Oui, Maître, parle, répondit le pharisien.
[41] —Il était une fois un prêteur à qui deux hommes devaient de l'argent. Le premier devait cinq cents pièces d'argent ; le second cinquante [e]. [42] Comme ni l'un ni l'autre n'avaient de quoi rembourser leur dette, il fit cadeau à tous deux de ce qu'ils lui devaient. A ton avis, lequel des deux l'aimera le plus ?

[43] Simon répondit :
—Celui, je suppose, auquel il aura remis la plus grosse dette.
—Voilà qui est bien jugé, lui dit Jésus.
[44] Puis, se tournant vers la femme, il reprit :
—Tu vois cette femme ? Eh bien, quand je suis entré dans ta maison, tu ne m'as pas apporté d'eau pour me laver les pieds [f] ; mais

---

a. 7.22 Es 35.5 ; 61.1.
b. 7.27 Ma 3.1.

c. 7.37 Pierre blanchâtre dans laquelle on taillait des vases à parfum.
d. 7.38 Comme dans toute l'Antiquité, les invités étaient allongés sur des sortes de divans, les pieds vers l'extérieur du cercle.
e. 7.41 Il s'agit de *deniers*. Le denier représentait le salaire journalier d'un ouvrier agricole.
f. 7.44 Ce que les règles de l'hospitalité lui suggéraient.

elle, elle me les a arrosés de ses larmes et les a essuyés avec ses cheveux. 45 Tu ne m'as pas accueilli en m'embrassant, mais elle, depuis que je suis entré, elle n'a cessé de couvrir mes pieds de baisers. 46 Tu n'as pas versé d'huile parfumée sur ma tête, mais elle, elle a versé du parfum sur mes pieds. 47 C'est pourquoi je te le dis : ses nombreux péchés lui ont été pardonnés, c'est pour cela qu'elle m'a témoigné tant d'amour. Mais celui qui a eu peu de choses à se faire pardonner ne manifeste que peu d'amour !

48 Puis il dit à la femme :

—Tes péchés te sont pardonnés.

49 Les autres invités se dirent en eux-mêmes : « Qui est donc cet homme qui ose pardonner les péchés ? »

50 Mais Jésus dit à la femme :

—Parce que tu as cru en moi, tu es *sauvée ; va en paix.

Ceux qui accompagnaient Jésus

8 Quelque temps après, Jésus se rendit dans les villes et les villages pour y proclamer et annoncer la Bonne Nouvelle du *royaume de Dieu. 2 Il était accompagné des Douze et de quelques femmes qu'il avait délivrées de mauvais esprits et guéries de diverses maladies : Marie, appelée Marie de Magdala a, dont il avait chassé sept démons, 3 Jeanne, la femme de Chuza, administrateur d'*Hérode, Suzanne et plusieurs autres. Elles assistaient Jésus et ses *disciples de leurs biens.

La parabole du semeur
(Mt 13.1-9 ; Mc 4.1-9)

4 Une grande foule, ayant afflué de chaque ville, s'était rassemblée autour de lui. Alors Jésus leur raconta cette *parabole :

5 —Un semeur sortit pour faire ses semailles. Pendant qu'il répandait sa semence, des grains tombèrent au bord du chemin, furent piétinés par les passants, et les oiseaux du ciel les mangèrent. 6 D'autres tombèrent sur de la pierre. A peine eurent-ils germé que les petits plants séchèrent parce que le sol n'était pas assez humide. 7 D'autres grains tombèrent au milieu des ronces ; celles-ci poussèrent en même temps que les bons plants et les étouffèrent. 8 Mais d'autres tombèrent dans la bonne terre ; ils germèrent et donnèrent du fruit : chaque grain en produisit cent autres.

Et Jésus ajouta :

—Celui qui a des oreilles pour entendre, qu'il entende !

(Mt 13.10-13 ; Mc 4.10-12)

9 Les *disciples lui demandèrent ce que signifiait cette parabole.

10 Il leur dit :

—Vous avez reçu le privilège de connaître les secrets du *royaume de Dieu, mais pour les autres, ces choses sont dites en paraboles. Ainsi, *bien qu'ils regardent, ils ne voient pas ; bien qu'ils entendent, ils ne comprennent pas* b.

(Mt 13.18-23 ; Mc 4.13-20)

11 —Voici donc le sens de cette parabole : La semence, c'est la Parole de Dieu. 12 « Au bord du chemin » : ce sont les personnes qui écoutent la Parole, mais le diable vient l'arracher de leur cœur pour les empêcher de croire et d'être *sauvées.

13 « Sur de la pierre » : ce sont ceux qui entendent la Parole et l'acceptent avec joie ; mais, comme ils ne la laissent pas prendre racine en eux, leur foi est passagère. Lorsque survient l'épreuve, ils abandonnent tout.

14 « La semence tombée au milieu des ronces » représente ceux qui ont écouté la Parole, mais en qui elle est étouffée par les soucis, les richesses et les plaisirs de la vie, de sorte qu'elle ne donne pas de fruit.

15 Enfin, « la semence tombée dans la bonne terre », ce sont ceux qui, ayant écouté la Parole, la retiennent dans un cœur honnête et bien disposé. Ils persévèrent et ainsi portent du fruit.

La parabole de la lampe
(Mc 4.21-25)

16 —Personne n'allume une lampe pour la cacher sous un récipient, ou la mettre sous un lit ; on la place, au contraire, sur un pied de lampe pour que ceux qui entrent dans la pièce voient la lumière. 17 Tout ce qui est caché maintenant finira par être mis en lumière, et tout ce qui demeure secret sera finalement connu et paraîtra au grand Jour.

18 Faites donc attention à la manière dont vous écoutez, car à celui qui a, on donnera encore davantage ; mais à celui qui n'a pas, on ôtera même ce qu'il croit avoir.

---

a. **8.2** *Magdala* : village de la rive ouest du lac de Galilée.

b. **8.10** Es 6.9 cité selon l'anc. version grecque.

La vraie famille de Jésus
(Mt 12.46-50 ; Mc 3.31-35)

¹⁹ La mère et les frères de Jésus vinrent le trouver ; mais ils ne purent pas l'approcher à cause de la foule. ²⁰ On lui fit dire :

—Ta mère et tes frères sont là-dehors et ils voudraient te voir.

²¹ Mais Jésus leur répondit :

—Ma mère et mes frères, ce sont ceux qui écoutent la Parole de Dieu et qui font ce qu'elle demande.

Plus fort que la tempête
(Mt 8.23-27 ; Mc 4.35-41)

²² Un jour, Jésus monta dans une barque avec ses disciples et leur dit :

—Passons de l'autre côté du lac !

Ils gagnèrent le large. ²³ Pendant la traversée, Jésus s'assoupit. Soudain, un vent violent se leva sur le lac. L'eau envahit la barque. La situation devenait périlleuse. ²⁴ Les disciples s'approchèrent de Jésus et le réveillèrent en criant :

—Maître, Maître, nous sommes perdus !

Il se réveilla et parla sévèrement au vent et aux flots tumultueux : ils s'apaisèrent, et le calme se fit. ²⁵ Alors il dit à ses disciples :

—Où est donc votre foi ?

Quant à eux, ils étaient saisis de crainte et d'étonnement, et ils se disaient les uns aux autres :

—Qui est donc cet homme ? Voyez : il commande même aux vents et aux vagues, et il s'en fait obéir !

Plus fort que les démons
(Mt 8.28-34 ; Mc 5.1-20)

²⁶ Ils abordèrent dans la région de Gérasa ᵃ, située en face de la *Galilée ᵇ. ²⁷ Au moment où Jésus mettait pied à terre, un homme de la ville, qui avait plusieurs démons en lui, vint à sa rencontre. Depuis longtemps déjà, il ne portait plus de vêtements et demeurait, non dans une maison, mais au milieu des tombeaux. ²⁸ Quand il vit Jésus, il se jeta à ses pieds en criant de toutes ses forces :

—Que me veux-tu, Jésus, Fils du Dieu très-haut ? Je t'en supplie : ne me tourmente pas !

²⁹ Il parlait ainsi parce que Jésus commandait à l'esprit mauvais de sortir de cet homme. En effet, bien des fois, l'esprit s'était emparé de lui ; on l'avait alors lié avec des

chaînes et on lui avait mis les fers aux pieds pour le contenir ; mais il cassait tous ses liens, et le démon l'entraînait dans des lieux déserts. ³⁰ Jésus lui demanda :

—Quel est ton nom ?

—Légion ᶜ, répondit-il.

Car une multitude de démons étaient entrés en lui. ³¹ Ces démons supplièrent Jésus de ne pas leur ordonner d'aller dans l'abîme. ³² Or, près de là, un important troupeau de porcs était en train de paître sur la montagne. Les démons supplièrent Jésus de leur permettre d'entrer dans ces porcs. Il le leur permit. ³³ Les démons sortirent donc de l'homme et entrèrent dans les porcs. Aussitôt, le troupeau s'élança du haut de la pente et se précipita dans le lac, où il se noya.

³⁴ Quand les gardiens du troupeau virent ce qui était arrivé, ils s'enfuirent et allèrent raconter la chose dans la ville et dans les fermes. ³⁵ Les gens vinrent se rendre compte de ce qui s'était passé. Ils arrivèrent auprès de Jésus et trouvèrent, assis à ses pieds, l'homme dont les démons étaient sortis. Il était habillé et tout à fait sain d'esprit. Alors la crainte s'empara d'eux. ³⁶ Ceux qui avaient assisté à la scène leur rapportèrent comment cet homme, qui était sous l'emprise des démons, avait été délivré.

³⁷ Là-dessus, toute la population du territoire des Géraséniens, saisie d'une grande crainte, demanda à Jésus de partir de chez eux. Il remonta donc dans la barque et repartit. ³⁸ L'homme qui avait été libéré des esprits mauvais lui demanda s'il pouvait l'accompagner, mais Jésus le renvoya en lui disant :

³⁹ —Rentre chez toi, et raconte tout ce que Dieu a fait pour toi !

Alors cet homme partit proclamer dans la ville entière tout ce que Jésus avait fait pour lui.

Plus fort que la maladie et la mort
(Mt 9.18-26 ; Mc 5.21-43)

⁴⁰ A son retour en *Galilée, Jésus fut accueilli par la foule, car tous l'attendaient. ⁴¹ A ce moment survint un homme appelé Jaïrus. C'était le responsable de la *synagogue. Il se jeta aux pieds de Jésus et le supplia de venir chez lui : ⁴² sa fille unique, âgée d'environ douze ans, était en train de mourir. Jésus partit donc pour se rendre chez lui. Cependant, la foule se pressait autour de lui.

⁴³ Il y avait là une femme atteinte d'hémorragies depuis douze ans et qui avait dépensé

---

a. **8.26** Certains manuscrits ont : *des Gadaréniens*, et d'autres ont : *des Gergéséniens*.

b. **8.26** Pays situé sur la rive est du lac de Galilée et habité par des non-Juifs.

c. **8.30** La *légion* était un corps d'armée romain comptant 8500 hommes.

tout son bien chez les médecins [a] sans que personne ait pu la guérir. [44] Elle s'approcha de Jésus par derrière et toucha la frange [b] de son vêtement. Aussitôt, son hémorragie cessa.

[45] —Qui m'a touché ? demanda Jésus.

Comme tous s'en défendaient, Pierre lui dit :

—Voyons, Maître, la foule t'entoure et te presse de tous côtés.

[46] Mais il répondit :

—Quelqu'un m'a touché ; j'ai senti qu'une force sortait de moi.

[47] En voyant que son geste n'était pas passé inaperçu, la femme s'avança toute tremblante, se jeta aux pieds de Jésus et expliqua devant tout le monde pour quelle raison elle l'avait touché, et comment elle avait été instantanément guérie. [48] Jésus lui dit :

—Ma fille, parce que tu as cru en moi, tu as été guérie [c], va en paix.

[49] Il parlait encore quand quelqu'un arriva de chez le responsable de la *synagogue et lui dit :

—Ta fille vient de mourir, n'importune plus le Maître !

[50] En entendant cela, Jésus dit à Jaïrus :

—Ne crains pas, crois seulement : ta fille guérira [d].

[51] Une fois arrivé à la maison, il ne permit à personne d'entrer avec lui, sauf à Pierre, Jean et *Jacques, ainsi qu'au père et à la mère de l'enfant. [52] Ce n'était partout que pleurs et lamentations. Jésus dit :

—Ne pleurez pas ; elle n'est pas morte, elle est seulement endormie.

[53] Les gens se moquaient de lui, car ils savaient qu'elle était morte. [54] Alors Jésus prit la main de la fillette et dit d'une voix forte :

—Mon enfant, lève-toi !

[55] Elle revint à la vie et se mit aussitôt debout ; alors Jésus ordonna de lui donner à manger. [56] Les parents de la jeune fille étaient stupéfaits. Mais Jésus leur recommanda de ne dire à personne ce qui s'était passé.

L'envoi des Douze
(Mt 10.1-9,11-14 ; Mc 6.7-13)

9 Jésus réunit les Douze et leur donna le pouvoir et l'autorité de chasser tous les démons et de guérir les malades. [2] Ensuite il les envoya proclamer le règne de Dieu et opérer des guérisons. [3] Il leur donna les instructions suivantes :

—Ne prenez rien pour le voyage : ni bâton, ni sac, ni provisions, ni argent. N'emportez pas de tunique de rechange. [4] Si on vous accueille dans une maison, restez-y jusqu'à ce que vous quittiez la localité. [5] Si personne ne veut vous recevoir, quittez la ville en secouant la poussière de vos pieds [e] : cela constituera un témoignage contre eux.

[6] Ainsi les *disciples partirent. Ils allaient de village en village. Partout, ils annonçaient la Bonne Nouvelle et guérissaient les malades.

Hérode est intrigué
(Mt 14.1-2 ; Mc 6.14-16)

[7] *Hérode, le gouverneur de la province, apprit tout ce qui se passait. Il était embarrassé. En effet, certains disaient : « C'est Jean-Baptiste qui est ressuscité d'entre les morts ! » [8] et d'autres : « C'est Elie qui a reparu ! » D'autres encore : « C'est un des *prophètes d'autrefois qui est revenu à la vie ! »

[9] Mais Hérode se disait :

—Jean ? Je l'ai moi-même fait décapiter. Mais alors, qui est cet homme dont j'entends dire de si grandes choses ?

Et il cherchait à le rencontrer.

Avec cinq pains et deux poissons
(Mt 14.13-21 ; Mc 6.30-44 ; Jn 6.1-15)

[10] Les *apôtres revinrent et racontèrent à Jésus tout ce qu'ils avaient fait. Il les prit alors avec lui et se retira à l'écart, du côté de la ville de Bethsaïda [f]. [11] Mais dès que les gens s'en aperçurent, ils le suivirent. Jésus leur fit bon accueil, il leur parla du règne de Dieu et guérit ceux qui en avaient besoin.

[12] Le jour commençait à baisser. Alors les Douze s'approchèrent de lui et lui dirent :

—Renvoie ces gens pour qu'ils aillent dans les villages et les hameaux des environs, où ils trouveront de quoi se loger et se ravitailler, car nous sommes ici dans un endroit désert.

[13] Mais Jésus leur dit :

—Donnez-leur vous-mêmes à manger !

—Mais, répondirent-ils, nous n'avons pas plus de cinq pains et deux poissons. Ou alors faut-il que nous allions acheter de la nourriture pour tout ce monde ?

[14] Car il y avait bien là cinq mille hommes. Jésus dit à ses *disciples :

---

a. **8.43** Les mots : *qui avait dépensé tout son bien chez les médecins* sont absents de certains manuscrits.
b. **8.44** Les Juifs portaient une frange à leur vêtement. Voir Dt 22.12.
c. **8.48** Autre traduction : *tu es sauvée.*
d. **8.50** Autre traduction : *sera sauvée.*

e. **9.5** Secouer la poussière des pieds était un geste symbolique signifiant qu'on ne voulait plus avoir affaire avec les gens chez lesquels on avait séjourné.
f. **9.10** Localité de la rive nord du lac de Galilée.

—Faites-les asseoir par groupes d'une cinquantaine de personnes.

¹⁵ C'est ce qu'ils firent, et ils installèrent ainsi tout le monde. ¹⁶ Alors Jésus prit les cinq pains et les deux poissons et, levant les yeux vers le ciel, il prononça la prière de bénédiction ; puis il les partagea et donna les morceaux à ses disciples pour les distribuer à la foule. ¹⁷ Tout le monde mangea à satiété. On ramassa les morceaux qui restaient ; cela faisait douze paniers.

Qui est vraiment Jésus ?
(Mt 16.13-21 ; Mc 8.27-31)

¹⁸ Un jour, Jésus priait à l'écart, et ses disciples étaient avec lui. Alors il les interrogea :

—Que disent les foules à mon sujet ? Qui suis-je d'après elles ?

¹⁹ Ils lui répondirent :

—Pour les uns, tu es Jean-Baptiste ; pour d'autres, Elie ; pour d'autres encore, l'un des *prophètes d'autrefois qui serait ressuscité.

²⁰ —Et vous, leur demanda-t-il alors, qui dites-vous que je suis ?

Pierre prit la parole et dit :

—Le *Messie, envoyé par Dieu !

²¹ —Ne le dites à personne, leur ordonna Jésus.

²² Et il ajouta :

—Il faut que le *Fils de l'homme souffre beaucoup et soit rejeté par les responsables du peuple, les chefs des *prêtres et les *spécialistes de la Loi ; il doit être mis à mort et ressusciter le troisième jour.

Comment suivre Jésus
(Mt 16.24-28 ; Mc 8.34 à 9.1)

²³ Puis, s'adressant à tous, il dit :

—Si quelqu'un veut me suivre, qu'il renonce à lui-même, qu'il se charge chaque jour de sa croix, et qu'il me suive. ²⁴ En effet, celui qui est préoccupé de *sauver sa vie, la perdra ; mais celui qui perdra sa vie pour moi la sauvera. ²⁵ Si un homme parvient à posséder le monde entier, à quoi cela lui sert-il s'il se perd ou se détruit lui-même ? ²⁶ Si quelqu'un a honte de moi et de mes paroles, le *Fils de l'homme, à son tour, aura honte de lui quand il viendra dans sa gloire, dans celle du Père et des saints *anges. ²⁷ Je vous l'assure, quelques-uns de ceux qui sont ici présents ne mourront pas avant d'avoir vu le règne de Dieu.

La révélation du royaume
(Mt 17.1-8 ; Mc 9.2-8)

²⁸ Environ huit jours après cet entretien, Jésus prit avec lui Pierre, Jean et *Jacques et monta sur une montagne pour aller prier.

²⁹ Pendant qu'il était en prière, son visage changea d'aspect, ses vêtements devinrent d'une blancheur éblouissante. ³⁰ Deux hommes s'entretenaient avec lui : *Moïse et Elie ᵃ ³¹ qui resplendissaient de gloire. Ils parlaient de la manière dont Jésus allait achever sa mission ᵇ en mourant à *Jérusalem.

³² Pierre et ses deux compagnons étaient profondément endormis, mais quand ils s'éveillèrent ᶜ, ils virent la gloire de Jésus et les deux hommes qui étaient avec lui.

³³ Au moment où ces hommes se séparaient de Jésus, Pierre lui dit :

—Maître, il est bon que nous soyons ici. Nous allons dresser trois tentes, une pour toi, une pour Moïse et une pour Elie.

En fait, il ne savait pas ce qu'il disait. ³⁴ Pendant qu'il parlait encore, une nuée se forma et les enveloppa, et les disciples furent saisis de crainte lorsqu'ils entrèrent dans la nuée.

³⁵ Une voix sortit de la nuée, qui disait :

—Celui-ci est mon Fils, celui que j'ai choisi. Ecoutez-le !

³⁶ Quand cette voix eut retenti, ils ne trouvèrent plus que Jésus. Quant à eux, à cette époque, ils gardèrent le silence sur cet événement et ne racontèrent à personne ce qu'ils avaient vu.

La guérison d'un enfant possédé
(Mt 17.14-18 ; Mc 9.14-27)

³⁷ Le lendemain, comme ils descendaient de la montagne, une grande foule vint à la rencontre de Jésus. ³⁸ Du milieu de cette foule, un homme s'écria :

—Maître, je t'en supplie : regarde mon fils ! C'est mon enfant unique. ³⁹ Un esprit s'empare de lui, le fait crier tout à coup, l'agite convulsivement et le fait baver ; et il ne le quitte difficilement, en le laissant tout meurtri. ⁴⁰ J'ai prié tes disciples de le chasser, mais ils n'y ont pas réussi.

⁴¹ Jésus s'exclama alors :

—Vous êtes un peuple incrédule et infidèle à Dieu ! Jusqu'à quand devrai-je encore rester avec vous et vous supporter ?

Puis, s'adressant à l'homme :

—Amène ton fils !

---

a. 9.30 *Moïse* a donné la Loi au peuple. *Elie* était considéré comme le prophète par excellence. Ces deux hommes représentent toute l'ancienne alliance.

b. 9.31 Le grec parle du prochain *exode* de Jésus qui allait s'accomplir à Jérusalem.

c. 9.32 Autre traduction : *ils étaient accablés de sommeil mais se tinrent éveillés.*

42 Pendant que l'enfant s'approchait, le démon le jeta par terre et l'agita de convulsions. Jésus commanda avec sévérité à l'esprit mauvais de sortir, il guérit le jeune garçon et le rendit à son père. **43** Tous furent bouleversés devant la grandeur de Dieu.

L'annonce de la mort de Jésus
(Mt 17.22-23 ; Mc 9.30-32)

Alors que chacun s'émerveillait encore de tout ce que Jésus faisait, il dit à ses disciples :
44 –Retenez bien ce que je vais vous dire maintenant : le *Fils de l'homme va être livré aux mains des hommes.

45 Mais les disciples ne comprenaient pas cette parole. Son sens leur était caché pour qu'ils ne la saisissent pas. Et ils avaient peur de demander des explications à Jésus.

L'accueil des « petits »
(Mt 18.1-5 ; Mc 9.33-37)

46 Il s'éleva entre eux une discussion : il s'agissait de savoir lequel était le plus grand parmi eux. **47** Jésus, qui connaissait les pensées qu'ils avaient dans leur cœur, prit un petit enfant par la main, le plaça à côté de lui **48** et leur dit :
–Celui qui accueille cet enfant en mon nom m'accueille moi-même, et celui qui m'accueille, accueille aussi celui qui m'a envoyé. Car celui qui sera le plus petit parmi vous, c'est celui-là qui est grand.

(Mc 9.38-40)

49 Jean prit la parole et dit :
–Maître, nous avons vu quelqu'un qui chassait les démons en ton nom, et nous lui avons dit de ne plus le faire, parce qu'il ne te suit pas avec nous.
50 –Ne l'en empêchez pas, lui répondit Jésus, car celui qui n'est pas contre vous est pour vous.

JESUS SE DIRIGE VERS JERUSALEM

L'opposition en Samarie

51 Lorsque le temps approcha où Jésus devait être enlevé de ce monde, il décida de manière résolue de se rendre à *Jérusalem. **52** Il envoya devant lui quelques messagers. En cours de route, ils entrèrent dans un village de la Samarie pour lui préparer un logement. **53** Mais les *Samaritains[a] lui refusèrent l'hospitalité, parce qu'il se rendait à Jérusalem. **54** En voyant cela, ses disciples Jacques et Jean s'écrièrent :

–Seigneur, veux-tu que nous commandions à la foudre de tomber du ciel sur ces gens-là, pour les réduire en cendres[b] ?
55 Mais Jésus, se tournant vers eux, les reprit sévèrement :
–Vous ne savez pas quel esprit vous inspire de telles pensées ! Le *Fils de l'homme n'est pas venu pour faire mourir les hommes, mais pour les *sauver[c].
56 Ils se rendirent alors à un autre village.

L'engagement total du disciple
(Mt 8.19-22)

57 Pendant qu'ils étaient en chemin, un homme vint dire à Jésus :
–Je te suivrai partout où tu iras.
58 Jésus lui répondit :
–Les renards ont des tanières et les oiseaux du ciel ont des nids ; mais le Fils de l'homme n'a pas un endroit à lui où prendre du repos.
59 Jésus dit à un autre :
–Suis-moi !
Mais cet homme lui dit :
–Seigneur[d], permets que j'aille d'abord enterrer mon père.
60 Jésus lui répondit :
–Laisse aux morts le soin d'enterrer leurs morts. Quant à toi, va proclamer le règne de Dieu !
61 Un autre encore lui dit :
–Je te suivrai, Seigneur, mais permets-moi d'abord de faire mes adieux à ma famille.
62 Jésus lui répondit :
–Celui qui regarde derrière lui au moment où il se met à labourer avec sa charrue n'est pas prêt pour le règne de Dieu.

Jésus envoie soixante-douze disciples en mission
(Mt 10.5-14)

10 Après cela, le Seigneur choisit encore soixante-douze[e] autres *disciples et les envoya deux par deux, pour le précéder dans toutes les villes et les localités où il devait se rendre. **2** Il leur disait :

---

a. **9.53** Les *Samaritains,* qui étaient ennemis des Juifs depuis des siècles, ne voulaient pas que les pèlerins de Galilée qui se rendaient à Jérusalem traversent leur territoire.

b. **9.54** Après *pour les réduire en cendres,* certains manuscrits ajoutent : *comme le fit Elie.*

c. **9.55** Les mots : *Vous ne savez pas... mais pour les sauver* sont absents de certains manuscrits.

d. **9.59** Ce terme est absent de nombreux manuscrits.

e. **10.1** Certains manuscrits ont : *soixante-dix.*

—La moisson est abondante, mais les ouvriers peu nombreux. Demandez donc au Seigneur à qui appartient la moisson d'envoyer des ouvriers pour la rentrer. ³ Allez : je vous envoie comme des agneaux au milieu des loups. ⁴ N'emportez ni bourse, ni sac de voyage, ni sandales, et ne vous attardez pas en chemin pour saluer les gens ᵃ.

⁵ Lorsque vous entrerez dans une maison, dites d'abord : « Que la paix soit sur cette maison ᵇ. » ⁶ Si un homme de paix y habite, votre paix reposera sur lui. Si ce n'est pas le cas, elle reviendra à vous. ⁷ Restez dans cette maison-là, prenez la nourriture et la boisson que l'on vous donnera, car « l'ouvrier mérite son salaire ». Ne passez pas d'une maison à l'autre pour demander l'hospitalité.

⁸ Dans toute ville où vous irez et où l'on vous accueillera, mangez ce qu'on vous offrira, ⁹ guérissez les malades qui s'y trouveront et dites aux gens : « Le *royaume de Dieu est proche de vous. » ¹⁰ Mais dans toute ville où vous entrerez et où l'on ne voudra pas vous recevoir, allez sur la place publique et dites : ¹¹ « La poussière de votre ville qui s'est attachée à nos pieds, nous la secouons contre vous. Sachez pourtant ceci : le royaume de Dieu est proche. »

(Mt 10.15 ; 11.20-24)

¹² —Je vous assure qu'au grand Jour, *Sodome sera traitée avec moins de rigueur que cette ville-là.

¹³ Malheur à toi, Chorazin, malheur à toi, Bethsaïda ! car si les miracles qui se sont produits au milieu de vous avaient eu lieu à *Tyr et à Sidon ᶜ, il y a longtemps que leurs habitants auraient *changé de vie et l'auraient manifesté en revêtant des habits de toile de sac et en se couvrant de cendre ᵈ. ¹⁴ C'est pourquoi, au jour du jugement, ces villes seront traitées avec moins de rigueur que vous. ¹⁵ Et toi, *Capernaüm, crois-tu que tu seras élevée jusqu'au ciel ? Non, tu seras précipitée au séjour des morts.

¹⁶ Il ajouta :

—Si quelqu'un vous écoute, c'est moi qu'il écoute, si quelqu'un vous rejette, c'est moi qu'il rejette. Or, celui qui me rejette, rejette celui qui m'a envoyé.

¹⁷ Quand les soixante-douze ᵉ disciples revinrent, ils étaient pleins de joie et disaient :

—Seigneur, même les démons se soumettent à nous quand nous leur donnons des ordres en ton nom !

¹⁸ —Oui, leur répondit-il, je voyais *Satan tomber du ciel comme l'éclair. ¹⁹ Ecoutez bien ceci : il est vrai que je vous ai donné le pouvoir de marcher sur les serpents et les scorpions ᶠ, et d'écraser toutes les forces de l'Ennemi, sans que rien ne puisse vous faire du mal. ²⁰ Toutefois, ce qui doit vous réjouir, ce n'est pas de voir que les esprits mauvais vous sont soumis ; mais de savoir que vos noms sont inscrits dans le ciel.

Le privilège des disciples
(Mt 11.25-27)

²¹ Au même moment, Jésus fut transporté de joie par le Saint-Esprit ᵍ et s'écria :

—Je te loue, ô Père, Seigneur du ciel et de la terre, parce que tu as caché ces vérités aux sages et aux intelligents, et que tu les as dévoilées à ceux qui sont tout petits. Oui, Père, car dans ta bonté, tu l'as voulu ainsi. ²² Mon Père a remis toutes choses entre mes mains. Personne ne sait qui est le Fils, si ce n'est le Père ; et personne ne sait qui est le Père, si ce n'est le Fils et celui à qui le Fils veut le révéler.

(Mt 13.16-17)

²³ Puis, se tournant vers ses *disciples, il leur dit en particulier :

—Heureux ceux qui voient ce que vous voyez ! ²⁴ Car, je vous l'assure : beaucoup de *prophètes et de rois auraient voulu voir ce que vous voyez, mais ne l'ont pas vu ; ils auraient voulu entendre ce que vous entendez, mais ne l'ont pas entendu.

La parabole du bon Samaritain

²⁵ Un enseignant de la *Loi se leva et posa une question à Jésus pour lui tendre un piège.

—Maître, lui dit-il, que dois-je faire pour obtenir la vie éternelle ?

²⁶ Jésus lui répondit :

---

a. 10.4 Les salutations orientales comprenaient tout un rituel.

b. 10.5 C'était la salutation juive habituelle en entrant dans une maison : Shâlom.

c. 10.13 Voir note Lc 6.17. Ces villes étaient réputées très corrompues.

d. 10.13 Allusion aux coutumes juives marquant le deuil et l'humiliation.

e. 10.17 Certains manuscrits ont : soixante-dix.

f. 10.19 Les scorpions, fréquents dans les pays chauds, peuvent causer des blessures douloureuses et graves par l'aiguillon empoisonné situé à l'extrémité de leur queue.

g. 10.21 Certains manuscrits ont : par l'Esprit, et d'autres : en lui-même.

–Qu'est-il écrit dans notre Loi ? 27 Comment la comprends-tu ?

Il lui répondit :

–*Tu aimeras le Seigneur ton Dieu, de tout ton cœur, de toute ton âme, de toute ton énergie et de toute ta pensée* a, *et ton prochain comme toi-même* b.

28 –Tu as bien répondu, lui dit Jésus : fais cela, et tu auras la vie.

29 Mais l'enseignant de la Loi, voulant se donner raison, reprit :

–Oui, mais qui donc est mon prochain ?

30 En réponse, Jésus lui dit :

–Il y avait un homme qui descendait de *Jérusalem à *Jéricho, quand il fut attaqué par des brigands. Ils lui arrachèrent ses vêtements, le rouèrent de coups et s'en allèrent, le laissant à moitié mort. 31 Or il se trouva qu'un *prêtre descendait par le même chemin. Il vit le blessé et, s'en écartant, poursuivit sa route. 32 De même aussi un lévite c arriva au même endroit, le vit, et, s'en écartant, poursuivit sa route. 33 Mais un *Samaritain qui passait par là arriva près de cet homme. En le voyant, il fut pris de pitié. 34 Il s'approcha de lui, soigna ses plaies avec de l'huile et du vin d, et les recouvrit de pansements. Puis, le chargeant sur sa propre mule, il l'emmena dans une auberge où il le soigna de son mieux. 35 Le lendemain, il sortit deux pièces d'argent e, les remit à l'aubergiste et lui dit : « Prends soin de cet homme, et tout ce que tu auras dépensé en plus, je te le rembourserai moi-même quand je repasserai. »

36 Et Jésus ajouta :

–A ton avis, lequel des trois s'est montré le prochain de l'homme qui avait été victime des brigands ?

37 –C'est celui qui a eu pitié de lui, lui répondit l'enseignant de la Loi.

–Eh bien, va, et agis de même, lui dit Jésus.

La meilleure part

38 Pendant qu'ils étaient en route, Jésus entra dans un village. Là, une femme nommée Marthe l'accueillit dans sa maison. 39 Elle avait une sœur appelée Marie. Celle-ci vint s'asseoir aux pieds de Jésus, et elle écoutait ce qu'il disait. 40 Pendant ce temps, Marthe était affairée aux multiples travaux que demandait le service. Elle s'approcha de Jésus et lui dit :

–Maître, cela ne te dérange pas de voir que ma sœur me laisse seule à servir ? Dis-lui donc de m'aider.

41 Mais le Seigneur lui répondit :

–Marthe, Marthe, tu t'inquiètes et tu t'agites pour beaucoup de choses ; 42 il n'y en a qu'une seule qui soit vraiment nécessaire. Marie a choisi la meilleure part, et personne ne la lui enlèvera.

Comment prier
(Mt 6.9-13)

11 Un jour, Jésus priait en un certain lieu. Quand il eut fini, l'un de ses *disciples lui demanda :

–Seigneur, apprends-nous à prier, comme Jean l'a appris à ses disciples !

2 Il leur répondit :

–Quand vous priez, dites :

Père,
que tu sois reconnu pour Dieu f,
que ton règne vienne.
3 Donne-nous, chaque jour,
le pain dont nous avons besoin g.
4 Pardonne-nous nos péchés,
car nous pardonnons nous-mêmes
à ceux qui ont des torts envers nous.
Et garde-nous de céder à la tentation h.

5 Puis il ajouta :

–Supposez que l'un de vous ait un ami et qu'il aille le réveiller en pleine nuit pour lui dire : « Mon ami, prête-moi trois pains, 6 car un de mes amis qui est en voyage vient d'arriver chez moi et je n'ai rien à lui offrir. » 7 Supposons que l'autre, de l'intérieur de la maison, lui réponde : « Laisse-moi tranquille, ne me dérange pas, ma porte est fermée, mes enfants et moi nous sommes couchés, je ne peux pas me lever pour te les donner. » 8 Je vous assure que, même s'il ne se lève pas pour lui donner ces pains par amitié pour lui, il se lèvera pour ne pas manquer à l'honneur i, et il lui donnera tout ce dont il a besoin.

---

a. 10.27 Dt 6.5.

b. 10.27 Lv 19.18.

c. 10.32 Les *lévites* étaient chargés de certains services matériels dans le Temple.

d. 10.34 L'huile était communément utilisée pour adoucir la douleur et le vin pour désinfecter les plaies.

e. 10.35 Il s'agit de *deniers* (voir note 7.41).

f. 11.2 Autres traductions : *que la gloire de ta personne soit manifeste* ou *que les hommes te rendent le culte qui t'est dû.*

g. 11.3 Autres traductions : *la nourriture de ce jour* ou *du lendemain.*

h. 11.4 Autres traductions : *ne nous expose pas à la tentation* ou *ne nous conduis pas dans la tentation.*

i. 11.8 Autre traduction : *parce que l'autre le dérange.*

(Mt 7.7-11)

9 —Ainsi, moi je vous le dis : Demandez, et vous recevrez ; cherchez, et vous trouverez ; frappez, et l'on vous ouvrira. 10 Car celui qui demande reçoit ; celui qui cherche trouve ; et l'on ouvre à celui qui frappe.

11 Il y a des pères parmi vous. Lequel d'entre vous donnera un serpent à son fils quand celui-ci lui demande un poisson[a] ? 12 Ou encore, s'il demande un œuf, lui donnera-t-il un scorpion[b] ? 13 Si donc, tout mauvais que vous êtes, vous savez donner de bonnes choses à vos enfants, à combien plus forte raison le Père céleste donnera-t-il l'Esprit Saint à ceux qui le lui demandent.

Dieu ou Satan ?
(Mt 12.22-30 ; Mc 3.20-27)

14 Un jour, Jésus chassait un démon qui rendait un homme muet. Quand le démon fut sorti, le muet se mit à parler, et la foule était émerveillée. 15 Cependant quelques-uns parmi les témoins disaient :

—C'est par le pouvoir de Béelzébul, le chef des démons, qu'il chasse les démons.

16 D'autres, pour lui tendre un piège, lui réclamaient un signe venant du ciel. 17 Mais, comme il connaissait leurs pensées, il leur dit :

—Un pays déchiré par la guerre civile est dévasté et les maisons s'y écroulent l'une sur l'autre. 18 Vous prétendez que je chasse les démons par le pouvoir de Béelzébul. Dans ce cas, le royaume de *Satan serait divisé contre lui-même ; comment ce royaume pourrait-il alors subsister ? 19 D'ailleurs, si moi je chasse les démons par Béelzébul, qui donc donne à vos *disciples le pouvoir de les chasser ? C'est pourquoi ils seront eux-mêmes vos juges.

20 Mais si c'est par la puissance de Dieu que je chasse les démons, alors, de toute évidence, le *royaume de Dieu est venu jusqu'à vous. 21 Tant qu'un homme fort et bien armé garde sa maison, ses biens sont en sécurité ; 22 mais si un autre, plus fort que lui, l'attaque et parvient à le maîtriser, il lui enlève toutes les armes sur lesquelles le premier comptait, lui prend tous ses biens et les distribue.

23 Celui qui n'est pas avec moi est contre moi, et celui qui ne se joint pas à moi pour rassembler, disperse.

(Mt 12.43-45)

24 —Lorsqu'un esprit mauvais est sorti de quelqu'un, il erre çà et là dans des lieux déserts, à la recherche d'un lieu de repos, et il n'en trouve pas. Alors il se dit : « Il vaut mieux regagner la demeure que j'ai quittée ! »

25 Il y retourne donc et la trouve balayée et mise en ordre. 26 Alors il va chercher sept autres esprits, encore plus méchants que lui, et les ramène avec lui ; ils envahissent la demeure et s'y installent. Finalement, la condition de cet homme est pire qu'avant.

27 Pendant qu'il parlait ainsi, du milieu de la foule, une femme s'écria :

—Heureuse la femme qui t'a mis au monde et qui t'a allaité !

28 Mais Jésus répondit :

—Heureux plutôt ceux qui écoutent la Parole de Dieu et qui y obéissent !

Signe et lumière
(Mt 12.38-42)

29 Comme la foule grossissait autour de lui, il dit :

—Les gens de notre temps sont mauvais. Ils réclament un signe miraculeux. Un signe... il ne leur en sera pas accordé d'autre que celui de Jonas. 30 Car, de même que Jonas a été un signe pour les habitants de Ninive[c], de même aussi le *Fils de l'homme sera un signe pour les gens de notre temps.

31 Au jour du jugement, la reine du Midi se lèvera et condamnera les gens de notre temps, car elle est venue du bout du monde pour écouter l'enseignement plein de sagesse de *Salomon. Or, il y a ici plus que Salomon ! 32 Au jour du jugement, les habitants de Ninive se lèveront et condamneront les gens de notre temps, car ils ont *changé de vie en réponse à la prédication de Jonas. Or, il y a ici plus que Jonas.

(Mt 5.15 ; Mc 4.21)

33 —Personne n'allume une lampe pour la mettre dans un recoin ou sous une mesure à grain[d]. Non, on la place sur un pied de lampe pour que ceux qui entrent voient la lumière.

(Mt 6.22-23)

34 —Tes yeux sont comme une lampe pour ton corps. Si tes yeux sont en bon état, tout

---

a. 11.11 Certains manuscrits ajoutent : ou une pierre alors qu'il lui demande du pain.
b. 11.12 Voir note Lc 10.19.

c. 11.30 Voir Jon 3.
d. 11.33 Les mots : ou sous une mesure à grain sont absents de certains manuscrits (voir Mt 5.15 ; Mc 4.21).

ton corps jouit de la lumière ; mais s'ils sont malades, tout ton corps est plongé dans l'obscurité. 35 Fais donc attention à ce que ta lumière ne soit pas obscurcie. 36 Si ton corps tout entier est dans la lumière, sans aucune partie dans l'obscurité, il jouira pleinement de la lumière, comme lorsque la lampe t'éclaire de sa clarté.

La condamnation des chefs religieux
(Mt 23.4-36)

37 Pendant qu'il parlait, un *pharisien l'invita à venir manger chez lui. Jésus entra dans la maison et se mit à table. 38 Le pharisien remarqua qu'il n'avait pas fait les ablutions rituelles avant le repas, et il s'en étonna.

39 Le Seigneur lui dit alors :

—Vous pharisiens, vous nettoyez soigneusement l'extérieur de vos coupes et de vos plats, mais à l'intérieur, vous êtes remplis du désir de voler et pleins de méchanceté. 40 Fous que vous êtes ! Est-ce que celui qui a créé l'extérieur n'a pas aussi fait l'intérieur ? 41 Donnez plutôt en offrande à Dieu votre être intérieur ᵃ, et vous serez du même coup entièrement *purs. 42 Mais malheur à vous, pharisiens, vous vous acquittez scrupuleusement de la dîme sur toutes les plus petites herbes, comme la menthe et la rue ᵇ, et sur le moindre légume, mais vous négligez la droiture et l'amour de Dieu ! Voilà ce qu'il fallait faire, sans laisser le reste de côté.

43 Malheur à vous, pharisiens, parce que vous aimez les sièges d'honneur dans les *synagogues ; vous aimez qu'on vous salue respectueusement sur les places publiques. 44 Malheur à vous ! vous ressemblez à ces tombes que rien ne signale au regard et sur lesquelles on passe sans s'en douter ᶜ.

45 Là-dessus, un enseignant de la *Loi se mit à protester en disant :

—Maître, en parlant ainsi, tu nous insultes, nous aussi !

46 —Oui, malheur à vous aussi, enseignants de la Loi, lui répondit Jésus, vous imposez aux gens des fardeaux accablants ; mais vous-mêmes, vous n'y touchez pas du petit doigt ! 47 Malheur à vous, parce que vous édifiez des monuments funéraires pour les *prophè-

tes, ces prophètes que vos ancêtres ont tués ! 48 Vous montrez clairement par là que vous approuvez ce que vos ancêtres ont fait : eux, ils ont tué les prophètes, et vous, vous bâtissez leurs tombeaux !

49 C'est bien pour cela que Dieu, dans sa sagesse, a déclaré : « Je leur enverrai des prophètes et des messagers ; ils tueront les uns, ils persécuteront les autres. » 50 C'est pourquoi les gens de notre temps auront à répondre du meurtre de tous les prophètes qui ont été tués depuis le commencement du monde, 51 depuis le meurtre d'Abel, jusqu'à celui de Zacharie, assassiné entre l'autel du sacrifice et le *Temple. Oui, je vous l'assure, les hommes de notre temps auront à répondre de tous ces crimes.

52 Malheur à vous, enseignants de la Loi, vous vous êtes emparés de la clé de la connaissance. Non seulement vous n'entrez pas vous-mêmes, mais vous empêchez d'entrer ceux qui voudraient le faire !

53 Quand Jésus fut sorti de la maison, les *spécialistes de la Loi et les pharisiens s'acharnèrent contre lui et le harcelèrent de questions sur toutes sortes de sujets : 54 ils lui tendaient ainsi des pièges pour trouver dans ses paroles un motif d'accusation.

Prendre parti pour Jésus
(Mt 10.28-33,19-20)

12 Pendant ce temps, des milliers de gens s'étaient rassemblés, au point qu'ils se marchaient sur les pieds les uns les autres. Jésus commença par s'adresser à ses *disciples :

—Gardez-vous, leur dit-il, de ce *levain : l'hypocrisie des *pharisiens. 2 Car tout ce qui se fait en secret sera dévoilé, et tout ce qui est caché finira par être connu. 3 Ainsi, tout ce que vous aurez dit en secret sera entendu ouvertement en plein jour, et tout ce que vous aurez chuchoté dans le creux de l'oreille, derrière des portes bien closes, sera crié du haut des toits en terrasses.

4 Mes chers amis, je vous le dis : ne craignez pas ceux qui peuvent tuer le corps, mais qui n'ont pas le pouvoir de faire davantage. 5 Savez-vous qui vous devez craindre ? Je vais vous le dire : c'est celui qui, après la mort, a le pouvoir de vous jeter en enfer. Oui, je vous l'assure, c'est lui que vous devez craindre.

6 Ne vend-on pas cinq moineaux pour deux sous ? Et pourtant, Dieu prend soin de chacun d'eux. 7 Bien plus : même les cheveux de votre tête sont comptés. N'ayez aucune crainte, car vous avez plus de valeur que toute une volée de moineaux.

---

a. 11.41 D'autres comprennent : *donnez aux pauvres ce que vous avez.*

b. 11.42 La *rue* était une plante aromatique et médicinale cultivée en Palestine. Par excès de zèle, les pharisiens payaient la dîme même sur ces plantes pour lesquelles la Loi ne l'exigeait pas.

c. 11.44 Selon les rabbins, marcher sur un tombeau rendait impur.

8 Je vous l'assure, tous ceux qui se déclareront pour moi devant les hommes, le *Fils de l'homme aussi se déclarera pour eux devant les *anges de Dieu. 9 Mais celui qui aura prétendu devant les hommes qu'il ne me connaît pas, je ne le reconnaîtrai pas non plus devant les anges de Dieu. 10 Si quelqu'un dit du mal du Fils de l'homme, il lui sera pardonné ; mais pour celui qui aura *blasphémé contre l'Esprit Saint il n'y aura pas de pardon.

11 Quand on vous traînera dans les *synagogues devant les dirigeants et les autorités, ne vous inquiétez pas au sujet de ce que vous aurez à dire pour votre défense, ni de la manière dont vous les présenterez. 12 Car le Saint-Esprit vous enseignera à l'instant même ce que vous devrez dire.

Vraies et fausses richesses

13 Du milieu de la foule, un homme dit à Jésus :

—Maître, dis à mon frère de partager avec moi l'héritage que notre père nous a laissé !

14 Mais Jésus lui répondit :

—Mon ami, qui m'a établi pour être votre juge ou votre arbitre en matière d'héritage ?

15 Puis il dit à tous :

—Gardez-vous avec soin du désir de posséder, sous toutes ses formes, car la vie d'un homme, si riche soit-il, ne dépend pas de ses biens.

16 Il leur raconta alors cette *parabole :

—Le domaine d'un riche propriétaire avait rapporté de façon exceptionnelle. 17 L'homme se mit à réfléchir : « Que faire ? se demandait-il. Je n'ai pas assez de place pour engranger toute ma récolte ! 18 Ah, se dit-il enfin, je sais ce que je vais faire ! Je vais démolir mes greniers pour en construire de plus grands, et j'y entasserai tout mon blé et tous mes autres biens. 19 Après quoi, je pourrai me dire : Mon ami, te voilà pourvu de biens en réserve pour de nombreuses années. Repose-toi, mange, bois et jouis de la vie ! » 20 Mais Dieu lui dit : « Pauvre fou que tu es ! Cette nuit-même, tu vas mourir. Et tout ce que tu as préparé pour toi, qui va en profiter ? »

21 Voilà quel sera le sort de tout homme qui amasse des richesses pour lui-même, au lieu de chercher à être riche auprès de Dieu a.

(Mt 6.25-34)

22 Jésus ajouta, en s'adressant à ses *disciples :

—C'est pourquoi je vous dis : ne vous inquiétez pas en vous demandant : Qu'allons-nous manger ? Avec quoi allons-nous nous habiller ? 23 La vie vaut bien plus que la nourriture. Le corps vaut bien plus que le vêtement.

24 Considérez les corbeaux, ils ne sèment ni ne moissonnent ; ils n'ont ni cave, ni grenier et Dieu les nourrit. Vous valez bien plus qu'eux ! 25 D'ailleurs, qui de vous peut, à force d'inquiétudes, prolonger son existence, ne serait-ce que de quelques instants b ? 26 Si donc vous n'avez aucun pouvoir sur ces petites choses, pourquoi vous inquiétez-vous au sujet des autres ? 27 Considérez les lis ! Ils poussent sans se fatiguer à tisser c des vêtements. Et pourtant, je vous l'assure, le roi *Salomon lui-même, dans toute sa gloire, n'a jamais été aussi bien vêtu que l'un d'eux. 28 Si Dieu habille ainsi cette plante dans les champs, qui est là aujourd'hui et qui demain déjà sera jetée au feu, à combien plus forte raison vous vêtira-t-il vous-mêmes ! Ah, votre foi est encore bien petite !

29 Ne vous faites donc pas de soucis au sujet du manger et du boire, et ne vous tourmentez pas pour cela. 30 Toutes ces choses, les païens de ce monde s'en préoccupent sans cesse. Mais votre Père sait que vous en avez besoin. 31 Faites donc plutôt du règne de Dieu votre préoccupation première, et ces choses vous seront données en plus.

32 N'aie pas peur, petit troupeau ! Car il a plu à votre Père de vous donner le *royaume.

(Mt 6.19-21)

33 —Vendez ce que vous possédez, et distribuez-en le produit aux pauvres. Fabriquez-vous des bourses inusables et constituez-vous un trésor inaltérable dans le ciel où aucun cambrioleur ne peut l'atteindre, ni aucune mite l'entamer. 34 Car là où est votre trésor, là aussi sera votre cœur.

Rester actif dans l'attente
(Mt 24.45-51)

35 —Restez en tenue de travail. Gardez vos lampes allumées. 36 Soyez comme des serviteurs qui attendent le retour de leur maître parti pour une noce. Dès qu'il arrive et qu'il frappe à la porte, ils lui ouvrent. 37 Heureux ces serviteurs que le maître, en arrivant, trouvera en train de veiller ! Vraiment, je vous

---

a. 12.21 Autres traductions : *pour Dieu* ou *au regard de Dieu*.

b. 12.25 Autre traduction : *augmenter sa taille, ne serait-ce que de quelques centimètres.*

c. 12.27 Certains manuscrits ont : *ne filent pas.*

l'assure, c'est lui qui se mettra en tenue de travail, les fera asseoir à table et passera de l'un à l'autre pour les servir. [38] Peu importe qu'il rentre à minuit ou vers trois heures du matin : Heureux ces serviteurs qu'il trouvera ainsi vigilants !

[39] Vous le savez bien : si le maître de maison savait à quel moment le voleur va venir, il ne le laisserait pas pénétrer dans sa maison. [40] Vous aussi, tenez-vous prêts, car c'est à un moment que vous n'auriez pas imaginé que le *Fils de l'homme viendra.

[41] Pierre lui demanda :

—Seigneur, cette comparaison s'applique-t-elle seulement à nous, ou bien concerne-t-elle tout le monde ?

[42] Le Seigneur répondit :

—Quel est le gérant fidèle et sensé à qui le maître confiera le soin de veiller sur son personnel pour qu'il donne à chacun, au moment voulu, la ration de blé qui lui revient ? [43] Heureux ce serviteur que le maître, à son retour, trouvera en train d'agir comme il le lui a demandé. [44] En vérité, je vous l'assure, son maître lui confiera l'administration de tout ce qu'il possède.

[45] Mais si ce serviteur se dit : « Mon maître n'est pas près de venir », et s'il se met à maltraiter les autres serviteurs et servantes, à manger, à boire et à s'enivrer, [46] son maître arrivera un jour où il ne s'y attendra pas, et à une heure qu'il ne connaît pas. Alors le maître le punira très sévèrement, et le traitera comme on traite les esclaves infidèles.

[47] Le serviteur qui sait ce que son maître veut de lui, mais qui n'aura rien préparé ou qui n'aura pas agi selon la volonté de son maître, sera sévèrement puni. [48] Mais celui qui n'aura pas su ce que son maître voulait, et qui aura commis des actes méritant une punition, celui-là subira un châtiment peu rigoureux. Si quelqu'un a beaucoup reçu, on exigera beaucoup de lui ; et plus on vous aura confié, plus on demandera de vous.

La division et le jugement

[49] —Je suis venu jeter un feu sur la terre ; comme je voudrais qu'il soit déjà allumé ! [50] Mais il y a un baptême que je dois recevoir, et quelle angoisse est la mienne, tant que je ne l'ai pas reçu !

(Mt 10.34-36)

[51] —Pensez-vous que je sois venu pour apporter la paix sur la terre ? Non, mais la division. [52] En effet, à partir de maintenant, s'il y a cinq personnes dans une famille, elles seront divisées trois contre deux, et deux con-

tre trois. [53] Le père sera contre le fils et le fils contre son père ; la mère contre sa fille, et la fille contre sa mère : la belle-mère contre sa belle-fille, et la belle-fille contre sa belle-mère.

Le discernement nécessaire
(Mt 16.2-3)

[54] Puis, s'adressant de nouveau à la foule, Jésus reprit :

—Quand vous voyez apparaître un nuage du côté de l'ouest, vous dites aussitôt : « Il va pleuvoir », et c'est ce qui arrive. [55] Quand le vent du sud se met à souffler, vous dites : « Il va faire très chaud », et c'est ce qui arrive. [56] Hypocrites ! Vous êtes capables d'interpréter correctement les phénomènes de la terre et les aspects du ciel, et vous ne pouvez pas comprendre en quel temps vous vivez ?

(Mt 5.25-26)

[57] —Pourquoi aussi ne discernez-vous pas par vous-mêmes ce qui est juste ? [58] Ainsi, quand tu vas en justice avec ton adversaire, fais tous tes efforts pour t'arranger à l'amiable avec lui pendant que vous êtes encore en chemin. Sinon, il te traînera devant le juge, celui-ci te remettra entre les mains des forces de l'ordre qui te jetteront en prison. [59] Or, je t'assure, tu n'en sortiras pas avant d'avoir remboursé jusqu'à la dernière petite pièce.

La nécessité de changer de vie

13 A cette époque survinrent quelques personnes qui informèrent Jésus que *Pilate avait fait tuer des Galiléens pendant qu'ils offraient leurs sacrifices.

[2] Jésus leur dit :

—Pensez-vous que ces Galiléens ont subi un sort si cruel parce qu'ils étaient de plus grands pécheurs que tous leurs compatriotes ? [3] Non, je vous le dis ; mais vous, si vous ne changez pas, vous périrez tous, vous aussi.

[4] Rappelez-vous ces dix-huit personnes qui ont été tuées quand la tour de Siloé [a] s'est effondrée sur elles. Croyez-vous qu'elles aient été plus coupables que tous les autres habitants de *Jérusalem ? [5] Non, je vous le dis ; mais vous aussi, si vous ne changez pas, vous périrez tous.

[6] Là-dessus, il leur raconta cette *parabole :

—Un homme avait un figuier dans sa vigne. Un jour, il voulut y cueillir des figues, mais n'en trouva pas. [7] Il dit alors à celui qui

---

a. 13.4 Source située au sud de Jérusalem, où on avait élevé une tour.

s'occupait de sa vigne : « Voilà trois ans que je viens chercher des figues à cet arbre, sans pouvoir en trouver. Arrache-le ; je ne vois pas pourquoi il occupe la place inutilement. » [8] « Maître, lui répondit l'homme, laisse-le encore cette année ! Je bêcherai encore la terre tout autour et j'y mettrai du fumier ; [9] peut-être qu'il portera du fruit à la saison prochaine. Sinon, tu le feras arracher. »

Une guérison le jour du sabbat

[10] Un jour de *sabbat, Jésus enseignait dans une *synagogue. [11] Il s'y trouvait une femme qui, depuis dix-huit ans, était sous l'emprise d'un esprit qui la rendait infirme : elle était voûtée et n'arrivait absolument pas à se redresser. [12] Lorsque Jésus la vit, il l'appela et lui dit :

—Femme, tu es délivrée de ton infirmité !

[13] Il posa ses mains sur elle et, immédiatement, elle se redressa et se mit à louer Dieu.

[14] Mais le chef de la synagogue fut fâché que Jésus ait fait cette guérison le jour du sabbat. S'adressant à la foule, il lui dit :

—Il y a six jours pour travailler : venez donc vous faire guérir ces jours-là, mais pas le jour du sabbat !

[15] Le Seigneur lui répondit :

—Hypocrites que vous êtes ! Chacun de vous détache bien son bœuf ou son âne de la mangeoire pour le mener à l'abreuvoir le jour du sabbat, n'est-ce pas ? [16] Et cette femme, qui fait partie des descendants d'*Abraham, et que *Satan tenait en son pouvoir depuis dix-huit ans, ne fallait-il pas la délivrer de sa chaîne aujourd'hui, parce que c'est le jour du sabbat ?

[17] Cette réponse de Jésus remplit de confusion tous ceux qui avaient pris parti contre lui, tandis que le peuple était enthousiasmé de le voir accomplir tant d'œuvres merveilleuses.

Les paraboles de la graine de moutarde et du levain

(Mt 13.31-33 ; Mc 4.30-32)

[18] Jésus dit alors :

—A quoi ressemble le *royaume de Dieu ? A quoi pourrais-je le comparer ? [19] Il ressemble à une graine de moutarde qu'un homme a prise pour la semer dans son jardin ; la graine pousse jusqu'à devenir un arbuste, et les oiseaux du ciel nichent dans ses branches.

[20] Puis il ajouta :

—A quoi comparerai-je encore le *royaume de Dieu ? [21] Il ressemble à du *levain qu'une femme a pris pour le mélanger à vingt kilogrammes de farine. Et à la fin, toute la pâte a levé.

L'entrée dans le royaume

[22] Jésus passait ainsi à travers villes et villages ; il y enseignait, tout en se dirigeant vers *Jérusalem.

(Mt 7.13-14)

[23] Quelqu'un lui demanda :

—Seigneur, n'y a-t-il qu'un petit nombre de gens qui seront *sauvés ?

Il répondit en s'adressant à tous ceux qui étaient là :

[24] —Faites tous vos efforts pour entrer par la porte étroite, car nombreux sont ceux qui chercheront à entrer et n'y parviendront pas.

(Mt 25.10-12)

[25] —Dès que le maître de la maison se sera levé et qu'il aura fermé la porte à clé, si vous êtes restés dehors, vous aurez beau frapper à la porte en suppliant : « Seigneur, Seigneur, ouvre-nous ! » il vous répondra : « Je ne sais pas d'où vous venez. »

(Mt 7.22-23)

[26] —Alors vous direz : « Mais nous étions à table avec toi, nous avons mangé et bu sous tes yeux. Tu as enseigné dans nos rues... »

[27] Il vous répondra : « Je vous le répète, je ne sais pas d'où vous venez. Allez-vous-en, vous qui commettez le mal. »

[28] —C'est là qu'il y aura des pleurs et d'amers regrets, quand vous verrez *Abraham, *Isaac et *Jacob et tous les *prophètes dans le *royaume de Dieu, tandis que vous-mêmes vous en serez exclus. [29] Des hommes viendront de l'Orient et de l'Occident, du Nord et du Midi, et prendront place à table dans le royaume de Dieu.

[30] Alors, certains de ceux qui sont maintenant les derniers seront les premiers ; et certains de ceux qui sont maintenant les premiers seront les derniers.

Jésus poursuit sa route vers Jérusalem

[31] A ce moment-là, quelques *pharisiens s'approchèrent de Jésus et l'avertirent :

—Tu devrais quitter cette région et aller loin d'ici, car *Hérode veut te faire mourir.

[32] Mais Jésus leur répondit :

—Allez dire de ma part à ce renard : « Aujourd'hui, je chasse des démons et je guéris des malades ; demain, je ferai de même et après-demain, j'aurai achevé ma tâche. [33] Mais il faut que je poursuive ma route aujourd'hui, demain et après-demain, car il est impensable qu'un *prophète soit mis à mort ailleurs qu'à *Jérusalem ! »

(Mt 23.37-39)

34 –Ah, Jérusalem ! Jérusalem ! Toi qui fais mourir les prophètes et qui tues à coups de pierres ceux que Dieu t'envoie ! Combien de fois j'ai voulu rassembler tes habitants auprès de moi comme une poule rassemble ses poussins sous ses ailes ! Mais vous ne l'avez pas voulu ! **35** Eh bien, maintenant, votre maison va être livrée à l'abandon. Oui, je vous le déclare : dorénavant vous ne me verrez plus jusqu'à ce que le temps soit arrivé où vous direz[a] : Béni soit celui qui vient au nom du Seigneur[b] !

Nouvelle guérison le jour du sabbat

14 Un jour de *sabbat, Jésus était invité pour un repas chez l'un des dirigeants du parti *pharisien. Ceux qui étaient à table avec lui l'observaient attentivement. **2** Or, il y avait là un homme dont le corps était couvert d'œdèmes. **3** Jésus prit la parole et s'adressa aux enseignants de la *Loi et aux pharisiens :

–Est-il permis, oui ou non, de guérir quelqu'un le jour du sabbat ?

4 Ils ne répondirent rien.

Alors Jésus, saisissant le malade, le guérit et lui dit de rentrer chez lui. **5** Puis, se tournant vers les assistants, il leur demanda :

–Qui de vous, si son fils ou son bœuf tombe dans un puits, ne l'en retire pas le plus tôt possible, même si c'est le jour du sabbat ?

6 Là encore, ils ne surent que répondre.

Leçons d'humilité et de générosité

7 Ayant remarqué comment les invités cherchaient tous les places d'honneur, il leur dit cette *parabole :

8 –Si quelqu'un t'invite à un repas de noces, ne va pas t'installer à la place d'honneur. Peut-être y a-t-il, parmi les invités, un personnage plus important que toi **9** et celui qui vous a invités l'un et l'autre viendra-t-il te dire : « Cède-lui cette place. » Il te faudra alors honteusement gagner la dernière place ! **10** Non, quand tu es invité, va, au contraire, te mettre tout de suite à la dernière place. Alors, quand ton hôte entrera dans la salle, il te dira : « Mon ami, il y a une place bien meilleure pour toi, viens t'asseoir plus haut ! » Ainsi tu seras honoré devant tous les convives.

11 En effet, celui qui s'élève sera abaissé, et celui qui s'abaisse sera élevé.

12 Jésus dit aussi à son hôte :

–Quand tu donnes un déjeuner ou un dîner, n'invite pas tes amis, tes frères, ta parenté ou de riches voisins, car ils pourraient t'inviter à leur tour et te payer ainsi de ta peine. **13** Non, si tu donnes une réception, invite des pauvres, des estropiés, des paralysés, des aveugles. **14** Si tu fais cela, tu en seras très heureux, précisément parce que ces gens-là n'ont pas la possibilité de te rendre la pareille. Et Dieu te le revaudra lorsque les justes ressusciteront.

La parabole des invités
(Mt 22.1-10)

15 A ces mots, l'un des convives dit à Jésus :

–Qu'il est heureux celui qui prendra part au banquet dans le *royaume de Dieu !

16 Jésus lui répondit :

–Un jour, un homme avait organisé une grande réception. Il avait invité beaucoup de monde. **17** Lorsque le moment du festin arriva, il envoya son serviteur dire aux invités :

« Venez maintenant, tout est prêt[c]. »

18 Mais ceux-ci s'excusèrent tous l'un après l'autre.

Le premier lui fit dire :

« J'ai acheté un champ et il faut absolument que j'aille le voir. Excuse-moi, je te prie. »

19 Un autre dit :

« Je viens d'acquérir cinq paires de bœufs, et je m'en vais les essayer. Excuse-moi, je te prie. »

20 Un autre encore dit :

« Je viens de me marier, il m'est donc impossible de venir. »

21 Quand le serviteur fut de retour auprès de son maître, il lui rapporta toutes les excuses qu'on lui avait données. Alors le maître de la maison se mit en colère et dit à son serviteur :

« Dépêche-toi ! Va-t'en sur les places et dans les rues de la ville et amène ici les pauvres, les estropiés, les aveugles, les paralysés... ! »

22 Au bout d'un moment, le serviteur vint dire :

« Maître, j'ai fait ce que tu m'as dit, mais il y a encore de la place. »

23 « Eh bien, lui dit le maître, va sur les chemins, le long des haies, fais en sorte que

---

a. 13.35 Certains manuscrits ont : *jusqu'à ce que vous disiez* (voir Mt 23.39). Autre traduction : *Béni soit, au nom du Seigneur, celui qui vient !*
b. 13.35 Ps 118.26.

---

c. 14.17 Certains manuscrits ont : *c'est prêt* (voir Mt 22.4).

les gens viennent, pour que ma maison soit pleine. ²⁴ Une chose est sûre : pas un seul des premiers invités ne goûtera à mon festin. »

S'engager en pleine conscience

²⁵ Comme de grandes foules accompagnaient Jésus, il se retourna vers ceux qui le suivaient et leur dit :

²⁶ –Si quelqu'un vient à moi et n'est pas prêt à renoncer à son père, sa mère, sa femme, ses enfants, ses frères, ses sœurs, et même à son propre moi, il ne peut être mon *disciple. ²⁷ Celui qui ne porte pas sa croix, et qui ne me suit pas, ne peut être mon disciple. ²⁸ En effet, si l'un de vous veut bâtir une tour, est-ce qu'il ne prend pas d'abord le temps de s'asseoir pour calculer ce qu'elle lui coûtera et de vérifier s'il a les moyens de mener son entreprise à bonne fin ? ²⁹ Sans quoi, s'il n'arrive pas à terminer sa construction après avoir posé les fondations, il risque d'être la risée de tous les témoins de son échec. ³⁰ « Regardez, diront-ils, c'est celui qui a commencé à construire et qui n'a pas pu terminer ! »

³¹ Ou bien, supposez qu'un roi soit sur le point de déclarer la guerre à un autre. Ne prendra-t-il pas le temps de s'asseoir pour examiner s'il peut, avec dix mille hommes, affronter celui qui est sur le point de marcher contre lui avec vingt mille ? ³² S'il se rend compte qu'il en est incapable, il lui enverra une délégation, pendant que l'ennemi est encore loin, pour négocier la paix avec lui.

³³ Il en est de même pour vous ; celui qui n'est pas prêt à abandonner tout ce qu'il possède, ne peut pas être mon disciple.

(Mc 9.50)

³⁴ –Le sel est une bonne chose, mais s'il devient insipide, comment lui rendra-t-on sa saveur ? ³⁵ On ne peut plus l'utiliser, ni pour la terre, ni pour le fumier. Il n'y a plus qu'à le jeter. Celui qui a des oreilles pour entendre, qu'il entende !

Perdus et retrouvés
(Mt 18.12-14)

15 Les *collecteurs d'impôts et autres pécheurs notoires se pressaient tous autour de Jésus, avides d'écouter ses paroles. ² Les *pharisiens et les *spécialistes de la Loi s'en indignaient et disaient :

–Cet individu fréquente des pécheurs notoires et s'attable avec eux ^a !

³ Alors Jésus leur répondit par cette *parabole :

⁴ –Si l'un de vous possède cent brebis, et que l'une d'elles vienne à se perdre, n'abandonnera-t-il pas les quatre-vingt-dix-neuf autres au pâturage pour aller à la recherche de celle qui est perdue jusqu'à ce qu'il l'ait trouvée ? ⁵ Et quand il l'a retrouvée, avec quelle joie il la charge sur ses épaules pour la ramener ! ⁶ Aussitôt rentré chez lui, il appelle ses amis et ses voisins et leur dit : « Venez partager ma joie, car j'ai retrouvé ma brebis qui était perdue. »

⁷ Je vous assure qu'il en est de même au ciel : il y aura plus de joie pour un seul pécheur qui *change de vie, que pour quatre-vingt-dix-neuf justes qui n'en ont pas besoin.

⁸ –Ou bien, supposez qu'une femme ait dix pièces d'argent et qu'elle en perde une, ne s'empressera-t-elle pas d'allumer une lampe, de balayer sa maison et de chercher soigneusement dans tous les recoins jusqu'à ce qu'elle ait retrouvé sa pièce ? ⁹ Et quand elle l'a trouvée, elle rassemble ses amies et ses voisines et leur dit : « Réjouissez-vous avec moi, j'ai retrouvé la pièce que j'avais perdue. » ¹⁰ De même, je vous le déclare, il y a de la joie parmi les *anges de Dieu pour un seul pécheur qui change de vie.

¹¹ Puis il poursuivit :

–Un homme avait deux fils. ¹² Le plus jeune lui dit : « Mon père, donne-moi ma part d'héritage, celle qui doit me revenir un jour. »

Et le père fit le partage de ses biens entre ses fils.

¹³ Quelques jours plus tard, le cadet vendit tout ce qu'il avait reçu et s'en alla dans un pays lointain. Là, il gaspilla sa fortune en menant grande vie. ¹⁴ Quand il eut tout dépensé, une grande famine survint dans ce pays-là et il commença à manquer du nécessaire.

¹⁵ Alors il alla se faire embaucher par l'un des propriétaires de la contrée. Celui-ci l'envoya dans les champs garder les porcs ^b. ¹⁶ Le jeune homme aurait bien voulu apaiser sa faim avec les caroubes ^c que mangeaient les bêtes, mais personne ne lui en donnait.

---

a. 15.2 En mangeant avec des personnes en état d'impureté rituelle (ce qu'étaient les gens cités au v.1), on se mettait soi-même, selon les rabbins, dans le même état.

b. 15.15 Voir note Lc 8.32.

c. 15.16 Les *caroubes* étaient des gousses contenant une pulpe à saveur douceâtre.

¹⁷ Alors, il se mit à réfléchir sur lui-même et se dit : « Tous les ouvriers de mon père peuvent manger autant qu'ils veulent, alors que moi, je suis ici à mourir de faim ! ¹⁸ Je vais me mettre en route, j'irai trouver mon père et je lui dirai : Mon père, j'ai péché contre Dieu et contre toi. ¹⁹ Je ne mérite plus d'être considéré comme ton fils. Accepte-moi comme l'un de tes ouvriers. »

²⁰ Il se mit donc en route pour se rendre chez son père. Comme il se trouvait encore à une bonne distance de la maison, son père l'aperçut et fut pris d'une profonde pitié pour lui. Il courut à la rencontre de son fils, se jeta à son cou et l'embrassa longuement.

²¹ Le fils lui dit :

« Mon père, j'ai péché contre Dieu et contre toi, je ne mérite plus d'être considéré comme ton fils... »

²² Mais le père dit à ses serviteurs :

« Allez vite chercher un habit, le meilleur que vous trouverez, et mettez-le lui ; passez-lui une bague au doigt et chaussez-le de sandales. ²³ Amenez le veau que nous avons engraissé et tuez-le. Nous allons faire un grand festin et nous réjouir, ²⁴ car voici, mon fils était mort ; il est revenu à la vie ; il était perdu, et je l'ai retrouvé. »

Et ils commencèrent à festoyer dans la joie.

²⁵ Pendant ce temps, le fils aîné travaillait aux champs. Sur le chemin du retour, quand il arriva près de la maison, il entendit de la musique et des danses. ²⁶ Il appela un des serviteurs et lui demanda ce qui se passait.

²⁷ Le garçon lui répondit :

« C'est ton frère qui est de retour. Ton père a tué le veau gras en son honneur parce qu'il l'a retrouvé sain et sauf. »

²⁸ Alors le fils aîné se mit en colère et refusa de franchir le seuil de la maison. Son père sortit et l'invita à entrer. ²⁹ Mais lui répondit :

« Cela fait tant et tant d'années que je suis à ton service ; jamais je n'ai désobéi à tes ordres. Et pas une seule fois tu ne m'as donné un chevreau pour festoyer avec mes amis. ³⁰ Mais quand celui-là revient, « ton fils » qui a mangé ta fortune avec des prostituées, pour lui, tu tues le veau gras ! »

³¹ « Mon enfant, lui dit le père, tu es constamment avec moi, et tous mes biens sont à toi ; ³² mais il fallait bien faire une fête et nous réjouir, puisque ton frère que voici était mort et qu'il est revenu à la vie, puisqu'il était perdu et voici qu'il est retrouvé. »

Dieu et l'argent

16 Jésus dit encore à ses *disciples :

—Un grand propriétaire avait un gérant. On vint lui dénoncer sa conduite car il gaspillait ses biens. ² Le maître le fit appeler et lui dit :

« Qu'est-ce que j'apprends à ton sujet ? Remets-moi les comptes de ta gestion, car tu ne continueras pas à gérer mes affaires. »

³ Le gérant se dit : « Que vais-je faire, puisque mon maître m'enlève la gestion de ses biens ? Travailler comme ouvrier agricole ? Je n'en ai pas la force. Me mettre à mendier ? J'en aurais honte. ⁴ Ah ! je sais ce que je vais faire pour que des gens me reçoivent chez eux lorsque j'aurai perdu ma place. »

⁵ Là-dessus, il fait venir un à un tous les débiteurs de son maître. Il dit au premier :

« Combien dois-tu à mon maître ? »

⁶ « Quarante hectolitres d'huile d'olive », lui répond celui-ci.

« Voici ta reconnaissance de dette, lui dit le gérant, assieds-toi là, dépêche-toi et inscris vingt hectolitres. »

⁷ Ensuite il dit à un autre :

« Et toi, combien dois-tu ? »

« Cinq cents sacs de blé. »

« Prends ta reconnaissance de dette, reprend le gérant, et inscris-en quatre cents. »

⁸ Le maître admira l'habileté avec laquelle ce gérant malhonnête s'y était pris ᵃ. En effet, ceux qui vivent pour ce monde sont plus avisés dans leurs affaires avec leurs semblables que les enfants de la lumière.

⁹ Et moi je vous déclare : Si vous avez de ces richesses entachées d'injustice, utilisez-les pour vous faire des amis. Ainsi, le jour où elles vous échapperont, ils vous accueilleront dans les demeures éternelles. ¹⁰ Si quelqu'un est fidèle dans les petites choses, on peut aussi lui faire confiance pour ce qui est important. Mais celui qui n'est pas fidèle dans les petites choses ne l'est pas non plus pour ce qui est important. ¹¹ Si donc vous n'avez pas été fidèles dans la gestion des richesses injustes, qui vous confiera les véritables ? ¹² Si vous n'avez pas été fidèles dans la gestion du bien d'autrui, qui vous donnera celui qui vous est personnellement destiné ?

(Mt 6.24)

¹³ —Aucun serviteur ne peut être en même temps au service de deux maîtres. En effet,

---

a. **16.8** Autre traduction : *donna son « vu et approuvé » au filou d'intendant car le malin s'y était bien pris.*

ou bien il détestera l'un et aimera l'autre ; ou bien il sera dévoué au premier et méprisera le second. Vous ne pouvez pas servir en même temps Dieu et l'Argent.

14 En entendant toutes ces recommandations, les *pharisiens, qui étaient très attachés à l'argent, se moquaient de Jésus.

15 Mais il leur dit :

—Vous, vous êtes des gens qui veulent se faire passer pour justes aux yeux de tout le monde ; mais Dieu connaît le fond de votre cœur. Ce qui est en haute estime parmi les hommes, Dieu l'a en horreur.

La Loi et le royaume
(Mt 11.12-13)

16 —L'époque de la *Loi et des *prophètes va jusqu'à Jean-Baptiste ; depuis qu'il est venu, le *royaume de Dieu est annoncé, et chacun use de violence pour y entrer.

(Mt 5.18)

17 —Il serait plus facile au ciel et à la terre de disparaître qu'à un trait de lettre de la Loi.

(Mt 5.32)

18 —Celui qui divorce d'avec sa femme et se remarie commet un adultère, et celui qui épouse une femme divorcée d'avec son mari commet un adultère.

L'homme riche et le pauvre Lazare

19 —Il y avait un homme riche, toujours vêtu d'habits coûteux et raffinés[a]. Sa vie n'était chaque jour que festins et plaisirs. 20 Un pauvre, nommé Lazare, se tenait couché devant le portail de sa villa, le corps couvert de plaies purulentes. 21 Il aurait bien voulu calmer sa faim avec les miettes qui tombaient de la table du riche. Les chiens mêmes venaient lécher ses plaies.

22 Le pauvre mourut, et les *anges l'emportèrent auprès d'*Abraham. Le riche mourut à son tour, et on l'enterra. 23 Du séjour des morts, où il souffrait cruellement, il leva les yeux et aperçut, très loin, Abraham, et Lazare à côté de lui.

24 Alors il s'écria :

« Abraham, mon père, aie pitié de moi ! Envoie donc Lazare, qu'il trempe le bout de son doigt dans l'eau et me rafraîchisse la langue, car je souffre horriblement dans ces flammes. »

25 Mais Abraham lui répondit :

« Mon fils, souviens-toi de combien de bonnes choses tu as joui pendant ta vie, tandis que Lazare n'a connu que des malheurs. A présent, ici, c'est lui qui est consolé, tandis que toi, tu es dans les tourments. 26 De plus, il y a maintenant un immense abîme entre nous et vous, et même si on le voulait, on ne pourrait ni le franchir pour aller d'ici vers vous, ni le traverser pour venir de chez vous ici. »

27 « Dans ce cas, dit alors le riche, je t'en conjure, père, envoie au moins Lazare dans la maison de mon père, 28 car j'ai cinq frères ; qu'il les avertisse pour qu'ils n'aboutissent pas, eux aussi, dans ce lieu de tourments. »

29 « Tes frères ont les écrits de *Moïse et des *prophètes, lui répondit *Abraham ; qu'ils les écoutent ! »

30 « Non, père Abraham, reprit l'autre. Mais si quelqu'un revient du séjour des morts et va les trouver, ils *changeront. »

31 Mais Abraham répliqua :

« S'ils n'écoutent ni Moïse ni les prophètes, ils ne se laisseront pas davantage convaincre par un mort revenant à la vie ! »

Les rapports entre frères
(Mt 18.6-7 ; Mc 9.42)

17 Jésus dit à ses *disciples :

—Il est inévitable qu'il y ait pour les hommes des occasions de pécher, mais malheur à celui qui provoque la chute de quelqu'un. 2 Mieux vaudrait pour lui être précipité dans le lac avec une pierre de meule attachée au cou que de provoquer la chute de l'un de ces plus petits. 3 Prenez donc bien garde à vous-mêmes !

(Mt 18.21-22)

—Si ton frère s'est rendu coupable d'une faute, reprends-le et, s'il change d'attitude[b], pardonne-lui. 4 Et même s'il se rend coupable à ton égard sept fois au cours de la même journée, et que sept fois il vienne te trouver en disant qu'il change d'attitude[c], pardonne-lui.

La foi comme une graine de moutarde
(Mt 17.20)

5 Les *apôtres dirent au Seigneur :

—Augmente notre foi.

6 —Si vraiment vous aviez la foi, leur répondit le Seigneur, même aussi petite

---

a. 16.19 Littéralement : vêtu de pourpre et de fin lin.

b. 17.3 Autres traductions : s'il se repent ou s'il change de comportement.

c. 17.4 Autres traductions : qu'il se repent ou qu'il change de comportement.

qu'une graine de moutarde [a], vous pourriez commander à ce mûrier-là : « Arrache tes racines du sol et va te planter dans la mer » et il vous obéirait.

Des serviteurs sans mérite

[7] –Supposons que l'un de vous ait un serviteur occupé à labourer ou à garder le troupeau. En le voyant rentrer des champs, lui direz-vous : « Viens vite, assieds-toi à table » ? [8] Ne lui direz-vous pas plutôt : « Prépare-moi mon dîner, mets-toi en tenue pour me servir, jusqu'à ce que j'aie fini de manger et de boire ; ensuite tu mangeras et tu boiras à ton tour » ? [9] Le maître doit-il une reconnaissance particulière à cet esclave parce qu'il a fait ce qui lui était commandé ? Bien sûr que non ! [10] Il en est de même pour vous. Quand vous aurez fait tout ce qui vous est commandé, dites : « Nous ne sommes que des serviteurs sans mérite particulier ; nous n'avons fait que notre devoir. »

Reconnaissance et ingratitude

[11] Alors qu'il se rendait à *Jérusalem, Jésus longea la frontière entre la Samarie et la *Galilée. [12] A l'entrée d'un village, dix lépreux vinrent à sa rencontre ; ils s'arrêtèrent à distance [b] [13] et se mirent à le supplier à haute voix :

–Jésus, Maître, aie pitié de nous !

[14] Jésus les vit et leur dit :

–Allez vous montrer aux *prêtres !

Pendant qu'ils y allaient, ils furent guéris. [15] L'un d'eux, quand il se rendit compte qu'il était guéri, revint sur ses pas en louant Dieu à pleine voix. [16] Il se prosterna aux pieds de Jésus, face contre terre, et le remercia. Or, c'était un *Samaritain.

[17] Alors Jésus dit :

–Ils sont bien dix qui ont été guéris, n'est-ce pas ? Où sont donc les neuf autres ? [18] Il ne s'est donc trouvé personne d'autre que cet étranger pour revenir louer Dieu ?

[19] Puis, s'adressant à ce Samaritain, il lui dit :

–Relève-toi, et va : parce que tu as eu foi en moi, tu es sauvé [c].

Comment vient le royaume

[20] Un jour, les *pharisiens lui demandèrent quand arriverait le *royaume de Dieu. Jésus leur répondit :

–Le royaume de Dieu ne viendra pas de façon visible. [21] On ne dira pas : « Venez, il est ici », ou : « Il est là », car, notez-le bien, le royaume de Dieu est parmi vous [d].

[22] Puis il s'adressa à ses disciples :

–Le temps viendra où vous désirerez ardemment être avec le *Fils de l'homme, ne fût-ce qu'un seul jour, mais vous ne le pourrez pas.

(Mt 24.23-28)

[23] –Alors on vous dira : « Le Christ est ici ! » ou « Il est là ! » N'y allez pas ! Ne vous y précipitez pas ! [24] L'éclair jaillit d'un point du ciel et l'illumine d'un bout à l'autre. Ainsi en sera-t-il du Fils de l'homme en son Jour. [25] Mais il faut d'abord qu'il endure beaucoup de souffrances et qu'il soit rejeté par les gens de notre temps.

(Mt 24.37-41)

[26] –Le jour où le Fils de l'homme reviendra, les choses se passeront comme au temps de *Noé : [27] les gens mangeaient, buvaient, se mariaient et étaient donnés en mariage, jusqu'au jour où *Noé entra dans le bateau* [e]. Alors vint le déluge qui les fit tous périr. [28] C'est encore ce qui est arrivé du temps de Loth : les gens mangeaient, buvaient, achetaient, vendaient, plantaient, bâtissaient. [29] Mais le jour où Loth sortit de *Sodome, une pluie de feu et de soufre tomba du ciel et les fit tous périr. [30] Il en sera de même le jour où le Fils de l'homme apparaîtra. [31] En ce jour-là, si quelqu'un est sur le toit en terrasse de sa maison, qu'il n'en descende pas pour prendre les affaires qu'il aura laissées en bas ; de même, que celui qui se trouvera dans les champs ne retourne pas chez lui. [32] Rappelez-vous ce qui est arrivé à la femme de Loth. [33] Celui qui cherchera à préserver sa vie, la perdra ; mais celui qui la perdra, la conservera.

[34] Cette nuit-là, je vous le dis, deux personnes seront couchées dans un même lit : l'une sera emmenée, l'autre sera laissée. [35] Deux femmes seront en train de tourner ensemble la pierre de meule : l'une sera emmenée, l'autre laissée. [[36] Deux hommes

---

a. **17.6** La *graine de moutarde* était considérée comme la plus petite graine.

b. **17.12** A la distance imposée par la Loi : voir Lv 13.46.

c. **17.19** Autre traduction : *tu es guéri*.

d. **17.21** Autre traduction : *au dedans de vous*.

e. **17.27** Gn 7.7.

seront dans un champ : l'un sera emmené, l'autre laissé [a].]

³⁷ Alors les *disciples lui demandèrent :

—Où cela se passera-t-il, Seigneur ?

Il leur répondit :

—Là où sera le cadavre, là se rassembleront les vautours [b].

Prier avec insistance

18 Pour montrer qu'il est nécessaire de prier constamment, sans jamais se décourager, Jésus raconta à ses *disciples la *parabole suivante :

² —Il y avait dans une ville un juge qui ne révérait pas Dieu et n'avait d'égards pour personne. ³ Il y avait aussi, dans cette même ville, une veuve qui venait constamment le trouver pour lui dire : « Défends mon droit contre mon adversaire. » ⁴ Pendant longtemps, il refusa. Mais il finit par se dire : « J'ai beau ne pas révérer Dieu et ne pas me préoccuper des hommes, ⁵ cette veuve m'ennuie ; je vais donc lui donner gain de cause pour qu'elle ne vienne plus sans cesse me casser la tête. »

⁶ Le Seigneur ajouta :

—Notez bien comment ce mauvais juge réagit. ⁷ Alors, pouvez-vous supposer que Dieu ne défendra pas le droit de ceux qu'il a choisis et qui crient à lui jour et nuit, et qu'il tardera à leur venir en aide ? ⁸ Moi je vous dis qu'il défendra leur droit promptement. Seulement, lorsque le *Fils de l'homme viendra, trouvera-t-il encore la foi sur la terre ?

Qui sera déclaré juste ?

⁹ Il raconta aussi une parabole pour ceux qui étaient convaincus d'être justes et méprisaient les autres :

¹⁰ —Deux hommes montèrent au *Temple pour prier : un *pharisien et un *collecteur d'impôts. ¹¹ Le pharisien, debout, faisait intérieurement cette prière [c] :

« O Dieu, je te remercie de ne pas être avare, malhonnête et adultère comme les autres hommes, et en particulier comme ce collecteur d'impôts là-bas. ¹² Moi, je jeûne deux jours par semaine, je donne dix pour cent de tous mes revenus. »

¹³ Le collecteur d'impôts se tenait dans un coin retiré, et n'osait même pas lever les yeux

au ciel. Mais il se frappait la poitrine et murmurait :

« O Dieu, aie pitié du pécheur que je suis ! »

¹⁴ Je vous l'assure, c'est ce dernier et non pas l'autre qui est rentré chez lui déclaré juste par Dieu. Car celui qui s'élève sera abaissé ; celui qui s'abaisse sera élevé.

Jésus accueille des enfants
(Mt 19.13-15 ; Mc 10.13-16)

¹⁵ Des gens amenèrent à Jésus de tout petits enfants pour qu'il pose les mains sur eux. Mais, quand les disciples virent cela, ils leur firent des reproches. ¹⁶ Jésus les fit venir et leur dit :

—Laissez les petits enfants venir à moi et ne les en empêchez pas, car le *royaume de Dieu appartient à ceux qui leur ressemblent. ¹⁷ Vraiment, je vous l'assure : Celui qui ne reçoit pas le royaume de Dieu comme un petit enfant, n'y entrera pas.

Les riches et le royaume
(Mt 19.16-30 ; Mc 10.17-31)

¹⁸ Alors un notable lui demanda :

—Bon Maître, que dois-je faire pour obtenir la vie éternelle ?

¹⁹ —Pourquoi m'appelles-tu bon ? lui répondit Jésus. Personne n'est bon, sinon Dieu seul. ²⁰ Tu connais les commandements : *Ne commets pas d'adultère, ne commets pas de meurtre, ne vole pas, ne porte pas de faux témoignage, honore ton père et ta mère* [d].

²¹ —Tout cela, lui répondit l'homme, je l'ai appliqué depuis ma jeunesse.

²² A ces mots, Jésus lui dit :

—Il te reste encore une chose à faire : vends tout ce que tu possèdes, distribue le produit de la vente aux pauvres, et tu auras un trésor au ciel. Puis viens et suis-moi !

²³ Quand l'autre entendit cela, il fut profondément attristé, car il était très riche.

²⁴ En le voyant ainsi abattu, Jésus dit :

—Qu'il est difficile à ceux qui ont des richesses d'entrer dans le royaume de Dieu ! ²⁵ Il est plus facile à un chameau de passer par le trou d'une aiguille qu'à un riche d'entrer dans le royaume de Dieu.

²⁶ Les auditeurs s'écrièrent :

—Mais alors, qui peut être *sauvé ?

²⁷ Jésus leur répondit :

—Ce qui est impossible aux hommes est possible à Dieu.

²⁸ Alors Pierre lui fit remarquer :

---

a. **17.36** Ce verset est absent de plusieurs anciens manuscrits (voir Mt 24.40).

b. **17.37** Voir Mt 24.28.

c. **18.11** Certains manuscrits ont : *se tenait à part et priait ainsi.*

d. **18.20** Ex 20.12-16 ; Dt 5.16-20.

—Et nous ? Nous avons abandonné tout ce que nous avions pour te suivre.

²⁹ Jésus leur dit :

—Vraiment, je vous l'assure, si quelqu'un quitte, à cause du royaume de Dieu, sa maison, sa femme, ses frères, ses parents ou ses enfants, ³⁰ il recevra beaucoup plus en retour dès à présent, et, dans le monde à venir, la vie éternelle.

Ce qui attend Jésus à Jérusalem
(Mt 20.17-19 ; Mc 10.32-34)

³¹ Jésus prit les Douze à part et leur dit :

—Voici : nous montons à *Jérusalem et tout ce que les *prophètes ont écrit au sujet du *Fils de l'homme va s'accomplir. ³² En effet, il sera remis entre les mains des païens, on se moquera de lui, on l'insultera, on crachera sur lui. ³³ Et après l'avoir battu à coups de fouet, on le mettra à mort. Puis, le troisième jour, il ressuscitera.

³⁴ Les disciples ne comprirent rien à tout cela, c'était pour eux un langage énigmatique et ils ne savaient pas ce que Jésus voulait dire.

La guérison d'un aveugle
(Mt 20.29-34 ; Mc 10.46-52)

³⁵ Comme Jésus approchait de Jéricho[a], un aveugle était assis au bord du chemin, en train de mendier. ³⁶ En entendant le bruit de la foule qui passait, il demanda ce que c'était.

³⁷ On lui répondit que c'était Jésus de *Nazareth qui passait.

³⁸ Alors il se mit à crier très fort :

—Jésus, *Fils de David, aie pitié de moi !

³⁹ Ceux qui marchaient en tête du cortège le rabrouèrent pour le faire taire, mais lui criait de plus belle :

—Fils de David, aie pitié de moi !

⁴⁰ Jésus s'arrêta et ordonna qu'on lui amène l'aveugle. Quand il fut près de lui, Jésus lui demanda :

⁴¹ —Que veux-tu que je fasse pour toi ?

L'aveugle lui répondit :

—Seigneur, fais que je puisse voir.

⁴² —Tu peux voir, lui dit Jésus. Parce que tu as eu foi en moi, tu es guéri[b].

⁴³ Aussitôt, il recouvra la vue et suivit Jésus en louant Dieu. En voyant ce qui s'était passé, toute la foule se mit aussi à louer Dieu.

Le salut de Zachée

19 Jésus entra dans la ville de *Jéricho et la traversa. ² Or, il y avait là un nommé Zachée. Il était chef des *collecteurs d'impôts, et riche. ³ Il cherchait à voir qui était Jésus, mais il ne le pouvait pas à cause de la foule, car il était petit. ⁴ Alors il courut en avant et grimpa sur un sycomore pour voir Jésus qui devait passer par là.

⁵ Lorsque Jésus fut parvenu à cet endroit, il leva les yeux et l'interpella :

—Zachée, dépêche-toi de descendre, car c'est chez toi que je dois aller loger aujourd'hui.

⁶ Zachée se dépêcha de descendre et reçut Jésus avec joie.

⁷ Quand les gens virent cela, il y eut un murmure d'indignation. Ils disaient :

—Voilà qu'il s'en va loger chez ce pécheur !

⁸ Mais Zachée se présenta devant le Seigneur et lui dit :

—Ecoute, Maître, je donne la moitié de mes biens aux pauvres et, si j'ai pris trop d'argent à quelqu'un, je lui rends quatre fois plus.

⁹ Jésus lui dit alors :

—Aujourd'hui, le salut est entré dans cette maison, parce que cet homme est, lui aussi, un fils d'*Abraham. ¹⁰ Car le *Fils de l'homme est venu chercher et amener au salut ce qui était perdu.

La parabole de l'argent à faire fructifier
(Mt 25.14-30)

¹¹ Comme la foule écoutait ces paroles, Jésus continua en racontant une *parabole. En effet, il se rapprochait de *Jérusalem et l'on s'imaginait que le *royaume de Dieu allait se manifester immédiatement. ¹² Voici donc ce qu'il dit :

—Un homme de famille noble était sur le point de partir pour un pays lointain afin d'y être officiellement nommé roi, avant de revenir ensuite dans ses Etats[c]. ¹³ Il convoqua dix de ses serviteurs et leur remit, à chacun, une pièce d'or[d]. Puis il leur recommanda :

« Faites fructifier cet argent jusqu'à mon retour ! »

¹⁴ Mais cet homme était détesté par les habitants de son pays. Aussi, ils envoyèrent, derrière lui, une délégation chargée de dire :

---

c. **19.12** Allusion possible à des faits contemporains : après la mort d'Hérode le Grand, son fils Hérode Archélaüs se rendit à Rome pour obtenir sa succession. Les Juifs y envoyèrent une délégation pour s'opposer à sa demande.

d. **19.13** Il s'agit d'une *mine*, qui correspondait à la valeur de cent journées de travail.

---

a. **18.35** *Jéricho* se trouve dans la vallée du Jourdain, près de la mer Morte.

b. **18.42** Ce qui veut dire aussi : *tu es sauvé*.

« Nous ne voulons pas que cet homme-là règne sur nous ! »

¹⁵ Après avoir été nommé roi, il revint dans son pays et fit appeler les serviteurs auxquels il avait confié l'argent. Il voulait savoir ce qu'ils en avaient retiré.

¹⁶ Le premier se présenta et dit :

« Seigneur, ta pièce d'or en a rapporté dix autres. »

¹⁷ « C'est bien, lui dit le maître, tu es un bon serviteur ! Tu t'es montré fidèle dans une petite affaire. Je te nomme gouverneur de dix villes. »

¹⁸ Le deuxième s'approcha et dit :

« Seigneur, ta pièce d'or en a rapporté cinq autres. »

¹⁹ Le maître lui dit :

« Eh bien, je te confie le gouvernement de cinq villes. »

²⁰ Finalement, un autre vint et dit :

« Seigneur, voici ta pièce d'or ; je l'ai gardée enveloppée dans un mouchoir. ²¹ En effet, j'avais peur de toi, parce que tu es un homme sévère ; tu retires de l'argent que tu n'as pas placé, tu moissonnes ce que tu n'as pas semé. »

²² « Vaurien ! dit le maître, tu viens de prononcer ta propre condamnation. Tu savais que je suis un homme sévère, qui retire de l'argent que je n'ai pas placé et qui moissonne ce que je n'ai pas semé. ²³ Pourquoi alors n'as-tu pas déposé mon argent à la banque ? A mon retour, je l'aurais retiré avec les intérêts. »

²⁴ Puis il ordonna à ceux qui étaient là :

« Retirez-lui cette pièce d'or et donnez-la à celui qui en a dix ! »

²⁵ « Mais, Seigneur, lui firent-ils remarquer, il a déjà dix pièces ! »

²⁶ « Eh bien, je vous le déclare, à celui qui a, on donnera encore, mais à celui qui n'a pas, on ôtera même ce qu'il a. ²⁷ D'autre part, amenez-moi ici mes ennemis qui n'ont pas voulu que je règne sur eux, et qu'on les mette à mort devant moi. »

A JERUSALEM : MINISTERE DE JESUS

L'entrée du Roi à Jérusalem
(Mt 21.1-11,15-17 ; Mc 11.1-10 ; Jn 12.12-16)

²⁸ Après avoir dit cela, Jésus partit, suivi de ses disciples, pour monter à *Jérusalem.

²⁹ Aux approches de Bethphagé et de Béthanie, près de la colline appelée « mont

des Oliviers », il envoya deux de ses disciples ³⁰ en disant :

–Allez à ce village qui est devant vous. Dès que vous y serez entrés, vous trouverez un ânon attaché que personne n'a encore monté. Détachez-le et conduisez-le ici. ³¹ Si quelqu'un vous demande : « Pourquoi le détachez-vous ? », vous lui répondrez simplement : « Parce que le Seigneur en a besoin. »

³² Ceux qu'il avait envoyés partirent et trouvèrent les choses comme Jésus l'avait dit.

³³ Au moment où ils détachaient l'ânon, ses propriétaires leur demandèrent :

–Pourquoi détachez-vous cet ânon ?

³⁴ Ils répondirent :

–Parce que le Seigneur en a besoin.

³⁵ Et ils le conduisirent à Jésus. Après avoir posé leurs manteaux sur le dos de l'animal, ils y firent monter Jésus.

³⁶ Sur son passage, les gens étendaient leurs manteaux sur le chemin. ³⁷ Comme ils approchaient de Jérusalem, en descendant du mont des Oliviers, toute la multitude des disciples, dans un élan de joie, se mit à louer Dieu d'une voix forte pour tous les miracles qu'ils avaient vus :

³⁸ –*Béni soit le roi qui vient de la part du Seigneur*, disaient-ils. *Paix dans le ciel, et gloire à Dieu au plus haut des cieux*[a] !

³⁹ A ce moment-là, quelques *pharisiens qui se trouvaient dans la foule interpellèrent Jésus :

–Maître, fais taire tes disciples !

⁴⁰ Jésus leur répondit :

–Je vous le déclare, s'ils se taisent, les pierres crieront !

Le sort de Jérusalem

⁴¹ Quand il fut arrivé tout près de la ville, il l'embrassa du regard et pleura sur elle :

⁴² –Ah, dit-il, si seulement tu avais compris, toi aussi, en ce jour, de quoi dépend ta paix ! Mais, hélas, à présent, tout cela est caché à tes yeux. ⁴³ Des jours de malheur vont fondre sur toi. Tes ennemis t'entoureront d'ouvrages de siège, t'encercleront et te presseront de tous côtés. ⁴⁴ Ils te détruiront complètement, toi et les habitants qui seront dans tes murs, et ils ne laisseront pas chez toi une pierre sur une autre. Pourquoi ? Parce que tu n'as pas su reconnaître le moment où Dieu est venu pour toi.

---

a. **19.38** Ps 118.26.

Jésus enseigne dans le Temple
(Mt 21.12-13 ; Mc 11.15-19 ; voir Jn 2.13-16)

[45] Jésus entra dans la cour du *Temple et se mit à en chasser les marchands. Il leur dit :

[46] —Il est écrit : *Ma maison sera une maison de prière*[a] mais vous, vous en avez fait *un repaire de brigands* !

[47] Jésus enseignait tous les jours dans la cour du Temple. Les chefs des *prêtres et les *spécialistes de la Loi, ainsi que les chefs du peuple, cherchaient à le faire mourir. [48] Mais ils ne savaient comment s'y prendre, car tout le peuple l'écoutait attentivement.

L'autorité de Jésus contestée
(Mt 21.23-27 ; Mc 11.27-33)

20 Un de ces jours-là, pendant que Jésus enseignait le peuple dans la cour du *Temple et lui annonçait la Bonne Nouvelle, les chefs des *prêtres survinrent avec les *spécialistes de la Loi et les responsables du peuple [2] et ils l'interpellèrent en ces termes :

—Dis-nous de quel droit tu agis ainsi. Ou bien, qui est celui qui t'a donné ce droit ?

[3] —Moi aussi, j'ai une question à vous poser, répliqua Jésus. A vous de répondre : [4] De qui Jean tenait-il son mandat pour baptiser ? De Dieu ou des hommes ?

[5] Ils se mirent à raisonner entre eux : Si nous disons : « De Dieu », il va nous demander : « Pourquoi n'avez-vous pas cru en lui ? » [6] Mais si nous répondons : « Des hommes », tout le peuple va nous tuer à coups de pierres, car ces gens-là sont tous convaincus que Jean était un *prophète. [7] Ils répondirent donc qu'ils ne savaient pas d'où Jean tenait son mandat.

[8] —Eh bien, répliqua Jésus, moi non plus, je ne vous dirai pas de quel droit j'agis comme je le fais.

La culpabilité des chefs religieux juifs
(Mt 21.33-46 ; Mc 12.1-12)

[9] Il s'adressa ensuite au peuple et se mit à raconter cette *parabole :

—Un homme planta une vigne ; il la loua à des vignerons et partit en voyage pour un temps assez long. [10] Au moment des vendanges, il envoya un serviteur auprès des vignerons afin qu'ils lui remettent une partie du produit de la vigne, mais les vignerons le rouèrent de coups et le renvoyèrent les mains vides. [11] Le propriétaire leur envoya un autre serviteur. Celui-là aussi, ils le renvoyèrent les mains vides, après l'avoir roué de coups et couvert d'insultes. [12] Le maître persévéra et leur en envoya un troisième. Celui-là aussi, ils le chassèrent, après l'avoir grièvement blessé.

[13] Le propriétaire du vignoble se dit alors : Que faire ? Je leur enverrai mon fils bien-aimé ; peut-être auront-ils du respect pour lui.

[14] Mais quand les vignerons l'aperçurent, ils raisonnèrent ainsi entre eux : « Voilà l'héritier ! Tuons-le, afin que l'héritage nous revienne ! »

[15] Alors ils le traînèrent hors du vignoble et le tuèrent.

Comment le propriétaire de la vigne agira-t-il envers eux ? [16] Il viendra lui-même, fera exécuter ces vignerons et confiera le soin de sa vigne à d'autres.

—Pas question ! s'écrièrent les auditeurs de Jésus en entendant cela.

[17] Mais lui, fixant le regard sur eux, leur dit :

—Que signifie donc ce texte de l'Ecriture :
La pierre rejetée par les constructeurs est devenue la pierre principale, | *à l'angle de l'édifice.*
[18] *Celui qui tombera contre cette pierre-là* | *se brisera la nuque, et si elle tombe sur quelqu'un,* | *elle l'écrasera*[b] ?

[19] Les *spécialistes de la Loi et les chefs des *prêtres cherchèrent à mettre immédiatement la main sur Jésus, mais ils eurent peur des réactions du peuple. En effet, ils avaient bien compris que c'était eux que Jésus visait par cette parabole.

Controverse sur l'impôt dû à César
(Mt 22.15-22 ; Mc 12.13-17)

[20] Dès lors, ils le surveillèrent de près et envoyèrent auprès de lui des agents qui feraient semblant d'être des hommes pieux. Ils devaient le prendre en défaut dans ses paroles. Ainsi ils pourraient le livrer au pouvoir et à l'autorité du gouverneur romain.

[21] Ces gens-là l'abordèrent donc :

—Maître, nous savons que tu dis la vérité et que tu enseignes en toute droiture ; tu ne tiens pas compte de la position sociale des gens, mais c'est en toute vérité que tu enseignes comment Dieu nous demande de vivre. [22] Eh bien, dis-nous, si oui ou non, nous avons le droit de payer des impôts à César ?

---

a. **19.46** Es 56.7.   b. **20.18** Ps 118.22.

²³ Connaissant leur fourberie, Jésus leur répondit :

²⁴ —Montrez-moi une pièce d'argent ! De qui porte-t-elle l'effigie et l'inscription ?

—De César.

²⁵ —Eh bien ! leur dit-il, rendez à César ce qui revient à César, et à Dieu ce qui revient à Dieu.

²⁶ Ils furent incapables de le prendre en défaut dans les propos qu'il tenait devant le peuple et, décontenancés par sa réponse, ils ne trouvèrent rien à répliquer.

Controverse sur la résurrection
(Mt 22.23-33 ; Mc 12.18-27)

²⁷ Quelques *sadducéens, qui nient que les morts ressuscitent, vinrent trouver Jésus. Ils lui posèrent la question suivante :

²⁸ —Maître, dans ses écrits, *Moïse nous a laissé ce commandement : *Si un homme vient à mourir, en laissant une femme mais pas d'enfant, son frère doit épouser la veuve pour donner une descendance au défunt*ᵃ. ²⁹ Or, il y avait sept frères. L'aîné se maria, et il mourut sans laisser d'enfant. ³⁰ Le second, puis le troisième épousèrent la veuve, et ainsi de suite jusqu'au septième ; ³¹ et ils moururent tous les sept sans avoir eu d'enfant.

³² En fin de compte, la femme mourut elle aussi. ³³ Eh bien, cette femme, à la résurrection, duquel des sept frères sera-t-elle la femme ? Car ils l'ont tous eue pour épouse.

³⁴ Jésus leur dit :

—Dans le monde présent, hommes et femmes se marient. ³⁵ Mais ceux qui seront jugés dignes de ressusciter d'entre les morts pour faire partie du monde à venir, ne se marieront plus. ³⁶ Ils ne pourront pas non plus mourir, parce qu'ils seront comme les *anges, et ils seront fils de Dieu, puisqu'ils seront ressuscités. ³⁷ Que les morts ressuscitent, Moïse lui-même l'a indiqué, lorsqu'il est question du buisson ardent : en effet, il appelle le Seigneur *le Dieu d'*Abraham, le Dieu d'*Isaac et le Dieu de *Jacob*ᵇ. ³⁸ Or, Dieu n'est pas le Dieu des morts, mais le Dieu des vivants ; c'est donc bien que, pour lui, les patriarches sont tous les trois vivants.

³⁹ Là-dessus, quelques *spécialistes de la Loi prirent la parole :

—Tu as bien répondu, Maître.

⁴⁰ Car ils n'osaient plus lui poser de questions.

Controverse sur l'identité du Messie
(Mt 22.41-46 ; Mc 12.35-37)

⁴¹ Jésus les interrogea à son tour :

—Comment se fait-il que l'on dise que le *Messie doit être un descendant de *David ?

⁴² Car David lui-même déclare dans le livre des Psaumes :

Le Seigneur a dit à mon Seigneur :
Viens siéger à ma droite,
⁴³ *jusqu'à ce que j'aie mis tes ennemis | comme*
   *un escabeau sous tes pieds*ᶜ.

⁴⁴ David appelle le Messie son Seigneur : comment celui-ci peut-il être son descendant ?

La condamnation des spécialistes de la Loi
(Mt 23.6 ; Mc 12.38-40)

⁴⁵ Tandis que la foule l'écoutait, il dit à ses *disciples :

⁴⁶ —Gardez-vous des *spécialistes de la Loi qui aiment à parader en costumes de cérémonie, qui affectionnent qu'on les salue sur les places publiques, qui veulent les sièges d'honneur dans les *synagogues et les meilleures places dans les banquets. ⁴⁷ Ils dépouillent les veuves de leurs biens tout en faisant de longues prières pour l'apparence. Leur condamnation n'en sera que plus sévère.

La vraie générosité
(Mc 12.41-44)

21 En regardant autour de lui, Jésus vit des riches qui mettaient leurs dons dans le tronc. ² Il aperçut aussi une pauvre veuve qui y glissait deux petites pièces. ³ Il dit alors :

—En vérité, je vous l'assure, cette pauvre veuve a donné bien plus que tous les autres, ⁴ car tous ces gens ont seulement donné de leur superflu. Mais elle, elle a pris sur son nécessaire, et a donné tout ce qu'elle avait pour vivre.

De la destruction de Jérusalem à la venue du Fils de l'homme
(Mt 24.1-8 ; Mc 13.1-8)

⁵ Certains parlaient du *Temple : « Avec ses belles pierres et les beaux objets déposés en offrandes, il est magnifique », disaient-ils. Jésus leur dit :

⁶ —Il viendra un temps où tout ce que vous regardez sera détruit ; pas une pierre ne restera sur une autre.

---

a. 20.28 Dt 25.5.
b. 20.37 Ex 3.6.

c. 20.43 Ps 110.1.

⁷ –Maître, lui demandèrent-ils alors, quand cela se produira-t-il et à quel signe reconnaîtra-t-on que tous ces événements devront avoir lieu ?

⁸ Jésus leur dit :

–Faites attention, ne vous laissez pas induire en erreur. Car plusieurs viendront sous mon nom en disant : « C'est moi le *Messie ! » ou encore : « Le temps est venu ! » Ne les suivez pas ! ⁹ Quand vous entendrez parler de guerres et de soulèvements, ne vous effrayez pas. Car tout cela doit arriver d'abord ; mais la fin du monde ne viendra pas aussitôt après.

¹⁰ Puis il ajouta :

*–On verra se dresser une nation contre une nation, un royaume contre un autre*ª. ¹¹ Il y aura de grands tremblements de terre et, en divers lieux, des famines et des épidémies séviront ; des phénomènes terrifiants se produiront et, dans le ciel, des signes extraordinaires apparaîtront.

(Mt 10.17-22 ; Mc 13.9-13)

¹² –Mais, auparavant, on se saisira de vous, on vous persécutera, on vous traduira devant les autorités religieuses juives et vous serez jetés en prison. A cause de moi, vous serez traînés devant des rois et des gouverneurs. ¹³ Ces choses vous arriveront pour vous donner l'occasion d'apporter un témoignage.

¹⁴ Ayez donc cette ferme conviction : vous n'aurez pas à vous préoccuper de votre défense. ¹⁵ C'est moi, en effet, qui vous donnerai des paroles qu'aucun de vos adversaires ne pourra réfuter, et une sagesse à laquelle personne ne pourra résister. ¹⁶ Vous serez livrés même par vos parents, vos frères, vos proches et vos amis, qui feront mettre à mort plusieurs d'entre vous. ¹⁷ Tout le monde vous haïra à cause de moi. ¹⁸ Mais pas un seul cheveu de votre tête ne se perdra. ¹⁹ En tenant bon, vous parviendrez au salut.

(Mt 24.15-21 ; Mc 13.14-19)

²⁰ –Quand vous verrez des armées ennemies encercler *Jérusalem, sachez que sa destruction est imminente. ²¹ Alors, que les habitants de la *Judée s'enfuient dans les montagnes. Que ceux qui se trouveront dans Jérusalem s'empressent d'en sortir. Que ceux qui seront dans les champs ne rentrent pas dans la ville ! ²² Ces jours-là, en effet, seront des jours de châtiment où tout ce que disent les Ecritures s'accomplira.

²³ Malheur, en ces jours-là, aux femmes enceintes et à celles qui allaitent ! Car ce pays connaîtra une terrible épreuve et le jugement s'abattra sur ce peuple. ²⁴ Ses habitants seront passés au fil de l'épée ou déportés dans tous les pays étrangers, et Jérusalem sera occupée par les païens jusqu'à ce que le temps de leur domination soit révolu.

(Mt 24.29-35 ; Mc 13.24-31)

²⁵ –Il y aura des signes extraordinaires dans le soleil, la lune et les étoiles. Sur la terre, les peuples seront paralysés de frayeur devant le fracas d'une mer démontée. ²⁶ Plusieurs mourront de peur dans l'appréhension des malheurs qui frapperont le monde entier, car les puissances célestes seront ébranlées. ²⁷ Alors on verra *le *Fils de l'homme venir dans les nuées*ᵇ avec beaucoup de puissance et de gloire.

²⁸ Quand ces événements commenceront à se produire, levez la tête et prenez courage, car alors votre délivrance sera proche.

²⁹ Il ajouta cet exemple :

–Prenez le figuier, ou n'importe quel autre arbre. ³⁰ Il vous suffit de voir que les bourgeons commencent à pousser, et vous savez que l'été est proche. ³¹ De même, quand vous verrez ces événements se produire, sachez que le *royaume de Dieu est proche. ³² Vraiment, je vous assure que cette génération-ci ne passera pas avant que tout ne commence à se réaliser ᶜ. ³³ Le ciel et la terre passeront, mais mes paroles ne passeront jamais.

³⁴ Prenez garde à vous-mêmes pour que vos esprits ne s'alourdissent pas à force de trop bien manger, de trop boire et de vous tracasser pour les choses de la vie, sinon ce grand jour vous surprendra tout à coup. ³⁵ Car il s'abattra comme un filet ᵈ sur tous les habitants de la terre. ³⁶ Restez sur vos gardes et priez sans relâche que Dieu vous donne la force d'échapper à tout ce qui doit arriver et de vous présenter debout devant le Fils de l'homme.

³⁷ Jésus passait ses journées à enseigner dans la cour du Temple ; ensuite, il sortait de la ville et passait la nuit sur la colline appelée « mont des Oliviers ». ³⁸ Dès le point du

---

a. 21.10 Es 19.2.

b. 21.27 Dn 7.13.

c. 21.32 Autre traduction : *avant que tout cela ne se réalise.*

d. 21.35 Certains manuscrits ont : *vous surprendra tout à coup,* ³⁵ *comme un filet. Il s'abattra...*

jour, tout le peuple affluait vers lui, dans la cour du Temple, pour l'écouter.

A JERUSALEM : MORT ET RESURRECTION DE JESUS

La trahison
(Mt 26.1-5, 14-16 ; Mc 14.1-2, 10-11 ; Jn 11.47-53)

22 On était à quelques jours de la fête « des *pains sans *levain », appelée la *Pâque. [2] Les chefs des *prêtres et les *spécialistes de la Loi cherchaient un moyen de supprimer Jésus, mais ils avaient peur de la réaction du peuple.

[3] C'est alors que *Satan entra dans le cœur de Judas surnommé l'Iscariot, l'un des Douze. [4] Judas alla trouver les chefs des prêtres et les officiers de la garde du *Temple [a] pour s'entendre avec eux sur la manière dont il leur livrerait Jésus. [5] Ils en furent tout réjouis et convinrent de lui donner de l'argent. [6] Il accepta et, dès lors, il chercha une occasion favorable pour leur livrer Jésus à l'insu de la foule.

Jésus célèbre la Pâque avec ses disciples
(Mt 26.17-19 ; Mc 14.12-16)

[7] Le jour de la fête des pains sans levain, où l'on devait tuer l'agneau de la Pâque, arriva. [8] Jésus envoya Pierre et Jean en leur disant :

—Allez nous préparer le repas de la Pâque.

[9] —Où veux-tu que nous le préparions ? lui demandèrent-ils.

[10] —Eh bien, quand vous entrerez dans la ville, vous rencontrerez un homme portant une cruche d'eau. Suivez-le jusqu'à la maison où il entrera. [11] Et voici comment vous parlerez au maître de maison : « Le Maître te fait dire : Où est la pièce où je prendrai le repas de la Pâque avec mes disciples ? » [12] Alors il vous montrera, à l'étage supérieur, une grande pièce aménagée ; c'est là que vous ferez les préparatifs.

[13] Ils partirent donc, trouvèrent tout comme Jésus le leur avait dit et préparèrent le repas de la Pâque.

(Mt 26.26-29 ; Mc 14.22-25 ; voir 1 Co 11.23-25)

[14] Quand ce fut l'heure, Jésus se mit à table, avec les *apôtres. [15] Il leur dit :

—J'ai vivement désiré célébrer cette Pâque avec vous avant de souffrir. [16] En effet, je vous le déclare, je ne la mangerai plus jusqu'au jour où tout ce qu'elle signifie sera accompli dans le *royaume de Dieu.

[17] Puis il prit une coupe, prononça la prière de reconnaissance et dit :

—Prenez cette coupe et partagez-la entre vous, [18] car je vous le déclare, dorénavant, je ne boirai plus du fruit de la vigne jusqu'à ce que le royaume de Dieu soit établi.

[19] Ensuite il prit du pain, remercia Dieu, le partagea en morceaux qu'il leur donna en disant :

—Ceci est mon corps [qui est donné pour vous. Faites cela en souvenir de moi.

[20] Après le repas, il fit de même pour la coupe, en disant :

—Ceci est la coupe de la nouvelle *alliance conclue par mon sang qui va être versé pour vous...[b]].

(Mt 26.20-25 ; Mc 14.17-21)

[21] —D'ailleurs, voici, celui qui va me trahir est ici, à table avec moi. [22] Certes, le *Fils de l'homme s'en va selon ce que Dieu a décidé, mais malheur à l'homme par qui il est trahi ! [23] Alors les disciples se demandèrent les uns aux autres lequel d'entre eux allait faire cela.

Grandeur et service
(Mt 20.25-28 ; Mc 10.42-45)

[24] Les disciples eurent une vive discussion : il s'agissait de savoir lequel d'entre eux devait être considéré comme le plus grand.

[25] Jésus intervint :

—Les rois des nations, dit-il, dominent leurs peuples, et ceux qui exercent l'autorité sur elles se font appeler leurs « bienfaiteurs [c] ». [26] Il ne faut pas que vous agissiez ainsi. Au contraire, que le plus grand parmi vous soit comme le plus jeune, et que celui qui gouverne soit comme le serviteur. [27] A votre avis, qui est le plus grand ? Celui qui est assis à table, ou celui qui sert ? N'est-ce pas celui qui est assis à table ? Eh bien, moi, au milieu de vous, je suis comme le serviteur...

---

a. 22.4 Il s'agit des gardes chargés de la police du Temple (voir v.52).

b. 22.20 Les mots entre crochets sont absents de certains manuscrits.

c. 22.25 Le titre de *bienfaiteur* (grec : *Evergète*) était porté par divers rois de l'Antiquité.

(Mt 19.28)

28 —Vous êtes restés fidèlement avec moi au cours de mes épreuves. 29 C'est pourquoi, comme mon Père m'a donné le *royaume, je vous le donne, à mon tour : 30 vous mangerez et vous boirez à ma table, dans mon royaume, et vous siégerez sur des trônes pour gouverner les douze tribus d'*Israël.

Jésus annonce le reniement de Pierre
(Mt 26.31-35 ; Mc 14.27-31 ; Jn 13.36-38)

31 —*Simon, Simon ! fais attention : *Satan vous a réclamés pour vous passer tous au crible, comme on secoue le blé pour le séparer de la bale. 32 Mais moi, j'ai prié pour toi, pour que la foi ne vienne pas à te manquer. Et toi, le jour où tu seras revenu à moi, fortifie tes frères.

33 —Seigneur, lui dit Simon, je suis prêt, s'il le faut, à aller en prison avec toi, ou même à mourir.

34 —Pierre, reprit Jésus, je t'assure : aujourd'hui même, avant que le coq ne chante, tu auras, par trois fois, nié de me connaître.

Sur le mont des Oliviers

35 Puis, s'adressant à l'ensemble des disciples, il continua :

—Quand je vous ai envoyés sans bourse, ni sac de voyage, ni sandales, avez-vous manqué de quoi que ce soit ?

—De rien, dirent-ils.

36 —Eh bien maintenant, poursuivit-il, si vous avez une bourse, prenez-la ; de même, si vous avez un sac, prenez-le, et si vous n'avez pas d'épée, vendez votre manteau pour en acheter une. 37 Car il est écrit : *Il a été mis au nombre des criminels* [a], et cette parole doit s'accomplir pour moi. Car tout ce qui a été écrit de moi va s'accomplir.

38 —Seigneur, lui dirent-ils, voilà justement deux épées.

—Cela suffit ! leur répondit-il.

(Mt 26.36-45 ; Mc 14.32-41)

39 Alors il sortit et se dirigea, comme d'habitude, vers le mont des Oliviers. Ses disciples s'y rendirent aussi avec lui. 40 Quand il fut arrivé, il leur dit :

—Priez pour ne pas céder à la tentation [b].

41 Puis il se retira à la distance d'un jet de pierre, se mit à genoux et pria ainsi :

42 —O Père, si tu le veux, écarte de moi cette coupe [c] ! Toutefois, que ta volonté soit faite, et non la mienne.

[43 Un *ange venu du ciel lui apparut et le fortifia. 44 L'angoisse le saisit, sa prière se fit de plus en plus pressante, sa sueur devint comme des gouttes de sang qui tombaient à terre [d].]

45 Après avoir ainsi prié, il se releva et s'approcha de ses disciples. Il les trouva endormis, tant ils étaient accablés de tristesse.

46 —Pourquoi dormez-vous ? leur dit-il. Debout ! Et priez pour ne pas céder à la tentation [e].

L'arrestation de Jésus
(Mt 26.47-55 ; Mc 14.43-49 ; Jn 18.2-11)

47 Il n'avait pas fini de parler, quand toute une troupe surgit. A sa tête marchait le nommé Judas, l'un des Douze. Il s'approcha de Jésus pour l'embrasser. 48 Mais Jésus lui dit :

—Judas, c'est par un baiser que tu trahis le *Fils de l'homme !

49 En voyant ce qui allait se passer, les compagnons de Jésus lui demandèrent :

—Maître, devons-nous frapper avec nos épées ?

50 Et, immédiatement, l'un d'eux frappa le serviteur du *grand-prêtre et lui emporta l'oreille droite. 51 Mais Jésus les retint en disant :

—Laissez faire, même ceci [f] !

Puis il toucha l'oreille du blessé et le guérit. 52 Il se tourna ensuite vers les chefs des *prêtres, les chefs des gardes du *Temple et les responsables du peuple, qui avaient accompagné cette troupe pour le prendre.

—Me prenez-vous pour un bandit pour que vous soyez venus avec épées et gourdins ? 53 J'étais chaque jour avec vous dans la cour du Temple, et personne n'a mis la main sur moi ; mais maintenant c'est votre heure et les ténèbres vont exercer leur pouvoir.

Pierre renie son Maître
(Mt 26.57-58 ; Mc 14.53-54 ; Jn 18.15-16)

54 Alors ils se saisirent de lui et le conduisirent dans le palais du *grand-prêtre. Pierre suivait à distance. 55 Au milieu de la cour, on avait allumé un feu et les gens étaient assis autour. Pierre s'assit au milieu du groupe.

---

a. **22.37** Es 53.12.
b. **22.40** Autre traduction : *pour ne pas entrer en tentation.*

c. **22.42** Voir note Mt 26.39.
d. **22.44** Les mots entre crochets sont absents de certains manuscrits.
e. **22.46** Voir 22.40 et note.
f. **22.51** Autre traduction : *laissez, tenez-vous-en là.*

(Mt 26.69-75 ; Mc 14.66-72 ; Jn 18.17-18, 25-27)

56 Une servante, en le voyant là près du feu, l'observa à la clarté de la flamme et dit :

—En voilà un qui était aussi avec lui.

57 Mais Pierre le nia en disant :

—Mais non, je ne connais pas cet homme.

58 Peu après, quelqu'un d'autre, en apercevant Pierre, l'interpella :

—Toi aussi, tu fais partie de ces gens !

—Mais non, déclara Pierre, je n'en suis pas !

59 Environ une heure plus tard, un autre encore soutint avec insistance :

—C'est sûr, cet homme-là était aussi avec lui ; d'ailleurs c'est un Galiléen.

60 —Mais non, je ne sais pas ce que tu veux dire, s'écria Pierre.

Au même instant, alors qu'il était encore en train de parler, le coq se mit à chanter. **61** Le Seigneur se retourna et posa son regard sur Pierre. Alors Pierre se souvint de ce que le Seigneur lui avait dit : « Avant que le coq ne chante aujourd'hui, tu m'auras renié trois fois ! » **62** Il se glissa dehors et se mit à pleurer amèrement.

(Mt 26.67-68 ; Mc 14.65)

63 Les hommes qui gardaient Jésus se moquaient de lui et le frappaient. **64** Ils lui couvraient le visage et criaient :

—Hé ! Fais le *prophète ! Dis-nous qui te frappe !

65 Et ils l'accablaient d'injures.

Jésus devant le Grand-Conseil
(Mt 26.59-65 ; Mc 14.55-64 ; Jn 18.19-24)

66 Dès le point du jour, les responsables du peuple, les chefs des *prêtres et les *spécialistes de la Loi se réunirent et firent amener Jésus devant leur *Grand-Conseil. **67** L'interrogatoire commença :

—Si tu es le *Messie, déclare-le nous.

Jésus leur dit :

—Si je vous réponds, vous ne croirez pas, **68** et si je vous pose des questions, vous ne me répondrez pas. **69** Mais à partir de maintenant, *le *Fils de l'homme siégera à la droite du Dieu tout-puissant* [a].

70 Alors ils se mirent à crier tous ensemble :

—Tu es donc le Fils de Dieu !

—Vous dites vous-mêmes que je le suis, répondit Jésus.

71 Là-dessus ils s'écrièrent :

—Qu'avons-nous encore besoin de témoignages ? Nous venons de l'entendre nous-mêmes de sa bouche.

Jésus devant Pilate et Hérode
(Mt 27.2,11-14 ; Mc 15.1-5 ; Jn 18.28-38)

23 Toute l'assemblée se leva et l'emmena devant *Pilate. **2** Là, ils se mirent à l'accuser :

—Nous avons trouvé cet homme en train de jeter le trouble parmi notre peuple : il interdit de payer l'impôt à l'empereur et il déclare qu'il est le *Messie, le roi !

3 Alors Pilate l'interrogea :

—Es-tu le roi des *Juifs ? lui demanda-t-il.

—Tu le dis toi-même, lui répondit Jésus.

4 Pilate dit alors aux chefs des *prêtres et aux gens rassemblés :

—Je ne trouve chez cet homme aucune raison de le condamner.

5 Mais ils insistaient de plus en plus, disant :

—Il soulève le peuple avec ses idées ! Il a endoctriné toute la *Judée ! Il a commencé en *Galilée et il est venu jusqu'ici.

6 Quand Pilate entendit parler de la Galilée, il demanda si cet homme était Galiléen. **7** Apprenant qu'il relevait bien de la juridiction d'*Hérode, il l'envoya à ce dernier qui, justement, se trouvait lui aussi à *Jérusalem durant ces jours-là.

8 Hérode fut ravi de voir Jésus car, depuis longtemps, il désirait faire sa connaissance, parce qu'il avait entendu parler de lui, et il espérait lui voir faire quelque signe miraculeux. **9** Il lui posa de nombreuses questions, mais Jésus ne lui répondit pas un mot.

10 Pendant ce temps, les chefs des prêtres et les *spécialistes de la Loi se tenaient là debout, lançant, avec passion, de graves accusations contre lui. **11** Alors Hérode le traita avec mépris, ses soldats en firent autant, et ils se moquèrent de lui, en le revêtant d'un manteau magnifique. Hérode le fit reconduire ainsi chez Pilate. **12** Hérode et Pilate, qui jusqu'alors avaient été ennemis, devinrent amis ce jour-là.

Jésus condamné à mort
(Mt 27.15-26 ; Mc 15.6-15 ; Jn 18.39-40 ; 19.4-16)

13 *Pilate convoqua les chefs des prêtres, les dirigeants et le peuple. Il leur dit :

14 —Vous m'avez amené cet homme en l'accusant d'égarer le peuple. Or, je l'ai interrogé moi-même devant vous, et je ne l'ai trouvé coupable d'aucun des crimes dont vous l'accusez. **15** Hérode non plus, d'ailleurs,

---

a. **22.69** Ps 110.1 ; Dn 7.13.

puisqu'il nous l'a renvoyé. Cet homme n'a rien fait qui mérite la mort. ¹⁶ Je vais donc lui faire donner le fouet et le relâcher.

[¹⁷ A chaque fête, Pilate devait leur accorder la libération d'un prisonnier ª.]

¹⁸ Mais la foule entière se mit à crier :

—A mort ! Relâche Barabbas !

¹⁹ Ce Barabbas avait été mis en prison pour une émeute qui avait eu lieu dans la ville et pour un meurtre.

²⁰ Mais Pilate, qui désirait relâcher Jésus, adressa de nouveau la parole à la foule, ²¹ qui se mit à crier :

—Crucifie-le ! Crucifie-le !

²² —Mais enfin, leur demanda-t-il pour la troisième fois, qu'a-t-il fait de mal ? Je n'ai trouvé en lui aucune raison de le condamner à mort. Je vais donc lui faire donner le fouet puis le remettre en liberté.

²³ Mais ils devinrent de plus en plus pressants et exigèrent à grands cris sa crucifixion. Finalement, leurs cris l'emportèrent.

²⁴ Pilate décida alors de satisfaire à leur demande. ²⁵ Il relâcha donc celui qu'ils réclamaient, celui qui avait été emprisonné pour une émeute et pour un meurtre, et leur livra Jésus pour qu'ils fassent de lui ce qu'ils voulaient.

La mort de Jésus
(Mt 27.32-44 ; Mc 15.21-32 ; Jn 19.17-22)

²⁶ Pendant qu'ils l'emmenaient, ils se saisirent d'un certain Simon de Cyrène ᵇ, qui revenait des champs, et l'obligèrent à porter la croix derrière Jésus. ²⁷ Une foule de gens du peuple le suivit. Il y avait aussi beaucoup de femmes en larmes, qui se lamentaient à cause de lui. ²⁸ Se tournant vers elles, il leur dit :

—Femmes de *Jérusalem, ne pleurez pas à cause de moi ! Pleurez plutôt à cause de vous-mêmes et de vos enfants ²⁹ car, sachez-le, des jours viennent où l'on dira : « Heureuses les femmes qui ne peuvent pas avoir d'enfant et celles qui n'en ont jamais eu et qui n'ont jamais allaité. » ³⁰ Alors on se mettra à dire *aux montagnes : « Tombez sur nous ! » et aux collines : « Couvrez-nous ᶜ ! »* ³¹ Car si l'on traite ainsi le bois vert, qu'adviendra-t-il du bois mort ?

³² Avec Jésus, on emmena aussi deux autres hommes, des bandits qui devaient être exécutés en même temps que lui.

³³ Lorsqu'ils furent arrivés au lieu appelé « le Crâne », on cloua Jésus sur la croix, ainsi que les deux bandits, l'un à sa droite, l'autre à sa gauche.

³⁴ Jésus pria :

—Père, pardonne-leur, car ils ne savent pas ce qu'ils font ᵈ.

Les soldats se partagèrent ses vêtements en les tirant au sort. ³⁵ La foule se tenait tout autour et regardait. Quant aux chefs du peuple, ils ricanaient en disant :

—Lui qui a sauvé les autres, qu'il se sauve donc lui-même, s'il est le *Messie, l'Elu de Dieu !

³⁶ Les soldats aussi se moquaient de lui. Ils s'approchaient et lui présentaient du vinaigre ³⁷ en lui disant :

—Si tu es le roi des *Juifs, sauve-toi toi-même !

³⁸ Au-dessus de sa tête, il y avait un écriteau portant ces mots : « Celui-ci est le roi des Juifs ».

³⁹ L'un des deux criminels attaché à une croix l'insultait en disant :

—N'es-tu pas le Messie ? Alors sauve-toi toi-même, et nous avec !

⁴⁰ Mais l'autre lui fit des reproches en disant :

—Tu n'as donc aucun respect de Dieu, toi, et pourtant tu subis la même peine ? ⁴¹ Pour nous, ce n'est que justice : nous payons pour ce que nous avons fait ; mais celui-là n'a rien fait de mal.

⁴² Puis il ajouta :

—Jésus, souviens-toi de moi quand tu viendras régner.

⁴³ Et Jésus lui répondit :

—Vraiment, je te l'assure : aujourd'hui même, tu seras avec moi dans le paradis.

(Mt 27.45-56 ; Mc 15.33-41 ; Jn 19.25-30)

⁴⁴ Il était environ midi, quand le pays tout entier fut plongé dans l'obscurité, et cela dura jusqu'à trois heures de l'après-midi. ⁴⁵ Le soleil resta entièrement caché ᵉ. Le grand rideau du *Temple se déchira par le milieu. ⁴⁶ Alors Jésus poussa un grand cri :

—*Père, je remets mon esprit entre tes mains ᶠ.*

---

a. 23.17 Ce verset est absent de plusieurs manuscrits. Voir Mt 27.15 ; Mc 15.6.
b. 23.26 Capitale de la Cyrénaïque située en Afrique du Nord.
c. 23.30 Os 10.8.

---

d. 23.34 Ces paroles de Jésus sont absentes de certains manuscrits.
e. 23.45 Certains manuscrits ont : *le soleil s'obscurcit.*
f. 23.46 Ps 31.6.

Après avoir dit ces mots il mourut.

47 En voyant ce qui s'était passé, l'officier romain rendit gloire à Dieu en disant :

—Aucun doute, cet homme était juste.

48 Après avoir vu ce qui était arrivé, tout le peuple, venu en foule pour assister à ces exécutions, s'en retourna en se frappant la poitrine. **49** Tous les amis de Jésus, ainsi que les femmes qui l'avaient suivi depuis la *Galilée, se tenaient à distance pour voir ce qui se passait.

Jésus mis au tombeau
(Mt 27.57-61 ; Mc 15.42-47 ; Jn 19.38-42)

50 Il y avait un homme, appelé Joseph, un membre du *Grand-Conseil des *Juifs. C'était un homme bon et droit **51** qui n'avait pas approuvé la décision ni les actes des autres membres du Grand-Conseil. Il venait d'Arimathée[a], en *Judée, et attendait le *royaume de Dieu. **52** Il alla demander à *Pilate le corps de Jésus. **53** Après l'avoir descendu de la croix, il l'enroula dans un drap de lin et le déposa dans un tombeau taillé en plein rocher, où personne n'avait encore été enseveli. **54** C'était le vendredi, avant le début du *sabbat. **55** Les femmes qui avaient accompagné Jésus depuis la Galilée suivirent Joseph, elles regardèrent le tombeau et observèrent comment le corps de Jésus y avait été déposé. **56** Ensuite, elles retournèrent chez elles et préparèrent des huiles aromatiques et des parfums[b]. Puis elles observèrent le repos du sabbat, comme la *Loi le prescrit.

Jésus est ressuscité !
(Mt 28.1-9 ; Mc 16.1-8 ; Jn 20.1-10)

24 Le dimanche matin de très bonne heure, les femmes se rendirent au tombeau emportant les huiles aromatiques qu'elles avaient préparées. **2** Elles découvrirent que la pierre fermant l'entrée du sépulcre avait été roulée à quelque distance de l'ouverture. **3** Elles pénétrèrent à l'intérieur, mais ne trouvèrent pas le corps du Seigneur Jésus. **4** Pendant qu'elles en étaient encore à se demander ce que cela signifiait, deux personnages vêtus d'habits étincelants se tinrent tout à coup devant elles. **5** Elles étaient tout effrayées et baissaient les yeux vers le sol. Ils leur dirent alors :

—Pourquoi cherchez-vous parmi les morts celui qui est vivant ? **6** Il n'est plus ici, mais il est ressuscité. Rappelez-vous ce qu'il vous disait quand il était encore en *Galilée : **7** « Il faut que le *Fils de l'homme soit livré entre les mains des pécheurs, qu'il soit crucifié, et qu'il ressuscite le troisième jour. »

8 Elles se souvinrent alors des paroles de Jésus. **9** Elles revinrent du tombeau et allèrent tout raconter aux Onze, ainsi qu'à tous les autres *disciples. **10** C'étaient Marie de Magdala, Jeanne, Marie, la mère de *Jacques. Quelques autres femmes, qui étaient avec elles, portèrent aussi la nouvelle aux *apôtres ; **11** mais ceux-ci trouvèrent leurs propos absurdes et n'y ajoutèrent pas foi.

12 Pierre, cependant, partit et courut au tombeau. En se penchant, il ne vit que des linges funéraires. Il s'en retourna, très étonné de ce qui s'était passé[c].

Jésus apparaît à quelques disciples[d]

13 Le même jour, deux disciples se rendaient à un village nommé Emmaüs, à une douzaine de kilomètres de *Jérusalem. **14** Ils s'entretenaient de tous ces événements. **15** Pendant qu'ils échangeaient ainsi leurs propos et leurs réflexions, Jésus lui-même s'approcha d'eux et les accompagna. **16** Mais leurs yeux étaient incapables de le reconnaître.

17 Il leur dit :

—De quoi discutez-vous en marchant ?

Ils s'arrêtèrent, l'air attristé. **18** L'un d'eux, nommé Cléopas, lui répondit :

—Es-tu le seul parmi ceux qui séjournent à Jérusalem qui ne sache pas ce qui s'y est passé ces jours-ci ?

19 —Quoi donc ? leur demanda-t-il.

—Ce qui est arrivé à Jésus de *Nazareth. C'était un *prophète qui agissait et parlait avec puissance, devant Dieu et devant tout le peuple. **20** Nos chefs des *prêtres et nos dirigeants l'ont livré aux Romains pour le faire condamner à mort et clouer sur une croix. **21** Nous avions espéré qu'il était celui qui devait délivrer *Israël. Mais hélas ! Voilà déjà trois jours que tout cela est arrivé.

22 Il est vrai que quelques femmes de notre groupe nous ont fort étonnés. Elles sont allées au tombeau très tôt ce matin, **23** mais elles n'ont pas trouvé son corps et sont venues raconter qu'elles ont vu apparaître

---

a. 23.51 Village situé à environ 35 kilomètres au nord-ouest de Jérusalem.

b. 23.56 En Palestine, on embaumait les morts avec de l'huile aromatique et des parfums.

c. 24.12 Ce verset est absent de certains manuscrits.

d. 24.13 Voir Mc 16.12-13.

des *anges qui leur ont assuré qu'il est vivant. 24 Là-dessus, quelques-uns de ceux qui étaient avec nous se sont aussi rendus au tombeau ; ils ont bien trouvé les choses telles que les femmes les ont décrites ; mais lui, ils ne l'ont pas vu.

Alors Jésus leur dit :

25 –Ah ! hommes sans intelligence ! Vous êtes bien lents à croire tout ce que les prophètes ont annoncé. 26 Le Christ ne devait-il pas souffrir toutes ces choses avant d'entrer dans sa gloire ?

27 Alors, commençant par les livres de *Moïse et parcourant tous ceux des prophètes, Jésus leur expliqua ce qui se rapportait à lui dans toutes les Ecritures.

28 Entre-temps, ils arrivèrent près du village où ils se rendaient. Jésus sembla vouloir continuer sa route. 29 Mais ils le retinrent avec une vive insistance en disant :

–Reste donc avec nous ; tu vois : le jour baisse et le soir approche.

Alors il entra dans la maison pour rester avec eux. 30 Il se mit à table avec eux, prit le pain et, après avoir prononcé la prière de bénédiction, il le partagea et le leur donna. 31 Alors leurs yeux s'ouvrirent et ils le reconnurent... mais, déjà, il avait disparu. 32 Et ils se dirent l'un à l'autre :

–N'avons-nous pas senti comme un feu dans notre cœur pendant qu'il nous parlait en chemin et qu'il nous expliquait les Ecritures ?

33 Ils se levèrent sur l'heure et retournèrent à Jérusalem. Ils y trouvèrent les Onze réunis avec leurs compagnons. 34 Tous les accueillirent par ces paroles :

–Le Seigneur est réellement ressuscité, il s'est montré à *Simon.

35 Alors les deux disciples racontèrent à leur tour ce qui leur était arrivé en chemin et comment ils avaient reconnu Jésus au moment où il avait partagé le pain.

Jésus apparaît aux Onze [a]
(Jn 20.19-23)

36 Pendant qu'ils s'entretenaient ainsi, Jésus lui-même se trouva au milieu d'eux et leur dit :

–La paix soit avec vous [b].

37 Mais ils furent saisis de crainte et d'effroi, croyant voir un esprit.

38 –Pourquoi êtes-vous troublés ? leur dit-il. Pourquoi les doutes envahissent-ils votre cœur ? 39 Regardez mes mains et mes pieds, et reconnaissez que c'est bien moi. Touchez-moi et regardez ! Car un esprit n'a ni chair ni os. Or, vous voyez bien que j'en ai.

40 Tout en disant cela, il leur montra ses mains et ses pieds [c]. 41 Mais ils étaient si heureux qu'ils ne parvenaient pas à croire et restaient dans l'étonnement. Alors il leur demanda :

–Avez-vous quelque chose à manger ?

42 Ils lui présentèrent un morceau de poisson grillé. 43 Il le prit et le mangea sous leurs yeux.

44 Puis il leur dit :

–Voici ce que je vous ai dit quand j'étais encore avec vous : « Il faut que s'accomplisse tout ce qui est écrit de moi dans la *Loi de *Moïse, dans les prophètes, et dans les Psaumes. »

45 Là-dessus, il leur ouvrit l'intelligence pour qu'ils comprennent les Ecritures.

46 –Vous voyez, leur dit-il, les Ecritures enseignent que le *Messie doit souffrir, qu'il ressuscitera le troisième jour, 47 et qu'on annoncera de sa part aux hommes de toutes les nations, en commençant par Jérusalem, qu'ils doivent changer pour obtenir le pardon des péchés. 48 Vous êtes les témoins de ces événements. 49 Quant à moi, j'enverrai bientôt sur vous ce que mon Père vous a promis. Vous donc, restez ici dans cette ville, jusqu'à ce que vous soyez revêtus de la puissance d'en haut.

Jésus enlevé au ciel

50 Ensuite il les emmena hors de la ville jusqu'aux environs de Béthanie [d] et là, élevant ses mains, il les bénit.

51 Pendant qu'il les bénissait, il les quitta et fut enlevé au ciel.

52 Quant à eux, après l'avoir adoré, ils retournèrent à Jérusalem, le cœur rempli de joie. 53 Là, ils se retrouvaient à toute heure dans la cour du *Temple pour louer Dieu.

---

a. 24.36 Voir Mc 16.14-18.
b. 24.36 Les mots : et leur dit : « La paix soit avec vous » sont absents de certains manuscrits.

c. 24.40 Ce verset est absent de certains manuscrits.
d. 24.50 Village situé sur le flanc est du mont des Oliviers, colline séparée de Jérusalem par la vallée du Cédron.

EVANGILE SELON JEAN

L'auteur de cet évangile est l'*apôtre Jean, le *disciple et l'ami proche de Jésus. Il a probablement rédigé son évangile vers la fin du premier siècle, à Ephèse, une grande ville de l'Antiquité, située dans la Turquie actuelle.

L'auteur suppose que ses lecteurs connaissent les paroles et les actes de Jésus contenus dans les trois autres évangiles, car il évite la plupart du temps de reprendre ce que Matthieu, Marc et Luc ont écrit. Il est le seul, cependant, à rapporter certains enseignements du Christ et certains événements de sa vie, comme pour compléter l'information de ses lecteurs. Il veut les convaincre que cet homme qui a vécu en Palestine est bien le *Messie attendu par *Israël, le Fils de Dieu venu leur apporter la vie, le *Sauveur du monde (4.42).

L'originalité de l'évangile selon Jean tient encore à sa présentation du parcours du Seigneur. Celui-ci s'orchestre autour d'un affrontement de plus en plus intense entre le Christ et les hommes qui lui sont hostiles. Dès les premières interventions publiques de Jésus, un tri s'opère parmi ses auditeurs. Les uns l'écoutent ou le suivent, les autres s'étonnent et murmurent contre lui (ch. 1 à 4). Puis on assiste à une sorte de « procès » de Jésus intenté par les « responsables des *Juifs » (ch. 5 à 12). Car celui qui dit être envoyé pour témoigner de « ce qu'il a vu et entendu » auprès de Dieu (3.32), proclame être plus qu'un témoin : il affirme être la Vie qui libère, la Lumière qui délivre des ténèbres, la Vérité qui affranchit du mensonge, en un mot : le Seigneur lui-même.

Devant de telles affirmations, on ne pouvait que condamner ou croire. La plupart ont crié au *blasphème, mais plusieurs ont fait *confiance à cet étonnant Messager : « Seigneur, vers qui irions-nous ? Toi seul, tu as les paroles de la vie éternelle » (6.68).

L'affrontement qui a marqué les trois années de vie publique de Jésus culmine dans son procès fantoche et dans sa condamnation par les hommes (ch. 13 à 19). Mais celui que les incrédules ont exécuté, Dieu l'a fait revenir à la vie pour toujours. Il a ainsi prouvé son innocence, et montré que ses paroles étaient vraies. C'est pourquoi Thomas, vaincu par l'évidence, a proclamé en l'adorant : « Mon Seigneur et mon Dieu » (20.28). Jean invite ses lecteurs à en faire autant. Ces événements, dit-il. « ont été écrits pour que vous croyiez que Jésus est le Christ, le Fils de Dieu, et qu'en croyant, vous possédiez la vie en son nom » (cf. 20.31).

INTRODUCTION : LA PAROLE DE DIEU ET SON TEMOIN

1 Au commencement était celui qui est la Parole de Dieu. Il était avec Dieu, il était lui-même Dieu. [2] Au commencement, il était avec Dieu. [3] Tout a été créé par lui ; rien de ce qui a été créé n'a été créé sans lui. [4] En lui résidait la vie [a], et cette vie était la lumière des hommes. [5] La lumière brille dans les ténèbres et les ténèbres ne l'ont pas étouffée [b].

[6] Un homme parut, envoyé par Dieu ; il s'appelait Jean. [7] Il vint pour être un témoin de la lumière, afin que tous les hommes croient par lui. [8] Il n'était pas lui-même la lumière, mais sa mission était d'être le témoin de la lumière. [9] Celle-ci était la véritable lumière, celle qui, en venant dans le monde, éclaire tout être humain [c]. [10] Celui qui est la Parole était déjà dans le monde, puisque le monde a été créé par lui, et pourtant, le monde ne l'a pas reconnu. [11] Il est venu chez lui, et les siens ne l'ont pas accueilli.

[12] Certains pourtant l'ont accueilli ; ils ont cru en lui. A tous ceux-là, il a accordé le privilège de devenir enfants de Dieu. [13] Ce n'est pas par une naissance naturelle, ni sous l'impulsion d'un désir, ou encore par la volonté d'un homme, qu'ils le sont devenus ; mais c'est de Dieu qu'ils sont nés.

[14] Celui qui est la Parole est devenu homme et il a vécu parmi nous. Nous avons contemplé sa gloire, la gloire du Fils unique

---

a. 1.4 Autre traduction, en changeant la ponctuation : *tout a été créé par lui et rien n'a été créé sans lui. Ce qui a été créé avait la vie en lui.*
b. 1.5 Autre traduction : *ne l'ont pas reçue.*

c. 1.9 D'autres comprennent : *celle qui éclaire tout être humain venant dans le monde.*

envoyé par son Père : plénitude de grâce et de vérité !

[15] Jean [a], son témoin, a proclamé publiquement :

–Voici celui dont je vous ai parlé lorsque j'ai dit : Celui qui vient après moi m'a précédé [b] car il existait déjà avant moi.

[16] Nous avons tous été comblés de ses richesses. Il a déversé sur nous une grâce après l'autre. [17] En effet, si la *Loi nous a été donnée par *Moïse, la grâce et la vérité sont venues par Jésus-Christ. [18] Personne n'a jamais vu Dieu : Dieu, le Fils unique qui vit dans l'intimité du Père, nous l'a révélé.

PREMIERES REVELATIONS ET PREMIERS AFFRONTEMENTS

Le témoin
(Mt 3.1-12 ; Mc 1.2-8 ; Lc 3.15-17)

[19] Voici le témoignage de Jean, lorsque les autorités juives lui envoyèrent de *Jérusalem une délégation de *prêtres et de *lévites pour lui demander : « Qui es-tu ? »

[20] Il dit clairement la vérité, sans se dérober, et leur déclara ouvertement :

[21] –Je ne suis pas le *Messie.

–Mais alors, continuèrent-ils, qui es-tu donc ? Es-tu Elie [c] ?

–Je ne le suis pas.

–Es-tu le Prophète ?

–Non.

[22] –Mais enfin, insistèrent-ils, qui es-tu ? Il faut bien que nous rapportions une réponse à ceux qui nous ont envoyés. Que dis-tu de toi-même ?

[23] –Moi ? répondit-il, je suis cette voix dont parle le *prophète *Esaïe, la voix de quelqu'un qui crie dans le désert : Préparez le chemin pour le Seigneur [d] !

[24] Les envoyés étaient du parti des *pharisiens. [25] Ils continuèrent de l'interroger :

–Si tu n'es pas le Messie, ni Elie, ni le Prophète, pourquoi donc baptises-tu ?

[26] –Moi, leur répondit Jean, je vous baptise dans l'eau, mais au milieu de vous se trouve quelqu'un que vous ne connaissez pas. [27] Il vient après moi, mais je ne suis pas digne de dénouer la lanière de ses sandales.

[28] Cela se passait à Béthanie [e], à l'est du *Jourdain, là où Jean baptisait.

Jésus, l'Agneau de Dieu

[29] Le lendemain, Jean aperçut Jésus qui se dirigeait vers lui ; alors il s'écria :

–Voici l'Agneau de Dieu [f], celui qui enlève le péché du monde. [30] C'est de lui que je vous ai parlé lorsque je disais : « Un homme vient après moi, il m'a précédé [g], car il existait avant moi. » [31] Moi non plus, je ne savais pas que c'était lui, mais si je suis venu baptiser dans l'eau, c'est pour le faire connaître au peuple d'*Israël.

[32] Jean-Baptiste rendit ce témoignage :

–J'ai vu l'Esprit descendre du ciel comme une colombe et se poser sur lui. [33] Je ne savais pas que c'était lui, mais Dieu, qui m'a envoyé baptiser dans l'eau, m'avait dit : Tu verras l'Esprit descendre et se poser sur un homme ; c'est lui qui baptisera dans le Saint-Esprit. [34] Or, cela, je l'ai vu de mes yeux, et je l'atteste solennellement : cet homme est le Fils de Dieu.

Les premiers disciples

[35] Le lendemain, Jean était de nouveau là, avec deux de ses *disciples. [36] Il vit Jésus qui passait, et il dit :

–Voici l'Agneau de Dieu !

[37] Les deux disciples entendirent les paroles de Jean et se mirent à suivre Jésus.

[38] Celui-ci se retourna, vit qu'ils le suivaient et leur demanda :

–Que désirez-vous ?

–Rabbi – c'est-à-dire Maître –, lui dirent-ils, où habites-tu ?

[39] –Venez, leur répondit-il, et vous le verrez. Ils l'accompagnèrent donc et virent où il habitait. Il était environ quatre heures de l'après-midi. Ils passèrent le reste de la journée avec lui.

[40] André, le frère de *Simon Pierre, était l'un de ces deux hommes qui, sur la déclaration de Jean, s'étaient mis à suivre Jésus.

[41] Il alla tout d'abord voir son frère Simon et lui dit :

---

a. 1.15 Il s'agit de Jean-Baptiste.
b. 1.15 Autre traduction : est plus grand que moi.
c. 1.21 Ce prophète fut enlevé au ciel à la fin de sa mission, ainsi que le rapporte l'Ancien Testament. Certains attendaient son retour.
d. 1.23 Es 40.3 cité selon l'anc. version grecque.

e. 1.28 Village à l'est du Jourdain, à ne pas confondre avec celui qui se trouvait sur le flanc oriental du mont des Oliviers (voir note Mc 11.1).
f. 1.29 Symbole faisant allusion aux sacrifices juifs. Comme un agneau, Jésus prend sur lui la désobéissance des hommes et s'offre en sacrifice à leur place. Voir Es 53.
g. 1.30 Autre traduction : il est plus grand que moi.

–Nous avons trouvé le *Messie – ce qui veut dire le Christ.

42 Et il le conduisit auprès de Jésus. Jésus le regarda attentivement et lui dit :

–Tu es Simon, fils de Jonas. Eh bien, on t'appellera Céphas – ce qui veut dire Pierre.

43 Le lendemain, Jésus décida de retourner en *Galilée. Il rencontra Philippe et lui dit :

–Suis-moi !

44 Philippe était originaire de Bethsaïda [a], la ville d'André et de Pierre. **45** Philippe, à son tour, alla voir Nathanaël et lui dit :

–Nous avons trouvé celui dont *Moïse a parlé dans la Loi [b] et que les prophètes ont annoncé : c'est Jésus, le fils de Joseph, de la ville de *Nazareth.

46 –De Nazareth ? répondit Nathanaël. Que peut-il venir de bon de Nazareth ?

–Viens et vois toi-même ! répondit Philippe.

47 Jésus vit Nathanaël s'avancer vers lui. Alors il dit :

–Voilà un véritable Israélite, un homme d'une parfaite droiture.

48 –D'où me connais-tu ? lui demanda Nathanaël.

–Avant même que Philippe t'appelle, lui répondit Jésus, lorsque tu étais sous le figuier, je t'ai vu.

49 –Maître, s'écria Nathanaël, tu es le Fils de Dieu, tu es le Roi d'*Israël !

50 –Tu crois, lui répondit Jésus, parce que je t'ai dit que je t'ai vu sous le figuier ? Tu verras de bien plus grandes choses encore.

51 Et il ajouta :

–Oui, je vous l'assure, vous verrez le ciel ouvert et les *anges de Dieu monter et descendre entre ciel et terre par l'intermédiaire du *Fils de l'homme [c].

Le premier miracle

2 Deux jours plus tard, on célébrait des noces à Cana, en *Galilée. La mère de Jésus y assistait.

2 Jésus avait aussi été invité au mariage avec ses *disciples.

3 Or voilà que le vin se mit à manquer. La mère de Jésus lui fit remarquer :

–Ils n'ont plus de vin.

4 –Ecoute, lui répondit Jésus, est-ce toi ou moi que cette affaire concerne [d] ? Mon heure n'est pas encore venue.

5 Sa mère dit aux serviteurs :

–Faites tout ce qu'il vous dira.

6 Il y avait là six jarres de pierre que les *Juifs utilisaient pour leurs ablutions rituelles [e]. Chacune d'elles pouvait contenir entre quatre-vingts et cent vingt litres. **7** Jésus dit aux serviteurs :

–Remplissez d'eau ces jarres.

Ils les remplirent jusqu'au bord.

8 –Maintenant, leur dit-il, prenez-en un peu et allez l'apporter à l'ordonnateur du repas.

Ce qu'ils firent.

9 L'ordonnateur du repas goûta l'eau qui avait été changée en vin. Il ne savait pas d'où venait ce vin, alors que les serviteurs le savaient, puisqu'ils avaient puisé l'eau. Aussitôt il fit appeler le marié **10** et lui dit :

–En général, on sert d'abord le bon vin, et quand les gens sont ivres, on leur donne de l'ordinaire. Mais toi, tu as réservé le bon jusqu'à maintenant !

11 C'est là le premier des signes miraculeux que fit Jésus. Cela se passa à Cana en Galilée. Il révéla ainsi sa gloire, et ses disciples crurent en lui. **12** Après cela, Jésus descendit à *Capernaüm avec sa mère, ses frères et ses disciples ; mais ils n'y restèrent que quelques jours.

Le premier affrontement au Temple
(voir Mt 21.12-17 ; Mc 11.15-17 ; Lc 19.45-46)

13 Le jour où les *Juifs célèbrent la fête de la *Pâque était proche et Jésus se rendit à *Jérusalem. **14** Il trouva, dans la cour du *Temple, des marchands de bœufs, de brebis et de pigeons, ainsi que des changeurs d'argent, installés à leurs comptoirs. **15** Alors il prit des cordes, en fit un fouet, et les chassa tous de l'enceinte sacrée avec les brebis et les bœufs [f] ; il jeta par terre l'argent des changeurs et renversa leurs comptoirs, **16** puis il dit aux marchands de pigeons :

–Otez cela d'ici ! C'est la maison de mon Père. N'en faites pas une maison de commerce.

---

a. 1.44 Village proche de Capernaüm.

b. 1.45 Nom que les Juifs donnent aux cinq premiers livres de la Bible. La venue du Prophète était annoncée en Dt 18.18.

c. 1.51 Allusion à la vision de Jacob (Gn 28.12-13), dans laquelle l'escalier annonce le rôle du Fils de l'homme.

d. 2.4 Autres traductions : *que me veux-tu, mère ?* ou *femme, est-ce à toi de me dire ce que je dois faire ?*

e. 2.6 Les Israélites observaient des rites de purification avant, pendant et après les repas. L'eau était placée dans des vases de pierre.

f. 2.15 Autre traduction : *et les chassa tous, les brebis comme les bœufs.*

[17] Les disciples se souvinrent alors de ce passage de l'Ecriture :

L'amour que j'ai pour ta maison,
ô Dieu, est en moi un feu qui me consume [a].

[18] Là-dessus, les gens lui dirent :

—Quel signe miraculeux peux-tu nous montrer pour prouver que tu as le droit d'agir ainsi ?

[19] —Démolissez ce Temple, leur répondit Jésus, et en trois jours, je le relèverai.

[20] —Comment ? répondirent-ils. Il a fallu quarante-six ans pour reconstruire le Temple [b], et toi, tu serais capable de le relever en trois jours !

[21] Mais en parlant du « temple », Jésus faisait allusion à son propre corps.

[22] Plus tard, lorsque Jésus fut ressuscité, ses disciples se souvinrent qu'il avait dit cela, et ils crurent à l'Ecriture et à la parole que Jésus avait dite.

[23] Pendant que Jésus séjournait à Jérusalem pour la fête de la Pâque, beaucoup de gens crurent en lui en voyant les signes miraculeux qu'il accomplissait. [24] Mais Jésus ne se fiait pas à eux, car il les connaissait tous très bien. [25] En effet, il n'avait pas besoin qu'on le renseigne sur les hommes car il connaissait le fond de leur cœur.

Jésus et Nicodème

3 Il y avait un homme qui s'appelait Nicodème ; membre du parti des *pharisiens, c'était un chef des *Juifs. [2] Il vint trouver Jésus de nuit et le salua en ces termes :

—Maître, nous savons que c'est Dieu qui t'a envoyé pour nous enseigner car personne ne saurait accomplir les signes miraculeux que tu fais si Dieu n'était pas avec lui. [3] Jésus lui répondit :

—Vraiment, je te l'assure : à moins de renaître d'en haut [c], personne ne peut voir le *royaume de Dieu.

[4] —Comment un homme peut-il naître une fois vieux ? s'exclama Nicodème. Il ne peut tout de même pas retourner dans le ventre de sa mère pour renaître ?

[5] —Vraiment, je te l'assure, reprit Jésus, à moins de naître d'eau, c'est-à-dire d'Esprit [d],

personne ne peut entrer dans le royaume de Dieu. [6] Ce qui naît d'une naissance naturelle, c'est la vie humaine naturelle. Ce qui naît de l'Esprit est animé par l'Esprit. [7] Ne sois donc pas surpris si je t'ai dit : Il vous faut renaître d'en haut [e]. [8] Le vent [f] souffle où il veut, tu en entends le bruit, mais tu ne sais ni d'où il vient ni où il va. Il en est ainsi pour quiconque est né de l'Esprit.

[9] Nicodème reprit :

—Comment cela peut-il se réaliser ?

[10] —Toi qui enseignes le peuple d'*Israël, tu ignores cela ? lui répondit Jésus. [11] Vraiment, je te l'assure : nous parlons de ce que nous connaissons réellement, et nous témoignons de ce que nous avons vu ; et pourtant, vous ne prenez pas notre témoignage au sérieux. [12] Si vous ne croyez pas quand je vous parle des réalités terrestres, comment pourriez-vous croire quand je vous parlerai des réalités célestes ? [13] Car personne n'est monté au ciel, sauf celui qui en est descendu : le *Fils de l'homme [g].

[14] Dans le désert, *Moïse a élevé sur un poteau le serpent de bronze. De la même manière, le Fils de l'homme doit, lui aussi, être élevé [15] pour que tous ceux qui placent leur *confiance en lui aient la vie éternelle. [16] Oui, Dieu a tant aimé le monde qu'il a donné son Fils, son unique, pour que tous ceux qui placent leur confiance en lui échappent à la perdition et qu'ils aient la vie éternelle.

[17] En effet, Dieu a envoyé son Fils dans le monde non pas pour condamner le monde, mais pour qu'il soit *sauvé par lui. [18] Celui qui met sa confiance en lui n'est pas condamné, mais celui qui n'a pas foi en lui est déjà condamné, car il n'a pas mis sa confiance en la personne du Fils unique de Dieu. [19] Et voici en quoi consiste sa condamnation : c'est que la lumière est venue dans le monde, mais les hommes lui ont préféré les ténèbres, parce que leurs actes sont mauvais. [20] En effet, celui qui fait le mal déteste la lumière, et il se garde bien de venir

---

a. **2.17** Ps 69.10.
b. **2.20** La reconstruction du Temple dit « d'Hérode » avait commencé en l'an 20 av. J.-C.
c. **3.3** L'expression de Jean, volontairement ambiguë, peut vouloir dire « naître d'en haut » ou « naître de nouveau ».

d. **3.5** En grec, la conjonction traduite habituellement par *et* peut aussi avoir le sens de *c'est-à-dire*. Jésus semble se référer à la prophétie d'Ez 36.25-27 où la purification par l'eau est une image de l'œuvre de l'Esprit. Autre traduction : *naître d'eau et d'Esprit.*
e. **3.7** Voir v. 3 et note.
f. **3.8** Le même mot grec désigne le vent et l'Esprit (voir Ez 37.7-10).
g. **3.13** Certains manuscrits ajoutent : *qui est dans le ciel.*

à la lumière de peur que ses mauvaises actions ne soient révélées. [21] Mais celui qui a une conduite conforme à la vérité vient à la lumière pour qu'on voie clairement que tout ce qu'il fait, il l'accomplit dans la communion avec Dieu.

Le témoin s'efface

[22] Après cela, Jésus se rendit en *Judée avec ses disciples ; il y resta quelque temps avec eux et y baptisait. [23] Jean, de son côté, baptisait à Enon, près de Salim[a] : il y avait là beaucoup d'eau, et de nombreuses personnes y venaient pour être baptisées. [24] En effet, à cette époque, Jean n'avait pas encore été jeté en prison. [25] Or, un jour, quelques-uns de ses disciples eurent une discussion avec un *Juif[b] au sujet de la *purification. [26] Ils allèrent trouver Jean et lui dirent :

—Maître, tu te souviens de cet homme qui était avec toi de l'autre côté du *Jourdain et pour qui tu as témoigné. Eh bien, le voilà qui baptise à son tour, et tout le monde se rend auprès de lui.

[27] Jean répondit :

—Nul ne peut s'attribuer une autre mission[c] que celle qu'il a reçue de Dieu. [28] Vous en êtes vous-mêmes témoins ; j'ai toujours dit : je ne suis pas le Christ, mais j'ai été envoyé comme son Précurseur.

[29] A qui appartient la mariée ? Au marié. Quant à l'ami du marié, c'est celui qui se tient à côté de lui et qui l'écoute : entendre sa voix le remplit de joie. Telle est ma joie, et, à présent, elle est complète. [30] Lui doit devenir de plus en plus grand, et moi de plus en plus petit.

[31] Qui vient du ciel est au-dessus de tout. Qui est de la terre reste lié à la terre et parle des choses terrestres. Celui qui vient du ciel est [au-dessus de tout[d]]. [32] Il témoigne de ce qu'il a lui-même vu et entendu. Mais personne ne prend son témoignage au sérieux. [33] Celui qui accepte son témoignage certifie que Dieu dit la vérité. [34] En effet, l'envoyé de Dieu dit les paroles mêmes de Dieu, car Dieu lui donne son Esprit sans aucune restriction. [35] Le Père aime le Fils et lui a donné pleins pouvoirs sur toutes choses. [36] Qui place sa confiance dans le Fils possède la vie éternelle. Qui ne met pas sa confiance dans le Fils ne connaît pas la vie ; il reste sous le coup de la colère de Dieu.

Le Messie se révèle en Samarie

4 Les *pharisiens avaient entendu dire que Jésus faisait et baptisait plus de *disciples que Jean. [2] (A vrai dire, Jésus lui-même ne baptisait personne, il laissait ce soin à ses disciples.) Lorsque Jésus l'apprit, [3] il quitta la *Judée et retourna en *Galilée. [4] Il lui fallait donc traverser la Samarie. [5] C'est ainsi qu'il arriva près d'une bourgade de Samarie nommée Sychar, non loin du champ que *Jacob avait jadis donné à son fils Joseph. [6] C'est là que se trouvait le puits de Jacob. Jésus, fatigué du voyage, s'assit au bord du puits. Il était environ midi. [7] Une femme *samaritaine vint pour puiser de l'eau. Jésus s'adressa à elle :

—S'il te plaît, donne-moi à boire un peu d'eau.

[8] (Ses disciples étaient allés à la ville pour acheter de quoi manger.)

[9] La Samaritaine s'exclama :

—Comment ? Tu es *Juif et tu me demandes à boire, à moi qui suis Samaritaine ? (Les Juifs, en effet, évitaient toutes relations avec les Samaritains.)[e]

[10] Jésus lui répondit :

—Si tu savais quel don Dieu veut te faire et qui est celui qui te demande à boire, c'est toi qui aurais demandé à boire et il t'aurait donné de l'eau vive[f].

[11] —Mais, Maître, répondit la femme, non seulement tu n'as pas de seau, mais le puits est profond ! D'où la tires-tu donc, ton eau vive ? [12] Tu ne vas pas te prétendre plus grand que notre ancêtre Jacob, auquel nous devons ce puits, et qui a bu lui-même de son eau ainsi que ses enfants et ses troupeaux ?

[13] —Celui qui boit de cette eau, reprit Jésus, aura de nouveau soif. [14] Mais celui qui boira de l'eau que je lui donnerai n'aura plus jamais soif. Bien plus : l'eau que je lui donnerai deviendra en lui une source intarissable qui jaillira jusque dans la vie éternelle.

[15] —Maître, lui dit alors la femme, donne-moi de cette eau-là, pour que je n'aie plus soif et que je n'aie plus besoin de revenir puiser de l'eau ici.

---

a. 3.23 Deux localités de la vallée du Jourdain.
b. 3.25 Certains manuscrits ont : avec des Juifs.
c. 3.27 Autre traduction : quoi que ce soit.
d. 3.31 Les mots entre crochets sont absents de nombreux manuscrits.

e. 4.9 Autre traduction : Les Juifs, en effet, ne buvaient pas à la même coupe que les Samaritains.
f. 4.10 vive : c'est-à-dire de l'eau courante, jeu de mots avec : eau qui donne la vie (voir v.14).

[16] —Va donc chercher ton mari, lui dit Jésus, et reviens ici.

[17] —Je ne suis pas mariée, lui répondit-elle.

—Tu as raison de dire : Je ne suis pas mariée. [18] En fait tu l'as été cinq fois, et l'homme avec lequel tu vis actuellement n'est pas ton mari. Ce que tu as dit là est vrai [a].

[19] —Maître, répondit la femme, je le vois, tu es un *prophète. [20] Dis-moi : qui a raison ? Nos ancêtres ont adoré Dieu sur cette montagne-ci [b]. Vous autres, vous affirmez que l'endroit où l'on doit adorer, c'est *Jérusalem.

[21] —Crois-moi, lui dit Jésus, l'heure vient où il ne sera plus question de cette montagne ni de Jérusalem pour adorer le Père. [22] Vous adorez ce que vous ne connaissez pas ; nous, nous adorons ce que nous connaissons, car le salut vient du peuple juif. [23] Mais l'heure vient, et elle est déjà là, où les vrais adorateurs adoreront le Père par l'Esprit et en vérité ; car le Père recherche des hommes qui l'adorent ainsi. [24] Dieu est Esprit et il faut que ceux qui l'adorent l'adorent par l'Esprit et en vérité.

[25] La femme lui dit :

—Je sais qu'un jour le *Messie doit venir — celui qu'on appelle le Christ. Quand il sera venu, il nous expliquera tout.

[26] —Je suis le Messie, moi qui te parle, lui dit Jésus.

[27] Sur ces entrefaites, les disciples revinrent. Ils furent très étonnés de voir Jésus parler avec une femme. Aucun d'eux, cependant, ne lui demanda : « Que lui veux-tu ? » ou : « Pourquoi parles-tu avec elle ? »

[28] Alors, la femme laissa là sa cruche, se rendit à la ville, et la voilà qui se mit à dire autour d'elle :

[29] —Venez voir un homme qui m'a dit tout ce que j'ai fait. Et si c'était le Christ ?

[30] Les gens sortirent de la ville pour se rendre auprès de Jésus.

[31] Entre-temps, les disciples pressaient Jésus en disant :

—Maître, mange donc !

[32] Mais il leur dit :

—J'ai, pour me nourrir, un aliment que vous ne connaissez pas.

[33] Les disciples se demandèrent donc entre eux :

—Est-ce que quelqu'un lui aurait apporté à manger ?

[34] —Ce qui me nourrit, leur expliqua Jésus, c'est d'accomplir la volonté de celui qui m'a envoyé et de mener à bien l'œuvre qu'il m'a confiée. [35] Vous dites en ce moment : Encore quatre mois, et c'est la moisson ! N'est-ce pas ? Eh bien, moi je vous dis : Ouvrez vos yeux et regardez les champs ; déjà les épis sont blonds, prêts à être moissonnés [c]. [36] Celui qui les fauche reçoit maintenant son salaire et récolte une moisson pour la vie éternelle, si bien que semeur et moissonneur partagent la même joie. [37] Ici se vérifie le proverbe : « Autre est celui qui sème, autre celui qui moissonne. » [38] Je vous ai envoyés récolter une moisson qui ne vous a coûté aucune peine. D'autres ont travaillé, et vous avez recueilli le fruit de leur labeur.

[39] Il y eut, dans cette bourgade, beaucoup de Samaritains qui crurent en Jésus grâce au témoignage qu'avait rendu cette femme en déclarant : « Il m'a dit tout ce que j'ai fait. » [40] Lorsque les Samaritains furent venus auprès de Jésus, ils le prièrent de rester, et il passa deux jours chez eux. [41] Ils furent encore bien plus nombreux à croire en lui à cause de ses paroles, [42] et ils disaient à la femme :

—Nous croyons en lui, non seulement à cause de ce que tu nous as rapporté, mais parce que nous l'avons nous-mêmes entendu ; et nous savons qu'il est vraiment le *Sauveur du monde.

Le deuxième miracle en Galilée

[43] Après ces deux jours, Jésus repartit de là pour la *Galilée, [44] car il avait déclaré qu'un *prophète ne reçoit pas dans son pays l'honneur qui lui est dû. [45] Or, quand il arriva en Galilée, les gens lui firent assez bon accueil, car ils étaient, eux aussi, allés à *Jérusalem pendant la fête, et ils avaient vu tous les miracles qu'il y avait faits.

[46] Il repassa par Cana en Galilée, où il avait changé l'eau en vin. Or, à *Capernaüm vivait un haut fonctionnaire [d] dont le fils était très malade. [47] Quand il apprit que Jésus était revenu de *Judée en Galilée, il alla le trouver et le supplia de venir guérir son fils qui était sur le point de mourir.

[48] Jésus lui dit :

---

a. **4.18** On pourrait traduire en plaçant les paroles : *ce que tu as dit là est vrai* dans la bouche de la Samaritaine.

b. **4.20** Comme les Samaritains ne venaient pas adorer au Temple de Jérusalem, ils avaient bâti un sanctuaire, détruit depuis lors, près de l'ancienne Sichem, sur le mont *Garizim* que l'on pouvait voir depuis l'endroit où se trouvait Jésus.

c. **4.35** La *moisson* désigne l'ensemble de ceux qui sont prêts à accepter le message du Christ. Dans ce cas, les moissonneurs sont les disciples. Jean-Baptiste fut un des semeurs.

d. **4.46** Attaché au service du roi Hérode Antipas.

–A moins de voir des signes miraculeux et des choses extraordinaires, vous ne croirez donc pas ?

[49] Mais le fonctionnaire insistait :

–Seigneur, viens vite avant que mon petit garçon ne meure.

[50] –Va, lui dit Jésus, rentre chez toi, ton fils est bien portant.

Cet homme crut Jésus sur parole et il repartit chez lui.

[51] Sur le chemin du retour, plusieurs de ses serviteurs vinrent à sa rencontre et lui annoncèrent :

–Ton fils est bien portant !

[52] Il leur demanda à quelle heure son état s'était amélioré.

Ils lui répondirent :

–C'est hier vers une heure de l'après-midi que la fièvre l'a quitté.

[53] Le père constata que c'était l'heure même où Jésus lui avait dit : « Ton fils est bien portant. » Dès lors il crut, lui et toute sa famille.

[54] Tel est le deuxième signe miraculeux que Jésus accomplit en Galilée, après son retour de Judée.

FOI ET INCREDULITE

La guérison d'un paralysé à Jérusalem

5 Quelque temps plus tard, Jésus remonta à *Jérusalem à l'occasion d'une fête juive. [2] Or, dans cette ville, près de la Porte des Brebis, se trouvait une piscine[a] entourée de cinq galeries couvertes, appelée en hébreu Béthesda[b]. [3] Ces galeries étaient remplies de malades qui y restaient couchés : des aveugles, des paralysés, des impotents[c].

[5] Il y avait là un homme malade depuis trente-huit ans.

[6] Jésus le vit couché ; quand il sut qu'il était là depuis si longtemps, il lui demanda :

–Veux-tu être guéri ?

[7] –Maître, répondit le malade, je n'ai personne pour me plonger dans la piscine quand l'eau commence à bouillonner. Le temps que je me traîne là-bas, un autre y arrive avant moi.

[8] –Eh bien, lui dit Jésus, lève-toi, prends ta natte et marche.

[9] A l'instant même l'homme fut guéri. Il prit sa natte et se mit à marcher.

Mais cela se passait un jour de *sabbat. [10] Les responsables des *Juifs interpellèrent donc l'homme qui venait d'être guéri :

–C'est le sabbat ! Tu n'as pas le droit de porter cette natte.

[11] –Mais, répliqua-t-il, celui qui m'a guéri m'a dit : « Prends ta natte et marche. »

[12] –Et qui t'a dit cela ? lui demandèrent-ils.

[13] Mais l'homme qui avait été guéri ignorait qui c'était, car Jésus avait disparu dans la foule qui se pressait en cet endroit.

[14] Peu de temps après, Jésus le rencontra dans la cour du *Temple.

–Te voilà guéri, lui dit-il. Mais veille à ne plus pécher, pour qu'il ne t'arrive rien de pire.

[15] Et l'homme alla annoncer aux chefs des *Juifs que c'était Jésus qui l'avait guéri.

Le Père et le Fils

[16] Les chefs des Juifs se mirent donc à accuser Jésus parce qu'il avait fait cela le jour du sabbat.

[17] Jésus leur répondit :

–Mon Père est à l'œuvre jusqu'à présent, et moi aussi je suis à l'œuvre.

[18] Cette remarque fut pour eux une raison de plus pour chercher à le faire mourir car, non content de violer la *loi sur le sabbat, il appelait encore Dieu son propre Père et se faisait ainsi l'égal de Dieu. [19] Jésus répondit à ces reproches en leur disant :

–Vraiment, je vous l'assure : le Fils ne peut rien faire de sa propre initiative ; il agit seulement d'après ce qu'il voit faire au Père. Tout ce que fait le Père, le Fils le fait également, [20] car le Père aime le Fils et lui montre tout ce qu'il fait. Il lui donnera même le pouvoir d'accomplir des œuvres plus grandes que toutes celles que vous avez vues jusqu'à présent, et vous en serez stupéfaits. [21] En effet, comme le Père relève les morts et leur rend la vie, ainsi le Fils, lui aussi, donne la vie à qui il veut. [22] De plus, ce n'est pas le Père qui prononce le jugement sur les hommes ; il a remis tout jugement au Fils, [23] afin que tous les hommes honorent le Fils au même titre que le Père. Ne pas honorer le Fils, c'est ne pas honorer le Père qui l'a envoyé.

[24] Oui, vraiment, je vous l'assure : celui qui écoute ce que je dis et qui place sa

---

a. 5.2 L'emplacement de cette *piscine* existe toujours dans un quartier au nord-est de Jérusalem.

b. 5.2 Certains manuscrits ont : *Bethzatha*.

c. 5.3 Certains manuscrits ont à la suite : *Ils attendaient le bouillonnement de l'eau.* [4] *Car un *ange du Seigneur descendait de temps en temps dans la piscine et agitait l'eau. Le premier qui y entrait après le bouillonnement de l'eau était guéri, quelle que soit sa maladie.*

*confiance dans le Père qui m'a envoyé, possède, dès à présent, la vie éternelle et il ne sera pas condamné ; il est déjà passé de la mort à la vie. 25 Oui, vraiment, je vous l'assure : l'heure vient, et elle est déjà là, où les morts entendront la voix du Fils de Dieu, et tous ceux qui l'auront entendue vivront.

26 En effet, comme le Père possède la vie en lui-même, il a accordé au Fils d'avoir la vie en lui-même. 27 Et parce qu'il est le *Fils de l'homme, il lui a donné autorité pour exercer le jugement.

28 Ne vous en étonnez pas : l'heure vient où tous ceux qui sont dans la tombe entendront la voix du Fils de l'homme. 29 Alors, ils en sortiront : ceux qui auront fait le bien ressusciteront pour la vie, ceux qui auront fait le mal ressusciteront pour être condamnés a. 30 Pour moi, je ne peux rien faire de mon propre chef ; je juge seulement comme le Père me l'indique. Et mon verdict est juste, car je ne cherche pas à réaliser mes propres désirs, mais à faire la volonté de celui qui m'a envoyé.

Les témoins du Fils

31 −Bien sûr, si j'étais seul à témoigner en ma faveur, mon témoignage ne serait pas valable.

32 Mais j'ai un autre témoin b et je sais que son témoignage est vrai. 33 Vous avez envoyé une commission d'enquête auprès de Jean et il a rendu témoignage à la vérité c. 34 Moi, je n'ai pas besoin d'un homme pour témoigner en ma faveur, mais je dis cela pour que vous, vous soyez *sauvés. 35 Oui, Jean était vraiment comme un flambeau que l'on allume pour qu'il répande sa clarté. Mais vous, vous avez simplement voulu, pour un moment, vous réjouir à sa lumière.

36 Quant à moi, j'ai en ma faveur un témoignage qui a plus de poids que celui de Jean : c'est celui des œuvres que le Père m'a donné d'accomplir. Oui, ces œuvres que j'accomplis attestent clairement que le Père m'a envoyé. 37 De plus, le Père lui-même, qui m'a envoyé, a témoigné en ma faveur. Mais vous n'avez jamais entendu sa voix, ni vu sa face. 38 Sa parole n'habite pas en vous ; la preuve, c'est que vous ne croyez pas en celui qu'il a envoyé. 39 Vous étudiez avec soin les Ecritures, parce que vous êtes convaincus d'en obtenir la vie éternelle. Or, précisément, ce sont elles qui témoignent de moi. 40 Mais voilà : vous ne voulez pas venir à moi pour recevoir la vie.

41 Je ne cherche pas à être applaudi par les hommes. 42 Seulement, je constate une chose : au fond de vous-mêmes, vous n'avez pas d'amour pour Dieu. 43 Je suis venu au nom de mon Père, et vous ne me recevez pas. Si un autre vient en son propre nom, vous le recevrez ! 44 D'ailleurs, comment pourriez-vous parvenir à la foi alors que vous voulez être applaudis les uns par les autres et que vous ne recherchez pas la gloire qui vient de Dieu seul ?

45 N'allez surtout pas croire que je serai moi votre accusateur auprès de mon Père ; c'est *Moïse qui vous accusera, oui, ce Moïse même en qui vous avez mis votre espérance. 46 En effet, si vous l'aviez réellement cru, vous m'auriez aussi cru, car il a parlé de moi dans ses livres. 47 Si vous ne croyez même pas à ses écrits, comment croirez-vous à mes paroles ?

Du pain pour tous
(Mt 14.13-21 ; Mc 6.30-44 ; Lc 9.10-17)

6 Après cela, Jésus passa sur l'autre rive du lac de *Galilée (appelé aussi lac de Tibériade). 2 Une foule immense le suivait, attirée par les guérisons miraculeuses dont elle avait été témoin. 3 C'est pourquoi Jésus s'en alla dans la montagne et s'assit là avec ses *disciples. 4 La *Pâque, la fête des Juifs était proche.

5 Jésus regarda autour de lui et vit une foule nombreuse venir à lui. Alors il demanda à Philippe :

−Où pourrions-nous acheter assez de pains pour nourrir tout ce monde ?

6 Il ne lui posait cette question que pour voir ce qu'il allait répondre car, en réalité, il savait déjà ce qu'il allait faire.

7 −Rien que pour donner à chacun un petit morceau de pain, il faudrait au moins deux cents pièces d'argent d, lui répondit Philippe.

8 Un autre disciple, André, frère de *Simon Pierre, lui dit :

9 −Il y a ici un jeune garçon qui a cinq pains d'orge et deux poissons. Mais qu'est-ce que cela pour tant de monde ?

10 −Dites-leur à tous de s'asseoir, leur ordonna Jésus.

---

a. 5.29 Voir Dn 12.2.
b. 5.32 Il s'agit de Jean-Baptiste.
c. 5.33 Allusion au ministère de Jean-Baptiste.

d. 6.7 Il s'agit de 200 deniers. Le denier équivalait au salaire d'une journée de travail (Mt 20.2).

L'herbe était abondante à cet endroit et la foule s'installa donc par terre. Il y avait là environ cinq mille hommes. [11] Jésus prit alors les pains, remercia Dieu, puis les fit distribuer à ceux qui avaient pris place sur l'herbe. Il leur donna aussi autant de poisson qu'ils en désiraient. [12] Quand ils eurent tous mangé à leur faim, Jésus dit à ses disciples :

—Ramassez les morceaux qui restent, pour que rien ne soit gaspillé.

[13] Ils les ramassèrent donc et remplirent douze paniers avec ce qui restait des cinq pains d'orge qu'on avait mangés.

[14] Lorsque tous ces gens-là virent le signe miraculeux de Jésus, ils s'écrièrent :

—Pas de doute : cet homme est vraiment le Prophète qui devait venir dans le monde.

[15] Mais Jésus, sachant qu'ils allaient l'enlever de force pour le proclamer roi, se retira de nouveau, tout seul, dans la montagne.

Jésus marche sur les eaux
(Mt 14.22-27 ; Mc 6.45-52)

[16] A la tombée de la nuit, ses disciples redescendirent au bord du lac. [17] Ils montèrent dans un bateau et se dirigèrent vers *Capernaüm, sur l'autre rive. Il faisait déjà nuit et Jésus ne les avait pas encore rejoints. [18] Un vent violent se mit à souffler, et le lac était très agité. [19] Les *disciples avaient déjà parcouru cinq ou six kilomètres, quand ils virent Jésus marcher sur l'eau et s'approcher de leur bateau. L'épouvante les saisit. [20] Mais Jésus leur dit :

—C'est moi, n'ayez pas peur !

[21] Ils voulurent alors le faire monter dans le bateau, mais, au même moment, ils touchèrent terre à l'endroit où ils voulaient aller.

Le pain qui fait vivre

[22] Le lendemain, ceux qui étaient restés sur l'autre rive se rendirent compte qu'il n'y avait eu là qu'un seul bateau et que Jésus n'avait pas accompagné ses disciples ; ceux-ci étaient repartis seuls. [23] Entre-temps, d'autres bateaux étaient arrivés de Tibériade, près de l'endroit où toute cette foule avait été nourrie après que le Seigneur eut remercié Dieu. [24] Quand les gens virent que Jésus n'était pas là, et ses disciples non plus, ils montèrent dans les bateaux pour aller à *Capernaüm, à la recherche de Jésus.

[25] Ils le trouvèrent de l'autre côté du lac et lui demandèrent :

—Maître, quand es-tu venu ici ?

[26] Jésus leur répondit :

—Vraiment, je vous l'assure, si vous me cherchez, ce n'est pas parce que vous avez compris le sens de mes signes miraculeux. Non ! C'est parce que vous avez mangé du pain et que vous avez été rassasiés.

[27] Travaillez, non pour la nourriture périssable, mais pour celle qui dure pour la vie éternelle. Cette nourriture, c'est le *Fils de l'homme qui vous la donnera, car Dieu le Père lui en a accordé le pouvoir en le marquant de son sceau [a].

[28] —Et que devons-nous faire pour accomplir les œuvres que Dieu attend de nous ? lui demandèrent-ils encore.

[29] —L'œuvre de Dieu, leur répondit Jésus, c'est que vous croyiez en celui qu'il a envoyé.

[30] Sur quoi, ils lui dirent :

—Quel signe miraculeux nous feras-tu voir pour que nous puissions croire en toi ? Que vas-tu faire ? [31] Pendant qu'ils traversaient le désert, nos ancêtres ont mangé la manne [b], comme le dit ce texte de l'Ecriture : *Il leur donna à manger un pain qui venait du ciel* [c].

[32] Mais Jésus leur répondit :

—Vraiment, je vous l'assure : ce n'est pas *Moïse qui vous a donné le pain venu du ciel, c'est mon Père qui vous donne le pain du ciel, le vrai pain. [33] Car le pain qui vient de Dieu, c'est celui qui descend du ciel et qui donne la vie au monde.

[34] —Seigneur, dirent-ils alors, donne-nous toujours de ce pain-là.

[35] Et Jésus répondit :

—C'est moi qui suis le pain qui donne la vie. Celui qui vient à moi n'aura plus jamais faim, celui qui croit en moi n'aura plus jamais soif. [36] Mais je vous l'ai déjà dit : vous avez vu, et vous ne croyez pas.

[37] Tous ceux que le Père me donne viendront à moi, et je ne repousserai pas celui qui vient à moi. [38] Car si je suis descendu du ciel, ce n'est pas pour faire ce qui me plaît, mais pour accomplir la volonté de celui qui m'a envoyé. [39] Or, celui qui m'a envoyé veut que je ne perde aucun de ceux qu'il m'a donnés, mais que je les ressuscite au dernier jour. [40] Oui, telle est la volonté de mon Père : que tous ceux qui tournent leurs regards vers le Fils et qui croient en lui, possèdent la vie

---

a. **6.27** Le *sceau* est une marque d'authenticité. Les miracles accomplis par Jésus authentifiaient l'origine divine de son ministère.

b. **6.31** Nourriture donnée par Dieu aux Israélites durant leur séjour dans le désert après la sortie d'Egypte. Voir Ex 16.15.

c. **6.31** Ps 78.24.

éternelle, et moi, je les ressusciterai au dernier jour.

41 Alors les gens se mirent à murmurer contre lui, parce qu'il avait dit : « C'est moi qui
suis le pain descendu du ciel. » 42 Ils disaient :

—Voyons, n'est-ce pas Jésus, le fils de
Joseph ? Nous connaissons bien son père et
sa mère ! Comment peut-il prétendre qu'il
est descendu du ciel ?

43 Jésus leur dit :

—Cessez donc de murmurer ainsi entre
vous ! 44 Personne ne peut venir à moi si le
Père qui m'a envoyé ne l'attire, et moi, je le
ressusciterai au dernier jour. 45 Dans les
écrits des *prophètes, vous pouvez lire cette
parole : *Dieu les instruira tous*[a]. Tout homme
qui écoute la voix du Père et qui se laisse instruire par lui vient à moi.

46 Personne n'a jamais vu le Père, sauf
celui qui est venu d'auprès de Dieu. Lui, il a
vu le Père. 47 Vraiment, je vous l'assure :
celui qui croit a la vie éternelle, 48 car je suis
le pain qui donne la vie. 49 Vos ancêtres ont
bien mangé la manne dans le désert et cela
ne les a pas empêchés de mourir.

50 Mais c'est ici le pain qui descend du ciel :
celui qui en mange ne mourra pas. 51 C'est
moi qui suis le pain vivant descendu du ciel :
si quelqu'un mange de ce pain-là, il vivra éternellement. Le pain que je donnerai pour que
le monde vive, c'est mon propre corps[b].

52 A ces mots, les *Juifs se mirent à discuter vivement entre eux, disant :

—Comment cet homme pourrait-il nous
donner son corps à manger ?

53 Alors Jésus leur dit :

—Oui, vraiment, je vous l'assure : si vous
ne mangez pas la chair du *Fils de l'homme
et si vous ne buvez pas son sang, vous n'aurez
point la vie en vous. 54 Celui qui se nourrit
de ma chair et qui boit mon sang a la vie
éternelle, et moi je le ressusciterai au dernier
jour. 55 Car ma chair est vraiment une nourriture et mon sang est vraiment un breuvage.
56 Celui qui mange ma chair et boit mon
sang demeure en moi, et moi je demeure en
lui. 57 Le Père qui m'a envoyé a la vie en lui-
même, et c'est lui qui me fait vivre ; ainsi,
celui qui se nourrit de moi vivra lui aussi par
moi. 58 C'est ici le pain descendu du ciel. Il
n'est pas comme celui que vos ancêtres ont
mangé ; eux, ils sont morts ; mais celui qui
mange ce pain-ci vivra pour toujours.

59 Voilà ce que déclara Jésus lorsqu'il enseigna dans la *synagogue de *Capernaüm.

60 Après l'avoir entendu, plusieurs de ses
*disciples dirent :

—Ce langage est bien difficile à accepter !
Qui peut continuer à l'écouter ?

61 Jésus savait fort bien quels murmures
ses paroles avaient soulevés parmi eux. C'est
pourquoi il leur dit :

—Cela vous choque-t-il ? 62 Et si vous
voyez le Fils de l'homme remonter là où il
était auparavant ? 63 C'est l'Esprit qui donne
la vie ; l'homme n'aboutit à rien par lui-
même. Les paroles que je vous ai dites sont
Esprit et vie[c]. 64 Hélas, il y en a parmi vous
qui ne croient pas.

En effet, dès le début Jésus savait quels
étaient ceux qui ne croyaient pas, et qui était
celui qui allait le trahir.

65 Aussi ajouta-t-il :

—C'est bien pour cela que je vous ai dit :
Personne ne peut venir à moi si cela ne lui est
accordé par le Père.

66 A partir de ce moment-là, beaucoup de
ses disciples l'abandonnèrent et cessèrent de
l'accompagner.

67 Alors Jésus, se tournant vers les Douze,
leur demanda :

—Et vous, ne voulez-vous pas aussi partir ?
68 Mais *Simon Pierre lui répondit :

—Seigneur, vers qui irions-nous ? Tu as les
paroles de la vie éternelle. 69 Nous, nous
avons mis toute notre *confiance en toi et
nous savons que tu es le Saint, envoyé de
Dieu.

70 —N'est-ce pas moi qui vous ai choisis
tous les douze ? reprit Jésus. Et pourtant,
l'un de vous est un diable.

71 Par ces mots, il désignait Judas, fils de
Simon Iscariot, l'un des Douze, qui allait le
trahir.

Jésus à la fête des Cabanes

7 Après cela, Jésus continua à parcourir
la *Galilée ; il voulait en effet éviter la
*Judée où les autorités juives cherchaient à le
supprimer. 2 Cependant, on se rapprochait
de la fête juive des Cabanes[d].

3 Ses frères lui dirent alors :

_____

a. 6.45 Es 54.13.
b. 6.51 Jésus parle de sa mort ; il allait s'offrir en
sacrifice pour le péché des hommes.

_____

c. 6.63 D'autres comprennent : *sont esprit et vie*
c'est-à-dire *ont une signification spirituelle.*
d. 7.2 Cette fête, d'une durée de huit jours, rappelait l'époque où les Israélites vivaient sous des tentes, dans le désert, après la sortie d'Egypte.
Jérusalem était durant cette semaine un centre de
rassemblement des Juifs venus de toute la Palestine.

–Tu devrais quitter cette région et te rendre en Judée pour que, là aussi, tes *disciples puissent voir les œuvres que tu accomplis. **4** Quand on veut être connu, on n'agit pas avec tant de discrétion. Puisque tu accomplis de si grandes choses, fais en sorte que tout le monde le voie.

5 En effet, les frères de Jésus eux-mêmes ne croyaient pas en lui. **6** Jésus leur répondit :

–Le moment n'est pas encore venu pour moi. En revanche, pour vous, c'est toujours le bon moment. **7** Le monde n'a aucune raison de vous haïr ; mais moi, il me déteste parce que je témoigne que ses actes sont mauvais. **8** Vous donc, allez à la fête ; pour ma part, je n'y vais pas encore **a** car le moment n'est pas encore venu pour moi.

9 Après leur avoir dit cela, il resta en Galilée. **10** Cependant, quand ses frères furent partis pour la fête, il s'y rendit lui aussi, mais secrètement, sans se montrer. **11** Or, pendant la fête, les autorités juives le cherchaient et demandaient :

–Où est-il donc ?

12 Dans la foule, les discussions allaient bon train à son sujet. Les uns disaient :

–C'est quelqu'un de bien.

–Pas du tout, répondaient les autres : il trompe tout le monde.

13 Mais, comme ils avaient tous peur des autorités juives, personne n'osait parler librement de lui.

L'opposition grandit

14 La moitié de la semaine de fête était déjà passée, quand Jésus alla au *Temple et se mit à enseigner. **15** Les *Juifs en étaient tout étonnés et se demandaient :

–Comment peut-il connaître à ce point les Ecritures, sans avoir jamais étudié ?

16 Jésus leur répondit :

–Rien de ce que j'enseigne ne vient de moi. J'ai tout reçu de celui qui m'a envoyé. **17** Si quelqu'un est décidé à faire la volonté de Dieu, il reconnaîtra bien si mon enseignement vient de Dieu ou si je parle de ma propre initiative. **18** Celui qui parle en son propre nom recherche sa propre gloire. Mais si quelqu'un vise à honorer celui qui l'a envoyé, c'est un homme vrai ; il n'y a rien de faux en lui. **19** *Moïse vous a donné la *Loi, et pourtant, aucun de vous ne fait ce qu'elle ordonne ! Pourquoi cherchez-vous à me tuer ?

20 –Tu as un démon en toi ! lui cria la foule. Qui est-ce qui veut te tuer ?

21 Jésus reprit la parole et leur dit :

–Il a suffi que je fasse une œuvre pour que vous soyez tous dans l'étonnement. **22** Réfléchissez : Moïse vous a donné l'ordre de pratiquer la *circoncision, rite qui ne vient d'ailleurs pas de Moïse, mais des patriarches. Or, cela ne vous dérange pas de circoncire quelqu'un le jour du *sabbat. **23** Eh bien, si on circoncit un garçon le jour du sabbat pour respecter la Loi de Moïse, pourquoi donc vous indignez-vous contre moi parce que j'ai entièrement guéri un homme le jour du sabbat ? **24** Cessez donc de juger selon les apparences, et apprenez à porter des jugements conformes à ce qui est juste.

25 En le voyant, quelques habitants de *Jérusalem s'étonnaient :

–N'est-ce pas celui qu'ils veulent faire mourir ? **26** Or, le voilà qui parle librement en public et personne ne lui dit rien ! Est-ce que, par hasard, nos autorités auraient reconnu qu'il est vraiment le Christ ? **27** Pourtant, lui, nous savons d'où il est ; mais le Christ, quand il viendra, personne ne saura d'où il est.

28 Alors Jésus intervint d'une voix forte, et on l'entendit dans toute la cour du *Temple :

–Vraiment ! Vous me connaissez et vous savez d'où je suis ! Sachez-le, je ne suis pas venu de ma propre initiative. C'est celui qui est véridique qui m'a envoyé. Vous ne le connaissez pas. **29** Moi, je le connais, car je viens d'auprès de lui, et c'est lui qui m'a envoyé.

30 Alors plusieurs essayèrent de l'arrêter, et pourtant personne ne mit la main sur lui, parce que son heure n'était pas encore venue. **31** Cependant, beaucoup de gens du peuple crurent en lui.

–Quand le Christ viendra, disaient-ils, accomplira-t-il plus de signes miraculeux que n'en a déjà fait cet homme-là ?

32 Ce qui se murmurait ainsi dans la foule au sujet de Jésus parvint aux oreilles des *pharisiens. Alors les chefs des *prêtres et les pharisiens envoyèrent des gardes du Temple pour procéder à son arrestation.

33 Jésus déclara :

–Je suis encore pour un peu de temps parmi vous. Ensuite je retournerai auprès de celui qui m'a envoyé. **34** Vous me chercherez, et vous ne me trouverez pas ; et vous ne pouvez pas aller là où je serai.

35 Sur quoi, ses auditeurs se demandèrent entre eux :

–Où va-t-il aller pour que nous ne le trouvions pas ? Aurait-il l'intention de se rendre chez les Juifs dispersés parmi les non-Juifs ?

---

a. 7.8 Certains manuscrits ont : *je n'y vais pas.*

Voudrait-il peut-être même apporter son enseignement aux non-Juifs ? ³⁶ Que peut-il bien vouloir dire quand il déclare : « Vous me chercherez et vous ne me trouverez pas, et vous ne pouvez pas aller là où je serai » ?

L'eau vive

³⁷ Le dernier jour de la fête, le jour le plus solennel, Jésus se tint devant la foule et lança à pleine voix :

–Si quelqu'un a soif, qu'il vienne à moi, et que celui qui croit en moi boive. ³⁸ Car, comme le dit l'Ecriture, *des fleuves d'eau vive jailliront de lui* ᵃ. ³⁹ En disant cela, il faisait allusion à l'Esprit que devaient recevoir plus tard ceux qui croiraient en lui. En effet, à ce moment-là, l'Esprit n'avait pas encore été donné parce que Jésus n'était pas encore entré dans sa gloire.

Pour ou contre Jésus ?

⁴⁰ Dans la foule, plusieurs de ceux qui avaient entendu ces paroles disaient :

–Pas de doute : cet homme est bien le Prophète attendu.

⁴¹ D'autres affirmaient :

–C'est le Christ.

–Mais, objectaient certains, le Christ pourrait-il venir de la *Galilée ? ⁴² L'Ecriture ne dit-elle pas que le *Messie sera un descendant de *David et qu'il naîtra à Bethléhem ᵇ, le village où David a vécu ?

⁴³ Ainsi, le peuple se trouva de plus en plus divisé à cause de lui. ⁴⁴ Quelques-uns voulaient l'arrêter mais personne n'osa porter la main sur lui.

⁴⁵ Les gardes du *Temple retournèrent auprès des chefs des *prêtres et des *pharisiens. Ceux-ci leur demandèrent :

–Pourquoi ne l'avez-vous pas amené ?

⁴⁶ Ils répondirent :

–Personne n'a jamais parlé comme cet homme.

⁴⁷ –Quoi, répliquèrent les pharisiens, vous aussi, vous vous y êtes laissé prendre ? ⁴⁸ Est-ce qu'un seul des chefs ou un seul des pharisiens a cru en lui ? ⁴⁹ Il n'y a que ces gens du peuple qui ne connaissent rien à la *Loi... ce sont tous des maudits !

⁵⁰ Là-dessus, l'un d'entre eux, Nicodème, celui qui, précédemment, était venu trouver Jésus, leur dit :

⁵¹ –Notre Loi nous permet-elle de condamner un homme sans l'avoir entendu et sans savoir ce qu'il a fait de mal ?

⁵² –Es-tu, toi aussi, de la Galilée ? lui répondirent-ils. Consulte les Ecritures, et tu verras qu'aucun *prophète ne sort de la Galilée.

[⁵³ Là-dessus chacun rentra chez soi.

« Va et ne pèche plus »

8 Quant à Jésus, il partit pour le mont des Oliviers. ² Mais le lendemain, il revint de bonne heure dans la cour du *Temple et tout le peuple se pressa autour de lui ; alors il s'assit et se mit à enseigner.

³ Tout à coup, les *spécialistes de la Loi et les *pharisiens traînèrent devant lui une femme qui avait été prise en flagrant délit d'adultère. Ils la firent avancer dans la foule et la placèrent, bien en vue, devant Jésus.

⁴ –Maître, lui dirent-ils, cette femme a commis un adultère ; elle a été prise sur le fait. ⁵ Or, dans la *Loi, *Moïse nous a ordonné de lapider les femmes de ce genre. Toi, qu'en dis-tu ?

⁶ En lui posant cette question, ils voulaient lui tendre un piège, dans l'espoir de trouver quelque prétexte pour l'accuser.

Mais Jésus se baissa et se mit à écrire du doigt sur le sol. ⁷ Eux, ils insistaient, répétant leur question. Alors il se releva et leur dit :

–Que celui d'entre vous qui n'a jamais péché lui jette la première pierre !

⁸ Puis il se baissa de nouveau et se remit à écrire sur le sol. ⁹ Après avoir entendu ces paroles, ils s'esquivèrent l'un après l'autre, à commencer par les plus âgés, laissant finalement Jésus seul avec la femme, qui était restée au milieu de la cour du Temple. ¹⁰ Alors Jésus leva la tête et lui dit :

–Eh bien, où sont donc passés tes accusateurs ? Personne ne t'a condamnée ?

¹¹ –Personne, Seigneur, lui répondit-elle.

Alors Jésus reprit :

–Je ne te condamne pas non plus. Va, mais désormais, ne pèche plus ᶜ.]

---

a. 7.38 *de lui* : c'est-à-dire du Christ, comme le suggère le v.39. Jésus est le vrai Temple (Jn 2.21) d'où jaillissent les fleuves d'eau vive : Ez 47.1ss. ; Jl 4.18 ; Za 14.8 (voir 13.1). D'autres comprennent, en changeant la ponctuation : ³⁷ *Si quelqu'un a soif, qu'il vienne à moi et qu'il boive. Celui qui croit en moi,* ³⁸ *des fleuves d'eau vive jailliront de lui, comme le dit l'Ecriture.*

b. 7.42 Cette remarque s'inspire de 2 S 7.12 ; Mi 5.1. Beaucoup ne savaient pas que Jésus était né à Bethléhem en Judée, mais croyaient plutôt qu'il était né en Galilée, d'où il était venu.

c. 8.11 Les versets 7.53 à 8.11 sont absents des manuscrits les plus anciens. Quelques manuscrits les situent ailleurs, à la fin de l'évangile ou après Lc 21.38.

La lumière du monde

[12] Jésus parla de nouveau en public :

—Je suis la lumière du monde, dit-il. Celui qui me suit ne marchera pas dans les ténèbres : il aura la lumière de la vie.

[13] Là-dessus les *pharisiens lui répondirent :

—Tu te rends témoignage à toi-même : ton témoignage n'est pas vrai.

[14] Jésus leur répondit :

—Oui, je me rends témoignage à moi-même : mais mon témoignage est vrai, car je sais d'où je suis venu et où je vais ; quant à vous, vous ne savez pas d'où je viens ni où je vais. [15] Vous jugez selon des critères purement humains, moi, je ne juge personne. [16] Et à supposer que je porte un jugement, ce jugement est vrai, car je ne suis pas seul pour juger, mais avec moi, il y a aussi le Père qui m'a envoyé. [17] Le témoignage commun de deux personnes n'est-il pas vrai ? C'est ce qui est écrit dans votre *Loi ! [18] Eh bien, moi, je suis mon propre témoin ; et le Père qui m'a envoyé me rend aussi témoignage.

[19] —Mais, où est-il, ton père ? s'exclamèrent-ils.

—Vous ne connaissez ni moi, ni mon Père, répliqua Jésus ; si vous m'aviez connu, vous connaîtriez aussi mon Père.

[20] Jésus parla ainsi pendant qu'il enseignait dans la cour du Temple près des troncs à offrandes, et personne n'essaya de l'arrêter, parce que son heure n'était pas encore venue.

Celui qui est

[21] Jésus leur dit encore :

—Je vais m'en aller et vous me chercherez ; mais vous mourrez dans votre péché. Vous ne pouvez pas aller là où je vais.

[22] Sur quoi ils se demandèrent entre eux :

—Aurait-il l'intention de se suicider ? Est-ce là ce qu'il veut dire par ces paroles : « Vous ne pouvez pas aller là où je vais ? »

[23] —Vous, leur dit-il alors, vous êtes d'ici-bas ; moi, je suis d'en haut. Vous appartenez à ce monde-ci ; moi, je ne lui appartiens pas. [24] C'est pourquoi je vous ai dit : « Vous mourrez dans vos péchés. » En effet, si vous ne croyez pas que *moi, je suis* [a], vous mourrez dans vos péchés.

[25] —Qui es-tu donc ? lui demandèrent-ils alors.

—Je ne cesse de vous le dire depuis le début [b] ! leur répondit Jésus. [26] En ce qui vous concerne, j'aurais beaucoup à dire, beaucoup à juger. Mais celui qui m'a envoyé est véridique, et je proclame au monde ce que j'ai appris de lui.

[27] Comme ils ne comprenaient pas que Jésus leur parlait du Père, il ajouta :

[28] —Quand vous aurez élevé le *Fils de l'homme, alors vous comprendrez que *moi, je suis* [c]. Vous reconnaîtrez que je ne fais rien de ma propre initiative, mais que je transmets ce que le Père m'a enseigné. [29] Oui, celui qui m'a envoyé est avec moi ; il ne m'a pas laissé seul, car je fais toujours ce qui lui est agréable.

[30] Pendant qu'il parlait ainsi, beaucoup crurent en lui.

Les vrais fils d'Abraham

[31] Alors Jésus dit aux *Juifs qui avaient mis leur foi en lui :

—Si vous vous attachez à la Parole que je vous ai annoncée, vous êtes vraiment mes *disciples. [32] Vous connaîtrez la vérité, et la vérité fera de vous des hommes libres.

[33] —Nous, lui répondirent-ils, nous sommes la postérité d'*Abraham [d], nous n'avons jamais été esclaves de personne. Comment peux-tu dire : « Vous serez des hommes libres ? »

[34] —Vraiment, je vous l'assure, leur répondit Jésus, tout homme qui commet le péché est esclave du péché. [35] Or, un esclave ne fait pas partie de la famille, un fils, lui, en fait partie pour toujours. [36] Si donc c'est le Fils qui vous donne la liberté, alors vous serez vraiment des hommes libres. [37] Je sais que vous êtes les descendants d'Abraham. Pourtant, vous cherchez à me faire mourir parce que ma parole ne trouve aucun accès dans votre cœur. [38] Moi, je parle de ce que j'ai vu chez mon Père. Quant à vous, vous faites ce que vous avez appris de votre père.

[39] —Notre père à nous, répondirent-ils, c'est Abraham.

—Eh bien, leur répliqua Jésus, si vous étiez vraiment des enfants d'Abraham, vous agiriez comme lui [e]. [40] Au lieu de cela, vous

---

a. 8.24 Allusion à l'épisode du buisson ardent (Ex 3.14) où Dieu s'est défini en disant : *je suis celui qui est*. Voir v.28,58.

b. 8.25 Autres traductions : *d'abord, pourquoi vous parlerai-je ?* ou *précisément ce que je vous dis.*

c. 8.28 Voir note v. 24.

d. 8.33 Le premier des patriarches, dont descendent tous les Israélites.

e. 8.39 Certains manuscrits ont : *si vous êtes vraiment des fils d'Abraham, agissez comme lui.*

cherchez à me faire mourir. Pourquoi ? Parce que je vous dis la vérité telle que je l'ai apprise de Dieu. Jamais Abraham n'a agi comme vous. ⁴¹ Vous agissez exactement comme votre père à vous !

—Mais, répondirent-ils, nous ne sommes pas des enfants illégitimes. Nous n'avons qu'un seul Père : Dieu !

⁴² —Si vraiment Dieu était votre Père, leur dit Jésus, vous m'aimeriez, car c'est de sa part que je suis ici et c'est de sa part que je suis venu au milieu de vous. Je ne suis pas venu de ma propre initiative, c'est lui qui m'a envoyé. ⁴³ Pourquoi ne comprenez-vous pas ce que je vous dis ? Parce que vous êtes incapables de recevoir mes paroles.

⁴⁴ Votre père, c'est le diable, et vous voulez vous conformer à ses désirs. Depuis le commencement, c'est un meurtrier : il ne se tient pas dans la vérité, parce qu'il n'y a pas de vérité en lui. Lorsqu'il ment, il parle de son propre fond, puisqu'il est menteur, lui le père du mensonge. ⁴⁵ Mais moi, je dis la vérité. C'est précisément pour cela que vous ne me croyez pas. ⁴⁶ Qui d'entre vous peut m'accuser d'avoir commis une seule faute ? Si je dis vrai, pourquoi ne me croyez-vous pas ? ⁴⁷ Celui qui appartient à Dieu écoute les paroles de Dieu. Si vous ne les écoutez pas, c'est parce que vous ne lui appartenez pas.

⁴⁸ Ils répliquèrent :

—Nous avions bien raison de le dire : tu n'es qu'un *Samaritain, tu as un démon en toi.

⁴⁹ —Non, répondit Jésus, je n'ai pas de démon en moi. Au contraire, j'honore mon Père ; mais vous, vous me méprisez. ⁵⁰ Non, je ne recherche pas la gloire pour moi-même : c'est un autre qui s'en préoccupe et il me rendra justice.

⁵¹ Vraiment, je vous l'assure : celui qui observe mon enseignement ne verra jamais la mort.

Le Fils et Abraham

⁵² Sur quoi les chefs des *Juifs reprirent :

—Cette fois, nous sommes sûrs que tu as un démon en toi. Abraham est mort, les *prophètes aussi, et toi tu viens nous dire : Celui qui observe mon enseignement ne mourra jamais. ⁵³ Serais-tu plus grand que notre père Abraham, qui est mort – ou que les prophètes, qui sont tous morts ? Pour qui te prends-tu donc ?

⁵⁴ Jésus répondit :

—Si je m'attribuais moi-même ma gloire, cela n'aurait aucune valeur. Celui qui me glorifie, c'est mon Père, celui-là même que vous appelez votre Dieu. ⁵⁵ En fait, vous ne le connaissez pas, alors que moi, je le connais. Si je disais ne pas le connaître, je serais menteur, comme vous. Mais le fait est que je le connais et que j'obéis à sa Parole. ⁵⁶ Abraham votre père a exulté de joie, rien qu'à la pensée de voir mon jour. Il l'a vu et en a été transporté de joie.

⁵⁷ —Quoi, lui dirent-ils alors, tu n'as même pas cinquante ans et tu prétends avoir vu Abraham ᵃ !

⁵⁸ —Vraiment, je vous l'assure, leur répondit Jésus, avant qu'Abraham soit venu à l'existence, *moi, je suis* ᵇ.

⁵⁹ A ces mots, ils se mirent à ramasser des pierres pour les lui jeter, mais Jésus disparut dans la foule et sortit de l'enceinte du *Temple.

La guérison d'un aveugle

9 En partant, Jésus aperçut sur son chemin un homme qui était aveugle de naissance. ² Ses *disciples lui posèrent alors cette question :

—Dis-nous, Maître, pourquoi cet homme est-il né aveugle ? Est-ce à cause de son propre péché ou de celui de ses parents ?

³ Jésus répondit :

—Cela n'a pas de rapport avec son péché, ni avec celui de ses parents ; c'est pour qu'en lui tous puissent voir ce que Dieu est capable de faire. ⁴ Il nous faut accomplir les œuvres de celui qui m'a envoyé tant qu'il fait jour ; la nuit vient où plus personne ne pourra travailler. ⁵ Aussi longtemps que je suis encore dans le monde, je suis la lumière du monde.

⁶ Après avoir dit cela, Jésus cracha par terre et, avec sa salive, il fit un peu de boue qu'il appliqua sur les yeux de l'aveugle. ⁷ Puis il lui dit :

—Va te laver au réservoir de Siloé ᶜ (le mot « Siloé » veut dire : « envoyé »).

L'aveugle alla se laver et, à son retour, il voyait.

⁸ Ses voisins et ceux qui avaient l'habitude de le voir mendier dirent :

—Cet homme, n'est-ce pas celui qui était toujours assis en train de mendier ?

⁹ Les uns affirmaient :

---

a. 8.57 Certains manuscrits ont : *et Abraham t'a vu.*

b. 8.58 Voir note v.24.

c. 9.7 Source dans Jérusalem, dont les eaux puisées lors des fêtes juives symbolisaient les bénédictions à venir de l'âge messianique.

—C'est bien lui.

D'autres le niaient :

—Ce n'est pas lui ; c'est quelqu'un qui lui ressemble.

Quant à lui, il disait :

—C'est bien moi.

[10] Alors on le questionna :

—Comment se fait-il que tes yeux se soient ouverts ?

[11] Il répondit :

—L'homme qui s'appelle Jésus a fait un peu de boue, m'en a frotté les yeux, puis il m'a dit : « Va à Siloé et lave-toi. » J'y suis allé, je me suis lavé et, d'un coup, j'ai vu clair.

[12] -Et lui, demandèrent-ils, où est-il ?

—Je n'en sais rien, répondit-il.

L'enquête sur le miracle

[13] On amena l'homme qui avait été aveugle devant les *pharisiens. [14] Or, c'était un jour de *sabbat que Jésus avait fait de la boue pour lui ouvrir les yeux. [15] Les pharisiens lui demandèrent donc, à leur tour, comment il avait recouvré la vue.

Il leur répondit :

—Il m'a mis de la boue sur les yeux, je me suis lavé, et maintenant j'y vois.

[16] Là-dessus, quelques pharisiens déclarèrent :

—Cet individu ne peut pas venir de Dieu, puisqu'il ne respecte pas le sabbat [a].

Pourtant d'autres objectaient :

—Comment un homme pécheur aurait-il le pouvoir d'accomplir de tels signes miraculeux ?

Ils étaient donc divisés. [17] Alors ils interrogèrent de nouveau l'aveugle :

—Voyons, toi, que dis-tu de lui, puisque c'est à toi qu'il a ouvert les yeux ?

—C'est sûrement un *prophète, répondit-il.

[18] Mais ils refusèrent de croire que cet homme avait été aveugle et qu'il avait été guéri de sa cécité. Finalement, ils firent venir ses parents.

[19] Ils leur demandèrent :

—Cet homme est-il bien votre fils ? Est-il réellement né aveugle ? Comment se fait-il qu'à présent il voie ?

[20] —Nous sommes certains que c'est bien notre fils, répondirent les parents, et qu'il est né aveugle. [21] Mais comment il se fait qu'il voie à présent, nous ne le savons pas. Ou qui lui a rendu la vue, nous ne le savons pas

davantage. Interrogez-le donc lui-même. Il est assez grand pour répondre sur ce qui le concerne.

[22] Les parents parlaient ainsi parce qu'ils avaient peur des autorités juives. En effet, elles avaient déjà décidé d'exclure de la *synagogue tous ceux qui reconnaîtraient Jésus comme le *Messie. [23] Voilà pourquoi les parents de l'aveugle avaient répondu : « Il est assez grand, interrogez-le donc lui-même. »

[24] Les pharisiens firent donc venir une seconde fois celui qui avait été aveugle et lui dirent :

—Honore Dieu en disant la vérité. Cet homme est un pécheur, nous le savons.

[25] —S'il est pécheur ou non, répondit-il, je n'en sais rien. Mais il y a une chose que je sais : j'étais aveugle et maintenant, je vois.

[26] Ils lui demandèrent de nouveau :

—Qu'est-ce qu'il t'a fait ? Redis-nous comment il s'y est pris pour t'ouvrir les yeux.

[27] —Je vous l'ai déjà dit, leur répondit-il, et vous ne m'avez pas écouté. Pourquoi tenez-vous à me le faire répéter ? Est-ce que, par hasard, vous avez l'intention de devenir vous aussi ses *disciples ?

[28] Alors, ils se mirent à l'injurier et ils lui lancèrent :

—C'est toi qui es son disciple ; nous, nous sommes les disciples de *Moïse. [29] Nous savons que Dieu a parlé à Moïse ; mais celui-là, nous ne savons même pas d'où il vient.

[30] —C'est étonnant, répliqua l'homme. Voilà quelqu'un qui m'a ouvert les yeux et vous, vous ne savez même pas d'où il est. [31] Tout le monde sait que Dieu n'exauce pas les pécheurs ; mais si quelqu'un est attaché à Dieu et fait sa volonté, il l'exauce. [32] Depuis que le monde est monde, jamais on n'a entendu dire que quelqu'un ait rendu la vue à un aveugle de naissance. [33] Si cet homme-là ne venait pas de Dieu, il n'aurait rien pu faire.

[34] —Comment ! répondirent-ils, depuis ta naissance tu n'es que péché des pieds à la tête, et c'est toi qui veux nous faire la leçon !

Et ils le mirent à la porte.

Les vrais aveugles

[35] Jésus apprit qu'ils l'avaient expulsé. Il alla le trouver et lui demanda :

—Crois-tu au *Fils de l'homme ?

[36] Il lui répondit :

—Qui est-ce ? Dis-le moi, Seigneur [b], pour que je puisse croire en lui.

---

a. 9.16 Les pharisiens estiment qu'en guérissant un aveugle, Jésus accomplit un travail. Or tout travail est interdit le jour du sabbat.

b. 9.36 Le mot *Seigneur* est absent de certains manuscrits.

37 Jésus lui dit :

–Tu le vois de tes yeux. C'est lui-même qui te parle maintenant.

38 –Je crois, Seigneur, déclara l'homme, et il se prosterna devant lui [a].

39 Jésus dit alors :

–Je suis venu dans ce monde pour qu'un jugement ait lieu, pour que ceux qui ne voient pas voient, et que ceux qui voient deviennent aveugles.

40 Des pharisiens qui se trouvaient près de lui entendirent ces paroles et lui demandèrent :

–Serions-nous, par hasard, nous aussi des aveugles ?

41 –Si vous étiez de vrais aveugles, leur dit Jésus, vous ne seriez pas coupables. Mais voilà : vous prétendez que vous voyez ; aussi votre culpabilité reste entière.

Le vrai guide

10 Vraiment, je vous l'assure : si quelqu'un n'entre pas par la porte dans l'enclos où l'on parque les brebis [b], mais qu'il escalade le mur à un autre endroit, c'est un voleur et un brigand. **2** Celui qui entre par la porte est, lui, le berger des brebis. **3** Le gardien de l'enclos lui ouvre, les brebis écoutent sa voix. Il appelle par leur nom celles qui lui appartiennent, et il les fait sortir de l'enclos. **4** Quand il a conduit au dehors toutes celles qui sont à lui, il marche à leur tête et les brebis le suivent, parce que sa voix leur est familière. **5** Jamais, elles ne suivront un étranger ; au contraire, elles fuiront loin de lui, car elles ne connaissent pas la voix des étrangers.

6 Jésus leur raconta cette *parabole, mais ils ne comprirent pas ce qu'il voulait leur dire. **7** Alors il reprit :

–Vraiment, je vous l'assure : je suis la porte par où passent les brebis. **8** Tous ceux qui sont venus avant moi étaient des voleurs et des brigands. Mais les brebis ne les ont pas écoutés. **9** C'est moi qui suis la porte [c]. Celui qui entre par moi sera *sauvé : il pourra aller et venir librement, il trouvera de quoi se nourrir [d]. **10** Le voleur vient seulement pour voler, pour tuer et pour détruire. Moi, je suis venu afin que les hommes aient la vie, une vie abondante.

11 Je suis le bon berger. Le bon berger donne sa vie pour ses brebis. **12** Celui qui n'est pas le berger, qui n'est pas le propriétaire des brebis, mais que l'on paye pour les garder, se sauve, lui, dès qu'il voit venir le loup, et il abandonne les brebis ; alors le loup se précipite sur elles, il s'empare de quelques-unes et disperse le troupeau. **13** Cet homme agit ainsi parce qu'il est payé pour faire ce travail et qu'il n'a aucun souci des brebis.

14 Moi, je suis le bon berger ; je connais mes brebis et mes brebis me connaissent, **15** tout comme le Père me connaît et que je connais le Père. Je donne ma vie pour mes brebis. **16** J'ai encore d'autres brebis qui ne sont pas de cet enclos. Celles-là aussi, il faut que je les amène ; elles écouteront ma voix, ainsi il n'y aura plus qu'un seul troupeau avec un seul berger. **17** Si le Père m'aime, c'est parce que je donne ma vie ; mais ensuite, je la reprendrai.

18 En effet, personne ne peut m'ôter la vie : je la donne de mon propre gré. J'ai le pouvoir de la donner et de la reprendre. Tel est l'ordre que j'ai reçu de mon Père.

19 Il y eut à nouveau division parmi le peuple à cause de ses paroles. **20** Beaucoup disaient :

–Il a un démon en lui, c'est un fou. Pourquoi l'écoutez-vous ?

21 D'autres répliquaient :

–Un démoniaque ne parlerait pas ainsi. Et puis : est-ce qu'un démon peut rendre la vue à des aveugles ?

Fils de Dieu ou blasphémateur ?

22 Le moment vint où l'on célébrait à *Jérusalem la fête de la Consécration [e]. **23** C'était l'hiver. Jésus allait et venait dans la cour du *Temple, dans la Galerie de *Salomon. **24** Alors on fit cercle autour de lui et on l'interpella :

–Combien de temps nous tiendras-tu encore en haleine ? Si tu es le *Messie, dis-le nous clairement.

25 –Je vous l'ai déjà dit, leur répondit Jésus, mais vous ne croyez pas. Pourtant, vous avez vu les actes que j'accomplis au nom de mon Père : ce sont eux qui témoignent en ma faveur. **26** Mais vous ne croyez pas. Pourquoi ? Parce que vous ne faites pas partie de mes brebis. **27** Mes brebis

---

a. **9.38** Autre traduction : *il l'adora*.
b. **10.1** Pendant la nuit, on parquait les moutons dans des enclos formés de murs de pierres sèches. Parfois, le berger se couchait en travers de l'entrée.
c. **10.9** Voir Mi 2.12-13.
d. **10.9** Autre traduction : *des pâturages*.

e. **10.22** Fête où l'on rappelait la restauration de l'autel du Temple de Jérusalem effectuée par le patriote juif Judas Maccabée en 165 av. J.-C.

écoutent ma voix, je les connais et elles me suivent. ²⁸ Je leur donne la vie éternelle : jamais elles ne périront et personne ne pourra les arracher de ma main. ²⁹ Mon Père qui me les a données est plus grand que tous, et personne ne peut arracher qui que ce soit de la main de mon Père. ³⁰ Or, moi et le Père, nous ne sommes qu'un.

³¹ Cette fois encore, ils ramassèrent des pierres pour le tuer.

³² Alors Jésus leur dit :

—J'ai accompli sous vos yeux un grand nombre d'œuvres bonnes par la puissance du Père ; pour laquelle voulez-vous me tuer à coups de pierres ?

³³ Les *Juifs répliquèrent :

—Nous ne voulons pas te tuer pour une bonne action, mais parce que tu *blasphèmes. Car, toi qui n'es qu'un homme, tu te fais passer pour Dieu.

³⁴ Jésus répondit :

—N'est-il pas écrit dans votre propre *Loi :

Moi, le Seigneur, je vous ai dit :
Vous êtes des dieux[a] ?

³⁵ Or, on ne saurait discuter le témoignage de l'Ecriture. Si donc votre Loi appelle « dieux » ceux auxquels s'adresse la Parole de Dieu, ³⁶ comment pouvez-vous m'accuser de *blasphème parce que j'ai dit : « Je suis le Fils de Dieu », quand c'est le Père qui m'a consacré et envoyé dans le monde ?

³⁷ Si je n'accomplis pas les œuvres de mon Père, vous n'avez pas besoin de croire en moi. ³⁸ Mais si, au contraire, je les accomplis, même si vous ne voulez pas me croire, laissez-vous au moins convaincre par mes œuvres ; ainsi vous reconnaissez et que vous compreniez que le Père est en moi et que je suis dans le Père.

³⁹ Là-dessus, les chefs des *Juifs tentèrent à nouveau de se saisir de lui, mais il leur échappa. ⁴⁰ Après cela, Jésus se retira de l'autre côté du *Jourdain, au lieu même où Jean avait précédemment baptisé. Il y resta quelque temps.

⁴¹ Beaucoup de monde vint le trouver. On disait :

—Jean n'a fait aucun signe miraculeux, mais tout ce qu'il a dit de cet homme était vrai.

⁴² Et là, beaucoup crurent en lui.

La mort d'un ami de Jésus

11 Dans le village de Béthanie vivaient deux sœurs, Marthe et Marie, ainsi que leur frère Lazare.

² Marie était cette femme qui, après avoir répandu une huile parfumée sur les pieds du Seigneur, les lui essuya avec ses cheveux[b]. Lazare, son frère, tomba malade. ³ Les deux sœurs envoyèrent donc quelqu'un à Jésus pour lui faire dire :

—Seigneur, ton ami est malade.

⁴ Quand Jésus apprit la nouvelle, il dit :

—Cette maladie n'aboutira pas à la mort, elle servira à glorifier Dieu ; elle sera une occasion pour faire apparaître la gloire du Fils de Dieu.

⁵ Or Jésus était très attaché à Marthe, à sa sœur et à Lazare. ⁶ Après avoir appris qu'il était malade, il resta encore deux jours à l'endroit où il se trouvait. ⁷ Puis il dit à ses *disciples :

—Retournons en *Judée.

⁸ —Maître, lui dirent-ils, il n'y a pas si longtemps, ceux de la Judée voulaient te tuer à coup de pierres, et maintenant tu veux retourner là-bas ?

⁹ —N'y a-t-il pas douze heures dans une journée ? répondit Jésus. Si l'on marche pendant qu'il fait jour, on ne bute pas contre les obstacles, parce qu'on voit clair. ¹⁰ Mais si l'on marche de nuit, on trébuche parce qu'il n'y a pas de lumière.

¹¹ Après avoir dit cela, il ajouta :

—Notre ami Lazare s'est endormi ; je vais aller le réveiller.

¹² Sur quoi les disciples lui dirent :

—Seigneur, s'il dort, il est en voie de guérison.

¹³ En fait, Jésus voulait dire que Lazare était mort, mais les disciples avaient compris qu'il parlait du sommeil ordinaire. ¹⁴ Alors il leur dit clairement :

—Lazare est mort, ¹⁵ et je suis heureux, à cause de vous, de n'avoir pas été là-bas à ce moment-là. Car cela contribuera à votre foi. Mais maintenant, allons auprès de lui.

¹⁶ Thomas, surnommé le Jumeau, dit alors aux autres disciples :

—Allons-y, nous aussi, pour mourir avec lui.

¹⁷ A son arrivée, Jésus apprit qu'on avait enseveli Lazare depuis quatre jours déjà. ¹⁸ Béthanie était à moins de trois kilomètres de *Jérusalem, ¹⁹ aussi beaucoup de gens étaient-ils venus chez Marthe et Marie pour

a. 10.34 Ps 82.6.   b. 11.2 Voir 12.3.

leur présenter leurs condoléances à l'occasion de la mort de leur frère.

La résurrection et la vie

20 Quand Marthe apprit que Jésus
approchait du village, elle alla à sa rencontre.
Marie, elle, resta à la maison.

21 Marthe dit à Jésus :

—Seigneur, si tu avais été ici, mon frère ne
serait pas mort. 22 Mais je sais que maintenant encore, tout ce que tu demanderas à
Dieu, il te l'accordera.

23 —Ton frère reviendra à la vie, lui dit
Jésus.

24 —Je sais bien, répondit Marthe, qu'il
reviendra à la vie au dernier jour, lors de la
résurrection des morts.

25 —Je suis la résurrection et la vie, lui dit
Jésus. Celui qui place toute sa *confiance en
moi vivra, même s'il meurt. 26 Et tout
homme qui vit et croit en moi ne mourra
jamais. Crois-tu cela ?

27 —Oui, Seigneur, lui répondit-elle, je
crois que tu es le Christ, le Fils de Dieu, celui
qui devait venir dans le monde.

28 Là-dessus, elle partit appeler sa sœur
Marie, et, l'ayant prise à part, elle lui dit :

—Le Maître est là, et il te demande.

29 A cette nouvelle, Marie se leva
précipitamment et courut vers Jésus. 30 Il
n'était pas encore entré dans le village : il
était resté à l'endroit où Marthe l'avait
rencontré. 31 Ceux qui se trouvaient dans la
maison avec Marie pour la consoler la virent
se lever brusquement et sortir. Ils la
suivirent, pensant qu'elle allait au tombeau
pour y pleurer.

32 Marie parvint à l'endroit où était Jésus.
Dès qu'elle le vit, elle se jeta à ses pieds et lui
dit :

—Seigneur, si tu avais été ici, mon frère ne
serait pas mort.

33 En la voyant pleurer, elle et ceux qui
l'accompagnaient, Jésus fut profondément
indigné [a] et ému.

34 —Où l'avez-vous enterré ? demanda-t-il.

—Viens, Seigneur, lui répondirent-ils, tu
verras.

35 Jésus pleura.

36 Alors tous dirent :

—Voyez, comme il l'aimait.

37 Quelques-uns remarquaient :

—Il a bien rendu la vue à l'aveugle, n'aurait-
il pas pu empêcher que Lazare meure ?

La victoire sur la mort

38 Une fois de plus, Jésus fut profondément bouleversé. Il arriva au tombeau.
C'était une grotte dont l'entrée était fermée
par une pierre [b].

39 —Enlevez la pierre, dit Jésus.

Marthe, la sœur du mort, dit alors :

—Seigneur, il doit déjà sentir. Cela fait
quatre jours qu'il est là.

40 Jésus lui répondit :

—Ne t'ai-je pas dit : Si tu crois, tu verras la
gloire de Dieu ?

41 On ôta donc la pierre. Alors Jésus,
tournant son regard vers le ciel, dit :

—Père, tu as exaucé ma prière et je t'en
remercie. 42 Pour moi, je sais que tu
m'exauces toujours, mais si je parle ainsi,
c'est pour que tous ceux qui m'entourent
croient que c'est toi qui m'as envoyé.

43 Cela dit, il cria d'une voix forte :

—Lazare, sors de là !

44 Et voici que le mort sortit du tombeau :
il avait les pieds et les mains entourés de
bandes de lin, le visage recouvert d'un linge.

Jésus dit à ceux qui étaient là :

—Déliez-le de ces bandes et laissez-le aller !

Le complot contre le Maître de la vie
(Mt 26.1-5 ; Mc 14.1-2 ; Lc 22.1-2)

45 En voyant ce que Jésus avait fait,
beaucoup de ceux qui étaient venus auprès
de Marie crurent en lui. 46 Quelques-uns,
cependant, s'en allèrent trouver les
*pharisiens et leur rapportèrent ce que Jésus
avait fait.

47 Alors, les chefs des *prêtres et les
pharisiens convoquèrent le *Grand-Conseil.

—Qu'allons-nous faire ? disaient-ils. Cet
homme accomplit trop de signes
miraculeux ; 48 si nous le laissons faire de la
sorte, tout le monde va croire en lui. Alors
les Romains viendront et détruiront notre
*Temple et notre nation.

49 L'un d'eux, qui s'appelait Caïphe, et qui
était *grand-prêtre cette année-là, prit la
parole :

—Vous n'y entendez rien, leur dit-il.
50 Vous ne voyez pas qu'il est de notre intérêt
qu'un seul homme meure pour le peuple,
pour que la nation ne disparaisse pas tout
entière ?

---

a. 11.33 Indigné devant la mort.

b. 11.38 Les tombes étaient souvent aménagées
dans des grottes naturelles ou artificielles dont
l'entrée était fermée par une grosse pierre ronde et
plate.

⁵¹ Or ce qu'il disait là ne venait pas de lui ; mais il était grand-prêtre cette année-là, et c'est en cette qualité qu'il déclara, sous l'inspiration de Dieu, qu'il fallait que Jésus meure pour son peuple. ⁵² Et ce n'était pas seulement pour son peuple qu'il devait mourir, c'était aussi pour rassembler tous les enfants de Dieu dispersés à travers le monde et les réunir en un seul peuple.

⁵³ C'est ce jour-là que les chefs des *Juifs prirent la décision de faire mourir Jésus. ⁵⁴ Jésus cessa donc de se montrer en public. Il partit de là et se retira dans la région voisine du désert, dans une ville nommée Ephraïm ᵃ. Il y passa quelque temps avec ses disciples.

⁵⁵ Comme la fête de la *Pâque approchait, beaucoup de gens de tout le pays montaient à Jérusalem avant la fête pour se soumettre aux cérémonies rituelles de *purification. ⁵⁶ Ils cherchaient donc Jésus et se demandaient entre eux, dans la cour du *Temple :

– Qu'en pensez-vous ? Croyez-vous qu'il viendra à la fête ?

⁵⁷ Or, les chefs des prêtres et les pharisiens avaient donné des instructions : si quelqu'un savait où se trouvait Jésus, il devait les prévenir pour qu'on l'arrête.

Jésus chez le ressuscité
(Mt 26.6-13 ; Mc 14.3-9)

12 Six jours avant la Pâque, Jésus se rendit à Béthanie où habitait Lazare, celui qu'il avait ressuscité d'entre les morts. ² On prépara là un festin en son honneur. Marthe s'occupait du service, et Lazare avait pris place à table avec Jésus.

³ Marie prit alors un demi-litre de nard ᵇ pur, un parfum très cher : elle le répandit sur les pieds de Jésus et les essuya avec ses cheveux. Toute la maison fut remplie de l'odeur de ce parfum.

⁴ Judas Iscariot, l'un des *disciples de Jésus, celui qui allait le trahir, dit :

⁵ – Pourquoi n'a-t-on pas vendu ce parfum ? On aurait pu donner aux pauvres au moins trois cents deniers !

⁶ S'il parlait ainsi, ce n'était pas parce qu'il se souciait des pauvres ; mais il était voleur et, comme c'était lui qui gérait la bourse

commune, il gardait pour lui ce qu'on y mettait.

⁷ Mais Jésus intervint :

– Laisse-la faire ! C'est pour le jour de mon enterrement qu'elle a réservé ce parfum. ⁸ Des pauvres, vous en aurez toujours autour de vous ! Tandis que moi, vous ne m'aurez pas toujours avec vous.

⁹ Entre-temps, on apprit que Jésus était à Béthanie. Les gens s'y rendirent en foule, non seulement à cause de Jésus, mais aussi pour voir Lazare qu'il avait ressuscité d'entre les morts. ¹⁰ Alors les chefs des *prêtres décidèrent aussi de faire mourir Lazare. ¹¹ Car, à cause de lui, beaucoup se détournaient d'eux pour croire en Jésus.

L'entrée du Roi à Jérusalem
(Mt 21.1-11 ; Mc 11.1-11 ; Lc 19.28-40)

¹² Le lendemain, une foule immense était à *Jérusalem pour la fête. On apprit que Jésus était en chemin vers la ville.

¹³ Alors les gens arrachèrent des rameaux aux palmiers et sortirent à sa rencontre en criant :

– Hosanna ᶜ ! *Béni soit celui qui vient de la part du Seigneur ! Vive le roi d'*Israël ᵈ !*

¹⁴ Jésus trouva un ânon et s'assit dessus, selon cette parole de l'Ecriture :

¹⁵ *Sois sans crainte, communauté de Sion,*
car ton roi vient,
monté sur un ânon ᵉ.

¹⁶ Sur le moment, ses disciples ne comprirent pas ce qui se passait, mais quand Jésus fut entré dans sa gloire, ils se souvinrent que ces choses avaient été écrites à son sujet et qu'elles lui étaient arrivées.

¹⁷ Tous ceux qui étaient avec Jésus lorsqu'il avait appelé Lazare à sortir du tombeau et l'avait ressuscité d'entre les morts, témoignaient de ce qu'ils avaient vu. ¹⁸ D'ailleurs, si les foules venaient si nombreuses au-devant de lui, c'était aussi parce qu'elles avaient entendu parler du signe miraculeux qu'il avait accompli. ¹⁹ Alors les *pharisiens se dirent les uns aux autres :

– Vous le voyez : vous n'arriverez à rien, tout le monde le suit !

---

a. **11.54** Localité à 20 kilomètres au nord-est de Jérusalem.
b. **12.3** Plante du Moyen-Orient recherchée pour son parfum délicat. Cet acte est un geste volontaire de respect, de soumission et de consécration.

c. **12.13** Voir note Mt 21.9.
d. **12.13** Ps 118.25-26.
e. **12.15** Za 9.9.

La gloire et la mort

20 Parmi ceux qui étaient venus à Jérusalem pour adorer Dieu pendant la fête, il y avait aussi quelques personnes non-juives [a]. **21** Elles allèrent trouver Philippe qui était de Bethsaïda en *Galilée et lui firent cette demande :

—Nous aimerions voir Jésus.

22 Philippe alla le dire à André, puis tous deux allèrent ensemble le dire à Jésus.

23 Celui-ci leur répondit :

—L'heure est venue où le *Fils de l'homme va entrer dans sa gloire. **24** Vraiment, je vous l'assure : si le grain de blé que l'on a jeté en terre ne meurt pas, il reste un grain unique. Mais s'il meurt, il porte du fruit en abondance. **25** Celui qui s'attache à sa propre vie la perdra, mais celui qui fait peu de cas de sa vie en ce monde la gardera pour la vie éternelle. **26** Si quelqu'un veut être à mon service, qu'il me suive. Là où je serai, mon serviteur y sera aussi. Si quelqu'un est à mon service, le Père lui fera honneur.

27 A présent, je suis troublé. Que dirai-je ? Père, sauve-moi de cette heure ? Mais c'est précisément pour l'affronter que je suis venu jusqu'à cette heure ! **28** Père, manifeste ta gloire.

Alors une voix se fit entendre, venant du ciel :

—J'ai déjà manifesté ma gloire et je la manifesterai à nouveau.

29 Ceux qui se trouvaient là et qui avaient entendu le son de cette voix crurent que c'était un coup de tonnerre. D'autres disaient :

—Un *ange vient de lui parler.

30 Mais Jésus leur déclara :

—Ce n'est pas pour moi que cette voix s'est fait entendre, c'est pour vous. **31** C'est maintenant que va avoir lieu le jugement de ce monde. Oui, maintenant le dominateur de ce monde va être expulsé. **32** Et moi, quand j'aurai été élevé au-dessus de la terre, j'attirerai tous les hommes à moi.

33 Par cette expression, il faisait allusion à la manière dont il allait mourir. **34** La foule répondit :

—La *Loi nous apprend que le *Messie vivra éternellement. Comment peux-tu dire que le *Fils de l'homme doit être élevé au-dessus de la terre ? Au fait : qui est donc ce Fils de l'homme ?

35 Jésus leur dit alors :

—La lumière est encore parmi vous, pour un peu de temps : marchez tant que vous avez la lumière, pour ne pas vous laisser surprendre par les ténèbres, car celui qui marche dans les ténèbres ne sait pas où il va. **36** Tant que vous avez la lumière, croyez en la lumière, afin de devenir vous-mêmes des enfants de lumière.

Après avoir dit cela, Jésus s'en alla et se tint caché loin d'eux.

Les Juifs restent incrédules

37 Malgré le grand nombre de signes miraculeux que Jésus avait faits devant eux, ils ne croyaient pas en lui. **38** Ainsi s'accomplit ce que le *prophète *Esaïe [b] avait prédit :

Seigneur, qui a cru à ce que nous avons prêché et à qui ta puissance a-t-elle été révélée, ô Dieu [c] ?

39 Pourquoi ne pouvaient-ils pas croire ? C'est encore Esaïe qui nous en donne la raison quand il dit :

*40 Dieu les a aveuglés,
il les a rendus insensibles,
afin que leurs yeux ne voient pas,
que leur cœur ne comprenne pas,
qu'ils ne se tournent pas vers lui
pour qu'il les guérisse [d].*

41 Esaïe a dit cela parce qu'il avait vu la gloire de Jésus et qu'il parlait de lui.

42 Et pourtant, même parmi les dirigeants, beaucoup crurent en lui ; mais, à cause des *pharisiens, ils n'osaient pas le reconnaître ouvertement de peur d'être exclus de la *synagogue. **43** Car ils tenaient davantage à l'approbation des hommes qu'à celle de Dieu.

L'appel à la foi

44 Jésus déclara à haute voix :

—Si quelqu'un me fait *confiance, ce n'est pas en moi seulement qu'il croit, mais encore en celui qui m'a envoyé. **45** Qui me voit, voit aussi celui qui m'a envoyé. **46** C'est pour être la lumière que je suis venu dans le monde, afin que tout homme qui croit en moi ne demeure pas dans les ténèbres. **47** Si quelqu'un entend ce que je dis, mais ne le

---

a. **12.20** Non-Juifs attirés par la religion juive, sympathisants ou prosélytes, qui participaient au pèlerinage de la Pâque.

b. **12.38** Prophète de l'Ancien Testament du 8ᵉ siècle av. J.-C.

c. **12.38** Es 53.1 cité selon l'anc. version grecque.

d. **12.40** Es 6.10 cité selon l'anc. version grecque.

met pas en pratique, ce n'est pas moi qui le jugerai ; car ce n'est pas pour juger le monde que je suis venu, c'est pour le *sauver.

⁴⁸ Celui donc qui me méprise et qui ne tient pas compte de mes paroles a déjà son juge : c'est cette Parole même que j'ai prononcée ; elle le jugera au dernier jour. ⁴⁹ Car je n'ai pas parlé de ma propre initiative : le Père, qui m'a envoyé, m'a ordonné lui-même ce que je dois dire et enseigner. ⁵⁰ Or je le sais bien : l'enseignement que m'a confié le Père c'est la vie éternelle. Et mon enseignement consiste à dire fidèlement ce que m'a dit le Père.

LES ADIEUX DU MAITRE

Jésus lave les pieds de ses disciples

13 C'était juste avant la fête de la *Pâque. Jésus savait que l'heure était venue pour lui de quitter ce monde pour s'en aller auprès de son Père. C'est pourquoi il donna aux siens, qu'il aimait et qui étaient dans le monde, une marque suprême de son amour pour eux. ² C'était au cours du repas de la Pâque. Déjà le diable avait semé dans le cœur de Judas, fils de Simon Iscariot, le projet de trahir son Maître et de le livrer. ³ Jésus savait que le Père avait tout remis entre ses mains, qu'il était venu d'auprès de Dieu et allait retourner auprès de lui.

⁴ Il se leva de table pendant le dîner, posa son vêtement et prit une serviette de lin qu'il se noua autour de la taille. ⁵ Ensuite, il versa de l'eau dans une bassine et commença à laver les pieds de ses *disciples, puis à les essuyer avec la serviette qu'il s'était nouée autour de la taille.

⁶ Quand vint le tour de Simon Pierre, celui-ci protesta :

—Toi, Seigneur, tu veux me laver les pieds ?

⁷ Jésus lui répondit :

—Ce que je fais, tu ne le comprends pas pour l'instant, tu le comprendras plus tard.

⁸ Mais Pierre lui répliqua :

—Non ! Tu ne me laveras pas les pieds ! Sûrement pas !

Jésus lui répondit :

—Si je ne te lave pas, il n'y a plus rien de commun entre toi et moi.

⁹ —Dans ce cas, lui dit Simon Pierre, ne me lave pas seulement les pieds, mais aussi les mains et la tête.

¹⁰ Jésus lui dit :

—Celui qui s'est baigné est entièrement *pur, il lui suffit de se laver les pieds ᵃ. Or vous, vous êtes purs — mais pas tous.

¹¹ Jésus, en effet, connaissait celui qui allait le trahir. Voilà pourquoi il avait ajouté : « Vous n'êtes pas tous purs. »

¹² Après leur avoir lavé les pieds, il remit son vêtement et se rassit à table. Alors il leur dit :

—Avez-vous compris ce que je viens de vous faire ?

¹³ Vous m'appelez Maître et Seigneur — et vous avez raison, car je le suis. ¹⁴ Si donc moi, le Seigneur et le Maître, je vous ai lavé les pieds, vous devez, vous aussi, vous laver les pieds les uns aux autres. ¹⁵ Je viens de vous donner un exemple, pour qu'à votre tour vous agissiez comme j'ai agi envers vous. ¹⁶ Vraiment, je vous l'assure, un serviteur n'est jamais supérieur à son maître, ni un messager plus grand que celui qui l'envoie. ¹⁷ Si vous savez ces choses vous êtes heureux à condition de les mettre en pratique.

¹⁸ Je ne parle pas de vous tous : je sais très bien quels sont ceux que j'ai choisis — mais il faut que l'Ecriture s'accomplisse : *Celui avec lequel j'ai partagé mon pain se retourne contre moi* ᵇ. ¹⁹ Je vous le dis dès maintenant, avant que cela ne se produise, pour qu'au moment où cela arrivera, vous croyiez que moi, je suis ᶜ. ²⁰ Vraiment, je vous l'assure : qui reçoit celui que j'envoie me reçoit moi-même, et qui me reçoit, reçoit celui qui m'a envoyé.

Le traître
(Mt 26.20-25 ; Mc 14.17-21 ; Lc 22.21-23)

²¹ Après avoir dit cela, Jésus fut troublé intérieurement et il déclara solennellement :

—Oui, vraiment, je vous l'assure : l'un de vous me trahira.

²² Les disciples, déconcertés, se regardaient les uns les autres ; ils se demandaient de qui il pouvait bien parler. ²³ L'un d'entre eux, le disciple que Jésus aimait, se trouvait à table juste à côté de Jésus. ²⁴ Simon Pierre lui fit signe de demander à Jésus de qui il parlait. ²⁵ Et ce disciple, se penchant aussitôt vers Jésus, lui demanda :

—Seigneur, de qui s'agit-il ?

²⁶ Et Jésus lui répondit :

—Je vais tremper ce morceau de pain dans le plat. Celui à qui je le donnerai, c'est lui.

Là-dessus, Jésus prit le morceau qu'il avait trempé et le donna à Judas, fils de Simon Iscariot.

---

a. **13.10** Les mots : *il lui suffit de se laver les pieds* sont absents de certains manuscrits.
b. **13.18** Ps 41.10.
c. **13.19** Voir note 8.24.

27 Dès que Judas eut reçu ce morceau de pain, *Satan entra en lui.

Alors Jésus lui dit :

—Ce que tu fais, fais-le vite.

28 Aucun de ceux qui étaient à table ne comprit pourquoi il lui disait cela. 29 Comme Judas gérait la bourse commune, quelques-uns supposèrent que Jésus le chargeait d'acheter ce qu'il leur fallait pour la fête, ou de donner quelque chose aux pauvres. 30 Dès que Judas eut pris le morceau de pain, il se hâta de sortir. Il faisait nuit.

Le nouveau commandement

31 Quand il fut parti, Jésus dit :

—Maintenant, la gloire du *Fils de l'homme éclate, et Dieu va être glorifié en lui. 32 [Puisque Dieu va être glorifié en lui a,] Dieu, à son tour, va glorifier le Fils de l'homme en lui-même, et il le fera bientôt. 33 Mes chers enfants, je suis encore avec vous, mais plus pour longtemps. Vous me chercherez ; et ce que j'ai dit à tous, je vous le dis à vous aussi maintenant : vous ne pouvez pas aller là où je vais.

34 Je vous donne un commandement nouveau : Aimez-vous les uns les autres. Oui, comme je vous ai aimés, aimez-vous les uns les autres. 35 A ceci, tous reconnaîtront que vous êtes mes disciples : à l'amour que vous aurez les uns pour les autres.

36 Simon Pierre lui demanda :

—Seigneur, où vas-tu ?

Jésus lui répondit :

—Tu ne peux me suivre maintenant là où je vais, mais plus tard tu me suivras.

37 Mais Pierre reprit :

—Et pourquoi donc, Seigneur, ne puis-je pas te suivre dès maintenant ? Je suis prêt à donner ma vie pour toi !

38 —Tu es prêt à donner ta vie pour moi ? répondit Jésus. Oui, vraiment, je te l'assure : avant que le coq ne se mette à chanter, tu m'auras renié trois fois.

Le chemin, la vérité et la vie

14 Jésus dit :

—Que votre cœur ne se trouble pas. Ayez foi en Dieu ; ayez aussi foi en moi. 2 Dans la maison de mon Père, il y a beaucoup de demeures ; si ce n'était pas vrai, je vous l'aurais dit : en effet je vais vous préparer une place. 3 Lorsque je vous aurai préparé une place, je reviendrai et je vous

prendrai avec moi, afin que vous soyez, vous aussi, là où je suis. 4 Mais vous connaissez le chemin de l'endroit où je me rends.

5 Thomas lui dit :

—Seigneur, nous ne savons même pas où tu vas, comment pourrions-nous savoir par quel chemin on y parvient ?

6 —Le chemin, répondit Jésus, c'est moi, parce que je suis la vérité et la vie. Personne ne va au Père sans passer par moi. 7 Si vous me connaissez, vous connaîtrez aussi mon Père b. Et maintenant déjà vous le connaissez, vous l'avez même vu.

8 Philippe intervint :

—Seigneur, montre-nous le Père, et cela nous suffira.

9 —Eh quoi, lui répondit Jésus, après tout le temps que j'ai passé avec vous, tu ne me connais pas encore, Philippe ! Celui qui m'a vu, a vu le Père. Comment peux-tu dire : « Montre-nous le Père ? » 10 Ne crois-tu pas que je suis dans le Père et que le Père est en moi ? Ce que je vous dis, je ne le dis pas de moi-même : le Père demeure en moi et c'est lui qui accomplit ainsi ses propres œuvres. 11 Croyez-moi : je suis dans le Père et le Père est en moi. Sinon, croyez au moins à cause des œuvres que vous m'avez vu accomplir. 12 Vraiment, je vous l'assure : celui qui croit en moi accomplira lui-même les œuvres que je fais. Il en fera même de plus grandes parce que je vais auprès du Père. 13 Et quoi que ce soit que vous demandiez en mon nom, je le réaliserai pour que la gloire du Père soit manifestée par le Fils. 14 Je le répète : si vous demandez c quelque chose en mon nom, je le ferai.

Jésus promet l'Esprit Saint

15 —Si vous m'aimez, vous suivrez mes enseignements. 16 Et moi, je demanderai au Père de vous donner un autre Défenseur d de sa cause, afin qu'il reste pour toujours avec vous : 17 c'est l'Esprit de vérité, celui que le monde est incapable de recevoir parce qu'il ne le voit pas et ne le connaît pas. Quant à vous, vous le connaissez, car il demeure auprès de vous, et il sera e en vous.

18 Non, je ne vous laisserai pas seuls comme des orphelins, mais je reviendrai vers

---

a. 13.32 Les mots entre crochets sont absents de nombreux manuscrits.

b. 14.7 Certains manuscrits ont : *si vous m'aviez connu, vous connaîtriez aussi mon Père.*

c. 14.14 Certains manuscrits ont : *si vous me demandez.*

d. 14.16 Autres traductions : *Soutien, Consolateur, Avocat.*

e. 14.17 De très bons manuscrits ont : *il est en vous.*

vous. [19] Sous peu, le monde ne me verra plus ; mais vous, vous me verrez parce que je suis vivant et que, vous aussi, vous vivrez. [20] Quand ce jour viendra, vous connaîtrez que je suis en mon Père ; vous saurez aussi que vous êtes en moi, et que moi je suis en vous.

[21] Celui qui m'aime vraiment, c'est celui qui retient mes commandements et les applique. Mon Père aimera celui qui m'aime ; moi aussi, je lui témoignerai mon amour et je me ferai connaître à lui.

[22] Jude (qu'il ne faut pas confondre avec Judas Iscariot) lui demanda :

–Seigneur, pourquoi est-ce seulement à nous que tu veux te manifester, et non au monde ?

[23] Jésus lui répondit :

–Si quelqu'un m'aime, il obéira à ce que j'ai dit. Mon Père aussi l'aimera : nous viendrons tous deux à lui et nous établirons notre demeure chez lui. [24] Mais celui qui ne m'aime pas ne met pas mes paroles en pratique. Or, cette Parole que vous entendez ne vient pas de moi, c'est la Parole même du Père qui m'a envoyé.

[25] Je vous dis tout cela pendant que je suis encore avec vous. [26] Mais le Défenseur [a], le Saint-Esprit que le Père enverra en mon nom, vous enseignera toutes choses et vous rappellera tout ce que je vous ai dit moi-même. [27] Je pars, mais je vous laisse la paix, c'est ma paix que je vous donne. Je ne vous la donne pas comme le monde la donne. C'est pourquoi, ne soyez pas troublés et n'ayez aucune crainte en votre cœur.

[28] Vous m'avez entendu dire que je pars, mais aussi que je reviendrai auprès de vous. Si vous m'aimiez, vous seriez heureux de savoir que je vais au Père, car le Père est plus grand que moi. [29] Je vous ai prévenus dès maintenant, avant que ces choses arrivent, pour qu'au jour où elles se produiront, vous croyiez. [30] Désormais, je n'aurai plus guère l'occasion de m'entretenir avec vous, car le dominateur de ce monde vient. Ce n'est pas qu'il ait une prise sur moi, [31] mais il faut que les hommes de ce monde reconnaissent que j'aime le Père et que j'agis conformément à ce qu'il m'a ordonné. Levez-vous ; partons d'ici.

La vigne et les sarments

15 –Je suis le vrai plant de vigne et mon Père est le vigneron. [2] Tous les sarments, en moi, qui ne portent pas de fruit, il les coupe, et tous ceux qui en portent, il les taille [b] afin qu'ils produisent un fruit encore plus abondant. [3] Vous aussi, vous avez déjà été *purifiés grâce à l'enseignement que je vous ai donné. [4] Demeurez en moi, et moi je demeurerai en vous. Un sarment ne saurait porter du fruit tout seul, sans demeurer attaché au cep. Il en est de même pour vous : si vous ne demeurez pas en moi, vous ne pouvez porter aucun fruit.

[5] Je suis le cep de la vigne, vous en êtes les sarments. Celui qui demeure en moi et en qui je demeure, portera du fruit en abondance, car sans moi, vous ne pouvez rien faire. [6] Si quelqu'un ne demeure pas en moi, on le jette hors du vignoble, comme les sarments coupés : ils se dessèchent, puis on les ramasse, on y met le feu et ils brûlent. [7] Mais si vous demeurez en moi, et que mes paroles demeurent en vous, demandez ce que vous voudrez, vous l'obtiendrez. [8] Si vous produisez du fruit en abondance et que vous prouvez ainsi que vous êtes vraiment mes *disciples, la gloire de mon Père apparaîtra aux yeux de tous. [9] Comme le Père m'a toujours aimé, moi aussi je vous ai aimés ; maintenez-vous donc dans mon amour. [10] Si vous obéissez à mes commandements, vous demeurerez dans mon amour, tout comme moi-même j'ai obéi aux commandements de mon Père et je demeure dans son amour. [11] Tout cela, je vous le dis pour que la joie qui est la mienne vous remplisse vous aussi, et qu'ainsi votre joie soit complète.

[12] Voici quel est mon commandement : aimez-vous les uns les autres comme moi-même je vous ai aimés. [13] Il n'y a pas de plus grand amour que de donner sa vie pour ses amis. [14] Vous êtes mes amis, si vous faites ce que je vous commande.

[15] Je ne vous appelle plus serviteurs, parce qu'un serviteur n'est pas mis au courant des affaires de son maître. Je vous appelle mes amis, parce que je vous ai fait part de tout ce que j'ai appris de mon Père. [16] Ce n'est pas vous qui m'avez choisi. Non, c'est moi qui vous ai choisis ; je vous ai donné mission d'aller, de porter du fruit, du fruit qui soit durable. Alors le Père vous accordera tout ce que vous lui demanderez en mon nom. [17] Voici donc ce que je vous commande : aimez-vous les uns les autres.

La haine du monde à l'égard des disciples

[18] –Si le monde a de la haine pour vous, sachez qu'il m'a haï avant vous. [19] Si vous

---

a. 14.26 Voir v. 16.   b. 15.2 En grec : *il les purifie.*

faisiez partie du monde, il vous aimerait parce que vous lui appartiendriez. Mais vous n'appartenez pas au monde parce que je vous ai choisis du milieu du monde ; c'est pourquoi il vous poursuit de sa haine.

20 Souvenez-vous de ce que je vous ai déjà dit : le serviteur n'est jamais supérieur à son maître. S'ils m'ont persécuté, ils vous persécuteront vous aussi ; s'ils ont gardé mes paroles, ils garderont aussi les vôtres. 21 Mais c'est à cause de moi qu'ils agiront ainsi, parce qu'ils ne connaissent pas celui qui m'a envoyé.

22 Si je n'étais pas venu et si je ne leur avais pas parlé, ils ne seraient pas coupables, mais maintenant, leur péché est sans excuse. 23 Celui qui a de la haine pour moi en a aussi pour mon Père.

24 Si je n'avais pas accompli au milieu d'eux des œuvres que jamais personne d'autre n'a faites, ils ne seraient pas coupables. Mais maintenant, bien qu'ils les aient vues, ils continuent à nous haïr, et moi, et mon Père. 25 Mais il fallait bien que s'accomplisse cette parole écrite dans leur *Loi : *Ils m'ont haï sans raison*[a].

26 Quand le Défenseur[b] sera venu, celui que je vous enverrai d'auprès du Père, l'Esprit de vérité qui vient du Père, il rendra lui-même témoignage de moi. 27 Et vous, à votre tour, vous serez mes témoins, car depuis le commencement vous avez été à mes côtés.

16 —Je vous ai dit tout cela pour que vous soyez préservés de toute chute. 2 Car on vous exclura des *synagogues, et même l'heure vient où tous ceux qui vous mettront à mort s'imagineront rendre un culte à Dieu. 3 Ils en arriveront là parce qu'ils n'ont jamais connu ni mon Père ni moi. 4 Je vous ai annoncé tout cela d'avance pour que, lorsque l'heure sera venue pour eux d'agir ainsi, vous vous rappeliez que je vous l'ai prédit. Je ne vous en ai pas parlé dès le début, parce que j'étais encore avec vous.

L'œuvre du Saint-Esprit

5 —Maintenant, je vais auprès de celui qui m'a envoyé, et aucun de vous ne me demande où je vais ? 6 Mais, à cause de ce que je vous ai dit, la tristesse vous a envahis. 7 Pourtant, c'est la vérité que je vais vous dire : il vaut mieux pour vous que je m'en

aille. En effet, si je ne m'en vais pas, le Défenseur ne viendra pas à vous. Mais si je m'en vais, alors je vous l'enverrai.

8 Et quand il sera venu, il prouvera au monde qu'il s'égare au sujet du péché, de ce qui est juste et du jugement de Dieu : 9 au sujet du péché, parce qu'il ne croit pas en moi ; 10 au sujet de ce qui est juste, parce que je m'en vais auprès du Père et que vous ne me verrez plus ; 11 et au sujet du jugement de Dieu, parce que le dominateur de ce monde est d'ores et déjà condamné.

12 J'ai encore beaucoup de choses à vous dire, mais elles sont encore trop lourdes à porter pour vous.

13 Quand l'Esprit de vérité sera venu, il vous conduira dans la vérité tout entière, car il ne parlera pas de lui-même, mais tout ce qu'il aura entendu, il le dira, et il vous annoncera les choses à venir. 14 Il manifestera ma gloire, car il puisera dans ce qui est à moi et vous l'annoncera.

15 Tout ce que le Père possède m'appartient à moi aussi ; voilà pourquoi je vous dis qu'il puisera dans ce qui est à moi et vous l'annoncera. 16 Dans peu de temps vous ne me verrez plus ; puis encore un peu de temps, et vous me reverrez.

La tristesse des disciples sera changée en joie

17 Certains de ses *disciples se demandèrent alors entre eux :

—Qu'est-ce qu'il veut nous dire par là : « Dans peu de temps vous ne me verrez plus ; encore un peu de temps et vous me reverrez » ? Et aussi lorsqu'il affirme : « Je vais au Père » ?

18 Ils ajoutèrent :

—Que signifie ce « peu de temps » dont il parle ? Nous ne voyons pas ce qu'il veut dire.

19 Jésus comprit qu'ils voulaient l'interroger ; il leur dit :

—Vous êtes en train de vous demander entre vous ce que j'ai voulu dire par ces mots : « Dans peu de temps vous ne me verrez plus ; encore un peu de temps et vous me reverrez. » 20 Vraiment, je vous l'assure, vous allez pleurer et vous lamenter, tandis que les hommes de ce monde jubileront. Vous serez accablés de douleur, mais votre douleur se changera en joie. 21 Lorsqu'une femme accouche, elle éprouve de la douleur parce que c'est le moment ; mais à peine a-t-elle donné le jour au bébé, qu'elle oublie son épreuve à cause de sa joie d'avoir mis au monde un enfant. 22 Vous, de même, vous êtes maintenant dans la douleur, mais je vous verrai de nouveau : alors votre cœur sera

---

a. 15.25 Ps 35.19 et 69.5.
b. 15.26 Voir note 14.26.

rempli de joie, et cette joie, personne ne pourra vous l'enlever. ²³ Quand ce jour viendra, vous ne me poserez plus aucune question. Oui, vraiment, je vous l'assure : tout ce que vous demanderez au Père en mon nom, il vous l'accordera[a]. ²⁴ Jusqu'à présent vous n'avez rien demandé en mon nom. Demandez, et vous recevrez, pour que votre joie soit complète.

²⁵ Je vous ai dit tout cela de manière figurée[b]. L'heure vient où je ne vous parlerai plus de cette manière ; je vous annoncerai en toute clarté ce qui concerne le Père. ²⁶ Ce jour-là, vous adresserez vos demandes au Père en mon nom. Et je ne vous dis même pas que j'interviendrai en votre faveur auprès du Père. ²⁷ Car le Père lui-même vous aime parce que vous m'aimez et que vous avez cru que je suis venu de lui. ²⁸ C'est vrai : je suis venu du Père et je suis venu dans le monde. Maintenant, je quitte le monde et je retourne auprès du Père.

²⁹ —Maintenant enfin, s'écrièrent ses disciples, tu nous parles en toute clarté, et non plus de manière figurée. ³⁰ A présent, nous savons que tu sais tout et que tu connais d'avance les questions que l'on aimerait te poser. C'est pourquoi nous croyons que tu viens de Dieu.

³¹ —Ainsi donc, leur répondit Jésus, vous croyez à présent ! ³² Mais l'heure vient, elle est déjà là, où vous serez dispersés chacun de son côté, et vous me laisserez seul. Mais je ne suis pas seul, puisque le Père est avec moi. ³³ Il fallait que je vous dise aussi cela pour que vous trouviez la paix en moi. Dans le monde, vous aurez à souffrir bien des afflictions. Mais courage ! Moi, j'ai vaincu le monde.

Jésus prie pour lui-même

17 Après avoir ainsi parlé, Jésus leva les yeux au ciel et dit :

—Mon Père, l'heure est venue : fais éclater la gloire de ton Fils, pour qu'à son tour, le Fils fasse éclater ta gloire. ² En effet, tu lui as donné autorité sur l'humanité entière afin qu'il donne la vie éternelle à tous ceux que tu lui as donnés.

³ Or, la vie éternelle consiste à te connaître, toi le Dieu unique et véritable, et celui que tu as envoyé : Jésus-Christ. ⁴ J'ai fait connaître ta gloire sur la terre en accomplissant l'œuvre que tu m'avais confiée. ⁵ Et maintenant, Père, revêts-moi de gloire en ta présence, donne-moi cette gloire que j'avais déjà auprès de toi avant les origines du monde.

Jésus prie pour ses disciples

⁶ —Je t'ai fait connaître aux hommes que tu as pris du monde pour me les donner. Ils t'appartenaient, et tu me les as donnés : ils ont gardé ta Parole. ⁷ Maintenant ils savent que tout ce que tu m'as donné vient de toi ; ⁸ car je leur ai transmis fidèlement le message que tu m'avais confié ; ils l'ont reçu. Aussi ont-ils reconnu avec certitude que je suis venu d'auprès de toi ; et ils ont cru que c'est toi qui m'as envoyé. ⁹ Je te prie pour eux. Je ne te prie pas pour le reste des hommes, mais pour ceux que tu m'as donnés parce qu'ils t'appartiennent. ¹⁰ Car tout ce qui est à moi t'appartient, comme tout ce qui est à toi m'appartient. Ma gloire rayonne en eux. ¹¹ Bientôt, je ne serai plus dans le monde, car je vais à toi, mais eux, ils vont rester dans le monde. Père saint, garde-les par le pouvoir de ton nom, celui que tu m'as donné[c], pour qu'ils soient un comme nous le sommes. ¹² Aussi longtemps que j'étais parmi eux, je les ai gardés par le pouvoir de ton nom[d], ce nom que tu m'as donné[e] ; je les ai protégés et aucun d'eux ne s'est perdu (sauf celui qui devait se perdre pour que s'accomplisse l'Ecriture).

¹³ A présent, je retourne auprès de toi, et je dis tout cela pendant que je suis encore dans le monde, pour qu'ils possèdent en eux cette joie qui est la mienne, une joie parfaite. ¹⁴ Je leur ai donné ta Parole, et le monde les a pris en haine parce qu'ils ne lui appartiennent pas, comme moi-même je ne lui appartiens pas. ¹⁵ Je ne te demande pas de les retirer du monde, mais de les préserver du diable[f]. ¹⁶ Ils n'appartiennent pas au monde, comme moi-même je ne lui appartiens pas. ¹⁷ Consacre-les par la vérité. Ta Parole est la vérité. ¹⁸ Comme tu m'as envoyé dans le monde, moi aussi je les y envoie. ¹⁹ Et je me consacre moi-même à toi pour eux, pour

---

a. **16.23** Certains manuscrits ont : *tout ce que vous demanderez au Père, il vous l'accordera en mon nom.*

b. **16.25** Ou : *en paraboles*, ou : *de manière énigmatique.*

c. **17.11** Certains manuscrits ont : *par le pouvoir de ton nom, garde ceux que tu m'as donnés.*

d. **17.12** Dans la Bible, le nom représente toute la personne et ses attributs.

e. **17.12** Certains manuscrits ont : *par le pouvoir de ton nom, j'ai gardé ceux que tu m'as donnés.*

f. **17.15** Autre traduction : *du mal.*

qu'ils soient, à leur tour, consacrés à toi par la vérité[a].

Jésus prie pour tous ceux qui croiront en lui

[20] —Ce n'est pas seulement pour eux que je te prie ; c'est aussi pour ceux qui croiront en moi grâce à leur témoignage. [21] Je te demande qu'ils soient tous un. Comme toi, Père, tu es en moi et comme moi je suis en toi, qu'ils soient un en nous pour que le monde croie que c'est toi qui m'as envoyé. [22] Je leur ai donné la gloire que tu m'as donnée, afin qu'ils soient un, comme toi et moi nous sommes un, [23] moi en eux et toi en moi. Qu'ils soient parfaitement un et qu'ainsi le monde puisse reconnaître que c'est toi qui m'as envoyé et que tu les aimes comme tu m'aimes !

[24] Père, mon désir est que ceux que tu m'as donnés soient avec moi là où je serai et qu'ils contemplent ma gloire, celle que tu m'as donnée, parce que tu m'as aimé avant la création du monde. [25] Père, toi qui es juste, le monde ne t'a pas connu, mais moi je t'ai connu, et ceux-ci ont compris que c'est toi qui m'as envoyé. [26] Je t'ai fait connaître à eux et je continuerai à te faire connaître, pour que l'amour que tu m'as témoigné soit en eux et que moi-même je sois en eux.

DU REJET AU TRIOMPHE

L'arrestation de Jésus
(Mt 26.47-56 ; Mc 14.43-50 ; Lc 22.47-53)

18 Après avoir ainsi prié, Jésus s'en alla avec ses *disciples et traversa le torrent du Cédron. Il y avait là un jardin où il entra avec eux.

[2] Or Judas, qui le trahissait, connaissait bien cet endroit, car Jésus s'y était rendu souvent avec ses disciples. [3] Il prit donc la tête d'une troupe de soldats et de gardes fournis par les chefs des *prêtres et les *pharisiens, et il arriva dans ce jardin. Ces hommes étaient munis de lanternes, de torches et d'armes.

[4] Jésus, qui savait tout ce qui allait lui arriver, s'avança vers eux et leur demanda :

—Qui cherchez-vous ?

[5] Ils lui répondirent :

—Jésus de *Nazareth.

—C'est moi, leur dit-il.

Au milieu d'eux se tenait Judas, celui qui le trahissait. [6] Au moment même où Jésus leur dit : « C'est moi », ils eurent un mouvement de recul et tombèrent par terre.

[7] Une seconde fois, il leur demanda :

—Qui cherchez-vous ?

—Jésus de Nazareth, répétèrent-ils.

[8] —Je vous ai dit que c'était moi, reprit Jésus. Puisque c'est moi que vous venez chercher, laissez partir les autres.

[9] Ainsi s'accomplit cette parole qu'il avait prononcée peu avant : « Je n'ai perdu aucun de ceux que tu m'as donnés. »

[10] *Simon Pierre, qui avait une épée, la dégaina, en donna un coup au serviteur du *grand-prêtre et lui coupa l'oreille droite. Ce serviteur s'appelait Malchus.

[11] Jésus dit à Pierre :

—Remets ton épée au fourreau. Ne dois-je pas boire la coupe de souffrance[b] que le Père m'a destinée ?

Jésus est conduit chez Hanne
(Mt 26.57-58 ; Mc 14.53-54 ; Lc 22.54)

[12] Alors la cohorte et les gardes des *Juifs s'emparèrent de Jésus [13] et le conduisirent enchaîné tout d'abord chez Hanne[c], le beau-père de Caïphe, qui était le *grand-prêtre en exercice cette année-là. [14] Caïphe était celui qui avait suggéré aux Juifs qu'il valait mieux qu'un seul homme meure pour le peuple.

Le premier reniement de Pierre
(Mt 26.69-70 ; Mc 14.66-68 ; Lc 22.55-57)

[15] Simon Pierre et un autre disciple suivirent Jésus. Ce disciple connaissait personnellement le grand-prêtre, et il entra en même temps que Jésus dans la cour du palais du grand-prêtre. [16] Pierre, lui, resta dehors près du portail. L'autre disciple qui connaissait le grand-prêtre ressortit donc, dit un mot à la concierge, et fit entrer Pierre.

[17] La servante qui gardait la porte demanda alors à Pierre :

—Ne fais-tu pas partie, toi aussi, des disciples de cet homme ?

—Non, lui répondit-il, je n'en suis pas.

[18] Les serviteurs et les gardes avaient allumé un feu de braise car il faisait froid, et ils se tenaient tout autour pour se réchauffer.

---

a. 17.19 Autre traduction : *et je me consacre moi-même pour mourir pour eux afin qu'ils soient consacrés à leur ministère par la vérité.*

b. 18.11 Autre traduction : *du jugement.*

c. 18.13 *Hanne* avait été grand-prêtre avant Caïphe. Il avait été déposé par les Romains en l'an 15, mais il continuait à exercer une grande influence sous le ministère de Caïphe, son gendre. Beaucoup de Juifs le considéraient encore comme le grand-prêtre.

Pierre se joignit à eux et se réchauffa également.

Jésus devant le grand-prêtre
(Mt 26.59-66 ; Mc 15.55-64 ; Lc 22.66-71)

19 De son côté, le grand-prêtre commença à interroger Jésus sur ses disciples et sur son enseignement.

20 Jésus lui répondit :

—J'ai parlé ouvertement devant tout le monde. J'ai toujours enseigné dans les *synagogues et dans la cour du *Temple où tout le monde se réunit. Je n'ai rien dit en secret. **21** Pourquoi donc m'interroges-tu ? Demande à ceux qui m'ont écouté comment je leur ai parlé. Ils savent fort bien ce que j'ai dit.

22 A ces mots, un des gardes qui se tenait à côté de lui le gifla en disant :

—C'est comme cela que tu réponds au grand-prêtre ?

23 Jésus lui répondit :

—Si j'ai mal parlé, montre où est le mal. Mais si ce que j'ai dit est vrai, pourquoi me frappes-tu ?

24 Hanne l'envoya enchaîné à Caïphe, le grand-prêtre.

Les deuxième et troisième reniements de Pierre
(Mt 26.71-75 ; Mc 14.69-72 ; Lc 22.58-62)

25 Pendant ce temps, *Simon Pierre se tenait toujours au même endroit et se chauffait. Quelqu'un lui dit :

—N'es-tu pas, toi aussi, un des disciples de cet homme ?

Mais Pierre le nia en disant :

—Non, je n'en suis pas.

26 Un des serviteurs du grand-prêtre, parent de celui à qui Pierre avait coupé l'oreille, l'interpella :

—Voyons, ne t'ai-je pas vu avec lui dans le jardin ?

27 Mais Pierre le nia de nouveau, et aussitôt, un coq se mit à chanter.

Jésus condamné à mort par Pilate
(Mt 27.1-2,11-31 ; Mc 15.2-15 ; Lc 23.13-25)

28 De chez Caïphe, on amena Jésus au palais du gouverneur. C'était l'aube. Ceux qui l'avaient amené n'entrèrent pas eux-mêmes dans le palais pour conserver leur *pureté rituelle[a] et pouvoir manger ainsi le repas de la *Pâque.

29 C'est pourquoi *Pilate sortit du palais pour les voir et leur demanda :

—De quoi accusez-vous cet homme ?

30 Ils lui répondirent :

—S'il n'avait rien fait de mal, nous ne te l'aurions pas livré.

31 —Reprenez-le, répliqua Pilate, et jugez-vous-mêmes d'après votre *Loi.

Mais ils lui répondirent :

—Nous n'avons pas le droit de mettre quelqu'un à mort.

32 La parole par laquelle Jésus avait annoncé quelle mort il allait subir devait ainsi s'accomplir.

33 Pilate rentra donc dans le palais de justice et fit comparaître Jésus :

—Es-tu le roi des Juifs ? lui demanda-t-il.

34 —Dis-tu cela de toi-même ou d'autres t'ont-ils dit cela à mon sujet ? répondit Jésus.

35 —Est-ce que je suis juif, moi ? répliqua Pilate. Ce sont ceux de ta nation et les chefs des *prêtres qui t'ont livré à moi. Qu'as-tu fait ?

36 Jésus lui répondit :

—Mon *royaume n'est pas de ce monde. Si mon royaume appartenait à ce monde, mes serviteurs se seraient battus pour que je ne tombe pas aux mains des chefs des Juifs. Non, réellement, mon royaume n'est pas d'ici.

37 —Es-tu donc roi ? reprit Pilate.

—Tu le dis toi-même : je suis roi ! Si je suis né et si je suis venu dans ce monde, c'est pour rendre témoignage à la vérité. Celui qui appartient à la vérité écoute ce que je dis.

38 —Qu'est-ce que la vérité ? lui répondit Pilate.

Là-dessus, il alla de nouveau trouver les Juifs et leur dit :

—En ce qui me concerne, je ne trouve chez cet homme aucune raison de le condamner. **39** Il est d'usage que je vous relâche un prisonnier à l'occasion de la fête de la *Pâque. Voulez-vous donc que je vous relâche le roi des Juifs ?

40 Ils lui répondirent en criant :

—Non ! Pas lui ! Barabbas !

Or, Barabbas était un bandit.

19 Alors *Pilate donna l'ordre d'emmener Jésus et de le faire fouetter. **2** Les soldats lui mirent sur la tête une couronne tressée de rameaux épineux et ils l'affublèrent d'un manteau de couleur pourpre[b] **3** et, s'avançant au-devant de lui, ils s'écriaient :

---

a. **18.28** La tradition interdisait d'entrer dans une maison non-juive pendant la fête de la Pâque.

b. **19.2** Voir note Mc 15.17.

–Salut, roi des *Juifs !

Et ils lui donnaient des gifles. **4** Pilate sortit de nouveau du palais et dit aux chefs des Juifs :

–Voilà ! je vous le fais amener ici dehors pour que vous sachiez que je ne trouve en lui aucune raison de le condamner.

5 Jésus parut donc dehors, portant la couronne d'épines et le manteau de couleur pourpre.

Pilate leur dit :

–Voici l'homme.

6 En le voyant, les chefs des *prêtres et les gardes se mirent à crier :

–Crucifie-le ! Crucifie-le !

–Vous n'avez qu'à le prendre, leur lança Pilate, et le crucifier vous-mêmes. Moi, je ne trouve aucune raison de le condamner.

7 Les chefs des Juifs répliquèrent :

–Nous, nous avons une *Loi, et d'après cette Loi, il doit mourir, car il a prétendu être le Fils de Dieu.

8 Ces propos effrayèrent vivement Pilate. **9** Il rentra au palais de justice et demanda à Jésus :

–D'où viens-tu ?

Mais Jésus ne lui donna aucune réponse.

10 Alors Pilate lui dit :

–Comment ! C'est à moi que tu refuses de parler ? Tu ne sais donc pas que j'ai le pouvoir de te relâcher et celui de te crucifier ?

11 Jésus lui répondit :

–Tu n'aurais aucun pouvoir sur moi, s'il ne t'avait été donné d'en haut. Voilà pourquoi celui qui me livre entre tes mains est plus coupable que toi.

12 A partir de ce moment, Pilate cherchait à le relâcher. Mais les chefs des Juifs redoublèrent leurs cris :

–Si tu relâches cet homme, tu n'es pas l'ami de César [a]. Si quelqu'un se fait roi, il s'oppose à César.

13 Quand il eut entendu ces mots, Pilate fit amener Jésus dehors et s'assit à son tribunal, au lieu appelé « la Place Pavée » (en hébreu « Gabbatha »). **14** C'était la veille de la semaine pascale, vers midi [b]. Pilate dit aux Juifs :

–Voici votre roi !

15 Mais ils se mirent à crier :

–A mort ! A mort ! Crucifie-le !

–C'est votre roi : est-ce que je dois le crucifier ? répondit Pilate.

Les chefs des prêtres répliquèrent :

–Nous n'avons pas d'autre roi que César.

16 Alors Pilate le leur livra pour qu'il soit crucifié.

La mort de Jésus
(Mt 27.32-56 ; Mc 15.21-41 ; Lc 23.26-49)

Ils s'emparèrent donc de Jésus. **17** Celui-ci, portant lui-même sa croix, sortit de la ville pour se rendre à l'endroit appelé « Lieu du Crâne » (en hébreu : « Golgotha »). **18** C'est là qu'ils le crucifièrent, lui et deux autres. On plaça une croix de chaque côté de la sienne. Celle de Jésus était au milieu.

19 *Pilate fit placer un écriteau que l'on fixa au-dessus de la croix. Il portait cette inscription : « Jésus de *Nazareth, le roi des Juifs ». **20** Comme l'endroit où Jésus avait été crucifié se trouvait près de la ville, beaucoup de Juifs lurent l'inscription écrite en hébreu, en latin et en grec.

21 Les chefs des prêtres protestèrent auprès de Pilate :

–Il ne fallait pas mettre « le roi des Juifs », mais « Cet homme a dit : Je suis le roi des Juifs ».

22 Pilate répliqua :

–Ce que j'ai écrit restera écrit.

23 Lorsque les soldats eurent crucifié Jésus, ils prirent ses vêtements et en firent quatre parts, une pour chacun d'eux. Restait la tunique qui était sans couture, tissée tout d'une seule pièce de haut en bas.

24 Les soldats se dirent entre eux :

–Au lieu de la déchirer, tirons au sort pour savoir qui l'aura [c].

C'est ainsi que s'accomplit cette prophétie de l'Ecriture :

Ils se sont partagé mes vêtements
et ils ont tiré ma tunique au sort [d].

C'est exactement ce que firent les soldats.

25 Près de la croix de Jésus se tenaient sa mère, la sœur de sa mère, Marie, femme de Clopas, et Marie de Magdala.

---

a. **19.12** « Ami de César » était un titre honorifique officiel décerné à certains fonctionnaires impériaux, particulièrement méritants, qui impliquait certains avantages.

b. **19.14** Certains comprennent 6 h du matin. C'est-à-dire le moment où l'on commençait à immoler, au Temple, les agneaux pour le repas pascal.

c. **19.24** D'après la loi romaine, les soldats chargés de l'exécution avaient le droit de se partager les vêtements du condamné.

d. **19.24** Ps 22.19.

²⁶ En voyant sa mère et, à côté d'elle, le *disciple qu'il aimait, Jésus dit à sa mère :

—Voici ton fils.

²⁷ Puis il dit au disciple :

—Voici ta mère.

A partir de ce moment-là, le disciple la prit chez lui.

²⁸ Après cela, Jésus, sachant que désormais tout était achevé, dit, pour que l'Ecriture soit accomplie :

—J'ai soif.

²⁹ Près de là se trouvait un vase rempli de vinaigre. On attacha donc une éponge imbibée de ce vinaigre au bout d'une branche d'hysope, et on l'approcha de la bouche de Jésus.

³⁰ Quand il eut goûté le vinaigre, Jésus dit :

—Tout est accompli.

Il pencha la tête et rendit l'esprit.

³¹ Comme on était à la veille du *sabbat, et de plus, d'un sabbat particulièrement solennel, les chefs des Juifs voulaient éviter que les cadavres restent en croix durant la fête. Ils allèrent trouver Pilate pour lui demander de faire briser les jambes[a] des suppliciés et de faire enlever les corps. ³² Les soldats vinrent donc et brisèrent les jambes au premier des criminels crucifiés avec Jésus, puis à l'autre. ³³ Quand ils arrivèrent à Jésus, ils constatèrent qu'il était déjà mort et ils ne lui brisèrent pas les jambes. ³⁴ L'un des soldats lui enfonça sa lance dans le côté, et aussitôt il en sortit du sang et de l'eau.

³⁵ Celui qui rapporte ces faits, les a vus de ses propres yeux et son témoignage est vrai. Il sait parfaitement qu'il dit la vérité pour que, vous aussi, vous croyiez. ³⁶ En effet, tout cela est arrivé pour que se réalise cette parole de l'Ecriture : *Aucun de ses os ne sera brisé*[b]. ³⁷ De plus, un autre texte déclare : *Ils tourneront leurs regards vers celui qu'ils ont transpercé*[c].

Jésus mis au tombeau
(Mt 27.57-61 ; Mc 15.42-47 ; Lc 23.50-56)

³⁸ Après ces événements, Joseph, de la ville d'Arimathée, alla demander à Pilate la permission d'enlever le corps de Jésus. Il était aussi disciple du Seigneur, mais il s'en cachait par peur des autorités religieuses. Pilate y consentit. Joseph alla donc prendre le corps de Jésus. ³⁹ Nicodème vint également. C'était lui qui, auparavant, était allé trouver Jésus de nuit. Il apporta environ trente kilogrammes d'un mélange de *myrrhe et d'aloès[d]. ⁴⁰ Tous deux prirent donc le corps de Jésus et l'enveloppèrent de linges funéraires en y mettant les aromates, selon les usages funéraires des Juifs. ⁴¹ Non loin de l'endroit où Jésus avait été crucifié, il y avait un jardin dans lequel se trouvait un tombeau neuf où personne n'avait encore été enseveli. ⁴² Comme c'était, pour les Juifs, le soir de la préparation du *sabbat, ils déposèrent Jésus dans cette tombe parce qu'elle était toute proche.

Le tombeau vide
(Mt 28.1 ; Mc 16.1-4 ; Lc 24.1-2,9-12)

20 Le dimanche matin, très tôt, Marie de Magdala se rendit au tombeau. Il faisait encore très sombre. Elle vit que la pierre fermant l'entrée du sépulcre avait été ôtée de devant l'ouverture. ² Alors elle courut prévenir *Simon Pierre et l'autre *disciple, celui que Jésus aimait.

—On a enlevé le Seigneur de la tombe, leur dit-elle, et nous n'avons aucune idée de l'endroit où on l'a mis.

³ Pierre sortit donc, avec l'autre disciple, et ils se rendirent tous deux au tombeau. ⁴ Ils couraient tous les deux ensemble, mais l'autre disciple, plus rapide que Pierre, le distança et arriva le premier au tombeau. ⁵ En se penchant, il vit les linges funéraires par terre, mais il n'entra pas. ⁶ Simon Pierre, qui le suivait, arriva alors. Il entra dans le tombeau, vit les linges qui étaient par terre, ⁷ et le linge qui avait enveloppé la tête de Jésus, non pas avec les linges funéraires, mais enroulé[e] à part, à sa place.

⁸ Alors l'autre disciple, celui qui était arrivé le premier, entra à son tour dans le tombeau. Il vit, et il crut. ⁹ En effet, jusque là ils n'avaient pas encore compris que Jésus devait ressusciter d'entre les morts, comme l'avait annoncé l'Ecriture.

---

a. **19.31** Afin d'accélérer la mort, puisque les condamnés prenaient appui sur les jambes pour pouvoir respirer.

b. **19.36** Ex 12.46 ; Nb 9.12.

c. **19.37** Za 12.10.

d. **19.39** Parfums, tirés de plantes, que l'on répandait sur les bandes de lin entourant le corps afin de l'embaumer.

e. **20.7** Ce qui peut vouloir dire que le linge avait gardé la forme de la tête de Jésus. Le corps du Ressuscité avait dû passer à travers les bandelettes mêmes : il passera à travers des portes fermées. C'est cette vue qui a convaincu les deux disciples de la réalité de la résurrection.

[10] Les deux disciples s'en retournèrent alors chez eux.

Jésus apparaît à Marie de Magdala [a]

[11] Pendant ce temps, Marie se tenait dehors près du tombeau, et pleurait. Tout en pleurant, elle se pencha vers le tombeau : [12] elle vit deux *anges vêtus de blanc, assis à l'endroit où le corps de Jésus avait été déposé, l'un à la tête et l'autre aux pieds. [13] Ils lui dirent :

—Pourquoi pleures-tu ?

—On a enlevé mon Seigneur, leur répondit-elle, et je ne sais pas où on l'a mis.

[14] Tout en disant cela, elle se retourna et vit Jésus qui se tenait là, mais elle ne savait pas que c'était lui.

[15] —Pourquoi pleures-tu ? lui demanda Jésus. Qui cherches-tu ?

Pensant que c'était le gardien du jardin, elle lui dit :

—Si c'est toi qui l'as emporté, dis-moi où tu l'as mis, pour que j'aille le reprendre.

[16] Jésus lui dit :

—Marie !

Elle se tourna vers lui et s'écria en hébreu :

—Rabbouni (ce qui veut dire : Maître) !

[17] —Ne me retiens pas [b], lui dit Jésus, car je ne suis pas encore monté vers le Père. Va plutôt trouver mes frères et dis-leur de ma part : Je monte vers mon Père qui est votre Père, vers mon Dieu qui est votre Dieu.

[18] Marie de Magdala alla donc annoncer aux disciples :

—J'ai vu le Seigneur !

Et elle leur rapporta ce qu'il lui avait dit.

Jésus apparaît à ses disciples
(Lc 24.36-43 ; voir Mc 16.14)

[19] Ce même dimanche, dans la soirée, les disciples étaient dans une maison dont ils avaient verrouillé les portes, parce qu'ils avaient peur des chefs des Juifs.

Jésus vint : il se trouva là, au milieu d'eux, et il leur dit :

—Que la paix soit avec vous !

[20] Tout en disant cela, il leur montra ses mains et son côté [c]. Les disciples furent remplis de joie parce qu'ils voyaient le Seigneur.

[21] —Que la paix soit avec vous, leur dit-il de nouveau. Comme mon Père m'a envoyé, moi aussi je vous envoie.

[22] Après avoir dit cela, il souffla sur eux et continua :

—Recevez l'Esprit Saint. [23] Ceux à qui vous remettrez leurs péchés en seront effectivement tenus quittes ; et ceux à qui vous les retiendrez en resteront chargés.

Jésus apparaît à Thomas

[24] L'un des Douze, Thomas, surnommé le Jumeau, n'était pas avec eux lors de la venue de Jésus.

[25] Les autres disciples lui dirent :

—Nous avons vu le Seigneur !

Mais il leur répondit :

—Si je ne vois pas la marque des clous dans ses mains, si je ne mets pas mon doigt à la place des clous, et si je ne mets pas la main dans son côté, je ne croirai pas.

[26] Huit jours plus tard, les disciples étaient de nouveau réunis dans la maison. Cette fois-ci, Thomas était avec eux. Jésus vint, alors que les portes étaient verrouillées. Il se tint au milieu d'eux et leur dit :

—Que la paix soit avec vous !

[27] Puis il dit à Thomas :

—Place ton doigt ici, vois mes mains ; avance ta main et mets-la dans mon côté. Ne sois donc pas incrédule, mais crois.

[28] Thomas lui répondit :

—Mon Seigneur et mon Dieu !

[29] —Parce que tu m'as vu, tu crois ! lui dit Jésus. Heureux ceux qui croient sans avoir vu.

[30] Jésus a accompli, sous les yeux de ses disciples, encore beaucoup d'autres signes miraculeux qui n'ont pas été rapportés dans ce livre. [31] Mais ce qui s'y trouve a été écrit pour que vous croyiez que Jésus est le Christ, le Fils de Dieu, et qu'en croyant, vous possédiez la vie en son nom.

Une pêche miraculeuse

21 Quelque temps après, Jésus se montra encore à ses *disciples sur les bords du lac de Tibériade [d]. Voici dans quelles circonstances.

[2] *Simon Pierre, Thomas appelé le Jumeau, Nathanaël de Cana en *Galilée, les fils de Zébédée et deux autres disciples se trouvaient ensemble.

[3] Simon Pierre dit aux autres :

—Je m'en vais pêcher.

---

a. 20.11 Mc 16.9-11.
b. 20.17 Autre traduction : *ne me touche pas.*
c. 20.20 Où l'on pouvait encore voir les cicatrices des plaies reçues à la croix.

d. 21.1 Autre nom du lac de Galilée.

—Nous aussi. Nous y allons avec toi, lui dirent-ils.

Et les voilà partis. Ils montèrent dans un bateau, mais la nuit s'écoula sans qu'ils attrapent un seul poisson.

⁴ Déjà le jour commençait à se lever, et voici : Jésus se tenait debout sur le rivage. Mais les disciples ignoraient que c'était lui. ⁵ Il les appela :

—Hé ! les enfants, avez-vous pris du poisson ?

—Rien, répondirent-ils.

⁶ —Jetez le filet du côté droit du bateau, leur dit-il alors, et vous en trouverez.

Ils lancèrent donc le filet et ne purent plus le remonter, tellement il y avait de poissons.

⁷ Le disciple que Jésus aimait dit alors à Pierre :

—C'est le Seigneur.

En entendant que c'était le Seigneur, Simon Pierre, qui avait enlevé sa tunique pour pêcher, la remit et se jeta à l'eau. ⁸ Les autres disciples regagnèrent la rive avec le bateau, en remorquant le filet plein de poissons, car ils n'étaient qu'à une centaine de mètres du rivage.

⁹ Une fois descendus à terre, ils aperçurent un feu de braise avec du poisson dessus, et du pain.

¹⁰ Jésus leur dit :

—Apportez quelques-uns de ces poissons que vous venez de prendre.

¹¹ Simon Pierre remonta dans le bateau et tira le filet à terre. Il était rempli de cent cinquante-trois gros poissons et, malgré leur grand nombre, le filet ne se déchira pas.

¹² —Venez manger, leur dit Jésus.

Aucun des disciples n'osa lui demander : « Qui es-tu ? » Ils savaient que c'était le Seigneur. ¹³ Jésus s'approcha, prit le pain et le leur distribua, puis il fit de même pour le poisson.

¹⁴ C'était la troisième fois que Jésus se montrait à ses disciples, après sa résurrection.

Jésus et Pierre : l'apôtre rétabli dans sa mission

¹⁵ Après le repas, Jésus s'adressa à Simon Pierre :

—Simon, fils de Jean, m'aimes-tu plus que ne le font ceux-ci ?

—Oui, Seigneur, répondit-il, tu connais mon amour pour toi.

Jésus lui dit :

—Prends soin de mes agneaux.

¹⁶ Puis il lui demanda une deuxième fois :

—Simon, fils de Jean, m'aimes-tu ?

—Oui, Seigneur, lui répondit Simon. Tu connais mon amour pour toi.

Jésus lui dit :

—Nourris mes brebis.

¹⁷ Jésus lui demanda une troisième fois :

—Simon, fils de Jean, as-tu de l'amour pour moi ?

Pierre fut peiné car c'était la troisième fois que Jésus lui demandait : « As-tu de l'amour pour moi ? » Il lui répondit :

—Seigneur, tu sais tout, tu sais que j'ai de l'amour pour toi.

Jésus lui dit :

—Prends soin de mes brebis. ¹⁸ Vraiment, je te l'assure : quand tu étais plus jeune, tu mettais toi-même ta ceinture et tu allais où tu voulais, mais quand tu seras vieux, tu étendras les bras, un autre nouera ta ceinture et te mènera là où tu n'aimerais pas aller.

¹⁹ Par ces mots, il faisait allusion au genre de mort que Pierre allait endurer à la gloire de Dieu. Après avoir dit cela, il ajouta :

—Suis-moi !

²⁰ Pierre se retourna et aperçut le disciple que Jésus aimait ; il marchait derrière eux. C'est ce disciple qui, au cours du repas, s'était penché vers Jésus et lui avait demandé : « Seigneur, quel est celui qui va te trahir ? »

²¹ En le voyant, Pierre demanda à Jésus :

—Et lui, Seigneur, qu'en est-il de lui ?

²² Jésus lui répondit :

—Si je veux qu'il reste en vie jusqu'à ce que je revienne, que t'importe ? Toi, suis-moi.

²³ Là-dessus, le bruit courut parmi les frères que ce disciple ne mourrait pas. En fait, Jésus n'avait pas dit qu'il ne mourrait pas, mais seulement : « Si je veux qu'il reste en vie jusqu'à ce que je revienne, que t'importe ? »

²⁴ C'est ce même disciple qui rapporte ces faits et qui les a écrits. Nous savons que son témoignage est vrai.

²⁵ Jésus a accompli encore bien d'autres choses. Si on voulait les raconter une à une, je pense que le monde entier ne suffirait pas pour contenir tous les livres qu'il faudrait écrire.

ACTES DES APOTRES

Le livre des Actes des Apôtres est la deuxième partie de l'œuvre de Luc, la suite de l'évangile. L'auteur y poursuit son projet exprimé dans le prologue de l'évangile, raconter « de manière suivie » (1.3), après une enquête approfondie, les débuts de l'Eglise chrétienne. Luc lui-même en a été le témoin et participant : le « nous » apparaît en 16.10.

*Le plan suivi par Luc correspond à l'expansion graduelle de l'Eglise dans le Bassin méditerranéen, suivant l'ordre laissé par le Christ avant son ascension : « Vous serez mes témoins à *Jérusalem, dans toute la *Judée et la Samarie et jusqu'au bout du monde » (1.8).*

*L'Eglise naît à Jérusalem, le jour de la Pentecôte, quand les *apôtres reçoivent le Saint-Esprit promis. Elle grandit rapidement malgré les oppositions qu'elle suscite chez les *Juifs et malgré les difficultés qu'elle rencontre dans son propre sein. C'est la période où l'*apôtre Pierre est en première ligne (ch. 2 à 7).*

*Puis, à la suite de la persécution qui coûta la vie au premier martyr, Etienne, (ch. 7), l'Eglise dispersée en Judée et en Samarie annonce l'Evangile aux populations qu'elle rencontre (ch. 8 à 13) : des *Samaritains, un Ethiopien de passage, un officier romain. Le Seigneur révèle alors à Pierre que le salut est aussi pour les non-Juifs (ch. 10).*

*Sur le chemin de Damas un *pharisien, Saul de Tarse, persécuteur de l'Eglise, s'est converti ; il reçoit du Christ ressuscité l'ordre d'évangéliser les nations païennes (9.5). C'est donc à lui tout particulièrement que revient la mission d'être témoin de Jésus-Christ « jusqu'au bout du monde » (ch. 13 à 28).*

*Ainsi, la deuxième partie du livre retrace les trois voyages missionnaires de Saul – appelé dorénavant Paul – dans le monde méditerranéen : Chypre, *Macédoine, Grèce, Asie mineure, jusqu'à son arrestation à Jérusalem (ch. 20). Dès lors, Paul continue son activité, mais en prison, d'abord à Jérusalem, puis à *Césarée, enfin à Rome où il vit dans une semi-liberté. Le récit s'achève là.*

Cette extraordinaire et miraculeuse diffusion de l'Evangile n'est pas seulement le fruit du travail des apôtres et de leurs collaborateurs, c'est aussi l'œuvre du Saint-Esprit qui fait croître l'Eglise ; Luc le mentionne à soixante-deux reprises. Cette mise en évidence de l'action du Saint-Esprit depuis la Pentecôte est importante aussi pour l'Eglise d'aujourd'hui, qui cherche dans ce livre enseignement et encouragement pour son témoignage dans le monde.

INTRODUCTION

1 Cher Théophile,
Dans mon premier livre [a], j'ai exposé tout ce que Jésus a commencé de faire et d'enseigner [2] jusqu'au jour où il fut enlevé au ciel après avoir donné, par le Saint-Esprit [b], ses instructions à ceux qu'il s'était choisis comme *apôtres.

[3] Après sa mort, il se présenta à eux vivant et leur donna des preuves nombreuses de sa résurrection. Il leur apparut pendant quarante jours et leur parla du règne de Dieu.

DANS L'ATTENTE DE L'ESPRIT

La promesse de l'Esprit

[4] Or, un jour qu'il prenait un repas avec eux [c], il leur recommanda de ne pas quitter *Jérusalem, mais d'y attendre que son Père leur accorde le don qu'il leur avait promis.

–C'est le don que je vous ai annoncé, leur dit-il. [5] Car Jean a baptisé dans l'eau, mais vous, c'est dans le Saint-Esprit que vous serez baptisés dans peu de jours.

[6] Comme ils étaient réunis autour de lui, ils lui demandèrent :

–Seigneur, est-ce à ce moment-là que tu rendras le royaume à *Israël [d] ?

---

a. **1.1** Voir Lc 1.1-4. *Les Actes* sont la suite de *l'Evangile selon Luc.*
b. **1.2** Autres traductions : *à ceux qu'il avait choisis comme apôtres par le Saint-Esprit* ou *il fut enlevé au ciel par le Saint-Esprit.*

c. **1.4** Autre traduction : *un jour qu'il était avec eux.*
d. **1.6** Autre traduction : *tu rétabliras le royaume au profit d'Israël ?*

⁷ Il leur répondit :

–Il ne vous appartient pas de connaître les temps et les moments que le Père a fixés de sa propre autorité. ⁸ Mais le Saint-Esprit descendra sur vous : vous recevrez sa puissance et vous serez mes témoins à *Jérusalem, dans toute la *Judée et la Samarie, et jusqu'au bout du monde ᵃ.

Le retour à Jérusalem

⁹ Après ces mots, ils le virent s'élever dans les airs et un nuage le cacha à leur vue. ¹⁰ Ils gardaient encore les yeux fixés au ciel pendant qu'il s'éloignait, quand deux hommes vêtus de blanc se présentèrent devant eux et leur dirent :

¹¹ –Hommes de *Galilée, pourquoi restez-vous ainsi à regarder le ciel ? Ce Jésus qui a été enlevé au ciel du milieu de vous, en redescendra un jour de la même manière que vous l'avez vu y monter.

¹² Alors les apôtres quittèrent la colline qu'on appelle mont des Oliviers, située à environ un kilomètre ᵇ de Jérusalem, et rentrèrent en ville. ¹³ Dès leur arrivée, ils montèrent à l'étage supérieur de la maison où ils se tenaient d'habitude ᶜ. C'étaient Pierre, Jean, *Jacques et André, Philippe et Thomas, Barthélemy et Matthieu, Jacques, fils d'Alphée, Simon le Zélé ᵈ, et Jude, fils de Jacques. ¹⁴ D'un commun accord, ils se retrouvaient souvent pour prier, avec quelques femmes, avec Marie la mère de Jésus, et avec les frères de Jésus.

Le choix d'un douzième apôtre

¹⁵ Un de ces jours-là, Pierre se leva au milieu des frères. Ils étaient là environ cent vingt.

¹⁶ –Mes frères, dit-il, il fallait que les prophéties de l'Ecriture s'accomplissent : car le Saint-Esprit, par l'intermédiaire de *David, a parlé à l'avance de Judas, qui a servi de guide à ceux qui ont arrêté Jésus. ¹⁷ Cet homme était l'un des nôtres et il a eu sa part dans le service qui nous avait été confié. ¹⁸ Avec l'argent qu'il a reçu en paiement de son crime, il a acheté un champ ; il y est tombé la tête la première, il s'est éventré, et ses intestins se sont répandus sur le sol. ¹⁹ Tous les habitants de Jérusalem l'ont appris : c'est pourquoi ils ont appelé ce champ : *Akeldama*, ce qui, dans leur langue, signifie : « le champ du sang ».

²⁰ Or, il est écrit dans le livre des psaumes :

Que sa maison reste vide
et que personne n'y habite ᵉ.

Et plus loin :

Qu'un autre prenne sa charge ᶠ.

²¹ Nous devons donc choisir l'un de ceux qui nous ont accompagnés durant tout le temps où le Seigneur Jésus sillonnait le pays avec nous, ²² depuis le moment où Jean l'a baptisé jusqu'au jour où il a été enlevé du milieu de nous. Cet homme sera ainsi, avec nous, un témoin de sa résurrection.

²³ On présenta deux hommes : Joseph, appelé Barsabbas, surnommé le Juste, et Matthias. ²⁴ Et l'on fit alors cette prière :

–Toi, Seigneur, tu connais le cœur de tous les hommes. Désigne toi-même celui de ces deux frères que tu as choisi ²⁵ pour occuper, dans cette charge d'*apôtre, la place que Judas a désertée afin d'aller à celle qui lui revenait.

²⁶ Puis ils tirèrent au sort. Matthias fut désigné. C'est lui qui fut adjoint aux onze apôtres.

TEMOINS A JERUSALEM

Le don de l'Esprit

2 Quand le jour de la Pentecôte arriva, les *disciples ᵍ étaient tous rassemblés au même endroit. ² Tout à coup, un grand bruit survint du ciel : c'était comme si un violent coup de vent s'abattait sur eux et remplissait toute la maison où ils se trouvaient assis. ³ Au même moment, ils virent apparaître des sortes de langues qui ressemblaient à des flammèches. Elles se séparèrent et allèrent se poser sur la tête de chacun d'eux. ⁴ Aussitôt, ils furent tous remplis du Saint-Esprit et commencèrent à

---

a. 1.8 En bon historien, Luc annonce ici le plan de son livre : témoins à Jérusalem (ch. 1-7), en Judée et dans la Samarie (ch. 8-9) puis jusqu'au bout du monde (ch. 10-28).

b. 1.12 C'était la distance de marche autorisée le jour du sabbat.

c. 1.13 Les apôtres se tenaient dans une pièce aménagée sur le toit en terrasse, comme dans toutes les maisons palestiniennes.

d. 1.13 Voir note Mt 10.4.

e. 1.20 Ps 69.25.

f. 1.20 Ps 109.8.

g. 2.1 Voir 1.14-15,26. Autre traduction : *les apôtres*.

parler dans différentes langues, chacun s'exprimant comme le Saint-Esprit lui donnait de le faire.

⁵ Or, à ce moment-là, des *Juifs pieux, venus de toutes les nations du monde, séjournaient à *Jérusalem. ⁶ En entendant ce bruit, ils accoururent en foule et furent saisis de stupeur. En effet, chacun d'eux les entendait parler dans sa propre langue. ⁷ Dans leur étonnement, ils n'en croyaient pas leurs oreilles et disaient :

–Voyons ! Ces gens qui parlent, ne viennent-ils pas tous de *Galilée ? ⁸ Comment se fait-il donc que nous les entendions s'exprimer chacun dans notre langue maternelle ? ⁹ Nous sommes Parthes, Mèdes ou Elamites, nous habitons la Mésopotamie, la *Judée, la Cappadoce, le Pont ou la province d'*Asie, ¹⁰ la Phrygie ou la Pamphylie, l'Egypte ou le territoire de la Libye près de Cyrène ᵃ, ou bien, nous vivons à Rome, nous sommes Juifs de naissance ou par conversion, ¹¹ nous venons de la Crète ou de l'Arabie, et pourtant chacun de nous les entend parler dans sa propre langue des choses merveilleuses que Dieu a accomplies !

¹² Ils n'en revenaient pas. Plongés dans la plus grande perplexité, ils se demandaient entre eux : « Qu'est-ce que cela peut bien vouloir dire ? » ¹³ Mais d'autres tournaient la chose en ridicule : « C'est le vin doux, disaient-ils. ils ont trop bu ! »

Pierre témoin de Jésus-Christ

¹⁴ Alors Pierre se leva entouré des Onze et, d'une voix forte, il dit à la foule :

–Ecoutez-moi bien, vous qui habitez la Judée et vous tous qui séjournez à Jérusalem : comprenez ce qui se passe. ¹⁵ Certains d'entre vous insinuent que ces hommes seraient ivres. Pas du tout ! Il est à peine neuf heures du matin ! ¹⁶ Mais maintenant se réalise ce qu'avait annoncé le *prophète Joël :

¹⁷ *Voici ce qui arrivera, dit Dieu, | dans les jours de la fin des temps :*
Je répandrai de mon Esprit | sur tous les hommes.
Vos fils, vos filles prophétiseront ᵇ,

vos jeunes gens, par des visions,
vos vieillards, par des songes,
recevront des révélations.
¹⁸ *Oui, sur mes serviteurs, | comme sur mes servantes,*
en ces jours-là, | je répandrai de mon Esprit :
ils prophétiseront.
¹⁹ *Je ferai des miracles | et là-haut, dans le ciel,*
et ici-bas sur terre, | des signes prodigieux :
sang, feu, colonne de fumée.
²⁰ *Et le soleil s'obscurcira,*
la lune deviendra de sang,
avant la venue du jour du Seigneur,
ce jour grand et glorieux.
²¹ *Alors seront *sauvés | tous ceux qui feront appel au Seigneur ᶜ.*

²² Ecoutez bien, Israélites, ce que j'ai à vous dire. Vous le savez tous : Jésus de *Nazareth – cet homme dont Dieu vous a montré qu'il l'approuvait en accomplissant, par son moyen, au milieu de vous des miracles, des signes et des actes extraordinaires – ²³ a été livré entre vos mains conformément à la décision que Dieu avait prise et au projet qu'il avait établi d'avance. Et vous, vous l'avez tué en le faisant crucifier par des hommes qui ne connaissent pas Dieu. ²⁴ Mais Dieu a brisé les liens de la mort : il l'a ressuscité, car il était impossible que la mort le retienne captif. ²⁵ En effet, *David dit de lui :

Je voyais le Seigneur | constamment devant moi,
car il est à ma droite | pour que je ne vacille pas.
²⁶ *Voilà pourquoi mon cœur | est plein de joie | et pourquoi mes paroles | débordent d'allégresse.*
Même mon corps reposera | dans l'espérance ;
²⁷ *tu ne m'abandonneras pas | dans le séjour des morts :*
tu ne laisseras pas | ton serviteur fidèle | se décomposer dans la tombe.
²⁸ *Car tu m'as fait connaître | le chemin de la vie,*
et tu me combleras | de joie en ta présence ᵈ.

²⁹ Mes frères, permettez-moi de vous parler franchement : le patriarche ᵉ David est

---

a. 2.10 *Cyrène :* les Juifs étaient nombreux en Egypte et dans la Cyrénaïque (à l'ouest de l'Egypte). Ceux qui étaient revenus de là-bas à Jérusalem avaient leur propre synagogue.
b. 2.17 Dans l'ensemble du Nouveau Testament, le verbe *prophétiser* a été traduit par : *apporter, transmettre, des messages inspirés par Dieu, ce que Dieu inspire.*

c. 2.21 Jl 3.1-5, cité selon l'anc. version grecque.
d. 2.28 Ps 16.8-11 cité selon l'anc. version grecque.
e. 2.29 *patriarche :* les ancêtres des Israélites (Abraham, Isaac, Jacob) étaient appelés patriarches. Par extension, ce titre était aussi appliqué aux douze fils de Jacob (7.8) et ici au roi David.

bel et bien mort et enterré. Son tombeau[a] existe encore près d'ici aujourd'hui. **30** Mais il était prophète et il savait que Dieu lui avait promis, sous la foi du *serment*, de faire asseoir sur son trône un de ses descendants[b]. **31** Ainsi il a entrevu par avance la résurrection du Christ, et c'est d'elle qu'il parle en disant que *Dieu ne l'abandonnera pas dans le séjour des morts* et qu'il ne laissera pas son corps se décomposer[c].

32 Dieu a ressuscité des morts ce Jésus dont je parle : nous en sommes tous témoins. **33** Ensuite, il a été élevé pour siéger à la droite de Dieu[d]. Et maintenant, comme Dieu l'a promis, il a reçu du Père l'Esprit Saint et il l'a répandu sur nous. C'est là ce que vous voyez et entendez.

34 En effet, David, lui, n'est pas monté au ciel, mais il a dit :

Le Seigneur a dit à mon Seigneur :
Viens siéger à ma droite
35 *jusqu'à ce que j'aie mis tes ennemis*
comme un escabeau sous tes pieds[e].

36 Voici donc ce que tout le peuple d'Israël doit savoir avec une entière certitude : Dieu a fait Seigneur et Messie ce Jésus que vous avez crucifié.

Les premiers croyants

37 Ce discours toucha profondément ceux qui l'avaient entendu. Ils demandèrent à Pierre et aux autres apôtres :

—Frères, que devons-nous faire ?

38 Pierre leur répondit :

—*Changez*[f], et que chacun de vous se fasse baptiser au nom de Jésus-Christ, pour que vos péchés vous soient pardonnés. Alors, vous recevrez le don du Saint-Esprit. **39** Car la promesse est pour vous, pour vos enfants, et pour ceux qui vivent dans les pays lointains, tous ceux que le Seigneur notre Dieu fera venir à lui[g].

40 Pierre continuait, avec instance, à leur adresser d'autres paroles pour les persuader, et il les encourageait, leur disant :

—Recevez. le salut, séparez-vous de cette génération dévoyée.

41 Ceux qui acceptèrent les paroles de Pierre se firent baptiser et, ce jour-là, environ trois mille personnes furent ajoutées au nombre des croyants.

42 Dès lors, ils s'attachaient à écouter assidûment l'enseignement des apôtres, à vivre en communion les uns avec les autres, à rompre le pain[h] et à prier ensemble. **43** Tout le monde était très impressionné, car les apôtres accomplissaient beaucoup de prodiges et de signes miraculeux. **44** Tous les croyants vivaient unis entre eux et partageaient tout ce qu'ils possédaient. **45** Ils vendaient leurs propriétés et leurs biens et répartissaient l'argent entre tous, selon les besoins de chacun.

46 Tous les jours, d'un commun accord, ils se retrouvaient dans la cour du *Temple ; ils rompaient le pain dans les maisons, et prenaient leurs repas dans la joie, avec simplicité de cœur. **47** Ils louaient Dieu, et le peuple tout entier leur était favorable.

Le Seigneur ajoutait chaque jour à leur communauté ceux qu'il sauvait.

La guérison d'un paralysé

3 Un jour, Pierre et Jean montaient au *Temple pour la prière à trois heures de l'après-midi. **2** On était juste en train d'y porter un infirme : c'était un homme paralysé depuis sa naissance. On l'installait tous les jours à l'entrée de la cour du Temple, près de la porte appelée la « Belle Porte »[i], pour qu'il puisse demander l'aumône à ceux qui se rendaient au sanctuaire. **3** Quand il vit Pierre et Jean qui allaient pénétrer dans la cour du Temple, il leur demanda l'aumône.

4 Les deux *apôtres fixèrent les yeux sur lui.

—Regarde-nous ! lui dit Pierre.

5 L'infirme les regarda attentivement : il pensait qu'il allait recevoir d'eux quelque chose.

6 Mais Pierre lui dit :

—Je n'ai ni argent ni or, mais ce que j'ai je te le donne : au nom de Jésus-Christ de *Nazareth, lève-toi et marche[j] !

7 Et, en même temps, il le prit par la main droite et le fit lever. Aussitôt, ses pieds et ses

---

a. **2.29** Ce *tombeau*, bien connu et vénéré, se trouvait sur le mont Sion.
b. **2.30** Ps 132.11 ; 2 S 7.16 ; 1 Ch 17.12.
c. **2.31** Ps 16.10.
d. **2.33** Autre traduction : *élevé par la main droite de Dieu*.
e. **2.35** Ps 110.1.
f. **2.38** Autres traductions : *repentez-vous* ou *changez d'attitude* ou *changez de comportement*.
g. **2.39** Voir Jl 3.5.

h. **2.42** *rompre le pain* : il pourrait s'agir de repas communs où l'on prenait la cène.
i. **3.2** Cette *porte* se trouvait entre le parvis extérieur (parvis des non-Juifs) et les différents parvis réservés aux seuls Juifs.
j. **3.6** Plusieurs manuscrits omettent *lève-toi et*.

chevilles se raffermirent, 8 d'un saut il fut debout et se mit à marcher. Il entra avec eux dans la cour du Temple : il marchait, il sautait de joie et louait Dieu.

9 Tout le monde le vit ainsi marcher et louer Dieu. 10 On le reconnaissait : c'était bien lui qui était toujours assis à mendier près de la « Belle Porte » du Temple.

En voyant ce qui venait de lui arriver, les gens étaient remplis de stupeur et de crainte. 11 Quant à lui, il ne quittait plus Pierre et Jean. Tout le peuple accourut et se rassembla autour d'eux dans la cour du Temple, sous le portique de *Salomon a, et ils étaient stupéfaits.

Pierre explique le miracle

12 Quand Pierre vit cela, il s'adressa à la foule :

–Hommes israélites, qu'avez-vous à vous étonner ainsi de ce qui vient de se passer ? Pourquoi nous fixez-vous avec tant d'insistance comme si c'était nous qui, par notre propre pouvoir ou notre piété, avions fait marcher cet homme ? 13 Non, c'est le *Dieu d'*Abraham, d'*Isaac et de *Jacob b, le Dieu de nos ancêtres, qui vient ici de manifester la gloire de son serviteur Jésus – ce Jésus que vous avez livré à *Pilate et renié devant lui alors qu'il était décidé de le remettre en liberté. 14 Oui, vous avez renié celui qui est saint et juste. A sa place, vous avez demandé comme faveur la libération d'un meurtrier. 15 Ainsi vous avez fait mourir l'auteur de la vie. Mais Dieu l'a ressuscité des morts : nous en sommes témoins.

16 Et c'est parce que nous croyons en Jésus, que la puissance de ce nom a rendu à cet homme que vous voyez et que vous connaissez, la force de se tenir debout. Oui, cette foi qui est efficace par Jésus a donné à cet homme une parfaite guérison, comme vous pouvez tous vous en rendre compte.

17 À présent, mes frères, je sais bien que vous avez agi sans savoir ce que vous faisiez, aussi bien vous que vos chefs. 18 Mais Dieu a accompli de cette manière ce qu'il avait annoncé d'avance par tous ses *prophètes : le *Messie qu'il avait promis d'envoyer devait souffrir. 19 Maintenant donc, *changez et tournez-vous vers Dieu pour qu'il efface vos péchés. 20 Alors le Seigneur vous accordera des temps de repos, et il vous enverra celui qu'il vous a destiné comme Messie : Jésus.

21 En attendant, il doit demeurer au ciel jusqu'au jour où l'univers entier sera restauré, comme Dieu l'a annoncé depuis des siècles par la bouche de ses saints *prophètes.

22 Ainsi *Moïse a dit :

Le Seigneur votre Dieu suscitera pour vous, du milieu de vos compatriotes, un prophète qui sera comme moi : vous écouterez tout ce qu'il vous dira c. 23 Celui qui refusera d'obéir à ce prophète d sera exclu de mon peuple par la mort e.

24 Tous les prophètes qui ont parlé, depuis Samuel et ses successeurs, ont annoncé aussi d'avance les temps que nous vivons aujourd'hui.

25 Vous êtes les héritiers de ces prophètes, les bénéficiaires de l'*alliance que Dieu a conclue avec nos ancêtres lorsqu'il a promis à Abraham : *Toutes les familles de la terre seront bénies à travers ta descendance f. 26 C'est pour vous, en premier lieu, que Dieu a ressuscité son serviteur ; et il vous l'a envoyé pour vous bénir, en détournant chacun de vous de ses mauvaises actions.

Pierre et Jean devant le Grand-Conseil

4 Pendant qu'ils parlaient à la foule, survinrent quelques *prêtres g accompagnés du chef de la police du *Temple h et des membres du parti des *sadducéens : 2 ils étaient irrités de voir les *apôtres enseigner le peuple et leur annoncer que, puisque Jésus était ressuscité, les morts ressusciteraient eux aussi i. 3 Ils les arrêtèrent donc et, comme il se faisait déjà tard j, ils les jetèrent en prison jusqu'au lendemain. 4 Cependant, parmi ceux qui avaient entendu leurs paroles, beaucoup crurent, ce qui porta le nombre des croyants à près de cinq mille hommes.

---

a. 3.11 Ce *portique*, du côté est, clôturait la partie de la cour du Temple où les non-Juifs pouvaient entrer (voir Jn 10.23 ; Ac 5.12).
b. 3.13 Ex 3.6,15.
c. 3.22 Dt 18.15-16.
d. 3.23 Dt 18.19.
e. 3.23 Lv 23.29.
f. 3.25 Gn 22.18 et 26.4.
g. 4.1 Certains manuscrits ont : *les chefs des prêtres*.
h. 4.1 Le *chef de la police du Temple* était le personnage le plus important après le grand-prêtre.
i. 4.2 Les sadducéens ne croyaient pas à la résurrection des morts.
j. 4.3 C'était le soir. Or, après 16 h, les portes des parvis étaient fermées. Tout jugement pouvant aboutir à une peine de mort devait être rendu de jour.

⁵ Le lendemain, les chefs des *Juifs, les responsables du peuple et les spécialistes de la *Loi se réunirent à *Jérusalem. ⁶ Il y avait là, en particulier, Hanne le *grand-prêtre ᵃ, Caïphe, Jean ᵇ, Alexandre et tous les membres de la famille du grand-prêtre. ⁷ Ils firent comparaître Pierre et Jean, les placèrent au milieu de leur assemblée et les interrogèrent :

—Par quel pouvoir ou au nom de qui avez-vous fait cela ?

⁸ Alors Pierre, rempli de l'Esprit Saint, leur répondit :

—Dirigeants de la nation et responsables du peuple ! ⁹ Nous sommes aujourd'hui interrogés sur le bien que nous avons fait à un infirme et sur la manière dont il a été guéri. ¹⁰ Eh bien, sachez-le tous, et que tout le peuple d'*Israël le sache : c'est au nom de Jésus-Christ de *Nazareth que nous avons agi, de ce Jésus que vous avez crucifié et que Dieu a ressuscité des morts ; c'est grâce à lui que cet homme se tient là, debout, devant vous, en bonne santé. ¹¹ Il est *la pierre rejetée par les constructeurs* – par vous – *et qui est devenue la pierre principale, à l'angle de l'édifice* ᶜ. ¹² C'est en lui seul que se trouve le salut. Dans le monde entier, Dieu n'a jamais donné le nom d'aucun autre homme par lequel nous devions être *sauvés.

¹³ Les membres du *Grand-Conseil étaient étonnés de voir l'assurance de Pierre et de Jean, car ils se rendaient compte que c'étaient des gens simples et sans instruction ; ils les reconnaissaient pour avoir été avec Jésus. ¹⁴ Mais, comme ils voyaient, debout à côté d'eux, l'homme qui avait été guéri, ils ne trouvaient rien à répondre.

¹⁵ Alors ils leur ordonnèrent de sortir de la salle et délibérèrent entre eux :

¹⁶ —Qu'allons-nous faire de ces gens-là ? disaient-ils. Car ils ont accompli un signe miraculeux évident et tous les habitants de Jérusalem sont au courant. Nous ne pouvons pas le nier. ¹⁷ Mais il ne faut pas que cela s'ébruite davantage parmi le peuple. Défendons-leur donc, sous peine de sanctions, de parler désormais à qui que ce soit au nom de Jésus.

¹⁸ Là-dessus, ils les firent rappeler et leur interdirent formellement de parler ou d'enseigner au nom de Jésus.

¹⁹ Mais Pierre et Jean leur répondirent :

—Jugez-en vous-mêmes : est-il juste devant Dieu de vous obéir, plutôt qu'à Dieu ? ²⁰ Quant à nous, nous ne pouvons pas garder le silence sur ce que nous avons vu et entendu.

²¹ Après leur avoir fait de nouvelles menaces, ils les relâchèrent. En effet, ils n'avaient pas trouvé de moyen de les punir, parce que tout le peuple louait Dieu pour ce qui venait d'arriver. ²² L'homme qui avait été miraculeusement guéri était âgé de plus de quarante ans.

Prière des croyants

²³ Sitôt libérés, Pierre et Jean se rendirent auprès de leurs amis et leur racontèrent tout ce que les chefs des prêtres et les responsables du peuple leur avaient dit.

²⁴ Après les avoir écoutés, tous, unanimes, se mirent à prier Dieu, disant :

—Maître, c'est toi qui as créé le ciel, la terre, la mer et tout ce qui s'y trouve. ²⁵ C'est toi qui as dit par l'Esprit Saint qui s'est exprimé par la bouche de notre ancêtre *David, ton serviteur :

*Pourquoi cette agitation
parmi les nations ?
Et pourquoi les peuples
ont-ils conspiré pour rien ?
²⁶ Les rois de la terre
se sont soulevés
et les chefs se sont ligués
contre le Seigneur et son *Messie* ᵈ.

²⁷ En effet, c'est bien une *ligue* qu'*Hérode et Ponce *Pilate, les nations et les peuples d'Israël ont formée dans cette ville contre ton saint serviteur Jésus, que tu as choisi comme Messie. ²⁸ Ils n'ont fait qu'accomplir tout ce que tu avais décidé d'avance, dans ta puissance et ta volonté. ²⁹ Maintenant, Seigneur, vois comme ils nous menacent, et donne à tes serviteurs la force d'annoncer ta Parole avec une pleine assurance. ³⁰ Etends ta main pour qu'il se produise des guérisons, des miracles et d'autres signes au nom de ton saint serviteur Jésus.

³¹ Quand ils eurent fini de prier, la terre se mit à trembler sous leurs pieds à l'endroit où ils étaient assemblés. Ils furent tous remplis du Saint-Esprit et annonçaient la Parole de Dieu avec assurance.

---

a. 4.6 *Hanne* avait été déposé par les Romains mais le peuple continuait à le considérer comme le grand-prêtre alors que son gendre *Caïphe* remplissait cette fonction.
b. 4.6 D'autres manuscrits ont : *Jonathan*.
c. 4.11 Ps 118.22.

d. 4.26 Ps 2.1-2 cité selon l'anc. version grecque.

La solidarité des croyants

32 Tous ceux qui étaient devenus des croyants vivaient dans une parfaite unité de cœur et d'esprit. Personne ne se prétendait propriétaire de ses biens, mais ils partageaient tout ce qu'ils avaient. **33** Avec une grande puissance, les *apôtres rendaient témoignage de la résurrection du Seigneur Jésus, et la grâce de Dieu agissait avec force en eux tous. **34** Aucun d'eux n'était dans le besoin, car ceux qui possédaient des champs ou des maisons les vendaient, apportaient le produit de la vente **35** et le remettaient aux apôtres : ceux-ci le répartissaient alors entre tous et chacun recevait ce dont il avait besoin. **36** C'est ainsi que, par exemple, un certain Joseph possédait un terrain. C'était un *lévite originaire de Chypre [a] ; les apôtres le surnommaient Barnabas, ce qui veut dire « l'homme qui encourage ». **37** Il vendit son terrain, apporta l'argent et en remit le produit aux apôtres.

5 Mais un certain Ananias, avec sa femme Saphira, vendit aussi une propriété, et, **2** en accord avec elle, mit de côté une partie de l'argent de la vente, apporta le reste aux *apôtres et le leur remit. **3** Pierre lui dit :

—Ananias, comment as-tu pu laisser *Satan envahir à tel point ton cœur ? Tu as menti au Saint-Esprit en cachant le prix réel de ton champ pour en détourner une partie à ton profit ! **4** N'étais-tu pas libre de garder ta propriété ? Ou même, après l'avoir vendue, ne pouvais-tu pas faire de ton argent ce que tu voulais ? Comment as-tu pu décider en toi-même de commettre une telle action ? Ce n'est pas à des hommes que tu as menti, mais à Dieu.

5 A ces mots, Ananias tomba raide mort. Tous ceux qui l'apprirent furent remplis d'une grande crainte. **6** Des jeunes gens vinrent envelopper le corps [b], puis l'emportèrent pour l'enterrer.

7 Environ trois heures plus tard, la femme d'Ananias entra sans savoir ce qui s'était passé. **8** Pierre lui demanda :

—Dis-moi, est-ce bien à ce prix-là que vous avez vendu votre champ ?

—Oui, répondit-elle, c'est bien à ce prix. **9** Alors Pierre lui dit :

—Comment avez-vous pu vous concerter pour provoquer ainsi l'Esprit du Seigneur ? Ecoute : ceux qui viennent d'enterrer ton mari sont devant la porte et ils vont t'emporter, toi aussi.

10 Au même instant, elle tomba inanimée aux pieds de Pierre. Les jeunes gens qui rentraient la trouvèrent morte ; ils l'emportèrent et l'enterrèrent aux côtés de son mari. **11** Cet événement inspira une grande crainte à toute l'Eglise, ainsi qu'à tous ceux qui en entendirent parler.

Les apôtres, témoins devant le Grand-Conseil

12 Les *apôtres accomplissaient beaucoup de signes miraculeux et de prodiges parmi le peuple. Tous les croyants avaient l'habitude de se rassembler dans la cour du *Temple, sous la Galerie de *Salomon. **13** Personne d'autre n'osait se joindre à eux, mais le peuple tout entier les tenait en haute estime. **14** Un nombre toujours croissant d'hommes et de femmes croyaient au Seigneur et se joignaient à eux. **15** On allait jusqu'à porter les malades dans les rues, où on les déposait sur des lits ou des civières, pour qu'au passage de Pierre son ombre au moins couvre l'un d'eux. **16** Des villes voisines même, les gens accouraient en foule à *Jérusalem pour amener des malades et des personnes tourmentées par de mauvais esprits. Et tous étaient guéris.

17 Alors, poussés par la jalousie, le *grand-prêtre et tout son entourage, c'est-à-dire ceux qui appartenaient au parti des *sadducéens, décidèrent d'intervenir. **18** Ils firent arrêter les *apôtres et les firent incarcérer dans la prison publique.

19 Mais, pendant la nuit, un *ange du Seigneur vint ouvrir les portes de la prison et, après avoir fait sortir les apôtres, il leur dit :

20 —Allez au Temple et là, proclamez au peuple tout le message de la vie nouvelle.

21 Les apôtres obéirent : dès l'aube, ils se rendirent dans la cour du Temple et se mirent à enseigner. De son côté, le grand-prêtre arriva avec son entourage, et ils convoquèrent le *Grand-Conseil et toute l'assemblée des responsables du peuple d'*Israël. Ils ordonnèrent d'aller chercher les apôtres à la prison et de les amener. **22** Les gardes s'y rendirent, mais ils ne les trouvèrent pas dans le cachot. A leur retour, ils firent leur rapport :

---

a. 4.36 Beaucoup de Juifs s'étaient établis dans cette île de l'est de la Méditerranée à partir de l'époque des Maccabées au 2e siècle avant notre ère.
b. 5.6 Chez les Juifs les morts étaient enveloppés dans un linceul et déposés ainsi dans la tombe.

23 —Nous avons trouvé la prison soigneusement fermée, les sentinelles étaient à leur poste devant les portes, mais quand nous avons ouvert le cachot, nous n'y avons trouvé personne.

24 Cette nouvelle plongea le chef de la police du Temple et les chefs des *prêtres dans une grande perplexité : ils se demandaient ce qui avait bien pu se passer.

25 Là-dessus, quelqu'un vint leur annoncer :

—Les hommes que vous avez fait mettre en prison se tiennent dans la cour du Temple et ils enseignent le peuple a.

26 Aussitôt, le chef de la police du Temple s'y rendit avec un détachement de gardes et ils ramenèrent les apôtres, mais avec ménagements, car ils avaient peur de se faire lapider par le peuple. 27 Après les avoir ramenés, ils les introduisirent dans la salle du Grand-Conseil.

Le grand-prêtre leur dit :

28 —Nous vous avions formellement interdit d'enseigner au nom de cet homme. Et voilà que vous avez rempli *Jérusalem de votre enseignement, et vous voulez nous rendre responsables de la mort de cet homme.

29 Mais Pierre et les apôtres répondirent :

—Il faut obéir à Dieu plutôt qu'aux hommes. 30 Le Dieu de nos ancêtres a ressuscité ce Jésus que vous avez mis à mort en le clouant sur le bois. 31 Et c'est lui que Dieu a élevé pour siéger à sa droite b, comme Chef suprême et *Sauveur, pour accorder à Israël la grâce de changer et de recevoir le pardon de ses péchés en. 32 Et nous, nous sommes les témoins de ces événements, avec le Saint-Esprit que Dieu a donné à ceux qui lui obéissent.

33 Ces paroles ne firent qu'exaspérer les membres du Grand-Conseil et ils voulaient faire mourir les apôtres.

34 Mais l'un d'entre eux, un *pharisien nommé Gamaliel c, se leva pour donner son avis. C'était un éminent enseignant de la *Loi, estimé de tout le peuple. Il demanda que l'on fasse sortir un instant les apôtres, 35 puis il dit :

—Israélites, faites bien attention à ce que vous allez faire avec ces hommes. 36 Rappelez-vous : il y a quelque temps, on a vu paraître un certain Theudas qui se donnait pour un personnage important. Il a entraîné quelque quatre cents hommes à sa suite. Or, il a été tué, et tous ceux qui s'étaient ralliés à lui furent dispersés et l'on n'en entendit plus parler. 37 Après lui, à l'époque du recensement, Judas de *Galilée a fait son apparition. Lui aussi a attiré à lui bien des gens. Il a péri à son tour et tous ses partisans furent mis en déroute.

38 A présent donc, voici mon avis : Ne vous occupez plus de ces hommes et laissez-les partir. De deux choses l'une : ou bien leur projet et leur œuvre viennent des hommes et, dans ce cas, leur mouvement disparaîtra. 39 Ou bien, il vient de Dieu, et alors, vous ne pourrez pas le détruire. Ne prenez pas le risque de lutter contre Dieu.

Le Conseil se rangea à son avis : 40 ils rappelèrent les apôtres, les firent battre, et leur défendirent de parler au nom de Jésus. Après quoi, ils les relâchèrent.

41 Les apôtres quittèrent la salle du Conseil tout joyeux de ce que Dieu les avait jugés dignes de souffrir l'humiliation pour Jésus. 42 Et chaque jour, dans la cour du Temple ou dans les maisons particulières, ils continuaient à enseigner et à annoncer la bonne nouvelle que le *Messie, c'était Jésus.

L'élection des Sept

6 A cette époque-là, comme le nombre des *disciples ne cessait d'augmenter, des tensions surgirent entre les disciples juifs de culture grecque et ceux qui étaient nés en Palestine : les premiers se plaignaient de ce que leurs veuves étaient défavorisées lors des distributions quotidiennes d.

2 Alors les douze *apôtres réunirent l'ensemble des disciples et leur dirent :

—Il ne serait pas légitime que nous arrêtions de proclamer la Parole de Dieu pour nous occuper des distributions. 3 C'est pourquoi, frères, choisissez parmi vous sept hommes réputés dignes de *confiance, remplis du Saint-Esprit et de sagesse. Nous les chargerons de ce travail. 4 Cela nous permettra de nous consacrer à la prière et au service de l'enseignement.

5 Cette proposition convint à tous les disciples ; ils élurent Etienne, un homme

---

a. 5.25 A l'époque, les séances du Grand-Conseil n'avaient plus lieu au Temple mais dans la ville.

b. 5.31 Voir 2.33.

c. 5.34 *Gamaliel* était l'un des plus célèbres rabbins (« maîtres ») de l'époque. Membre du Grand-Conseil, il avait un millier de disciples, dont le futur apôtre Paul (Ac 22.3).

d. 6.1 Selon les interprétations : *distributions quotidiennes* de nourriture ou d'aide financière. .

plein de foi et d'Esprit Saint, ainsi que Philippe, Prochore, Nicanor,

Timon, Parménas et Nicolas[a], un païen originaire d'Antioche qui s'était converti au judaïsme. [6] Ils les présentèrent aux apôtres qui prièrent pour eux et leur imposèrent les mains.

[7] La Parole de Dieu se répandait toujours plus. Le nombre des disciples s'accroissait beaucoup à *Jérusalem. Et même de nombreux *prêtres obéissaient à la foi.

Etienne témoin de Jésus-Christ

[8] Etienne était rempli de la grâce et de la puissance divines et accomplissait de grands prodiges et des signes miraculeux au milieu du peuple. [9] Alors des membres de la *synagogue dite des Affranchis[b], composée de *Juifs de Cyrène, d'Alexandrie, de Cilicie et de la province d'*Asie, se mirent à discuter avec lui, [10] mais ils se montraient incapables de résister à la sagesse de ses paroles, que lui donnait l'Esprit.

[11] Là-dessus, ils payèrent des gens pour dire :

—Nous l'avons entendu prononcer des paroles *blasphématoires contre *Moïse et contre Dieu.

[12] Ils ameutèrent ainsi le peuple, les responsables du peuple et les *spécialistes de la Loi. Survenant à l'improviste, ils s'emparèrent d'Etienne et l'amenèrent au *Grand-Conseil. [13] Là, ils firent comparaître de faux témoins qui déposèrent contre lui :

—Cet homme que voici, dirent-ils, ne cesse de discourir contre ce *lieu saint et contre la *Loi de Moïse. [14] En effet, nous l'avons entendu dire que ce Jésus de *Nazareth détruirait ce lieu et changerait les coutumes que Moïse nous a transmises.

[15] Tous ceux qui siégeaient au Grand-Conseil avaient les yeux fixés sur Etienne et son visage leur apparut comme celui d'un *ange.

7 Le *grand-prêtre lui demanda :
—Reconnais-tu les faits qui te sont reprochés ?
[2] Etienne dit alors :

—Chers frères et pères de cette nation, écoutez-moi : le Dieu glorieux apparut jadis à notre ancêtre *Abraham, quand il vivait encore en Mésopotamie, avant de s'établir à Harân, [3] et il lui dit : *Quitte ton pays et ta parenté, et va dans le pays que je te montrerai*[c]. [4] C'est ainsi qu'Abraham quitta la Chaldée et vint se fixer à Harân. De là, après la mort de son père, Dieu le fit venir dans le pays où vous habitez actuellement. [5] Pourtant, il ne lui donna ici aucune propriété, pas même un mètre carré de terre. Mais il lui promit de lui donner le pays tout entier, à lui et à ses descendants après lui, alors qu'à cette époque il n'avait pas encore d'enfant[d]. [6] Et Dieu lui parla ainsi :

Tes descendants séjourneront dans une terre étrangère, ils y seront réduits en esclavage et on les maltraitera pendant quatre cents ans[e]. [7] Mais, ajouta Dieu, *j'exécuterai mon jugement contre la nation qui en aura fait ses esclaves. Après cela, ils quitteront le pays étranger et viendront ici-même, dans ce pays, pour me rendre un culte*[f].

[8] Puis Dieu conclut son *alliance avec Abraham et lui en donna pour signe la *circoncision. Ainsi il eut pour fils *Isaac et le circoncit huit jours après sa naissance. Isaac fit de même pour son fils *Jacob, et celui-ci, à son tour, pour ses fils, les douze ancêtres de nos tribus[g].

[9] Or, les fils de Jacob, poussés par la jalousie, vendirent leur frère Joseph, pour qu'il fût emmené comme esclave en Egypte. Mais Dieu était avec lui. [10] Il le délivra de toutes ses épreuves et, dans sa grâce, il lui donna la sagesse nécessaire devant le pharaon, roi d'Egypte, si bien qu'il fut nommé gouverneur du pays et de toute la maison royale. [11] Alors survint une grande famine dans toute l'Egypte et en Canaan. Ce fut un temps de grande misère. Nos ancêtres ne trouvaient plus de quoi manger. [12] Quand Jacob apprit qu'il y avait du blé en Egypte, il y envoya une première fois ses fils, nos ancêtres. [13] Lors de leur second voyage en Egypte, Joseph se fit reconnaître par ses frères, et le pharaon apprit quelle était l'origine de Joseph. [14] Puis Joseph envoya

---

a. **6.5** Tous ces noms sont grecs. L'assemblée semble avoir choisi uniquement des hommes émanant de la partie lésée.

b. **6.9** La *synagogue des Affranchis* (esclaves libérés) était surtout fréquentée par des descendants de Juifs emmenés comme esclaves en 63 av. J.-C. par le général romain Pompée.

c. **7.3** Gn 12.1.
d. **7.5** Gn 17.8.
e. **7.6** Ex 3.12.
f. **7.7** Gn 15.13-14.
g. **7.8** Voir note 2.29.

chercher son père Jacob et toute sa parenté qui comprenait soixante-quinze personnes. [15] Jacob descendit en Egypte ; il y finit ses jours, de même que nos ancêtres. [16] Leurs corps furent ramenés à Sichem, et déposés dans le tombeau qu'Abraham avait acheté pour une certaine somme d'argent aux fils d'Hamor à Sichem. [17] Le moment approchait où Dieu allait accomplir la promesse qu'il avait faite à Abraham : notre peuple s'était multiplié et les Israélites étaient devenus de plus en plus nombreux en Egypte. [18] C'est alors qu'un nouveau roi, qui n'avait pas connu Joseph, monta sur le trône d'Egypte [a]. [19] Il exploita notre peuple de manière perfide et opprima nos ancêtres, jusqu'à les obliger à abandonner leurs nouveau-nés pour qu'ils ne survivent pas.

[20] A cette époque naquit *Moïse, qui avait la faveur de Dieu [b]. Pendant trois mois, il fut élevé dans la maison de son père. [21] Lorsque finalement ses parents durent l'abandonner, il fut recueilli par la fille du pharaon qui l'éleva comme son propre fils. [22] C'est ainsi que Moïse fut instruit dans toute la science des Egyptiens et qu'il devint un homme dont la parole et les actions avaient des effets remarquables.

[23] A l'âge de quarante ans, il voulut venir en aide à ses frères, les Israélites. [24] Voyant que l'on maltraitait l'un d'eux, il prit sa défense, et, pour le venger, tua l'Egyptien qui le maltraitait. [25] Il pensait que ses frères comprendraient que Dieu voulait se servir de lui pour les libérer. Mais ils ne le comprirent pas.

[26] Le lendemain, il vit deux d'entre eux se battre. Il s'interposa et essaya de réconcilier les adversaires.

—Mes amis, leur dit-il, vous êtes des frères ! Pourquoi, alors, vous faites-vous du mal ?

[27] Mais celui qui maltraitait son compagnon le repoussa en disant :

—*De quoi te mêles-tu ? Qui t'a établi sur nous pour être notre chef ou notre juge ? [28] Voudrais-tu par hasard aussi me tuer, comme tu as tué hier l'Egyptien [c] ?*

[29] Quand Moïse entendit cela, il prit la fuite et alla vivre dans le pays de Madian où il eut deux fils.

[30] Quarante années plus tard, un *ange lui apparut dans le désert du mont Sinaï, au milieu de la flamme d'un buisson en feu [d]. [31] Saisi d'étonnement à cette vision, Moïse s'approchait pour le considérer de plus près, quand la voix du Seigneur se fit entendre : [32] *Je suis le Dieu de tes ancêtres, le Dieu d'Abraham, d'Isaac et de Jacob [e].*

Tout tremblant, Moïse n'osait pas lever les yeux. [33] Le Seigneur lui dit :

Ote tes sandales, car l'endroit où tu te tiens est un lieu saint [f]. [34] J'ai vu la souffrance de mon peuple en Egypte. J'ai entendu ses gémissements et je suis descendu pour le délivrer. Et maintenant, viens : je t'envoie en Egypte [g].

[35] Ainsi ce Moïse que ses frères avaient repoussé en lui disant : *Qui t'a établi sur nous pour être notre chef ou notre juge [h] ?*, c'est lui que Dieu a envoyé comme chef et libérateur du peuple avec l'aide de l'ange qui lui était apparu dans le buisson. [36] C'est lui qui les fit sortir d'Egypte en accomplissant des prodiges et des signes miraculeux dans ce pays, puis lors de la traversée de la mer Rouge [i] et, pendant quarante ans, dans le désert.

[37] Ce fut encore lui qui dit aux Israélites : *Dieu suscitera pour vous un *prophète semblable à moi, un membre de votre peuple [j].*

[38] Lorsque le peuple était rassemblé au désert, c'est encore lui qui servit d'intermédiaire entre l'ange qui lui parlait sur le mont Sinaï et nos ancêtres. Il reçut de Dieu des paroles de vie pour nous les transmettre.

[39] Nos ancêtres refusèrent de lui obéir. Bien plus : ils le repoussèrent et se laissèrent gagner par le désir de retourner en Egypte. [40] Ils vinrent demander à *Aaron :

—*Fais-nous des dieux qui marchent à notre tête, car ce Moïse qui nous a fait sortir d'Egypte, nous ne savons pas ce qu'il est devenu [k].*

[41] Ils façonnèrent alors un veau, ils offrirent un sacrifice à cette idole, et ils célébrèrent de joyeuses fêtes en l'honneur de ce qu'ils avaient fabriqué de leurs mains. [42] Dieu se détourna d'eux et les abandonna à l'idolâtrie et au culte des astres

---

a. 7.18 Ex 1.8.
b. 7.20 Autre traduction : *qui était extrêmement beau.*
c. 7.28 Ex 2.14.

d. 7.30 Ex 3.2.
e. 7.32 Ex 3.6.
f. 7.33 Ex 3.5.
g. 7.34 Ex 3.7,8,10.
h. 7.35 Ex 2.14.
i. 7.36 Expression traduite du grec, désignant la mer des Roseaux.
j. 7.37 Dt 18.15.
k. 7.40 Ex 32.1,23.

du ciel. C'est bien ce qui est écrit dans le livre des prophètes :

> O peuple d'*Israël, | quand vous avez offert | des victimes et des sacrifices
> pendant les quarante ans | de votre séjour au désert, | était-ce à moi | que vous les avez apportés ?

43 Non, vous avez porté | la tente de Molok ᵃ et l'astre de votre dieu Rompha,
> idoles que vous avez fabriquées | pour vous prosterner devant elles.
> C'est pourquoi je vous déporterai | plus loin que Babylone ᵇ.

44 Au désert, nos ancêtres avaient avec eux la tente qui contenait le traité de l'*alliance et que Dieu avait ordonné à Moïse de construire d'après le modèle qu'il lui avait montré. **45** Cette tente a été confiée à la génération suivante de nos ancêtres. Ils l'emmenèrent avec eux quand ils conquirent, sous la conduite de Josué, le pays où se trouvaient les nations que Dieu chassa devant eux. Elle y demeura jusqu'au temps de *David. **46** Celui-ci obtint la faveur de Dieu et demanda de pouvoir donner une demeure au Dieu de Jacob. **47** Mais ce fut *Salomon qui bâtit le *Temple. **48** Cependant, le Dieu très-haut n'habite pas dans des édifices construits par des mains humaines. C'est ce que dit le prophète :

> **49** Mon trône, c'est le ciel,
> la terre, l'escabeau | où je pose le pied.
> Quelle est donc la maison | que vous me bâtirez, | dit le Seigneur,
> ou quel lieu de repos | pourrait me servir de demeure ?
> **50** N'est-ce pas moi | qui ai créé tout cela ᶜ ?

51 O vous hommes obstinés qui, comme de véritables incirconcis, gardez votre cœur et vos oreilles fermés, vous résistez toujours à l'Esprit Saint ! **52** Vous ressemblez bien à vos ancêtres ! Y a-t-il un seul prophète que vos ancêtres n'aient pas persécuté ? Ils ont tué ceux qui annonçaient la venue du seul Juste. Et vous, maintenant, vous l'avez trahi et assassiné ! **53** Oui, vous avez bien reçu la *Loi

de Dieu par l'intermédiaire des *anges, mais vous ne l'avez jamais observée...

L'exécution d'Etienne

54 A ces mots, ceux qui siégeaient au *Grand-Conseil devinrent fous de rage : ils grinçaient des dents contre Etienne. **55** Mais lui, rempli du Saint-Esprit, leva les yeux au ciel et vit la gloire de Dieu, et Jésus debout à la droite de Dieu. Alors, il s'écria :

—Ecoutez : je vois le ciel ouvert et le *Fils de l'homme debout à la droite de Dieu.

57 A ces mots, ils se mirent à vociférer et à se boucher les oreilles. D'un même élan, ils se ruèrent sur lui, **58** le traînèrent hors de la ville et le tuèrent à coups de pierres. Les témoins avaient déposé leurs vêtements aux pieds d'un jeune homme nommé Saul. **59** Pendant qu'ils jetaient des pierres sur lui, Etienne priait ainsi :

—Seigneur Jésus, reçois mon esprit !

60 Puis il tomba à genoux et, de toutes ses forces, lança un dernier cri :

—Seigneur, ne leur demande pas compte de ce péché !

Après avoir dit ces mots, il expira.

TEMOINS EN JUDEE ET EN SAMARIE

Persécution et dispersion des croyants

8 Saul avait donné son approbation à l'exécution d'Etienne. A partir de ce jour-là, une violente persécution se déchaîna contre l'Eglise de *Jérusalem ; tous les croyants se dispersèrent à travers la *Judée et la Samarie, à l'exception des *apôtres. **2** Quelques hommes pieux enterrèrent Etienne et le pleurèrent beaucoup. **3** Quant à Saul, il cherchait à détruire l'Eglise, allant de maison en maison pour en arracher les croyants, hommes et femmes, et les jeter en prison.

La prédication de Philippe et le don de l'Esprit en Samarie

4 Les croyants qui s'étaient dispersés parcouraient le pays, en proclamant le message de la Bonne Nouvelle. **5** Philippe se rendit dans la capitale ᵈ de la Samarie et prêcha le Christ à la population. **6** Elle se montra tout entière très attentive à ses paroles en l'entendant et en voyant les signes miraculeux qu'il accomplissait. **7** En effet,

---

a. 7.43 *Molok* : divinité adorée par les Cananéens, c'est-à-dire les anciens habitants du pays de Canaan (Palestine). *Rompha* : ancienne divinité païenne représentant la planète Saturne.
b. 7.43 Am 5.25-27 cité selon l'anc. version grecque.
c. 7.50 Es 66.1-2.

d. 8.5 Plusieurs manuscrits ont : *une ville.*

beaucoup de personnes qui avaient des démons en elles en furent délivrées ; ils sortaient d'elles en poussant de grands cris, et de nombreux paralysés et des infirmes furent guéris. 8 Aussi, toute la ville était-elle dans une grande joie.

9 Or, depuis quelque temps, un homme nommé *Simon s'était établi dans la ville et y exerçait la magie. Il émerveillait le peuple de Samarie et prétendait être un grand personnage. 10 Toute la population, du plus petit jusqu'au plus grand, lui accordait donc une grande attention.

—Cet homme, disaient-ils, est la puissance même de Dieu, celle qu'on appelle la « Grande Puissance ».

11 S'ils s'attachaient ainsi à lui, c'était parce que, depuis assez longtemps, il les étonnait par ses actes de magie. 12 Mais quand ils crurent Philippe qui leur annonçait la Bonne Nouvelle du règne de Dieu et de Jésus-Christ, ils se firent baptiser, tant les hommes que les femmes. 13 Simon lui-même crut et fut baptisé. Dès lors, il ne quittait plus Philippe, émerveillé par les signes miraculeux et les prodiges extraordinaires qui s'accomplissaient sous ses yeux.

14 Quand les *apôtres, restés à Jérusalem, apprirent que les *Samaritains avaient accepté la Parole de Dieu, ils déléguèrent auprès d'eux Pierre et Jean. 15 Dès leur arrivée, ceux-ci prièrent pour les nouveaux *disciples afin qu'ils reçoivent le Saint-Esprit. 16 En effet, il n'était encore descendu sur aucun d'eux : ils avaient seulement été baptisés au nom du Seigneur Jésus. 17 Pierre et Jean leur imposèrent donc les mains et ils reçurent l'Esprit Saint.

18 Simon vit que l'Esprit Saint était donné aux croyants quand les apôtres leur imposaient les mains. Alors il leur proposa de l'argent 19 et leur dit :

—Donnez-moi aussi ce pouvoir pour que ceux à qui j'imposerai les mains reçoivent l'Esprit Saint.

20 Mais Pierre lui répondit :

—Que ton argent périsse, et toi avec lui, puisque tu t'es imaginé qu'on pouvait se procurer le don de Dieu avec de l'argent ! 21 Tu n'as ni part ni droit dans cette affaire, car ton cœur n'est pas droit devant Dieu. 22 Détourne-toi donc du mal qui est en toi, et demande au Seigneur de te pardonner, s'il est possible, d'avoir eu de telles intentions dans ton cœur. 23 Car, à ce que je vois, tu es rempli d'amertume et de méchanceté et tu es captif du mal.

24 Alors Simon demanda à Pierre et Jean :

—Priez vous-mêmes le Seigneur pour moi : qu'il ne m'arrive rien de ce que vous avez dit.

25 Pierre et Jean continuèrent à rendre témoignage à Jésus-Christ en annonçant la Parole du Seigneur, puis ils retournèrent à Jérusalem, tout en annonçant la Bonne Nouvelle dans un grand nombre de villages samaritains.

Philippe et le dignitaire éthiopien

26 Un *ange du Seigneur s'adressa à Philippe et lui dit :

—Lève-toi, pars en direction du sud a, prends la route qui descend de Jérusalem à Gaza, celle qui est déserte b.

27 Il se leva immédiatement et se mit en route. Et voici qu'il rencontra un haut dignitaire c éthiopien, administrateur des biens de Candace d, reine d'Ethiopie. Cet homme était venu à Jérusalem pour adorer Dieu. 28 Il était sur le chemin du retour et, assis dans son char, il lisait à haute voix un passage du *prophète *Esaïe.

29 L'Esprit dit à Philippe :

—Avance jusqu'à ce char et marche à côté de lui.

30 Philippe courut et entendit l'Ethiopien lire dans le prophète Esaïe. Alors il lui demanda :

—Comprends-tu ce que tu lis ?

31 —Comment le pourrais-je, répondit-il, si je n'ai personne pour me l'expliquer ?

Et il invita Philippe à monter s'asseoir à côté de lui.

a. 8.26 Autre traduction : *vers midi*.
b. 8.26 *déserte*, ou « qui traverse une région déserte ». Il existait deux villes portant le nom de Gaza. « Gaza l'ancienne » avait été ravagée et changée en désert en 96 avant Jésus-Christ. D'où le nom de Gaza-la-déserte qui lui est resté même après sa reconstruction. Deux routes menaient à Gaza, l'une longeait la mer, l'autre, beaucoup moins fréquentée, passait par des régions peu habitées. C'est sans doute cette route que Philippe devait prendre.
c. 8.27 Un *haut dignitaire*, en grec : *un eunuque*. Les hommes au service d'une reine étaient souvent castrés. Ce terme s'est appliqué par la suite aux différents dignitaires du palais royal. Aux temps bibliques, le nom Ethiopie désignait la Nubie, dans l'actuel Soudan, à quelque 800 km au sud de l'Egypte. Il existait quelques colonies juives dans ce pays. Ainsi ce haut dignitaire a pu apprendre à connaître leur religion mais, selon la Loi, un eunuque ne pouvait pas faire partie du peuple de Dieu.
d. 8.27 *Candace* : nom générique des reines d'Ethiopie (comme Pharaon était celui des rois d'Egypte).

32 Or, il était en train de lire ce passage de l'Ecriture :

Comme un mouton | que l'on conduit à
    l'abattoir,
comme un agneau muet | devant ceux qui le
    tondent,
il n'a pas dit un mot.
33 Il a été humilié | et n'a pas obtenu justice.
Qui racontera sa descendance ?
Car sa vie sur la terre | a été supprimée[a].

34 L'Ethiopien demanda à Philippe :

—Explique-moi, s'il te plaît : de qui est-il question ? Est-ce de lui-même que le prophète parle, ou de quelqu'un d'autre ?

35 Alors Philippe prit la parole et, partant de ce texte, lui annonça la Bonne Nouvelle de Jésus.

36 En continuant leur route, ils arrivèrent près d'un point d'eau. Alors, le dignitaire s'écria :

—Voici de l'eau ; qu'est-ce qui empêche que je sois baptisé ?

[37 —Si tu crois de tout ton cœur, tu peux être baptisé.

—Oui, répondit le dignitaire, je crois que Jésus-Christ est le Fils de Dieu[b].]

38 Aussitôt, il donna l'ordre d'arrêter le char ; Philippe et le dignitaire descendirent tous deux dans l'eau et Philippe le baptisa.
39 Quand ils sortirent de l'eau, l'Esprit du Seigneur enleva Philippe, et le dignitaire ne le vit plus. Celui-ci poursuivit sa route, le cœur rempli de joie.

40 Philippe se retrouva à Asdod[c], d'où il se rendit à *Césarée en annonçant la Bonne Nouvelle dans toutes les localités qu'il traversait.

La conversion de Saul

9 Saul, qui ne pensait qu'à menacer et à tuer les *disciples du Seigneur, se rendit chez le *grand-prêtre 2 et lui demanda des lettres de recommandation pour les *synagogues de Damas. Ces lettres l'autorisaient, s'il trouvait là-bas des hommes ou des femmes qui suivaient la voie du Seigneur, à les arrêter et à les amener à *Jérusalem[d].
3 Il se dirigeait donc vers Damas et approchait déjà de cette ville quand, soudain, il fut environné d'une lumière éclatante qui venait du ciel. 4 Il tomba à terre et entendit une voix qui lui disait :

—Saul, Saul, pourquoi me persécutes-tu ?
—Qui es-tu, Seigneur ? demanda-t-il.
La voix reprit :
5 —Je suis, moi, Jésus, que tu persécutes. 6 Mais relève-toi, entre dans la ville, et là on te dira ce que tu dois faire.

7 Ses compagnons de voyage restèrent figés sur place, muets de stupeur : ils entendaient bien la voix, mais ne voyaient personne. 8 Saul se releva de terre, mais il avait beau ouvrir les yeux, il ne voyait plus. Il fallut le prendre par la main pour le conduire à Damas.
9 Il resta aveugle pendant trois jours, et ne mangea ni ne but.

10 Or, à Damas, vivait un *disciple nommé Ananias. Le Seigneur lui apparut dans une vision et lui dit :

—Ananias !
—Oui, Seigneur, répondit-il.
11 Et le Seigneur lui dit :
—Lève-toi, et va dans la rue que l'on appelle la rue droite et, dans la maison de Judas, demande à voir un nommé Saul, originaire de Tarse[e]. Car il prie 12 et, dans une vision, il a vu un homme du nom d'Ananias entrer dans la maison et lui imposer les mains pour lui rendre la vue.
13 —Mais Seigneur, répliqua Ananias, j'ai beaucoup entendu parler de cet homme ; de plusieurs côtés, on m'a dit tout le mal qu'il a fait à ceux qui t'appartiennent à Jérusalem. 14 De plus, il est venu ici muni de pouvoirs, que lui ont accordés les chefs des *prêtres, pour arrêter tous ceux qui te prient.
15 Mais le Seigneur lui dit :
—Va ! car j'ai choisi cet homme pour me servir : il fera connaître qui je suis aux nations étrangères et à leurs rois, ainsi qu'aux Israélites. 16 Je lui montrerai moi-même tout ce qu'il devra souffrir pour moi.

17 Ananias partit donc et, arrivé dans la maison, il imposa les mains à Saul et lui dit :

—Saul, mon frère, le Seigneur Jésus qui t'est apparu sur le chemin par lequel tu venais, m'a envoyé pour que la vue te soit rendue et que tu sois rempli du Saint-Esprit.
18 Au même instant, ce fut comme si des écailles tombaient des yeux de Saul et il vit

---

a. 8.33 Es 53.7-8 cité selon l'anc. version grecque.
b. 8.37 Le v. 37 est absent de plusieurs manuscrits.
c. 8.40 Asdod : nom de l'une des capitales de l'ancienne Philistie.

d. 9.2 Le prétendu crime était trop grave pour être jugé par un tribunal juif local. Seul le Grand-Conseil de Jérusalem était habilité à juger de tels cas. Les Romains admettaient l'extradition pour motif religieux.
e. 9.11 Tarse : capitale de la Cilicie, à une quinzaine de kilomètres de la mer.

de nouveau. Alors il se leva et fut baptisé, [19] puis il mangea et reprit des forces.

Saul, témoin de Jésus-Christ

Saul passa quelques jours parmi les disciples de Damas. [20] Et dans les *synagogues, il se mit tout de suite à proclamer que Jésus est le Fils de Dieu.

[21] Ses auditeurs n'en revenaient pas. Tous disaient :

–Voyons, n'est-ce pas lui qui s'acharnait, à *Jérusalem, contre ceux qui, dans leurs prières, invoquent ce nom-là ? N'est-il pas venu ici exprès pour les arrêter et les ramener aux chefs des *prêtres ?

[22] Mais Saul s'affermissait de jour en jour dans la foi et les *Juifs qui habitaient à Damas ne savaient plus que dire, car il leur démontrait que Jésus est le *Messie. [23] Après un certain temps, les Juifs résolurent de le faire mourir. [24] Saul eut vent de leur complot. Jour et nuit, ils faisaient même surveiller les portes de la ville avec l'intention de le tuer. [25] Mais une nuit, les disciples qu'il enseignait l'emmenèrent et le firent descendre dans une corbeille le long du rempart.

[26] A son arrivée à Jérusalem, il essaya de se joindre aux disciples. Mais tous avaient peur de lui, car ils ne croyaient pas qu'il fût vraiment devenu un disciple. [27] Barnabas le prit avec lui, le conduisit auprès des *apôtres et leur raconta comment, sur le chemin de Damas, Saul avait vu le Seigneur, comment le Seigneur lui avait parlé et avec quel courage il avait prêché à Damas au nom de Jésus.

[28] Dès lors, il se joignit à eux, allant et venant avec eux à Jérusalem, et parlant ouvertement au nom du Seigneur. [29] Il avait aussi beaucoup d'entretiens et de discussions avec les Juifs de culture grecque ; mais ceux-là aussi cherchèrent à le faire mourir. [30] Quand les frères l'apprirent, ils le conduisirent jusqu'à *Césarée et, de là, le firent partir pour Tarse.

Pierre visite l'Eglise de Judée

[31] Dans toute la *Judée, la *Galilée et la Samarie, l'Eglise jouissait alors de la paix. Elle grandissait dans la foi, vivait dans l'obéissance au Seigneur, et s'accroissait en nombre, grâce au soutien du Saint-Esprit.

[32] Pierre, qui parcourait tout le pays, passa aussi chez ceux qui, à Lydda[a], appartenaient à Dieu. [33] Il y trouva un homme du nom

d'Enée qui n'avait pas quitté son lit depuis huit ans parce qu'il était paralysé.

[34] –Enée, lui dit Pierre, Jésus-Christ te guérit, lève-toi et fais ton lit !

Il se leva aussitôt. [35] Tous ceux qui habitaient le village de Lydda et la plaine de Saron le virent et se convertirent au Seigneur.

[36] A Jaffa vivait une femme, disciple du Seigneur, nommée Tabitha (en grec : Dorcas). Elle faisait beaucoup de bien autour d'elle et venait en aide aux pauvres. [37] A cette époque, elle tomba malade et mourut. Après avoir fait sa toilette funèbre, on la déposa dans la chambre, au premier étage de sa maison[b]. [38] Or Jaffa est tout près de Lydda, et les disciples avaient appris que Pierre se trouvait là ; ils lui envoyèrent donc deux hommes pour l'inviter en lui disant :

–Dépêche-toi de venir chez nous.

[39] Pierre les suivit aussitôt. A son arrivée, on le conduisit dans la chambre. Toutes les veuves l'accueillirent en pleurant et lui montrèrent les robes et autres vêtements que Tabitha avait confectionnés quand elle était encore des leurs.

[40] Pierre fit sortir tout le monde, se mit à genoux et pria. Puis, se tournant vers le corps, il dit :

–Tabitha, lève-toi !

Elle ouvrit les yeux, aperçut Pierre et s'assit. [41] Celui-ci lui donna la main et l'aida à se lever ; puis il rappela les croyants et les veuves et la leur présenta vivante.

[42] La nouvelle eut vite fait le tour de la ville et beaucoup crurent au Seigneur. [43] Pierre resta quelque temps encore à Jaffa ; il logeait chez un tanneur nommé Simon.

TEMOINS DEVANT LES NON-JUIFS

Pierre chez l'officier Corneille

10 A *Césarée[c] vivait un officier romain nommé Corneille qui avait un poste de commandement dans la cohorte appelée « l'Italique ». [2] Il était pieux et adorait Dieu, avec tous les gens de sa maison. Il était généreux envers les pauvres du peuple et priait Dieu en tout temps. [3] Un jour, vers trois heures de l'après-midi[d], il eut une

---

a. 9.32 *Lydda* : à une vingtaine de kilomètres de Jaffa.

b. 9.37 Voir note 1.13.

c. 10.1 *Césarée* était le centre principal des garnisons romaines.

d. 10.3 C'était l'heure habituelle de prière des Juifs (voir 3.1).

vision : il vit distinctement un *ange de Dieu qui entrait chez lui et qui lui dit :

—Corneille !

[4] Corneille le regarda et, tout tremblant, demanda :

—Qu'y a-t-il, Seigneur ?

L'ange lui répondit :

—Tes prières et tes largesses envers les pauvres ont été accueillies par Dieu et il est intervenu en ta faveur. [5] C'est pourquoi ; maintenant, envoie des hommes à Jaffa pour faire venir ici un certain *Simon que l'on surnomme Pierre. [6] Il loge chez un autre Simon, un tanneur, qui habite une maison près de la mer.

[7] Dès que l'ange qui venait de lui parler fut parti, Corneille appela deux de ses serviteurs et l'un des soldats affectés à son service, qui était un homme pieux. [8] Il leur raconta tout ce qui venait de se passer et les envoya à Jaffa[a].

[9] Le lendemain, tandis qu'ils étaient en chemin et se rapprochaient de Jaffa, Pierre monta sur la terrasse de la maison pour prier. Il était à peu près midi[b] : [10] il eut faim et voulut manger. Pendant qu'on lui préparait son repas, il tomba en extase. [11] Il vit le ciel ouvert et une sorte de grande toile, tenue aux quatre coins, qui s'abaissait et descendait vers la terre ; [12] elle contenait toutes sortes d'animaux : des quadrupèdes, des reptiles et des oiseaux.

[13] Il entendit une voix qui lui disait :

—Lève-toi, Pierre, tue ces bêtes et mange-les.

[14] —Oh non ! Seigneur, répliqua Pierre, car jamais de ma vie je n'ai rien mangé de souillé ou d'impur.

[15] Mais la voix reprit et dit :

—Ce que Dieu a déclaré pur, ce n'est pas à toi de le considérer comme impur.

[16] Par trois fois, cela se renouvela, puis la nappe disparut dans le ciel.

[17] Pierre était fort perplexe et se demandait ce que cette vision signifiait. Pendant ce temps, les hommes envoyés par Corneille s'étaient renseignés pour savoir où se trouvait la maison de *Simon, et ils se présentèrent à la porte d'entrée : [18] ils appelèrent et demandèrent si c'était bien là que logeait Simon, surnommé Pierre.

[19] Comme Pierre en était toujours à réfléchir sur sa vision, l'Esprit lui dit :

—Ecoute, il y a trois[c] hommes qui te demandent. [20] Va, descends et pars avec eux sans hésiter, car c'est moi qui les ai envoyés.

[21] Alors Pierre descendit et se présenta en disant :

—Me voilà, c'est moi que vous cherchez. Pourquoi êtes-vous venus ?

[22] —Nous venons de la part du centurion Corneille, répondirent-ils. C'est un homme droit, qui adore Dieu et qui jouit de l'estime de toute la population juive. Un *ange de Dieu lui a demandé de te faire venir dans sa maison pour écouter ce que tu peux avoir à lui dire.

[23] Alors Pierre les fit entrer et leur offrit l'hospitalité pour la nuit. Le lendemain, il se mit en route avec eux, accompagné de quelques frères de Jaffa.

Pierre témoin de Jésus-Christ devant les non-Juifs

[24] Le jour suivant, il arriva à Césarée. Corneille les attendait ; il avait invité sa parenté et ses amis intimes. [25] Au moment où Pierre allait entrer, Corneille s'avança vers lui, se jeta à ses pieds et se prosterna devant lui.

[26] Mais Pierre le releva.

—Non, lui dit-il, lève-toi ! Je ne suis qu'un simple homme, moi aussi.

[27] Puis, tout en s'entretenant avec lui, il entra dans la maison et découvrit les nombreuses personnes qui s'y étaient réunies. [28] Il leur dit :

—Vous savez que la *Loi interdit à un *Juif de fréquenter un étranger ou d'entrer chez lui. Mais Dieu m'a fait comprendre qu'il ne faut considérer aucun être humain comme souillé ou impur. [29] Voilà pourquoi je n'ai fait aucune difficulté pour venir quand vous m'avez appelé. A présent, puis-je savoir pour quelle raison vous m'avez fait venir ?

[30] Corneille lui répondit :

—Il y a trois jours, à peu près à cette heure-ci, j'étais chez moi en train de faire la prière[d] de trois heures de l'après-midi. Soudain, un homme aux habits resplendissants s'est présenté devant moi [31] et m'a dit : « Corneille, ta prière a été entendue et Dieu a tenu compte des secours que tu as apportés aux

---

a. 10.8 *Jaffa* était à environ 50 km de Césarée. Les envoyés sont partis le soir même et sont arrivés le lendemain après-midi.

b. 10.9 *midi* : deuxième temps de prière des Juifs.

c. 10.19 Selon les manuscrits, on trouve aussi *des hommes* ou *deux hommes*.

d. 10.30 Certains manuscrits ont : *je priais et jeûnais.*

pauvres. 32 Envoie donc des hommes à Jaffa pour inviter Simon, que l'on surnomme Pierre, à venir ici. Il loge chez un autre Simon, un tanneur qui habite une maison près de la mer. » 33 Par conséquent, je t'ai donc immédiatement envoyé chercher, et je te remercie d'avoir bien voulu venir. Nous voici donc maintenant tous ici devant Dieu, prêts à écouter tout ce que le Seigneur t'a chargé de nous dire.

34 Alors Pierre prit la parole et dit :

—Maintenant je me rends vraiment compte que Dieu ne fait pas de différence entre les hommes. 35 Au contraire, dans toute nation, tout homme qui le révère et qui fait ce qui est juste lui est agréable. 36 Il a adressé sa parole aux Israélites pour leur annoncer la paix par Jésus-Christ, qui est le Seigneur de tous les hommes. 37 Vous savez ce qui s'est passé, à commencer par la Galilée, puis toute la *Judée, après que Jean a appelé les foules à se faire baptiser. 38 Ensuite, Dieu a oint Jésus de *Nazareth en répandant sur lui la puissance du Saint-Esprit. Celui-ci a parcouru le pays en faisant le bien et en guérissant tous ceux qui étaient tombés sous le pouvoir du diable, car Dieu était avec lui.

39 Nous sommes les témoins de tout ce qu'il a fait, dans le pays des Juifs et à *Jérusalem, où ils l'ont mis à mort en le clouant à la croix. 40 Mais Dieu l'a ramené à la vie le troisième jour et lui a donné de se montrer vivant, 41 non à tout le peuple, mais aux témoins que Dieu avait lui-même choisis d'avance, c'est-à-dire à nous. Et nous avons mangé et bu avec lui après sa résurrection d'entre les morts. 42 Jésus nous a donné l'ordre de prêcher au peuple juif et de proclamer que c'est lui que Dieu a désigné pour juger les vivants et les morts. 43 Tous les *prophètes ont parlé de lui en disant que tout homme qui croit en lui reçoit par lui le pardon de ses péchés.

Le don de l'Esprit aux non-Juifs

44 Alors que Pierre prononçait ces mots, l'Esprit Saint descendit soudain sur tous ceux qui écoutaient la Parole. 45 Les croyants juifs qui étaient venus avec Pierre furent très étonnés de voir que l'Esprit Saint était aussi donné et répandu sur les non-Juifs. 46 En effet, ils les entendaient parler en différentes langues et célébrer la grandeur de Dieu.

47 Alors Pierre demanda :

—Peut-on refuser de baptiser dans l'eau ceux qui ont reçu l'Esprit Saint aussi bien que nous ?

48 Et il donna ordre de les baptiser au nom de Jésus-Christ. Ensuite, ils le prièrent de rester encore quelques jours avec eux.

Le rapport de Pierre aux croyants de Jérusalem

11 Les *apôtres et les frères qui habitaient la *Judée apprirent que les non-Juifs venaient d'accepter la Parole de Dieu. 2 Et dès que Pierre fut de retour à *Jérusalem, les croyants d'origine juive lui firent des reproches :

3 —Comment ! lui dirent-ils, tu es entré chez des incirconcis et tu as mangé avec eux !

4 Mais Pierre se mit à leur exposer, point par point, ce qui s'était passé.

5 —Pendant mon séjour à Jaffa, dit-il, j'étais en train de prier, quand je suis tombé en extase et j'ai eu une vision : une sorte de grande toile, tenue par quatre coins, est descendue du ciel et elle est venue tout près de moi. 6 J'ai regardé attentivement ce qu'il y avait dedans et j'ai vu des quadrupèdes, des bêtes sauvages, des reptiles et des oiseaux. 7 J'ai entendu alors une voix qui me disait : « Lève-toi, Pierre, tue ces bêtes et mange-les. » 8 Mais j'ai répondu : « Oh ! non, Seigneur, car jamais de ma vie je n'ai rien mangé de souillé ou d'impur. » 9 La voix céleste s'est fait entendre une deuxième fois : « Ce que Dieu a déclaré pur, ce n'est pas à toi de le considérer comme impur. »

10 Cela est arrivé trois fois, puis tout a disparu dans le ciel.

11 Et voilà qu'au même moment trois hommes sont arrivés à la maison où nous nous trouvions[a]. Ils venaient de *Césarée et avaient été envoyés vers moi. 12 Alors l'Esprit me dit d'aller avec eux sans hésiter. Je pris donc avec moi les six frères que voici et nous nous sommes rendus chez cet homme. 13 Celui-ci nous a raconté qu'un *ange lui était apparu dans sa maison et lui avait dit : « Envoie quelqu'un à Jaffa pour faire venir chez toi *Simon, surnommé Pierre. 14 Il te dira comment toi et tous les tiens vous serez *sauvés. » 15 J'ai donc commencé à leur parler, quand l'Esprit Saint est descendu sur eux, de la même manière qu'il était descendu sur nous au commencement. 16 Aussitôt, je me suis souvenu de cette parole du Seigneur :

Jean a baptisé dans de l'eau, mais vous, vous serez baptisés dans le Saint-Esprit.

---

a. 11.11 Certains manuscrits ont : je me trouvais.

17 Puisque Dieu leur a accordé le même don qu'à nous quand nous avons cru, qui étais-je, moi, pour pouvoir m'opposer à Dieu ?

18 Ce récit les apaisa et ils louèrent Dieu et dirent :

–Dieu a aussi donné aux non-Juifs de changer pour recevoir la vie.

La Parole annoncée aux non-Juifs à Antioche

19 Les *disciples s'étaient dispersés lors de la persécution survenue après la mort d'Etienne. Ils allèrent jusqu'en Phénicie, dans l'île de Chypre et à Antioche ᵃ, mais ils n'annonçaient la Parole qu'aux *Juifs. 20 Toutefois, quelques-uns d'entre eux, qui étaient originaires de Chypre et de Cyrène, se rendirent à Antioche et s'adressèrent aussi aux non-Juifs ᵇ en leur annonçant la Bonne Nouvelle qui concerne le Seigneur Jésus. 21 Or le Seigneur était avec eux ; un grand nombre de personnes crurent et se convertirent au Seigneur.

22 Bientôt l'Eglise de Jérusalem apprit la nouvelle. Elle envoya Barnabas à Antioche. 23 A son arrivée, il constata ce que la grâce de Dieu avait accompli et il en fut rempli de joie. Il encouragea donc tous les croyants à rester fidèles au Seigneur avec une ferme assurance. 24 Barnabas était en effet un homme bienveillant, rempli d'Esprit Saint et de foi. Et un grand nombre de personnes s'attachèrent au Seigneur. 25 Barnabas se rendit alors à Tarse pour y chercher Saul. Quand il l'eut trouvé, il l'amena avec lui à Antioche. 26 Ils passèrent toute une année à travailler ensemble dans l'Eglise et enseignèrent beaucoup de gens. C'est à Antioche que, pour la première fois, les disciples de Jésus furent appelés « chrétiens ».

27 A cette même époque, des *prophètes se rendirent de Jérusalem à Antioche. 28 L'un d'eux, nommé Agabus, se leva et prédit sous l'inspiration de l'Esprit qu'une grande famine sévirait bientôt dans le monde entier ᶜ. Elle eut lieu, en effet, sous le règne de l'empereur Claude ᵈ. 29 Les disciples d'Antioche décidèrent alors de donner, chacun selon ses moyens, et d'envoyer des secours aux frères qui habitaient la *Judée. 30 C'est ce qu'ils firent : ils envoyèrent leurs dons aux responsables de l'Eglise par l'intermédiaire de Barnabas et de Saul ᵉ.

La délivrance de Pierre

12 Vers la même époque, le roi *Hérode ᶠ se mit à maltraiter quelques membres de l'Eglise de *Jérusalem. 2 Il fit tuer par l'épée *Jacques, le frère de Jean. 3 Quand il s'aperçut que cela plaisait aux *Juifs, il fit aussi arrêter Pierre. C'était pendant les jours des « *pains sans levain ». 4 Lorsqu'on eut arrêté Pierre, il le fit mettre en prison et le plaça sous la garde de quatre escouades de quatre soldats chacune. Il voulait le faire comparaître devant le peuple après la *Pâque.

5 Pierre était donc sous bonne garde dans la prison. Mais l'Eglise priait ardemment Dieu en sa faveur. 6 Or, la nuit qui précédait le jour où Hérode allait le faire comparaître, Pierre, attaché par deux chaînes, dormait entre deux soldats, et devant la porte de la prison, des sentinelles montaient la garde.

7 Tout à coup, un *ange du Seigneur apparut, et la cellule fut inondée de lumière. L'ange toucha Pierre au côté pour le réveiller :

–Lève-toi vite ! lui dit-il.

Au même instant, les chaînes lui tombèrent des poignets.

8 –Allons, poursuivit l'ange, mets ta ceinture et attache tes sandales !

Pierre obéit.

–Maintenant, ajouta l'ange, mets ton manteau et suis-moi.

9 Pierre le suivit et sortit, sans se rendre compte que tout ce que l'ange faisait était réel : il croyait avoir une vision. 10 Ils passèrent ainsi devant le premier poste de garde, puis devant le second et arrivèrent devant la porte de fer qui donnait sur la ville. Celle-ci s'ouvrit toute seule. Ils sortirent et s'avancèrent dans une rue. Et soudain, l'ange le quitta.

11 Alors seulement, Pierre reprit ses esprits et se dit : « Ah, maintenant je le vois bien,

---

a. 11.19 Antioche : capitale de la province romaine de Syrie. Troisième ville de l'empire romain (après Rome et Alexandrie). Appelée souvent Antioche de Syrie pour la distinguer d'Antioche de Pisidie (voir 13.14).

b. 11.20 Certains manuscrits ont : des Juifs de culture grecque.

c. 11.28 Le monde entier : expression qui désigne souvent l'empire romain (voir Lc 2.1-2).

d. 11.28 Claude : empereur romain qui a régné de 41 à 54 ap. J.-C. La famine a sévi dans diverses provinces romaines entre 46 et 48.

e. 11.30 Deuxième visite de Paul à Jérusalem, qui coïncide selon certains avec celle qu'il mentionne en Ga 2.1-10.

f. 12.1 Il s'agit d'Hérode Agrippa I, neveu d'Antipas. Il a régné sur la Judée à partir de l'an 41.

c'est vrai : le Seigneur a envoyé son ange et m'a délivré des mains d'Hérode et de tout le mal que voulait me faire le peuple juif. »

[12] Après réflexion, il se rendit à la maison de Marie, la mère de Jean appelé aussi Marc[a]. Un assez grand nombre de frères s'y étaient réunis pour prier. [13] Il frappa au battant de la porte. Une jeune servante, appelée Rhode, s'approcha et demanda qui était là. [14] Elle reconnut la voix de Pierre et, dans sa joie, au lieu d'ouvrir, elle se précipita pour annoncer :

—C'est Pierre ! Il est là, dehors, devant la porte.

[15] —Tu es folle, lui dirent-ils.

Mais elle n'en démordait pas.

—Alors, c'est son ange, dirent-ils.

[16] Pendant ce temps, Pierre continuait à frapper. Ils ouvrirent, le virent et en restèrent tout étonnés. [17] D'un geste de la main, Pierre leur fit signe de se taire, et il leur raconta comment le Seigneur l'avait fait sortir de prison. Il ajouta :

—Faites savoir tout cela à Jacques[b] et aux autres frères.

Ensuite, il repartit et se rendit ailleurs.

[18] Quand le jour se leva, il y eut un grand émoi parmi les soldats : Où donc était passé Pierre ? [19] Hérode le fit rechercher, mais on ne le trouva nulle part. Alors, après avoir fait interroger les gardes, il ordonna leur exécution. Ensuite, il quitta la *Judée pour se rendre à *Césarée où il passa quelque temps.

La mort du roi Hérode

[20] Or, Hérode était en conflit avec les habitants de *Tyr et de Sidon. Ceux-ci décidèrent ensemble de lui envoyer une délégation. Après s'être assuré l'appui de Blastus, son conseiller, ils demandèrent la paix, car leur pays était économiquement dépendant de celui du roi. [21] Au jour fixé, Hérode, revêtu de ses vêtements royaux, prit place sur son trône et leur adressa un discours en public. [22] Le peuple se mit à crier :

—Ce n'est plus un homme qui parle. C'est la voix d'un dieu.

[23] Au même instant, un *ange du Seigneur vint le frapper parce qu'il n'avait pas rendu à Dieu l'honneur qui lui est dû. Dévoré par les vers, il expira[c].

[24] Mais la Parole de Dieu se répandait toujours plus. [25] Barnabas et Saul, après avoir rempli leur mission en faveur des croyants de Jérusalem, partirent[d] en emmenant avec eux Jean surnommé Marc.

TEMOINS EN ASIE MINEURE ET EN GRECE

Saul et Barnabas partent en mission

13 Il y avait alors, dans l'Eglise d'Antioche, des *prophètes et des enseignants : Barnabas, Siméon surnommé le Noir, Lucius, originaire de Cyrène, Manaën, qui avait été élevé avec *Hérode le gouverneur[e], et Saul.

[2] Un jour qu'ils adoraient ensemble le Seigneur et qu'ils jeûnaient, le Saint-Esprit leur dit :

—Mettez à part pour moi Barnabas et Saul pour l'œuvre à laquelle je les ai appelés.

[3] Alors, après avoir jeûné et prié, ils leur imposèrent les mains et les laissèrent partir. [4] C'est donc envoyés par le Saint-Esprit que Barnabas et Saul descendirent à Séleucie[f], où ils s'embarquèrent pour l'île de Chypre. [5] Une fois arrivés à Salamine, ils annoncèrent la Parole de Dieu dans les *synagogues des *Juifs. Jean-Marc était avec eux et les secondait.

Elymas le magicien

[6] Ils traversèrent toute l'île et arrivèrent à Paphos[g]. Ils trouvèrent là un magicien juif nommé Bar-Jésus, qui se faisait passer pour un prophète. [7] Il faisait partie de l'entourage du proconsul Sergius Paulus, un homme intelligent. Celui-ci invita Barnabas et Saul et leur exprima son désir d'entendre la Parole de Dieu. [8] Mais Elymas le magicien (car c'est ainsi que l'on traduit son nom) s'opposait à eux ; il cherchait à détourner le proconsul de

---

c. 12.23 L'historien juif Josèphe parle lui aussi du caractère étrange et soudain de la mort d'Hérode Agrippa.

d. 12.25 Autre traduction : *après avoir rempli leur mission, retournèrent à Jérusalem*. Certains manuscrits ont : *après avoir rempli leur mission, quittèrent Jérusalem*.

e. 13.1 Il s'agit d'Hérode Antipas, gouverneur de Galilée.

f. 13.4 *Séleucie* était le port d'Antioche de Syrie. Il faisait face à l'île de Chypre.

g. 13.6 Un voyage d'environ 160 kilomètres. Paphos, sur la côte ouest, était la capitale administrative de l'île où résidait le gouverneur.

---

a. 12.12 La *maison* de la mère de Jean-Marc et tante de Barnabas (Col 4.10) était peut-être un des lieux de rassemblement des chrétiens de Jérusalem.

b. 12.17 Ce *Jacques* est le frère de Jésus qui a joué un rôle important dans l'Eglise de Jérusalem.

la foi. [9] Alors Saul, qui s'appelait aussi Paul[a], rempli du Saint-Esprit, s'adressa à lui en le regardant droit dans les yeux :

[10] —Charlatan plein de ruse et de méchanceté, fils du diable, ennemi de tout ce qui est bien, quand cesseras-tu de fausser les plans du Seigneur qui sont droits ? [11] Mais maintenant, attention ! La main du Seigneur va te frapper, tu vas devenir aveugle et, pendant un certain temps, tu ne verras plus la lumière du soleil.

Au même instant, les yeux d'Elymas s'obscurcirent ; il se trouva plongé dans une nuit noire et se tournait de tous côtés en cherchant quelqu'un pour le guider par la main.

[12] Quand le proconsul vit ce qui venait de se passer, il crut ; car il avait été vivement impressionné par l'enseignement qui lui avait été donné au sujet du Seigneur.

La prédication de Paul dans la synagogue d'Antioche en Pisidie

[13] Paul et ses compagnons reprirent la mer à Paphos et arrivèrent à Perge en Pamphylie[b]. Là, Jean-Marc[c] les abandonna et retourna à *Jérusalem. [14] Quant à eux, ils quittèrent Perge et continuèrent leur route jusqu'à Antioche en Pisidie. Là, ils se rendirent à la *synagogue le jour du *sabbat et s'assirent.

[15] Après qu'on eut fait la lecture dans la *Loi et les *prophètes, les chefs de la synagogue leur firent dire :

—Frères, si vous avez quelques mots à adresser à la communauté, vous avez la parole.

[16] Alors Paul se leva ; d'un geste de la main il demanda le silence et dit :

—Israélites et vous tous qui servez Dieu, écoutez-moi ! [17] Le Dieu de notre peuple d'*Israël a choisi nos ancêtres. Il a fait grandir le peuple pendant son séjour en Egypte. Ensuite, en déployant sa puissance, il l'en a fait sortir. [18] Pendant quarante ans environ, il l'a supporté[d] dans le désert. [19] Après avoir

détruit sept nations dans le pays de Canaan, il a donné leur territoire à son peuple. [20] Tout cela a duré environ 450 ans.

Après cela, il a donné[e] à nos ancêtres des chefs jusqu'à l'époque du prophète Samuel. [21] Alors le peuple a demandé un roi et Dieu leur a donné Saül, fils de Kis, de la tribu de Benjamin. Celui-ci a régné sur eux pendant quarante ans. [22] Mais Dieu l'a rejeté et leur a choisi pour roi *David. C'est à lui qu'il a rendu ce témoignage :

En David, fils d'Isaï, j'ai trouvé un homme qui correspond à mes désirs[f] il accomplira toute ma volonté.

[23] Or, voici que Dieu vient d'accorder à Israël un *Sauveur parmi les descendants de David, comme il l'avait promis, et ce Sauveur, c'est Jésus. [24] Avant sa venue, Jean avait appelé tous les Israélites à se faire baptiser pour indiquer qu'ils changeaient de vie. [25] Arrivé au terme de sa vie, Jean disait encore : « Qui pensez-vous que je suis ? Je ne suis pas celui que vous attendiez ! Non ! il vient après moi, et je ne mérite pas de dénouer ses sandales. »

[26] Mes frères, vous qui êtes les descendants d'*Abraham et vous qui voulez servir Dieu et qui êtes présents parmi nous, c'est à nous[g] que Dieu a envoyé cette Parole de salut. [27] En effet, les habitants de Jérusalem et leurs chefs n'ont compris ni qui était Jésus, ni les paroles des *prophètes qui sont lues chaque jour de *sabbat. Et voici qu'en condamnant Jésus, ils ont accompli ces prophéties. [28] Ils n'ont trouvé chez lui aucune raison de le condamner à mort, et pourtant, ils ont demandé à *Pilate de le faire exécuter. [29] Après avoir réalisé tout ce que les Ecritures avaient prédit à son sujet, ils l'ont descendu de la croix et l'ont déposé dans un tombeau. [30] Mais Dieu l'a ressuscité des morts. [31] Pendant de nombreux jours, Jésus s'est montré à ceux qui étaient montés avec lui de la *Galilée jusqu'à Jérusalem et qui sont maintenant ses témoins devant le peuple.

[32] Et nous, nous sommes venus vous annoncer cette Bonne Nouvelle : ce que Dieu avait promis à nos ancêtres, [33] il l'a pleinement accompli pour nous, qui

---

a. 13.9 Les Juifs qui étaient citoyens romains (voir 22.27-29) portaient généralement deux noms : un nom juif (ici : Saul) et un nom romain (Paul). En territoire romain, c'est ce dernier que l'apôtre adoptera.

b. 13.13 *Perge* était une ville du sud de l'Asie mineure. La *Pamphylie* se trouvait dans la région de l'actuelle Turquie.

c. 13.13 *Jean-Marc :* voir 12.12,25 ; 13.5.

d. 13.18 Certains manuscrits ont : *il a pris soin de lui.*

e. 13.20 Certains manuscrits ont : *après cela, pendant quatre cent cinquante ans environ, il a donné...*

f. 13.22 1 S 13.14 ; Ps 89.21.

g. 13.26 Selon d'autres manuscrits : *c'est à vous.*

sommes leurs descendants, en ressuscitant Jésus, selon ce qui est écrit au Psaume deux :

> *Tu es mon fils ; aujourd'hui,*
> *je fais de toi mon enfant ª.*

34 Dieu avait annoncé celui qui ne devait pas retourner à la pourriture. C'est ce qu'il avait dit en ces termes :

> *Je vous accorderai*
> *les bénédictions saintes et sûres | que j'ai*
> *promises à David ᵇ.*

35 Dans un autre passage, il est dit encore :

> *Tu ne laisseras pas | ton serviteur fidèle | se*
> *décomposer dans la tombe ᶜ.*

36 Pourtant, David, après avoir en son temps contribué à l'accomplissement du plan de Dieu, est mort et a été enterré aux côtés de ses ancêtres. Il a donc connu la décomposition. **37** Mais celui que Dieu a ressuscité ne l'a pas connue.

38 Sachez-le donc, mes frères, c'est grâce à lui que le pardon des péchés vous est annoncé ; **39** c'est par lui que tout homme qui croit est acquitté de toutes les fautes dont vous ne pouviez pas être acquittés par la *Loi de *Moïse.

40 Veillez donc à ce qu'il n'arrive pas ᵈ ce qu'ont dit les prophètes :

> **41** *Regardez, hommes pleins de mépris,*
> *soyez dans l'étonnement, | et disparaissez.*
> *En effet, je vais accomplir une œuvre en*
> *votre temps,*
> *une œuvre que vous ne croiriez pas | si*
> *quelqu'un venait vous l'annoncer ᵉ.*

42 A la sortie, on leur demanda de reparler du même sujet le sabbat suivant. **43** Quand l'assemblée se fut dispersée, beaucoup de *Juifs et de païens convertis au judaïsme suivirent Paul et Barnabas. Ceux-ci s'entretenaient avec eux et les encourageaient à rester attachés à la grâce de Dieu.

Paul et Barnabas s'adressent aux non-Juifs

44 Le sabbat suivant, presque toute la ville se rassembla pour écouter la Parole du Seigneur. **45** En voyant tant de monde, les Juifs furent remplis de jalousie et se mirent à contredire Paul et à l'injurier. **46** Paul et Barnabas leur déclarèrent alors avec une pleine assurance :

—C'est à vous en premier que la Parole de Dieu devait être annoncée. Mais puisque vous la refusez et que vous-mêmes ne vous jugez pas dignes d'avoir part à la vie éternelle, nous nous tournons vers ceux qui ne sont pas Juifs. **47** Car le Seigneur a bien défini notre mission lorsqu'il a dit :

> *Je t'ai établi pour que tu sois | la lumière des*
> *nations,*
> *et pour que tu portes le salut | jusqu'au bout*
> *du monde ᶠ.*

48 Quand les non-Juifs les entendirent parler ainsi, ils furent remplis de joie, ils se mirent à louer Dieu pour sa Parole et tous ceux qui étaient destinés à la vie éternelle crurent.

49 La Parole du Seigneur se répandait dans toute la contrée avoisinante. **50** Mais les Juifs excitèrent les femmes dévotes de la haute société qui s'étaient attachées au judaïsme, ainsi que les notables de la ville. Ils provoquèrent ainsi une persécution contre Paul et Barnabas et les expulsèrent de leur territoire. **51** Ceux-ci secouèrent contre eux la poussière de leurs pieds et allèrent à Iconium. **52** Les nouveaux *disciples, cependant, étaient remplis de joie et de l'Esprit Saint.

A Iconium

14 A Iconium ᵍ, Paul et Barnabas se rendirent aussi à la *synagogue des *Juifs et y parlèrent de telle sorte que beaucoup de Juifs et de non-Juifs devinrent croyants. **2** Mais les Juifs qui avaient refusé de croire suscitèrent chez les non-Juifs de l'hostilité et de la malveillance à l'égard des frères. **3** Néanmoins, Paul et Barnabas prolongèrent leur séjour dans cette ville ; ils parlaient avec assurance, car ils étaient confiants dans le Seigneur et celui-ci confirmait la vérité du message de sa grâce, en leur donnant d'accomplir des signes miraculeux et des prodiges.

---

a. **13.33** Ps 2.7.
b. **13.34** Es 55.3 cité selon l'anci. version grecque.
c. **13.35** Ps 16.10 cité selon l'anc. version grecque.
d. **13.40** Certains manuscrits ont : *qu'il ne vous arrive pas.*
e. **13.41** Ha 1.5 cité selon l'anc. version grecque.

f. **13.47** Es 49.6.
g. **14.1** *Iconium*, à environ 150 km à l'est d'Antioche de Pisidie.

pris de peur. [39] Ils vinrent en personne leur présenter des excuses, leur rendirent la liberté et leur demandèrent de bien vouloir quitter la ville.

[40] A leur sortie de prison, Paul et Silas se rendirent chez Lydie, où ils retrouvèrent tous les frères, ils les encouragèrent, puis ils reprirent la route.

Opposition des Juifs à Thessalonique

17 Ils traversèrent Amphipolis puis Apollonie et gagnèrent *Thessalonique où les *Juifs avaient une *synagogue. [2] Selon son habitude, Paul s'y rendit et, pendant trois *sabbats, il discuta avec eux sur les Ecritures. [3] Il les leur expliquait et leur démontrait que, d'après elles, le *Messie devait mourir, puis ressusciter.

–Le Messie, disait-il, n'est autre que ce Jésus que je vous annonce.

[4] Quelques Juifs furent convaincus et se joignirent à Paul et *Silas, ainsi qu'un grand nombre de païens convertis au judaïsme et plusieurs femmes de la haute société.

[5] Mais les autres Juifs, jaloux, recrutèrent quelques voyous trouvés dans les rues et provoquèrent des attroupements et du tumulte dans la ville. Ils firent irruption dans la maison de Jason pour y chercher Paul et Silas qu'ils voulaient traduire devant l'assemblée du peuple. [6] Mais ils ne les trouvèrent pas. Alors ils emmenèrent Jason et quelques frères devant les magistrats de la ville.

–Ces individus, criaient-ils, ont mis le monde entier sens dessus dessous. Et maintenant ils sont ici. [7] Jason les a reçus chez lui. Ils agissent tous contre les édits de César, car ils prétendent qu'il y a un autre roi, nommé Jésus.

[8] Ces paroles émurent la foule et les magistrats. [9] Ceux-ci ne relâchèrent Jason et les autres croyants qu'après avoir obtenu d'eux le versement d'une caution.

A Bérée

[10] Dès qu'il fit nuit, les frères firent partir Paul et Silas pour Bérée. Une fois arrivés là, ceux-ci se rendirent à la synagogue des *Juifs. [11] Ils y trouvèrent des gens qui étaient bien mieux disposés que les Juifs de *Thessalonique et qui accueillirent la Parole de Dieu avec beaucoup d'empressement ; ils examinaient chaque jour les Ecritures pour voir si ce qu'on leur disait était juste. [12] Beaucoup d'entre eux crurent. Et, parmi les Grecs, un grand nombre de femmes de la haute société et beaucoup d'hommes acceptèrent également la foi.

[13] Mais quand les Juifs de *Thessalonique apprirent que Paul annonçait aussi la Parole de Dieu à Bérée, ils vinrent semer, là aussi, l'agitation et le trouble parmi la population. [14] Alors, sans tarder, les frères firent partir Paul jusqu'à la mer pour prendre un bateau. Silas et *Timothée restèrent à Bérée. [15] Ceux qui étaient chargés de conduire Paul l'amenèrent jusqu'à Athènes. L'*apôtre leur demanda d'inviter de sa part Silas et Timothée à venir le rejoindre au plus tôt, puis ils repartirent.

Le discours de Paul à Athènes

[16] Pendant qu'il attendait ses compagnons à Athènes, Paul bouillait d'indignation en voyant combien cette ville était remplie d'idoles. [17] Il discutait donc, à la synagogue, avec les Juifs et les païens convertis au judaïsme et, chaque jour, sur la place publique, avec tous ceux qu'il rencontrait. [18] Quelques philosophes, des épicuriens et des stoïciens [a], engageaient aussi des débats avec lui.

Les uns disaient :

–Qu'est-ce que cette pie bavarde peut bien vouloir dire ?

D'autres disaient :

–On dirait qu'il prêche des divinités étrangères.

En effet, Paul annonçait la Bonne Nouvelle de « Jésus » et de la « résurrection » [b].

[19] Pour finir, ils l'emmenèrent et le conduisirent devant l'Aréopage [c].

–Pouvons-nous savoir, lui dirent-ils alors, en quoi consiste ce nouvel enseignement dont tu parles ? [20] Les propos que tu tiens sonnent de façon bien étrange à nos oreilles. Nous désirons savoir ce qu'ils veulent dire.

([21] Il se trouve, en effet, que tous les Athéniens, et les étrangers qui résidaient dans leur ville, passaient le plus clair de leur temps à dire ou à écouter les dernières nouvelles.)

---

a. 17.18 Représentants des deux principales écoles philosophiques du temps. Les *épicuriens* préconisaient la jouissance modérée ; les *stoïciens* l'effort et la fermeté face à la souffrance.

b. 17.18 la *« résurrection »* : en grec le nom féminin *anastasis* était compris par les auditeurs de Paul comme étant le nom d'une divinité féminine associée à Jésus.

c. 17.19 l'*Aréopage* : colline dominant Athènes où se réunissait autrefois le Conseil de la ville. Ce nom en vint à désigner le Conseil lui-même.

²² Alors Paul se leva au milieu de ᵃ l'Aréopage et dit :

–Athéniens, je vois que vous êtes, à tous égards, extrêmement soucieux d'honorer les divinités. ²³ En effet, en parcourant les rues de votre ville et en examinant vos monuments sacrés, j'ai même découvert un autel qui porte cette inscription : A un dieu inconnu ᵇ. Ce que vous révérez ainsi sans le connaître, je viens vous l'annoncer.

²⁴ Dieu, qui a créé l'univers et tout ce qui s'y trouve, et qui est le Seigneur du ciel et de la terre, n'habite pas dans des temples bâtis de mains d'hommes. ²⁵ Il n'a pas besoin non plus d'être servi par des mains humaines, comme s'il lui manquait quelque chose. Au contraire, c'est lui qui donne à tous les êtres la vie, le souffle et toutes choses. ²⁶ A partir d'un seul homme, il a créé tous les peuples pour qu'ils habitent toute la surface de la terre ; il a fixé des périodes déterminées et établi les limites de leurs domaines.

²⁷ Par tout cela, Dieu invitait les hommes à le chercher, et à le trouver, peut-être, comme à tâtons, lui qui n'est pas loin de chacun de nous. ²⁸ En effet, « c'est en lui que nous avons la vie, le mouvement et l'être », comme l'ont aussi affirmé certains de vos poètes, car « nous sommes ses enfants » ᶜ. ²⁹ Ainsi, puisque nous sommes ses enfants, nous ne devons pas imaginer la moindre ressemblance entre la divinité et ces idoles en or, en argent ou en marbre que peuvent produire l'art ou l'imagination des hommes.

³⁰ Or Dieu ne tient plus compte des temps où les hommes ne le connaissaient pas. Aujourd'hui, il leur annonce à tous, et partout, qu'ils doivent *changer. ³¹ Car il a fixé un jour où il jugera le monde entier en toute justice, par un homme qu'il a désigné pour cela, ce dont il a donné à tous une preuve certaine en le ressuscitant d'entre les morts.

³² Lorsqu'ils entendirent parler de résurrection des morts, les uns se moquèrent de Paul, et les autres lui dirent :

–Nous t'écouterons là-dessus une autre fois.

³³ C'est ainsi que Paul se retira de leur assemblée. ³⁴ Cependant, quelques auditeurs se joignirent à lui et devinrent croyants, en

particulier Denys, un membre de l'Aréopage, une femme nommée Damaris, et d'autres avec eux.

Paul à Corinthe

18 Après cela, Paul partit d'Athènes et se rendit à Corinthe ᵈ. ² Il y fit la connaissance d'un *Juif nommé Aquilas, originaire du Pont ᵉ, qui venait d'arriver d'Italie avec sa femme Priscille ᶠ, car tous les Juifs avaient été expulsés de Rome par un décret de l'empereur Claude ᵍ. Paul se lia avec eux. ³ Comme il avait le même métier qu'eux – ils fabriquaient des toiles de tente – il logea chez eux et ils travaillèrent ensemble.

⁴ Chaque *sabbat, Paul prenait la parole dans la *synagogue et cherchait à convaincre les Juifs et les Grecs. ⁵ Quand *Silas et *Timothée arrivèrent de *Macédoine, il consacra tout son temps à annoncer la Parole ʰ. Il rendait témoignage aux Juifs que Jésus est le *Messie.

⁶ Mais ceux-ci s'opposaient à lui et l'injuriaient. Aussi il secoua contre eux la poussière de ses vêtements et leur dit :

–Si vous êtes perdus, ce sera uniquement de votre faute. Je n'en porte pas la responsabilité. A partir de maintenant, j'irai vers les non-Juifs.

⁷ Il partit de là et se rendit chez un certain Titius Justus. C'était un païen converti au judaïsme, et sa maison était juste à côté de la synagogue. ⁸ Crispus, le chef de la synagogue, crut au Seigneur ainsi que toute sa famille. Beaucoup de Corinthiens qui écoutaient Paul crurent aussi et furent baptisés.

⁹ Une nuit, le Seigneur lui-même parla à Paul dans une vision :

–N'aie pas peur, lui dit-il, parle et ne te tais pas, ¹⁰ je suis avec toi. Personne ne pourra s'attaquer à toi pour te faire du mal, car il y a dans cette ville un peuple nombreux qui m'appartient.

---

a. 17.22 Autre traduction : *devant*.

b. 17.23 Afin d'éviter de mécontenter une divinité à laquelle ils auraient oublié d'ériger un monument, les Athéniens avaient eu l'idée de construire cet autel.

c. 17.28 Citations libres de deux poètes grecs : Epiménide et Aratos.

d. 18.1 *Corinthe* : capitale de la province d'Achaïe, au sud de la Grèce. Ville très peuplée (700 000 habitants, selon certaines estimations), célèbre dans toute l'Antiquité pour la vie dissolue de ses habitants.

e. 18.2 le *Pont* : province au sud-est de la mer Noire, donc au nord de l'Asie mineure.

f. 18.2 *Priscille* : diminutif de Prisca (2 Tm 4.19).

g. 18.2 *Claude* : voir note 11.28. Le décret dont il est question date de l'an 49 ou 50.

h. 18.5 Voir 17.15 ; 1 Th 3.1,6. Paul a pu se consacrer entièrement à l'annonce de la Parole parce que les Philippiens lui ont fait parvenir de quoi pourvoir à ses besoins (Ph 4.16).

¹¹ Alors Paul se fixa à Corinthe et, pendant un an et demi, y enseigna la Parole de Dieu.

¹² A l'époque où Gallion ᵃ était gouverneur de la province d'Achaïe, les Juifs se mirent d'accord pour se saisir de Paul et ils l'amenèrent devant le tribunal. ¹³ Là, ils l'accusèrent ainsi :

—Cet homme cherche à persuader les gens de servir et d'adorer Dieu d'une façon contraire à la loi ᵇ.

¹⁴ Paul se préparait à répondre, quand Gallion dit aux Juifs :

—Ecoutez-moi, ô Juifs, s'il s'agissait d'un délit ou de quelque méfait punissable, j'examinerais votre plainte comme il convient. ¹⁵ Mais puisqu'il s'agit de discussions sur des mots, sur des noms, et sur votre loi particulière, cela vous regarde ; je ne veux pas en être juge.

¹⁶ Là-dessus, il les renvoya du tribunal. ¹⁷ Alors la foule s'en prit à Sosthène, le chef de la synagogue, et le roua de coups devant le tribunal, sans que Gallion s'en mette en peine.

¹⁸ Après cet incident, Paul resta à Corinthe le temps qui lui parut nécessaire, puis il prit congé des frères et s'embarqua pour la *Syrie, emmenant avec lui Priscille et Aquilas. Avant de quitter le port de Cenchrées ᶜ, Paul se fit raser la tête car il avait fait un *vœu ᵈ. ¹⁹ Ils arrivèrent à Ephèse, où Paul laissa ses compagnons. Quant à lui, il se rendit à la synagogue pour y discuter avec les Juifs. ²⁰ Ceux-ci l'invitèrent à prolonger son séjour, mais il refusa. ²¹ En les quittant il leur dit toutefois :

—Je reviendrai vous voir une autre fois, s'il plaît à Dieu.

Il repartit donc d'Ephèse par mer. ²² Il débarqua à *Césarée et, de là, il monta à *Jérusalem ᵉ où il alla saluer l'Eglise. Puis il redescendit à Antioche. ²³ Après y avoir passé un certain temps, il repartit et parcourut de lieu en lieu la région galate de la Phrygie ᶠ, en affermissant tous les *disciples dans la foi.

Apollos

²⁴ Un Juif nommé Apollos, originaire d'Alexandrie, était arrivé à Ephèse. C'était un homme très éloquent, qui connaissait très bien les Ecritures. ²⁵ Il avait été instruit de la Voie du Seigneur et parlait avec enthousiasme de Jésus. L'enseignement qu'il apportait sur lui était d'une grande exactitude. Mais il ne connaissait que le baptême de Jean.

²⁶ Il se mit donc à parler avec assurance dans la synagogue. Quand Priscille et Aquilas l'eurent entendu, ils le prirent avec eux et lui expliquèrent plus précisément la voie de Dieu. ²⁷ Comme il avait l'intention de se rendre en Achaïe, les frères l'y encouragèrent vivement et écrivirent aux disciples de Corinthe de lui faire bon accueil. Dès son arrivée là-bas, il fut, par la grâce de Dieu, d'un grand secours pour les croyants, ²⁸ car il réfutait avec vigueur, en public, les arguments des Juifs, et démontrait par les Ecritures que Jésus est le *Messie.

Paul à Ephèse

19 Pendant qu'Apollos se trouvait à Corinthe, Paul, après avoir traversé la région montagneuse d'Asie mineure, descendit à Ephèse. Il y rencontra un petit groupe de *disciples et leur demanda :

² —Avez-vous reçu le Saint-Esprit quand vous êtes devenus croyants ?

Ils lui répondirent :

—Nous n'avons même pas entendu dire qu'il y ait un Saint-Esprit.

³ —Quel baptême avez-vous donc reçu ? poursuivit Paul.

—Celui de Jean-Baptiste, lui répondirent-ils.

⁴ —Oui, reprit Paul, Jean baptisait les Israélites pour indiquer qu'ils *changeaient de vie, mais il leur disait aussi de croire en celui qui viendrait après lui, c'est-à-dire en Jésus.

⁵ Après avoir entendu cela, ils furent baptisés au nom du Seigneur Jésus. ⁶ Paul leur imposa les mains et le Saint-Esprit descendit sur eux : ils se mirent à parler dans diverses langues et à *prophétiser. ⁷ Il y avait là environ douze hommes.

⁸ Paul se rendit ensuite à la *synagogue où, pendant trois mois, il prit la parole avec une grande assurance ; il y parlait du règne de

---

a. **18.12** D'après une inscription de l'époque, Gallion fut en fonction à Corinthe de mai 51 à mai 52 (ou 52-53).

b. **18.13** La loi romaine accordait au judaïsme le statut de « religion autorisée ». Les Juifs accusent Paul d'introduire une nouvelle religion : un crime considéré comme capital. Gallion a pu comprendre : contraire à la Loi juive (v. 15).

c. **18.18** Corinthe était desservie par deux ports. *Cenchrées* se trouvait à l'est, sur la mer Egée.

d. **18.18** Selon la pratique de la consécration par vœu (Nb 6.1-21), on ne se faisait pas couper les cheveux pendant la durée du vœu (voir Ac 21.24).

e. **18.22** Le texte a seulement : *Il monta*, ce qui, dans ce contexte, signifie : se rendre à Jérusalem.

f. **18.23** Autre traduction : *parcourut successivement les régions de la Galatie et de la Phrygie.*

Dieu et s'efforçait de convaincre ses auditeurs. [9] Mais un certain nombre de *Juifs s'endurcissaient et refusaient de se laisser convaincre : en pleine assemblée, ils tinrent des propos méprisants au sujet de la voie du Seigneur. Alors Paul se sépara d'eux et prit à part les disciples qu'il continua d'enseigner tous les jours dans l'école d'un nommé Tyrannus [a].

[10] Cela dura deux ans, si bien que tous les habitants de la province d'*Asie, tant Juifs que Grecs, entendirent la Parole du Seigneur. [11] Dieu faisait des miracles extraordinaires par les mains de Paul. [12] On allait jusqu'à prendre des mouchoirs ou du linge qu'il avait touchés pour les appliquer aux malades. Ceux-ci guérissaient et les mauvais esprits s'enfuyaient.

[13] Quelques Juifs, qui allaient de lieu en lieu pour chasser les démons, voulurent alors invoquer, eux aussi, le nom du Seigneur Jésus sur ceux qui étaient sous l'emprise d'esprits mauvais.

—Par le nom de ce Jésus que Paul annonce, disaient-ils, je vous ordonne de sortir.

[14] Ceux qui agissaient ainsi étaient les sept fils d'un certain Scéva, un chef des *prêtres juifs.

[15] Mais l'esprit mauvais leur répondit :

—Jésus ? Je le connais. Paul, je sais qui c'est. Mais vous, qui êtes-vous ?

[16] Là-dessus, l'homme qui avait en lui le mauvais esprit se jeta sur eux, les maîtrisa et les malmena avec une telle violence qu'ils s'enfuirent de la maison, les vêtements en lambeaux, et couverts de blessures.

[17] Cet incident fut connu de tous les habitants d'Ephèse. Juifs et Grecs furent tous saisis de crainte, et le nom du Seigneur Jésus fut l'objet d'un grand respect. [18] Beaucoup de ceux qui étaient devenus croyants venaient avouer et déclarer publiquement les pratiques auxquelles ils s'étaient livrés. [19] Et beaucoup de ceux qui avaient exercé la magie apportèrent leurs livres de sorcellerie, les mirent en tas et les firent brûler aux yeux de tous. Leur valeur fut estimée à cinquante mille pièces d'argent [b]. [20] C'est ainsi que la Parole du Seigneur se répandait de plus en plus, grâce à la puissance du Seigneur [c].

[21] Après ces événements, Paul, poussé par l'Esprit [d], décida de se rendre à *Jérusalem en passant par la *Macédoine et l'Achaïe.

—Après avoir été là-bas, dit-il, il faudra que je me rende aussi à Rome.

[22] Il envoya deux de ses collaborateurs, *Timothée et Eraste, en Macédoine, et resta lui-même encore quelque temps dans la province d'*Asie.

Difficultés à Ephèse

[23] A cette époque, la voie du Seigneur fut l'occasion de troubles sérieux à Ephèse. [24] Un bijoutier, nommé Démétrius, fabriquait de petits temples d'Artémis [e] en argent et procurait aux artisans de sa corporation des gains considérables. [25] Un jour, il les convoqua tous, ainsi que les ouvriers qui vivaient de la même industrie. Il leur dit :

—Mes amis ! Vous savez bien que nous devons notre prospérité à l'exercice de notre métier. [26] Or, vous voyez ce qui se passe – ou vous en entendez parler : non seulement à Ephèse, mais dans presque toute la province d'*Asie, ce Paul a remué de grandes foules. Il les a persuadées que les divinités fabriquées par des hommes ne sont pas de vrais dieux. [27] Ce n'est pas seulement notre corporation qui risque d'être discréditée, mais le temple de la grande déesse Artémis [f] lui-même pourrait y perdre toute sa renommée. Toute l'Asie et le monde entier adore cette déesse et il n'en faudrait pas beaucoup pour qu'elle soit discréditée.

[28] A ces mots, les auditeurs devinrent furieux et se mirent à scander :

—Grande est l'Artémis d'Ephèse !

[29] Bientôt, toute la ville fut en effervescence. On s'empara de Gaïus et d'Aristarque, deux Macédoniens qui accompagnaient Paul dans son voyage, et l'on se précipita en foule au théâtre [g]. [30] Paul voulait se présenter devant le peuple, mais les *disciples l'en empêchèrent. [31] Et même quelques hauts fonctionnaires de la province [h], qui le

---

a. 19.9 Certains manuscrits ajoutent : *de 11 heures à 16 heures.*

b. 19.19 On peut estimer la valeur totale de ces livres à l'équivalent de plus de cent cinquante années de travail d'un ouvrier de l'époque.

c. 19.20 Certains manuscrits ont : *la Parole du Seigneur se répandait avec puissance.*

d. 19.21 Autre traduction : *en son for intérieur.*

e. 19.24 *Artémis* était le nom grec d'une déesse orientale de la fertilité.

f. 19.27 Le *temple d'Artémis* a été classé parmi les sept merveilles du monde antique : il faisait 127 m sur 72 m, et avait cent colonnes.

g. 19.29 Les ruines de ce théâtre en ont révélé la grandeur : il comportait près de 26 000 places assises sur des gradins. Il servait aux jeux, aux représentations théâtrales et aux assemblées publiques.

h. 19.31 Il s'agit des *asiarques*, qui présidaient au culte provincial de l'empereur et de Rome.

tenaient en amitié, lui firent parvenir un message pour lui recommander de ne pas se rendre au théâtre. [32] Cependant, l'assemblée se tenait dans la plus grande confusion. Les gens hurlaient, mais personne ne criait la même chose, et la plupart ne savaient pas pourquoi ils étaient venus. [33] Des gens de la foule expliquèrent l'affaire à un certain Alexandre, que les Juifs avaient poussé en avant. Alexandre fit signe de la main qu'il voulait s'adresser au peuple pour prendre la défense de ses coreligionnaires.

[34] Mais dès qu'on eut appris qu'il était Juif, tous se remirent à crier en chœur pendant près de deux heures :

—Grande est l'Artémis d'Ephèse !

[35] A la fin, le secrétaire de la ville parvint à calmer le peuple :

—Ephésiens, dit-il, quel homme au monde ignore que notre cité d'Ephèse est la gardienne du temple de la grande Artémis et de sa statue tombée du ciel ? [36] C'est là un fait incontestable. Il faut donc vous calmer et ne rien faire d'irréfléchi. [37] Vous avez amené ici ces hommes, mais ils n'ont commis aucun sacrilège dans le temple, ils n'ont dit aucun mal de notre déesse.

[38] Si donc Démétrius et les artisans de sa corporation ont des griefs contre quelqu'un, ils n'ont qu'à porter plainte en bonne et due forme ! Il y a des jours d'audience et des magistrats pour cela. [39] Et si vous avez encore d'autres réclamations à formuler, on les examinera lors de l'assemblée légale. [40] Mais nous risquons de nous faire accuser de révolte pour ce qui s'est passé aujourd'hui, car nous ne pourrions donner aucune raison pour expliquer cette manifestation.

Là-dessus, il ordonna à l'assemblée de se disperser.

Paul à Troas

20 Quand le tumulte se fut apaisé, Paul convoqua les *disciples pour les encourager. Puis il prit congé d'eux et partit pour la *Macédoine. [2] En parcourant cette province, il eut de nombreuses occasions d'encourager les croyants. De là, il passa en Grèce [3] où il demeura trois mois. Au moment où il allait s'embarquer pour la *Syrie, il apprit que les *Juifs avaient formé un complot contre lui. Il décida alors de repasser par la Macédoine. [4] Ses compagnons [a] étaient Sopater, fils de Pyrrhus, originaire de Bérée,

Aristarque et Secondus de *Thessalonique, Gaïus, de Derbe, *Timothée, et enfin *Tychique et Trophime de la province d'*Asie. [5] Ils prirent les devants pour aller nous attendre à Troas. [6] Quant à nous, nous nous sommes embarqués à Philippes après la fête des *pains sans levain [b] et, après une traversée de cinq jours, nous les avons rejoints à Troas où nous avons passé une semaine.

[7] Le dimanche [c], nous [d] étions réunis pour rompre le pain [e]. Comme il devait partir le lendemain, Paul s'entretenait avec les assistants et prolongeait son discours jusque vers minuit. [8] Nous étions réunis à l'étage supérieur de la maison, éclairé par de nombreuses lampes. [9] Un jeune homme nommé Eutychus s'était assis sur le rebord de la fenêtre et, comme Paul prolongeait encore l'entretien, il s'endormit profondément. Soudain, dans son sommeil, il perdit l'équilibre et tomba du troisième étage. Quand on le releva, il était mort.

[10] Paul descendit, se pencha vers lui [f], le prit dans ses bras et dit :

—Ne vous inquiétez pas ! Il est encore en vie.

[11] Il remonta, rompit le pain, mangea, et continua de parler jusqu'au point du jour. Puis il partit. [12] Quant au jeune homme, il fut ramené chez lui indemne, au grand réconfort de tous.

Paul fait ses adieux aux responsables de l'Eglise d'Ephèse

[13] Pour nous, nous avons pris les devants, et nous nous sommes embarqués sur un bateau qui nous a amenés à Assos, où nous devions prendre Paul, conformément à ce qu'il avait décidé. Car il voulait faire la route à pied jusque là. [14] Quand il nous eut rejoints à Assos, nous avons repris la mer ensemble. Après une escale à Mytilène, [15] nous avons passé le lendemain au large de Chio. Le jour suivant, nous jetions l'ancre à Samos et, un jour plus tard [g], nous abordions à Milet. [16] Paul avait, en effet, décidé de dépasser Ephèse sans s'y arrêter pour ne pas risquer de s'attarder dans la province d'Asie.

---

b. **20.6** Voir Ex 12.14-20.

c. **20.7** Autre traduction : *le samedi soir.*

d. **20.7** *nous :* voir note 16.10.

e. **20.7** C'est-à-dire pour la cène, « le repas du Seigneur », qui se célébrait au cours d'un repas fraternel (voir 1 Co 11.18-34).

f. **20.10** Autre traduction : *se précipita vers lui.*

g. **20.15** Certains manuscrits précisent : *après nous être arrêtés à Trogyllion.*

---

a. **20.4** Certains manuscrits ont : *il avait pour l'accompagner jusque dans la province d'Asie.*

Il se hâtait pour être à *Jérusalem, si possible, le jour de la Pentecôte. ¹⁷ Pendant l'escale à Milet, il envoya quelqu'un à Ephèse pour demander aux responsables de l'Eglise de venir le rejoindre.

¹⁸ Quand ils furent arrivés auprès de lui, il leur dit :

—Vous savez comment je me suis comporté pendant tout le temps que j'ai passé parmi vous, depuis le jour de mon arrivée dans la province d'Asie. ¹⁹ J'ai servi le Seigneur en toute humilité, avec des larmes, au milieu d'épreuves suscitées par les complots des Juifs. ²⁰ Vous savez aussi que, sans rien vous cacher, je vous ai annoncé et enseigné tout ce qui pouvait vous être utile, soit publiquement, soit dans vos maisons. ²¹ Sans cesse, j'ai appelé Juifs et Grecs à se tourner vers Dieu et à croire en Jésus, notre Seigneur.

²² Et maintenant, me voici en route pour *Jérusalem. L'Esprit m'y oblige, mais j'ignore ce qui m'y arrivera. ²³ Tout ce que je sais, c'est que le Saint-Esprit m'avertit de ville en ville que je dois m'attendre à être emprisonné et à connaître bien des souffrances. ²⁴ Ma vie m'importe peu, je ne lui accorde aucun prix ; mon but c'est d'aller jusqu'au bout de ma course et d'accomplir pleinement le service que le Seigneur m'a confié c'est-à-dire de proclamer la Bonne Nouvelle de la grâce de Dieu. ²⁵ Et maintenant, je le sais : vous tous, au milieu de qui j'ai passé en prêchant le règne de Dieu, vous ne me reverrez plus. ²⁶ C'est pourquoi je vous le déclare solennellement aujourd'hui : je suis dégagé de toute responsabilité à votre égard, ²⁷ car je vous ai annoncé tout le plan de Dieu, sans rien passer sous silence. ²⁸ Veillez donc sur vous-mêmes et sur tout le troupeau de l'Eglise que le Saint-Esprit a confié à votre garde. Comme de bons bergers, prenez soin de l'Eglise de Dieu ᵃ qu'il s'est acquise par son sacrifice. ²⁹ Je le sais : quand je ne serai plus là, des loups féroces se glisseront parmi vous, et ils seront sans pitié pour le troupeau. ³⁰ De vos propres rangs surgiront des hommes qui emploieront un langage mensonger pour se faire des *disciples. ³¹ Soyez donc vigilants ! Rappelez-vous que, pendant trois années, la nuit comme le jour, je n'ai cessé de vous conseiller un à un, et parfois même avec larmes.

³² Et maintenant il ne me reste plus qu'à vous confier à Dieu et à sa Parole de grâce. Il a le pouvoir de vous faire grandir dans la foi et de vous assurer l'héritage qu'il vous réserve avec tous ceux qui lui appartiennent. ³³ Je n'ai désiré ni l'argent, ni l'or, ni les vêtements de personne. ³⁴ Regardez mes mains : ce sont elles, vous le savez bien, qui ont pourvu à mes besoins et à ceux de mes compagnons. ³⁵ Je vous ai montré partout et toujours qu'il faut travailler ainsi pour aider les pauvres. Souvenons-nous de ce que le Seigneur Jésus lui-même a dit : « Il y a plus de bonheur à donner qu'à recevoir ᵇ. »

³⁶ Après avoir ainsi parlé, Paul se mit à genoux et pria avec eux. ³⁷ Tous, alors, éclatèrent en sanglots et ils se jetaient au cou de Paul pour l'embrasser. ³⁸ Ce qui les affligeait surtout, c'était de l'avoir entendu dire qu'ils ne le reverraient plus. Puis ils l'accompagnèrent jusqu'au bateau.

TEMOINS A ROME

Paul et ses compagnons se rendent à Jérusalem

21 Après nous être séparés d'eux, nous avons pris la mer et nous avons mis directement le cap sur l'île de Cos, puis le lendemain, nous avons continué sur Rhodes et, de là, vers Patare. ² Pendant notre escale, nous avons trouvé un navire en partance pour la Phénicie. Nous nous y sommes embarqués et nous avons pris le large. ³ Arrivés en vue de Chypre, nous l'avons laissée sur notre gauche et nous avons continué notre route vers la *Syrie, pour débarquer à *Tyr où le navire devait livrer sa cargaison. ⁴ Il y avait là des *disciples. Après les avoir trouvés, nous sommes restés sept jours avec eux. Or ceux-ci, poussés par l'Esprit, conseillaient à Paul de ne pas se rendre à *Jérusalem.

⁵ Malgré cela, une fois cette semaine écoulée, nous sommes partis pour continuer notre voyage. Ils nous ont accompagnés, tous, avec leurs femmes et leurs enfants, à quelque distance de la ville. Là, nous nous sommes agenouillés sur le rivage pour prier. ⁶ Puis, après avoir pris congé les uns des autres, nous sommes montés à bord du bateau, et les croyants s'en sont retournés chez eux.

⁷ Nous avons terminé notre voyage par mer en allant de Tyr à Ptolémaïs ᶜ. Dans

---

a. 20.28 Certains manuscrits ont : *l'Eglise du Seigneur.*

b. 20.35 Parole qui ne figure pas dans les évangiles et que la tradition orale a transmise à Paul.

c. 21.7 *Ptolémaïs :* actuellement St-Jean-d'Acre.

cette ville, nous avons salué les frères et passé
une journée avec eux.

⁸ Dès le lendemain, nous sommes repartis
par la route pour *Césarée ᵃ. Nous nous
sommes rendus à la maison de Philippe ᵇ,
l'évangéliste – c'était l'un des sept hommes
que l'on avait élus à Jérusalem –, et nous
avons logé chez lui. ⁹ Il avait quatre filles non
mariées qui avaient le don de *prophétie.
¹⁰ Nous étions déjà là depuis plusieurs jours,
lorsqu'arriva de *Judée un homme appelé
Agabus qui avait ce même don. ¹¹ Il vint
nous trouver, prit la ceinture de Paul et s'en
servit pour s'attacher les pieds et les mains.

–Voici ce que déclare l'Esprit Saint, dit-il.
L'homme à qui appartient cette ceinture sera
attaché de cette manière par les *Juifs à Jérusalem, puis ils le livreront entre les mains des
païens.

¹² En entendant cette déclaration, nous
avons supplié Paul, nous et les croyants de
Césarée, de ne pas monter à Jérusalem.

¹³ Mais il nous répondit :

–Que faites-vous là ? Voulez-vous me briser le cœur avec vos larmes ? Je suis tout à fait
prêt, moi, non seulement à aller en prison,
mais même à mourir à Jérusalem pour le Seigneur Jésus.

¹⁴ Comme nous n'arrivions pas à le faire
changer d'avis, nous n'avons plus insisté et
nous nous sommes contentés de dire :

–Que la volonté du Seigneur soit faite !

¹⁵ Après avoir passé ces quelques jours à
Césarée, nous avons fait nos préparatifs et
nous avons pris le chemin de Jérusalem.
¹⁶ Quelques disciples de Césarée nous ont
accompagnés et nous ont emmenés chez un
certain Mnason, originaire de Chypre, chrétien depuis longtemps déjà, qui allait nous
loger.

Paul, Juif avec les Juifs

¹⁷ A notre arrivée à Jérusalem, les frères
nous accueillirent avec joie. ¹⁸ Le lendemain,
Paul se rendit avec nous chez *Jacques ᶜ, où
tous les responsables de l'Eglise se rassemblèrent aussi. ¹⁹ Après les avoir salués, Paul
exposa en détail tout ce que Dieu avait
accompli par son ministère parmi les païens.

²⁰ En l'écoutant, ils louaient Dieu, puis ils
dirent à Paul :

–Vois-tu, frère, combien de milliers de
Juifs sont devenus croyants, et tous sont très
attachés à la *Loi de *Moïse. ²¹ Or, ils ont
entendu dire que tu enseignes à tous les Juifs
disséminés à l'étranger d'abandonner les
prescriptions de Moïse en leur disant de ne
plus faire *circoncire leurs enfants et, d'une
manière générale, de ne plus suivre les coutumes juives. ²² Que faire donc ? Car, naturellement, ils vont apprendre ton arrivée.

²³ Eh bien, voici ce que nous te
conseillons : nous avons parmi nous quatre
hommes qui ont fait un *vœu. ²⁴ Prends-les
avec toi, participe avec eux à la cérémonie de
la *purification, et pourvois à leurs dépenses
pour qu'ils se fassent raser la tête ᵈ. Ainsi tout
le monde saura que les bruits répandus sur
ton compte n'ont aucun fondement, mais
qu'au contraire, tu continues toi-même à
observer les prescriptions de la Loi. ²⁵ Quant
aux païens devenus croyants, voici les recommandations que nous leur avons données
par lettre à la suite de nos délibérations :
qu'ils ne mangent ni viande sacrifiée à des
idoles, ni sang, ni viande d'animaux étouffés,
et qu'ils s'abstiennent de toute inconduite
sexuelle ᵉ.

²⁶ Le lendemain donc, Paul emmena ces
hommes et participa avec eux à la cérémonie
de la *purification. Puis il entra dans la cour
du *Temple où il déclara à quelle date la
période de la purification serait achevée,
c'est-à-dire à quel moment on offrirait le
sacrifice pour chacun d'eux.

L'arrestation de Paul

²⁷ La semaine exigée pour la purification
allait s'achever, lorsque des *Juifs de la province d'*Asie virent Paul dans la cour du
Temple. Ils ameutèrent toute la foule et se
jetèrent sur lui ²⁸ en criant :

–Israélites ! Au secours ! Le voilà, celui qui
ne cesse de prêcher partout et à tout le
monde contre notre peuple, contre la Loi de
Moïse et contre ce Temple ! Et même, à présent, il a introduit des païens dans l'enceinte
sacrée ; il a souillé ce saint lieu !

²⁹ Ils disaient cela parce qu'ils avaient vu
Trophime ᶠ d'Ephèse en ville avec lui, et ils
s'imaginaient que Paul l'avait fait entrer dans
la cour intérieure du Temple.

---

a. **21.8** *Césarée* : port de Judée, résidence habituelle
des gouverneurs romains (appelée aujourd'hui
Césarée maritime pour la distinguer de Césarée de
Philippes près des sources du Jourdain). Césarée
était à 56 kilomètres au sud de Ptolémaïs.
b. **21.8** Voir 6.5 ; 8.5.
c. **21.18** Voir note 12.17 ; comparer 15.13.

d. **21.24** Voir note 18.18.
e. **21.25** Voir note 15.20.
f. **21.29** *Trophime* : voir 20.4.

30 L'agitation gagna la ville tout entière et le peuple accourut en foule de toutes parts. On s'empara de Paul et on le traîna hors de la cour du Temple dont on ferma immédiatement les portes. 31 On cherchait à le mettre à mort, quand le commandant de la garnison romaine fut informé que tout Jérusalem était en effervescence. 32 Aussitôt, il rassembla des soldats avec leurs officiers et se précipita vers la foule. Dès qu'on aperçut le commandant et les soldats, on cessa de battre Paul. 33 Alors le commandant s'approcha, fit saisir Paul et donna ordre de le lier avec une double chaîne, puis il demanda qui il était et ce qu'il avait fait. 34 Mais dans la foule, les uns criaient une chose, les autres une autre, et le commandant ne put rien savoir de sûr de ce tumulte. Alors il ordonna de conduire Paul à la forteresse a.

35 Quand Paul commença à gravir les marches de l'escalier, les soldats, devant la violence de la foule, se virent obligés de le porter à bras-le-corps. 36 En effet, tout le peuple le suivait en hurlant :

–A mort !

Paul défend sa cause

37 Au moment où on allait le faire entrer dans la citadelle, Paul demanda au commandant :

–M'est-il permis de te dire quelque chose ?

–Comment, fit l'autre, tu sais le grec ! 38 Tu n'es donc pas cet Egyptien qui a provoqué une émeute dernièrement et qui a entraîné quatre mille rebelles au désert ?

39 –Non, répondit Paul, je suis Juif, né à Tarse en Cilicie, et citoyen d'une ville assez importante. Je te prie, permets-moi de dire quelques mots au peuple.

40 Le commandant lui en accorda la permission.

Alors Paul, debout sur les marches, fit signe de la main à la foule. Il se fit un grand silence, et Paul leur adressa la parole en araméen.

22 –Mes frères et mes pères, dit-il, écoutez, je vous prie, ce que j'ai à vous dire pour ma défense.

2 Lorsqu'ils l'entendirent parler en araméen, le calme se fit plus grand encore. Paul reprit :

3 –Je suis *Juif. Je suis né à Tarse en Cilicie, mais j'ai été élevé ici à *Jérusalem. C'est Gamaliel b qui fut mon maître ; il m'a enseigné avec une grande exactitude la *Loi de nos ancêtres, et j'étais un partisan farouche de la cause de Dieu, comme vous l'êtes tous aujourd'hui. 4 J'ai combattu à mort ce qu'on appelle la Voie, en faisant enchaîner et jeter en prison des hommes et des femmes. 5 Le *grand-prêtre et tout le Conseil des responsables du peuple peuvent témoigner que je dis vrai. Car c'est d'eux, précisément, que j'avais reçu des lettres de recommandation pour nos frères. Je suis alors parti pour Damas, bien résolu à faire enchaîner et à ramener à Jérusalem, afin de faire punir tous les adhérents de cette Voie que je trouverais là-bas.

6 Comme j'étais en chemin et que j'approchais de Damas, tout à coup, vers midi, une vive lumière a resplendi du ciel et m'a enveloppé.

7 Je suis tombé à terre et j'ai entendu une voix qui me demandait : « Saul, Saul, pourquoi me persécutes-tu ? » Je me suis écrié : 8 « Qui es-tu Seigneur ? » Alors la voix m'a dit : « Je suis, moi, Jésus de *Nazareth, que tu persécutes. »

9 Ceux qui étaient avec moi ont bien vu la lumière, mais n'ont pas compris celui qui me parlait. 10 J'ai demandé : « Que dois-je donc faire, Seigneur ? » Et le Seigneur m'a dit : « Relève-toi, va à Damas, et là, on te dira tout ce que tu devras faire ! »

11 Mais je n'y voyais plus : l'éclat de cette lumière m'avait aveuglé. Alors mes compagnons m'ont pris par la main pour me conduire, et c'est ainsi que je suis arrivé à Damas.

12 Il y avait là un certain Ananias, un homme pieux, qui observait fidèlement la *Loi. Il était estimé de tous les Juifs de la ville. 13 Il est venu me trouver, s'est tenu près de moi et m'a dit : « Saul, mon frère, recouvre la vue ! »

A l'instant même, je vis de nouveau et je l'ai vu.

14 Alors il m'a dit : « Le Dieu de nos ancêtres t'a choisi d'avance pour te faire connaître sa volonté, pour que tu voies le Juste et que tu entendes sa voix, 15 car tu seras son témoin devant tous les hommes pour leur annoncer

---

a. 21.34 A l'angle nord-ouest de la terrasse du Temple, Hérode le Grand avait fait bâtir *la forteresse Antonia*, où les troupes romaines étaient cantonnées.

b. 22.3 *Gamaliel* : voir note 5.34.

tout ce que tu as vu et entendu. [16] Et maintenant, pourquoi tarder ? Lève-toi, fais-toi baptiser et sois lavé de tes péchés en te confiant dans le Seigneur. »

[17] Un jour, après mon retour à Jérusalem, pendant que je priais dans la cour du *Temple, je suis tombé en extase [18] et j'ai vu le Seigneur. Il m'a dit : « Hâte-toi de quitter Jérusalem, car ses habitants n'accepteront pas ton témoignage à mon sujet. »

[19] J'ai répondu : « Mais, Seigneur, ils savent pourtant que j'allais de *synagogue en synagogue pour faire emprisonner et fouetter ceux qui croient en toi. [20] Lorsqu'on a versé le sang d'Etienne, ton témoin, j'étais là, en personne, j'approuvais ce qui se passait et je gardais les vêtements de ses meurtriers. »

[21] Le Seigneur m'a dit alors : « Va, je vais t'envoyer au loin vers les païens... »

Paul en prison

[22] La foule l'avait écouté jusque là, mais, à ces mots, ils se mirent tous à crier :

—A mort ! Qu'on débarrasse la terre d'un tel individu ! Il n'a pas le droit de vivre !

[23] Ils hurlaient de plus en plus fort, agitaient leurs vêtements et jetaient de la poussière en l'air. [24] Alors le commandant donna l'ordre de faire entrer Paul dans la citadelle et de le soumettre à la torture à coups de fouet, afin de savoir pourquoi les Juifs criaient ainsi contre lui.

[25] On était en train de l'attacher avec des courroies, quand il demanda à l'officier de service :

—Avez-vous le droit de fouetter un citoyen romain, et sans même l'avoir jugé ?

[26] Quand l'officier entendit cela, il courut avertir le commandant :

—Sais-tu ce que tu allais faire ? Cet homme est citoyen romain.

[27] Le commandant se rendit aussitôt auprès de Paul et lui demanda :

—Dis-moi, es-tu vraiment citoyen romain ?

—Oui, répondit-il.

[28] —Moi, reprit le commandant, j'ai dû payer très cher pour acquérir ce titre.

—Et moi, dit Paul, je le tiens de naissance.

[29] Aussitôt, ceux qui allaient le torturer le laissèrent. Le commandant lui-même commença à s'inquiéter à l'idée qu'il avait bel et bien fait enchaîner un citoyen romain.

Paul devant le Grand-Conseil

[30] C'est pourquoi, dès le lendemain, il voulut éclaircir l'affaire et savoir au juste de quoi les Juifs accusaient Paul. Il le fit délier et, après avoir convoqué les chefs des *prê-

tres et tout le *Grand-Conseil, il le fit descendre et le plaça en face d'eux.

23 Paul fixa ses regards sur tous les membres du Grand-Conseil et déclara :

—Mes frères, j'ai vécu devant Dieu jusqu'à ce jour avec une conscience parfaitement pure.

[2] Mais le *grand-prêtre Ananias [a] ordonna à ceux qui étaient près de Paul de le frapper sur la bouche.

[3] Paul lui dit alors :

—Dieu lui-même va te frapper, muraille blanchie [b] ! Tu sièges là pour me juger selon la *Loi, et voilà que tu violes la Loi en ordonnant de me frapper !

[4] Les assistants s'écrièrent :

—Tu oses injurier le grand-prêtre de Dieu !

[5] —Frères, reprit Paul, j'ignorais que c'était le grand-prêtre, car je sais bien qu'il est écrit : *Tu n'insulteras pas le chef de ton peuple* [c].

[6] Paul savait que le Conseil était composé pour une part de *sadducéens, pour l'autre de *pharisiens, et il s'écria au milieu du Conseil :

—Frères, je suis pharisien et fils de pharisien. Si je suis mis en accusation, c'est pour notre espérance de la résurrection des morts.

[7] Ces mots provoquèrent une dispute entre pharisiens et sadducéens, et l'assemblée se divisa en deux camps. — [8] Les sadducéens, en effet, déclarent qu'il n'y a pas de résurrection, pas plus que d'*anges ou d'esprits, et les pharisiens affirment le contraire. — [9] Le ton monta considérablement.

Quelques *spécialistes de la Loi qui étaient du parti des pharisiens se levèrent pour protester avec énergie en faveur de l'accusé :

—Vraiment, nous ne trouvons rien à reprocher à cet homme. Après tout, qui sait ? Peut-être un esprit ou un ange lui a-t-il parlé ?

[10] La dispute s'envenimait et le commandant craignit que son prisonnier ne soit tué par ces gens. Alors il fit signe à un détachement de soldats de descendre dans la salle pour tirer Paul du milieu d'eux et le ramener à la citadelle.

[11] La nuit suivante, le Seigneur apparut à Paul et lui dit :

—Courage ! Tu as été mon témoin à Jérusalem, il faut que tu le sois aussi à Rome.

---

a. **23.2** *Ananias* : grand-prêtre juif de 47 à 59.

b. **23.3** En Orient, on blanchissait les murailles pour en cacher les défauts.

c. **23.5** Ex 22.28.

Le complot contre Paul

¹² Le lendemain matin, au petit jour, les Juifs formèrent un complot. Ils firent le serment de ne rien manger ni boire avant d'avoir tué Paul. ¹³ Plus de quarante hommes participaient à cette conjuration. ¹⁴ Ils allèrent trouver les chefs des *prêtres et les responsables du peuple et leur déclarèrent :

—Nous nous sommes engagés par un serment solennel à ne rien manger ni boire tant que nous n'avons pas tué Paul. ¹⁵ A vous d'agir maintenant avec l'appui du Grand-Conseil : intervenez auprès du commandant et proposez-lui de faire comparaître Paul devant vous sous prétexte que vous voulez instruire son cas de plus près. De notre côté, nous avons pris nos dispositions pour le supprimer avant qu'il n'arrive ici.

¹⁶ Mais le fils de la sœur de Paul entendit parler du guet-apens. Il se rendit à la citadelle, y entra, et prévint Paul de ce qui se tramait.

¹⁷ Alors Paul fit appeler un officier de service et lui dit :

—Conduis ce garçon auprès du commandant, je t'en prie, il a quelque chose à lui dire.

¹⁸ L'officier l'emmena donc avec lui et l'introduisit auprès du commandant en disant :

—Le détenu Paul m'a fait appeler et m'a demandé de t'amener ce jeune homme qui a quelque chose à te dire.

¹⁹ Le commandant, prenant le garçon par la main, se retira avec lui à l'écart et lui demanda :

—Qu'as-tu à me dire ?

²⁰ Alors le neveu de Paul raconta :

—Les Juifs ont convenu de te demander de leur amener Paul, demain, au *Grand-Conseil. Ils disent qu'ils veulent examiner son cas de plus près. ²¹ Mais surtout, ne te laisse pas prendre. Ils sont à plus de quarante qui préparent un guet-apens contre lui. Ils ont juré de ne rien manger ni boire avant de l'avoir tué. Tout est prêt. Ils n'attendent plus que ton accord.

²² Le commandant laissa repartir le garçon. Mais il lui fit d'abord cette recommandation :

—Surtout ne va dire à personne que tu m'as prévenu de cette affaire.

Paul, prisonnier à Césarée

²³ Aussitôt après, il appela deux de ses officiers et leur commanda :

—Rassemblez deux cents légionnaires et tenez-vous prêts à partir pour *Césarée. Prenez avec vous soixante-dix cavaliers et deux cents soldats armés de lances. Départ à neuf heures ce soir. ²⁴ Préparez aussi des montures pour Paul et amenez-le sain et sauf au gouverneur Félix ᵃ.

²⁵ Il rédigea en même temps le billet suivant pour le gouverneur :

²⁶ *Claudius Lysias adresse ses salutations à Son Excellence le gouverneur Félix.*
²⁷ *Les Juifs s'étaient saisis de l'homme que je t'envoie et ils allaient le tuer quand je suis intervenu avec la troupe. Je l'ai arraché de leurs mains, car je venais d'apprendre qu'il était citoyen romain.* ²⁸ *Comme je voulais savoir de quoi ils l'accusaient, je l'ai fait comparaître devant leur *Grand-Conseil.* ²⁹ *J'ai constaté que leurs accusations portaient sur des questions relatives à leur *loi, mais que l'on ne pouvait lui imputer aucune faute entraînant la peine de mort ou même la prison.* ³⁰ *Mais je viens d'être informé d'un projet d'attentat contre lui. C'est pourquoi je te l'envoie sans attendre, et je fais savoir à ses accusateurs que c'est devant toi qu'ils auront à porter plainte contre lui ᵇ.*

³¹ Conformément aux ordres reçus, les soldats emmenèrent Paul et le conduisirent pendant la nuit jusqu'à Antipatris ᶜ. ³² Le lendemain, les légionnaires laissèrent les cavaliers poursuivre seuls le chemin avec lui et ils revinrent à la citadelle.

³³ A leur arrivée à Césarée, les cavaliers remirent la lettre au gouverneur et lui présentèrent Paul.

³⁴ Le gouverneur lut la lettre et demanda de quelle province il était originaire. Apprenant qu'il était né en Cilicie, il lui dit :

³⁵ —Je t'entendrai quand tes accusateurs seront arrivés.

Puis il donna ordre de le faire mettre en résidence surveillée dans le palais d'*Hérode ᵈ.

Paul devant le gouverneur Félix

24 Cinq jours après, le *grand-prêtre Ananias descendit à *Césarée accompagné de quelques responsables du peuple et

---

a. 23.24 *Félix* : gouverneur de la Judée de 52 à 59/60.

b. 23.30 Quelques manuscrits ajoutent la formule de salutation : *adieu.*

c. 23.31 *Antipatris* : poste militaire reconstruit par Hérode le Grand à mi-chemin entre Jérusalem et Césarée.

d. 23.35 Palais construit par Hérode le Grand à Césarée. Les gouverneurs romains en avaient fait leur résidence habituelle.

d'un avocat nommé Tertulle. Ils se présentèrent au gouverneur[a] pour porter plainte
contre Paul.

² On appela celui-ci et Tertulle commença
son réquisitoire en ces termes :

—Excellence, grâce à toi, à ta sage administration et aux réformes que la sollicitude
pour ce peuple t'a inspirées, nous jouissons
d'une paix parfaite. ³ Sois assuré, très excel-
lent gouverneur Félix, que partout et toujours, nous en éprouvons la plus vive
gratitude. ⁴ Toutefois, nous ne voudrions pas
te retenir trop longtemps. Je te prie seulement de nous accorder pour quelques instants ta bienveillante attention.

⁵ Nous avons découvert que cet individu
est un danger public : il provoque des troubles chez tous les *Juifs dans le monde entier,
c'est un chef de la secte des Nazaréens[b], ⁶ et
il a même tenté de profaner le *Temple.
C'est alors que nous l'avons arrêté. [Nous
voulions le juger d'après notre *Loi. ⁷ Mais le
commandant Lysias est intervenu avec beaucoup de violence et l'a arraché de nos mains,
⁸ nous ordonnant de porter notre accusation
devant toi[c].] Procède toi-même à son interrogatoire et tu pourras reconnaître, d'après
ses réponses, le bien-fondé de toutes nos
accusations contre lui.

⁹ Les Juifs s'empressèrent de confirmer ses
paroles en disant :

—Oui, tout ce qu'il a dit est exact.

¹⁰ Sur un signe du gouverneur, Paul prit à
son tour la parole :

—Je sais, dit-il, que depuis plusieurs années
tu exerces la justice sur notre nation. C'est
donc en toute confiance que je viens te présenter ma défense. ¹¹ Comme tu peux le
vérifier toi-même, il n'y a pas plus de douze
jours que je suis monté à *Jérusalem pour y
adorer Dieu. ¹² Or, personne ne m'a vu dans
la cour du Temple en train de discuter avec
quelqu'un. Jamais on ne m'a surpris à soule-
ver le peuple ni dans les *synagogues, ni dans
la ville, ¹³ et ces gens ne peuvent pas apporter
la moindre preuve pour appuyer les accusations qu'ils viennent de porter contre moi.
¹⁴ Certes, je le reconnais volontiers devant
toi : je sers le Dieu de mes ancêtres suivant la
« Voie » qu'ils qualifient de « secte » ; je crois
tout ce qui est écrit dans la *Loi et les *prophètes. ¹⁵ J'ai cette espérance en Dieu – et

cette espérance est aussi la leur – que les
morts, justes et pécheurs, ressusciteront.
¹⁶ C'est pourquoi je m'applique sans cesse,
moi aussi, à garder une conscience irréprochable, tant devant Dieu que devant les
hommes.

¹⁷ Après plusieurs années d'absence, je suis
revenu dans mon pays pour apporter une
aide en argent aux gens de mon peuple et
pour présenter des offrandes à Dieu. ¹⁸ J'étais
alors dans la cour du Temple, après avoir
accompli les cérémonies de la *purification ;
il n'y avait autour de moi ni attroupement, ni
désordre. Telle était la situation quand ils
m'ont trouvé. ¹⁹ Mais, en fait, ce sont des
Juifs de la province d'*Asie qui m'ont trouvé,
et ce sont eux qui devraient être ici pour soutenir leurs accusations devant toi, s'ils ont
quelque reproche à me faire. ²⁰ Ou bien
alors, que ceux qui sont ici présents disent de
quel méfait ils m'ont reconnu coupable lorsque j'ai comparu devant le *Grand-Conseil.
²¹ A moins qu'ils ne me fassent grief de cette
seule phrase que j'ai lancée, debout devant
eux : « Si je suis mis en accusation, c'est parce
que je crois en la résurrection des morts. »

²² Alors Félix, qui était très bien renseigné
au sujet de la « Voie », ajourna le procès en
disant :

—Quand le commandant Lysias viendra
ici, j'examinerai votre affaire.

²³ Il donna à l'officier responsable de Paul
l'ordre de le garder prisonnier, mais en lui
laissant une certaine liberté et sans empêcher
sa parenté et ses amis de venir lui rendre des
services.

²⁴ Quelques jours plus tard, Félix revint,
accompagné de sa femme Drusille[d] qui était
juive. Il fit appeler Paul et il l'écouta parler
de la foi en Jésus-Christ.

²⁵ Mais lorsque Paul en vint à ce qu'est la
juste manière de vivre, à la maîtrise de soi et
au jugement à venir, Félix prit peur et lui dit :

—Pour aujourd'hui, cela suffit : tu peux te
retirer. Quand j'en aurai le temps, je te ferai
rappeler.

²⁶ Il nourrissait l'espoir que Paul lui don-
nerait de l'argent. C'est pourquoi il le faisait
venir assez souvent pour s'entretenir avec lui.

²⁷ Deux années s'écoulèrent ainsi ; après
quoi, Félix fut remplacé par Porcius Festus[e].

---

a. 24.1 *Félix* : voir note 23.24.
b. 24.5 *Nazaréens* : voir Mt 2.23.
c. 24.8 Le passage entre crochets est absent de plusieurs manuscrits.

d. 24.24 *Drusille* : fille cadette d'Hérode Agrippa
I. Mariée au roi d'Emèse, elle lui fut enlevée par
Félix.
e. 24.27 *Festus* prit le gouvernement de la Judée
vers 59-60.

Mais, pour se ménager les bonnes grâces des Juifs, Félix laissa Paul en prison.

Paul en appelle à César

25 Trois jours après avoir pris ses fonctions à la tête de la province, Festus se rendit de *Césarée à *Jérusalem [a]. [2] Les chefs des *prêtres et les notables juifs se présentèrent devant lui pour porter plainte contre Paul. [3] Ils lui demandèrent avec insistance, comme une faveur spéciale, de faire transférer l'accusé à Jérusalem. Ils avaient déjà fait leurs plans : sur le trajet, ils voulaient lui dresser une embuscade et le tuer.

[4] Mais Festus leur répondit :

—Paul est en prison à Césarée, et je ne vais pas tarder à retourner moi-même dans cette ville. [5] Il y a parmi vous des hommes compétents : qu'ils m'y accompagnent, et si cet homme a commis quelque irrégularité, qu'ils portent plainte contre lui !

[6] Festus ne resta pas plus de huit à dix jours à Jérusalem, puis il redescendit à Césarée. Le lendemain de son retour, il alla siéger au tribunal et y fit comparaître Paul. [7] A peine celui-ci fut-il entré, que les *Juifs venus de Jérusalem l'entourèrent et portèrent contre lui un grand nombre de graves accusations, mais ils ne pouvaient pas les prouver.

[8] Paul, quant à lui, disait pour sa défense :

—Je n'ai commis aucune faute ni contre la *loi juive, ni contre le *Temple, ni contre César.

[9] Mais Festus voulait se concilier la faveur des Juifs ; il demanda donc à Paul :

—Acceptes-tu de retourner à Jérusalem pour y être jugé sur cette affaire sous ma présidence ?

[10] —Non, répliqua Paul, je me tiens ici devant le tribunal de l'empereur, et c'est devant ce tribunal que je dois être jugé. Quant aux Juifs, je ne leur ai fait aucun tort, tu as pu fort bien t'en rendre compte par toi-même. [11] Si je suis coupable et si j'ai commis un crime passible de la peine de mort, je ne refuse pas de mourir. Mais si les accusations de ces gens-là sont sans aucun fondement, nul n'a le droit de me livrer entre leurs mains. J'en appelle à l'empereur [b] !

[12] Alors Festus, après avoir délibéré avec ses conseillers, décida :

—Tu en as appelé à l'empereur ; tu comparaîtras donc devant l'empereur.

Paul devant Festus et Agrippa

[13] Quelque temps plus tard, le roi Agrippa [c] et Bérénice arrivèrent à Césarée pour rendre visite à Festus [d]. [14] Leur séjour dura plusieurs jours.

Festus en profita pour exposer au roi le cas de Paul :

—J'ai là un homme, dit-il, que mon prédécesseur Félix a laissé en prison. [15] Lors de mon passage à Jérusalem, les chefs des prêtres et les responsables de la nation juive sont venus porter plainte contre lui et ils m'ont demandé de le condamner. [16] Mais je leur ai répondu que les Romains n'ont pas coutume de livrer un prévenu avant de l'avoir confronté avec ses accusateurs et de lui avoir donné l'occasion de se défendre de leurs accusations. [17] Ils sont donc venus ici avec moi. Je n'ai pas voulu remettre l'affaire à plus tard et, dès le lendemain, j'ai tenu audience et donné l'ordre d'amener cet homme.

[18] Je m'attendais à ce que ses accusateurs le chargent de toutes sortes de crimes graves. Il n'en fut rien. [19] Il ne s'agissait que de discussions au sujet de leur propre religion et d'un certain Jésus qui est mort et dont Paul dit qu'il est vivant. [20] Je me suis trouvé dans l'incapacité de prendre une décision dans un débat de ce genre. J'ai donc demandé à Paul s'il consentait à monter à Jérusalem pour que son affaire y soit jugée. [21] Mais il a préféré user de son droit d'appel et il a demandé que sa cause soit portée devant le tribunal de l'empereur. J'ai donc ordonné de le garder en prison jusqu'à ce que je puisse l'envoyer à César.

[22] Alors Agrippa dit à Festus :

—J'aimerais bien entendre cet homme, moi aussi.

—Tu pourras l'entendre dès demain, lui répondit Festus.

[23] Le lendemain, donc, Agrippa et Bérénice arrivèrent en grand apparat et firent leur entrée dans la salle d'audience, suivis des officiers supérieurs et des notables de la ville. Sur un ordre de Festus, Paul fut introduit.

---

a. 25.1 *Jérusalem* : à une centaine de kilomètres de Césarée.
b. 25.11 Tout citoyen romain avait le droit de faire appel d'une décision d'un tribunal romain à celui de l'empereur, à Rome.

c. 25.13 *Agrippa* : Hérode Agrippa II, fils d'Hérode Agrippa I (voir Ac 12) régnait sur une région située au nord de la Palestine. Sa sœur Bérénice était une sœur de Drusille (24.24).
d. 25.13 *Festus* : voir note 24.27.

24 —Roi Agrippa, dit alors le gouverneur, et vous tous qui êtes ici présents, vous avez devant vous l'homme au sujet duquel toute la foule des *Juifs est venue me trouver, à Jérusalem aussi bien qu'ici, pour crier qu'il n'avait plus le droit de vivre. 25 Or, en ce qui me concerne, je n'ai rien trouvé dans son cas qui puisse mériter une condamnation à mort. Cependant, puisqu'il en a appelé à l'empereur, j'ai décidé de le lui envoyer. 26 Seulement, je ne dispose d'aucun fait précis à écrire à l'empereur. C'est pourquoi je le fais comparaître devant vous, et tout spécialement devant toi, roi Agrippa, afin d'avoir quelque chose à écrire après cet interrogatoire. 27 Car il est absurde, me semble-t-il, d'envoyer ainsi un prisonnier à Rome sans pouvoir préciser les accusations dont il est l'objet.

Paul défend sa cause

26 Agrippa[a] dit à Paul :

—Tu as la parole : tu peux présenter ta défense.

Alors Paul étendit la main et présenta ainsi sa défense :

2 —Roi Agrippa ! Je m'estime heureux de pouvoir aujourd'hui me défendre devant toi de toutes les accusations que les *Juifs ont portées contre moi, 3 car tu connais parfaitement toutes leurs coutumes et leurs discussions. Veuille donc, je te prie, m'écouter avec patience.

4 Tous mes compatriotes savent comment j'ai vécu, dès ma jeunesse, au sein de mon peuple, à *Jérusalem. 5 Ils me connaissent depuis longtemps et ils peuvent témoigner, s'ils le veulent bien, que j'ai conduit ma vie selon les principes du parti le plus strict de notre religion : celui des *pharisiens.

6 Et maintenant, si je suis traduit en justice, c'est à cause de mon espérance dans la promesse de Dieu à nos ancêtres. 7 Nos douze tribus espèrent voir son accomplissement, en rendant leur culte à Dieu nuit et jour. Oui, c'est à cause de cette espérance que je suis mis en accusation, par des Juifs, ô roi ! 8 Et pourtant ! trouvez-vous incroyable que Dieu puisse ressusciter des morts ?

9 Pour moi donc, j'ai d'abord pensé que je devais m'opposer par tous les moyens au nom de Jésus de *Nazareth. 10 C'est ce que j'ai fait à Jérusalem : j'ai jeté en prison, en

vertu des pouvoirs que j'avais reçus des chefs des *prêtres, un grand nombre de ceux qui appartenaient à Dieu et, lorsqu'il s'agissait de les condamner, j'ai voté leur mise à mort. 11 Je passais d'une *synagogue à l'autre pour les faire punir et essayer de les contraindre à renier leur foi ; dans l'excès de ma fureur, j'allais les traquer jusque dans les villes étrangères.

12 C'est ainsi qu'un jour, muni des pleins pouvoirs que m'avaient accordés les chefs des prêtres en me donnant cette mission, je me suis rendu à Damas. 13 J'étais en chemin et il était environ midi. C'est alors, ô roi, que j'ai vu, venant du ciel, une lumière plus éclatante que celle du soleil. Elle m'enveloppait de son éclat ainsi que mes compagnons de voyage. 14 Nous sommes tous tombés à terre, et j'entendis une voix qui me disait en araméen : « Saul, Saul, pourquoi me persécutes-tu ? Tu te blesses toi-même en te rebiffant contre l'aiguillon. »

15 Je demandai : « Qui es-tu, Seigneur ? »

Et le Seigneur dit : « Je suis Jésus, que tu persécutes. 16 Mais lève-toi, tiens-toi debout. Car je te suis apparu pour que tu sois mon serviteur, pour témoigner aux hommes que tu m'as vu[b] et leur dire ce que je te ferai encore voir par la suite. 17 Je t'ai choisi du milieu du peuple juif et des païens, vers lesquels je t'envoie. 18 Tu devras leur ouvrir les yeux et les faire passer des ténèbres à la lumière et du pouvoir de *Satan à Dieu pour qu'en croyant en moi, ils reçoivent le pardon de leurs péchés et une part d'héritage avec ceux qui appartiennent à Dieu. »

19 Ainsi, ô roi Agrippa, je n'ai pas désobéi à cette vision venue du ciel. 20 Mais je me suis adressé d'abord aux habitants de Damas et à ceux de Jérusalem, puis à ceux de toute la *Judée, et enfin aux païens, et je leur ai annoncé qu'ils devaient *changer, se convertir à Dieu et traduire ce changement par des actes. 21 Et c'est pour cette raison que les Juifs se sont emparés de moi dans la cour du *Temple et qu'ils ont essayé de me tuer.

22 Mais j'ai été protégé par Dieu jusqu'à ce jour et je suis donc encore là pour apporter mon témoignage aux gens d'humble condition comme aux personnes importantes. Et ce que je déclare, ce n'est rien d'autre que les événements dont les *prophètes et *Moïse ont annoncé

---

a. 26.1 *Agrippa :* voir note 25.13.

b. 26.16 Certains manuscrits ont : *des choses que tu as vues.*

l'accomplissement : ²³ c'est-à-dire que le Christ souffrirait, et qu'il serait le premier à ressusciter des morts pour annoncer la lumière du salut, non seulement au peuple juif, mais aussi aux païens.

L'avis du roi Agrippa

²⁴ Paul en était là dans sa défense, quand Festus [a] s'écria :

—Tu es fou, Paul ! Ton grand savoir te fait perdre la tête !

²⁵ —Non, Excellence, répondit Paul, je ne suis pas fou. Tout ce que je dis est vrai et sensé. ²⁶ D'ailleurs, le roi Agrippa est au courant de ces faits – et c'est pour cela que je peux lui en parler avec assurance. Aucun de ces événements ne lui échappe, j'en suis sûr, car ce n'est pas en secret qu'ils se sont produits. ²⁷ Crois-tu aux prophètes, roi Agrippa ? Oui, je le sais, tu y crois.

²⁸ Alors Agrippa dit à Paul :

—Encore un peu et tu vas me persuader que tu as fait de moi un chrétien [b] !

²⁹ —Qu'il s'en faille de peu ou de beaucoup, reprit Paul, je prie Dieu que non seulement toi, mais encore tous ceux qui m'écoutent en cet instant, vous deveniez comme je suis moi-même, à l'exception de ces chaînes !

³⁰ Là-dessus, le roi se leva, et le gouverneur, Bérénice, ainsi que tous ceux qui avaient siégé avec eux l'imitèrent. ³¹ En se retirant, ils se disaient les uns aux autres :

—Cet homme n'a rien fait qui mérite la mort ou la prison.

³² Et Agrippa dit à Festus :

—Il aurait pu être relâché s'il n'avait pas fait appel à l'empereur.

Le départ pour Rome

27 Quand il fut décidé que nous partirions en bateau pour l'Italie, on confia Paul et quelques autres prisonniers à la garde d'un officier du bataillon impérial, nommé Julius. ² Nous nous sommes embarqués sur un navire d'Adramytte [c], qui devait se rendre dans les ports d'Asie mineure, et nous sommes partis. Nous avions avec nous Aristarque de *Thessalonique en *Macédoine.

³ Le lendemain, nous avons fait escale à Sidon. Julius, qui témoignait une grande bienveillance à Paul, lui a permis alors de se rendre chez ses amis pour recevoir leur aide. ⁴ Une fois repartis de là, nous avons longé la côte de Chypre pour nous protéger des vents contraires. ⁵ Puis nous avons traversé la mer qui baigne la Cilicie et la Pamphylie, et nous avons débarqué à Myra, en Lycie. ⁶ Là, l'officier a trouvé un bateau d'Alexandrie qui était sur le point de partir pour l'Italie et il nous a fait monter à son bord.

⁷ Pendant plusieurs jours, nous avons navigué lentement et c'est avec beaucoup de peine que nous sommes parvenus à la hauteur de Cnide. Mais le vent ne nous permettait plus d'avancer dans cette direction, et nous sommes passés au sud de la Crète, en doublant le cap Salmoné. ⁸ Nous avons eu du mal à longer la côte et nous sommes arrivés à un endroit appelé « Beaux Ports », près de la ville de Lasée.

Tempête et naufrage

⁹ Beaucoup de temps s'était écoulé ainsi, et la navigation devenait dangereuse, car l'époque du grand jeûne d'automne [d] était déjà passée.

Alors Paul leur a donné cet avertissement :

¹⁰ —Mes amis, je considère que, si nous continuons notre voyage, non seulement la cargaison et le bateau subiront de grands dommages, mais nous-mêmes nous risquerons notre vie.

¹¹ Mais l'officier romain se fiait plus à l'opinion du pilote et du patron du bateau qu'aux paroles de Paul. ¹² De plus, comme le port ne convenait pas à un hivernage, la majorité a décidé d'en repartir pour gagner, si possible, Phénix, un port de Crète orienté vers le sud-ouest et le nord-ouest, et d'y passer l'hiver. ¹³ Une légère brise du sud s'était levée et ils voyaient déjà leur projet réalisé. Ils ont donc levé l'ancre et longé la côte de Crète au plus près.

¹⁴ Mais peu de temps après, un vent violent comme un typhon – connu sous le nom d'euraquilon – s'est mis à souffler des hauteurs de l'île. ¹⁵ Le bateau était entraîné au large : il ne pouvait pas résister au vent et nous avons dû nous laisser emporter à la

---

a. 26.24 *Festus* : voir note 24.27.
b. 26.28 Autre traduction : *tu vas me persuader que tu vas faire de moi un chrétien.* Certains manuscrits ont : *tu vas bientôt me persuader de devenir chrétien.*
c. 27.2 *Adramytte* : port de la côte ouest d'Asie mineure, proche de Troas.

d. 27.9 le *grand jeûne d'automne* : c'est-à-dire le grand jour des expiations où le grand-prêtre offrait un sacrifice pour tous les péchés du peuple. Cette fête, accompagnée d'un jeûne, était célébrée fin septembre – début octobre. A cette époque, la navigation devenait dangereuse.

dérive. 16 Nous avons passé ainsi au sud d'une petite île appelée Cauda. Comme elle nous abritait un peu du vent, nous en avons profité pour nous rendre maîtres du canot de sauvetage. Nous sommes parvenus, à grand-peine, 17 à le hisser à bord. Puis on a eu recours à des moyens de fortune : on a ceinturé tout le bateau avec des cordages. Comme on avait peur d'échouer sur les bancs de sable de la Syrte a, on a jeté l'ancre flottante b et l'on continuait ainsi à dériver.

18 Le lendemain, comme la tempête n'arrêtait pas de secouer le bateau avec violence, on l'a délesté d'une partie de sa cargaison. 19 Le troisième jour, les matelots ont jeté, de leurs propres mains, tous les agrès du bateau à la mer. 20 Pendant plusieurs jours, on ne voyait plus ni le soleil ni les étoiles. La tempête continuait de faire rage et nous finissions par perdre tout espoir d'en sortir sains et saufs.

21 Il y avait longtemps qu'on n'avait plus rien mangé.

Alors Paul, debout au milieu d'eux, leur a dit :

—Mes amis, vous auriez mieux fait de m'écouter et de ne pas quitter la Crète. Vous auriez évité tous ces dégâts et toutes ces pertes. 22 Mais maintenant, je vous invite à reprendre courage, car aucun de vous n'y perdra la vie ; seul le bateau sera perdu. 23 En effet, cette nuit, un *ange du Dieu à qui j'appartiens et que je sers, s'est présenté devant moi 24 et m'a dit : « Paul, ne crains rien ! Il faut que tu comparaisses devant l'empereur, et Dieu t'accorde la vie sauve pour tous tes compagnons de voyage. » 25 Courage donc, mes amis ! J'ai *confiance en Dieu : tout se passera comme il me l'a dit. 26 Nous devons échouer quelque part sur une île.

27 C'était la quatorzième nuit que nous étions ainsi ballottés sur l'Adriatique quand, vers le milieu de la nuit, les marins ont eu l'impression qu'on approchait d'une terre. 28 Ils ont jeté la sonde et ont découvert que le fond était à trente-sept mètres. Un peu plus loin, ils ont recommencé et trouvé le fond à vingt-huit mètres. 29 Comme ils avaient peur de voir le bateau s'écraser sur quelque récif, ils ont jeté quatre ancres à l'arrière en attendant avec impatience la venue du jour.

30 Alors les marins, qui voulaient s'enfuir du bateau, ont commencé à mettre à la mer le canot de sauvetage, sous prétexte d'aller amarrer une ancre à l'avant. 31 Mais Paul a dit à l'officier romain et aux soldats :

—Attention, si ces hommes ne restent pas à bord, vous ne pourrez plus être sauvés. 32 Alors les soldats ont coupé les cordages retenant le canot et l'ont laissé tomber à la mer.

33 En attendant que le jour paraisse, Paul a encouragé tout le monde à manger :

—Voilà quatorze jours, leur a-t-il dit, que vous êtes dans l'attente, sans rien prendre à manger ! 34 Je vous encourage donc vivement à prendre de la nourriture maintenant. Vous en avez besoin pour vous tirer de là. Encore une fois, croyez-moi : aucun de vous ne perdra un cheveu de sa tête.

35 Après avoir ainsi parlé, il a pris du pain et il a remercié Dieu devant tous ; puis il a rompu le pain et a commencé à manger. 36 Alors tous les autres ont repris courage et se sont aussi mis à manger. 37 Nous étions en tout deux cent soixante-seize personnes à bord. 38 Une fois rassasiés, ils ont continué à délester le bateau en jetant le reste des provisions de blé à la mer.

39 Mais lorsque le jour était venu, aucun des membres de l'équipage ne reconnaissait l'endroit. Ils entrevoyaient seulement, au fond d'une baie, une plage de sable. Ils ont alors décidé d'y faire échouer le bateau, si c'était possible. 40 Les matelots ont coupé les câbles des ancres qu'ils ont abandonnées à la mer ; en même temps, ils ont délié les courroies de deux grandes rames servant de gouvernails et hissé au vent la voile de misaine au mât d'artimon. Ils avaient mis le cap sur la plage 41 quand le bateau a touché un banc de sable battu des deux côtés par la mer et s'y est échoué. L'avant s'est enfoncé dans le sol, s'immobilisant définitivement, tandis que l'arrière commençait à se disloquer sous la violence des vagues.

42 Les soldats avaient l'intention de tuer tous les prisonniers, de peur d'en voir s'échapper à la nage. 43 Mais l'officier désirait sauver Paul et les a empêché d'exécuter leur projet. Il a donné ordre à ceux qui savaient nager de sauter à l'eau les premiers pour gagner la terre ferme. 44 Les autres suivraient en s'agrippant à des planches ou à des épaves du bateau. C'est ainsi que tous sont arrivés sains et saufs sur le rivage.

---

a. 27.17 Sur les côtes de Libye.
b. 27.17 l'ancre flottante : pièce de bois remorquée par le bateau pour lui permettre de rester dans l'axe du vent. Selon certains : on abaissa la voile.

Sur l'île de Malte

28 Une fois hors de danger, nous avons appris que notre île s'appelait Malte. ² Les habitants, qui ne parlaient pas le grec, nous ont témoigné une bienveillance peu ordinaire. Ils ont allumé un grand feu et nous ont tous accueillis à sa chaleur, car il s'était mis à pleuvoir et il faisait froid.

³ Paul avait ramassé une brassée de bois sec et il allait la jeter dans le feu quand la chaleur en a fait sortir une vipère qui s'est accrochée à sa main. ⁴ En voyant l'animal suspendu à sa main, les habitants se disaient entre eux :

–Pas de doute : cet homme est un criminel ! Il a pu échapper à la mer, mais la justice ne l'a pas laissé vivre !

⁵ Cependant, Paul avait, d'une secousse, jeté l'animal dans le feu et ne ressentait aucun mal.

⁶ Tous s'attendaient à le voir enfler ou bien tomber subitement raide mort. Après une longue attente, voyant qu'il ne lui arrivait rien de fâcheux, ils ont changé d'avis et se sont mis à dire :

–C'est un dieu.

⁷ Tout près de là se trouvait un domaine appartenant au premier personnage de l'île nommé Publius. Il nous a accueillis très aimablement et nous a offert l'hospitalité pendant trois jours. ⁸ Or, son père était justement cloué au lit par la fièvre et la dysenterie. Paul s'est rendu à son chevet, a prié en lui imposant les mains, et l'a guéri. ⁹ Après cela, tous les autres malades de l'île venaient le voir et ils étaient guéris, eux aussi. ¹⁰ Cela nous a valu toutes sortes de marques d'honneur et, quand est venu le moment de reprendre la mer, on a pourvu à tous les besoins de notre voyage.

L'arrivée à Rome

¹¹ C'est seulement trois mois plus tard que nous sommes repartis à bord d'un bateau d'Alexandrie, à l'emblème de Castor et Pollux ᵃ, qui avait passé l'hiver dans un port de l'île. ¹² Nous avons fait escale pendant trois jours à Syracuse ᵇ. ¹³ De là, nous avons longé la côte jusqu'à Reggio. Le lendemain, le vent du sud s'est levé, et, en deux jours, nous avons gagné Pouzzoles. ¹⁴ Dans cette ville, nous avons trouvé des frères qui nous

ont invités à passer une semaine avec eux. Et c'est ainsi que nous sommes allés à Rome. ¹⁵ Les frères de cette ville, qui avaient eu de nos nouvelles, sont venus à notre rencontre jusqu'au Forum d'Appius et aux Trois-Tavernes. Quand Paul les a vus, il a remercié Dieu et a pris courage.

¹⁶ Après notre arrivée à Rome, Paul fut autorisé à loger dans un appartement personnel, sous la garde d'un soldat.

Paul, témoin de Jésus-Christ à Rome

¹⁷ Au bout de trois jours, il invita les chefs des *Juifs à le rencontrer. Quand ils furent réunis chez lui, il leur dit :

–Mes frères, bien que je n'aie rien fait de contraire aux intérêts de notre peuple, ni aux traditions de nos ancêtres, j'ai été arrêté à *Jérusalem et livré entre les mains des Romains. ¹⁸ Ceux-ci, après enquête, voulaient me relâcher parce qu'ils n'avaient trouvé aucune raison de me condamner à mort. ¹⁹ Mais, comme les Juifs s'y opposaient, je me suis vu contraint d'en appeler à l'empereur, sans pour autant vouloir accuser mes compatriotes. ²⁰ Et c'est ce qui explique que je vous aie invité à venir me voir et vous entretenir avec moi : car c'est à cause de l'espérance d'*Israël que je porte ces chaînes.

²¹ Les Juifs lui répondirent :

–En ce qui nous concerne, nous n'avons reçu aucune lettre de *Judée à ton sujet, et aucun de nos frères n'est venu de là-bas pour nous faire un rapport ou pour nous dire du mal de toi. ²² Mais nous pensons devoir t'entendre exposer toi-même ta pensée. Quant à la secte dont tu fais partie, nous savons qu'elle rencontre partout une sérieuse opposition.

²³ Ils fixèrent donc un autre rendez-vous et, au jour convenu, revinrent chez lui, encore plus nombreux que la première fois. L'entretien dura du matin jusqu'au soir. Paul leur exposa sa doctrine : il leur annonça le règne de Dieu et, en s'appuyant sur la *Loi de *Moïse et les paroles des *prophètes, il cherchait à les convaincre au sujet de Jésus. ²⁴ Les uns se laissèrent persuader par ses paroles, mais les autres refusèrent de croire.

²⁵ Au moment de quitter Paul, ils n'étaient toujours pas d'accord entre eux et Paul fit cette réflexion :

–Elles sont bien vraies ces paroles que le Saint-Esprit a dites à vos ancêtres, par la bouche du prophète *Esaïe :

---

a. **28.11** *Castor et Pollux* étaient deux dieux jumeaux de la mythologie grecque. Les marins les avaient adoptés comme leurs dieux protecteurs.

b. **28.12** *Syracuse* : capitale de la Sicile, à environ 130 kilomètres de Malte.

26 Va trouver ce peuple et dis-lui :
   Vous aurez beau entendre, | vous ne
      comprendrez pas ;
   vous aurez beau voir, | vous ne saisirez pas.
27 Car le cœur de ce peuple est devenu
      insensible,
   ils ont fait la sourde oreille | et ils se sont
      bouché les yeux,
   de peur que leurs yeux ne voient, | que leurs
      oreilles n'entendent,
   de peur qu'ils ne comprennent,
   qu'ils ne se tournent vers moi | et que je ne
      les guérisse ᵃ.

28 Et Paul ajouta :

–Sachez-le donc : désormais ce salut qui vient de Dieu est maintenant apporté aux païens ; eux, ils écouteront ce message ᵇ.

30 Paul resta deux années entières dans le logement qu'il avait loué. Il y recevait tous ceux qui venaient le voir. 31 Il proclamait le règne de Dieu et enseignait, avec une pleine assurance et sans aucun empêchement, ce qui concerne le Seigneur Jésus-Christ.

---

a. 28.27 Es 6.9-10 cité selon l'anc. version grecque.

b. 28.28 Certains manuscrits ajoutent : 29 *Lorsque Paul eut dit cela, les Juifs s'en allèrent en discutant vivement entre eux.*

LETTRE AUX ROMAINS

Par la richesse de son contenu, la lettre de Paul aux Romains occupe une place privilégiée dans la prédication et dans l'histoire de l'Eglise.

Paul vient de terminer la collecte pour les chrétiens de *Jérusalem (15.22-26) ; il est sur le point de partir pour la Palestine (Ac 20.11). La rédaction se situe donc au cours de son troisième voyage missionnaire, pendant les trois mois qu'il passe à Corinthe (entre 56 et 58). Une femme, Phœbé, qui exerce un ministère dans l'Eglise voisine de Cenchrées (à quelques kilomètres de Corinthe), doit porter la lettre à Rome (16.1).

Paul n'a encore jamais été dans la capitale de l'Empire : il en a toujours été empêché (15.20-24), mais il connaît là-bas de nombreux chrétiens de l'Eglise, qu'il a rencontrés ailleurs (et qu'il salue au ch. 16).

Avant la visite qu'il prévoit de leur faire, il leur adresse un exposé ordonné de la doctrine chrétienne du salut, pour que cette Eglise soit solidement fondée dans la foi, inaccessible aux influences des judaïsants, adversaires de l'*apôtre, qu'elle grandisse dans l'unité et soit capable de le soutenir par la prière. Le jour où il passera chez eux, elle pourra ainsi constituer son nouveau port d'attache en vue de l'évangélisation de l'Espagne.

Après avoir donné une définition de l'Evangile au chapitre 1 : « la puissance de Dieu par laquelle il *sauve tous ceux qui croient » (v. 16), Paul l'explique dans son développement.

Il commence par affirmer l'universalité du péché : les non-Juifs sont sans excuse devant Dieu (1.18-32), mais aussi les *Juifs (2.17-29). Si tous les hommes font le mal (3.1-20), tous peuvent être déclarés justes par la foi (3.21-31). Ainsi le fut *Abraham (ch. 4). Les hommes condamnés en Adam ne peuvent être déclarés justes qu'en Christ (ch. 5). Dans les chapitres 6 et 7, Paul répond aux objections des adversaires de l'Evangile. Il clarifie, en particulier, le rôle de la *Loi : « sainte » et « bonne », elle a donné à l'homme la connaissance du péché (7.1-12), mais c'est le péché, et non la Loi, qui lui fait faire le mal (7.13-25). Quant à l'Esprit (ch. 8), il fait de nous des fils de Dieu et vient à notre secours.

Les chapitres 9 à 11 sont consacrés au sort d'*Israël dans le plan du salut divin : la majorité des Juifs ont rejeté l'Evangile (9.30 à 10.20). Mais Dieu n'a pas rejeté son peuple (ch. 11) et il fait cette mystérieuse promesse : « Tout Israël sera *sauvé » (v.26).

Les chapitres 12 à 15 forment un tout. L'*apôtre termine sa lettre par un ensemble de recommandations pratiques sur les relations dans l'Eglise (12.1-16 ; 13.8 à 15.7) et hors de l'Eglise (12.17 à 13.7) : elles doivent porter la marque de l'amour.

Salutation

1 Cette lettre vous est adressée par Paul, serviteur de Jésus-Christ, appelé à être *apôtre et choisi pour proclamer la Bonne Nouvelle de la part de Dieu. [2] Cette Bonne Nouvelle, c'est ce que Dieu a promis il y a bien longtemps par ses *prophètes dans les Saintes Ecritures. [3-4] Elle parle de son fils Jésus-Christ, notre Seigneur qui, dans son humanité, descend de *David, et qui a été déclaré Fils de Dieu avec puissance lorsque le Saint-Esprit l'a ressuscité des morts [a]. [5] Par lui, j'ai reçu la grâce d'être apôtre pour amener, en son nom, des hommes de toutes les nations à lui obéir en croyant. [6] Vous êtes de ceux-là, vous qui, ayant reçu l'appel de Dieu, appartenez à Jésus-Christ. [7] Je vous écris, à vous tous qui êtes à Rome les bien-aimés de Dieu, appelés à appartenir à Dieu.

La grâce et la paix vous soient données par Dieu notre Père et par le Seigneur Jésus-Christ.

Paul et les chrétiens de Rome

[8] Tout d'abord, je remercie mon Dieu par Jésus-Christ au sujet de vous tous parce qu'on parle de votre foi dans le monde entier.

[9-10] Dans toutes mes prières, je ne cesse de faire mention de vous à toute occasion et Dieu m'en est témoin, lui que je sers de tout mon être en proclamant la Bonne Nouvelle qui concerne son Fils : je lui demande de me

---

a. 1.4 Certains comprennent : *et qui a été établi Fils de Dieu*, en tant que Messie.

donner enfin l'occasion de vous rendre visite si telle est sa volonté.

¹¹ Car j'ai le vif désir d'aller vous voir pour vous apporter quelque bienfait spirituel en vue d'affermir votre foi, ¹² ou mieux : pour que nous nous encouragions mutuellement, vous et moi, par la foi qui nous est commune.

¹³ Je tiens à ce que vous le sachiez, frères : j'ai souvent formé le projet de me rendre chez vous, mais j'en ai été empêché jusqu'à présent. En effet, je souhaite pouvoir récolter quelques fruits parmi vous comme parmi bien d'autres peuples. ¹⁴ Je me dois à tous les hommes, civilisés ou non, instruits ou ignorants. ¹⁵ Voilà pourquoi je désire aussi vous annoncer l'Evangile, à vous qui êtes à Rome.

Le résumé de l'Evangile

¹⁶ Car je suis fier de l'Evangile : c'est la puissance de Dieu par laquelle il *sauve tous ceux qui croient, les *Juifs d'abord et aussi les non-Juifs. ¹⁷ En effet, cet Evangile nous révèle en quoi consiste la justice que Dieu accorde : elle est reçue par la foi et rien que par la foi ᵃ, comme il est dit dans l'Ecriture : *Le juste vivra par la foi* ᵇ.

TOUS SONT COUPABLES DEVANT DIEU

Les non-Juifs sont coupables devant Dieu

¹⁸ Du haut du ciel, Dieu manifeste sa colère contre les hommes qui ne l'honorent pas et ne respectent pas sa volonté. Ils étouffent ainsi malhonnêtement la vérité.

¹⁹ En effet, ce qu'on peut connaître de Dieu est clair pour eux, Dieu lui-même le leur ayant fait connaître. ²⁰ Car, depuis la création du monde, les perfections invisibles de Dieu, sa puissance éternelle et sa divinité se voient dans ses œuvres quand on y réfléchit. Ils n'ont donc aucune excuse, ²¹ car alors qu'ils connaissent Dieu, ils ont refusé de lui rendre l'honneur que l'on doit à Dieu et de lui exprimer leur reconnaissance. Ils se sont égarés dans des raisonnements absurdes et leur pensée dépourvue d'intelligence s'est trouvée obscurcie.

²² Ils se prétendent intelligents, mais ils sont devenus fous. ²³ Ainsi, au lieu d'adorer le Dieu immortel et glorieux, ils adorent des idoles, images d'hommes mortels, d'oiseaux, de quadrupèdes ou de reptiles. ²⁴ C'est pourquoi Dieu les a abandonnés aux passions de leur cœur qui les portent à des pratiques dégradantes, de sorte qu'ils ont avili leur propre corps.

²⁵ Oui, ils ont délibérément échangé la vérité concernant Dieu contre le mensonge, ils ont adoré et servi la créature au lieu du Créateur, lui qui est loué éternellement. *Amen !

²⁶ Voilà pourquoi Dieu les a abandonnés à des passions avilissantes : leurs femmes ont renoncé aux relations sexuelles naturelles pour se livrer à des pratiques contre nature. ²⁷ Les hommes, de même, délaissant les rapports naturels avec le sexe féminin, se sont enflammés de désir les uns pour les autres ; ils ont commis entre hommes des actes honteux et ont reçu en leur personne le salaire que méritaient leurs égarements. ²⁸ Ils n'ont pas jugé bon de connaître Dieu, c'est pourquoi Dieu les a abandonnés à leur pensée faussée, si bien qu'ils font ce qu'on ne doit pas.

²⁹ Ils accumulent toutes sortes d'injustices et de méchancetés, d'envies et de vices ; ils sont pleins de jalousie, de meurtres, de querelles, de trahisons, de perversités. Ce sont des médisants, ³⁰ des calomniateurs, des ennemis de Dieu, arrogants, orgueilleux, fanfarons, ingénieux à faire le mal ; ils manquent à leurs devoirs envers leurs parents ; ³¹ ils sont dépourvus d'intelligence et de loyauté, insensibles, impitoyables.

³² Ils connaissent très bien la sentence de Dieu qui déclare passibles de mort ceux qui agissent ainsi. Malgré cela, non seulement ils commettent de telles actions, mais encore ils approuvent ceux qui les font.

Celui qui juge les autres se condamne lui-même

2 Toi donc, qui que tu sois, qui condamnes ces comportements, tu n'as donc aucune excuse, car en jugeant les autres, tu te condamnes toi-même, puisque toi qui les juges, tu te conduis comme eux. ² Or, nous savons que le jugement de Dieu contre ceux qui agissent ainsi est conforme à la vérité.

³ T'imaginerais-tu, toi qui juges ceux qui commettent de tels actes, et qui te comportes comme eux, que tu vas échapper à la condamnation divine ? ⁴ Ou alors, méprises-tu les trésors de bonté, de patience et de générosité déployés par Dieu, sans te rendre

---

a. 1.17 D'autres comprennent : *elle est reçue par la foi et vécue dans la foi, comme il est dit...*
b. 1.17 Ha 2.4. Autre traduction : *celui qui est juste par la foi, vivra.*

compte que sa bonté veut t'amener à *changer[a] ?

5 Par ton entêtement et ton refus de *changer, tu te prépares un châtiment d'autant plus grand pour le jour où se manifesteront la colère et le juste jugement de Dieu.

6 Ce jour-là, *il donnera à chacun ce que lui auront valu ses actes*[b].

7 Ceux qui, en pratiquant le bien avec persévérance, cherchent l'approbation de Dieu, l'honneur et l'immortalité, recevront de lui la vie éternelle[c]. 8 Mais, à ceux qui, par ambition personnelle[d], repoussent la vérité et cèdent à l'injustice, Dieu réserve sa colère et sa fureur.

9 Oui, la souffrance et l'angoisse attendent tout homme qui pratique le mal, d'abord le *Juif et aussi le non-Juif.

10 Mais l'approbation de Dieu, l'honneur et la paix seront accordés à celui qui pratique le bien, quel qu'il soit, d'abord le Juif et aussi le non-Juif, 11 car Dieu ne fait pas de favoritisme.

12 C'est pourquoi ceux qui ont péché sans avoir eu connaissance de la *Loi de *Moïse périront sans qu'elle intervienne dans leur jugement. Mais ceux qui ont péché en connaissant cette Loi seront jugés conformément à la Loi. 13 Car ce ne sont pas ceux qui se contentent d'écouter la lecture de la Loi qui seront justes aux yeux de Dieu. Non, seuls ceux qui accomplissent les prescriptions de la Loi sont considérés comme justes.

14 En effet, lorsque les païens qui n'ont pas la Loi de Moïse accomplissent naturellement ce que demande cette Loi, ils se tiennent lieu de loi à eux-mêmes, alors qu'ils n'ont pas la Loi. 15 Ils démontrent par leur comportement que les œuvres demandées par la *Loi sont inscrites dans leur cœur. Leur conscience en témoigne également, ainsi que les raisonnements par lesquels ils s'accusent ou s'excusent les uns les autres[e]. 16 Tout cela paraîtra le jour où, conformément à l'Evangile que j'annonce, Dieu jugera par Jésus-Christ tout ce que les hommes ont caché.

Les Juifs sont coupables devant Dieu

17 Eh bien, toi qui te donnes le nom de Juif, tu te reposes sur la Loi, tu te vantes d'appartenir à Dieu, 18 tu connais sa volonté, tu juges de ce qui est le meilleur parce que tu es instruit par la Loi. 19 Tu es certain d'être le guide des aveugles, la lumière de ceux qui errent dans les ténèbres, 20 l'éducateur des insensés, l'enseignant des enfants, tout cela sous prétexte que tu as dans la Loi l'expression parfaite de la connaissance et de la vérité. 21 Toi donc, qui enseignes les autres, tu ne t'enseignes pas toi-même. Tu prêches aux autres de ne pas voler, et tu voles ! 22 Tu dis de ne pas commettre l'adultère, et tu commets l'adultère ! Tu as les idoles en horreur, et tu en fais le trafic[f] ! 23 Tu es fier de posséder la Loi, mais tu déshonores Dieu en y désobéissant ! 24 Et ainsi, comme le dit l'Ecriture, à cause de vous, Juifs, *le nom de Dieu est outragé parmi les païens*[g].

25 Assurément, être *circoncis a un sens — à condition d'observer la Loi. Mais, si tu désobéis à la Loi, être circoncis n'a pas plus de valeur que d'être incirconcis.

26 Mais si l'incirconcis accomplit ce que la Loi définit comme juste, cet incirconcis ne sera-t-il pas considéré comme un circoncis ?

27 Et cet homme qui accomplit la Loi sans être physiquement circoncis te jugera, toi qui désobéis à la Loi tout en possédant les Ecritures et la circoncision.

28 Car ce n'est pas ce qui est visible qui fait le Juif, ni la marque visible dans la chair qui fait la circoncision, 29 mais ce qui fait le Juif c'est ce qui est intérieur, et la vraie circoncision est celle que l'Esprit opère dans le cœur et non celle que l'on pratique en obéissant à la lettre de la Loi.

Tel est le Juif qui reçoit sa louange, non des hommes, mais de Dieu.

Tous les hommes sont coupables devant Dieu

3 Dans ces conditions, quel est l'avantage du *Juif[h] ? Quelle est l'utilité de la *circoncision ? 2 L'avantage est grand à tous égards. Car c'est aux Juifs tout d'abord qu'ont été confiées les paroles de Dieu. 3 Que faut-il dire alors si certains leur ont été

---

a. 2.4 Autres traductions : *à te repentir* ou *à changer d'attitude* ou *à changer de comportement*.

b. 2.6 Ps 62.13.

c. 2.7 Dans les v.7-8, Paul explicite le principe de la Loi qu'il a énoncé au v.6.

d. 2.8 Ou : *par esprit de contestation*, ou *de rivalité*.

e. 2.15 Autre traduction : *ils s'accusent ou s'excusent eux-mêmes*.

f. 2.22 Certains Juifs collectionnaient ou revendaient des idoles et des objets offerts par les païens à leurs dieux — contrairement aux exigences de la Loi (Dt 7.25).

g. 2.24 Es 52.5 cité selon l'anc. version grecque.

h. 3.1 Dans 3.1-9, l'apôtre pose cinq questions que ses contradicteurs juifs devaient souvent lui poser.

infidèles [a] ? Leur infidélité anéantira-t-elle la fidélité de Dieu ? [4] Loin de là ! Il faut que Dieu soit reconnu comme disant la vérité et tout homme qui s'oppose à lui comme menteur, car il est écrit :

Tu seras toujours reconnu juste dans tes sentences ;
et tu seras vainqueur lorsque tu juges [b].

[5] Mais si notre injustice contribue à prouver que Dieu est juste, que trouvons-nous à dire ? Dieu n'est-il pas injuste quand il nous fait subir sa colère ? – Bien entendu, je raisonne ici à la manière des hommes. – [6] Dieu injuste ? Loin de là ! Autrement, comment Dieu pourrait-il juger le monde ? [7] Ou, dira-t-on encore, si mon mensonge fait d'autant mieux éclater la vérité de Dieu et contribue ainsi à sa gloire, pourquoi serais-je encore condamné comme pécheur ? [8] Et pourquoi ne pas aller jusqu'à dire : Faisons le mal pour qu'en sorte le bien ? Certains, du reste, nous calomnient en prétendant que c'est là ce que nous enseignons. Ces gens-là méritent bien d'être condamnés.

[9] Que faut-il donc conclure ? Nous les Juifs, sommes-nous supérieurs aux autres hommes ? Pas du tout. Nous avons, en effet, déjà démontré que tous les hommes, Juifs ou non, sont également coupables. [10] L'Ecriture le dit :

Il n'y a pas de juste,
pas même un seul,
[11] *pas d'homme capable de comprendre,*
pas un qui cherche Dieu.
[12] *Ils se sont tous égarés, | ils se sont corrompus tous ensemble.*
il n'y en a pas qui fasse le bien,
non, pas même un seul [c].
[13] *Leur gosier ressemble à une tombe ouverte,*
leur langue sert à tromper [d],
ils ont sur les lèvres un venin de vipère [e],
[14] *leur bouche est pleine d'aigres malédictions [f].*
[15] *Leurs pieds sont agiles quand il s'agit de verser le sang.*
[16] *La destruction et le malheur jalonnent leur parcours.*

[17] *Ils ne connaissent pas le chemin de la paix [g].*
[18] *A leurs yeux, révérer Dieu n'a aucun sens [h].*

[19] Or, nous le savons, ce que l'Ecriture dit dans la *Loi, elle l'adresse à ceux qui vivent sous le régime de la Loi. Il en est ainsi pour que personne n'ait rien à répliquer et que le monde entier soit reconnu coupable devant Dieu.
[20] Car personne ne sera déclaré juste devant lui parce qu'il aura accompli les œuvres demandées par la Loi. En effet, la Loi donne seulement la connaissance du péché.

DECLARES JUSTES PAR LA FOI

Justes par la foi, sans la Loi

[21] Mais maintenant Dieu a révélé comment il nous déclare justes sans faire intervenir la *Loi – comme l'avaient annoncé les livres de la Loi et les écrits des *prophètes.
[22] Dieu déclare les hommes justes par leur foi en Jésus-Christ, et cela s'applique à tous ceux qui croient, car il n'y a pas de différence entre les hommes. [23] Tous ont péché, en effet, et sont privés de la glorieuse présence de Dieu, [24] et ils sont déclarés justes [i] par sa grâce ; c'est un don que Dieu leur fait par le moyen de la délivrance [j] apportée par Jésus-Christ.
[25] C'est lui que Dieu a offert comme une victime destinée à *expier [k] les péchés, pour ceux qui croient en son sacrifice [l]. Ce sacri-

---

g. **3.17** Es 59.7-8.
h. **3.18** Ps 36.2.
i. **3.24** Paul emprunte au vocabulaire juridique ce terme de *justifier* qui signifiait *déclarer juste* celui dont l'innocence avait été reconnue ou dont la culpabilité n'avait pu être prouvée. Dans le cas du pécheur devant Dieu, il s'agit d'un acte immérité du Dieu souverain qui « couvre » les péchés (4.7) et recouvre le pécheur de la justice parfaite de Jésus-Christ.
j. **3.24** L'apôtre emploie un mot qui désigne souvent le rachat (d'un esclave ou d'un prisonnier) au moyen d'une rançon.
k. **3.25** Selon certains, ce terme fait allusion à la cérémonie du grand jour du Pardon où le grand-prêtre aspergeait de sang le couvercle du coffre sacré afin de faire l'expiation des péchés du peuple. Le mot traduit par *expier* pourrait être rendu par *apaiser la colère de Dieu contre le mal* (voir 1 Jn 2.2 ; 4.10).
l. **3.25** Autre traduction : *C'est lui que Dieu, dans son plan, a destiné, par sa mort, à expier les péchés pour ceux qui croient.* Le texte grec emploie le mot *sang* : le sang est le symbole de la vie offerte et de la mort subie.

---

a. **3.3** Autre traduction : *Que faut-il dire alors de l'incrédulité de certains ?*
b. **3.4** Ps 51.6 cité selon l'anc. version grecque.
c. **3.12** Ps 14.1-3.
d. **3.13** Ps 5.10 cité selon l'anc. version grecque.
e. **3.13** Ps 140.4 cité selon l'anc. version grecque.
f. **3.14** Ps 10.7 cité selon l'anc. version grecque.

fice montre la justice de Dieu qui a pu laisser impunis les péchés commis autrefois, **26** au temps de sa patience. Ce sacrifice montre aussi la justice de Dieu dans le temps présent, car il lui permet d'être juste tout en déclarant juste celui qui croit en Jésus. **27** Reste-t-il encore une raison de se vanter ? Non, cela est exclu. Pourquoi ? Parce que ce qui compte, ce n'est plus le principe du mérite, mais celui de la foi.

28 Voici donc ce que nous affirmons : l'homme est déclaré juste par la foi sans qu'il ait à accomplir les œuvres qu'exige la Loi. **29** Ou alors : Dieu serait-il seulement le Dieu des Juifs ? N'est-il pas aussi le Dieu des non-Juifs ? Bien sûr, il est aussi le Dieu des non-Juifs. **30** Car il n'y a qu'un seul Dieu qui justifie les Juifs en raison de leur foi et qui justifie aussi les non-Juifs au moyen de leur foi. **31** Mais alors, est-ce que nous annulons la Loi au moyen de la foi ? Loin de là ! Nous confirmons la Loi.

L'exemple d'Abraham et de David

4 Prenons l'exemple d'*Abraham, l'ancêtre de notre peuple, selon la descendance physique. Que pouvons-nous dire à son sujet ? Quelle a été son expérience ? **2** S'il a été déclaré juste en raison de ce qu'il a fait, alors certes, il peut se vanter. Mais ce n'est pas ainsi que Dieu voit la chose ! **3** En effet, que dit l'Ecriture ? *Abraham a eu *confiance en Dieu, et Dieu, en portant sa foi à son crédit*[a], *l'a déclaré juste*[b]. **4** Si quelqu'un accomplit un travail, on lui compte son salaire non pas comme si on lui faisait une faveur, mais d'après ce qui lui est dû. **5** Et si quelqu'un n'accomplit pas d'œuvre mais place sa confiance en Dieu qui déclare justes les pécheurs, Dieu le déclare juste en portant sa foi à son crédit. **6** *David exprime aussi de la même manière le bonheur de l'homme que Dieu déclare juste sans qu'il ait produit d'œuvres pour le mériter :

7 *Heureux ceux dont les fautes ont été pardonnées
et dont les péchés ont été effacés.*
8 *Heureux l'homme au compte de qui le Seigneur ne porte pas le péché*[c].

9 Ce bonheur est-il réservé aux seuls *circoncis, ou est-il aussi accessible aux incirconcis ? Nous venons de le dire : Abraham a été déclaré juste par Dieu qui a porté sa foi à son crédit. **10** A quel moment cela a-t-il eu lieu ? Quand il était circoncis ou quand il était encore incirconcis ? Ce n'est pas quand il était circoncis, mais quand il ne l'était pas encore. **11** Et Dieu lui donna ensuite le signe de la circoncision comme sceau de la justice qu'il avait déjà reçue par la foi avant d'être circoncis. Il est devenu ainsi le père de tous ceux qui croient sans être circoncis pour qu'eux aussi soient déclarés justes par Dieu de la même manière. **12** Il est aussi devenu le père des circoncis qui ne se contentent pas d'avoir la circoncision, mais qui suivent l'exemple de la foi que notre père Abraham a manifestée alors qu'il était encore incirconcis.

13 Car la promesse de recevoir le monde en héritage a été faite à Abraham et à sa descendance non parce qu'il avait obéi à la *Loi, mais parce que Dieu l'a déclaré juste à cause de sa foi. **14** En effet, s'il faut être sous le régime de la Loi[d] pour avoir droit à cet héritage, alors la foi est sans objet et la promesse est annulée. **15** Car la Loi produit la colère de Dieu. Or, là où il n'y a pas de Loi, il n'y a pas non plus de transgression. **16** Voilà pourquoi l'héritage est promis à la foi : c'est pour qu'il soit un don de la grâce. Ainsi, la promesse se trouve confirmée à toute la descendance d'Abraham, c'est-à-dire non seulement à celle qui est sous le régime de la Loi, mais aussi à celle qui partage la foi d'Abraham. Il est notre père à tous, **17** comme le dit l'Ecriture : *Je t'ai établi pour être le père d'une multitude de peuples*[e]. Placé en présence de Dieu[f], il mit sa confiance en celui qui donne la vie aux morts et appelle à l'existence ce qui n'existe pas. **18** Alors que tout lui interdisait d'espérer, il a espéré et il a cru. Ainsi il est devenu *le père d'une multitude de peuples*[g] conformément à ce que Dieu lui avait dit : *Ta descendance sera nombreuse*[h]. **19** Il considéra son corps, qui était comme mort – il avait presque cent ans – et celui de Sara, qui ne pouvait plus donner la vie, et sa

---

a. **4.3** Paul emploie un terme du vocabulaire commercial qui signifie : *imputer, porter au compte de quelqu'un.* Dieu a porté l'acte de foi d'Abraham au compte du patriarche et l'a déclaré juste.
b. **4.3** Gn 15.6.
c. **4.8** Ps 32.1-2.

d. **4.14** Autre traduction : *s'il faut obéir à la Loi.*
e. **4.17** Gn 17.5.
f. **4.17** Autre traduction : *Il est notre père à tous* **17** *devant celui en qui il a mis sa confiance, Dieu qui donne...*
g. **4.18** Gn 17.5.
h. **4.18** Gn 15.5.

foi ne faiblit pas. [20] Au contraire : loin de mettre en doute la promesse et de refuser de croire, il trouva sa force dans la foi, en reconnaissant la grandeur de Dieu [a] [21] et en étant absolument persuadé que Dieu est capable d'accomplir ce qu'il a promis.

[22] C'est pourquoi, Dieu *l'a déclaré juste en portant sa foi à son crédit* [b]. [23] Or si cette parole : *Dieu a porté sa foi à son crédit* a été consignée dans l'Ecriture, ce n'est pas seulement pour Abraham [c]. [24] Elle nous concerne nous aussi. Car la foi sera aussi portée à notre crédit, à nous qui plaçons notre confiance en celui qui a ressuscité des morts Jésus notre Seigneur ; [25] il a été livré pour nos fautes, et Dieu l'a ressuscité pour que nous soyons déclarés justes [d].

Le salut que Jésus-Christ nous a acquis

5 Puisque nous avons été déclarés justes en raison de notre foi, nous sommes [e] en paix avec Dieu grâce à notre Seigneur Jésus-Christ. [2] Par lui, nous avons eu accès, au moyen de la foi [f], à ce don gratuit de Dieu dans lequel nous nous trouvons désormais établis ; et notre fierté se fonde sur l'espérance d'avoir part à la gloire de Dieu.

[3] Mieux encore ! Nous tirons fierté même de nos détresses, car nous savons que la détresse produit la persévérance, [4] la persévérance conduit à la victoire dans l'épreuve, et la victoire dans l'épreuve nourrit l'espérance. [5] Or, notre espérance ne risque pas d'être déçue, car Dieu a versé son amour dans nos cœurs par l'Esprit Saint qu'il nous a donné.

[6] En effet, au moment fixé par Dieu, alors que nous étions encore sans force, le Christ est mort pour des pécheurs. [7] A peine accepterait-on de mourir pour un juste ; peut-être quelqu'un aurait-il le courage de mourir pour le bien [g]. Mais voici comment Dieu nous montre l'amour qu'il a pour nous : [8] alors que nous étions encore des pécheurs, le Christ est mort pour nous.

[9] Donc, puisque nous sommes maintenant déclarés justes grâce à son sacrifice [h] pour nous, nous serons, à plus forte raison encore, *sauvés par lui de la colère à venir. [10] Alors que nous étions ses ennemis, Dieu nous a réconciliés avec lui par la mort de son Fils ; à plus forte raison, maintenant que nous sommes réconciliés, serons-nous sauvés par sa vie. [11] Mieux encore : nous plaçons désormais notre fierté en Dieu par notre Seigneur Jésus-Christ qui nous a obtenu la réconciliation.

Condamnés en Adam, déclarés justes en Christ

[12] Par un seul homme, le péché est entré dans le monde et par le péché, la mort, et ainsi la mort a atteint tous les hommes parce que tous ont péché [i]...

[13] En effet, avant que Dieu ait donné la *Loi de *Moïse, le péché existait bien dans le monde ; or le péché n'est pas pris en compte quand la Loi n'existe pas. [14] Et pourtant, la mort a régné depuis Adam jusqu'à Moïse, même sur les hommes qui n'avaient pas commis une faute semblable à celle d'Adam – qui est comparable à celui qui devait venir.

[15] Mais il y a une différence entre la faute d'Adam et le don gratuit de Dieu ! En effet, si la faute d'un seul a eu pour conséquence la mort de beaucoup, à bien plus forte raison la grâce de Dieu accordée gratuitement par un seul homme, Jésus-Christ, a surabondé pour beaucoup.

[16] Quelle différence aussi entre les conséquences du péché d'un seul et le don de Dieu ! En effet, le jugement intervenant à cause d'un seul homme a entraîné la condamnation, mais le don de grâce, intervenant à la suite de nombreuses fautes, a conduit à l'acquittement. [17] Car si, par la faute commise par un seul homme, la mort a régné à cause de ce seul homme, à bien plus forte raison ceux qui reçoivent les trésors surabondants de la grâce et le don de la justification régneront-ils dans la vie par Jésus-Christ, lui seul.

[18] Ainsi donc, comme une seule faute a entraîné la condamnation de tous les hommes, un seul acte satisfaisant à la justice a obtenu pour tous les hommes l'acquittement qui leur donne la vie. [19] Comme, par la déso-

---

a. 4.20 Autre traduction : *il fut fortifié dans sa foi et fit ainsi honneur à Dieu.*

b. 4.22 Gn 15.6.

c. 4.23 Autre traduction : *elle ne concerne pas seulement Abraham.*

d. 4.25 Autre traduction : *ressuscité parce qu'il avait accompli l'œuvre par laquelle nous sommes déclarés justes.*

e. 5.1 Certains manuscrits ont : *soyons... en paix.*

f. 5.2 L'expression *au moyen de la foi* est absente de certains manuscrits.

g. 5.7 Autre traduction : *pour un homme de bien.*

h. 5.9 Voir note 3.25.

i. 5.12 La phrase de Paul reste en suspens à la fin de ce verset. Elle sera reprise au v.18 après la parenthèse explicative des v.13-17.

béissance d'un seul, beaucoup d'hommes sont devenus pécheurs devant Dieu, de même, par l'obéissance d'un seul, beaucoup sont déclarés justes devant Dieu.

²⁰ Quant à la Loi, elle est intervenue pour que le péché prolifère. Mais là où le péché a proliféré, la grâce a surabondé ²¹ pour que, comme le péché a régné par la mort, de même la grâce règne par la justice, pour nous conduire à la vie éternelle par Jésus-Christ notre Seigneur.

REPONSES AUX OBJECTIONS

La grâce : une excuse pour pécher ?

6 Que dire maintenant ? Persisterons-nous dans le péché pour que la grâce abonde ? ² Loin de là ! Puisque nous sommes morts pour le péché, comment pourrions-nous vivre encore dans le péché ? ³ Ne savez-vous pas que nous tous, qui avons été baptisés pour Jésus-Christ [a], c'est en relation avec sa mort [b] que nous avons été baptisés ? ⁴ Nous avons donc été ensevelis avec lui par le baptême en relation avec sa mort afin que, comme le Christ a été ressuscité d'entre les morts par la puissance glorieuse du Père, nous aussi, nous menions une vie nouvelle.

⁵ Car si nous avons été unis à lui par une mort semblable à la sienne, nous le serons aussi par une résurrection semblable à la sienne. ⁶ Comprenons donc que l'homme que nous étions autrefois a été crucifié avec le Christ afin que le péché dans ce qui fait sa force [c] soit réduit à l'impuissance et que nous ne servions plus le péché comme des esclaves. ⁷ Car celui qui est mort a été déclaré juste : il n'a plus à répondre du péché.

⁸ Or, puisque nous sommes morts avec le Christ, nous croyons que nous vivrons aussi avec lui. ⁹ Car nous savons que le Christ ressuscité des morts ne meurt plus ; la mort n'a plus de pouvoir sur lui. ¹⁰ Il est mort et c'est pour le péché qu'il est mort une fois pour toutes. Mais à présent, il est vivant et il vit pour Dieu.

¹¹ Ainsi, vous aussi, considérez-vous comme morts pour le péché, et comme vivants pour Dieu dans l'union avec Jésus-Christ.

¹² Que le péché n'exerce donc plus sa domination sur votre corps mortel pour vous soumettre à ses désirs. ¹³ Ne mettez pas vos membres à la disposition du péché comme des armes au service du mal. Mais puisque vous étiez morts et que vous êtes maintenant vivants, offrez-vous vous-mêmes à Dieu et mettez vos membres à sa disposition comme des armes au service du bien.

¹⁴ Car le péché ne sera plus votre maître puisque vous n'êtes plus sous le régime de la *Loi mais sous celui de la grâce.

¹⁵ Mais quoi ? Allons-nous encore pécher sous prétexte que nous ne sommes pas sous le régime de la Loi, mais sous celui de la grâce ? Loin de là ! ¹⁶ Ne savez-vous pas qu'en vous mettant au service de quelqu'un comme des esclaves pour lui obéir, vous êtes effectivement les esclaves du maître à qui vous obéissez : ou bien du péché qui entraîne la mort, ou bien de l'obéissance qui conduit à une vie juste ? ¹⁷ Mais Dieu soit loué ! Si, autrefois, vous étiez les esclaves du péché, vous avez maintenant obéi de tout cœur à l'enseignement fondamental auquel vous avez été soumis [d]. ¹⁸ Et, à présent, affranchis du péché, vous êtes devenus esclaves de la justice. ¹⁹ – Si je parle ici à la manière des hommes c'est à cause de votre faiblesse naturelle. – De même que vous avez offert autrefois vos membres en esclaves à des passions dégradantes et immorales pour vivre une vie déréglée, de même offrez-les maintenant en esclaves à la justice pour mener une vie sainte.

²⁰ Lorsque vous étiez encore esclaves du péché, vous étiez libres par rapport à la justice. ²¹ Or, quels fruits portiez-vous alors ? Des actes dont le seul souvenir vous fait rougir de honte aujourd'hui, car ils conduisent à la mort. ²² Mais maintenant, affranchis du péché et devenus esclaves de Dieu, le fruit que vous portez, c'est une vie sainte, et le résultat auquel vous aboutissez, c'est la vie éternelle. ²³ Car le salaire que verse le péché, c'est la mort, mais le don gratuit que Dieu accorde, c'est la vie éternelle dans l'union avec Jésus-Christ notre Seigneur.

---

a. 6.3 L'expression utilisée par Paul *baptisé pour Jésus-Christ* exprime diverses nuances : l'engagement (voir 1 P 3.21), l'adhésion, l'appartenance, l'union. Autre traduction : *baptisés en Jésus-Christ.*
b. 6.3 Autre traduction : *en sa mort.*
c. 6.6 Certains comprennent : *le péché qui se sert de notre corps.*

d. 6.17 Expression qui se rapporte sans doute à l'enseignement chrétien fondamental donné à tout nouveau croyant.

La grâce : un mépris de la Loi ?

7 Ne savez-vous pas, frères – car je parle à des gens qui connaissent la *loi – que la loi ne régit un homme que durant le temps de sa vie ? [2] Ainsi, une femme mariée est liée par la loi à son mari tant que celui-ci est en vie. Mais s'il vient à mourir, elle est libérée de la loi qui la liait à lui [a]. [3] Donc si, du vivant de son mari, elle appartient à un autre homme, elle sera considérée comme adultère. Mais si son mari `meurt, elle est affranchie de cette loi et peut donc appartenir à un autre, sans être adultère.

[4] Il en est de même pour vous, mes frères : par la mort du Christ, vous êtes, vous aussi, morts par rapport à la Loi, pour appartenir à un autre, à celui qui est ressuscité des morts, pour que nous portions des fruits pour Dieu.

[5] Lorsque nous étions encore livrés à nous-mêmes, les mauvais désirs suscités par la Loi étaient à l'œuvre dans nos membres pour nous faire porter des fruits qui mènent à la mort. [6] Mais maintenant, libérés du régime de la Loi, morts à ce qui nous gardait prisonniers, nous pouvons servir Dieu d'une manière nouvelle par l'Esprit, et non plus sous le régime périmé de la lettre de la Loi.

[7] Que dire maintenant ? La Loi se confond-elle avec le péché ? Loin de là ! Seulement, s'il n'y avait pas eu la Loi, je n'aurais pas connu le péché, et je n'aurais pas su ce qu'est la convoitise si la Loi n'avait pas dit : *Tu ne convoiteras pas* [b]. [8] Mais alors le péché, prenant appui sur le commandement, a suscité en moi toutes sortes de désirs mauvais. Car, sans la Loi, le péché est sans vie.

[9] Moi, pourtant, autrefois sans la Loi, je vivais, mais quand le commandement est intervenu, c'est le péché qui s'est mis à vivre, [10] et moi je suis mort. Ainsi, ce qui s'est produit pour moi, c'est que le commandement qui devait conduire à la vie m'a conduit à la mort. [11] Car le péché a pris appui sur le commandement : il m'a trompé et m'a donné la mort en se servant du commandement. [12] Ainsi, la Loi elle-même est sainte, et le commandement, saint, juste et bon.

[13] Est-il donc possible que ce qui est bon soit devenu pour moi une cause de mort ? Au contraire, c'est le péché ! En effet, il m'a donné la mort en se servant de ce qui est bon

pour manifester sa nature de péché et pour montrer son excessive perversité par le moyen du commandement.

[14] Nous savons que la Loi a été inspirée par l'Esprit de Dieu, mais moi, je suis comme un homme livré à lui-même, vendu comme esclave au péché. [15] En effet, je ne comprends pas [c] ce que je fais : je ne fais pas ce que je veux, et c'est ce que je déteste que je fais. [16] Et si je fais ce que je ne veux pas, je reconnais par là que la Loi est bonne.

[17] En réalité, ce n'est plus moi qui le fais, mais c'est le péché qui habite en moi. [18] Car je sais que le bien n'habite pas en moi, c'est-à-dire dans ce que je suis par nature [d]. Vouloir le bien est à ma portée, mais non l'accomplir. [19] Je ne fais pas le bien que je veux, mais le mal que je ne veux pas, je le commets. [20] Si donc je fais ce que je ne veux pas, ce n'est plus moi qui le fais mais c'est le péché qui habite en moi.

[21] Lorsque je veux faire le bien, je découvre cette loi : c'est le mal qui est à ma portée. [22] Dans mon être intérieur, je prends plaisir à la Loi de Dieu. [23] Mais je vois bien qu'une autre loi est à l'œuvre dans tout mon être : elle combat la Loi qu'approuve ma raison et elle fait de moi le prisonnier de la loi du péché qui agit dans mes membres [e]. [24] Malheureux que je suis ! Qui me délivrera de ce corps voué à la mort [f] ? [25] Dieu soit loué : c'est par Jésus-Christ notre Seigneur [g]. En résumé : moi-même, je suis [h], par la raison, au service de la Loi de Dieu, mais je suis, dans ce que je vis concrètement [i], esclave de la loi du péché.

LA LIBERATION PAR L'ESPRIT DE DIEU

L'Esprit qui donne la vie

8 Maintenant donc, il n'y a plus de condamnation pour ceux qui sont unis à Jésus-Christ. [2] Car la *loi de l'Esprit qui

---

a. 7.2 Il s'agit de la loi romaine. Autre traduction : *la Loi, c'est-à-dire la Loi de Moïse*.
b. 7.7 Ex 20.17 ; Dt 5.21.

c. 7.15 Autre traduction : *je n'approuve pas*.
d. 7.18 Autre traduction : *c'est-à-dire dans ce que je vis* ou *dans toute la réalité de mon être*.
e. 7.23 Autre traduction : *qui se trouve dans tout mon être*.
f. 7.24 Autre traduction : *de cette mort qu'est ma vie ?*
g. 7.25 Voir 1 Co 15.56-57. Autre traduction : *Dieu soit loué par Jésus-Christ notre Seigneur*.
h. 7.25 Autre traduction : *je suis en même temps*.
i. 7.25 Autre traduction : *dans ce que je fais* ; ou : *par nature*.

nous donne la vie dans l'union avec Jésus-Christ t'a libéré[a] de la loi du péché et de la mort.

[3] Car ce que la Loi était incapable de faire, parce que l'état de l'homme la rendait impuissante, Dieu l'a fait : il a envoyé son propre Fils avec une nature semblable à celle des hommes pécheurs et, pour régler le problème du péché[b], il a exécuté sur cet homme la sanction qu'encourt le péché[c].

[4] Il l'a fait pour que la juste exigence de la Loi soit pleinement satisfaite en nous qui vivons, non plus à la manière de l'homme livré à lui-même, mais dans la dépendance de l'Esprit.

[5] En effet, les hommes livrés à eux-mêmes tendent vers ce qui est conforme à l'homme livré à lui-même. Mais ceux qui ont l'Esprit tendent vers ce qui est conforme à l'Esprit. [6] Car ce à quoi tend l'homme livré à lui-même mène à la mort, tandis que ce à quoi tend l'Esprit conduit à la vie et à la paix. [7] En effet, l'homme livré à lui-même, dans toutes ses tendances, n'est que haine de Dieu : il ne se soumet pas à la Loi de Dieu car il ne le peut même pas. [8] Les hommes livrés à eux-mêmes ne sauraient plaire à Dieu. [9] Vous, au contraire, vous n'êtes pas livrés à vous-mêmes, mais vous dépendez de l'Esprit, puisque l'Esprit de Dieu habite en vous. Si quelqu'un n'a pas l'Esprit du Christ, il ne lui appartient pas.

[10] Or, si le Christ est en vous, votre corps reste mortel à cause du péché, mais l'Esprit est source de vie[d], parce que vous avez été déclarés justes. [11] Et si l'Esprit de celui qui a ressuscité Jésus d'entre les morts habite en vous, celui qui a ressuscité le Christ d'entre les morts rendra aussi la vie à vos corps mortels par son Esprit qui habite en vous.

[12] Ainsi donc, frères, si nous avons des obligations, ce n'est pas envers l'homme livré à lui-même pour vivre à sa manière. [13] Car, si vous vivez à la manière de l'homme livré à lui-même, vous allez mourir, mais si, par l'Esprit, vous faites mourir les actes mauvais que vous accomplissez dans votre corps, vous vivrez. [14] Car ceux qui sont conduits par l'Esprit de Dieu sont fils de Dieu.

[15] En effet, vous n'avez pas reçu un Esprit qui fait de vous des esclaves et vous ramène à la crainte : non, vous avez reçu l'Esprit qui fait de vous des fils adoptifs[e] de Dieu. Car c'est par cet Esprit que nous crions : *Abba*[f], c'est-à-dire Père !

[16] L'Esprit Saint lui-même et notre esprit nous témoignent ensemble[g] que nous sommes enfants de Dieu. [17] Et puisque nous sommes enfants, nous sommes aussi héritiers : héritiers de Dieu, et donc cohéritiers du Christ, puisque nous souffrons avec lui pour avoir part à sa gloire.

L'espérance au milieu des détresses présentes

[18] J'estime d'ailleurs qu'il n'y a aucune commune mesure entre les souffrances de la vie présente et la gloire qui va se révéler en nous[h].

[19] C'est en effet cette révélation des fils de Dieu que la création attend avec un ardent désir. [20] Car la création a été soumise au *pouvoir de la fragilité*[i] ; cela ne s'est pas produit de son gré, mais à cause de celui qui l'y a soumise. Il lui a toutefois donné une espérance : [21] c'est que la création elle-même sera délivrée de la puissance de corruption qui l'asservit pour accéder à la liberté que les enfants de Dieu connaîtront dans la gloire.

[22] Nous le savons bien, en effet : jusqu'à présent la création tout entière est unie dans un profond gémissement et dans les douleurs d'un enfantement. [23] Elle n'est pas seule à gémir ; car nous aussi, qui avons reçu l'Esprit comme avant-goût de la gloire, nous gémissons du fond du cœur, en attendant d'être pleinement établis dans notre condition de fils adoptifs de Dieu quand notre corps sera délivré[j].

---

e. **8.15** L'adoption était courante chez les Grecs et les Romains. Les enfants adoptifs avaient les mêmes droits que les autres enfants – y compris le droit d'héritage (v.23 ; Ga 4.5).

f. **8.15** Mot araméen signifiant : *cher père* (voir Ga 4.6).

g. **8.16** Autre traduction : *l'Esprit rend témoignage à notre esprit.*

h. **8.18** Autre traduction : *pour nous.*

i. **8.20** Cette expression reprend le mot-clé de l'Ecclésiaste qui est rendu dans diverses traductions par : ce qui est vain, dérisoire, futile, passager, frustrant, précaire, etc.

j. **8.23** Certains manuscrits ont uniquement : *nous gémissons du fond du cœur en attendant la pleine libération de notre corps.*

---

a. **8.2** Certains manuscrits ont : *m'a libéré* et d'autres : *nous a libérés.*

b. **8.3** Autre traduction : *et il l'a offert en sacrifice pour le péché.*

c. **8.3** Autre traduction : *il a ainsi condamné le péché qui est dans la nature humaine.*

d. **8.10** Autre traduction : *mais votre esprit a reçu la vie.*

24 Car nous sommes *sauvés, mais c'est en espérance ; or, voir ce que l'on espère, ce n'est plus espérer ; qui, en effet, continue à espérer ce qu'il voit ? 25 Mais si nous ne voyons pas ce que nous espérons, nous l'attendons avec persévérance. 26 De même, l'Esprit vient nous aider dans notre faiblesse. En effet, nous ne savons pas prier comme il faut [a], mais l'Esprit lui-même intercède en gémissant d'une manière inexprimable.

27 Et Dieu qui scrute les cœurs sait ce vers quoi tend l'Esprit, car c'est en accord avec Dieu qu'il intercède pour ceux qui appartiennent à Dieu. 28 Nous savons en outre que Dieu fait concourir toutes choses [b] au bien de ceux qui l'aiment, de ceux qui ont été appelés conformément au plan divin. 29 En effet, ceux que Dieu a connus d'avance [c], il les a aussi destinés d'avance à devenir conformes à l'image de son Fils, afin que celui-ci soit l'aîné de nombreux frères. 30 Ceux qu'il a ainsi destinés, il les a aussi appelés à lui ; ceux qu'il a ainsi appelés, il les a aussi déclarés justes, et ceux qu'il a déclarés justes, il les a aussi conduits à la gloire.

L'amour de Dieu : une assurance certaine

31 Que dire de plus ? Si Dieu est pour nous, qui se lèvera contre nous ? 32 Lui qui n'a même pas épargné son propre Fils, mais l'a livré pour nous tous, comment ne nous donnerait-il pas aussi tout avec lui ? 33 Qui accusera encore les élus de Dieu ? Dieu lui-même les déclare justes. 34 Qui les condamnera ? Le Christ est mort, bien plus : il est ressuscité ! Il est à la droite de Dieu et il intercède pour nous.

35 Qu'est-ce qui pourra nous arracher à l'amour du Christ ? La détresse ou l'angoisse, la persécution, la faim, la misère, le danger ou l'épée ? 36 Car il nous arrive ce que dit l'Ecriture :

A cause de toi, Seigneur, | nous sommes
    exposés à la mort | à longueur de jour.
On nous considère | comme des moutons |
    destinés à l'abattoir [d].

37 Mais dans tout cela nous sommes bien plus que vainqueurs par celui qui nous a

aimés. 38 Oui, j'en ai l'absolue certitude : ni la mort ni la vie, ni les *anges ni les dominations, ni le présent ni l'avenir, ni les puissances, 39 ni ce qui est en haut ni ce qui est en bas [e], ni aucune autre créature, rien ne pourra nous arracher à l'amour que Dieu nous a témoigné en Jésus-Christ notre Seigneur.

ISRAEL DANS L'HISTOIRE DU SALUT

Les sentiments de Paul à l'égard des Israélites

9 Ce que je vais dire est la vérité ; j'en appelle au Christ [f], je ne mens pas ; ma conscience, en accord avec l'Esprit Saint, me rend ce témoignage : 2 j'éprouve une profonde tristesse et un chagrin continuel dans mon cœur. 3 Oui, je demanderais à Dieu d'être maudit et séparé du Christ pour le bien de mes frères, nés du même peuple que moi. 4 Ce sont les Israélites. C'est à eux qu'appartiennent la condition de fils adoptifs de Dieu, la manifestation glorieuse de la présence divine, les *alliances [g], le don de la *Loi, le culte et les promesses ; 5 à eux les patriarches ! Et c'est d'eux qu'est issu le Christ dans son humanité, il est aussi au-dessus de tout, Dieu béni pour toujours. *Amen !

Le véritable Israël selon l'élection de Dieu

6 La Parole de Dieu aurait-elle échoué ? Non ! En effet, ce ne sont pas tous ceux qui descendent du patriarche *Israël [h] qui constituent Israël ; 7 et ceux qui descendent d'*Abraham ne sont pas tous ses enfants. Car Dieu dit à Abraham : C'est la postérité d'*Isaac qui sera appelée ta descendance [i]. 8 Cela veut dire que tous les enfants de la descendance naturelle d'Abraham ne sont pas enfants de Dieu. Seuls les enfants nés selon la promesse sont considérés comme sa descendance. 9 Car Dieu a donné sa promesse en ces termes : Vers cette époque, je viendrai, et Sara aura un fils [j]. 10 Et ce n'est pas tout : Rébecca eut des jumeaux nés d'un seul et même père, de

---

a. 8.26 Autre traduction : nous ne savons pas que prier.

b. 8.28 Autres traductions : que l'Esprit fait concourir toutes choses au bien de ceux qui aiment Dieu ou que toutes choses concourent ensemble.

c. 8.29 Autre traduction : choisis d'avance.

d. 8.36 Ps 44.23.

e. 8.39 Autre traduction : ni la hauteur, ni la profondeur (voir Ps 139.8).

f. 9.1 Autre traduction : je dis la vérité, en tant qu'homme qui appartient au Christ.

g. 9.4 Certains manuscrits ont : son alliance.

h. 9.6 Autre traduction : tous ceux qui font partie d'Israël.

i. 9.7 Gn 21.12.

j. 9.9 Gn 18.10,14.

notre ancêtre Isaac. [11-12] Or, Dieu a un plan qui s'accomplit selon son libre choix et qui dépend, non des actions des hommes, mais uniquement de la volonté de celui qui appelle. Et pour que ce plan demeure, c'est avant même la naissance de ces enfants, et par conséquent avant qu'ils n'aient fait ni bien ni mal, que Dieu dit à Rébecca : *L'aîné sera assujetti au cadet* [a]. [13] Ceci s'accorde avec cet autre texte de l'Ecriture : *J'ai aimé *Jacob et pas Esaü* [b].

Le Dieu souverain est juste

[14] Mais alors, que dire ? Dieu serait-il injuste ? Loin de là ! [15] Car il a dit à *Moïse :

Je ferai grâce à qui je veux faire grâce,
J'aurai pitié de qui je veux avoir pitié [c].

[16] Cela ne dépend donc ni de la volonté de l'homme, ni de ses efforts, mais de Dieu qui fait grâce. [17] Dans l'Ecriture, Dieu dit au pharaon :

Voici pourquoi je t'ai fait parvenir où tu es :
pour montrer en toi ma puissance, et pour
que, sur la terre entière, on proclame qui je
suis [d].

[18] Ainsi donc, Dieu fait grâce à qui il veut et il endurcit qui il veut.

[19] Tu vas me dire : pourquoi alors Dieu fait-il encore des reproches ? Car qui a jamais pu résister à sa volonté ? [20] Mais, qui es-tu donc toi, homme, pour critiquer Dieu ? *L'ouvrage demandera-t-il à l'ouvrier :* « *Pourquoi m'as-tu fait ainsi* [e] ? » [21] Le potier n'a-t-il pas le droit, à partir du même bloc d'argile, de fabriquer un pot d'usage noble et un autre pour l'usage courant ?

[22] Et qu'as-tu à redire si Dieu a voulu montrer sa colère et faire connaître sa puissance en supportant avec une immense patience ceux qui étaient les objets de sa colère, tout prêts [f] pour la destruction ? [23] Oui, qu'as-tu à redire si Dieu a agi ainsi pour manifester la richesse de sa gloire en faveur de ceux qui sont les objets de sa grâce, ceux qu'il a préparés d'avance pour la gloire ?

Pour les Juifs et pour les non-Juifs

[24] C'est nous qui sommes les objets de sa grâce, nous qu'il a appelés non seulement d'entre les Juifs, mais aussi d'entre les non-Juifs. [25] C'est ce qu'il dit dans le livre du *prophète Osée :

Celui qui n'était pas mon peuple, | je
l'appellerai « mon peuple ».
Celle qui n'était pas la bien-aimée, | je la
nommerai « bien-aimée » [g].

[26] *Au lieu même où on leur avait dit : « Vous*
n'êtes pas mon peuple [h] », *on leur dira alors :*
« *Vous êtes les fils du Dieu vivant.* »

[27] Et pour ce qui concerne Israël, *Esaïe déclare de son côté :

Même si les descendants d'*Israël | étaient
aussi nombreux que les grains de sable au
bord de la mer,
seul un reste sera *sauvé.

[28] *Car pleinement et promptement* [i], | *le*
Seigneur accomplira sa parole sur la terre [j].

[29] Et comme Esaïe l'avait dit par avance :

Si le Seigneur des armées célestes | ne nous
avait laissé des descendants,
nous ressemblerions à *Sodome,
nous serions comme *Gomorrhe [k].

Etre juste : par la foi et non par la Loi

[30] Que dire maintenant ? Voici ce que nous disons : les païens qui ne cherchaient pas à être déclarés justes par Dieu ont saisi cette justice, mais il s'agit de la justice qui est reçue par la foi. [31] Les Israélites, eux, qui cherchaient à être déclarés justes en obéissant à une loi, n'y sont pas parvenus [l]. [32] Pour quelle raison ? Parce qu'ils ont cherché à être déclarés justes non pas en comptant sur la foi, mais comme si la justice pouvait provenir de la pratique de la Loi. Ils ont buté contre la

---

a. 9.12 Gn 25.23.
b. 9.13 Ml 1.2-3.
c. 9.15 Ex 33.19.
d. 9.17 Ex 9.16 cité selon l'anc. version grecque.
e. 9.20 Voir Es 45.9.
f. 9.22 Autre traduction : *préparés pour.*

g. 9.25 Os 2.25.
h. 9.26 Os 2.1 ; 1.9.
i. 9.28 Autre traduction : *de façon décisive.*
j. 9.28 Es 10.22-23 cité selon l'anc. version grecque.
k. 9.29 Es 1.9 cité selon l'anc. version grecque.
Sodome... Gomorrhe : deux villes qui ont subi un terrible jugement de la part de Dieu (Gn 19.23-18).
l. 9.31 Autre traduction : *n'ont pas trouvé une Loi par laquelle ils auraient pu être déclarés justes.*

pierre qui fait tomber, ³³ celle dont parle l'Ecriture :

Moi, je place en Sion | une pierre qui fait tomber,
un rocher qui fait trébucher.
Celui qui met en lui sa *confiance | ne connaîtra jamais le déshonneur ^a.

10 Frères, je souhaite de tout cœur que les Israélites soient *sauvés, et c'est ce que je demande instamment à Dieu dans mes prières. ² Car je leur rends ce témoignage : ils ont un zèle ardent pour Dieu, mais il leur manque le discernement. ³ En méconnaissant la manière dont Dieu déclare les hommes justes et en cherchant à être déclarés justes par leurs propres moyens, ils ne se sont pas soumis à Dieu en acceptant le moyen par lequel il nous déclare justes. ⁴ Car le Christ a mis fin au régime de la *Loi pour que tous ceux qui croient soient déclarés justes. ⁵ Voici, en effet, comment *Moïse définit la justice qui procède de la Loi : *Celui qui se soumettra aux exigences de la Loi vivra grâce à cela ^b.*

⁶ Mais voici comment s'exprime la justice reçue par la foi : *Ne dis pas en toi-même ^c : Qui montera au ciel ?* Le Christ n'en est-il pas descendu ? ^d ⁷ Ou bien : *Qui descendra dans l'abîme ?* Le Christ n'est-il pas ressuscité des morts ? ^e ⁸ Que dit-elle donc ?

La Parole de Dieu est tout près de toi, | elle est dans ta bouche et dans ton cœur ^f.

Cette Parole est celle de la foi, et c'est celle que nous annonçons. ⁹ En effet, si de *ta bouche,* tu déclares que Jésus est Seigneur et si *dans ton cœur,* tu crois que Dieu l'a ressuscité des morts, tu seras sauvé, ¹⁰ car celui qui croit dans son cœur, Dieu le déclare juste ; celui qui affirme de sa bouche, Dieu le sauve. ¹¹ En effet, l'Ecriture dit :

Celui qui met en lui sa *confiance | ne connaîtra jamais le déshonneur ^g.

¹² Ainsi, il n'y a pas de différence entre *Juifs et non-Juifs. Car tous ont le même Seigneur qui donne généreusement à tous ceux qui font appel à lui. En effet, il est écrit : ¹³ *Tous ceux qui feront appel au Seigneur seront sauvés ^h.*

Israël n'a pas eu la foi

¹⁴ Mais comment feront-ils appel à lui s'ils n'ont pas cru en lui ? Et comment croiront-ils en lui s'ils ne l'ont pas entendu ⁱ ? Et comment entendront-ils s'il n'y a personne pour le leur annoncer ? ¹⁵ Et comment y aura-t-il des gens pour l'annoncer s'ils ne sont pas envoyés ? Aussi est-il dit dans l'Ecriture :

Qu'ils sont beaux | les pas de ceux qui annoncent | de bonnes nouvelles ^j !

¹⁶ Mais, malheureusement, tous n'ont pas obéi à cette Bonne Nouvelle. *Esaïe déjà demandait : *Seigneur, qui a cru à notre message ^k ?*

¹⁷ Donc, la foi naît du message que l'on entend, et ce message c'est celui qui s'appuie sur la parole du Christ. ¹⁸ Maintenant donc je dis : Ne l'ont-ils ^l pas entendu ? Mais si ! N'est-il pas écrit :

Leur voix a retenti par toute la terre.
Leurs paroles sont parvenues | jusqu'aux confins du monde ^m ?

¹⁹ Je demande alors : Le peuple d'Israël ne l'a-t-il pas su ? Moïse a été le premier à le leur dire :

Je vous rendrai jaloux | de ceux qui ne sont pas un peuple.
Je vous irriterai | par une nation dépourvue d'intelligence ⁿ.

²⁰ Esaïe pousse même la hardiesse jusqu'à dire :

J'ai été trouvé | par ceux qui ne me cherchaient pas,

---

a. **9.33** Es 8.14 ; 28.16 cités selon l'anc. version grecque.
b. **10.5** Lv 18.5.
c. **10.6** Dt 8.17 ; 9.4.
d. **10.6** Autre traduction : *Veux-tu donc en faire descendre le Christ ?*
e. **10.7** Autre traduction : *Veux-tu donc faire remonter le Christ d'entre les morts ?*
f. **10.8** Dt 30.12-14.

g. **10.11** Es 28.16 cité selon l'anc. version grecque.
h. **10.13** Jl 3.5.
i. **10.14** Autre traduction : *s'ils ne l'entendent pas ?*
j. **10.15** Es 52.7.
k. **10.16** Es 53.1 cité selon l'anc. version grecque.
l. **10.18** Selon certains, les non-Juifs, selon d'autres, les Juifs.
m. **10.18** Ps 19.5 cité selon l'anc. version grecque.
n. **10.19** Dt 32.21.

Je me suis révélé | à ceux qui ne se souciaient pas de moi[a].

²¹ Mais parlant d'Israël, il dit :

A longueur de journée, | j'ai tendu les mains | vers un peuple désobéissant et rebelle[b].

Le reste d'Israël

11 Je demande donc : Dieu aurait-il rejeté son peuple ? Assurément pas ! En effet, ne suis-je pas moi-même Israélite, descendant d'Abraham, de la tribu de Benjamin ? ² Non, Dieu n'a pas rejeté son peuple qu'il s'est choisi d'avance. Rappelez-vous ce que dit l'Ecriture dans le passage rapportant l'histoire d'Elie dans lequel celui-ci se plaint à Dieu au sujet d'*Israël : ³ *Seigneur, ils ont tué tes *prophètes, ils ont démoli tes autels. Et moi, je suis resté tout seul, et voilà qu'ils en veulent à ma vie[c].*

⁴ Eh bien ! quelle a été la réponse de Dieu ? *J'ai gardé en réserve pour moi sept mille hommes qui ne se sont pas prosternés devant le dieu Baal[d].*

⁵ Il en est de même dans le temps présent : il subsiste un reste que Dieu a librement choisi dans sa grâce. ⁶ Or, puisque c'est par grâce, cela ne peut plus venir des œuvres, ou alors la grâce n'est plus la grâce.

⁷ Que s'est-il donc passé ? Ce que le peuple d'Israël cherchait, il ne l'a pas trouvé ; seuls ceux que Dieu a choisis l'ont obtenu. Les autres ont été rendus incapables de comprendre, conformément à ce qui est écrit :

⁸ *Dieu a frappé leur esprit de torpeur,*
leurs yeux de cécité et leurs oreilles de surdité,
et il en est ainsi jusqu'à ce jour[e].

⁹ De même *David déclare :

Que leurs banquets deviennent pour eux un
piège, un filet,
une cause de chute, et qu'ils y trouvent leur
châtiment.
¹⁰ *Que leurs yeux s'obscurcissent pour qu'ils*
perdent la vue.
Fais-leur sans cesse courber le dos[f].

La chute d'Israël n'est pas définitive

¹¹ Je demande alors : si les Israélites ont trébuché, est-ce pour tomber définitivement ? Loin de là ! Par leur faux pas, le salut est devenu accessible aux païens, ce qui excitera leur jalousie. ¹² Et si leur faux pas a fait la richesse du monde, et leur déchéance la richesse des non-Juifs, quelle richesse plus grande encore n'y aura-t-il pas dans leur complet rétablissement ?

¹³ Je m'adresse particulièrement ici à vous qui êtes d'origine païenne : dans la mesure même où je suis l'*apôtre des non-Juifs, je me fais une idée d'autant plus haute de mon ministère ¹⁴ que je parviendrai peut-être, en l'exerçant, à rendre jaloux mes compatriotes et à en conduire ainsi quelques-uns au salut. ¹⁵ Car si leur mise à l'écart a entraîné la réconciliation du monde, quel sera l'effet de leur réintégration ? Rien de moins qu'une résurrection d'entre les morts ! ¹⁶ En effet,

Si les prémices du pain offert à Dieu sont consacrées, toute la pâte l'est aussi. Si la racine est consacrée, les branches le sont aussi[g].

¹⁷ Ainsi en est-il d'Israël : quelques branches ont été coupées. Et toi qui, par ton origine païenne, étais comme un rameau d'olivier sauvage, tu as été greffé à leur place, et voici que tu as part avec elles à la sève qui monte de la racine de l'olivier cultivé. ¹⁸ Ne te mets pas, pour autant, à mépriser les branches coupées[h]. Et si tu es tenté par un tel orgueil, souviens-toi que ce n'est pas toi qui portes la racine, c'est elle qui te porte !

¹⁹ Peut-être vas-tu dire : si des branches ont été coupées, c'est pour que je puisse être greffé. ²⁰ Bien ! Mais elles ont été coupées à cause de leur incrédulité ; et toi, c'est à cause de ta foi que tu tiens. Ne sois donc pas orgueilleux ! Sois plutôt sur tes gardes ! ²¹ Car si Dieu n'a pas épargné les branches naturelles, il ne t'épargnera pas non plus[i]. ²² Considère donc, à la fois, la bonté et la sévérité de Dieu : sévérité à l'égard de ceux qui sont tombés, bonté à ton égard aussi longtemps que tu t'attaches à cette bonté. Sinon, toi aussi, tu seras retranché.

---

a. **10.20** Es 65.1 cité selon l'anc. version grecque.
b. **10.21** Es 62.5 cité selon l'anc. version grecque.
c. **11.3** 1 R 19.10.
d. **11.4** 1 R 19.18.
e. **11.8** Dt 29.3 ; Es 29.10.
f. **11.10** Ps 69.23-24 cité selon l'anc. version grecque.

g. **11.16** Voir Nb 15.19-21. Les prémices et la racine représentent les patriarches (v.28).
h. **11.18** Autre traduction : *les branches d'origine.*
i. **11.21** Certains manuscrits ont : *prends garde, de peur qu'il ne t'épargne pas non plus.*

23 En ce qui concerne les Israélites, s'ils ne demeurent pas dans leur incrédulité, ils seront regreffés. Car Dieu a le pouvoir de les greffer de nouveau. **24** En effet, toi, tu as été coupé de l'olivier sauvage auquel tu appartenais par ta nature, pour être greffé, contrairement à ta nature, sur l'olivier cultivé : à combien plus forte raison les branches qui proviennent de cet olivier seront-elles greffées sur lui !

« Tout Israël sera sauvé »

25 Frères, je ne veux pas que vous restiez dans l'ignorance de ce mystère, pour que vous ne croyiez pas détenir en vous-mêmes une sagesse supérieure : l'endurcissement d'une partie d'*Israël durera jusqu'à ce que l'ensemble des non-Juifs soit entré dans le peuple de Dieu, **26** et ainsi, tout Israël sera *sauvé. C'est là ce que dit l'Ecriture :

De Sion[a] viendra le Libérateur ;
il éloignera de *Jacob toute désobéissance.
27 Et voici en quoi consistera mon *alliance
   avec eux[b] :
c'est que j'enlèverai leurs péchés[c].

28 Si l'on se place du point de vue de l'Evangile, ils sont devenus ennemis de Dieu pour que vous en bénéficiiez. Mais du point de vue du libre choix de Dieu, ils restent ses bien-aimés à cause de leurs ancêtres. **29** Car les dons et l'appel de Dieu sont irrévocables. **30** Vous-mêmes, en effet, vous avez désobéi à Dieu autrefois et maintenant Dieu vous a fait grâce en se servant de leur désobéissance. **31** De la même façon, si leur désobéissance actuelle a pour conséquence votre pardon, c'est pour leur faire pardonner[d] à eux aussi. **32** Car Dieu a emprisonné tous les hommes dans la désobéissance afin de faire grâce à tous.

33 Combien profondes sont les richesses de Dieu, sa sagesse et sa science ! Nul ne peut sonder ses jugements. Nul ne peut découvrir ses plans. **34** Car,

Qui a connu la pensée du Seigneur ?
Qui a été son conseiller[e] ?

35 Qui lui a fait des dons
   pour devoir être payé de retour[f] ?

36 En effet, tout vient de lui, tout subsiste par lui et pour lui. A lui soit la gloire à jamais ! *Amen.

LA VIE DU CHRETIEN

Le don de soi et sa pratique

12 Je vous invite donc, frères, à cause de cette immense bonté de Dieu, à lui offrir votre corps comme un sacrifice vivant, saint et qui plaise à Dieu. Ce sera là de votre part un culte spirituel. **2** Ne vous laissez pas modeler par le monde actuel, mais laissez-vous transformer par le renouvellement de votre pensée, pour pouvoir discerner la volonté de Dieu : ce qui est bon, ce qui lui plaît, ce qui est parfait.

3 En vertu de la grâce que Dieu m'a faite, voici ce que je dis à chacun d'entre vous : ne soyez pas prétentieux ; n'allez pas au-delà de ce à quoi vous devez prétendre, tendez au contraire à une sage appréciation de vous-mêmes, chacun selon la part que Dieu lui a donnée dans son œuvre régie par la foi[g]. **4** Chacun de nous a, dans un seul corps, de nombreux organes ; mais ces organes n'ont pas la même fonction. **5** De même, alors que nous sommes nombreux, nous formons ensemble un seul corps par notre union avec le Christ, et nous sommes tous, et chacun pour sa part, membres les uns des autres. **6** Et Dieu nous a accordé par grâce des dons différents. Pour l'un, c'est la *prophétie : qu'il exerce cette activité conformément à notre foi commune. **7** Pour un autre, c'est le service : qu'il se consacre à ce service. Que celui qui a reçu un ministère d'enseignement enseigne. **8** Que celui qui a reçu un ministère d'encouragement encourage. Que celui qui donne le fasse sans arrière-pensée ; que celui qui dirige le fasse avec sérieux ; que celui qui secourt les malheureux le fasse avec joie.

9 L'amour ne sait pas mentir[h]. Ayez donc le mal en horreur, attachez-vous de toutes

---

a. **11.26** Autre traduction : *A cause de Sion.*

b. **11.27** Es 59.20-21 cité selon l'anc. version grecque.

c. **11.27** Es 27.9 cité selon l'anc. version grecque. Voir Jr 31.33-34.

d. **11.31** Plusieurs manuscrits ajoutent : *maintenant.*

e. **11.34** Es 40.13 cité selon l'anc. version grecque.

f. **11.35** Jb 41.3.

g. **12.3** Certains comprennent : *chacun selon la part de foi que Dieu lui a donnée.*

h. **12.9** Autre traduction : *Que votre amour soit sans hypocrisie.*

vos forces au bien, notamment en ce qui concerne :

10 – l'amour fraternel : soyez pleins d'affection les uns pour les autres ;

– l'estime mutuelle : faites passer les autres avant vous ;

11 – l'ardeur : n'hésitez pas ;

– l'Esprit : soyez bouillants ;

– le Seigneur : soyez de bons serviteurs ;

12 – l'espérance : qu'elle soit votre joie ;

– l'épreuve : qu'elle vous trouve pleins d'endurance ;

– la prière : qu'elle soutienne votre persévérance [a] ;

13 – les besoins de ceux qui appartiennent à Dieu : soyez-en solidaires, toujours prêts à pratiquer l'hospitalité.

14 Demandez à Dieu de faire du bien à ceux qui vous persécutent : oui, demandez du bien pour eux, ne demandez pas du mal ! **15** Partagez la joie de ceux qui sont dans la joie, les larmes de ceux qui pleurent. **16** Ayez les uns pour les autres une égale considération sans viser à ce qui est trop haut : laissez-vous au contraire attirer par ce qui est humble. *Ne vous prenez pas pour des sages* [b].

Le chrétien face au mal

17 Ne répondez jamais au mal par le mal. Cherchez au contraire à faire ce qui est bien devant tous les hommes. **18** Autant que possible, et dans la mesure où cela dépend de vous, vivez en paix avec tous les hommes. **19** Mes amis, ne vous vengez pas vous-mêmes, mais laissez agir la colère de Dieu, car il est écrit :

C'est à moi qu'il appartient de faire justice ;
c'est moi qui rendrai à chacun son dû [c].

20 Mais voici votre part :

Si ton ennemi a faim, donne-lui à manger.
S'il a soif, donne-lui à boire.
Par là, ce sera comme si tu lui mettais
des charbons ardents sur la tête [d].

21 Ne te laisse jamais dominer par le mal. Au contraire, sois vainqueur du mal par le bien.

13 Que tout homme se soumette aux autorités supérieures, car il n'y a pas d'autorité qui ne vienne de Dieu, et celles qui existent ont été mises en place par Dieu. **2** C'est pourquoi celui qui s'oppose à l'autorité lutte contre une disposition établie par Dieu, et ceux qui sont engagés dans une telle lutte recevront le châtiment qu'ils se seront attiré. **3** Car ce sont les malfaiteurs, et non ceux qui pratiquent le bien, qui ont à redouter les magistrats. Tu ne veux pas avoir peur de l'autorité ? Fais le bien, et l'autorité t'approuvera. **4** Car l'autorité est au service de Dieu pour ton bien. Mais si tu fais le mal, redoute-la. Car ce n'est pas pour rien qu'elle peut punir de mort [e]. Elle est, en effet, au service de Dieu pour manifester sa colère et punir celui qui fait le mal. **5** C'est pourquoi il est nécessaire de se soumettre à l'autorité, non seulement par peur de la punition, mais surtout par motif de conscience.

6 C'est pour les mêmes raisons que vous devez payer vos impôts [f]. Car ceux qui les perçoivent sont eux aussi au service de Dieu, dans l'exercice de leurs fonctions. **7** Rendez donc à chacun ce qui lui est dû : les impôts et les taxes à qui vous les devez, le respect et l'honneur à qui ils reviennent.

Le résumé de la Loi

8 Ne restez redevables de rien à personne, sinon de vous aimer les uns les autres. Car celui qui aime l'autre a satisfait à toutes les exigences de la *Loi. **9** En effet, des commandements comme : *Tu ne commettras pas d'adultère, tu ne commettras pas de meurtre, tu ne voleras pas, tu ne convoiteras pas* [g], et tous les autres, se trouvent récapitulés en cette seule parole : *Aime ton prochain comme toi-même* [h]. **10** Celui qui aime ne cause aucun mal à son prochain. Aimer son prochain, c'est donc accomplir toute la Loi.

Le Jour est proche

11 Faites ceci d'autant plus que vous savez en quel temps nous vivons. C'est désormais l'heure de sortir de votre sommeil, car le salut est plus près de nous que lorsque nous avons commencé à croire. **12** La nuit tire à sa fin, le jour va se lever. Débarrassons-nous de tout ce qui se fait dans les ténèbres, et revêtons-nous

---

a. **12.12** Autre traduction : *persévérez dans la prière.*

b. **12.16** Pr 3.7.

c. **12.19** Dt 32.35.

d. **12.20** Pr 25.21-22 cité selon l'anc. version grecque.

e. **13.4** Le grec a : *qu'elle porte l'épée.*

f. **13.6** Les chrétiens issus du judaïsme pouvaient avoir des hésitations à payer l'impôt à une autorité païenne (voir Mt 22.17).

g. **13.9** Ex 20.13-15.17 ; Dt 5.17-19.21.

h. **13.9** Lv 19.18.

de l'armure de la lumière. 13 Vivons correctement, comme il convient en plein jour, sans orgies ni beuveries, sans débauche ni immoralité, sans querelle ni jalousie. 14 Revêtez-vous du Seigneur Jésus-Christ et ne vous préoccupez pas de satisfaire les désirs de l'homme livré à lui-même.

Le respect des frères dans la foi

14 Accueillez celui qui est mal affermi dans la foi, sans vous ériger en juges [a] de ses opinions. 2 Ainsi l'un a la conviction qu'il peut manger de tout. L'autre, qui est mal affermi dans la foi, ne mange que des légumes. 3 Que celui qui mange de tout ne méprise pas celui qui ne fait pas comme lui, et que celui qui ne mange pas de viande ne condamne pas celui qui en mange, car Dieu lui a fait bon accueil. 4 Qui es-tu, toi, pour juger le serviteur d'un autre ? Qu'il tienne bon ou qu'il tombe, c'est l'affaire de son maître. Mais il tiendra bon car le Seigneur, son maître, a le pouvoir de le faire tenir.

5 Pour celui-ci, tel jour vaut plus qu'un autre [b] ; pour celui-là, ils ont tous la même valeur : à chacun d'avoir une pleine conviction en lui-même. 6 Celui qui fait une distinction entre les jours le fait pour le Seigneur. Celui qui mange le fait aussi pour le Seigneur, puisqu'il remercie Dieu pour sa nourriture. Et celui qui s'abstient de certains aliments le fait encore pour le Seigneur, car lui aussi remercie Dieu.

7 Aucun de nous ne vit pour lui-même et aucun ne meurt pour lui-même. 8 Si nous vivons, nous vivons pour le Seigneur, et si nous mourons, nous mourons pour le Seigneur. Ainsi, que nous vivions ou que nous mourions, nous appartenons au Seigneur. 9 En effet, le Christ est mort et il est revenu à la vie pour être le Seigneur des morts et des vivants. 10 Et toi, pourquoi condamnes-tu ton frère ? Ou toi, pourquoi méprises-tu ton frère ? Ne devons-nous pas tous comparaître devant le tribunal de Dieu ? 11 Car il est écrit :

Aussi vrai que je vis, dit le Seigneur,
tout genou ploiera devant moi
et toute langue
me reconnaîtra comme Dieu [c].

12 Ainsi chacun de nous rendra compte à Dieu pour lui-même. 13 Cessons donc de nous condamner les uns les autres.

Se soucier des frères dans la foi

Prenez plutôt la décision de ne rien mettre en travers du chemin d'un frère qui puisse le faire trébucher ou tomber. 14 Pour moi, je sais et je suis pleinement convaincu, en accord avec la pensée du Seigneur Jésus, que rien n'est impur en soi. Cependant, si quelqu'un considère que telle chose est impure, alors elle est vraiment impure pour lui. 15 Si donc, à cause d'un aliment, tu fais du tort à ton frère, tu ne te conduis pas selon l'amour. Ne va pas, pour un aliment, causer la perte de celui pour qui le Christ est mort. 16 Que ce qui est bien pour vous ne devienne pas pour d'autres une occasion de dire du mal de vous [d]. 17 Car le règne de Dieu ne consiste pas à réglementer le manger et le boire, mais, par l'Esprit Saint, à nous rendre justes et à nous donner la paix et la joie [e]. 18 Celui qui sert le Christ de cette manière est agréable à Dieu et estimé des hommes.

19 Ainsi donc, cherchons [f] toujours ce qui contribue à favoriser la paix et à nous faire grandir les uns les autres dans la foi. 20 Ne va pas, pour un aliment, détruire l'œuvre de Dieu. Tout est *pur, c'est vrai. Mais il est mal de manger tel aliment si cela risque de faire tomber quelqu'un dans le péché. 21 Ce qui est bien, c'est de s'abstenir de viande, de vin, bref, de tout ce qui peut entraîner la chute de ton frère. 22 Garde tes convictions, pour ce qui te concerne, devant Dieu. Heureux celui qui ne se condamne pas lui-même par ce qu'il approuve. 23 Mais celui qui mange tout en ayant des doutes à ce sujet est déjà condamné, car son attitude ne découle pas de la foi. Or tout ce qui ne découle pas de la foi est péché [g].

Le soutien des frères dans la foi

15 Nous qui sommes forts dans la foi, nous devons porter les faiblesses de ceux qui ne le sont pas, sans chercher notre propre satisfaction. 2 Que chacun de nous

---

a. 14.1 Autre traductions : *sans contester sans cesse ses opinions.*
b. 14.5 Il s'agissait peut-être d'anciens Juifs ou prosélytes qui attribuaient au sabbat et aux jours de fêtes religieuses un caractère sacré.
c. 14.11 Es 45.23 cité selon l'anc. version grecque.

d. 14.16 Certains manuscrits ont : *nous.*
e. 14.17 Autre traduction : *dans le royaume de Dieu, ce n'est pas le manger et le boire qui importent, mais une vie juste, la paix et la joie que donne l'Esprit Saint.*
f. 14.19 Certains manuscrits ont : *nous cherchons.*
g. 14.23 Autre traduction : *car son attitude ne vient pas de la foi. Or tout ce qui ne vient pas de la foi est péché.*

recherche la satisfaction de son prochain pour le bien de celui-ci, en vue de l'aider à grandir dans la foi. ³ Car le Christ n'a pas cherché sa propre satisfaction, mais il a dit, comme le déclare l'Ecriture : *Les insultes de ceux qui t'insultent sont retombées sur moi* ᵃ. ⁴ Or tout ce qui a été consigné autrefois dans l'Ecriture l'a été pour nous instruire, afin que la patience et l'encouragement qu'apporte l'Ecriture produisent en nous l'espérance. ⁵ Que Dieu, source de toute patience et de tout réconfort, vous donne de vivre en plein accord les uns avec les autres, conformément à l'enseignement de Jésus-Christ. ⁶ Ainsi, d'un même cœur et d'une seule voix, vous célébrerez la gloire du Dieu et Père de notre Seigneur Jésus-Christ.

Le Christ est venu pour les Juifs et pour les non-Juifs

⁷ Accueillez-vous donc les uns les autres, tout comme le Christ vous a accueillis, pour la gloire de Dieu. ⁸ Voici, en effet, ce que j'affirme : c'est, d'abord, que le Christ est venu se mettre au service des *Juifs pour montrer que Dieu est fidèle en accomplissant les promesses faites à leurs ancêtres ; ⁹ c'est, ensuite, qu'il est venu pour que les non-Juifs, de leur côté, louent Dieu à cause de sa bonté, comme le dit l'Ecriture :

Je veux te célébrer parmi les nations et je chanterai ta gloire ᵇ.

¹⁰ Et ailleurs :

Nations, réjouissez-vous avec son peuple ᶜ.

¹¹ Ou encore :

Louez le Seigneur, vous toutes les nations, que tous les peuples l'acclament ᵈ.

¹² *Esaïe dit de son côté :

Un rejeton naîtra d'Isaï On le verra se lever \ pour mener les nations et les peuples païens \ mettront en lui leur espérance ᵉ.

¹³ Que Dieu, qui est l'auteur de l'espérance, vous comble de toute joie et de sa paix par votre *confiance en lui. Ainsi votre cœur débordera d'espérance par la puissance du Saint-Esprit.

Le rôle de Paul

¹⁴ Frères, j'ai personnellement la conviction que vous êtes pleins de bonté, remplis de toute la connaissance, et tout à fait capables, par conséquent, de vous conseiller les uns les autres. ¹⁵ Cependant, je vous ai écrit avec une certaine audace sur quelques points ; car je désirais raviver vos souvenirs, à cause de la grâce que Dieu m'a accordée. ¹⁶ En effet, il a fait de moi le serviteur de Jésus-Christ pour les non-Juifs. J'accomplis ainsi la tâche d'un prêtre ᶠ en annonçant la Bonne Nouvelle de Dieu aux non-Juifs pour que ceux-ci deviennent une offrande agréable à Dieu ᵍ, consacrée par l'Esprit Saint. ¹⁷ Voilà pourquoi, grâce à Jésus-Christ, je suis fier de mon travail pour Dieu. ¹⁸ Car si j'ose parler, c'est seulement de ce que le Christ a accompli par mon moyen pour amener les non-Juifs à obéir à Dieu. Il l'a fait par mes paroles et mes actes, ¹⁹ par sa puissance qui s'est manifestée dans les miracles et les prodiges, c'est-à-dire par la puissance de l'Esprit de Dieu. Ainsi, à partir de *Jérusalem jusqu'en Illyrie ʰ, en rayonnant en tous sens, j'ai fait partout retentir le message du Christ. ²⁰ Je me suis fait un point d'honneur de ne proclamer la Bonne Nouvelle que là où le nom du Christ n'était pas encore connu. Je ne voulais en aucun cas bâtir sur des fondations posées par d'autres. ²¹ J'ai agi selon cette parole de l'Ecriture :

Ceux à qui l'on n'avait rien dit de lui le verront, et ceux qui n'avaient pas entendu parler de lui comprendront ⁱ.

²² C'est aussi cette raison qui m'a empêché bien des fois d'aller chez vous.

²³ A présent, je n'ai plus de champ d'action dans ces régions. Or, depuis plusieurs années,

---

a. **15.3** Ps 69.10.
b. **15.9** Ps 18.50.
c. **15.10** Dt 32.43.
d. **15.11** Ps 117.1.
e. **15.12** Es 11.1,10 cité selon l'anc. version grecque.

f. **15.16** Paul emploie un mot qui signifie : *officiant.*
g. **15.16** Paul voulait présenter les non-Juifs convertis à Dieu comme le prêtre juif présentait au Seigneur des offrandes d'agréable odeur.
h. **15.19** Province romaine correspondant à l'actuelle Yougoslavie.
i. **15.21** Es 52.15 cité selon l'anc. version grecque.

je désire aller chez vous ²⁴ et cela pourra se réaliser quand j'irai en Espagne. En effet, j'espère vous voir en passant, et je compte sur vous pour m'aider à me rendre dans ce pays ᵃ après avoir satisfait au moins en partie mon désir de vous rencontrer. ²⁵ Pour l'instant, je vais à Jérusalem pour le service de ceux qui appartiennent à Dieu. ²⁶ En effet, les Eglises de la Macédoine et de l'Achaïe ont décidé de mettre en commun une part de leurs biens pour venir en aide aux croyants pauvres de Jérusalem. ²⁷ C'est une libre initiative de leur part, mais elles ont ici leur devaient bien : car si les non-Juifs ont eu leur part des biens spirituels qui appartenaient aux *Juifs, ils doivent bien, à leur tour, les assister de leurs biens matériels. ²⁸ Lorsque je me serai acquitté de ce service et que j'aurai remis à ses destinataires le fruit de cette initiative, je prendrai le chemin de l'Espagne et passerai donc par chez vous. ²⁹ Et je sais que lorsque je viendrai chez vous, ce sera avec la pleine bénédiction du Christ.

³⁰ Je vous le demande, frères, par notre Seigneur Jésus-Christ et par l'amour que donne l'Esprit : combattez avec moi, en priant Dieu pour moi. ³¹ Qu'il me fasse échapper aux incrédules de la *Judée ᵇ et permette que l'aide que j'apporte à Jérusalem puisse être reçue favorablement par ceux qui appartiennent à Dieu. ³² Ainsi je pourrai venir chez vous le cœur plein de joie, si Dieu le veut, et trouver quelque repos parmi vous. ³³ Que le Dieu qui donne la paix soit avec vous tous. *Amen.

Salutations

16 Je vous recommande notre sœur Phœbé, diacre ᶜ de l'Eglise de Cenchrées ᵈ. ² Réservez-lui, comme à quelqu'un qui appartient au Seigneur, l'accueil que lui doivent des chrétiens. Mettez-vous à sa disposition pour toute affaire où elle aurait besoin de vous. Car elle est intervenue en faveur de beaucoup et, en particulier, pour moi.

³ Saluez Prisca et Aquilas ᶜ, mes collaborateurs dans le service du Christ Jésus. ⁴ Ils ont risqué leur vie pour sauver la mienne. Je ne suis pas seul à leur en devoir gratitude. C'est aussi le cas de toutes les Eglises des pays païens. ⁵ Saluez aussi l'Eglise qui se réunit dans leur maison ᶠ.

Saluez mon cher Epaïnète : il est le premier à s'être tourné vers le Christ dans la province d'Asie. ⁶ Saluez Marie, qui s'est beaucoup dépensée pour vous. ⁷ Saluez Andronicus et Junia ᵍ, mes compatriotes : ils ont été mes compagnons de captivité ; ce sont des *apôtres remarquables ʰ, qui se sont même convertis au Christ avant moi. ⁸ Saluez Ampliatus qui m'est très cher dans le Seigneur. ⁹ Saluez Urbain, notre collaborateur dans le service du Christ ainsi que mon cher Stachys. ¹⁰ Saluez Apellès, qui a prouvé son attachement au Christ. Saluez aussi les gens de la maison d'Aristobule ⁱ ¹¹ et Hérodion mon compatriote. Saluez les gens de la maison de Narcisse ʲ qui appartiennent au Seigneur.

¹² Saluez Tryphène et Tryphose qui toutes deux travaillent pour le Seigneur, ainsi que ma chère Perside qui a beaucoup travaillé pour le Seigneur. ¹³ Saluez Rufus ᵏ, cet homme de grande valeur, et sa mère, qui est aussi une mère pour moi.

¹⁴ Saluez Asyncrite, Phlégon, Hermès, Patrobas, Hermas, et tous les frères qui sont avec eux. ¹⁵ Saluez Philologue et Julie, Nérée et sa sœur, Olympas et tous ceux qui appartiennent à Dieu et sont avec eux. ¹⁶ Saluez-vous les uns les autres en vous donnant le baiser fraternel. Toutes les Eglises du Christ vous adressent leurs salutations.

¹⁷ Je vous engage instamment, chers frères, à prendre garde à ceux qui sèment la division et égarent les autres en s'opposant à l'enseignement que vous avez reçu. Eloignez-

---

a. 15.24 D'après les coutumes de l'époque, cette aide demandée par Paul comprenait des indications, des recommandations, des provisions de route et, éventuellement, des compagnons de voyage.

b. 15.31 C'est-à-dire aux Juifs de Jérusalem et de Judée qui étaient ses adversaires parce qu'ils ne voulaient pas croire en l'Evangile.

c. 16.1 Le terme grec désigne la fonction dont il est question dans 1 Tm 3.11.

d. 16.1 Voir Ac 18.18 et note.

e. 16.3 Voir Ac 18.2 et note.

f. 16.5 Au premier siècle, les communautés chrétiennes se réunissaient dans des maisons particulières. Ce chapitre en nomme quatre situées à Rome (v.5,10,15).

g. 16.7 Certains manuscrits ont : *Julia*.

h. 16.7 Autre traduction : *qui sont très estimés parmi les apôtres*.

i. 16.10 Neveu d'Hérode le Grand qui vivait à Rome et fréquentait la cour impériale du temps de Claude. Certains de ses esclaves étaient chrétiens.

j. 16.11 Affranchi de Néron.

k. 16.13 Probablement le fils de Simon de Cyrène qui a porté la croix de Jésus (Mc 15.21). Son frère Alexandre et lui s'étaient convertis.

vous d'eux, [18] car les gens de cette sorte ne servent pas le Christ, notre Seigneur, mais leur ventre. Avec leurs belles paroles et leurs discours flatteurs, ils séduisent ceux qui ne discernent pas le mal. [19] Votre obéissance est connue de tous et cela me remplit de joie, mais je désire que vous sachiez discerner le bien[a] et que vous soyez incorruptibles à l'égard du mal. [20] Le Dieu qui donne la paix ne tardera pas à écraser *Satan sous vos pieds. Que la grâce de notre Seigneur Jésus soit avec vous[b].

[21] Timothée, mon collaborateur, ainsi que mes compatriotes Lucius, Jason et Sosipater vous saluent. [22] Moi, Tertius[c] qui écris cette lettre, j'ajoute mes salutations dans le Seigneur qui nous unit. [23] Vous saluent encore :

Gaïus qui m'offre l'hospitalité et chez qui se réunit toute l'Eglise, Eraste[d], le trésorier de la ville, ainsi que le frère Quartus[e].

[25] Béni soit Dieu ! Il a le pouvoir de vous rendre forts dans la foi, conformément à la Bonne Nouvelle que je prêche. Elle est le message de Jésus-Christ et dévoile le plan de Dieu, tenu secret pendant les siècles passés [26] et qui s'accomplit de façon manifeste de nos jours. Comme l'a ordonné le Dieu éternel, il est porté, par les écrits des *prophètes, à la connaissance de tous les peuples pour qu'ils soient amenés à lui obéir en croyant. [27] A ce Dieu qui seul possède la sagesse soit la gloire, de siècle en siècle, par Jésus-Christ. *Amen[f].

---

a. **16.19** Autre traduction : *que vous ayez de la sagesse pour faire le bien.*

b. **16.20** Les mots : *que la grâce... avec vous* sont absents de certains manuscrits.

c. **16.22** Secrétaire de Paul.

d. **16.23** Dans une place pavée de Corinthe, des archéologues ont découvert un bloc de pierre portant l'inscription : *Eraste, chef des travaux publics, a payé les frais de ce pavage.* Peut-être s'agit-il du même personnage qu'ici et dans Ac 19.22 et 2 Tm 4.20.

e. **16.23** Certains manuscrits ajoutent : [24] *que la grâce du Seigneur Jésus-Christ soit avec vous tous. Amen.*

f. **16.27** La place des v.25-27 varie selon les manuscrits qui les insèrent parfois après 14.23 ou 15.33.

PREMIERE LETTRE AUX CORINTHIENS

La ville de Corinthe occupe, en Grèce, une position centrale. Elle est bâtie sur un isthme entre la mer Egée (à l'est) et la mer ionienne (à l'ouest). Au temps de Paul, elle comptait déjà, estime-t-on, 700 000 habitants. Tous les cultes s'y côtoyaient : grecs, romains et orientaux ; les écoles de philosophie y florissaient. Mais la corruption des mœurs emboîtait le pas à la prospérité matérielle.

L'Eglise de Corinthe a été fondée en 51 par l'*apôtre Paul (Ac 18.1-18). Quelques *Juifs se convertirent d'abord, en particulier Crispus, le chef de la synagogue. Puis Paul se tourne vers les non-Juifs qui, en grand nombre, deviennent chrétiens. L'apôtre reste environ deux ans dans la ville, y rassemblant l'Eglise la plus nombreuse de sa carrière.

Lui-même, au moment où il écrit cette première lettre aux Corinthiens (probablement au printemps 56), se trouve au terme d'un long séjour à Ephèse.

L'occasion de la lettre est double :

1) Paul a eu de mauvaises nouvelles de l'Eglise par « les gens de la maison de Chloé » (1.11) : des « clans » se sont formés, qui revendiquent l'autorité d'un apôtre particulier, il y a des querelles et des cas d'immoralité.

2) Il a reçu une lettre de l'Eglise de Corinthe (7.1), qui lui pose des questions sur divers sujets et soulève plusieurs problèmes.

Il doit donc redresser, par son enseignement, la situation dans l'Eglise, et répondre à la lettre des Corinthiens. De ces deux impératifs se dégage le plan général de la lettre :

Réactions aux nouvelles : ch. 1 à 6

1.10 à 4.21 : Les divisions dans l'Eglise

5.1 à 6.20 : Les problèmes moraux

Réponses à divers problèmes : ch. 7 à 15

7 : Le mariage et le célibat

8.1 à 11.1 : La liberté chrétienne

11.2-34 : Le comportement dans les assemblées

12 à 14 : Les dons spirituels et leur exercice

15 : La résurrection

La diversité des sujets abordés fait de cette lettre une des plus pratiques de Paul. Elle permet d'entrer de plain-pied dans la vie d'une Eglise du premier siècle. Mais diversité ne signifie pas éparpillement : l'apôtre nous ramène toujours aux vérités fondamentales de la foi, qui éclairent tous les aspects de la vie chrétienne.

Salutation

1 Paul, appelé, par la volonté de Dieu, à être un *apôtre de Jésus-Christ, et le frère Sosthène [a], ² saluent l'Eglise de Dieu établie à Corinthe, ceux qui ont été *purifiés de leurs péchés dans l'union avec Jésus-Christ et qui sont appelés à appartenir à Dieu [b], ainsi que tous ceux qui, en quelque lieu que ce soit, font appel au Seigneur Jésus-Christ, leur Seigneur aussi bien que le nôtre.

³ Que la grâce et la paix vous soient accordées par Dieu notre Père et par le Seigneur Jésus-Christ.

Paul remercie Dieu au sujet des Corinthiens

⁴ Je ne cesse d'exprimer ma reconnaissance à mon Dieu [c] à votre sujet pour la grâce qu'il vous a accordée dans l'union avec Jésus-Christ. ⁵ En effet, vous avez été comblés en lui dans tous les domaines, en particulier celui de la parole et celui de la connaissance, ⁶ dans la mesure même où la vérité dont le Christ est le témoin a été fermement établie chez vous [d]. ⁷ Ainsi, il ne vous manque aucun don de la grâce divine

---

tandis que vous attendez le moment où notre Seigneur Jésus-Christ apparaîtra. [8] Lui-même, d'ailleurs, vous rendra forts jusqu'à la fin, pour que vous soyez irréprochables au jour de notre Seigneur Jésus-Christ. [9] Car Dieu, qui vous a appelés à vivre en communion avec son Fils, notre Seigneur Jésus-Christ, est fidèle.

LES DIVISIONS DANS L'ÉGLISE

Les divisions à Corinthe

[10] Il faut cependant, frères, que je vous adresse une recommandation instante, et c'est au nom de notre Seigneur Jésus-Christ que je le fais. Vivez tous ensemble en pleine harmonie ! Ne laissez pas de division s'introduire entre vous ! Soyez parfaitement unis en ayant une même conviction, une même façon de penser ! [11] En effet, mes frères, j'ai été informé par les gens de la maison de Chloé[a] que la discorde règne parmi vous. [12] Voici ce que je veux dire : chacun de vous tient ce type de langage : « Moi, je suis pour Paul ! » ou : « Moi, pour Apollos[b] ! » ou : « Moi, pour Pierre ! » ou encore : « Et moi, pour le Christ ! »

[13] Voyons : le Christ serait-il divisé ? Paul aurait-il été crucifié pour vous ? Ou bien est-ce au nom de Paul que vous avez été baptisés ? [14] Je remercie Dieu de n'avoir baptisé aucun de vous, sauf Crispus et Gaïus[c]. [15] Personne, en tout cas, ne peut prétendre avoir été baptisé en mon nom. [16] –Ah si ! J'ai baptisé encore les gens de la maison de Stéphanas. A part ceux-là, je crois n'avoir baptisé personne. [17] Car ce n'est pas pour baptiser que le Christ m'a envoyé, c'est pour proclamer la Bonne Nouvelle. Et cela, sans recourir aux arguments de la sagesse humaine, afin de ne pas vider de son sens la mort du Christ sur la croix.

La sagesse des hommes et la folie de Dieu

[18] En effet, la prédication de la mort du Christ sur une croix est une folie aux yeux de ceux qui se perdent. Mais pour nous qui sommes *sauvés, elle est la puissance même de Dieu. [19] N'est-il pas écrit :

Je détruirai la sagesse des sages et je réduirai à néant | l'intelligence des intelligents[d] ?

[20] Où est le sage ? Où est le *spécialiste de la Loi ? Où est le raisonneur de ce monde ? Dieu n'a-t-il pas changé en folie la sagesse du monde ? [21] En effet, là où la sagesse divine s'est manifestée, le monde n'a pas reconnu Dieu par le moyen de la sagesse. C'est pourquoi Dieu a jugé bon de sauver ceux qui croient, par un message qui paraît annoncer une folie.

[22] Oui, tandis que, d'un côté, les *Juifs réclament des signes miraculeux et que, de l'autre, les Grecs recherchent « la sagesse », [23] nous, nous prêchons un Christ mis en croix. Les Juifs crient au scandale[e]. Les Grecs, à l'absurdité. [24] Mais pour ceux que Dieu a appelés, qu'ils soient Juifs ou Grecs, ce Christ que nous prêchons manifeste la puissance et la sagesse de Dieu. [25] Car cette « folie » de Dieu est plus sage que la sagesse des hommes, cette « faiblesse » de Dieu est plus forte que la force des hommes.

[26] Considérez donc votre situation, frères : qui êtes-vous, vous que Dieu a appelés à lui : On ne trouve parmi vous que peu de sages selon les critères humains, peu de personnalités influentes, peu de membres de la haute société ! [27] Non ! Dieu a choisi ce que le monde considère comme une folie pour confondre les « sages », et il a choisi ce qui est faible pour couvrir de honte les puissants.

[28] Dieu a porté son choix sur ce qui n'a aucune noblesse et que le monde méprise, sur ce qui est considéré comme insignifiant, pour réduire à néant ce que le monde estime important.

[29] Ainsi, aucune créature ne pourra se vanter devant Dieu : [30] Par lui, vous êtes unis au Christ, qui est devenu pour nous cette sagesse qui vient de Dieu : en Christ, en effet, se trouvent pour nous l'acquittement, la *purification et la libération du péché. [31] Et il en est ainsi pour que soit respecté ce commandement de l'Écriture :

Si quelqu'un veut éprouver de la fierté, qu'il place sa fierté dans le Seigneur[f].

---

a. 1.11 *Chloé :* peut-être une commerçante dont le personnel faisait fréquemment le voyage de Corinthe à Éphèse.
b. 1.12 Voir Ac 18.24.
c. 1.14 *Crispus :* voir Ac 18. 8. *Gaïus :* voir Ac 19.29.
d. 1.19 Es 29.14 cité selon l'anc. version grecque.
e. 1.23 Puisque d'après la Loi (Dt 21.23), un crucifié (« pendu au bois ») était maudit, il était scandaleux de proclamer que Jésus était le Messie (voir Ga 3.13).
f. 1.31 Jr 9.23.

La prédication de Paul à Corinthe

2 C'est pourquoi, moi aussi, frères, lorsque je suis allé chez vous, je ne suis pas venu proclamer le secret de Dieu[a] en utilisant les prestiges de l'éloquence ou de la sagesse. [2] Car, je n'ai pas estimé devoir apporter autre chose que Jésus-Christ, et Jésus-Christ crucifié. [3] De plus, quand je suis arrivé chez vous, je me sentais bien faible et je tremblais de crainte.

[4] Mon enseignement et ma prédication ne reposaient pas sur les discours persuasifs de la « sagesse », mais sur une action manifeste de la puissance de l'Esprit. [5] Ainsi votre foi a été fondée, non sur la « sagesse » humaine, mais sur la puissance de Dieu.

La vraie sagesse, par l'Esprit

[6] Cependant nous aussi, nous enseignons une sagesse aux chrétiens spirituellement adultes. Il ne s'agit pas, bien entendu, de ce qu'on appelle « sagesse » dans ce monde, ni de la sagesse des grands de ce monde qui sont destinés à disparaître. [7] Non, nous exposons la sagesse de Dieu, secrète jusqu'à présent, et qui demeure cachée au monde. Dieu l'avait préparée avant le commencement du monde en vue de notre gloire. [8] Cette sagesse-là, les grands de ce monde ne la connaissent pas, car s'ils l'avaient connue, ils n'auraient pas crucifié le Seigneur glorieux. [9] Mais, comme le dit l'Écriture, il s'agit de

ce que l'œil n'a pas vu
et que l'oreille n'a pas entendu,
ce que l'esprit humain n'a jamais soupçonné,
mais que Dieu tient en réserve pour ceux
qui l'aiment[b]

[10] Or, Dieu nous l'a révélé par son Esprit ; l'Esprit, en effet, scrute tout, même les pensées les plus intimes de Dieu.

[11] Quel être humain peut savoir ce qui se passe dans un autre homme ? Seul l'esprit de cet homme en lui le sait ? De même, nul ne peut connaître ce qui est en Dieu si ce n'est l'Esprit de Dieu. [12] Or nous, nous avons reçu, non l'esprit du monde, mais l'Esprit même qui vient de Dieu pour que nous comprenions tous les bienfaits que Dieu nous a accordés par grâce. [13] Et nous en parlons, non avec les termes qu'enseigne la sagesse humaine, mais avec ceux qu'enseigne l'Esprit. Ainsi nous exposons les réalités spirituelles dans des termes inspirés par l'Esprit[c].

[14] Mais l'homme livré à lui-même ne reçoit pas ce qui vient de l'Esprit de Dieu ; à ses yeux, c'est « pure folie » et il est incapable de le comprendre, car seul l'Esprit de Dieu permet d'en juger. [15] Celui qui a cet Esprit peut, lui, juger de tout, sans que personne ne puisse le juger. Car il est écrit :

[16] *Qui donc connaît la pensée du Seigneur et qui pourrait l'instruire*[d] ? Mais nous, nous avons la pensée du Christ.

Le rôle des prédicateurs de l'Evangile

3 En réalité, frères, je n'ai pas pu m'adresser à vous comme à des hommes conduits par l'Esprit. J'ai dû vous parler comme à vous étiez des hommes livrés à eux-mêmes, comme à de petits enfants dans la foi au Christ. [2] C'est pourquoi je vous ai donné du lait et non de la nourriture solide ; car vous n'auriez pas pu l'assimiler alors. Et même aujourd'hui, vous êtes encore incapables de le supporter, [3] parce que vous êtes comme des hommes livrés à eux-mêmes. En effet, lorsque vous vous jalousez les uns les autres et que vous vous disputez, n'êtes-vous pas semblables à des hommes livrés à eux-mêmes, ne vous comportez-vous pas d'une manière tout humaine ?

[4] Lorsque vous dites : « Moi je suis pour Paul ! » ou : « Moi pour Apollos ! », n'agissez-vous pas comme les autres hommes ?

[5] Après tout, que sont donc Apollos et Paul ? Des serviteurs, grâce auxquels vous avez été amenés à la foi, chacun d'eux accomplissant la tâche particulière que Dieu lui a confiée. [6] Moi j'ai planté, Apollos a arrosé, mais c'est Dieu qui a fait croître. [7] Peu importe, en fait, qui plante et qui arrose. Ce qui compte, c'est Dieu qui fait croître. [8] Celui qui plante et celui qui arrose sont égaux et chacun recevra son propre salaire en fonction du travail accompli. [9] Car nous travaillons ensemble au service de Dieu, et vous, vous êtes le champ qu'il cultive. Ou encore : vous êtes l'édifice qu'il construit.

---

a. 2.1 Certains manuscrits ont : *le témoignage au sujet de Dieu.*
b. 2.9 Es 64.3.

c. 2.13 Autre traduction : *à des hommes qui ont l'Esprit.*
d. 2.16 Es 40.13 cité selon l'anc. version grecque.

[10] Conformément à la mission que Dieu, dans sa grâce, m'a confiée, j'ai posé chez vous le fondement comme un sage architecte. A présent, quelqu'un d'autre bâtit sur ce fondement. Seulement, que chacun prenne garde à la manière dont il bâtit. [11] Pour ce qui est du fondement, nul ne peut en poser un autre que celui qui est déjà en place, c'est-à-dire Jésus-Christ. [12] Or on peut bâtir sur ce fondement avec de l'or, de l'argent, des pierres précieuses ou du bois, du chaume ou du torchis de paille. [13] Mais le jour du jugement montrera clairement la qualité de l'œuvre de chacun et la rendra évidente. En effet, ce jour sera comme un feu qui éprouvera l'œuvre de chacun pour en révéler la nature.

[14] Si la construction édifiée sur le fondement résiste à l'épreuve, son auteur recevra son salaire ; [15] mais si elle est consumée, il en subira les conséquences. Lui, personnellement, sera *sauvé, mais tout juste, comme un homme qui réussit à échapper au feu.

[16] Ne savez-vous pas que vous êtes le temple de Dieu [a] et que l'Esprit de Dieu habite en vous ? [17] Si quelqu'un détruit son temple, Dieu le détruira. Car son temple est saint, et vous êtes ce temple.

[18] Que personne ne se fasse d'illusions sur ce point. Si quelqu'un parmi vous se croit sage selon les critères de ce monde, qu'il devienne fou afin de devenir véritablement sage. [19] Car ce qui passe pour sagesse dans ce monde est folie aux yeux de Dieu. Il est écrit en effet : *Il prend les sages à leur propre piège* [b], [20] et encore : *Le Seigneur connaît les pensées des sages : elles ne sont que du vent* [c].

[21] Que personne ne mette donc sa fierté dans des hommes, car tout est à vous, [22] que ce soit Paul, Apollos, Pierre, l'univers, la vie, la mort, le présent ou l'avenir. Tout est à vous, [23] mais vous, vous êtes au Christ, et le Christ est à Dieu.

4 En ce qui nous concerne, Apollos et moi, qu'on nous considère donc comme de simples serviteurs du Christ, des intendants chargés de communiquer les secrets de Dieu. [2] Or, en fin de compte, que demande-t-on à des intendants ? Qu'ils accomplissent fidèlement la tâche qui leur a été confiée.

[3] Pour ma part, peu m'importe le jugement que vous, ou une instance humaine, pouvez porter sur moi. D'ailleurs, je ne me juge pas non plus moi-même. [4] Car, bien que je n'aie rien à me reprocher, ce n'est pas cela qui fait de moi un juste. Celui qui me juge, c'est le Seigneur. [5] Ne jugez donc pas avant le temps. Attendez que le Seigneur revienne. Il mettra en lumière tout ce qui est caché dans les ténèbres et il dévoilera les intentions véritables qui animent les cœurs. Alors chacun recevra de Dieu la louange qui lui revient.

L'orgueil des Corinthiens

[6] Frères, je viens d'employer diverses images à propos d'Apollos et de moi pour que vous appreniez, à notre sujet, à appliquer cette règle [d] : « Ne pas aller au-delà de ce qui est écrit [e], et qu'ainsi aucun de vous ne s'enfle d'orgueil en prenant le parti de l'un contre l'autre. »

[7] Car qui te confère une distinction ? Qu'as-tu qui ne t'ait été donné ? Et puisqu'on t'a tout donné, pourquoi t'en vanter comme si tu ne l'avais pas reçu ?

[8] Dès à présent, vous êtes rassasiés. Déjà, vous voilà riches ! Vous avez commencé à régner sans nous.

Comme je voudrais que vous soyez effectivement en train de régner, pour que nous soyons rois avec vous. [9] Mais il me semble plutôt que Dieu nous a assigné, à nous autres *apôtres, la dernière place, comme à des condamnés à mort car, comme eux, il nous a livrés en spectacle au monde entier : aux *anges et aux hommes [f].

[10] Nous sommes « fous » à cause du Christ, mais vous, vous êtes sages en Christ ! Nous sommes faibles, mais vous, vous êtes forts ! Vous êtes honorés, nous, nous sommes méprisés.

[11] Jusqu'à présent, nous souffrons la faim et la soif, nous sommes mal vêtus, exposés aux coups, errant de lieu en lieu. [12] Nous nous épuisons à travailler de nos propres mains. On nous insulte ? Nous bénissons. On nous persécute ? Nous le supportons. [13] On nous calomnie ? Nous répondons par

---

a. 3.16 L'Eglise est le temple de Dieu de la nouvelle alliance.
b. 3.19 Jb 5.13.
c. 3.20 Ps 94.11.

d. 4.6 D'autres comprennent : *pour que notre exemple vous aide à comprendre cette règle.*
e. 4.6 Le texte grec est difficile. Certains manuscrits ont : *à ne pas penser au-delà.*
f. 4.9 Les condamnés à mort étaient envoyés dans le cirque pour lutter contre les bêtes féroces.

des paroles bienveillantes. Jusqu'à maintenant, nous sommes devenus comme les déchets du monde et traités comme le rebut de l'humanité.

L'autorité de Paul

[14] Si j'écris ainsi, ce n'est pas pour vous remplir de confusion. C'est pour vous mettre en garde comme des enfants bien-aimés. [15] En effet, même si vous aviez dix mille maîtres dans la foi [a] en Christ, vous n'avez cependant qu'un seul père. Car c'est moi qui vous ai fait naître à la foi en Jésus-Christ en vous annonçant la Bonne Nouvelle. [16] Je vous invite donc à suivre mon exemple.

[17] C'est dans cette intention que je vous ai envoyé *Timothée [b], mon fils bien-aimé et fidèle dans le Seigneur. Il vous rappellera les principes de vie chrétienne qui sont les miens, tels que je les enseigne partout dans toutes les Eglises.

[18] Pensant que désormais je ne reviendrai plus chez vous, certains se sont mis à jouer les importants. [19] Mais, si le Seigneur le veut, j'irai très prochainement vous voir et alors je me rendrai compte, non pas des beaux discours que ces prétentieux peuvent tenir, mais de ce dont ils sont capables. [20] Car le règne de Dieu ne consiste pas en paroles, mais en puissance.

[21] Que préférez-vous ? Que je vienne chez vous avec un bâton, ou avec un esprit d'amour et de douceur ?

PROBLEMES MORAUX DANS L'EGLISE

Un cas d'inceste

5 On entend dire partout qu'il y a de l'immoralité parmi vous, et une immoralité telle qu'il ne s'en rencontre même pas chez les païens : l'un de vous vit avec la deuxième femme de son père [c] !

[2] Et vous vous en vantez encore ! Vous devriez au contraire en être vivement affligés

et faire en sorte que l'auteur d'un tel acte soit exclu du milieu de vous. [3-4] Pour moi, qui suis absent de corps, mais présent en pensée parmi vous, j'ai déjà, comme si j'étais présent, prononcé la sentence au nom du Seigneur Jésus contre celui qui a commis cette faute. Lorsque vous serez réunis, et que je serai présent parmi vous en pensée, appliquez cette sentence dans la puissance de notre Seigneur Jésus : [5] qu'un tel homme soit livré à *Satan [d] en vue de la destruction du mal qui est en lui afin qu'il soit *sauvé au jour du Seigneur [e].

[6] Ah ! vous n'avez vraiment pas de quoi vous vanter ! Ne savez-vous pas qu'« il suffit d'un peu de *levain pour faire lever toute la pâte » ? [7] Faites donc disparaître tout « vieux levain » du milieu de vous afin que vous soyez comme « une pâte toute nouvelle », puisque, en fait, vous êtes « sans levain ». Car nous avons un agneau pascal qui a été sacrifié pour nous, le Christ lui-même [f]. [8] C'est pourquoi célébrons la fête de la *Pâque, non plus avec le « vieux levain », le levain du mal et de la méchanceté, mais uniquement avec les *pains sans levain de la pureté et de la vérité.

[9] Dans ma dernière lettre [g], je vous ai écrit de ne pas avoir de relations avec des personnes vivant dans la débauche. [10] Mais je ne voulais évidemment pas dire par là qu'il faut éviter toute relation avec ceux qui, dans ce monde, mènent une vie de débauche, ou avec les avares, les voleurs ou les adorateurs d'idoles ; car alors il vous faudrait sortir du monde.

[11] Non, je voulais simplement vous dire de ne pas entretenir de relations avec celui qui, tout en se disant votre « frère », vivrait dans la débauche, ou serait avare, idolâtre, calomniateur, adonné à la boisson ou voleur. Avec des gens de cette sorte, il ne vous faut même pas prendre de repas.

---

a. 4.15 Littéralement : *pédagogues dans la foi*. Les pédagogues étaient les esclaves chargés de conduire les enfants à l'école ou de les enseigner (comparer Ga 3.24).

b. 4.17 Paul avait envoyé Timothée à Corinthe en passant par la Macédoine. La lettre, expédiée par mer, arrivera avant lui à Corinthe, d'où le futur dans ce verset.

c. 5.1 Cette union avec sa belle-mère était interdite aussi bien par la Loi juive (Lv 18.8 ; Dt 23.1) que par le droit romain.

d. 5.5 Formule d'excommunication en usage chez les Juifs. Elle impliquait en tout cas l'exclusion de l'Eglise. Voir 1 Tm 1.20.

e. 5.5 Autre traduction : *pour que son corps soit détruit afin que son esprit soit sauvé au jour du Seigneur*.

f. 5.7 Allusion aux différentes traditions de la Pâque juive : avant la fête, on faisait disparaître toute trace de levain (voir Ex 12.8,20) dans la maison, puis on sacrifiait un agneau et on mangeait des pains sans levain. Tous ces symboles ont trouvé leur accomplissement dans le Christ.

g. 5.9 Une lettre qui ne nous est pas parvenue.

¹² Est-ce à moi de juger ceux qui vivent en dehors de la famille de Dieu ? Certes non ! Mais c'est bien à vous de juger ceux qui font partie de votre communauté. ¹³ Ceux du dehors, Dieu les jugera. Mais vous, *chassez le méchant du milieu de vous* ª.

Des procès entre chrétiens

6 Lorsque l'un de vous a un différend avec un frère, comment ose-t-il le citer en justice devant des juges incroyants au lieu de recourir à l'arbitrage de ceux qui appartiennent à Dieu ?

² Ignorez-vous que ceux-ci auront un jour à juger le monde ? Si donc vous êtes destinés à être les juges du monde, seriez-vous incapables de vous prononcer sur des questions bien moins importantes ? ³ Ne savez-vous pas que nous jugerons même les *anges ? Et nous serions incompétents pour les affaires de la vie présente !

⁴ Or, si vous avez des litiges au sujet des affaires de la vie courante, vous prenez comme juges des gens qui ne comptent pour rien dans l'Eglise ! ⁵ Je le dis à votre honte ! N'y a-t-il vraiment pas un seul homme sage parmi vous qui puisse servir d'arbitre entre ses frères ? ⁶ Faut-il qu'on se traîne en justice entre frères et qu'on aille plaider l'un contre l'autre devant des incroyants ? ⁷ De toute façon, vos différends constituent déjà une défaite. Pourquoi ne souffrez-vous pas plutôt l'injustice ? Pourquoi ne consentez-vous pas plutôt à vous laisser dépouiller ?

⁸ Mais non, c'est au contraire vous qui commettez des injustices et dépouillez les autres, et ce sont vos frères que vous traitez ainsi ! ⁹⁻¹⁰ Ne savez-vous pas que ceux qui pratiquent l'injustice n'auront aucune part au *royaume de Dieu ? Ne vous y trompez pas : il n'y aura point de part dans l'héritage de ce royaume pour les débauchés, les idolâtres, les adultères, les pervers ou les homosexuels, ni pour les voleurs, les avares, pas plus que pour les ivrognes, les calomniateurs ou les malhonnêtes. ¹¹ Voilà bien ce que vous étiez, certains d'entre vous. Mais vous avez été lavés, vous avez été *purifiés du péché, vous en avez été déclarés justes au nom du Seigneur Jésus-Christ et par l'Esprit de notre Dieu.

Sur l'inconduite

¹² Tout m'est permis. Certes, mais tout n'est pas bon pour moi. Tout m'est permis, c'est vrai, mais je ne veux pas me placer sous un esclavage quelconque. ¹³ « Les aliments sont faits pour le ventre et le ventre pour les aliments. » Certes, cependant un jour, Dieu détruira l'un comme l'autre. Mais attention : notre corps, lui, n'a pas été fait pour l'inconduite, il est pour le Seigneur et le Seigneur est pour le corps. ¹⁴ En effet, comme Dieu a ressuscité le Seigneur d'entre les morts, il nous ressuscitera, nous aussi, par sa puissance.

¹⁵ Ignorez-vous que vos corps sont des membres du Christ ? Vais-je donc arracher les membres du Christ pour en faire ceux d'une prostituée ᵇ ? Sûrement pas !

¹⁶ Ou bien, ignorez-vous qu'un homme qui s'unit à une prostituée devient un seul corps avec elle ? Car il est écrit : *Les deux ne feront plus qu'un* ᶜ. ¹⁷ Mais celui qui s'unit au Seigneur devient, lui, un seul esprit avec lui. ¹⁸ C'est pourquoi, fuyez les unions illégitimes. Tous les autres péchés qu'un homme peut commettre n'impliquent pas intégralement son corps, mais celui qui se livre à la débauche pèche contre son propre corps.

¹⁹ Ou bien encore, ignorez-vous que votre corps est le temple même du Saint-Esprit qui vous a été donné par Dieu et qui, maintenant, demeure en vous ? Vous ne vous appartenez donc pas à vous-mêmes. ²⁰ Car vous avez été rachetés à grand prix. Honorez donc Dieu dans votre corps.

REPONSES AUX PROBLEMES SOULEVES PAR LES CORINTHIENS

Sur le mariage

7 J'en viens à présent aux problèmes que vous soulevez dans votre lettre ᵈ : « C'est une excellente chose, dites-vous, qu'un homme se passe de femme ᵉ. » ² Cependant, pour éviter toute immoralité, il est préférable que chaque homme ait sa femme et que chaque femme ait son mari.

---

a. 5.13 Dt 17.7 cité selon l'anc. version grecque.

b. 6.15 La ville de Corinthe avait mauvaise réputation : on prétendait que mille prostituées sacrées vivaient sur l'Acrocorinthe.

c. 6.16 Gn 2.24.

d. 7.1 Les Corinthiens avaient soulevé certains problèmes dans une lettre qu'ils avaient fait parvenir par leurs trois émissaires (16.17). Paul répond en reprenant chaque fois la même formule (7.1 ; 8.1 ; 12.1 ; 16.1).

e. 7.1 D'autres attribuent cette affirmation à Paul et non aux Corinthiens.

³ Que le mari accorde à sa femme ce qu'il lui doit et que la femme agisse de même envers son mari. ⁴ Car le corps de la femme ne lui appartient plus, il est à son mari. De même, le corps du mari ne lui appartient plus, il est à sa femme. ⁵ Ne vous refusez donc pas l'un à l'autre. Vous pouvez, certes, en plein accord l'un avec l'autre, renoncer pour un temps à vos relations conjugales afin de vous consacrer davantage à la prière, mais après cela, reprenez vos rapports comme auparavant. Il ne faut pas donner à *Satan l'occasion de vous tenter par votre incapacité à dominer vos instincts. ⁶ Notez bien qu'il s'agit là d'une concession et nullement d'un ordre.

⁷ Je voudrais bien que tout le monde soit comme moi, mais chacun reçoit de Dieu son don particulier, l'un le mariage, l'autre le célibat. ⁸ J'aimerais cependant dire aux veufs ᵃ et aux veuves que c'est une bonne chose de continuer à vivre seul, comme moi. ⁹ Toutefois, s'ils ne peuvent pas se maîtriser en ce domaine, qu'ils se marient, car mieux vaut se marier que de se consumer en désirs insatisfaits.

¹⁰ Quant aux couples chrétiens, voici ce que j'ordonne, ou plutôt ce que le Seigneur lui-même leur commande : Que la femme ne se sépare pas de son mari ᵇ. ¹¹ Au cas où elle en serait séparée, qu'elle reste sans se remarier ou qu'elle se réconcilie avec son mari. Le mari, de son côté, ne doit pas quitter sa femme.

¹² Pour les autres couples, en l'absence d'indication expresse de la part du Seigneur, voici ce que je dis : si un frère chrétien est marié avec une femme non-croyante et qu'elle consente à rester avec lui, qu'il ne la quitte pas. ¹³ De même, si une femme a un mari non-croyant et qu'il consente à rester avec elle, qu'elle ne le quitte pas. ¹⁴ Car du fait de son union avec sa femme, le mari non-croyant est bien un mari légitime et de même, du fait de son union avec son mari chrétien, la femme non-croyante est bien une épouse légitime. Autrement, leurs enfants seraient des enfants naturels, alors qu'en réalité ils sont légitimes ᶜ.

¹⁵ Mais si le conjoint non-croyant est déterminé à demander le divorce, eh bien, qu'il le fasse ; dans ce cas, le frère ou la sœur n'est pas lié. Dieu vous a appelés à vivre dans la paix. ¹⁶ Car toi, femme, tu amèneras peut-être ton mari au salut, mais en fait qu'en sais-tu ? De même, toi, mari, tu amèneras peut-être ta femme au salut, mais en fait, qu'en sais-tu ?

¹⁷ En dehors de ce cas, tenez-vous-en à la règle générale que j'enseigne partout dans toutes les Eglises : que chacun continue à vivre dans la condition que le Seigneur lui a assignée comme sa part, celle dans laquelle il se trouvait au moment où Dieu l'a appelé.

Accepter sa condition présente

¹⁸ Quelqu'un était-il *circoncis lorsqu'il a été appelé ? Qu'il ne cherche pas à le dissimuler. Ou quelqu'un était-il incirconcis lorsque Dieu l'a appelé ? Qu'il ne se fasse pas circoncire. ¹⁹ Que l'on soit circoncis ou non n'a aucune importance. Ce qui importe, c'est l'obéissance aux commandements de Dieu.

²⁰ Que chacun demeure dans la situation qui était la sienne lorsque Dieu l'a appelé. ²¹ Etais-tu esclave ᵈ lorsque Dieu t'a appelé ? Ne te fais pas de souci à ce sujet. — Mais si tu peux devenir libre, alors profites-en ᵉ. — ²² Car un esclave qui a été appelé à servir le Seigneur est un affranchi du Seigneur. Et de même, l'homme libre que Dieu a appelé est un esclave du Christ. ²³ C'est à un grand prix que vous avez été rachetés ! Alors, ne devenez pas esclaves des hommes. ²⁴ Donc, frères, que chacun reste devant Dieu dans la situation où il était lorsque Dieu l'a appelé à venir à lui.

Sur ceux qui ne sont pas mariés

²⁵ Pour ceux qui ne sont pas mariés, je n'ai pas d'indication expresse de la part du Seigneur, mais je leur donne mon avis comme celui d'un homme qui, par la grâce du Seigneur, est digne de confiance : ²⁶ à cause des détresses de l'heure présente, j'estime qu'il est bon pour chacun de demeurer comme il est. ²⁷ As-tu une femme ? Ne cherche pas à rompre. N'as-tu aucun engagement ? Ne cherche pas de femme. ²⁸ Mais si tu te maries, tu ne

---

a. 7.8 Autre traduction : *à ceux qui ne sont pas mariés.*

b. 7.10 Voir Mt 19.3-9.

c. 7.14 D'autres traduisent : *Car le mari non-croyant est sanctifié par la femme, et la femme non-croyante est sanctifiée par le frère, autrement, vos enfants seraient impurs, tandis qu'en fait, ils sont saints.*

---

d. 7.21 Il y avait, estime-t-on, 400 000 esclaves à Corinthe au temps de Paul. L'Eglise devait en compter un nombre important parmi ses membres (voir 1.26).

e. 7.21 Autre traduction : *mets plutôt à profit ta condition d'esclave.*

commets pas de péché. Ce n'est pas non plus un péché pour une jeune fille de se marier. Mais les gens mariés connaîtront bien des souffrances et je voudrais vous les épargner.

29 Je vous assure, frères : le temps est limité ; que désormais ceux qui sont mariés vivent comme s'ils n'avaient pas de femme, 30 ceux qui pleurent comme s'ils ne pleuraient pas, ceux qui se réjouissent comme s'ils ne se réjouissaient pas, ceux qui achètent comme s'ils ne possédaient rien.

31 Bref, que tous ceux qui jouissent des biens de ce monde vivent comme s'ils n'en jouissaient pas. Car le présent ordre des choses va vers sa fin.

32 C'est pourquoi je voudrais vous savoir libres de toute préoccupation. Celui qui n'est pas marié se préoccupe des intérêts du Seigneur. Son seul souci est de lui plaire. 33 Celui qui est marié s'occupe des affaires de ce monde, pour plaire à sa femme ; 34 et le voilà tiraillé de part et d'autre. De même la veuve et la jeune fille n'ont pas d'autre souci que les intérêts du Seigneur, pas d'autre désir que de se dévouer à lui corps et esprit. La femme mariée, elle, se préoccupe des affaires de ce monde, pour plaire à son mari.

35 Je dis cela dans votre propre intérêt et non pour vous tendre un piège, mais pour que vous meniez une vie bien ordonnée, et que vous soyez attachés au Seigneur sans partage.

36 Mais si un fiancé craint de mal se comporter envers sa fiancée, et pense que les choses doivent suivre leur cours normal, qu'il fasse ce qui lui semble bon ; il ne commet pas de faute. Que ces fiancés se marient donc !

37 Si un fiancé a pris en lui-même une ferme résolution, sans y être contraint, mais dans la pleine possession de sa volonté, si la décision qu'il a ainsi prise en lui-même est de rester célibataire, il fera bien. 38 En somme, celui qui épouse sa fiancée fait bien, et celui qui ne se marie pas fera encore mieux[a].

39 Un dernier mot : une femme demeure liée à son mari aussi longtemps qu'il vit ; mais si le mari vient à mourir, elle est libre de se remarier avec qui elle veut, à condition, bien entendu, que ce soit avec un chrétien. 40 Toutefois, à mon avis, elle sera plus heureuse si elle reste comme elle est ; et je pense, moi aussi, avoir l'Esprit de Dieu.

Sur les viandes sacrifiées aux idoles

8 Passons au problème[b] des viandes provenant d'animaux sacrifiés aux idoles[c]. « Nous possédons tous la connaissance voulue, » dites-vous. C'est entendu, mais cette connaissance rend orgueilleux. L'amour, lui, fait grandir dans la foi.

2 Celui qui s'imagine avoir de la connaissance ne connaît pas encore comme on doit connaître. 3 Mais celui qui aime Dieu, celui-là est connu de Dieu.

4 Au sujet de la question : Peut-on manger des viandes sacrifiées aux idoles ? nous savons qu'il n'existe pas d'idoles dans l'univers et qu'il n'y a qu'un seul Dieu. 5 Certes, bien des êtres célestes ou terrestres sont considérés comme des divinités, de sorte qu'il y a de nombreux dieux ou seigneurs. 6 Mais pour ce qui nous concerne, il n'y a qu'un seul Dieu : le Père, de qui toute chose vient, et pour qui nous vivons, et il n'y a qu'un seul Seigneur : Jésus-Christ, par qui tout existe et par qui nous sommes.

7 Mais tous les chrétiens n'ont pas encore bien assimilé ces vérités. Quelques-uns, encore marqués par leur habitude de rendre un culte aux idoles, continuent à manger ces viandes avec la pensée qu'elles ont été offertes à des idoles. Alors leur conscience, qui est faible, se charge de culpabilité.

8 Mais ce n'est pas un aliment qui peut nous rapprocher de Dieu ; en manger ou pas ne nous rendra ni meilleurs, ni pires. 9 Toutefois, faites bien attention à ce que votre liberté ne fasse pas tomber dans le péché ceux qui sont mal affermis dans la foi.

10 Suppose, en effet, que l'un d'eux te voie, toi, « l'homme éclairé », assis à table

---

a. 7.38 L'interprétation de ces versets est difficile. Certains pensent que Paul traite de la responsabilité d'un père à l'égard de sa fille et proposent cette traduction : 36 *Mais si quelqu'un juge manquer aux convenances envers sa fille parce qu'elle a passé l'âge et qu'il est de son devoir d'agir ainsi, qu'il fasse ce qu'il veut ; il ne commet pas de faute : qu'on se marie.* 37 *Si quelqu'un a pris en lui-même une ferme résolution, sans y être contraint, mais dans la pleine possession de sa volonté, si la décision qu'il a ainsi prise en lui-même est de garder sa fille, il fera bien.* 38 *En somme, celui qui marie sa fille fait bien, et celui qui ne la marie pas fera encore mieux.*

b. 8.1 Voir note 7.1.

c. 8.1 Ces viandes provenaient des animaux offerts en sacrifice dans les temples païens. Une partie de la viande était consommée sur place, une autre était donnée aux prêtres, ce qui restait était rendu aux offrants ou vendu au marché (10.25). Les chrétiens se demandaient si, en mangeant de ces viandes, ils n'entraient pas en communion avec les idoles auxquelles elles avaient été offertes (voir Ac 15.29).

dans un temple d'idoles[a]. Sa conscience ne va-t-elle pas l'encourager, lui qui est mal affermi, à manger des viandes sacrifiées aux idoles ? [11] Ainsi, à cause de ta connaissance, ce chrétien mal affermi va courir à sa perte. Et pourtant, c'est un frère pour lequel le Christ a donné sa vie ! [12] Si vous péchez de la sorte envers des frères, en blessant leur conscience qui est faible, vous péchez contre le Christ lui-même.

[13] C'est pourquoi, si ce que je mange devait faire tomber mon frère dans le péché, j'y renoncerais à tout jamais, afin de ne pas être pour lui une occasion de chute.

Paul a renoncé à ses droits

9 Ne suis-je donc pas libre ? Ne suis-je pas *apôtre ? N'ai-je pas vu Jésus, notre Seigneur ? Vous-mêmes, n'êtes-vous pas le fruit de mon travail au service du Seigneur ? [2] D'autres peuvent refuser de reconnaître en moi un apôtre : pour vous, du moins, c'est ce que je suis, car vous êtes bien le *sceau qui authentifie mon ministère apostolique au service du Seigneur.

[3] Et voici ma défense contre ceux qui me mettent en accusation :

[4] En tant qu'apôtres, ne serions-nous pas en droit de recevoir le manger et le boire pour notre travail ? [5] N'aurions-nous pas le droit d'être accompagnés par une épouse chrétienne, comme les autres apôtres, les frères du Seigneur[b] et Pierre ? [6] Ou bien, Barnabas et moi-même serions-nous les seuls à devoir travailler pour gagner notre pain ?

[7] Dites-moi : avez-vous jamais entendu parler d'un soldat servant dans une armée à ses propres frais, ou d'un vigneron qui ne mangerait pas des raisins de la vigne qu'il a plantée ? Quel berger élève un troupeau sans jamais profiter du lait de ses brebis ?

[8] Et je ne tire pas mes arguments des seuls principes établis par les hommes. Car la *Loi dit les mêmes choses. [9] En effet, c'est bien dans la Loi de *Moïse qu'il est écrit : *Tu ne musselleras pas le bœuf pendant qu'il foule le grain*[c]. Dieu s'inquiéterait-il ici des bœufs ? [10] N'est-ce pas pour nous qu'il parle ainsi ? Bien sûr que si ! C'est pour nous que cette parole a été écrite, car il faut que celui qui laboure le fasse avec espérance et que celui

qui bat le blé puisse compter sur sa part de la récolte.

[11] Puisque nous avons semé parmi vous les biens spirituels, serait-ce de notre part une prétention exorbitante si nous attendions de vous quelque avantage matériel ? [12] Du moment que d'autres exercent ce droit sur vous, ne l'avons-nous pas à plus forte raison ? Eh bien ! nous avons préféré ne pas user de ce droit ; au contraire, nous supportons tout, afin d'éviter de faire obstacle, si peu que ce soit, à la Bonne Nouvelle qui concerne le Christ. [13] Et pourtant, vous le savez, ceux qui font le service sacré dans le *Temple reçoivent leur nourriture du Temple. Ceux qui officient à l'autel reçoivent leur part des sacrifices offerts sur l'autel[d]. [14] De même, le Seigneur a ordonné que ceux qui annoncent la Bonne Nouvelle vivent de cette annonce de la Bonne Nouvelle[e].

[15] Mais moi, je n'ai fait valoir aucun de ces droits. Et si je les mentionne ici, ce n'est pas pour les revendiquer ; je préférerais mourir plutôt que de me laisser ravir ce sujet de fierté. [16] En effet, je n'ai pas à m'enorgueillir de ce que j'annonce la Bonne Nouvelle : c'est pour moi une obligation qui m'est imposée. Malheur à moi si je n'annonce pas la Bonne Nouvelle !

[17] Ah ! certes, si la décision d'accomplir cette tâche ne venait que de moi, je recevrais un salaire ; mais puisque cette décision n'a pas dépendu de moi, je ne fais que m'acquitter d'une charge qui m'a été confiée. [18] En quoi consiste alors mon salaire ? Dans la satisfaction de pouvoir offrir gratuitement la Bonne Nouvelle que je proclame en renonçant volontairement aux droits que me confère ma qualité de prédicateur de la Bonne Nouvelle.

[19] Car, bien que je sois un homme libre à l'égard de tous, je me suis fait l'esclave de tous, afin de gagner le plus de gens possible à Jésus-Christ.

[20] Lorsque je suis avec les *Juifs, je vis comme eux, afin de les gagner. Lorsque je suis parmi ceux qui sont sous le régime de la Loi de Moïse, je vis comme si j'étais moi-même assujetti à ce régime, bien que je ne le sois pas, afin de gagner ceux qui sont sous le régime de cette Loi.

---

a. 8.10 Les païens invitaient leurs amis aux repas de sacrifice dans les temples d'idoles.
b. 9.5 Parmi eux se trouvait Jacques, l'un des responsables de l'Eglise de Jérusalem.
c. 9.9 Dt 25.4.

d. 9.13 Les prêtres juifs avaient droit à une part de tout ce qui était offert en sacrifice.
e. 9.14 Voir Mt 10.10 ; Lc 10.7 ; 1 Tm 5.18.

²¹ Avec ceux qui ne sont pas sous ce régime, je vis comme n'étant pas non plus sous ce régime, afin de gagner au Christ ceux qui ne connaissent pas la Loi. Bien entendu, cela ne veut pas dire que je ne me soumets pas à la loi de Dieu ; au contraire, je vis selon la loi du Christ.

²² Dans mes relations avec les chrétiens mal affermis dans la foi, je vis comme l'un d'entre eux, afin de les gagner. C'est ainsi que je me fais tout à tous, afin d'en conduire au moins quelques-uns au salut par tous les moyens.

²³ Or, tout cela, je le fais pour la cause de la Bonne Nouvelle pour avoir part, avec eux, aux bénédictions qu'apporte la Bonne Nouvelle.

²⁴ Ne savez-vous pas que, sur un stade, tous les concurrents courent pour gagner et, cependant, un seul remporte le prix ? Courez comme lui, de manière à gagner.

²⁵ Tous les athlètes s'imposent une discipline sévère[a] dans tous les domaines pour recevoir une couronne, qui pourtant sera bien vite fanée[b], alors que nous, nous aspirons à une couronne qui ne se flétrira jamais. ²⁶ C'est pourquoi, si je cours, ce n'est pas à l'aveuglette, et si je m'exerce à la boxe, ce n'est pas en donnant des coups en l'air. ²⁷ Je traite durement mon corps, je le maîtrise sévèrement, de peur qu'après avoir proclamé la Bonne Nouvelle aux autres, je ne me trouve moi-même disqualifié.

L'exemple des révoltes d'Israël

10 Car il ne faut pas que vous ignoriez ceci, frères : après leur sortie d'Egypte, nos ancêtres ont tous marché sous la conduite de la nuée[c], ils ont tous traversé la mer[d], ² ils ont donc tous, en quelque sorte, été baptisés « pour *Moïse*[e] » dans la nuée et dans la mer. ³ Ils ont tous mangé une même nourriture spirituelle[f]. ⁴ Ils ont tous bu la même boisson spirituelle, car ils buvaient de l'eau jaillie d'un rocher spirituel qui les

accompagnait ; et ce rocher n'était autre que le Christ lui-même[g]. ⁵ Malgré tout cela, la plupart d'entre eux[h] ne furent pas agréés par Dieu, puisqu'ils périrent dans le désert.

⁶ Tous ces faits nous servent d'exemples pour nous avertir de ne pas tolérer en nous de mauvais désirs comme ceux auxquels ils ont succombé. ⁷ Ne soyez pas idolâtres comme certains d'entre eux l'ont été, selon ce que rapporte l'Ecriture : *Le peuple s'assit pour manger et pour boire, puis ils se levèrent tous pour se divertir*[i].

⁸ Ne nous laissons pas entraîner à l'immoralité sexuelle comme firent certains d'entre eux et, en un seul jour, il mourut vingt-trois mille personnes[j].

⁹ N'essayons pas de forcer la main au Christ[k], comme le firent certains d'entre eux qui, pour cela, périrent sous la morsure des serpents[l].

¹⁰ Ne vous plaignez pas de votre sort, comme certains d'entre eux, qui tombèrent sous les coups de l'*ange exterminateur[m].

¹¹ Tous ces événements leur sont arrivés pour nous servir d'exemples. Ils ont été mis par écrit pour que nous en tirions instruction, nous qui sommes parvenus au temps de la fin. ¹² C'est pourquoi, si quelqu'un se croit debout, qu'il prenne garde de ne pas tomber.

¹³ Les tentations qui vous ont assaillis sont communes à tous les hommes[n]. D'ailleurs, Dieu est fidèle et il ne permettra pas que vous soyez tentés au-delà de vos forces. Au moment de la tentation, il préparera le moyen d'en sortir pour que vous puissiez y résister.

S'abstenir de pratiques idolâtres

¹⁴ Pour toutes ces raisons, mes amis, je vous en conjure : fuyez le culte des idoles.

---

a. 9.25 Les athlètes étaient soumis pendant dix mois avant les jeux à toutes sortes d'abstinences.

b. 9.25 C'était, au début, une couronne de persil, plus tard de pin.

c. 10.1 Paul fait allusion à la colonne de fumée qui a guidé les Israélites à travers le désert après leur sortie d'Egypte (Ex 13.21-22).

d. 10.1 La mer des Roseaux dont les eaux s'étaient écartées pour laisser un passage à pied sec (Ex 14.22-29).

e. 10.2 C'est-à-dire *pour suivre Moïse*. Autre traduction : *en Moïse.*

f. 10.3 Allusion à la manne tombée du ciel pendant la traversée du désert par le peuple d'Israël (Ex 16.35).

g. 10.4 Ex 17.5-6 ; Nb 20.7-11. L'image de l'accompagnement vient de la répétition de l'événement à 40 ans d'intervalle.

h. 10.5 Des adultes qui avaient quitté l'Egypte, seuls Josué et Caleb sont entrés dans la Terre promise (Nb 14.22-24, 28-38 ; Jos 1.1-2).

i. 10.7 Ex 32.6.

j. 10.8 Voir Nb 14.37 ; 25.1-9.

k. 10.9 Certains manuscrits ont : *le Seigneur.*

l. 10.9 Voir Nb 21.5-6.

m. 10.10 Voir Nb 17.6-14.

n. 10.13 Certains comprennent : *ne sont pas insurmontables par des hommes.*

¹⁵ Je vous parle là comme à des gens raisonnables : jugez vous-mêmes de ce que je dis. ¹⁶ La « coupe de reconnaissance »ᵃ, pour laquelle nous remercions Dieu, ne signifie-t-elle pas que nous sommes au bénéfice du sacrifice du Christ qui a versé son sang pour nous ? Et le pain que nous rompons, ne signifie-t-il pas que nous sommes au bénéfice du corps du Christ offert pour nous ? ¹⁷ Comme il n'y a qu'un seul pain, nous tous, malgré notre grand nombre, nous ne formons qu'un seul corps, puisque nous partageons entre tous ce pain unique.

¹⁸ Pensez à ce qui se passe dans le peuple d'*Israël, j'entends Israël au sens national : ceux qui mangent les victimes offertes en sacrifice ne sont-ils pas au bénéfice du sacrifice offert sur l'autelᵇ ?

¹⁹ Cela signifierait-il qu'une viande, parce qu'elle est sacrifiée à une idole, prend une valeur particulière ? Ou que l'idole ait quelque réalité ? Certainement pas ! ²⁰ Mais je dis que les sacrifices des païens sont offerts à des démons et à *ce qui n'est pas Dieu*ᶜ. Or, je ne veux pas que vous ayez quoi que ce soit de commun avec les démonsᵈ. ²¹ Vous ne pouvez boire à la coupe du Seigneur et en même temps à celle des démons. Vous ne pouvez pas manger à la table du Seigneur et à celle des démons. ²² Ou bien, voulons-nous provoquer le Seigneur dont l'amour est exclusif ? Nous croyons-nous plus forts que lui ?

Faire tout pour la gloire de Dieu

²³ Oui, tout m'est permis, mais tout n'est pas bon pour nous. Tout est permis mais tout n'aide pas à grandir dans la foi.

²⁴ Que chacun de vous, au lieu de songer seulement à lui-même, recherche aussi les intérêts des autres.

²⁵ Vous pouvez manger de tout ce qui se vend au marché sans vous poser de questions, par scrupule de conscience, sur l'origine de ces aliments. ²⁶ Car *la terre et ses richesses appartiennent au Seigneur*ᵉ.

²⁷ Si un non-croyant vous inviteᶠ et que vous désiriez accepter son invitation, mangez tranquillement de tout ce qu'on vous servira, sans vous poser de questions par scrupule de conscience. ²⁸ Mais si quelqu'un vous dit : « Cette viande a été offerte en sacrifice à une idole », alors n'en mangez pas à cause de celui qui vous a prévenus et pour des raisons de conscience. ²⁹ –Par conscience, j'entends, évidemment, non la vôtre, mais la sienne. – Pourquoi, en effet, exposerais-je ma liberté à être condamnée du fait qu'un autre a des scrupules de conscience ? ³⁰ Si je mange en remerciant Dieu, pourquoi serais-je critiqué au sujet d'un aliment pour lequel je rends grâce à Dieu ?

³¹ Ainsi, que vous mangiez, que vous buviez, bref, quoi que ce soit que vous fassiez, faites tout pour la gloire de Dieu.

³² Mais que rien, dans votre comportement, ne soit une occasion de chute, ni pour les *Juifs, ni pour les païens, ni pour les membres de l'Eglise de Dieu. ³³ Agissez comme moi qui m'efforce, en toutes choses, de m'adapter à tous. Je ne considère pas ce qui me serait avantageux, mais je recherche le bien du plus grand nombre pour leur salut.

11 Suivez donc mon exemple, comme moi, de mon côté, je suis celui du Christ.

LA VIE DANS LA COMMUNAUTE

L'homme et la femme dans l'Eglise

² Je vous félicite de vous souvenir de moi en toute occasion et de maintenir fidèlement les traditions que je vous ai transmises.

³ Je voudrais cependant attirer votre attention sur un point : le Christ est le chefᵍ de tout homme, l'homme est le chef de la femme, le chef du Christ, c'est Dieu. ⁴ Si donc un homme prie ou *prophétise la tête couverte, il outrage son chef. ⁵ Mais si une femme prie ou *prophétise la tête non couverte, elle outrage son chef à elle, car elle se place ainsi sur le même plan qu'une « femme tondue »ʰ. ⁶ Si donc une femme ne se couvre pas la tête, pourquoi, alors, ne se fait-elle pas aussi tondre les cheveux ? Mais s'il est honteux pour une femme d'être tondue ou rasée, qu'elle se couvre donc la tête.

---

a. **10.16** Voir Mt 26.26 et parallèles.

b. **10.18** Voir Lv 6.11 ; 7.6,15.

c. **10.20** Dt 32.17 cité selon l'anc. version grecque.

d. **10.20** Participer à un banquet religieux impliquait d'être en communion avec la divinité à laquelle le temple était consacré. Or, l'apôtre dit que derrière ces divinités se cachaient des démons.

e. **10.26** Ps 24.1.

f. **10.27** A un repas chez lui, non dans un temple païen.

---

g. **11.3** Dans tout ce passage, Paul utilise un mot qui signifie à la fois *tête* et *chef*.

h. **11.5** Paul fait allusion à une pratique qui aurait été déshonorante à l'époque pour une femme.

[7] L'homme ne doit pas avoir la tête couverte, puisqu'il est l'image de Dieu et reflète sa gloire. La femme, elle, est la gloire de l'homme. [8] En effet, l'homme n'a pas été tiré de la femme, mais la femme de l'homme[a], [9] et l'homme n'a pas été créé à cause de la femme, mais la femme à cause de l'homme. [10] Voilà pourquoi la femme doit porter sur la tête un signe de son autorité[b], à cause des *anges. [11] Toutefois, dans l'ordre établi par le Seigneur, la femme n'existe pas sans l'homme, et l'homme n'existe pas sans la femme, [12] car si la femme a été tirée de l'homme, celui-ci, à son tour, naît de la femme et, finalement, tous deux doivent leur vie à Dieu.

[13] Jugez vous-mêmes de cela : est-il convenable pour une femme de prier Dieu la tête découverte ? [14] Ne paraît-il pas naturel à tout le monde que c'est une indignité pour un homme de porter des cheveux longs [15] mais qu'une longue chevelure fait honneur à la femme ? Car la chevelure lui a été donnée pour lui servir de voile.

[16] Si quelqu'un s'obstine à contester, nous lui répondons que ce qu'il propose n'est ni notre pratique ni celle des Eglises de Dieu.

Le repas du Seigneur

[17] Puisque j'en suis aux directives, il me faut mentionner un point pour lequel je ne saurais vous féliciter. C'est que vos réunions, au lieu de contribuer à votre progrès, vous font devenir pires.

[18] Tout d'abord j'entends dire que lorsque vous tenez une réunion, il y a parmi vous des divisions. – J'incline à croire qu'il y a une part de vérité dans ce qu'on raconte. [19] Sans doute faut-il qu'il y ait chez vous des divisions, pour que les chrétiens qui ont fait leurs preuves soient clairement reconnus au milieu de vous !

[20] Ainsi, lorsque vous vous réunissez, on ne peut vraiment plus appeler cela « prendre le repas du Seigneur », [21] car, à peine êtes-vous à table, que chacun s'empresse de manger ses propres provisions[c], et l'on voit des gens manquer de nourriture pendant que d'autres s'enivrent.

[22] S'il ne s'agit que de manger et de boire, n'avez-vous pas vos maisons pour le faire ? Ou bien traitez-vous avec mépris l'Eglise de Dieu et avez-vous l'intention d'humilier les membres pauvres de votre assemblée ?

Que puis-je vous dire ? Vais-je vous féliciter ? Certainement pas. [23] Car voici la tradition que j'ai reçue du Seigneur, et que je vous ai transmise : le Seigneur Jésus, dans la nuit où il fut livré pour être mis à mort, prit du pain[d], [24] et, après avoir prononcé la prière de reconnaissance, il le rompit en disant : « Ceci est mon corps : il est pour vous ; faites ceci en souvenir de moi. » [25] De même, après le repas, il prit la coupe et dit : « Cette coupe est la nouvelle *alliance *scellée de mon sang ; faites ceci, toutes les fois que vous en boirez, en souvenir de moi. » [26] Donc, chaque fois que vous mangez de ce pain et que vous buvez de cette coupe, vous annoncez la mort du Seigneur, et ceci jusqu'à son retour.

[27] C'est pourquoi quiconque mangerait le pain ou boirait de la coupe du Seigneur d'une manière indigne se rendrait coupable envers le corps et le sang du Seigneur. [28] Que chacun donc s'examine sérieusement lui-même et qu'alors il mange de ce pain et boive de cette coupe. [29] Car celui qui mange et boit sans discerner ce qu'est le corps[e] se condamne lui-même en mangeant et en buvant ainsi. [30] C'est pour cette raison qu'il y a parmi vous tant de malades et d'infirmes, et qu'un certain nombre sont morts. [31] Si nous discernions ce que nous sommes, nous ne tomberions pas sous le jugement. [32] Mais les jugements du Seigneur ont pour but de nous corriger afin que nous ne soyons pas condamnés avec le reste du monde.

[33] Ainsi donc, mes frères, lorsque vous vous réunissez pour le repas en commun, attendez-vous les uns les autres. [34] Si quelqu'un a particulièrement faim, qu'il mange d'abord chez lui afin que vos réunions n'attirent pas sur vous le jugement de Dieu. Quant aux autres points, je les réglerai lors de mon passage chez vous.

---

a. 11.8 Voir Gn 1.26-27 ; 2.18-23.

b. 11.10 Cette traduction semble préférable à la compréhension traditionnelle : *un signe de l'autorité dont elle dépend.*

c. 11.21 Dans les *agapes* (repas fraternels) au cours desquelles on célébrait la cène, on apportait des provisions que l'on mettait en commun. A Corinthe, chacun mangeait ce qu'il avait apporté.

d. 11.23 Voir Mt 26.26ss. ; Mc 14.22-25 ; Lc 22.15-20.

e. 11.29 Autre traduction : *que c'est le corps.* Certains manuscrits précisent : *le corps du Seigneur.*

Les dons de l'Esprit et leur exercice

12 J'en viens au problème[a] des « manifestations de l'Esprit » : j'aimerais, frères, que vous soyez bien au clair là-dessus.

2 Souvenez-vous comment, lorsque vous étiez encore païens, vous vous laissiez entraîner aveuglément vers des idoles muettes ! 3 C'est pourquoi je vous le déclare, si un homme dit : « Maudit soit Jésus », ce n'est en aucun cas l'Esprit de Dieu qui le pousse à parler ainsi. Mais personne ne peut affirmer : « Jésus est Seigneur », s'il n'y est pas conduit par l'Esprit Saint.

4 Il y a toutes sortes de dons, mais c'est le même Esprit. 5 Il y a toutes sortes de services, mais c'est le même Seigneur. 6 Il y a toutes sortes d'activités, mais c'est le même Dieu ; et c'est lui qui met tout cela en action chez tous.

7 En chacun, l'Esprit se manifeste d'une façon particulière, en vue du bien commun. 8 L'Esprit donne à l'un une parole pleine de sagesse ; à un autre, le même Esprit donne une parole chargée de savoir. 9 L'Esprit donne à un autre d'exercer la foi d'une manière particulière ; à un autre, ce même Esprit donne de guérir les malades. 10 A un autre, il est donné de faire des miracles, un autre reçoit une activité *prophétique, un autre le discernement de ce qui vient de l'Esprit divin. Ici, quelqu'un reçoit la faculté de s'exprimer dans des langues inconnues, et il est donné à un autre d'interpréter ces langues. 11 Mais à tout cela est l'œuvre d'un seul et même Esprit qui distribue son activité à chacun de manière particulière comme il veut.

12 Le corps humain forme un tout, et pourtant il a beaucoup d'organes. Et tous ces organes, dans leur multiplicité, ne constituent qu'un seul corps. Il en va de même pour ceux qui sont unis au Christ. 13 En effet, nous avons tous été baptisés par un seul et même Esprit pour former un seul corps, que nous soyons *Juifs ou non-Juifs, esclaves ou hommes libres. C'est de ce seul et même Esprit que nous avons tous reçu à boire.

14 Un corps n'est pas composé d'un membre ou d'un organe unique, mais de plusieurs. 15 Si le pied disait : « Puisque je ne suis pas une main, je ne fais pas partie du corps », n'en ferait-il pas partie pour autant ? 16 Et si l'oreille se mettait à dire : « Puisque je ne suis pas un œil, je ne fais pas partie du corps », cesserait-elle d'en faire partie pour autant ? 17 Si tout le corps était un œil, comment ce corps entendrait-il ? Et si tout le corps se réduisait à une oreille, où serait l'odorat ?

18 Dieu a disposé chaque organe dans le corps, chacun avec sa particularité, comme il l'a trouvé bon. 19 Car s'il n'y avait en tout et pour tout qu'un seul organe, serait-ce un corps ?

20 En fait, les organes sont nombreux, mais ils forment ensemble un seul corps. 21 C'est pourquoi l'œil ne saurait dire à la main : « Je n'ai pas besoin de toi », ni la tête aux pieds : « Je peux très bien me passer de vous. »

22 Au contraire, les parties du corps qui nous paraissent insignifiantes sont particulièrement nécessaires. 23 Celles que nous estimons le moins sont celles dont nous prenons le plus grand soin, et celles dont il n'est pas décent de parler, nous les traitons avec des égards particuliers 24 dont les autres n'ont guère besoin. Dieu a disposé les différentes parties de notre corps de manière à ce qu'on honore davantage celles qui manquent naturellement d'honneur. 25 Il voulait par là éviter toute division dans le corps et faire que chacun des membres ait le même souci des autres.

26 Un membre souffre-t-il ? Tous les autres souffrent avec lui. Un membre est-il à l'honneur ? Tous les autres partagent sa joie. 27 Or vous, vous constituez ensemble un corps qui appartient au Christ[b], et chacun de vous en particulier en est un membre.

28 C'est ainsi que Dieu a établi dans l'Eglise, premièrement des *apôtres, deuxièmement des *prophètes, troisième-ment des enseignants ; puis viennent les dons suivants qu'il a faits à l'Eglise : les miracles, la guérison de malades, l'aide, la direction d'Eglise, le parler dans des langues inconnues. 29 Tous sont-ils apôtres ? Tous sont-ils *prophètes ? Tous sont-ils enseignants ? Tous font-ils faire des miracles ? 30 Est-il donné à tous de guérir des malades, tous parlent-ils dans des langues inconnues ou tous les interprètent-ils ? Evidemment non !

31 Aspirez aux dons les meilleurs. Pour cela, je vais vous indiquer l'approche par excellence[c].

---

a. 12.1 Voir note 7.1.

b. 12.27 Certains comprennent : *le corps du Christ.*

c. 12.31 Autre traduction : *Vous ambitionnez les dons les plus grands. Eh bien ! Je vais vous indiquer l'approche par excellence.*

L'amour

13 En effet, supposons que je parle les langues des hommes et même celles des *anges : si je n'ai pas l'amour, je ne suis rien de plus qu'une trompette claironnante ou une cymbale bruyante [a].

[2] Supposons que j'aie le don de *prophétie, que je comprenne tous les mystères et que je possède toute la connaissance ; supposons même que j'aie, dans toute sa plénitude, la foi qui peut transporter les montagnes : si je n'ai pas l'amour, je ne suis rien.

[3] Si même je sacrifiais tous mes biens, et jusqu'à ma vie, pour aider les autres, au point de pouvoir m'en vanter [b], si je n'ai pas l'amour, cela ne me sert de rien.

[4] L'amour est patient, il est plein de bonté, l'amour. Il n'est pas envieux, il ne cherche pas à se faire valoir, il ne s'enfle pas d'orgueil. [5] Il ne fait rien d'inconvenant. Il ne cherche pas son propre intérêt, il ne s'aigrit pas contre les autres, *il ne trame pas le mal* [c]. [6] L'injustice l'attriste, la vérité le réjouit.

[7] En toute occasion, il pardonne, il fait confiance, il espère, il persévère. [8] L'amour n'aura pas de fin. Les *prophéties cesseront, les langues inconnues prendront fin, et la connaissance particulière cessera. [9] Notre connaissance est partielle, et partielles sont nos *prophéties.

[10] Mais le jour où la perfection apparaîtra, ce qui est partiel cessera.

[11] Lorsque j'étais enfant, je parlais comme un enfant, je pensais et je raisonnais en enfant. Une fois devenu homme, je me suis défait de ce qui est propre à l'enfant.

[12] Aujourd'hui, certes, nous ne voyons que d'une manière indirecte [d], comme dans un miroir. Alors, nous verrons directement. Dans le temps présent, je connais d'une manière partielle, mais alors je connaîtrai comme Dieu me connaît.

[13] En somme, trois choses demeurent : la foi, l'espérance et l'amour, mais la plus grande d'entre elles, c'est l'amour.

Le parler en langues et le don de prophétie

14 Ainsi, recherchez avant tout l'amour ; aspirez en outre aux manifestations de l'Esprit, et surtout au don de *prophétie.

[2] Celui qui parle dans une langue inconnue s'adresse à Dieu et non aux hommes : personne ne comprend les paroles mystérieuses qu'il prononce sous l'inspiration de l'Esprit. [3] Mais celui qui *prophétise aide les autres à grandir dans la foi, il les encourage et les réconforte. [4] Celui qui parle dans une langue inconnue est seul à en tirer un bienfait pour sa foi ; mais celui qui *prophétise permet à toute l'assemblée de grandir dans la foi. [5] Je veux bien que vous sachiez tous parler dans des langues inconnues, mais je préférerais que vous *prophétisiez. Celui qui *prophétise est plus utile que celui qui s'exprime dans une langue inconnue – sauf si quelqu'un le traduit pour que l'Eglise puisse grandir dans la foi.

[6] Supposez, frères, que je vienne chez vous et que je m'exprime exclusivement dans ces langues inconnues, sans vous apporter aucune révélation, aucune connaissance nouvelle, aucune *prophétie, aucun enseignement. Quel profit tireriez-vous de ma présence ?

[7] Voyez ce qui se passe pour des instruments de musique comme la flûte ou la harpe. Comment reconnaîtra-t-on la mélodie jouée sur l'un ou l'autre de ces instruments s'ils ne rendent pas de sons distincts ? [8] Et qui se préparera pour la bataille si le signal que donne la trompette n'est pas parfaitement clair ? [9] Il en va de même pour vous : comment saura-t-on ce que vous voulez dire si, en utilisant ces langues inconnues, vous ne prononcez que des paroles inintelligibles ? Vous parlerez en l'air !

[10] Il existe, dans le monde, un grand nombre de langues différentes, dont aucune n'est dépourvue de sens. [11] Mais si j'ignore le sens des mots utilisés par mon interlocuteur, je serai un étranger pour lui, et lui de même le sera pour moi.

[12] Vous donc, puisque vous aspirez si ardemment aux manifestations de l'Esprit, recherchez avant tout à posséder en abondance celles qui contribuent à faire grandir l'Eglise dans la foi.

[13] C'est pourquoi, celui qui parle en langues inconnues doit demander à Dieu de lui donner de traduire ce qu'il dit en langage compréhensible. [14] Car si je prie en langues

---

a. **13.1** L'apôtre semble faire allusion aux marmites d'airain déposées devant certains temples païens (trouvées par les archéologues à Dodone près de Corinthe). Ces marmites se touchaient. On frappait la première. Le son se transmettait de l'une à l'autre faisant entendre une sorte de murmure que le prêtre interprétait comme le langage du dieu. « Airain de Dodone » était devenu en Grèce un synonyme de vain bavardage.

b. **13.3** *et jusqu'à... vanter.* Certains manuscrits ont : *et si je livrais mon corps pour être brûlé.*

c. **13.5** Za 7.10 ; 8.17. Autre traduction : *il ne tient pas compte du mal.*

d. **13.12** Certains comprennent : *nous ne percevons qu'une image confuse de la réalité.*

inconnues, mon esprit est en prière, mais mon intelligence n'intervient pas [a].

15 Que ferai-je donc ? Je prierai avec mon esprit, mais je prierai aussi avec mon intelligence. Je chanterai les louanges de Dieu avec mon esprit, mais je chanterai aussi avec mon intelligence. 16 Autrement, si tu remercies le Seigneur uniquement avec ton esprit, comment l'auditeur non averti, assis dans l'assemblée, pourra-t-il répondre « *Amen » à ta prière de reconnaissance, puisqu'il ne comprend pas ce que tu dis ? 17 Ta prière de reconnaissance a beau être sublime, l'autre ne grandit pas dans sa foi.

18 Je remercie Dieu de ce que je parle en langues inconnues plus que vous tous. 19 Cependant, lors des réunions de l'Eglise, je préfère dire seulement cinq paroles compréhensibles pour instruire aussi les autres, plutôt que dix mille mots dans une langue inconnue.

20 Mes frères, ne soyez pas des enfants dans votre façon de juger des choses. Pour le mal, soyez des petits enfants, mais dans le domaine du jugement, montrez-vous des adultes. 21 Il est dit dans l'Ecriture :

Je parlerai à ce peuple | dans une langue
    étrangère | par des lèvres d'étrangers,
et même alors, ils ne m'écouteront pas,
dit le Seigneur [b].

22 Ainsi, les paroles en langues inconnues sont un signe du jugement de Dieu ; elles concernent, non pas les croyants, mais ceux qui ne croient pas ; les *prophéties, elles, sont un signe de la faveur de Dieu : ils s'adressent non pas aux incroyants, mais à ceux qui croient.

23 En effet, imaginez que l'Eglise se réunisse tout entière, et que tous parlent en des langues inconnues : si des personnes non averties ou des incroyants surviennent, ne diront-ils pas que vous avez perdu la raison ? 24 Si, au contraire, tous *prophétisent et qu'il entre un visiteur incroyant ou un homme quelconque, ne se sentira-t-il pas convaincu de péché et sa conscience ne sera-t-elle pas touchée ? 25 Les secrets de son cœur seront mis à nu. Alors, il tombera sur sa face en adorant Dieu et s'écriera : « Certainement, Dieu est présent au milieu de vous. »

L'ordre dans le culte

26 Comment donc agir, mes frères ? Lorsque vous vous réunissez, l'un chantera un cantique, l'autre aura une parole d'enseignement, un autre une révélation ; celui-ci s'exprimera dans une langue inconnue, celui-là en donnera l'interprétation ; que tout cela serve à faire grandir l'Eglise dans la foi. 27 Si l'on parle dans des langues inconnues, que deux le fassent, ou tout au plus trois, et l'un après l'autre ; et qu'il y ait quelqu'un pour traduire. 28 S'il n'y a pas d'interprète, que celui qui a le don des langues garde le silence dans l'assemblée, qu'il se contente de parler à lui-même et à Dieu.

29 Quant à ceux qui *prophétisent, que deux ou trois prennent la parole et que les autres jugent ce qu'ils disent :

— 30 si l'un des assistants reçoit une révélation pendant qu'un autre parle, celui qui a la parole doit savoir se taire. 31 Ainsi vous pouvez tous *prophétiser à tour de rôle afin que tous soient instruits et stimulés dans leur foi. 32 Car les *prophètes restent maîtres d'eux-mêmes. 33 Dieu, en effet, n'est pas un Dieu de désordre, mais de paix ;

— comme dans toutes les Eglises de ceux qui appartiennent à Dieu, 34 que les femmes n'interviennent pas dans les assemblées ; car il ne leur est pas permis de se prononcer [c]. Qu'elles sachent se tenir dans la soumission comme le recommande aussi la *Loi. 35 Si elles veulent s'instruire sur quelque point, qu'elles interrogent leur mari à la maison. En effet, il est inconvenant pour une femme de se prononcer dans une assemblée [d].

36 Car enfin, est-ce de chez vous que la Parole de Dieu est sortie ? Est-ce chez vous seulement qu'elle est parvenue ? 37 Si quelqu'un estime être un *prophète ou pense bénéficier d'une manifestation spirituelle, il doit reconnaître, dans ce que je vous écris, un ordre du Seigneur. 38 Et si quelqu'un refuse de reconnaître cela, c'est la preuve qu'il n'a pas été lui-même reconnu par Dieu.

a. 14.14 Autre traduction : *mais mon intelligence ne porte aucun fruit pour les autres.*
b. 14.21 Es 28.11-12. Dans ce passage, Esaïe avertit Israël que le langage incompréhensible des Assyriens envahissant le pays serait pour le peuple le signe du jugement de Dieu sur lui. Par contre, lorsque Dieu parle de manière compréhensible, c'est un signe de sa patience et de sa grâce.

c. 14.34 Certains comprennent : *que les femmes gardent le silence dans les assemblées ; car il ne leur est pas permis de parler.*
d. 14.35 Certains comprennent : *il est inconvenant pour une femme de parler dans une assemblée.*

39 En résumé, mes frères, recherchez ardemment le don de *prophétie et ne vous opposez pas à ce qu'on parle en des langues inconnues. **40** Mais veillez à ce que tout se passe convenablement et non dans le désordre.

SUR LA RÉSURRECTION

La foi qui sauve

15 Mes frères, je vous rappelle la Bonne Nouvelle que je vous ai annoncée, que vous avez reçue et à laquelle vous demeurez attachés. **2** C'est par elle que vous êtes *sauvés si vous la retenez telle que je vous l'ai annoncée ; autrement vous auriez cru en vain.

3 Je vous ai transmis, comme un enseignement de première importance, ce que j'avais moi-même reçu : le Christ est mort pour nos péchés, conformément aux Ecritures ; **4** il a été mis au tombeau, il est ressuscité le troisième jour, comme l'avaient annoncé les Ecritures. **5** Il est apparu à Pierre, puis aux Douze. **6** Après cela, il a été vu par plus de cinq cents frères à la fois, dont la plupart vivent encore aujourd'hui – quelques-uns d'entre eux seulement sont morts. **7** Ensuite, il est apparu à *Jacques, puis à tous les *apôtres. **8** En tout dernier lieu, il m'est apparu à moi, comme à celui qui suis venu après coup [a]. **9** Oui, je suis le moindre des apôtres ; je ne mérite pas de porter le titre d'apôtre, puisque j'ai persécuté l'Eglise de Dieu. **10** Ce que je suis à présent, c'est à la grâce de Dieu que je le dois, et cette grâce qu'il m'a témoignée n'a pas été inefficace. Loin de là, j'ai peiné à la tâche plus que tous les autres apôtres – non pas moi, certes, mais la grâce de Dieu qui est avec moi. **11** Bref, que ce soient eux ou que ce soit moi, voilà le message que nous proclamons et voilà aussi ce que vous avez cru.

Le Christ est bien ressuscité

12 Or, si nous proclamons que le Christ est ressuscité, comment quelques-uns parmi vous peuvent-ils prétendre qu'il n'y a pas de résurrection des morts ?

13 S'il n'y a pas de résurrection des morts, alors le Christ lui non plus n'est pas ressus-

cité. **14** Et si le Christ n'est pas ressuscité, notre prédication n'a plus de contenu, et votre foi est sans objet.

15 Il y a plus : s'il est vrai que les morts ne ressuscitent pas, nous devons être considérés comme de faux témoins à l'égard de Dieu. En effet, nous avons porté témoignage que Dieu a ressuscité le Christ d'entre les morts. Mais s'il est vrai que les morts ne ressuscitent pas, il ne l'a pas fait. **16** Car, si les morts ne peuvent pas revivre, le Christ non plus n'est pas revenu à la vie.

17 Or, si le Christ n'est pas ressuscité, votre foi est une illusion, et vous êtes encore sous le poids de vos péchés. **18** De plus, ceux qui sont morts unis au Christ sont à jamais perdus. **19** Si c'est seulement pour la vie présente que nous avons mis notre espérance dans le Christ, nous sommes les plus à plaindre des hommes.

20 Mais, en réalité, le Christ est bien revenu à la vie et, comme les premiers fruits de la moisson, il annonce la résurrection des morts.

21 Car, tout comme la mort a fait son entrée dans ce monde par un homme, la résurrection vient aussi par un homme. **22** En effet, de même que tous les hommes meurent du fait de leur union avec Adam, tous seront ramenés à la vie du fait de leur union avec le Christ.

23 Mais cette résurrection s'effectue selon un ordre bien déterminé : le Christ est ressuscité en premier lieu, comme le premier fruit de la moisson ; ensuite, au moment où il viendra, ceux qui lui appartiennent ressusciteront à leur tour. **24** Puis viendra la fin, lorsque le Christ remettra la royauté à Dieu le Père, après avoir anéanti toute Domination, toute Autorité et toute Puissance hostiles.

25 Il faut, en effet, qu'il règne jusqu'à ce que Dieu ait *mis tous ses ennemis sous ses pieds* [b]. **26** Et le dernier ennemi qui sera anéanti, c'est la mort. **27** Car, comme il est écrit : *Dieu a mis toutes choses sous ses pieds* [c]. Mais quand l'Ecriture déclare : *Tout lui a été soumis*, il faut, de toute évidence, en excepter celui qui lui a donné cette domination universelle. **28** Et lorsque tout se trouvera ainsi amené sous l'autorité du Christ, alors le Fils lui-même se placera sous l'autorité de celui qui lui a tout soumis. Ainsi Dieu sera tout en tous.

29 D'autre part, pourquoi certains se font-ils baptiser au péril de leur vie ? S'il est vrai

---

a. 15.8 Paul utilise un terme désignant un enfant dont la mère est décédée en le mettant au monde. Paul, contrairement aux autres apôtres, a été appelé après la mort du Christ. Autre traduction : *l'avorton, le « moins que rien »* qui serait un sobriquet par lequel ses adversaires le désignaient.

b. 15.25 Ps 110.1.
c. 15.27 Ps 8.7.

que les morts ne ressuscitent pas, pourquoi donc courir un tel risque en se faisant baptiser au risque de mourir[a] ?

30 Et nous-mêmes, pourquoi affronterions-nous à tous moments des dangers de mort ? 31 Journellement, je vois la mort en face, frères, aussi vrai que je suis fier de vous, à cause de l'œuvre de Jésus-Christ notre Seigneur.

32 Si la lutte que j'ai soutenue à Ephèse, véritable *combat contre des bêtes fauves*[b], n'a été inspirée que par des motifs purement humains, à quoi cela m'a-t-il servi ? Si les morts ne ressuscitent pas, alors, comme le dit le proverbe : « Mangeons et buvons, car demain nous mourrons. » 33 Attention, ne vous y trompez pas : *Les mauvaises compagnies corrompent les bonnes mœurs*[c]. 34 Revenez une fois pour toutes à votre bon sens, et ne péchez pas ; car certains d'entre vous ne connaissent pas Dieu. Je le dis à votre honte.

Le corps ressuscité

35 Mais, demandera peut-être quelqu'un, comment les morts reviendront-ils à la vie ? Avec quel corps reparaîtront-ils ?

36 Insensés que vous êtes ! Dans la nature, la graine que vous semez ne peut reprendre vie qu'après être passée par la mort. 37 Lorsque vous faites vos semailles, vous ne mettez pas en terre le corps que la plante aura quand elle aura poussé, mais une simple graine, un grain de blé par exemple ou quelque autre semence. 38 Et Dieu lui donne le corps qu'il veut. A chaque semence correspond un corps particulier. 39 Tous les êtres vivants n'ont pas non plus la même chair : les hommes ont leur propre chair, les animaux en ont une autre, les oiseaux une autre encore, une autre aussi les poissons. 40 De même, nous distinguons les « corps » des astres de ceux des créatures terrestres ; chacun d'entre eux a son aspect propre. 41 Le soleil a son propre éclat, de même que la lune, et le rayonnement des étoiles est encore différent. Et chaque étoile même brille d'un éclat particulier.

42 Il en va de même pour la résurrection des morts. Lorsque le corps est porté en terre

comme la graine que l'on sème, il est corruptible, et il ressuscite incorruptible ; 43 semé infirme et faible, il ressuscite plein de force. 44 Ce que l'on enterre, c'est un corps doué de la seule vie naturelle ; ce qui revit, c'est un corps dans lequel règne l'Esprit de Dieu. Aussi vrai qu'il existe un corps doté de la seule vie naturelle, il existe aussi un corps régi par l'Esprit. 45 L'Ecriture ne déclare-t-elle pas : *Le premier homme, Adam, devint un être vivant*[d], doué de la vie naturelle ? Le dernier Adam est devenu, lui, un être qui, animé par l'Esprit, communique la vie.

46 Mais ce qui vient en premier lieu, ce n'est pas ce qui appartient au règne de l'Esprit, c'est ce qui appartient à l'ordre naturel ; ce qui appartient au règne de l'Esprit ne vient qu'ensuite. 47 Le premier homme, formé de la poussière du sol, appartient à la terre. Le « second homme » appartient au ciel[e]. 48 Or, tous ceux qui ont été formés de poussière sont semblables à celui qui a été formé de poussière. De même aussi, ceux qui appartiennent au ciel sont semblables à celui qui appartient au ciel. 49 Et comme nous avons porté l'image de l'homme formé de poussière, nous porterons aussi l'image de l'homme qui appartient au ciel.

50 Ce que je dis, frères, c'est que nos corps de chair et de sang ne peuvent accéder au *royaume de Dieu : ce qui est corruptible ne peut avoir part à l'incorruptibilité.

51 Voici, je vais vous révéler un mystère : nous ne passerons pas tous par la mort, mais nous serons tous transformés, 52 en un instant, en un clin d'œil, au son de la trompette dernière. Car, lorsque cette trompette retentira, les morts ressusciteront pour être désormais incorruptibles, tandis que nous, nous serons changés. 53 En effet, ce corps corruptible doit se revêtir d'incorruptibilité et ce corps mortel doit se revêtir d'immortalité.

54 Lorsque ce corps corruptible aura revêtu l'incorruptibilité et que ce corps mortel aura revêtu l'immortalité, alors se trouvera réalisée cette parole de l'Ecriture :

> *La victoire totale sur la mort | a été remportée*[f].
> 55 *O mort, qu'est devenue ta victoire ?*
> *O mort, où est ton dard*[g] *?*

---

a. **15.29** Autre traduction : *pourquoi certains se font-ils baptiser pour les morts ? ... pourquoi donc se font-ils baptiser pour eux ?*

b. **15.32** Voir Ps 22.13-14, 17. L'apôtre emploie sans doute cette expression au sens figuré car, étant citoyen romain, il ne pouvait pas être condamné à ce supplice (Es 22.13).

c. **15.33** Citation d'un vers du poète grec Ménandre.

---

d. **15.45** Gn 2.7.

e. **15.47** *appartient à la terre... appartient au ciel.* Autre traduction : *vient de la terre... vient du ciel.*

f. **15.54** Es 25.8 cité selon l'anc. version grecque.

g. **15.55** Os 13.14 cité selon l'anc. version grecque.

⁵⁶ Le dard de la mort, c'est le péché, et le péché tire sa force de la *Loi.

⁵⁷ Mais loué soit Dieu qui nous donne la victoire par notre Seigneur Jésus-Christ.

⁵⁸ C'est pourquoi, mes chers frères, soyez fermes, ne vous laissez pas ébranler, travaillez sans relâche pour le Seigneur, sachant que la peine que vous vous donnez au service du Seigneur n'est jamais inutile.

QUESTIONS DIVERSES

La collecte en faveur de l'Eglise de Jérusalem

16 Venons-en à la question[a] de la collecte en faveur de ceux qui, en Judée, appartiennent à Dieu : j'ai déjà donné mes directives aux Eglises de la Galatie. Suivez-les, vous aussi.

² Que tous les dimanches chacun de vous mette de côté, chez lui, une somme d'argent selon ce qu'il aura lui-même gagné, pour qu'on n'ait pas besoin d'organiser des collectes au moment de mon arrivée. ³ Quand je serai venu, j'enverrai à *Jérusalem, pour y porter vos dons, les hommes que vous aurez choisis, munis de lettres de recommandation. ⁴ S'il vaut la peine que j'y aille moi-même, ils iront avec moi.

Les projets de Paul

⁵ Je compte venir chez vous après vous avoir traversé la *Macédoine – car je vais passer par cette province. ⁶ Peut-être séjournerai-je quelque temps chez vous, ou même y passerai-je l'hiver[b] : ce sera pour vous l'occasion de m'aider à continuer mon voyage vers ma destination.

⁷ En effet, je ne veux pas me contenter de vous voir en passant. Je compte demeurer quelque temps avec vous, si le Seigneur le permet. ⁸ Pour le moment, je vais rester à Ephèse jusqu'à la Pentecôte, ⁹ car j'y ai trouvé de grandes possibilités d'action – en même temps que beaucoup d'adversaires.

¹⁰ Si *Timothée arrive, veillez à ce qu'il se sente à l'aise parmi vous, car il travaille à l'œuvre du Seigneur, tout comme moi.

¹¹ Que personne ne le méprise donc. A son départ, fournissez-lui les moyens de revenir dans la paix auprès de moi, car je l'attends, lui et les frères qui l'accompagnent.

¹² Quant à notre frère Apollos, je l'ai encouragé à plusieurs reprises à se joindre aux frères qui retournent chez vous, mais il n'a pas du tout l'intention d'entreprendre ce voyage maintenant. Il ira certainement dès qu'il en trouvera l'occasion.

Recommandations finales

¹³ Soyez vigilants, demeurez fermes dans la foi, faites preuve de courage, soyez forts. ¹⁴ Que l'amour inspire toutes vos actions.

¹⁵ Encore une recommandation, frères : vous connaissez Stéphanas et sa famille. Vous vous souvenez qu'ils ont été les premiers à se convertir au Seigneur dans toute l'Achaïe. Vous savez qu'ils se sont spontanément mis au service de ceux qui appartenaient à Dieu. ¹⁶ Laissez-vous conduire par de telles personnes et par ceux qui partagent leur travail et leurs efforts.

¹⁷ Je suis heureux de la visite de Stéphanas, de Fortunatus et d'Achaïcus[c] : ils ont fait pour moi ce que votre éloignement vous a empêchés de faire. ¹⁸ Ils m'ont réconforté, comme ils l'ont souvent fait pour vous. Sachez donc apprécier de tels hommes.

Salutations

¹⁹ Les Eglises de la province d'*Asie vous saluent. Aquilas et Prisca envoient leurs salutations au nom du Seigneur, ainsi que l'Eglise qui se réunit dans leur maison.

²⁰ Tous les frères vous saluent. Saluez-vous les uns les autres en vous donnant le baiser fraternel.

²¹ C'est moi, Paul, qui écris cette salutation de ma propre main. ²²Si quelqu'un n'aime pas le Seigneur, qu'il soit maudit[d].

Marana tha[e]. (Notre Seigneur, viens !)

²³ Que la grâce du Seigneur Jésus soit avec vous !

²⁴ Mon amour vous accompagne tous, dans l'union avec Jésus-Christ.

*Amen !

---

a. **16.1** Voir 7.1 et note.
b. **16.6** Alors que la mer était fermée à la navigation et qu'il ne pouvait pas se rendre en Palestine. Paul a effectivement passé trois mois d'hiver à Corinthe (Ac 20.3).

c. **16.17** Sans doute, ces trois chrétiens de Corinthe avaient-ils apporté à Paul la lettre des Corinthiens.
d. **16.22** Autre traduction : *il n'a pas sa place parmi vous.*
e. **16.22** Expression araméenne signifiant : *viens, ô notre Seigneur !* On peut aussi comprendre : *Maran atha*, ce qui veut dire : *le Seigneur vient*

DEUXIEME LETTRE AUX CORINTHIENS

Paul a envoyé sa première lettre aux Corinthiens en l'an 56. *Timothée, alors en chemin pour Corinthe, a dû en revenir avec des nouvelles alarmantes de l'Eglise. Paul fait donc, depuis Ephèse, une courte visite aux Corinthiens. Un épisode pénible, dont la nature reste imprécise, a lieu au cours de cette visite.

Il retourne à Ephèse et là, écrit à nouveau une lettre aux Corinthiens, « avec bien des larmes » (2.4 ; 7.8). Cette lettre est perdue. *Tite en était le porteur. Paul le rencontre en *Macédoine : il revient avec de bonnes nouvelles. C'est à cette occasion que Paul rédige 2 Corinthiens.

Les sept premiers chapitres récapitulent les relations tendues entre Paul et ses détracteurs corinthiens.

Puis, aux chapitres 8 et 9, il aborde ce qui le préoccupe actuellement : la collecte que font les Eglises non-juives au profit de l'Eglise de *Jérusalem.

Enfin, Paul prépare l'avenir immédiat (ch. 10 à 13) : sa prochaine visite, et défend son apostolat.

Le fil conducteur de la lettre est donc un développement plus ou moins chronologique : passé, présent, avenir, dont l'objectif est la visite promise. Dans cette situation difficile, Dieu manifeste sa grâce à l'*apôtre : « c'est lorsque je suis faible que je suis réellement fort ! » (12.10).

Salutation

1 Paul, *apôtre de Jésus-Christ par la volonté de Dieu, et le frère *Timothée, saluent l'Eglise de Dieu qui est à Corinthe[a] ainsi que tous ceux qui appartiennent à Dieu dans l'Achaïe[b] entière.

² Que la grâce et la paix vous soient données par Dieu notre Père et par Jésus-Christ le Seigneur.

Prière de reconnaissance

³ Béni soit Dieu, le Père de notre Seigneur Jésus-Christ, le Père qui est plein de bonté, le Dieu qui réconforte dans toutes les situations. ⁴ Il nous réconforte dans toutes nos détresses, afin qu'à notre tour nous soyons capables de réconforter ceux qui passent par toutes sortes de détresses, en leur apportant le réconfort que Dieu nous a apporté.

⁵ De même, en effet, que les souffrances du Christ surabondent dans notre vie, surabonde le réconfort qu'il nous donne. ⁶ Si donc nous passons par la détresse, c'est pour votre réconfort et votre salut. Et si nous sommes réconfortés, c'est pour que vous receviez, vous aussi, du réconfort afin de pouvoir supporter les mêmes souffrances que nous endurons.

⁷ Et nous possédons à votre sujet une ferme espérance. Car nous savons que si vous avez part aux souffrances, vous avez aussi part au réconfort. ⁸ Il faut, en effet, que vous sachiez, frères, quelle détresse nous avons connue dans la province d'*Asie[c]. Nous étions écrasés, à bout de forces, au point même que nous désespérions de conserver la vie.

⁹ Nous avions accepté en nous-mêmes notre condamnation à mort. Cela nous a appris à ne pas mettre notre *confiance en nous-mêmes, mais uniquement en Dieu qui ressuscite les morts. ¹⁰ C'est lui qui nous a délivrés d'une telle mort et qui nous en délivrera encore. Oui, nous avons cette espérance en lui qu'il nous délivrera encore, ¹¹ et vous y contribuez en priant pour nous. Ainsi, la grâce qu'il nous accorde en réponse aux prières de beaucoup, sera aussi pour beaucoup une occasion de remercier Dieu à notre sujet.

---

a. **1.1** Cette lettre a été envoyée de Macédoine (voir note 1.16) environ deux années après 1 Corinthiens.

b. **1.1** Province romaine occupant la moitié sud de la Grèce.

c. **1.8** Province romaine à l'ouest de l'Asie mineure ; capitale : Ephèse. Nous ne savons pas à quelle épreuve l'apôtre fait allusion. C'était certainement un danger plus grave que l'épisode mentionné en Ac 19.23-40.

LES PROBLEMES DE RELATIONS ENTRE PAUL ET LES CORINTHIENS

L'ajournement de la visite de Paul

[12] S'il est une chose dont nous pouvons être fiers, c'est le témoignage de notre conscience ; il nous atteste que nous nous sommes conduits dans le monde, et tout spécialement envers vous, avec la sincérité[a] et la *pureté qui viennent de Dieu, en nous fondant, non sur une sagesse purement humaine, mais sur la grâce de Dieu. [13] Car ce que nous vous écrivons dans nos lettres ne veut pas dire autre chose que ce que vous pouvez y lire et y comprendre. Et j'espère que vous le comprendrez pleinement [14] —comme vous l'avez déjà compris en partie : vous pouvez être fiers de nous, comme nous le serons de vous au jour de notre Seigneur Jésus.

[15] Persuadé que telle était votre pensée, je m'étais proposé de me rendre chez vous en premier lieu, afin de vous procurer une double joie[b] : [16] je comptais passer par chez vous en allant en Macédoine, puis revenir de Macédoine[c] chez vous. Vous auriez alors pu m'aider à poursuivre mon voyage vers la *Judée[d].

[17] En formant ce projet, ai-je fait preuve de légèreté ? Ou bien mes plans seraient-ils inspirés par des motifs purement humains, en sorte que lorsque je dis « oui », cela pourrait être « non »[e] ?

[18] Aussi vrai que Dieu est digne de *confiance, je vous le garantis : la parole que nous vous avons adressée n'est pas à la fois « oui » et « non ». [19] Car Jésus-Christ, le Fils de Dieu, que moi-même comme *Silas[f] et *Timothée nous avons proclamé parmi vous, n'a pas été à la fois oui et non. En lui était le oui ; [20] car c'est en lui que Dieu a dit « oui » à tout ce qu'il avait promis. Aussi est-ce par lui que nous disons « oui », « amen », pour que la gloire revienne à Dieu. [21] C'est Dieu, en effet, qui nous a fermement unis avec vous au Christ et qui nous a consacrés à lui par son onction. [22] Et c'est encore Dieu qui nous a marqués de son *sceau, comme sa propriété, et qui a mis dans notre cœur son Esprit comme acompte des biens à venir.

[23] Pourquoi donc ne suis-je pas encore revenu à Corinthe ? J'en prends Dieu à témoin sur ma vie : c'est parce que je voulais vous ménager ; [24] notre rôle n'est pas de dominer sur votre foi, mais de collaborer ensemble à votre joie, car vous tenez fermes dans la foi.

2 C'est pourquoi j'ai décidé de ne pas retourner chez vous pour ne pas vous attrister de nouveau[g]. [2] Car si je vous plonge dans la tristesse, qui pourra encore réjouir mon cœur si ce n'est vous que j'aurais moi-même attristés[h] ?

[3] Si je vous ai écrit comme je l'ai fait dans ma précédente lettre[i], c'était précisément pour qu'en venant chez vous je ne sois pas attristé par ceux-là mêmes qui devaient faire ma joie. J'ai, en effet, la conviction en ce qui vous concerne que ce qui fait ma joie fait aussi la vôtre à vous tous.

[4] Aussi est-ce dans une profonde détresse, le cœur serré et avec bien des larmes que je vous ai écrit cette lettre, non pour vous attrister, mais pour que vous sachiez combien je vous aime.

Le pardon du coupable

[5] Si l'un de vous a été une cause de tristesse, ce n'est pas moi qu'il a attristé, mais vous tous, ou du moins une partie d'entre vous, pour ne rien exagérer. [6] Le blâme que lui a infligé la majorité d'entre vous est suffisant pour cet homme. [7] Aussi devriez-vous à présent lui accorder votre pardon et le récon-

---

a. **1.12** Certains manuscrits ont : *sainteté*.

b. **1.15** Certains manuscrits ont : *un bienfait*.

c. **1.16** Province romaine occupant la moitié nord de la Grèce ; capitale : Thessalonique où il y avait une Eglise ainsi qu'à Philippes et à Bérée.

d. **1.16** Sur ce projet, voir 1 Co 16.5-9.

e. **1.17** On avait reproché à Paul de modifier ses plans de voyage au gré de sa fantaisie.

f. **1.19** Appelé aussi Silvain. Un collaborateur de Paul ayant fait partie, comme Timothée, de l'équipe qui avait évangélisé Corinthe (voir Ac 15.22-40 ; 16.19-29 ; 1 P 5.12).

g. **2.1** Allusion à une visite rapide de l'apôtre après l'envoi de 1 Corinthiens et à l'échec de la mission de Timothée (voir note 13.1). Paul fut reçu froidement et humilié par un membre de l'Eglise sans que celle-ci intervienne (v.5-11).

h. **2.2** Autre traduction : *si ce n'est celui que j'aurais moi-même attristé*, c'est-à-dire celui qui a offensé Paul, selon les v.5-11.

i. **2.3** Allusion à une lettre qui ne nous est pas parvenue (sa troisième lettre aux Corinthiens, 2 Corinthiens étant la quatrième). Certains cependant pensent que la lettre à laquelle Paul fait ici allusion pourrait être 1 Corinthiens, auquel cas 2 Corinthiens serait la troisième qu'il a écrite à cette Eglise.

forter, afin qu'il ne soit pas accablé par une tristesse excessive.

8 Je vous engage donc à lui témoigner de l'amour. 9 Car je vous ai aussi écrit pour vous mettre à l'épreuve et voir si vous obéissez en toutes choses. 10 Celui à qui vous accordez le pardon, je lui pardonne moi aussi. Et si j'ai pardonné – pour autant que j'aie eu quelque chose à pardonner – je l'ai fait à cause de vous, devant le Christ, 11 pour ne pas laisser *Satan prendre l'avantage sur nous : nous ne connaissons en effet que trop bien ses intentions.

L'inquiétude de Paul

12 Je suis allé à Troas pour y annoncer la Bonne Nouvelle du Christ. J'y ai trouvé, grâce au Seigneur, des portes largement ouvertes à mon activité. 13 Cependant, je n'ai pas eu l'esprit tranquille parce que je n'y avais pas retrouvé mon frère *Tite. C'est pourquoi j'ai pris congé des croyants et je suis parti pour la *Macédoine.

Le triomphe du Christ

14 Je ne puis que remercier Dieu : il nous associe toujours au cortège triomphal du Christ, par notre union avec lui, et il se sert de nous pour répandre en tout lieu, comme un parfum, la connaissance du Christ. 15 Oui, nous sommes, pour Dieu, comme le parfum du Christ parmi ceux qui sont sur la voie du salut et parmi ceux qui sont sur la voie de la perdition. 16 Pour les uns, c'est une odeur de mort qui les mène à la mort, pour les autres, c'est une odeur de vie qui les conduit à la vie.

Et qui donc est à la hauteur d'une telle tâche ? 17 En tout cas nous, nous ne sommes pas comme tant d'autres qui accommodent la Parole de Dieu pour en tirer profit. C'est avec des intentions *pures, de la part de Dieu, dans l'union avec le Christ que nous annonçons la Parole.

Les serviteurs de la nouvelle alliance

3 En parlant ainsi, commençons-nous de nouveau à nous recommander nous-mêmes, ou avons-nous besoin, comme certains, de vous présenter des lettres de recommandation ou de vous en demander[a] ? 2 Notre lettre c'est vous-mêmes, une lettre écrite dans notre cœur, que tout le monde peut connaître et lire. 3 Il est évident que vous êtes une lettre que le Christ a confiée à notre ministère et qu'il nous a fait écrire, non avec de l'encre, mais par l'Esprit du Dieu vivant, non sur des tablettes de pierre[b], mais sur des tablettes de chair : sur vos cœurs[c].

4 Telle est l'assurance que nous avons par le Christ, devant Dieu. 5 Cela ne veut pas dire que nous puissions nous considérer par nous-mêmes à la hauteur d'une telle tâche[d] ; au contraire, notre capacité vient de Dieu. 6 C'est lui qui nous a rendus capables d'être les serviteurs d'une nouvelle *alliance qui ne dépend pas de la *Loi, avec ses commandements écrits, mais de l'Esprit. Car la Loi, avec ses commandements écrits, inflige la mort. L'Esprit, lui, communique la vie.

7 Le ministère de *Moïse, au service de la Loi, dont les lettres ont été gravées sur des pierres, a conduit à la mort. Cependant, ce ministère a été glorieux, au point que les Israélites n'ont pas pu regarder Moïse en face, à cause de la gloire, pourtant passagère, dont rayonnait son visage. 8 Mais alors, le ministère au service de l'Esprit ne sera-t-il pas bien plus glorieux encore ?

9 En effet, si le ministère qui a entraîné la condamnation des hommes a été glorieux, combien plus glorieux est celui qui conduit les hommes à être déclarés justes par Dieu ! 10 On peut même dire que cette gloire du passé perd tout son éclat quand on la compare à la gloire présente qui lui est bien supérieure. 11 Car si ce qui est passager a été touché par la gloire, combien plus grande sera la gloire de ce qui demeure éternellement !

12 Cette espérance nous remplit d'assurance. 13 Nous ne faisons pas comme Moïse qui « couvrait son visage d'un voile » pour empêcher les Israélites de voir la réalité vers laquelle tendait ce qui était passager[e]. 14 Mais leur esprit est devenu incapable de comprendre : aujourd'hui encore, lorsqu'ils lisent l'Ancien Testament, ce même voile demeure ; il ne leur est pas ôté, car c'est dans l'union avec le Christ qu'il est levé. 15 Aussi, jusqu'à ce jour, toutes les fois que les Israélites lisent les écrits de Moïse, un

a. 3.1 Les adversaires de Paul étaient venus à Corinthe munis de lettres de recommandation émanant probablement de Jérusalem. Avant de repartir, ils avaient demandé de telles lettres aux Corinthiens pour continuer leur mission dans d'autres Eglises.

b. 3.3 Allusion aux tables de la Loi (Ex 24.12 ; 31.18 ; 34.28-29).

c. 3.3 Voir Jr 31.33.

d. 3.5 Autre traduction : *cela ne veut pas dire que nous soyons capables de concevoir quelque chose par nous-mêmes.*

e. 3.13 Ex 34.35. D'autres comprennent : *de voir le terme auquel tendait ce qui était passager.*

voile leur couvre l'esprit. [16] Mais, comme le dit l'Ecriture : *Lorsque Moïse se tournait vers le Seigneur, il ôtait le voile* [a]. [17] *Le Seigneur* dont parle le texte ; c'est l'Esprit [b], et là où est l'Esprit du Seigneur, là règne la liberté.

[18] Et nous tous qui, le visage découvert, contemplons [c], comme dans un miroir, la gloire du Seigneur, nous sommes transformés en son image dans une gloire dont l'éclat ne cesse de grandir. C'est là l'œuvre du Seigneur, c'est-à-dire de l'Esprit.

Un trésor dans des vases d'argile

4 Ainsi, puisque tel est le ministère que Dieu nous a confié dans sa bonté, nous ne perdons pas courage. [2] Nous rejetons les intrigues et les procédés indignes. Nous ne recourons pas à la ruse et nous ne falsifions pas la Parole de Dieu. Au contraire, en faisant connaître la vérité, nous nous en remettons devant Dieu au jugement de tout homme.

[3] Et si notre Evangile demeure « voilé », il ne l'est que pour ceux qui vont à la perdition, [4] pour les incrédules. Le dieu de ce monde a aveuglé leur esprit et les empêche ainsi de voir briller la lumière de la Bonne Nouvelle qui fait resplendir la gloire du Christ, lui qui est l'image de Dieu.

[5] Ce n'est pas nous-mêmes que nous mettons en avant dans notre prédication, c'est le Seigneur Jésus-Christ. Nous-mêmes, nous sommes vos serviteurs à cause de Jésus. [6] En effet, le même Dieu qui, un jour, a dit : *Que la lumière brille du sein des ténèbres* [d], a lui-même brillé dans notre cœur pour y faire resplendir la connaissance de la gloire de Dieu qui rayonne du visage de Jésus-Christ.

[7] Mais ce trésor, nous le portons dans les vases faits d'argile que nous sommes, pour que ce soit la puissance extraordinaire de Dieu qui se manifeste, et non notre propre capacité.

[8] Ainsi, nous sommes accablés par toutes sortes de détresses et cependant jamais écrasés. Nous sommes désemparés, mais non désespérés, [9] persécutés, mais non abandonnés, terrassés, mais non pas anéantis. [10] Oui, nous portons toujours et en tout lieu, dans notre corps, la mort de Jésus, afin que la vie de Jésus soit, elle aussi, rendue manifeste par notre corps. [11] Car sans cesse, nous qui vivons, nous sommes exposés à la mort à cause de Jésus, afin que la vie de Jésus soit aussi rendue manifeste par notre corps mortel.

[12] Ainsi, la mort fait son œuvre en nous, et la vie en vous. [13] Nous sommes animés de ce même esprit de foi dont il est question dans cette parole de l'Ecriture : *J'ai cru, voilà pourquoi j'ai parlé* [e]. Nous aussi nous croyons, et c'est pour cela que nous parlons. [14] Nous savons en effet que Dieu, qui a ressuscité le Seigneur Jésus, nous ressuscitera aussi avec Jésus, et nous fera paraître, avec vous, en sa présence.

[15] Ainsi, tout ce que nous endurons, c'est à cause de vous, pour que la grâce abonde en atteignant des hommes toujours plus nombreux, et qu'ainsi augmente le nombre des prières de reconnaissance à la gloire de Dieu.

[16] Voilà pourquoi nous ne perdons pas courage. Et même si notre être extérieur se détériore peu à peu, intérieurement, nous sommes renouvelés de jour en jour. [17] En effet, nos détresses présentes sont passagères et légères par rapport au poids insurpassable de gloire éternelle qu'elles nous préparent. [18] Et nous ne portons pas notre attention sur les choses visibles, mais sur les réalités encore invisibles. Car les réalités visibles ne durent qu'un temps, mais les invisibles demeureront éternellement.

5 Nous le savons, en effet : si notre corps, cette tente que nous habitons sur la terre, vient à être détruit, nous avons au ciel une maison que Dieu nous a préparée, une habitation éternelle qui n'est pas l'œuvre de l'homme. [2] Car, dans cette tente, nous gémissons parce que nous attendons, avec un ardent désir, de revêtir, par-dessus ce corps [f], notre domicile qui est de nature céleste [g] [3] – si, bien sûr, cela se produit tant que nous sommes encore vêtus de notre corps, et non quand la mort nous en aura dépouillés.

[4] En effet, nous qui vivons dans cette tente, nous gémissons, accablés, parce que nous voulons, non pas nous dévêtir, mais revêtir un vêtement par-dessus l'autre. Ainsi ce qui est mortel sera absorbé par la vie.

---

a. 3.16 Ex 34.34. D'autres comprennent : *lorsque quelqu'un se tourne vers le Seigneur, le voile est ôté.*
b. 3.17 D'autres comprennent : *le Seigneur, c'est l'Esprit.*
c. 3.18 Autre traduction : *reflétons.*
d. 4.6 Voir Gn 1.3 ; Es 9.1.

e. 4.13 Ps 116.10 cité selon l'anc. version grecque.
f. 5.2 Autre traduction : *de revêtir pleinement.*
g. 5.2 Dans tout ce passage, Paul passe constamment de l'image d'un habit à celle d'une habitation.

5 C'est Dieu lui-même qui nous a destinés à un tel avenir, et qui nous a accordé son Esprit comme acompte des biens à venir. 6 Nous sommes donc, en tout temps, pleins de courage, et nous savons que, tant que nous séjournons dans ce corps, nous demeurons loin du Seigneur — 7 car nous vivons guidés par la foi, non par la vue. 8 Nous sommes pleins de courage, mais nous préférerions quitter ce corps pour aller demeurer auprès du Seigneur.

9 Aussi, que nous restions dans ce corps ou que nous le quittions, notre ambition est de plaire au Seigneur. 10 Car nous aurons tous à comparaître devant le tribunal du Christ, et chacun recevra ce qui lui revient selon les actes, bons ou mauvais, qu'il aura accompli par son corps.

Le service de la réconciliation

11 Nous savons donc ce que signifie révérer le Seigneur. C'est pourquoi nous cherchons à convaincre les hommes, et Dieu sait parfaitement ce que nous sommes. J'espère d'ailleurs que, dans votre conscience, vous le savez, vous aussi. 12 Nous ne nous recommandons pas à nouveau auprès de vous. Nous voulons seulement vous donner de bonnes raisons d'être fiers de nous. Ainsi vous saurez répondre à ceux qui trouvent des raisons de se vanter dans les apparences et non dans leur cœur. 13 Quant à nous, s'il nous est arrivé de dépasser la mesure, c'est pour Dieu. Si nous montrons de la modération, c'est pour vous.

14 En effet, l'amour du Christ nous étreint, car nous avons acquis la certitude qu'un seul homme est mort pour tous : donc tous sont morts en lui. 15 Et il est mort pour tous afin que ceux qui vivent ne vivent plus pour eux-mêmes, mais pour celui qui est mort à leur place et ressuscité pour eux. 16 Ainsi, désormais, nous ne considérons plus personne d'une manière purement humaine. Certes, autrefois, nous avons considéré le Christ de cette manière, mais ce n'est plus ainsi que nous le considérons maintenant.

17 Ainsi, celui qui est uni au Christ est une nouvelle créature a : ce qui est ancien a disparu, voici : ce qui est nouveau est déjà là. 18 Tout cela est l'œuvre de Dieu, qui nous a réconciliés avec lui par le Christ et qui nous a confié le ministère de la réconciliation. 19 En effet, Dieu était en Christ, réconciliant les hommes avec lui-même b, sans tenir compte de leurs fautes, et il a fait de nous les dépositaires du message de la réconciliation. 20 Nous faisons donc fonction d'ambassadeurs au nom du Christ, comme si Dieu adressait par nous cette invitation aux hommes : « C'est au nom du Christ que nous vous en supplions : soyez réconciliés avec Dieu. 21 Celui qui était innocent de tout péché, Dieu l'a condamné comme un pécheur à notre place c pour que, dans l'union avec le Christ, nous soyons justes aux yeux de Dieu d. »

6 Aussi, nous qui travaillons ensemble à cette tâche, nous vous invitons à ne pas laisser sans effet la grâce que vous avez reçue de Dieu. 2 En effet, Dieu déclare dans l'Écriture :

Au moment favorable,
j'ai répondu à ton appel,
et au jour du salut,
je suis venu à ton secours e.

Or, c'est maintenant, le moment tout à fait favorable ; c'est aujourd'hui, le *jour du salut.*

3 Pour que notre ministère soit sans reproche, nous évitons, en toute chose, de causer la chute de qui que ce soit. 4 Et voici comment nous nous recommandons nous-mêmes en toutes choses comme serviteurs de Dieu : c'est en vivant avec une persévérance sans faille

dans les détresses, les privations, les
      angoisses,
5 dans les coups, les prisons, les émeutes,
   dans les fatigues, les veilles, les jeûnes,
6 c'est par la *pureté, par la connaissance,
   par la patience, par la bonté,
   par l'Esprit Saint, par l'amour sans feinte,
7 par la Parole de vérité, par la puissance
      de Dieu,
   c'est par les armes de la justice,
   offensives ou défensives,
8 qu'on nous honore ou qu'on nous
      méprise,
   que l'on dise de nous du mal ou du bien.

---

b. 5.19 Autre traduction : *Dieu, par le Christ, agissait pour réconcilier les hommes avec lui-même.*

c. 5.21 D'autres comprennent : *Dieu l'a fait sacrifice pour le péché pour nous.*

d. 5.21 Autre traduction : *afin que, par le Christ, la justice de Dieu se réalise en nous.*

e. 6.2 Es 49.8.

---

a. 5.17 Autre traduction : *Ainsi, celui qui est uni au Christ appartient à une nouvelle création.*

Et encore :
on nous prend pour des imposteurs, mais
    nous disons la vérité,
[9] on nous prend pour des inconnus, et
    pourtant on nous connaît bien,
on nous prend pour des mourants, et
    voici nous sommes toujours en vie,
on nous prend pour des condamnés, mais
    nous ne sommes pas exécutés,
[10] on nous croit affligés, et nous sommes
    toujours joyeux,
pauvres, et nous faisons beaucoup de
    riches,
dépourvus de tout, alors que tout nous
    appartient.

[11] Chers Corinthiens, nous venons de vous parler en toute franchise, nous vous avons largement ouvert notre cœur : [12] vous n'y êtes pas à l'étroit, mais c'est vous qui faites preuve d'étroitesse dans vos sentiments. [13] Laissez-moi vous parler comme à mes enfants bien-aimés : rendez-nous la pareille ! Ouvrez-nous, vous aussi, votre cœur !

La séparation d'avec le mal

[14] Ne vous mettez pas avec des incroyants sous un joug qui n'est pas celui du Seigneur. En effet, ce qui est juste peut-il s'unir à ce qui s'oppose à sa loi ? La lumière peut-elle être solidaire des ténèbres ? [15] Le Christ peut-il s'accorder avec le diable ? Que peut avoir en commun le ~~croyant~~ avec l'incroyant ? [16] Quel accord peut-il exister entre le *Temple de Dieu et les idoles ? Car nous sommes, nous, le Temple du Dieu vivant. Dieu lui-même l'a dit :

J'habiterai et je marcherai au milieu d'eux.
Je serai leur Dieu, et ils seront mon peuple[a].
[17] *C'est pourquoi : | Sortez du milieu d'eux,*
Séparez-vous d'eux, dit le Seigneur.
N'ayez pas de contact avec ce qui est impur[b],
alors je vous accueillerai[c].
[18] *Je serai pour vous un père,*
et vous serez pour moi des fils et des filles,
dit le Seigneur, le Tout-Puissant[d].

7 Mes amis, puisque nous possédons ce qui nous a été promis en ces termes, *purifions-nous de tout ce qui corrompt le corps et l'esprit, pour mener ainsi une vie pleinement sainte en révérant Dieu.

Paul et les Corinthiens réconciliés

[2] Faites-nous une place dans votre cœur ! Nous n'avons causé de tort à personne, nous n'avons ruiné personne, nous n'avons exploité personne. [3] En parlant ainsi, je n'entends nullement vous condamner. Je vous l'ai déjà dit : nous vous portons dans notre cœur à la vie et à la mort. [4] Grande est mon assurance quand je parle de vous, grande est ma fierté à votre sujet. J'ai été pleinement réconforté, je déborde de joie dans toutes nos détresses.

[5] En effet, à notre arrivée en *Macédoine, nous n'avons pas eu un instant de repos, nous avons connu toutes sortes de détresses : conflits au-dehors, craintes au-dedans. [6] Mais Dieu, qui réconforte ceux qui sont abattus, nous a réconfortés par l'arrivée de *Tite. [7] Ce n'est pas seulement sa venue qui nous a réconfortés, mais aussi le réconfort qu'il avait reçu de vous. Il nous a fait part de votre ardent désir de me revoir, de votre profonde tristesse, de votre dévouement à mon égard. Et tout cela n'a fait qu'augmenter ma joie.

[8] C'est pourquoi, si je vous ai causé de la peine par ma précédente lettre[e], je ne le regrette pas. Certes, je l'ai d'abord regretté en voyant combien elle vous a attristés sur le moment. [9] Mais maintenant je me réjouis, non pas de votre tristesse, mais de ce que cette tristesse vous ait amenés à changer d'attitude[f]. Car la tristesse que vous avez éprouvée était bonne aux yeux de Dieu, si bien qu'en fait nous ne vous avons causé aucun tort.

[10] En effet, la tristesse qui est bonne aux yeux de Dieu produit un changement d'attitude qui conduit au salut et qu'on ne regrette pas. La tristesse du monde, elle, produit la mort.

[11] Cette tristesse qui est bonne aux yeux de Dieu, voyez quel empressement elle a produit en vous : quelles excuses vous avez présentées, quelle indignation vous avez manifestée, et quelle crainte, quel ardent désir de me revoir, quel zèle, quelle détermination à punir le mal ! Par toute votre attitude, vous avez prouvé que vous étiez innocents en cette affaire.

---

a. **6.16** Lv 26.11-12 ; Ez 37.27.
b. **6.17** Es 52.11.
c. **6.17** Ez 20.34,41.
d. **6.18** 2 S 7.8,14.

e. **7.8** Voir note 2.3.
f. **7.9** Autres traductions : *à vous repentir* ou *à changer de comportement.*

¹² Bref, si je vous ai écrit, ce n'était pas à cause de celui qui a commis l'offense ni à cause de celui qui l'a subie, mais c'était pour que votre empressement pour nous soit manifesté devant Dieu parmi vous.

¹³ C'est pourquoi votre réaction nous a réconfortés. A ce réconfort s'est ajoutée une joie bien plus vive encore en voyant combien Tite était heureux à cause de la manière dont vous avez apaisé ses craintes. ¹⁴ Ainsi, si je lui ai parlé de vous avec quelque fierté, je n'ai pas eu à en rougir, car l'éloge que je lui ai fait de vous s'est révélé conforme à la vérité, exactement comme tout ce que nous avons pu vous dire. ¹⁵ Aussi redouble-t-il d'affection pour vous quand il se rappelle votre obéissance à vous tous, et avec quels égards et quel respect vous l'avez accueilli.

¹⁶ Je suis heureux de pouvoir compter sur vous en toutes choses.

LA COLLECTE EN FAVEUR DES CHRETIENS DE JERUSALEM

L'exemple des Eglises de Macédoine

8 Nous voulons vous faire connaître, frères, la grâce que Dieu a accordée aux Eglises de *Macédoine. ² Elles ont été mises à l'épreuve par de multiples détresses, mais les croyants, animés d'une joie débordante et malgré leur extrême pauvreté, ont fait preuve d'une très grande générosité. ³ Ils sont allés jusqu'à la limite de leurs moyens, et même au-delà, j'en suis témoin ; spontanément ⁴ et avec une vive insistance, ils nous ont demandé la faveur de prendre part à l'assistance destinée à ceux qui, à *Jérusalem, appartiennent à Dieu. ⁵ Dépassant toutes nos espérances, ils se sont tout d'abord donnés eux-mêmes au Seigneur et ensuite, conformément à la volonté de Dieu, ils se sont mis à notre disposition.

⁶ Aussi avons-nous encouragé *Tite à mener à bonne fin chez vous cette œuvre de générosité qu'il avait si bien mise en train. ⁷ Vous êtes riches dans tous les domaines, qu'il s'agisse de la foi, de la parole ou de la connaissance, du zèle en toutes choses ou de l'amour qui, de nos cœurs, a gagné les vôtres ; cherchez donc aussi à exceller dans cette œuvre de générosité.

⁸ Ce n'est pas un ordre que je vous donne, mais en mentionnant le zèle que d'autres ont déployé, je cherche à éprouver l'authenticité de votre amour.

⁹ Car vous savez comment notre Seigneur Jésus-Christ a manifesté sa grâce envers nous : lui qui était riche, il s'est fait pauvre pour vous afin que par sa pauvreté vous soyez enrichis.

¹⁰ C'est donc un simple avis que je vous donne et c'est ce qui vous convient : en effet, n'avez-vous pas été les premiers, dès l'an dernier, non seulement à agir, mais à prendre l'initiative de ce projet ? ¹¹ Achevez donc à présent de le réaliser ; menez-le à terme, selon vos moyens, avec le même empressement que vous avez mis à le décider. ¹² Lorsqu'on donne de bon cœur, Dieu accepte ce don, en tenant compte de ce que l'on a, et non de ce que l'on n'a pas.

¹³ Il n'est pas question de vous réduire vous-mêmes à l'extrémité pour que d'autres soient soulagés, il s'agit simplement de suivre le principe de l'égalité. ¹⁴ Dans la circonstance présente, par votre superflu, vous pouvez venir en aide à ceux qui sont dans le besoin. Aussi, par leur superflu, ils pourront un jour subvenir à vos besoins. Ainsi s'établit l'égalité, ¹⁵ suivant cette parole de l'Ecriture :

Celui qui avait ramassé beaucoup de manne n'en avait pas de trop, et celui qui en avait ramassé peu ne manquait de rien ᵃ.

Les personnes chargées de la collecte

¹⁶ Je remercie Dieu d'avoir inspiré à Tite autant d'empressement pour vous que j'en ai moi-même. ¹⁷ Non seulement il a accepté ma proposition de se rendre chez vous, mais il avait déjà décidé, avec un très grand empressement, de se rendre lui-même chez vous.

¹⁸ Nous envoyons avec lui le frère qui est apprécié dans toutes les Eglises pour son travail au service de la Bonne Nouvelle. ¹⁹ Il a, de plus, été désigné par le vote des Eglises ᵇ pour être notre compagnon dans le voyage que nous entreprenons pour accomplir cette œuvre de générosité. C'est pour la gloire du Seigneur lui-même et pour manifester notre souci pour les autres que nous accomplissons ce service. ²⁰ Nous tenons à éviter toute critique quant à notre manière de nous occuper de ces sommes importantes. ²¹ En effet, nous avons à cœur d'avoir une conduite irréprochable, non seulement devant le Seigneur, mais aussi devant les hommes.

---

a. 8.15 Ex 16.18.
b. 8.19 L'apôtre utilise ici, comme dans Ac 14.23, le terme technique pour les élections à main levée en usage dans la démocratie athénienne.

[22] Avec eux, nous envoyons encore ce troisième frère, dont nous avons eu bien des fois l'occasion d'apprécier le dévouement. Dans le cas présent, son empressement est d'autant plus vif qu'il a une pleine *confiance en vous. [23] Ainsi, je vous recommande *Tite comme mon compagnon et mon collaborateur auprès de vous, nos frères comme les délégués des Eglises, des hommes qui font honneur au Christ. [24] Donnez-leur donc la preuve, et par eux, à toutes les Eglises, que votre amour n'est pas un vain mot et que c'est à juste titre que nous nous sommes montrés fiers de vous devant eux.

Le secours destiné aux chrétiens de Jérusalem

9 Quant au secours même destiné à ceux qui, en Judée, appartiennent à Dieu, il est superflu de vous en écrire davantage [a]. [2] Je connais vos bonnes dispositions à ce sujet. J'ai même exprimé ma fierté à votre égard aux Macédoniens [b], en leur disant : « En Achaïe [c], ils sont prêts à donner depuis l'an dernier. » Votre zèle a motivé la plupart d'entre eux.

[3] Toutefois, j'envoie nos frères pour que mes éloges à votre sujet ne soient pas démentis sur ce point, et que réellement vous soyez prêts, comme je l'ai annoncé. [4] Autrement, si les Macédoniens m'accompagnaient et ne vous trouvaient pas prêts, ma belle assurance tournerait à ma confusion – pour ne pas dire à la vôtre.

[5] J'ai donc jugé nécessaire d'inviter ces frères à me devancer chez vous pour organiser par avance cette collecte que vous avez promise. Ainsi, elle sera prête à mon arrivée et sera l'expression d'un don libre et généreux, et non pénible et forcé.

Les fruits de la générosité

[6] Rappelez-vous : *Semence parcimonieuse, maigre récolte. Semence généreuse, moisson abondante* [d]. [7] Que chacun donne ce qu'il aura décidé en son cœur, sans regret ni contrainte, *car Dieu aime celui qui donne avec joie* [e]. [8] Il a aussi le pouvoir de vous combler de toutes sortes de bienfaits : ainsi vous aurez, en tout temps et en toutes choses, tout

ce dont vous avez besoin, et il vous en restera encore du superflu pour toutes sortes d'œuvres bonnes, [9] ainsi qu'il est écrit :

On le voit donner largement aux indigents.
Il demeure pour toujours approuvé par Dieu [f].

[10] Celui qui *fournit la semence au semeur et lui donne le pain dont il se nourrit* [g] vous donnera aussi, avec largesse, toute la semence nécessaire et fera croître les fruits de votre générosité.

[11] Ainsi vous deviendrez riches de tous les biens et vous pourrez donner largement, ce qui suscitera, chez ceux auxquels nous distribuerons vos dons, de nombreuses prières de reconnaissance envers Dieu.

[12] En effet, le service de cette collecte a pour objet non seulement de pourvoir aux besoins de ceux qui appartiennent à Dieu, mais encore de faire abonder des prières de reconnaissance envers Dieu. [13] Par ce service, vous allez démontrer la réalité de votre engagement. Aussi ces chrétiens loueront-ils Dieu pour l'obéissance par laquelle s'exprime votre foi en la Bonne Nouvelle du Christ. Ils le loueront aussi pour la largesse avec laquelle vous partagez vos biens avec eux et avec tous.

[14] Ils prieront pour vous, traduisant ainsi l'affection qu'ils vous portent, à cause de la grâce surabondante que Dieu vous a accordée.

[15] Béni soit Dieu pour son don incomparable !

PAUL DEFEND SON APOSTOLAT

L'autorité de l'apôtre

10 Moi, Paul, je suis, paraît-il, « timide » quand je suis présent parmi vous et « hardi » quand je suis absent, loin de vous. Mais c'est au nom de la douceur et de la bonté du Christ que je vous adresse cet appel : [2] je vous en prie, ne m'obligez pas, lorsque je serai chez vous, à me montrer « hardi ». Car je compte faire preuve de mon assurance et agir avec « audace » envers certains qui jugent notre conduite « trop humaine ».

[3] Sans doute, nous sommes des hommes et nous vivons comme tels, mais nous ne menons pas notre combat d'une manière purement humaine. [4] Car les armes avec les-

---

a. **9.1** Sur cette collecte pour les chrétiens de Jérusalem, voir 1 Co 16.1-4 ; Rm 15.25.

b. **9.2** Voir note 1.16.

c. **9.2** Voir note 1.1.

d. **9.6** Pr 22.8. Citation libre d'après l'anc. version grecque.

e. **9.7** Suite de la citation libre du v.6.

f. **9.9** Ps 112.9.

g. **9.10** Es 55.10.

quelles nous combattons ne sont pas simplement humaines ; elles tiennent leur puissance de Dieu qui les rend capables de renverser des forteresses. Oui, nous renversons les faux raisonnements [5] ainsi que tout ce qui se dresse prétentieusement contre la connaissance de Dieu, et nous faisons prisonnière toute pensée pour l'amener à obéir au Christ. [6] Aussi sommes-nous prêts à punir toute désobéissance dès que votre obéissance sera entière.

[7] Regardez donc la réalité en face. Si quelqu'un se persuade d'appartenir au Christ, qu'il soit vraiment convaincu de ceci : nous appartenons au Christ, nous aussi, tout autant que lui !

[8] Et même si je me montre un peu trop fier de l'autorité que le Seigneur nous a donnée *pour construire* et non *pour renverser*[a], je n'en rougirai pas. [9] Car je ne veux pas passer pour quelqu'un qui ne serait capable d'intimider que par des lettres, comme on le prétend : [10] « Ses lettres, dit-on, sont sévères et énergiques, mais lorsqu'il est là, c'est un faible et sa parole ne mérite pas l'attention. » [11] Que celui qui tient ces propos en soit bien convaincu : nos actes, quand nous serons chez vous, seront conformes à ce que nous vous écrivons dans nos lettres quand nous sommes loin de vous.

[12] Certes, nous n'aurions pas l'audace de nous prétendre égaux ou même comparables à certains qui se recommandent eux-mêmes ! La mesure avec laquelle ils se mesurent, c'est eux-mêmes, et ils ne se comparent à rien d'autre qu'à eux-mêmes. N'est-ce pas là une preuve de leur folie ?

[13] Quant à nous, nous ne nous laisserons pas aller à une fierté démesurée, mais nous prendrons comme mesure les limites du champ d'action que Dieu nous a confié. C'est ainsi que nous nous sommes rendus jusque chez vous. [14] Aussi ne dépassons-nous pas les limites de notre domaine comme si nous n'étions pas arrivés jusqu'à vous. Car nous sommes bien venus chez vous les premiers pour vous annoncer la Bonne Nouvelle du Christ. [15] Nous n'avons donc pas une fierté démesurée comme si nous nous vantions d'un travail accompli par d'autres. Au contraire, nous gardons l'espoir qu'avec les progrès de votre foi, notre œuvre grandira de plus en plus parmi vous, dans les limites de notre champ d'action.

[16] Nous pourrons ainsi annoncer la Bonne Nouvelle dans les régions situées au-delà de chez vous, sans nous vanter du travail accompli par d'autres dans leur propre champ d'action.

[17] *Si quelqu'un veut éprouver de la fierté, qu'il place sa fierté dans le Seigneur*, déclare l'Ecriture[b]. [18] Ainsi, celui qui est approuvé, ce n'est pas l'homme qui se recommande lui-même, mais celui que le Seigneur recommande.

Mise en garde contre les faux apôtres

11 Ah ! J'aimerais que vous supportiez aussi de ma part un peu de folie. Oui, supportez-moi ! [2] Car j'ai pour vous un amour qui ne tolère aucun rival et qui vient de Dieu lui-même. Je vous ai, en effet, fiancés à un seul époux pour vous présenter au Christ comme une jeune fille *pure.

[3] Or, j'ai bien peur que vous laissiez votre esprit se corrompre et se détourner de votre attachement sincère et pur[c] au Christ, comme Eve s'est laissé séduire par le mensonge « tortueux » du serpent. [4] Si quelqu'un vient vous annoncer un autre Jésus que celui que nous avons prêché, vous le supportez fort bien ! Vous supportez bien, aussi, de recevoir un autre esprit que celui que vous avez reçu, ou un autre évangile que celui que vous avez accepté.

[5] J'estime cependant n'être en rien inférieur à ces « super-apôtres » ! [6] Je ne suis peut-être pas un « brillant orateur », mais je sais au moins de quoi je parle – nous vous en avons donné la preuve à tous égards et en toutes circonstances.

[7] Ai-je commis une faute en m'abaissant moi-même pour vous élever en vous annonçant gratuitement la Bonne Nouvelle de Dieu ? [8] J'ai dépouillé d'autres Eglises qui m'ont régulièrement envoyé de l'argent pour que j'exerce mon ministère parmi vous. [9] Pendant tout mon séjour chez vous, je n'ai été à la charge de personne, quoique je me sois trouvé dans le besoin. Ce sont des frères venus de *Macédoine qui ont pourvu à ce qui me manquait. En tout, je me suis gardé d'être à votre charge, et je m'en garderai à l'avenir. [10] Par la vérité qui vient du Christ et qui est en moi, je le déclare : je ne me laisserai pas ravir ce titre de gloire dans les provinces d'Achaïe.

---

b. **10.17** Jr 9.23 ; 1 Co 1.31.
c. **11.3** Le terme *pur* est absent de certains manuscrits.

---

a. **10.8** Voir 13.10 et Jr 1.10.

[11] Pourquoi agir de la sorte ? Parce que je ne vous aime pas ? Dieu sait ce qu'il en est ! [12] Mais j'agis ainsi, et je continuerai à le faire, pour ôter toute possibilité – à ceux qui en cherchent une – de se présenter comme nos égaux en s'appuyant sur leurs prétendus titres de gloire.

[13] Ces hommes-là sont de faux *apôtres, des ouvriers malhonnêtes déguisés en apôtres du Christ. [14] Cela n'a rien d'étonnant : *Satan lui-même ne se déguise-t-il pas en *ange de lumière ? [15] Il n'est donc pas surprenant que ses agents aussi se déguisent en serviteurs de ce qui est juste. Mais ils auront la fin que méritent leurs œuvres.

Paul et les faux apôtres

[16] Je le répète : qu'on ne me prenne pas pour un insensé. Ou alors, acceptez-moi comme tel, que je puisse à mon tour un peu me vanter !

[17] En parlant comme je vais le faire, je m'exprime pas comme le Seigneur veut qu'on parle, je le ferai comme dans un accès de folie – avec l'assurance d'avoir de quoi me vanter[a]. [18] Puisque plusieurs se vantent pour des raisons tout humaines, eh bien, moi aussi je vais me vanter.

[19] Vous qui êtes si raisonnables, vous supportez volontiers les insensés ! [20] Vous supportez qu'on vous traite en esclaves, qu'on vous exploite, qu'on vous dépouille, qu'on vous traite avec arrogance, qu'on vous gifle ! [21] Je l'avoue avec honte : nous nous sommes montrés bien faibles. Pourtant, ce que l'on ose dire – je parle en insensé – je l'oserai également. [22] Ils sont Hébreux ? Moi aussi. Israélites ? Moi aussi. De la postérité d'*Abraham ? Moi aussi. [23] Ils sont serviteurs du Christ ? C'est une folie que je vais dire : je le suis plus qu'eux. Car j'ai travaillé davantage, j'ai été plus souvent en prison, j'ai essuyé infiniment plus de coups ; plus souvent, j'ai vu la mort de près. [24] Cinq fois, j'ai reçu des *Juifs les « quarante coups moins un[b] ». [25] Trois fois, j'ai été fouetté, une fois lapidé, j'ai subi trois naufrages, j'ai passé un jour et une nuit dans la mer. [26] Souvent en voyage, j'ai été en danger au passage des fleuves, en danger dans des régions infestées de

brigands, en danger à cause des Juifs, mes compatriotes, en danger à cause des païens, en danger dans les villes, en danger dans les contrées désertes, en danger sur la mer, en danger à cause des faux frères. [27] J'ai connu bien des travaux et des peines, de nombreuses nuits blanches, la faim et la soif, de nombreux jeûnes, le froid et le manque d'habits. [28] Et sans parler du reste, je porte mon fardeau quotidien : le souci de toutes les Eglises. [29] En effet, qui est faible sans que je sois faible ? Qui tombe sans que cela me brûle ? [30] Oui, s'il faut se vanter, c'est de ma faiblesse que je me vanterai. [31] Le Dieu et Père du Seigneur Jésus, qui est loué éternellement, sait que je ne mens pas.

[32] A Damas, le gouverneur du roi Arétas[c] faisait surveiller toutes les issues de la ville pour m'arrêter. [33] Par une fenêtre du mur d'enceinte, on me fit descendre dans une corbeille le long du rempart, et ainsi seulement j'ai pu lui échapper.

12 Faut-il se vanter ? Cela n'est pas convenable. J'en viendrai cependant à des visions et à des révélations du Seigneur.

[2] Je connais un homme, un chrétien[d], qui, il y a quatorze ans[e], a été enlevé jusqu'au troisième ciel – était-ce dans son corps, je ne sais, ou sans son corps, je ne sais, mais Dieu le sait. [3] Je sais seulement que cet homme – dans son corps ou hors de son corps, je ne sais, Dieu le sait – [4] a été enlevé au paradis et qu'il a entendu des paroles qu'on ne peut pas répéter parce qu'il n'est pas permis à un homme de les dire[f].

[5] Au sujet d'un tel homme, je me vanterai, mais au sujet de moi-même, je ne me vanterai que de mes faiblesses. [6] Et pourtant, si je voulais me vanter, je ne serais pas un insensé, car je ne dirais que la vérité. Mais je m'abstiens. Car je désire éviter que l'on se fasse de moi une idée supérieure à ce qu'on peut déduire de mes actes et de mes paroles.

---

c. 11.32 Arétas IV a régné sur le royaume des Nabatéens, une région située au sud et à l'est de la Palestine, de 9 av. J.-C. à 39 ap. J.-C. C'est là que Paul a passé trois années avant de commencer son ministère.

d. 12.2 Paul parle de lui-même à la troisième personne pour ne pas attirer l'attention sur sa personne.

e. 12.2 C'est-à-dire en 42 (ou 43) lors de son séjour en Cilicie (Ac 9.30 ; 11.25 ; Ga 1.21) ou à Antioche.

f. 12.4 D'autres comprennent : *des paroles ineffables qu'on ne saurait répéter.*

---

a. 11.17 Autres traductions : *avec l'assurance que donne la vantardise* ou *avec une assurance pleine de fierté.*

b. 11.24 La Loi interdisait de donner à quelqu'un plus de 40 coups de bâton. Pour être sûr de ne pas dépasser cette limite, les Juifs s'arrêtaient à 39 (« quarante coups moins un »).

7 D'ailleurs, parce que ces révélations étaient extraordinaires, pour me garder de l'orgueil, Dieu m'a imposé une épreuve qui, telle une écharde ª, tourmente mon corps. Elle me vient de *Satan qui a été chargé de me frapper pour que je ne sois pas rempli d'orgueil.

8 Au sujet de cette épreuve, j'ai prié par trois fois le Seigneur de l'éloigner de moi, 9 mais il m'a répondu : « Ma grâce te suffit, c'est dans la faiblesse que ma puissance se manifeste pleinement. » C'est pourquoi je me vanterai plutôt de mes faiblesses, afin que la puissance du Christ repose sur moi.

10 Je trouve ainsi ma joie dans la faiblesse, les insultes, la détresse, les persécutions et les angoisses que j'endure pour le Christ. Car c'est lorsque je suis faible que je suis réellement fort.

Le souci de Paul pour les Corinthiens

11 Voilà que je parle en insensé, mais vous m'y avez forcé. C'est vous qui auriez dû me recommander, car bien que je ne sois rien, je ne suis en rien inférieur à ces « super-apôtres ».

12 Les marques qui caractérisent un apôtre ont été produites parmi vous : une persévérance sans faille, des miracles, des prodiges, des actes extraordinaires.

13 En quoi avez-vous été défavorisés par rapport aux autres Eglises ? Tout au plus par le fait que je ne vous ai pas été à charge. Pardonnez-moi cette injustice !

14 Me voici prêt à me rendre chez vous pour la troisième fois. Et à nouveau, je ne vous serai pas à charge, car ce ne sont pas vos biens que je recherche, c'est vous-mêmes. En effet, ce n'est pas aux enfants d'épargner pour leurs parents : ce sont les parents qui doivent le faire pour leurs enfants. 15 Pour moi, c'est très volontiers que je ferai des dépenses, et que je me dépenserai moi-même tout entier pour vous. Si je vous aime davantage, devrais-je être moins aimé de vous ?

16 Soit, diront certains, je ne vous ai pas été à charge, mais en malin que je suis, je vous ai pris par ruse. 17 Vous ai-je exploité par l'intermédiaire de l'un ou l'autre de mes envoyés ? 18 J'ai demandé à *Tite d'aller chez vous et j'ai envoyé avec lui le frère dont j'ai parlé. Tite vous a-t-il exploités ? N'avons-nous pas marché tous deux dans le même

esprit ? N'avons-nous pas suivi les mêmes traces ? 19 Vous croyez depuis longtemps que nous cherchons à nous justifier à vos yeux. Non, c'est devant Dieu que nous parlons, en accord avec le Christ ; et tout cela, mes chers amis, ne vise qu'à une seule chose : votre croissance dans la foi.

20 Car, je l'avoue, j'ai peur qu'à mon arrivée, je ne vous trouve pas tels que je voudrais, et que vous, de votre côté, vous me trouviez tout autre que vous le souhaitez. Je crains de découvrir de la discorde, des jalousies, de la colère, des rivalités, des médisances, des commérages, de l'orgueil et des désordres.

21 Oui, j'ai peur qu'à mon arrivée, Dieu me réserve encore des expériences humiliantes parmi vous, je crains d'avoir à pleurer sur plusieurs qui ont péché auparavant et ne se sont pas détournés de leurs pratiques dégradantes, de la débauche et de l'inconduite dans lesquelles ils ont vécu.

Dernières recommandations et salutations

13 Voici donc la troisième fois b que je viendrai chez vous. Comme le dit l'Ecriture, *toute affaire sera réglée sur la déposition de deux ou trois témoins* c. 2 Je vous ai déjà prévenus lors de ma seconde visite, et maintenant que je me trouve encore loin, je le répète à ceux qui ont péché précédemment, ainsi qu'à tous les autres : quand je reviendrai, j'agirai sans ménagements 3 puisque vous voulez avoir la preuve que le Christ parle par moi ; car vous n'avez pas affaire à un Christ faible : il agit avec puissance parmi vous.

4 Certes, il est mort sur la croix à cause de sa faiblesse, mais il vit par la puissance de Dieu. Nous, de même, dans notre union avec lui, nous sommes faibles, mais nous nous montrerons vivants avec lui par la puissance de Dieu dans notre façon d'agir envers vous.

5 Faites donc vous-mêmes votre propre critique, et examinez-vous, pour voir si vous vivez dans la foi. Ne reconnaissez-vous pas que Jésus-Christ est parmi vous ? A moins, peut-être, que cet examen n'aboutisse pour vous à un échec.

---

a. 12.7 Paul parle d'une souffrance au sujet de laquelle on s'est perdu en conjectures : maladie des yeux (voir Ga 4.13-15 ; 6.11), accès de paludisme, d'épilepsie, souffrance morale... ?

b. 13.1 La première fois correspond à la fondation de l'Eglise (Ac 18). La seconde visite (v.2) était une visite brève, interrompant le séjour de l'apôtre à Ephèse (Ac 19).
c. 13.1 Dt 19.15.

⁶ Mais vous reconnaîtrez, je l'espère, que nous, nous avons fait nos preuves ! ⁷ Ce que nous demandons à Dieu, c'est que vous vous absteniez de tout mal. Car, en fait, nous ne tenons pas du tout à montrer que nous avons fait nos preuves. Tout ce que nous désirons, c'est que vous fassiez le bien, même si l'épreuve paraît devoir tourner contre nous. ⁸ En effet, nous n'avons aucun pouvoir contre la vérité. C'est seulement pour la vérité que nous en avons. ⁹ Nous sommes contents d'être faibles si vous, vous êtes réellement forts. C'est justement ce que nous demandons à Dieu dans nos prières : votre complet rétablissement. ¹⁰ Voilà pourquoi je vous écris tout cela pendant que je suis encore loin, pour qu'étant présent, je n'aie pas à faire usage, avec sévérité, de l'autorité que le Seigneur m'a donnée *pour construire* et non *pour renverser* ᵃ.

¹¹ J'ai terminé, mes frères. Soyez dans la joie. Travaillez à votre perfectionnement. Encouragez-vous mutuellement. Soyez d'accord entre vous. Vivez dans la paix. Alors le Dieu d'amour et de paix sera avec vous.

¹² Saluez-vous en vous donnant le baiser fraternel. Tous ceux qui, ici, appartiennent à Dieu vous saluent. ¹³ Que la grâce du Seigneur Jésus-Christ, l'amour de Dieu et la communion du Saint-Esprit soient avec vous tous.

---

a. **13.10** Voir 10.8 et Jr 1.10.

LETTRE AUX GALATES

La lettre aux Galates est une lettre circulaire que Paul écrivit à des Eglises qu'il avait fondées lors de l'un de ses voyages missionnaires décrits dans le livre des Actes.

Pour les uns, ces Eglises se situeraient au centre de l'Asie mineure (la Turquie actuelle), dans une vaste région que Paul aurait traversée lors de son deuxième et de son troisième voyage missionnaire (Ac 16.6 et 18.3). Pour les autres, il s'agirait plutôt des Eglises de la province romaine de Galatie, au sud de l'Asie mineure, que Paul a parcourue pendant son premier voyage missionnaire (Ac 13 et 14).

Cette lettre pourrait donc fort bien être la première de Paul. Il l'aurait écrite en 49, peu avant la conférence de *Jérusalem (Ac 15).

Les Eglises de Galatie ont été visitées, après le départ de Paul, par des prédicateurs d'origine juive, qui ont dénigré son apostolat et insisté sur le respect de la *Loi de *Moïse, des fêtes juives et de la *circoncision.

Paul commence par répondre aux attaques contre son apostolat, qui sèment le doute sur la valeur de l'Evangile qu'il a proclamé. Il a reçu la Bonne Nouvelle par révélation, directement du Christ ressuscité (ch. 1). Ensuite les autres *apôtres l'ont soutenu (2.1-10). Il a même défendu le véritable Evangile en face de Pierre à Antioche (2.11-21).

Puis il répond à ceux qui voudraient imposer les pratiques juives aux chrétiens d'origine païenne (3.1 à 4.12). Le chrétien est déclaré juste par la foi, selon la promesse faite à *Abraham (3.1-14).

Il rappelle ensuite le rôle de la Loi, de conduire au Christ, et par contraste, celui de la foi (3.15-29). La foi en Jésus-Christ nous fait changer de statut. Nous ne sommes plus esclaves mais fils (4.1-11).

A partir de 4.12 Paul encourage les Galates à se maintenir dans la liberté que le Christ leur a acquise en se séparant des adversaires (4.12 à 5.12) puis il décrit ce qu'est la vie par l'Esprit Saint (5.13 à 6.10).

Cette lettre dépeint l'un des dangers qui menace l'Eglise de tous les temps : le légalisme. Elle dit ce qu'est la véritable liberté chrétienne, celle des fils de Dieu.

Salutation

1 Cette lettre vous est adressée par Paul, *apôtre, non par une autorité humaine, ni par l'intermédiaire d'un homme, mais par Jésus-Christ et par Dieu, le Père, qui l'a ressuscité d'entre les morts.

[2] Avec tous les frères qui sont avec moi, je salue les Eglises de la Galatie.

[3] Que la grâce et la paix vous soient données par Dieu notre Père et par le Seigneur Jésus-Christ. [4] Le Christ s'est offert lui-même en sacrifice pour expier nos péchés, afin de nous délivrer du monde présent dominé par le mal : il a ainsi accompli la volonté de Dieu, notre Père, [5] à qui soit la gloire pour l'éternité ! *Amen !

Un seul message

[6] Je m'étonne de la rapidité avec laquelle vous abandonnez celui qui vous a appelés par la grâce du Christ, pour vous tourner vers un autre message[a]. [7] Comme s'il pouvait y avoir un autre message ! Non, il n'en existe pas d'autre, mais il y a des gens qui sèment le trouble parmi vous et qui veulent renverser le message du Christ. [8] Eh bien, si quelqu'un – même nous, même un *ange du ciel – vous annonçait un message différent de celui que nous vous avons annoncé, qu'il soit maudit[b] ! [9] Je l'ai déjà dit et je le répète maintenant : si quelqu'un vous prêche un autre message que celui que vous avez reçu, qu'il soit maudit !

[10] Qu'en pensez-vous maintenant ? Est-ce la faveur des hommes que je recherche ou

---

a. 1.6 Ceux qui prêchaient cet « autre message » exigeaient, en plus de la foi en Christ, le respect de la Loi juive (circoncision, obéissance aux commandements, moraux et rituels, séparation d'avec les non-Juifs).

b. 1.8 Litt. *anathème*. Dans la communauté juive, celui qui était anathème n'avait plus le droit d'enseigner. Ce qui était anathème ne devait plus être touché par personne. Ceux que l'apôtre déclare anathèmes sont donc livrés à la colère de Dieu et à son jugement (voir 1 Co 16.22 ; Rm 9.3 où le même mot apparaît).

celle de Dieu ? Mon désir est-il de plaire aux hommes ? Si je cherchais encore à plaire aux hommes, je ne serais pas serviteur du Christ.

LA DEFENSE DE L'EVANGILE

Un message reçu du Christ

[11] Je veux que vous le sachiez, frères : le message que je vous ai annoncé n'est pas le fruit d'une pensée humaine. [12] Car je ne l'ai reçu d'aucun homme, personne ne me l'a enseigné ; c'est Jésus-Christ lui-même qui me l'a fait connaître, par une révélation.

[13] Vous avez entendu parler de ma conduite passée à l'époque où je militais dans le judaïsme. Vous savez avec quel fanatisme je persécutais l'Eglise de Dieu, dans le but de la détruire. [14] Dans la pratique du judaïsme, j'allais plus loin que la plupart des *Juifs de ma génération, et j'étais bien plus zélé qu'eux pour les traditions que j'avais reçues de mes ancêtres. [15] Mais Dieu m'avait mis à part dès avant ma naissance et, dans sa grâce, il m'a appelé à le connaître. [16] Aussi, dès qu'il lui a plu de me révéler son Fils pour que je l'annonce aux non-Juifs, je n'ai consulté personne. [17] Je ne me suis même pas rendu à *Jérusalem pour rencontrer ceux qui étaient déjà *apôtres avant moi, mais je suis parti pour l'Arabie[a]. De là, je suis retourné à Damas. [18] Ce n'est que trois ans plus tard que je suis allé à *Jérusalem pour faire la connaissance de Pierre, chez qui je suis resté quinze jours. [19] A part lui et *Jacques[b], le frère du Seigneur, je n'ai rencontré aucun apôtre[c]. [20] – Dieu m'est témoin que je ne mens pas en vous écrivant cela. – [21] Ensuite je me suis rendu dans les districts de la *Syrie et de la Cilicie. [22] Mais les chrétiens des Eglises de la *Judée ne me connaissaient pas personnellement. [23] Ils avaient seulement entendu dire : « Celui qui, autrefois, nous persécutait, prêche maintenant la foi qu'il voulait détruire. » [24] Et ils louaient Dieu à mon sujet.

Paul et les autres apôtres

2 Quatorze ans plus tard, je suis remonté à *Jérusalem en compagnie de Barnabas. J'avais aussi emmené *Tite avec moi[d]. [2] J'ai fait ce voyage pour obéir à une révélation divine. J'y ai exposé l'Evangile que j'annonce parmi les non-Juifs, je l'ai exposé dans un entretien particulier aux dirigeants les plus considérés. Car je ne voulais pas que tout mon travail passé et futur soit compromis. [3] Or Tite, mon compagnon, était d'origine païenne. Eh bien, on ne l'a même pas obligé à se soumettre au rite de la *circoncision. [4] Et cela, malgré la pression de faux-frères, des intrus qui s'étaient infiltrés dans nos rangs pour espionner la liberté dont nous jouissons dans notre union avec Jésus-Christ. Ils voulaient faire de nous des esclaves. [5] Mais nous ne leur avons pas cédé un seul instant ni fait la moindre concession afin que la vérité de l'Evangile soit maintenue pour vous.

[6] Quelle a été, à cet égard, l'attitude des dirigeants les plus influents ? – En fait, ce qu'ils étaient alors m'importe peu, car Dieu ne fait pas de favoritisme. – Eh bien, ces gens très influents ne m'ont pas imposé d'autres directives. [7] Au contraire ! Ils ont constaté que Dieu m'avait confié la charge d'annoncer l'Evangile aux non-Juifs comme à Pierre celle de l'annoncer aux *Juifs. [8] – Car celui qui a agi en Pierre pour qu'il soit l'*apôtre des Juifs a aussi agi en moi pour que je sois celui des non-Juifs. – [9] Ainsi *Jacques, Pierre et Jean, qui sont considérés comme « colonnes » de l'Eglise, ont reconnu que Dieu, dans sa grâce, m'avait confié cette tâche particulière. C'est pourquoi ils nous ont serré la main, à Barnabas et à moi, en signe d'accord et de communion ; et nous avons convenu ensemble que nous irions, nous, vers les peuples païens tandis qu'eux se consacreraient aux Juifs. [10] Ils nous ont seulement demandé de nous souvenir des pauvres – ce que j'ai bien pris soin de faire.

[11] Mais, lorsque Pierre est venu à Antioche[e], je me suis opposé ouvertement à lui, car il avait tort. [12] En effet, avant l'arrivée de quelques personnes de l'entourage de

---

a. 1.17 Région au sud et à l'est de la Palestine correspondant au royaume des Nabatéens (voir note 2 Co 11.32). Beaucoup de Juifs y vivaient. Paul, conformément à son apostolat, a annoncé l'Evangile à ses compatriotes. C'est ce qui a justifié l'action du roi Arétas contre lui (2 Co 11.32).
b. 1.19 Jacques, frère de Jésus, était l'un des principaux responsables de l'Eglise de Jérusalem.
c. 1.19 Autre traduction : je n'ai vu aucun autre apôtre, mais j'ai seulement vu Jacques, le frère du Seigneur.

d. 2.1 Selon plusieurs, il s'agirait du voyage mentionné en Ac 11.30 et 12.25 autour de l'an 46. *Barnabas* : un Lévite converti, originaire de l'île de Chypre (Ac 4.36), qui a accompagné Paul lors de son premier voyage missionnaire. *Tite* : un chrétien d'origine non-juive auquel Paul écrira une lettre vers la fin de sa vie.
e. 2.11 Antioche de Syrie (voir Ac 11.19-26).

Jacques, il prenait part aux repas communs avec les frères non-juifs ; mais après leur venue, il s'est esquivé et s'est tenu à l'écart, parce qu'il craignait les croyants d'origine juive [a]. [13] Comme lui, les autres chrétiens d'origine juive se sont mis, eux aussi, à cacher leurs véritables convictions, au point que Barnabas lui-même s'est laissé entraîner par leur dissimulation. [14] Mais quand j'ai vu qu'ils ne marchaient pas droit, selon la vérité de l'Evangile, j'ai dit à Pierre devant tous les frères : « Toi qui es d'origine juive, tu vis comme un croyant d'origine païenne, et non comme un Juif. Comment peux-tu vouloir obliger les frères d'origine païenne à vivre comme des Juifs ? »

Juifs et non-Juifs déclarés justes par la foi

[15] Nous qui sommes Juifs d'origine, nous ne faisons pas partie de ces « pécheurs » que sont les païens [b]. [16] Cependant, nous avons compris que l'on est déclaré juste devant Dieu, non parce que l'on accomplit les œuvres que commande la *Loi, mais uniquement par la foi en Jésus-Christ. C'est pourquoi nous avons, nous aussi, placé notre *confiance en Jésus-Christ pour être déclarés justes par la foi et non parce que nous aurions accompli ce qu'ordonne la Loi. Car, comme le dit l'Ecriture : *Personne ne sera déclaré juste devant Dieu* [c] parce qu'il aura accompli ce qu'ordonne la Loi.

[17] Mais si, en cherchant à être déclarés justes dans l'union avec le Christ, nous avons montré par là même que nous étions des pécheurs comme les païens, cela signifie-t-il que le Christ est complice du péché ? Loin de là ! [18] Car si je remets en vigueur le régime de la Loi que j'ai abandonné, alors je me place moi-même dans la situation d'un homme qui transgresse la Loi. [19] Car c'est par la Loi que je suis mort au régime de la Loi afin de vivre pour Dieu. En effet, j'ai été crucifié avec le Christ. [20] Ce n'est plus moi qui vis, c'est le Christ qui vit en moi. Ma vie en tant qu'homme, je la vis maintenant dans

la foi au Fils de Dieu qui, par amour pour moi, s'est livré à la mort à ma place. [21] Ainsi, je ne rejette pas la grâce de Dieu en revenant à la Loi. En effet, si c'est l'obéissance à la Loi qui permet d'être déclaré juste, alors le Christ est mort pour rien !

LA PREUVE PAR L'ECRITURE

Par la Loi ou par la foi ?

3 O Galates insensés ! Qui vous a envoûtés ainsi ? Pourtant, la mort de Jésus-Christ sur la croix a été clairement dépeinte à vos yeux.

[2] Je ne vous poserai qu'une seule question : A quel titre avez-vous reçu le Saint-Esprit ? Est-ce parce que vous avez accompli la Loi, ou parce que vous avez accueilli avec foi la Bonne Nouvelle que vous avez entendue ? [3] Manquez-vous à ce point d'intelligence ? Après avoir commencé par l'Esprit de Dieu, est-ce en comptant sur vos propres ressources que vous allez parvenir à la perfection [d] ? [4] Avez-vous fait tant d'expériences pour rien [e] ? Si encore, c'était pour rien ! [5] Voyons ! Lorsque Dieu vous donne son Esprit et qu'il accomplit parmi vous des miracles, le fait-il parce que vous obéissez à la *Loi ou parce que vous accueillez avec foi la Bonne Nouvelle que vous avez entendue ?

L'exemple d'Abraham

[6] Or, il en a déjà été ainsi pour *Abraham, car l'Ecriture déclare à son sujet : *Il a eu *confiance en Dieu et Dieu, en portant sa foi à son crédit, l'a déclaré juste* [f]. [7] Comprenez-le donc : seuls ceux qui placent leur confiance en Dieu sont les fils d'Abraham.

[8] De plus, l'Ecriture prévoyait que Dieu déclarerait les non-Juifs justes s'ils avaient la foi. C'est pourquoi elle a annoncé par avance cette bonne nouvelle à Abraham : *Tu seras une source de bénédictions pour toutes les nations* [g]. [9] Ainsi, tous ceux qui font confiance à Dieu, comme Abraham lui a fait confiance, ont part à la bénédiction avec lui.

[10] En effet, ceux qui comptent sur leur obéissance à la *Loi tombent sous le coup de

---

a. **2.12** Autre traduction : *il craignait les Juifs.* La Loi interdisait aux Juifs de manger avec des non-Juifs ; or, la cène se prenait au cours d'un repas. Pour ne pas scandaliser les judaïsants, Pierre s'est plié à leurs exigences et n'a donc plus mangé (ni probablement pris la cène) avec des chrétiens issus du paganisme.

b. **2.15** Les Juifs traitaient tous les païens de pécheurs.

c. **2.16** Ps 143.2.

---

d. **3.3** D'autres comprennent : *est-ce en vous remettant à des rites extérieurs que vous allez finir maintenant ?*

e. **3.4** Autre traduction : *avez-vous tant souffert pour rien ?* Il s'agirait alors des persécutions endurées par les Galates.

f. **3.6** Gn 15.6.

g. **3.8** Gn 12.3.

la malédiction, car il est écrit : *Maudit soit l'homme qui n'obéit pas continuellement à tout ce qui est écrit dans le livre de la Loi*[a].

[11] Il est d'ailleurs évident que personne ne sera déclaré juste devant Dieu grâce à son obéissance à la Loi, puisque l'Ecriture déclare : *Le juste vivra par la foi*[b].

[12] Or, le régime de la Loi ne fait pas dépendre de la foi la justice de l'homme devant Dieu. Au contraire, il obéit à cet autre principe : *C'est en accomplissant tous ces commandements que l'on obtient la vie*[c].

[13] Le Christ nous a libérés de la malédiction que la Loi faisait peser sur nous en prenant la malédiction sur lui, à notre place. Il est, en effet, écrit : *Maudit est quiconque est pendu au gibet*[d]. [14] Jésus-Christ l'a fait pour que, grâce à lui, la bénédiction d'Abraham s'étende aux non-Juifs et que nous recevions, par la foi, l'Esprit que Dieu avait promis.

La Loi et la promesse

[15] Mes frères, prenons un exemple de la vie ordinaire. Lorsqu'un homme a rédigé son testament[e] en bonne et due forme, personne ne peut l'annuler ou y ajouter quoi que ce soit.

[16] Or, c'est à *Abraham et à sa *descendance* que Dieu a fait ses promesses[f]. Il n'est pas dit : « et à ses descendances », comme s'il devait y avoir plusieurs lignées pour bénéficier de ces promesses. *A ta descendance* ne désigne qu'une seule descendance, et c'est le Christ. [17] Eh bien, je dis ceci : une *alliance[g] a été conclue par Dieu en bonne et due forme à la manière d'un testament ; la *Loi est survenue quatre cent trente ans plus tard[h] : elle ne peut donc pas annuler cette alliance et réduire par là même la promesse à néant.

[18] En effet, si l'héritage du salut dépend de l'accomplissement de la Loi, il ne repose plus sur la promesse. Or, c'est bien par une promesse que Dieu a accordé sa faveur à *Abraham.

[19] Mais alors, pourquoi la Loi ? Elle a été ajoutée pour mettre en évidence la désobéis-

sance des hommes à l'ordre divin, et le régime qu'elle a instauré devait rester en vigueur jusqu'à la venue de la *descendance* d'Abraham que la promesse concernait. Cette Loi a été promulguée par l'intermédiaire d'*anges[i] et par le moyen d'un médiateur, *Moïse. [20] Or s'il y a eu un médiateur, c'est qu'il y avait plus d'une partie en cause. Mais pour la promesse, Dieu seul est en cause[j].

[21] La *Loi irait-elle donc à l'encontre des promesses divines ?

Certainement pas ! Ah ! sans doute, si nous avions reçu une *loi qui puisse procurer la vie aux hommes, alors nous pourrions être justes devant Dieu sous le régime de cette loi.

[22] Mais voici le verdict de l'Ecriture : l'humanité entière se trouve prisonnière de sa culpabilité devant Dieu afin que le don promis par Dieu soit accordé aux croyants au moyen de leur foi en Jésus-Christ.

La foi et l'héritage des biens promis

[23] Avant que soit instauré le régime de la foi, nous étions emprisonnés par la *Loi et sous sa surveillance, dans l'attente du régime de la foi qui devait être révélée. [24] Ainsi, la Loi a été comme un gardien[k] chargé de nous conduire au Christ pour que nous soyons déclarés justes devant Dieu par la foi. [25] Mais depuis que le régime de la foi a été instauré, nous ne sommes plus soumis à ce gardien.

[26] Maintenant, par la foi en Jésus-Christ, vous êtes tous fils de Dieu. [27] Car vous tous qui avez été baptisés pour le Christ[l], vous êtes revêtus du Christ. [28] Il n'y a donc plus de différence entre les Juifs et les non-Juifs, entre les esclaves et les hommes libres, entre les hommes et les femmes. Unis à Jésus-Christ, vous êtes tous un. [29] Si vous lui appartenez, vous êtes la descendance d'*Abraham et donc, aussi, les héritiers des biens que Dieu a promis à Abraham.

4 Illustrons ce que je veux dire. Aussi longtemps que l'héritier est un enfant, il ne se distingue en rien d'un esclave. Bien qu'il soit le propriétaire de tout le patrimoine, [2] il reste soumis à l'autorité de

---

a. **3.10** Dt 27.26 cité selon l'anc. version grecque.
b. **3.11** Ha 2.4. Autre traduction : *celui qui est juste par la foi, vivra*.
c. **3.12** Lv 18.5.
d. **3.13** Dt 21.23.
e. **3.15** Jeu de mots : *testament*, mais aussi *alliance*.
f. **3.16** Gn 12.7.
g. **3.17** Le même mot grec signifie à la fois *alliance* et *testament*.
h. **3.17** Durée indiquée par l'Exode (12.40) pour le séjour des Israélites en Egypte.

i. **3.19** Voir Ac 7.38,53 ; He 2.2.
j. **3.20** Autre traduction : *or s'il y a eu un médiateur, il a été le représentant de plusieurs, mais Dieu est unique*.
k. **3.24** Un *pédagogue*. En Grèce, le pédagogue était soit un précepteur, soit l'esclave chargé de surveiller les enfants et de les mener à l'école (comparer 1 Co 4.15). Tel a été le rôle de la Loi.
l. **3.27** Voir note Rm 6.3.

tuteurs et d'intendants jusqu'au terme fixé par son père [a].

[3] Nous aussi, lorsque nous étions des enfants, nous étions de même asservis aux principes élémentaires qui régissent la vie dans ce monde [b].

[4] Mais, lorsque le moment fixé par Dieu est arrivé, il a envoyé son Fils, né d'une femme et placé par sa naissance sous le régime de la *Loi, [5] pour libérer ceux qui étaient soumis à ce régime. Il nous a ainsi permis d'être adoptés par Dieu comme ses fils.

[6] Puisque vous êtes bien ses fils, Dieu a envoyé dans nos cœurs l'Esprit de son Fils qui crie : *Abba* [c], c'est-à-dire « Père ».

[7] Ainsi donc, tu n'es plus esclave, mais fils, et, puisque tu es fils, tu es héritier des biens promis, grâce à Dieu.

[8] Mais autrefois, vous ne connaissiez pas Dieu, c'est pourquoi vous serviez comme des esclaves des divinités qui, en réalité, ne sont pas Dieu. [9] A présent, vous connaissez Dieu. Bien plus : Dieu vous a reconnus comme siens. Comment se peut-il alors que vous retourniez à ces principes élémentaires [d] sans pouvoir ni valeur, pour en devenir à nouveau les esclaves ? [10] Vous observez les jours spéciaux, les nouvelles lunes, certaines saisons et certaines années [e] ! [11] Ah ! je crains fort que toute la peine que je me suis donnée pour vous n'ait été inutile.

LA LIBERTÉ DU CHRIST ET LA VIE PAR L'ESPRIT

Contre les adversaires de l'Evangile
Le souci de Paul pour les Galates

[12] Mes frères, je vous en supplie, devenez comme moi. Ne me suis-je pas moi-même rendu semblable à vous.

Vous ne m'avez causé aucun tort. [13] Vous vous en souvenez, n'est-ce pas ? C'est une maladie qui m'a donné l'occasion de vous annoncer l'Evangile pour la première fois [f]. [14] Vous auriez pu être tentés de me mépriser ou de me repousser à cause de mon infirmité. Mais vous ne l'avez pas fait ! Au contraire, vous m'avez accueilli comme si j'avais été un *ange de Dieu, ou même Jésus-Christ en personne.

[15] Qu'est devenu votre bonheur d'alors ? Car je l'atteste, si la chose avait été possible, vous vous seriez arraché les yeux pour me les donner [g]. [16] Suis-je donc maintenant devenu votre ennemi parce que je vous dis la vérité ?

[17] Croyez-moi, ces gens-là [h] déploient un grand zèle autour de vous, mais leurs intentions ne sont pas bonnes : ils veulent vous détacher de moi pour que vous soyez zélés pour eux. [18] C'est très beau de faire preuve de zèle pour une bonne cause, pourvu que ce soit de manière constante et non seulement lorsque je suis parmi vous. [19] Vous êtes mes enfants, et j'endure pour vous une fois encore les douleurs de l'enfantement jusqu'à ce que le Christ soit formé en vous [i].

[20] Je voudrais tellement être au milieu de vous en ce moment et vous parler sur un autre ton. Car je suis inquiet à votre sujet.

Choisir entre l'alliance de l'esclavage et l'alliance de la liberté

[21] Dites-moi, vous qui voulez vivre sous le régime de la *Loi, ne comprenez-vous pas ce que déclare la Loi ? [22] Il y est écrit qu'*Abraham a eu deux fils, l'un d'une esclave, et l'autre d'une femme libre [j]. [23] Le fils de l'esclave a été conçu de manière purement humaine. Alors que le fils de la femme libre a

---

a. **4.2** En Grèce, c'était le père qui fixait l'âge de la majorité pour son fils, selon son jugement.

b. **4.3** Selon certains, il s'agit des forces spirituelles mauvaises qui asservissaient l'homme avant sa conversion. Selon d'autres, Paul désigne par cette expression les règles élémentaires que s'imposaient certains païens et qui étaient comparables à la circoncision, aux fêtes et aux abstinences chez les Juifs (voir v.9-10).

c. **4.6** Mot araméen signifiant : *cher père* (voir Rm 8.15).

d. **4.9** Voir v.3 et note.

e. **4.10** Allusion aux fêtes juives liées à des dates particulières – à moins qu'il s'agisse de fêtes païennes vouées au culte des astres (voir Rm 14.5 ; Col 2.16-23).

f. **4.13** Si les Eglises de la Galatie sont celles que Paul a fondées lors de son premier voyage missionnaire (voir *Introduction*), selon les Actes des Apôtres, l'apôtre est repassé deux fois dans les différentes villes de la Galatie : à l'aller et au retour. Lors du premier passage, il était malade.

g. **4.15** Ce verset donne à penser que l'infirmité dont il est question au v.14 est une maladie des yeux, ce qui expliquerait aussi 6.11. Il est possible que l'apôtre fasse allusion à cette infirmité en 2 Co 12.7, lorsqu'il parle d'*une écharde dans sa chair*.

h. **4.17** C'est-à-dire les judaïsants qui sont passés dans les Eglises de la Galatie après le départ de Paul pour prêcher la nécessité d'observer la Loi.

i. **4.19** Autre traduction : *jusqu'à ce que la ressemblance au Christ soit manifeste parmi vous*.

j. **4.22** Voir Gn 16.15 ; 21.2.

été donné à *Abraham en vertu d'une promesse divine [a].

[24] Interprétons cela comme une image : ces deux femmes représentent deux *alliances. L'une de ces alliances, conclue sur le mont Sinaï, donne naissance à des enfants esclaves, c'est Agar qui la représente. [25] Certes, cette « Agar Mont Sinaï » est en Arabie, mais elle correspond [b] à la *Jérusalem [c] actuelle, car celle-ci vit dans l'esclavage [d] avec tous ses enfants. [26] Mais la Jérusalem d'en haut est libre. C'est elle qui est notre mère. [27] Car il est écrit :

Réjouis-toi, femme stérile, toi qui n'a pas
    connu les douleurs de l'enfantement,
pousse des cris de joie,
toi qui ignores les douleurs de l'enfantement.
Car les enfants de la délaissée seront plus
    nombreux
que ceux de la femme mariée [e].

[28] Or vous, frères, vous êtes les enfants de la promesse, comme *Isaac. [29] Mais, autrefois, le fils conçu de manière simplement humaine persécutait le fils né par l'intervention de l'Esprit, et il en est de même aujourd'hui. [30] Or, que dit l'Ecriture ? Renvoie l'esclave avec son fils, car le fils de l'esclave n'aura aucune part à l'héritage avec le fils de la femme libre [f]. [31] Ainsi, mes frères, nous ne sommes pas les enfants d'une esclave, mais de la femme libre.

5 Le Christ nous a rendus libres pour que nous connaissions la vraie liberté. C'est pourquoi tenez bon et ne vous laissez pas réduire à nouveau en esclavage.

La Loi ou la grâce

[2] Moi, Paul, je vous le déclare : si vous, chrétiens d'origine païenne, vous vous faites *circoncire, le Christ ne vous sera plus d'aucune utilité. [3] Et je l'affirme une fois encore : tout homme qui se fait circoncire est tenu d'accomplir la *Loi tout entière. [4] Vous qui cherchez à vous faire déclarer justes par Dieu en accomplissant la Loi, vous

êtes séparés du Christ : vous n'êtes plus sous le régime de la grâce.

[5] Quant à nous, notre espérance, c'est d'être déclarés justes [g] devant Dieu au moyen de la foi. Telle est la ferme attente que l'Esprit fait naître en nous. [6] Car pour ceux qui sont unis à Jésus-Christ, ce qui importe, ce n'est pas d'être *circoncis ou incirconcis, c'est d'avoir la foi, une foi qui se traduit par des actes inspirés par l'amour.

[7] Vous couriez si bien ! Qui vous a détournés de l'obéissance à la vérité ? [8] Une telle influence ne vient en tout cas pas de celui qui vous a appelés. [9] Ne dit-on pas : « Il suffit d'un peu de *levain pour faire lever toute la pâte [h] » ? [10] Pour moi, voici l'assurance que j'ai à votre sujet à cause du Seigneur : vous ne penserez pas autrement que moi. Mais celui qui jette le trouble parmi vous, quel qu'il soit, recevra son châtiment. [11] En ce qui me concerne, frères, si je prêchais encore la nécessité de se faire *circoncire, pourquoi continuerait-on encore à me persécuter ? Car alors, le message de la mort du Christ en croix n'aurait plus rien qui puisse susciter l'opposition. [12] Ah ! Qu'ils se mutilent donc complètement, ceux qui sèment le désordre parmi vous [i] !

L'Esprit et l'homme livré à lui-même

[13] Oui, mes frères, vous avez été appelés à la liberté. Seulement, ne faites pas de cette liberté un prétexte pour vivre comme des hommes livrés à eux-mêmes. Au contraire, par amour, mettez-vous au service les uns des autres. [14] Car la *Loi se trouve accomplie tout entière par l'obéissance à cette seule parole : Aime ton prochain comme toi-même [j]. [15] Mais si vous vous blessez les uns les autres et si vous vous entre-déchirez, prenez garde ! vous vous détruirez mutuellement.

[16] Je vous dis donc ceci : laissez le Saint-Esprit diriger votre vie, et vous n'obéirez pas aux désirs qui animent l'homme livré à lui-même. [17] Car ses désirs sont diamétralement opposés à ceux de l'Esprit ; et l'Esprit a des désirs qui sont à l'opposé de ceux de l'homme livré à lui-même. Les deux sont opposés l'un à l'autre, c'est pourquoi vous ne

---

a. 4.23 Voir Gn 17.16 ; 18.10.

b. 4.25 Certains manuscrits ont : [25] Le Sinaï est, en effet, une montagne d'Arabie et il correspond...

c. 4.25 C'est-à-dire le judaïsme.

d. 4.25 De la Loi.

e. 4.27 Es 54.1.

f. 4.30 Gn 21.9-10.

g. 5.5 La justice parfaite ne nous sera attribuée qu'à la résurrection (comparer Ph 3.9-14, 20ss. ; Rm 8.22-24 ; 2 Tm 4.8).

h. 5.9 Proverbe cité aussi en 1 Co 5.6.

i. 5.12 Allusion possible à la castration, rite pratiqué dans la Galatie en liaison avec le culte de la déesse Cybèle.

j. 5.14 Lv 19.18.

pouvez pas être votre propre maître [a]. [18] Mais si vous êtes conduits par l'Esprit, vous n'êtes plus sous le régime de la Loi.

[19] Tout le monde voit bien ce qui procède de l'homme livré à lui-même : l'immoralité, les pratiques dégradantes et la débauche, [20] l'adoration des idoles et la magie, les haines, les querelles, la jalousie, les accès de colère, les rivalités, les dissensions, les divisions, [21] l'envie, l'ivrognerie, les orgies et autres choses de ce genre. Je ne puis que répéter ce que j'ai déjà déclaré à ce sujet : ceux qui commettent de telles actions n'auront aucune part à l'héritage du *royaume de Dieu.

[22] Mais le fruit de l'Esprit c'est l'amour, la joie, la paix, la patience, l'amabilité, la bonté, la fidélité, [23] la douceur, la maîtrise de soi. La Loi ne condamne certes pas de telles choses.

[24] Or, ceux qui appartiennent à Jésus-Christ ont crucifié l'homme livré à lui-même avec ses passions et ses désirs.

[25] Puisque l'Esprit est la source de notre vie, laissons-le aussi diriger notre conduite. [26] Ne soyons pas vaniteux et évitons de nous provoquer les uns les autres et de nous jalouser mutuellement.

Travailler au bien de tous

6 Frères, si quelqu'un s'est laissé surprendre par quelque faute [b], vous qui vous laissez conduire par l'Esprit, ramenez-le dans le droit chemin avec un esprit de douceur. Et toi qui interviens, fais attention de ne pas te laisser toi-même tenter.

[2] Aidez-vous les uns les autres à porter vos fardeaux. De cette manière, vous accomplirez la loi du Christ.

[3] Si quelqu'un s'imagine être une personne d'exception – alors qu'en fait il n'est rien – il s'abuse lui-même. [4] Que chacun examine son propre comportement. S'il y découvre quelque aspect louable, alors il pourra en éprouver de la fierté par rapport à lui-même et non par comparaison avec les autres, [5] car chacun aura à répondre pour lui-même de ses propres actions.

[6] Que celui à qui l'on enseigne la Parole donne une part de tous ses biens à celui qui l'enseigne.

[7] Ne vous faites pas d'illusions : Dieu ne se laisse pas traiter avec mépris. On récolte ce que l'on a semé. [8] Celui qui sème pour satisfaire ses propres désirs d'homme livré à lui-même récoltera ce que produit cet homme, c'est-à-dire la corruption. Mais celui qui sème pour l'Esprit moissonnera, lui, ce que produit l'Esprit : la vie éternelle. [9] Faisons le bien sans nous laisser gagner par le découragement. Car si nous ne relâchons pas nos efforts, nous récolterons au bon moment.

[10] Ainsi donc, tant que nous en avons l'occasion, faisons du bien à tout le monde, et en premier lieu à ceux qui appartiennent à la famille des croyants.

Derniers avertissements et salutation

[11] Vous remarquez ces grandes lettres ; c'est bien de ma propre main que je vous écris. [12] Ceux qui vous imposent la *circoncision sont des gens qui veulent faire bonne figure devant les hommes. Ils n'ont qu'un seul but : éviter d'être persécutés à cause de la mort du Christ sur la croix [c]. [13] Car ceux qui pratiquent la circoncision, n'observent pas la *Loi, eux non plus. S'ils veulent vous faire circoncire, c'est pour pouvoir se vanter de vous avoir imposé cette marque dans votre corps.

[14] En ce qui me concerne, je ne veux à aucun prix placer ma fierté ailleurs que dans la mort de notre Seigneur Jésus-Christ sur la croix. Par elle, en effet, le monde du péché a été crucifié pour moi, de même que moi je l'ai été pour ce monde. [15] Peu importe d'être circoncis ou non. Ce qui compte, c'est d'être une nouvelle créature [d].

[16] Que la paix et la grâce de Dieu soient accordées à tous ceux qui suivent cette règle de vie, ainsi qu'à l'*Israël de Dieu.

[17] Désormais, que personne ne me cause plus de peine, car je porte sur mon corps les cicatrices des blessures que j'ai reçues pour la cause de Jésus.

[18] Chers frères, que la grâce de notre Seigneur Jésus-Christ soit avec vous tous. *Amen.

---

a. 5.17 Autre traduction : *il vous est impossible de faire le bien que vous voudriez.*
b. 6.1 Autre traduction : *si quelqu'un vient à être surpris en faute.*

c. 6.12 Prêcher la circoncision mettait à l'abri de la persécution à la fois des Juifs et des Romains (puisque le judaïsme était une « religion licite ») d. 6.15 Autre traduction : *la nouvelle création.*

LETTRE AUX EPHESIENS

La lettre de Paul dite « aux Ephésiens » n'est probablement pas adressée aux seuls chrétiens de la ville d'Ephèse. En effet, les meilleurs manuscrits ont un blanc à l'endroit de l'adresse : « ceux qui... appartiennent à Dieu et qui croient en Jésus-Christ » (1.1). Par ailleurs, Paul connaissait bien l'Eglise d'Ephèse où il avait passé près de trois ans (Ac 19 et 20). Or cette lettre est une des moins personnelles de l'*apôtre. La plupart des spécialistes voient donc en elle une lettre circulaire adressée à un groupe d'Eglises d'Asie mineure, que l'on identifie parfois à la lettre à laquelle Colossiens 4.16 fait allusion.

Ecrite de prison, à Rome, vers l'été 62, elle fut portée dans la province romaine d'*Asie par *Tychique.

La lettre est célèbre pour sa bénédiction introductive (1.3-14) dans laquelle Paul, en une longue phrase dans l'original, expose le plan du salut en Jésus-Christ. Ce « secret » (1.9), Dieu l'avait conçu en lui-même « bien avant de poser les fondations du monde » (1.4) mais il l'a révélé en Jésus-Christ et Paul en est le messager.

Le thème majeur que développe l'apôtre est celui de l'unité et de la diversité de l'Eglise :

— unité et diversité d'origine (2.1 à 3.20), *Juifs et non-Juifs *sauvés, les uns comme les autres, par grâce pour former « un seul corps » ;

— unité de l'Eglise et diversité de dons (4.1-16) ;

— unité et diversité sociale (5.21 à 6.9).

Ces développements sont émaillés de recommandations pratiques sur le comportement du chrétien rempli de l'Esprit Saint, que Paul oppose, par un violent contraste, à celui de ceux qui ne connaissent pas Dieu (4.17 à 5.20). Le développement final décrit les armes du chrétien dont celui-ci devra user dans le combat spirituel (6.10-17).

Ainsi les destinataires de Paul seront-ils armés pour résister aux faux docteurs qui essaient de séduire les Eglises voisines de Colosses.

Salutation

1 Paul, *apôtre de Jésus-Christ par la volonté de Dieu, salue ceux qui [à Ephèse [a]] appartiennent à Dieu, et qui croient en Jésus-Christ.

[2] Que Dieu notre Père et le Seigneur Jésus-Christ vous accordent la grâce et la paix.

LE SALUT EN CHRIST

La grâce de Dieu en Christ

[3] Loué soit Dieu,
le Père de notre Seigneur :
Jésus le Christ,
car il nous a comblés
des bénédictions de l'Esprit
dans le monde céleste
qui, toutes, sont en Christ [b].
[4] En lui,
bien avant de poser
les fondations du monde,
il nous avait choisis
pour que nous soyons saints
et sans reproche devant lui.
[5] Puisqu'il nous a aimés,
il nous a destinés d'avance
à être ses enfants
qu'il voulait adopter
par Jésus-Christ.
Voilà ce que, dans sa bonté,
il a voulu pour nous
[6] afin que nous célébrions
la gloire de sa grâce
qu'il nous a accordée
en son Fils bien-aimé.
[7] En Christ,
parce qu'il s'est offert en sacrifice,
nous avons été délivrés
et nous avons reçu
le pardon de nos fautes.
Dieu a ainsi manifesté sa grâce
dans toute sa richesse,
[8] et il l'a répandue sur nous
avec surabondance,
en nous donnant pleine sagesse
et pleine intelligence,
[9] pour que nous connaissions
le secret de son plan.

---

a. 1.1 Les mots : *à Ephèse* sont absents de plusieurs manuscrits.

b. 1.3 Autre traduction : *nous qui sommes unis au Christ*.

Ce plan, il l'a fixé d'avance,
dans sa bonté,
en Christ,
[10] pour conduire les temps
vers l'accomplissement.
Selon ce plan,
tout ce qui est au ciel
et tout ce qui est sur la terre
doit être réuni
sous le gouvernement du Christ.
[11] Et c'est aussi en Christ
que nous avons été choisis
pour lui appartenir [a]
conformément à ce qu'avait fixé
celui qui met en œuvre toutes choses,
selon l'intention qui inspire
sa décision.
Ainsi, nous avons été destinés d'avance
[12] à célébrer sa gloire
nous qui, les tout premiers,
avons placé notre espérance
dans le *Messie.
[13] Et en Christ, vous aussi,
vous avez entendu
le message de vérité,
cet Evangile
qui vous apportait le salut ;
oui, c'est aussi en Christ
que vous qui avez cru,
vous avez obtenu de Dieu
l'Esprit Saint qu'il avait promis
et par lequel
il vous a marqués de son *sceau [b]
pour lui appartenir.
[14] C'est cet Esprit qui constitue
l'acompte de notre héritage
en attendant la délivrance
du peuple que Dieu s'est acquis.
Ainsi tout aboutit
à célébrer sa gloire.

Prière de Paul pour les Ephésiens

[15] Pour toutes ces raisons, moi aussi, après avoir entendu parler de votre foi au Seigneur Jésus et de votre amour pour tous ceux qui appartiennent à Dieu, [16] je ne cesse de dire ma reconnaissance à Dieu à votre sujet quand je fais mention de vous dans mes prières.

[17] Je demande que le Dieu de notre Seigneur Jésus-Christ, le Père qui possède la gloire, vous donne, par son Esprit, sagesse et révélation, pour que vous le connaissiez ;

[18] qu'il illumine ainsi votre intelligence afin que vous compreniez en quoi consiste l'espérance à laquelle vous avez été appelés, quelle est la glorieuse richesse de l'héritage que Dieu vous fait partager avec tous ceux qui lui appartiennent, [19] et quelle est l'extraordinaire grandeur de la puissance qu'il met en œuvre en notre faveur, à nous qui plaçons notre *confiance en lui. Cette puissance, en effet, il l'a déployée dans toute sa force [20] en la faisant agir dans le Christ lorsqu'il l'a ressuscité d'entre les morts et *l'a fait siéger à sa droite* [c], dans le monde céleste. [21] Là, le Christ est placé bien au-dessus de toute Autorité, de toute Puissance, de toute Domination et de toute Souveraineté [d] : au-dessus de tout nom qui puisse être cité, non seulement dans le monde présent, mais aussi dans le monde à venir. [22] *Dieu a tout placé sous ses pieds* [e], et ce Christ qui domine toutes choses, il l'a donné pour chef à l'Eglise [23] qui est son corps, lui en qui habite la plénitude du Dieu qui remplit tout en tous [f].

De la mort à la vie

2 Autrefois, vous étiez morts à cause de vos fautes et de vos péchés. [2] Par ces actes, vous conformiez alors votre manière de vivre à celle de ce monde et vous suiviez le chef des puissances spirituelles mauvaises, cet esprit qui agit maintenant dans les hommes rebelles à Dieu.

[3] Nous aussi, nous faisions autrefois tous partie de ces hommes. Nous vivions selon nos désirs d'hommes livrés à eux-mêmes et nous accomplissions tout ce que notre corps et notre esprit nous poussaient à faire. Aussi étions-nous, par nature, destinés à subir la colère de Dieu comme le reste des hommes.

[4] Mais Dieu est riche en bonté. Aussi, à cause du grand amour dont il nous a aimés, [5] alors que nous étions spirituellement morts [g] à cause de nos fautes, il nous a fait revivre les uns et les autres avec le Christ. — C'est par la grâce que vous êtes *sauvés. — [6] Par notre

---

c. **1.20** Ps 110.1.
d. **1.21** Ces expressions se rapportent à des êtres surnaturels (angéliques ou démoniaques) auxquels les erreurs que certains répandaient dans les Eglises d'Asie mineure donnaient une grande importance (voir 3.10 ; Col 1.16 ; 2.15).
e. **1.22** Voir Ps 8.7.
f. **1.23** D'autres comprennent : *à l'Eglise [23] qui est son corps, où se manifeste pleinement celui qui remplit tout en tous.*
g. **2.5** Autre traduction : *sous le coup d'une condamnation à mort.*

union avec Jésus-Christ, Dieu nous a ressuscités ensemble et nous a fait siéger ensemble dans le monde céleste. [7] Il l'a fait afin de démontrer pour tous les âges à venir, l'extraordinaire richesse de sa grâce qu'il a manifestée en Jésus-Christ par sa bonté envers nous.

[8] Car c'est par la grâce que vous êtes sauvés, par le moyen de la foi. Cela ne vient pas de vous, c'est un don de Dieu ; [9] ce n'est pas le fruit d'œuvres que vous auriez accomplies. Personne n'a donc de raison de se vanter. [10] Ce que nous sommes, nous le devons à Dieu ; car par notre union avec le Christ, Jésus, Dieu nous a créés pour une vie riche d'œuvres bonnes qu'il a préparées à l'avance afin que nous les accomplissions.

Juifs et non-Juifs réconciliés par Jésus-Christ

[11] C'est pourquoi, vous qui portez, dans votre corps, la preuve que vous n'êtes pas des *Juifs et qui donc êtes traités d'« incirconcis » par ceux qui se disent « les *circoncis » à cause d'un rite accompli sur leur corps et par des hommes, rappelez-vous quelle était votre situation autrefois. [12] En ce temps-là, vous étiez sans *Messie, vous n'aviez pas le droit de faire partie du peuple d'*Israël, vous étiez étrangers aux *alliances conclues par Dieu pour garantir sa promesse, sans espérance et sans Dieu dans le monde.

[13] Mais maintenant, par votre union avec le Christ, Jésus, vous qui, autrefois, étiez *loin*, vous êtes devenus *proches* grâce au sacrifice du Christ[a].

[14] *Car nous lui devons notre paix*[b]. Il a, en effet, instauré l'unité entre les Juifs et les non-Juifs et abattu le mur[c] qui les séparait : en livrant son corps à la mort, il a annulé les effets de ce qui faisait d'eux des ennemis, [15] c'est-à-dire de la *Loi de *Moïse, dans ses commandements et ses règles. Il voulait ainsi créer une seule et nouvelle humanité à partir des Juifs et des non-Juifs qu'il a unis à lui-même, en établissant la paix. [16] Il voulait aussi les réconcilier les uns et les autres avec Dieu et les unir en un seul corps, en supprimant, par sa mort sur la croix, ce qui faisait d'eux des ennemis.

[17] Ainsi *il est venu annoncer la paix à vous qui étiez loin et la paix à ceux qui étaient proches*[d]. [18] Car, grâce à lui, nous avons accès, les uns comme les autres, auprès du Père, par le même Esprit.

[19] Voilà pourquoi vous n'êtes plus des étrangers ou des résidents temporaires[e], vous êtes concitoyens des membres du peuple de Dieu, vous faites partie de la famille de Dieu. [20] Dieu vous a intégrés à l'édifice qu'il construit sur le fondement que sont les *apôtres, ses *prophètes[f], et dont Jésus-Christ lui-même est la pierre principale.

[21] En lui toute la construction s'élève, bien coordonnée, afin d'être un temple saint dans le Seigneur, [22] et, unis au Christ, vous avez été intégrés ensemble à cette construction pour former une demeure où Dieu habite par l'Esprit.

La mission de Paul

3 C'est pourquoi moi Paul, le prisonnier de Jésus-Christ pour vous, les non-Juifs...[g]

[2] Vous avez très certainement appris quelle responsabilité Dieu, dans sa grâce, m'a confiée à votre égard[h]. [3] Par révélation, il m'a fait connaître le secret de son plan que je viens de résumer en quelques mots. [4] En me lisant, vous pouvez vous rendre compte de la compréhension que j'ai de ce secret, qui concerne le Christ. [5] En effet, Dieu ne l'a pas fait connaître aux hommes des générations passées comme il l'a révélé maintenant, par le Saint-Esprit, à ses *apôtres, ses *prophètes qu'il a consacrés à son service.

[6] Et ce secret c'est que, par leur union avec Jésus-Christ, les non-Juifs reçoivent le même héritage que nous, les Juifs, ils font partie du même corps et ont part à la même promesse, par le moyen de la Bonne Nouvelle. [7] C'est de cette Bonne Nouvelle que je suis devenu le serviteur : tel est le don que Dieu m'a accordé dans sa grâce, par l'action

---

a. **2.13** Voir la citation au v.17.

b. **2.14** Mi 5.4.

c. **2.14** Allusion probable à la haute muraille qui, dans le Temple de Jérusalem, séparait le parvis des non-Juifs de celui où les Juifs seuls avaient accès.

d. **2.17** Es 57.19 (voir Za 6.15).

e. **2.19** Le terme grec désignait les étrangers autorisés à résider comme émigrés en Palestine, sans y jouir du droit de cité.

f. **2.20** Voir Ap 21.14. Autre traduction : *sur le fondement posé par les apôtres, ses prophètes*. Certains traduisent la fin du verset : *les apôtres et les prophètes*.

g. **3.1** Paul interrompt ici sa phrase pour ouvrir jusqu'au v.14 une parenthèse dans laquelle il explique quelle est sa mission et la nature du secret qu'il a été chargé d'annoncer.

h. **3.2** Ces paroles prouvent que la lettre ne s'adressait pas à la seule Eglise d'Ephèse. Paul, en effet, avait séjourné pendant trois ans à Ephèse (Ac 20.31). Les Ephésiens n'ignoraient donc pas la responsabilité que Dieu avait confiée à Paul.

de sa puissance. [8] Oui, c'est à moi, le plus petit de tous ceux qui lui appartiennent, que Dieu a fait cette grâce d'annoncer aux non-Juifs les richesses insondables du Christ [9] et de mettre en pleine lumière, pour tout homme, la façon dont Dieu mène ce plan à sa complète réalisation. Ce plan, le Dieu qui a créé toutes choses l'avait tenu caché en lui-même de toute éternité. [10] Par cette mise en lumière, les Autorités et les Puissances dans le monde céleste peuvent connaître, par le moyen de l'Eglise, les aspects infiniment variés de sa sagesse.

[11] Cela s'accomplit conformément à ce qui a été fixé de toute éternité et qui s'est réalisé dans le Christ Jésus notre Seigneur. [12] Etant unis à lui, par la foi en lui, nous avons la liberté de nous approcher de Dieu[a] avec assurance. [13] Aussi je vous demande de ne pas perdre courage en pensant aux détresses que je connais dans mon service pour vous : elles contribuent à la gloire qui vous est destinée.

Connaître l'amour de Dieu

[14] C'est pourquoi je me mets à genoux devant le Père, [15] de qui dépendent, comme d'un modèle, toutes les familles des cieux et de la terre. [16] Je lui demande qu'il vous accorde, à la mesure de ses glorieuses richesses, d'être fortifiés avec puissance par son Esprit dans votre être intérieur. [17] Que le Christ habite dans votre cœur par la foi. Enracinés et solidement fondés dans l'amour, [18] vous serez ainsi à même de comprendre, avec tous ceux qui appartiennent à Dieu, combien l'amour du Christ est large, long, élevé et profond. [19] Oui, vous serez à même de connaître cet amour qui surpasse tout ce qu'on peut en connaître, et vous serez ainsi remplis de toute la plénitude de Dieu.

[20] A celui qui, par la puissance qui agit en nous, peut réaliser infiniment au-delà de ce que nous demandons ou même pensons, [21] à lui soit la gloire dans l'Eglise et en Jésus-Christ pour toutes les générations et pour l'éternité. *Amen !

LA VIE DE LA NOUVELLE COMMUNAUTE

L'unité : la conserver

4 Moi qui suis prisonnier à cause du Seigneur, je vous demande donc instamment de vous conduire d'une manière digne de l'appel qui vous a été adressé : [2] soyez toujours humbles, aimables et patients, supportez-vous les uns les autres avec amour. [3] Efforcez-vous de conserver l'unité que donne l'Esprit, dans la paix qui vous lie les uns aux autres. [4] Il y a un seul corps et un seul Esprit ; de même, Dieu vous a appelés à une seule espérance lorsqu'il vous a fait venir à lui.

[5] Il y a un seul Seigneur, une seule foi, un seul baptême, [6] un seul Dieu et Père de tous qui règne sur tous, qui agit par tous et qui est en tous.

L'unité : l'acquérir

[7] Cependant, chacun de nous a reçu la grâce de Dieu selon la part que le Christ lui donne dans son œuvre.

[8] C'est bien ce que déclare l'Ecriture :

Il est monté sur les hauteurs,
il a emmené des captifs
et il a fait des dons aux hommes[b].

[9] Or, que signifie : *Il est monté* ? Cela implique qu'auparavant, il est descendu jusqu'en bas, c'est-à-dire sur la terre[c]. [10] Celui qui est descendu, c'est aussi celui qui est *monté* au-dessus de tous les cieux afin de remplir l'univers entier.

[11] C'est lui qui *a fait don* de certains comme *apôtres, d'autres comme *prophètes, d'autres comme évangélistes, et d'autres encore comme pasteurs[d] et enseignants. [12] Il a fait don de ces hommes pour que ceux qui appartiennent à Dieu soient rendus aptes à accomplir leur service en vue de la construction du corps du Christ.

[13] Ainsi nous parviendrons tous ensemble à l'unité dans la foi et dans la connaissance du Fils de Dieu, à l'état d'adultes, à un stade où se manifeste toute la plénitude qui nous vient du Christ. [14] De cette manière, nous ne serons plus de petits enfants ballottés comme

---

a. 3.12 Le mot grec traduit par *approcher* était utilisé pour le droit de venir dans la présence d'un souverain ou d'un dieu (voir 2.18 ; Rm 5.2 ; He 4.16 ; 10.19 ; 1 P 3.18).

b. 4.8 Ps 68.19.

c. 4.9 Certains comprennent : *dans les régions les plus profondes de la terre.*

d. 4.11 Mot qui reprend le terme *berger* de l'A.T. (voir Jr 3.15 ; Ez 34.2ss).

des barques par les vagues et emportés çà et là par le vent de toutes sortes d'enseignements, à la merci d'hommes habiles à entraîner les autres dans l'erreur.

15 Au contraire, en exprimant la vérité dans l'amour, nous grandirons à tous égards vers celui qui est la tête : le Christ.

16 C'est de lui que le corps tout entier tire sa croissance pour s'affermir dans l'amour, sa cohésion et sa forte unité lui venant de toutes les articulations dont il est pourvu, pour assurer l'activité attribuée à chacune de ses parties.

La vie en Christ

17 Voici donc ce que je vous dis, ce que je vous déclare au nom du Seigneur : vous ne devez plus vivre comme les païens, qui suivent leurs pensées vides de sens. 18 Ils ont, en effet, l'intelligence obscurcie et sont étrangers à la vie que Dieu donne, à cause de l'ignorance qui est en eux et qui provient de l'endurcissement de leur cœur. 19 Ayant perdu tout sens moral, ils se sont livrés à l'inconduite pour se jeter avec frénésie dans toutes sortes de vices.

20 Mais vous, ce n'est pas ainsi que vous avez appris ce que signifie pour vous le Christ, 21 puisque vous avez compris ce qu'il est et qu'on vous a enseigné, à vous qui êtes chrétiens, ce qui est conforme à la vérité qui est en Jésus. 22 Cela consiste à vous débarrasser de votre ancienne manière de vivre, celle de l'homme que vous étiez autrefois, et que les désirs trompeurs mènent à la ruine, 23 à être renouvelés par le changement de ce qui oriente votre pensée, 24 et à vous revêtir de l'homme nouveau, créé conformément à la pensée de Dieu, pour mener la vie juste et sainte que produit la vérité.

La vie dans l'amour

25 C'est pourquoi, débarrassés du mensonge, *que chacun de vous dise là vérité à son prochain*[a]. Ne sommes-nous pas membres les uns des autres ?

26 *Mettez-vous en colère, mais ne commettez pas de péché*[b] ; que votre colère s'apaise avant le coucher du soleil. 27 Ne donnez aucune prise au diable.

28 Que le voleur cesse de dérober ; qu'il se donne plutôt de la peine et travaille honnê-

tement de ses mains pour qu'il ait de quoi secourir ceux qui sont dans le besoin.

29 Ne laissez aucune parole blessante franchir vos lèvres, mais seulement des paroles empreintes de bonté. Qu'elles répondent à un besoin et aident les autres à grandir dans la foi. Ainsi elles feront du bien à ceux qui vous entendent.

30 N'attristez pas le Saint-Esprit de Dieu car, par cet Esprit, Dieu vous a marqués de son *sceau comme sa propriété pour le jour de la délivrance finale.

31 Amertume, irritation, colère, éclats de voix, insultes : faites disparaître tout cela du milieu de vous, ainsi que toute forme de méchanceté. 32 Soyez bons et compréhensifs les uns envers les autres. Pardonnez-vous réciproquement comme Dieu vous[c] a pardonné en Christ.

5 Puisque vous êtes les enfants bien-aimés de Dieu, suivez l'exemple de votre Père.

2 Que toute votre vie soit dirigée par l'amour, comme cela a été le cas pour le Christ : il nous[d] a aimés et a livré lui-même à Dieu pour nous comme une offrande et un sacrifice dont le parfum plaît à Dieu.

3 Quant à l'immoralité et aux pratiques dégradantes sous toutes leurs formes, et à la soif de posséder, qu'il n'en soit pas même question entre vous : ce ne sont pas des sujets de conversation pour ceux qui appartiennent à Dieu, 4 pas plus que les propos grossiers ou stupides, et les plaisanteries équivoques. C'est inconvenant ! Exprimez plutôt votre reconnaissance envers Dieu. 5 Car, sachez-le bien : aucun homme qui se livre à l'inconduite, à l'impureté ou à la soif de posséder – qui est une idolâtrie – n'a d'héritage dans le *royaume du Christ et de Dieu[e].

La vie dans la lumière

6 Que personne ne vous trompe par des arguments sans valeur : ce sont ces désordres qui attirent la colère de Dieu sur ceux qui refusent de lui obéir.

7 Ne vous associez pas à ces gens-là. 8 Autrefois, certes, vous apparteniez aux ténèbres, mais à présent, par votre union avec le Seigneur, vous appartenez à la lumière. Comportez-vous donc comme des enfants de

a. 4.25 Za 8.16.
b. 4.26 Ps 4.5 cité selon l'anc. version grecque. D'autres traduisent : *Si vous vous mettez en colère, ne commettez pas de péché.*

c. 4.32 Certains manuscrits ont : *nous.*
d. 5.2 Certains manuscrits ont : *vous.*
e. 5.5 Autre traduction : *le royaume de celui qui est Christ et Dieu.*

la lumière – 9 car ce que produit la lumière c'est tout ce qui est bon, juste et vrai. 10 Comme des enfants de la lumière, efforcez-vous de discerner ce qui plaît au Seigneur.

11 Ne participez pas aux pratiques stériles que favorisent les ténèbres, mais démasquez-les plutôt. 12 Car tout ce que ces gens-là font en cachette est si honteux qu'on n'ose même pas en parler. 13 Mais quand ces choses sont démasquées, leur véritable nature paraît à la lumière. 14 Or ce qui paraît à la lumière est lumière. De là viennent ces paroles :

Réveille-toi,
ô toi qui dors,
relève-toi
d'entre les morts :
le Christ fera lever
sa lumière sur toi a.

15 Veillez donc avec soin à votre manière de vivre. Ne vous comportez pas comme des insensés, mais comme des gens sensés. 16 Mettez à profit les occasions qui se présentent à vous, car nous vivons des jours mauvais.

La vie par l'Esprit

17 C'est pourquoi ne soyez pas déraisonnables, mais comprenez ce que le Seigneur attend de vous.

18 Ne vous enivrez pas de vin – cela vous conduirait à une vie de désordre – mais laissez-vous constamment remplir par l'Esprit : 19 ainsi vous vous encouragerez mutuellement par le chant de psaumes, d'hymnes et de cantiques inspirés par l'Esprit, vous louerez le Seigneur de tout votre cœur par vos chants et vos psaumes ; 20 à tout moment et pour toute chose, vous remercierez Dieu le Père au nom de notre Seigneur Jésus-Christ, 21 et parce que vous révérez le Christ, vous vous soumettrez les uns aux autres, 22 vous femmes, en particulier, chacune à son mari, et cela par égard pour le Seigneur. 23 Le mari, en effet, est le chef de sa femme comme le Christ est le chef, la tête b de l'Eglise qui est son corps et dont il est le Sauveur. 24 Mais comme l'Eglise se soumet au Christ, de même la femme se soumet en toute circonstance à son mari.

25 Quant à vous, maris, que chacun de vous aime sa femme comme le Christ a aimé l'Eglise : il a donné sa vie pour elle 26 afin de la rendre digne de Dieu après l'avoir *purifiée par sa Parole, comme par le bain nuptial c. 27 Il a ainsi voulu se présenter cette Eglise à lui-même, rayonnante de beauté, sans tache, ni ride, ni aucun défaut, mais digne de Dieu et irréprochable.

28 Voilà comment chaque mari doit aimer sa femme comme si elle était son propre corps : ainsi celui qui aime sa femme s'aime lui-même. 29 Car personne n'a jamais haï sa propre chair ; au contraire, chacun la nourrit et l'entoure de soins, comme le Christ le fait pour l'Eglise, 30 parce que nous sommes les membres de son corps.

31 *C'est pourquoi l'homme quittera son père et sa mère pour s'attacher à sa femme et les deux ne seront plus qu'une seule chair d.*

32 Il y a là un grand mystère : je parle de ce que je viens de dire au sujet du Christ et de l'Eglise. 33 Quant à vous, que chaque mari aime sa femme comme lui-même, et que chaque femme respecte son mari.

Parents et enfants

6 Vous, enfants, obéissez à vos parents à cause du Seigneur e, car c'est là ce qui est juste. 2 *Honore ton père et ta mère :* c'est le premier commandement auquel une promesse est rattachée : 3 *pour que tu sois heureux et que tu jouisses d'une longue vie sur la terre f.*

4 Vous, pères, n'exaspérez pas vos enfants, mais élevez-les en les éduquant et en les conseillant d'une manière conforme à la volonté du Seigneur.

Maîtres et esclaves

5 Vous, esclaves g, obéissez à vos maîtres terrestres avec crainte et respect, avec droiture de cœur, et cela par égard pour le Christ. 6 N'accomplissez pas votre tâche seulement quand on vous surveille, comme s'il s'agissait de plaire à des hommes, mais agissez comme

---

c. 5.26 En Orient, la fiancée était baignée et parée avant le mariage (comparer Ez 16.9). Autre traduction : *après l'avoir purifiée par l'eau et par la Parole.*
d. 5.31 Gn 2.24 où la fin du verset est traduite : *et les deux ne feront plus qu'un.*
e. 6.1 L'expression : *à cause du Seigneur* est absente de certains manuscrits.
f. 6.3 Ex 20.12 ; Dt 5.16.
g. 6.5 La population des villes antiques était composée d'une proportion élevée d'esclaves.

---

a. 5.14 L'apôtre cite sans doute un cantique de l'Eglise primitive inspiré par Es 26.19 ; 51.17 ; 52.1 ; 60.1.
b. 5.23 Le même mot grec désigne *la tête* et *le chef.*

des esclaves du Christ, qui accomplissent la volonté de Dieu de tout leur cœur. 7 Faites votre travail de bon gré, et cela par égard pour le Seigneur, et non par égard pour les hommes. 8 Car vous savez que chacun, qu'il soit esclave ou libre, recevra ce qui lui revient selon le bien qu'il aura fait.

9 Quant à vous, maîtres, agissez suivant les mêmes principes envers vos esclaves, sans user de menaces. Car vous savez que le Seigneur qui est au ciel est votre Maître tout autant que le leur ; et il n'agit jamais par favoritisme.

Revêtir l'armure qui vient de Dieu

10 Pour conclure : puisez votre force dans le Seigneur et dans sa grande puissance.

11 Revêtez-vous de l'armure de Dieu afin de pouvoir tenir ferme contre toutes les ruses du diable. 12 Car nous n'avons pas à lutter contre des êtres de chair et de sang, mais contre les Puissances, contre les Autorités, contre les Pouvoirs de ce monde des ténèbres, et contre les esprits du mal dans le monde céleste.

13 C'est pourquoi, endossez l'armure que Dieu donne afin de pouvoir résister au mauvais jour et tenir jusqu'au bout après avoir fait tout ce qui était possible [a]. 14 Tenez donc ferme : ayez autour de la taille la vérité pour ceinture, et revêtez-vous de la droiture en guise de cuirasse. 15 Ayez pour chaussures à vos pieds la disponibilité à servir la Bonne Nouvelle de la paix.

16 En toute circonstance, saisissez-vous de la foi comme d'un bouclier avec lequel vous pourrez éteindre toutes les flèches enflammées du diable [b]. 17 Prenez le salut pour casque et l'épée de l'Esprit, c'est-à-dire la Parole de Dieu.

L'appel à la prière

18 En toutes circonstances, faites toutes sortes de prières et de requêtes sous la conduite de l'Esprit. Faites-le avec vigilance et constance, et intercédez pour tous ceux qui appartiennent à Dieu, 19 en particulier pour moi. Demandez à Dieu de me donner, quand je parle, les mots que je dois dire pour annoncer avec assurance le secret que révèle la Bonne Nouvelle. 20 C'est de cette Bonne Nouvelle que je suis l'ambassadeur, un ambassadeur enchaîné. Priez donc pour que je l'annonce avec assurance comme je dois en parler.

Salutation finale

21 Pour que vous connaissiez ma situation et que vous sachiez ce que je fais, *Tychique [c], notre cher frère, qui est un serviteur fidèle dans la communion avec le Christ, vous mettra au courant de tout ce qui me concerne.

22 Je l'envoie exprès chez vous pour qu'il vous donne de mes nouvelles et vous encourage ainsi.

23 Que Dieu le Père et le Seigneur Jésus-Christ accordent à tous les frères la paix et l'amour, avec la foi. 24 Que Dieu donne sa grâce à tous ceux qui aiment notre Seigneur Jésus-Christ d'un amour inaltérable.

---

a. 6.13 Autre traduction : *après avoir été victorieux en tout*.

b. 6.16 Autre traduction : *du mal*. Dans les guerres antiques, on se servait, surtout lors des sièges, de flèches enduites de poix et de résine que l'on enflammait au moment de les lancer. Les légionnaires romains s'en protégeaient avec leurs grands boucliers.

c. 6.21 *Tychique* (Ac 20.4 ; Col 4.7) a dû porter la lettre circulaire à Ephèse, puis dans les autres villes de la province d'Asie, et donner oralement des nouvelles de l'apôtre.

LETTRE AUX PHILIPPIENS

Lorsque Paul écrit cette lettre, il est en prison (1.7), à Ephèse selon certains, à *Césarée selon d'autres, ou encore, plus vraisemblablement, à Rome où il vit dans la semi-captivité que décrit Actes 28 ; mais il espère être libéré « pour contribuer au progrès et à la joie dans la foi » (1.25) des chrétiens de la ville de Philippes.

Ses destinataires sont des Macédoniens d'origine non-juive pour la plupart, membres d'une Eglise que Paul a fondée (Ac 16.11-40) lors de son deuxième voyage missionnaire. L'Eglise a maintenu des relations étroites avec son fondateur : elle lui a envoyé, à plusieurs reprises, des dons matériels.

L'occasion immédiate de la lettre est le retour d'Epaphrodite auprès des Philippiens qui l'avaient délégué chez l'*apôtre avec un don. Paul le renvoie à Philippes avec sa lettre ; il remercie l'Eglise pour le don reçu, donne de ses nouvelles et encourage ses correspondants à tenir ferme dans le témoignage. L'appel à l'unité laisse deviner quelques difficultés dans cette Eglise.

Les nouvelles alternent donc avec les recommandations :

1.12-26 : Nouvelles personnelles
1.27 à 2.18 : Appel à l'unité et à l'humilité à l'exemple du Christ.
2.19-30 : Nouvelles de *Timothée et d'Epaphrodite
3.1 à 4.9 : Avertissements contre le légalisme et recommandations
4.10-20 : Remerciements

Cette lettre est l'une des plus personnelles et des plus affectueuses de Paul. Le thème de la joie revient souvent sous sa plume, témoignage éloquent du triomphe de la foi sur l'adversité !

Salutation

1 Paul et *Timothée [a], serviteurs de Jésus-Christ, saluent tous ceux qui, par leur union à Jésus-Christ, appartiennent à Dieu, et qui vivent à Philippes [b], ainsi que les dirigeants de l'Eglise et les diacres [c]. [2] Que Dieu notre Père et le Seigneur Jésus-Christ vous donnent la grâce et la paix.

Prière de reconnaissance

[3] J'exprime à mon Dieu ma reconnaissance chaque fois que je pense à vous ; [4] je prie pour vous tous en toute occasion, et c'est toujours avec joie que je le fais. [5] Oui, je remercie Dieu car, depuis le premier jour jusqu'à maintenant, par le soutien [d] que vous m'avez apporté, vous avez contribué à l'annonce de la Bonne Nouvelle. [6] Et, j'en suis fermement persuadé : celui qui a commencé en vous son œuvre bonne la poursuivra jusqu'à son achèvement au jour de Jésus-Christ.

[7] Tels sont mes sentiments envers vous tous ; et il est juste que je les éprouve ; en effet, vous occupez une place particulière dans mon cœur, car vous prenez tous une part active à la grâce que Dieu m'accorde, aussi bien quand je suis enchaîné dans ma cellule [e] que lorsque je défends l'Evangile et que je l'établis fermement. [8] Oui, Dieu m'en est témoin : je vous aime tous de l'affection que vous porte Jésus-Christ.

[9] Et voici ce que je demande dans mes prières : c'est que votre amour gagne de plus en plus en pleine connaissance et en parfait discernement [10] pour que vous puissiez discerner ce qui est important. Ainsi vous serez *purs et irréprochables au jour du Christ, [11] où vous paraîtrez devant lui chargés d'œuvres justes, ce fruit que Jésus-Christ

---

a. 1.1 *Timothée* a collaboré avec Paul à la fondation de l'Eglise de Philippes (Ac 16). Il est auprès de l'apôtre au moment de la rédaction de la lettre.
b. 1.1 *Philippes* était une colonie romaine en Macédoine (4.15). Paul y avait fondé l'Eglise lors de son deuxième voyage missionnaire (voir 16.12).
c. 1.1 Le mot grec qui a donné par francisation le mot *diacre* signifiait *serviteur*.

d. 1.5 Les Philippiens ont collaboré à l'évangélisation en soutenant financièrement l'apôtre. Soutien moral et financier (voir Ph 1.29-30 ; 4.16, 18).
e. 1.7 Paul est en prison soit à Ephèse ou à Césarée, soit à Rome où il a été transféré et enchaîné dans la prison du prétoire en vue de son procès.

aura produit en vous, à la gloire et à la louange de Dieu.

Nouvelles de Paul et de son ministère

¹² Je tiens à ce que vous le sachiez, frères : ce qui m'est arrivé a plutôt servi la cause de l'Evangile. ¹³ En effet, toute la garde prétorienne et tous les autres savent que c'est parce que je sers le Christ que je suis en prison. ¹⁴ De plus, mon emprisonnement a encouragé la plupart des frères à faire *confiance au Seigneur ; aussi redoublent-ils d'audace pour annoncer sans crainte la Parole de Dieu ª. ¹⁵ Quelques-uns, il est vrai, sont poussés par la jalousie et par un esprit de rivalité. Mais d'autres annoncent le Christ dans un bon esprit. ¹⁶ Ces derniers agissent par amour. Ils savent que si je suis ici, c'est pour défendre l'Evangile. ¹⁷ Quant aux premiers, ils annoncent le Christ dans un esprit de rivalité ᵇ, avec des motifs qui ne sont pas innocents : ils veulent rendre ma captivité encore plus pénible.

¹⁸ Qu'importe, après tout ! De toute façon, que ce soit avec des arrière-pensées ou en toute sincérité, le Christ est annoncé, et je m'en réjouis. Mieux encore : je continuerai à m'en réjouir. ¹⁹ Car je suis certain que toutes ces épreuves aboutiront à mon salut, grâce à vos prières pour moi et à l'assistance de l'Esprit de Jésus-Christ.

²⁰ Car ce que j'attends et que j'espère de toutes mes forces, c'est de n'avoir à rougir de rien mais, au contraire, maintenant comme toujours, de manifester en ma personne, avec une pleine assurance, la grandeur du Christ, soit par ma vie, soit par ma mort. ²¹ Pour moi, en effet, la vie, c'est le Christ, et la mort est un gain. ²² Mais si je continue à vivre dans ce monde, alors je pourrai encore porter du fruit par mon activité. Je ne sais donc pas que choisir.

²³ Je suis tiraillé de deux côtés : j'ai le désir de quitter cette vie pour être avec le Christ, car c'est, de loin, le meilleur. ²⁴ Mais il est plus nécessaire que je demeure dans ce monde à cause de vous. ²⁵ Cela, j'en suis convaincu. Je sais donc que je resterai et que je demeurerai parmi vous tous, pour contribuer à votre progrès et à votre joie dans la foi. ²⁶ Ainsi, lorsque je serai de retour chez vous, vous aurez encore plus de raisons, à cause de moi, de placer votre fierté en Jésus-Christ.

Le combat pour la foi

²⁷ Quoi qu'il en soit, menez une vie digne de l'Evangile du Christ, en vrais citoyens de son *royaume. Ainsi, que je vienne vous voir ou que je reste loin de vous, je pourrai apprendre que vous tenez bon, unis par un même esprit, luttant ensemble d'un même cœur pour la foi fondée sur la Bonne Nouvelle, ²⁸ sans vous laisser intimider en rien par les adversaires. C'est pour eux le signe qu'ils courent à leur perte, et pour vous celui que vous êtes *sauvés. Et cela vient de Dieu. ²⁹ Car en ce qui concerne le Christ, Dieu vous a accordé ᵈla grâce, non seulement de croire en lui, mais encore de souffrir pour lui. ³⁰ Vous êtes en effet engagés dans le même combat que moi, ce combat que vous m'avez vu soutenir ᶜ et que je soutiens encore maintenant, comme vous le savez.

Aimer, à l'aide du Christ

2 N'avez-vous pas trouvé dans le Christ un réconfort, dans l'amour un encouragement, par l'Esprit une communion entre vous ᵈ ? N'avez-vous pas de l'affection et de la bonté les uns pour les autres ? ² Rendez donc ma joie complète : tendez à vivre en accord les uns avec les autres. Et pour cela, ayez le même amour, une même pensée, et tendez au même but. ³ Ne faites donc rien par esprit de rivalité ᵉ, ou par un vain désir de vous mettre en avant ; au contraire, par humilité, considérez les autres comme plus importants que vous-mêmes ; ⁴ et que chacun regarde, non ses propres qualités ᶠ, mais celles des autres. ⁵ Tendez à vivre ainsi entre vous, car c'est ce qui convient quand on est uni à Jésus-Christ ᵍ.

⁶ Lui qui, dès l'origine ʰ,
   était de condition divine,

---

c. **1.30** Allusion aux persécutions endurées par l'apôtre lors de la fondation de l'Eglise de Philippes (Ac 16.19-24).

d. **2.1** Autres traductions : *le Christ ne vous y invite-t-il pas ? L'amour ne vous y encourage-t-il pas ? L'Esprit ne vous rend-il pas solidaires ?* (ou : *n'êtes-vous pas en communion avec l'Esprit?*).

e. **2.3** Autre traduction : *par égoïsme.*

f. **2.4** Autre traduction : *intérêts.*

g. **2.5** Autre traduction : *tendez en vous-mêmes à cette attitude qui est* (ou *était*) *aussi en Jésus-Christ.* Ou : *Ayez entre vous les sentiments qui viennent de Jésus-Christ.*

h. **2.6** Paul cite probablement un hymne de l'Eglise primitive – à moins qu'il l'ait composé lui-même. Certains omettent : *dès l'origine.*

---

a. **1.14** Les mots : *de Dieu* sont absents de certains manuscrits.

b. **1.17** Autre traduction : *égoïsme.*

ne chercha pas à profiter [a]
de l'égalité avec Dieu,
7 mais il s'est dépouillé lui-même,
et il a pris
la condition du serviteur.
Il se rendit semblable
aux hommes en tous points,
et tout en lui montrait
qu'il était bien un homme.
8 Il s'abaissa lui-même
en devenant obéissant,
jusqu'à subir la mort,
oui, la mort sur la croix.
9 C'est pourquoi Dieu l'a élevé
à la plus haute place
et il lui a donné le nom
qui est au-dessus de tout nom,
10 pour qu'au nom de Jésus
tout être s'agenouille
dans les cieux, sur la terre
et jusque sous la terre,
11 et que *chacun déclare* :
Jésus-Christ est *Seigneur* [b]
à la gloire de Dieu le Père.

Faire fructifier son salut

12 Mes chers amis, vous avez toujours été obéissants : faites donc fructifier votre salut, avec crainte et respect, non seulement quand je suis présent, mais bien plus maintenant que je suis absent. 13 Car c'est Dieu lui-même qui agit en vous, pour produire à la fois le vouloir et le faire conformément à son projet plein d'amour [c].

14 Faites tout sans vous plaindre et sans discuter, 15 pour être irréprochables et *purs, des enfants de Dieu sans tache au sein d'une humanité corrompue et perverse. Dans cette humanité, vous brillez comme des flambeaux dans le monde, 16 en portant [d] la Parole de vie. Ainsi, lorsque viendra le jour du Christ, vous serez mon titre de gloire, la preuve que je n'aurai pas couru [e] pour rien et que ma peine n'aura pas été inutile. 17 Et

même si je dois m'offrir comme une libation pour accompagner le sacrifice que vous offrez à Dieu, c'est-à-dire le service de votre foi [f], je m'en réjouis et je me réjouis avec vous tous. 18 Vous aussi, de la même manière, réjouissez-vous, et réjouissez-vous avec moi.

L'envoi de Timothée et d'Epaphrodite

19 J'espère, en comptant sur le Seigneur Jésus, vous envoyer bientôt *Timothée pour être moi-même encouragé par les nouvelles qu'il me donnera de vous.

20 Il n'y a personne ici, en dehors de lui, pour partager mes sentiments et se soucier sincèrement de ce qui vous concerne. 21 Car tous ne s'intéressent qu'à leurs propres affaires et non à la cause de Jésus-Christ. 22 Mais vous savez que Timothée a fait ses preuves : comme un enfant aux côtés de son père, il s'est consacré avec moi au service de l'Evangile. 23 C'est donc lui que j'espère pouvoir vous envoyer dès que je verrai quelle tournure prennent les événements pour moi.

24 Et j'ai cette *confiance dans le Seigneur que je viendrai bientôt moi-même chez vous. 25 Par ailleurs, j'ai estimé nécessaire de vous renvoyer Epaphrodite [g], mon frère, mon collaborateur et mon compagnon d'armes, votre délégué que vo s avez chargé de subvenir à mes besoins. ⁓ Il avait, en effet, un grand désir de vous revoir et il était préoccupé parce que vous avez appris qu'il était malade. 27 Il a été malade, c'est vrai, et il a frôlé la mort, mais Dieu a eu pitié de lui, et pas seulement de lui, mais aussi de moi, pour m'éviter d'avoir peine sur peine.

28 Je me hâte donc de vous le renvoyer pour que vous vous réjouissez de le revoir : cela adoucira ma peine. 29 Réservez-lui donc l'accueil dû à ceux qui appartiennent au Seigneur ; recevez-le avec une grande joie. Ayez de l'estime pour de tels hommes, 30 car c'est en travaillant au service du Christ qu'il a failli mourir. Il a exposé sa vie pour

---

a. 2.6 D'autres comprennent : *ne chercha pas à rester de force l'égal de Dieu* (ou *à se faire de force l'égal de Dieu*).

b. 2.11 Dans le paganisme, ce titre s'appliquait à la divinité suprême. Plus tard, les empereurs le revendiqueront. L'Ancien Testament nomme ainsi Dieu. Paul applique à Jésus ce qu'Es 45.23-24 disait de Dieu.

c. 2.13 Autre traduction : *car c'est Dieu lui-même qui agit parmi vous pour susciter le vouloir et le faire en vue de la bonne entente.*

d. 2.16 Autre traduction : *en présentant aux hommes.*

e. 2.16 L'apôtre compare ses efforts et ses luttes à ceux des athlètes qui courent dans le stade (comparer 3.12-13 ; 1 Co 9.24-26 ; Ga 2.2).

f. 2.17 Voir 2 Tm 4.6. La foi des Philippiens est comparée à un sacrifice offert à Dieu, sur lequel le sang de l'apôtre serait versé comme les libations de vin sur les offrandes de fleur de farine accompagnant certains sacrifices (Ex 29.38-41).

g. 2.25 Délégué de l'Eglise de Philippes auprès de Paul pour l'aider pendant son emprisonnement (4.18). Les Philippiens avaient envoyé à Paul un don matériel avec ce frère, mais celui-ci était tombé malade peu après son arrivée (v.27).

s'acquitter, à votre place, du service que vous ne pouviez me rendre vous-mêmes.

L'important, c'est le Christ

3 Enfin, mes frères, réjouissez-vous de tout ce que le Seigneur est pour vous. Il ne m'en coûte pas de me répéter en vous écrivant et, pour vous, cela ne peut que contribuer à votre sécurité.

[2] Prenez garde aux mauvais ouvriers, à ces hommes ignobles qui vous poussent à mutiler votre corps[a]. [3] En réalité, c'est nous qui sommes *circoncis de la vraie circoncision puisque nous rendons notre culte à Dieu par son Esprit et que nous mettons toute notre fierté en Jésus-Christ – au lieu de placer notre confiance dans ce que l'homme produit par lui-même. [4] Et pourtant, je pourrais, moi aussi, placer ma confiance dans ce qui vient de l'homme. Si quelqu'un croit pouvoir se confier en ce qui vient de l'homme, je le puis bien davantage : [5] j'ai été circoncis le huitième jour, je suis Israélite de naissance, de la tribu de Benjamin, de pur sang hébreu[b]. Pour ce qui concerne le respect de la *Loi, je faisais partie des *pharisiens. [6] Quant au zèle, il m'a conduit à persécuter l'Eglise. Face aux exigences de la Loi, j'étais sans reproche.

[7] Toutes ces choses constituaient, à mes yeux, un gain, mais à cause du Christ, je les considère désormais comme une perte. [8] Je vais même plus loin : tout ce en quoi je pourrais me confier, je le considère comme une perte à cause de ce bien suprême : la connaissance de Jésus-Christ mon Seigneur. A cause de lui, j'ai accepté de perdre tout cela, oui, je le considère comme bon à être mis au rebut, afin de gagner le Christ. [9] Mon désir est d'être trouvé en lui, non pas avec une justice que j'aurais moi-même acquise en obéissant à la Loi mais avec la justice qui vient de la foi en Christ et que Dieu accorde à ceux qui croient.

[10] C'est ainsi que je pourrai connaître le Christ, c'est-à-dire expérimenter la puissance de sa résurrection et avoir part à ses souffrances, en devenant semblable à lui jusque dans sa mort, [11] afin de parvenir, quoi qu'il arrive[c], à la résurrection d'entre les morts.

[12] Non, certes, je ne suis pas encore parvenu au but, je n'ai pas atteint la perfection, mais je continue à courir pour tâcher de saisir le prix. Car Jésus-Christ s'est saisi de moi.

Courir vers le but

[13] Non, frères, pour moi je n'estime pas avoir saisi le prix. Mais je fais une seule chose : oubliant ce qui est derrière moi, et tendant toute mon énergie vers ce qui est devant moi, [14] je poursuis ma course vers le but pour remporter le prix attaché à l'appel que Dieu nous a adressé du haut du ciel dans l'union avec Jésus-Christ[d].

[15] Nous tous qui sommes spirituellement adultes, c'est cette pensée qui doit nous diriger. Et si, sur un point quelconque, vous pensez différemment, Dieu vous éclairera aussi là-dessus. [16] Seulement, au point où nous sommes parvenus, continuons à marcher ensemble dans la même direction.

[17] Suivez tous mon exemple, frères, et observez comment se conduisent ceux qui vivent selon le modèle que vous trouvez en nous.

[18] Car il en est beaucoup qui vivent en ennemis de la croix du Christ. Je vous en ai souvent parlé, je vous le dis une fois de plus, en pleurant. [19] Ils finiront par se perdre. Ils ont pour dieu leur ventre[e], ils mettent leur fierté dans ce qui fait leur honte, leurs pensées sont toutes dirigées vers les choses de ce monde.

[20] Quant à nous, nous sommes citoyens du *royaume des cieux : de là, nous attendons ardemment la venue du Seigneur Jésus-Christ pour nous *sauver. [21] Car il transformera notre corps misérable pour le rendre conforme à son corps glorieux par la puissance qui lui permet de tout soumettre à son autorité.

4 Ainsi donc, mes frères bien-aimés, vous que je désire tant revoir, vous qui êtes ma joie et ma récompense, c'est de cette

---

a. 3.2 Autre traduction : *Vous connaissez les mauvais ouvriers, ces hommes ignobles qui...* Paul vise les partisans de la circoncision.

b. 3.5 La famille de Paul avait maintenu, même loin de la Palestine, l'usage de l'hébreu (contrairement aux Hellénistes qui avaient adopté le grec ; voir Ac 6). *Benjamin* : tribu en haute estime dans le judaïsme car elle était restée fidèle à la dynastie de David.

c. 3.11 Autres traductions : *quel qu'en soit le chemin*, ou : *avec l'espoir de parvenir*.

d. 3.14 Autre traduction : *remporter le prix que Dieu nous a appelés à recevoir au ciel dans l'union avec Jésus-Christ*.

e. 3.19 Paul fait sans doute allusion aux nombreuses prescriptions alimentaires auxquelles les judaïsants attachaient une grande importance (comparer Rm 16.18 ; Col 2.16,20-21), à moins qu'il ne pense à la circoncision.

manière, mes chers amis, que vous devez tenir ferme, en restant attachés au Seigneur.

Recommandations

2 Je recommande à Evodie et à Syntyche[a] de vivre en parfaite harmonie, l'une avec l'autre, selon le Seigneur ; je les y invite instamment.

3 Toi, mon fidèle collègue[b], je te le demande : viens-leur en aide, car elles ont combattu à mes côtés pour la cause de l'Evangile, tout comme Clément et mes autres collaborateurs dont les noms sont inscrits dans le livre de vie[c].

4 Réjouissez-vous en tout temps de tout ce que le Seigneur est pour vous. Oui, je le répète, soyez dans la joie. 5 Faites-vous connaître par votre amabilité envers tous les hommes. Le Seigneur est proche. 6 Ne vous mettez en souci pour rien, mais, en toute chose, exposez vos besoins à Dieu. Adressez-lui vos prières et vos requêtes, en lui disant aussi votre reconnaissance.

7 Alors la paix de Dieu, qui surpasse tout ce qu'on peut concevoir, gardera votre cœur et votre pensée sous la protection de Jésus-Christ.

8 Enfin, frères, nourrissez vos pensées[d] de tout ce qui est vrai, noble, juste, *pur, digne d'amour ou d'approbation, de tout ce qui mérite respect et louange.

9 Ce que vous avez appris et reçu de moi, ce que vous m'avez entendu dire et vu faire, mettez-le en pratique. Alors le Dieu qui donne la paix sera avec vous.

Reconnaissance de Paul

10 Je me suis réjoui comme d'une grâce venant du Seigneur en voyant que votre intérêt pour moi a pu finalement porter de nouveaux fruits. Car cette sollicitude à mon égard, vous l'éprouviez toujours, mais vous n'aviez pas eu l'occasion de la manifester.

11 Ce n'est pas le besoin qui me fait parler ainsi, car j'ai appris en toutes circonstances à être content avec ce que j'ai. 12 Je sais vivre dans le dénuement, je sais aussi vivre dans l'abondance. C'est le secret que j'ai appris : m'accommoder à toutes les situations et toutes les circonstances, que je sois rassasié ou que j'aie faim, que je connaisse l'abondance ou que je sois dans le besoin. 13 Je peux tout, grâce à celui qui me fortifie.

14 Pourtant, vous avez bien fait de prendre part à ma détresse. 15 Comme vous le savez, Philippiens, dans les premiers temps de mon activité pour la cause de l'Evangile, lorsque j'ai quitté la *Macédoine[e], aucune autre Eglise n'est entrée avec moi dans un échange réciproque de dons matériels et spirituels[f]. Vous seuls l'avez fait.

16 Pendant mon séjour à *Thessalonique, vous m'avez envoyé, par deux fois, des dons pour subvenir à mes besoins.

17 Ce n'est pas que je tienne à recevoir des dons ; ce qui m'intéresse, c'est qu'un plus grand nombre de fruits soit porté à votre actif.

18 J'atteste par cette lettre avoir reçu tous vos dons, et je suis dans l'abondance. Depuis qu'Epaphrodite me les a remis, je suis comblé. Ils ont été pour moi comme le doux parfum d'une offrande agréée par Dieu et qui lui fait plaisir.

19 Aussi, mon Dieu subviendra pleinement à tous vos besoins ; il le fera, selon sa glorieuse richesse qui se manifeste en Jésus-Christ. 20 A notre Dieu et Père soient la gloire dans tous les siècles ! *Amen !

Salutations

21 Saluez tous ceux qui, par leur union avec Jésus-Christ, appartiennent à Dieu.

Les frères qui sont ici avec moi vous saluent. 22 Tous ceux qui appartiennent à Dieu vous adressent leurs salutations, et en particulier ceux qui sont au service de l'empereur.

23 Que la grâce du Seigneur Jésus-Christ soit avec vous.

---

a. 4.2 Deux anciennes collaboratrices de Paul opposées maintenant par un différend suffisamment grave pour qu'il soit parvenu aux oreilles de l'apôtre.

b. 4.3 Paul s'adresse sans doute à l'un des responsables de l'Eglise. Peut-être le mot *sysygos* traduit par *collègue* est-il le nom d'un responsable. L'apôtre jouerait ainsi sur le sens de ce nom (comme l'a fait dans Phm 11).

c. 4.3 Voir Ap 3.5.

d. 4.8 Autre traduction : *tenez compte de*.

e. 4.15 Voir note 2 Co 1.16.

f. 4.15 Paul utilise une expression du langage commercial désignant un compte de profits et pertes.

LETTRE AUX COLOSSIENS

La lettre aux chrétiens de la ville de Colosses (dans la Turquie actuelle) fut rédigée en prison par Paul en même temps que celle dite « aux Ephésiens ». Cette Eglise ne fut pas fondée par Paul, mais l'un de ses compagnons, Epaphras, a annoncé l'Evangile à Colosses (Col 1.7).

Informé, peut-être par Epaphras (Ph 1.23), du trouble que jetaient, dans les esprits des chrétiens, des gens qui enseignaient des erreurs, Paul rédige cette lettre pour rappeler les fondements de la Bonne Nouvelle. Il évoque, par des allusions, l'enseignement erroné qu'il combat : c'est un système philosophique (2.8) d'inspiration grecque, où se mêlent des croyances et des pratiques juives (culte des *anges, *circoncision) de tendance ascétique (2.20-23). Cette erreur ôtait à Jésus-Christ sa place unique de seul intermédiaire entre Dieu et les hommes, de seul *Sauveur. Elle faisait retomber les chrétiens dans le légalisme. Ses développements, au deuxième siècle, sont bien connus sous le nom de gnosticisme.

Après ses habituelles salutations, l'action de grâces et la prière (1.1-11), l'*apôtre dépeint la personne et l'œuvre du Christ (1.12-23). Suit une parenthèse sur ses combats personnels pour l'avancement de l'Evangile à Colosses et à Laodicée (1.24 à 2.5). Puis il poursuit sa description de l'œuvre du Christ (2.6-19) : c'est dans l'union avec lui que se trouve la « plénitude » que les enseignants de mensonges promettaient aux Colossiens.

Dans la deuxième partie de sa lettre, il en tire les conséquences pratiques :

1. La vie chrétienne est une vie de liberté (2.20 à 3.5) ;
2. elle se caractérise par l'amour et la paix (3.6-17),
3. dont les relations familiales et sociales porteront la marque (3.18 à 4.6).

Salutation

1 Paul, *apôtre de Jésus-Christ par la volonté de Dieu, et le frère *Timothée, saluent ² ceux qui, à Colosses, appartiennent à Dieu par leur union avec le Christ et qui sont nos fidèles frères en lui.

Que Dieu notre Père ᵃ vous accorde la grâce et la paix.

Prière de reconnaissance

³ Nous exprimons constamment à Dieu, le Père de notre Seigneur Jésus-Christ, notre reconnaissance à votre sujet dans nos prières pour vous. ⁴ En effet, nous avons entendu parler de votre foi dans le Christ Jésus et de votre amour pour tous ceux qui appartiennent à Dieu. ⁵ Cette foi et cet amour se fondent sur ce qui fait votre espérance et que Dieu vous réserve dans les cieux. Cette espérance, vous l'avez connue par la prédication de la vérité, le message de la Bonne Nouvelle. ⁶ Car cette Bonne Nouvelle est parvenue jusqu'à vous, comme elle est aussi présente dans le monde entier où elle porte du fruit et va de progrès en progrès – ce qui est également le cas parmi vous, depuis le jour où vous avez reçu et reconnu la grâce de Dieu dans toute sa vérité.

⁷ C'est Epaphras, notre cher ami et collaborateur, qui vous en a instruits. Il est un fidèle serviteur du Christ auprès de vous ᵇ ⁸ et il nous a appris quel amour l'Esprit vous inspire.

TOUT PLEINEMENT EN CHRIST

Prière de Paul et hymne à Jésus-Christ

⁹ Aussi, depuis le jour où nous avons entendu parler de vous, nous aussi, nous ne cessons de prier Dieu pour vous. Nous lui demandons qu'il vous fasse connaître pleinement sa volonté, en vous donnant, par le Saint-Esprit, une entière sagesse et un parfait discernement. ¹⁰ Ainsi vous pourrez avoir une conduite digne du Seigneur et qui lui plaise à tous égards. Car vous porterez comme fruit toutes sortes d'œuvres bonnes et vous ferez des progrès dans la connaissance de Dieu. ¹¹ Dieu vous fortifiera pleinement à la mesure de sa puissance glorieuse, pour que vous puissiez tout supporter et persévérer

---

a. 1.2 Certains manuscrits ajoutent : *et le Seigneur Jésus-Christ.*

b. 1.7 L'Eglise de Colosses avait été fondée par ce collaborateur de l'apôtre.

jusqu'au bout – et cela avec joie ª. ¹²Vous exprimerez votre reconnaissance au Père qui vous a rendus capables d'avoir part à l'héritage qu'il réserve dans son *royaume de lumière à ceux qui lui appartiennent ᵇ. Car :

¹³ Il nous a arrachés
au pouvoir des ténèbres
et nous a fait passer
dans le royaume
de son Fils bien-aimé.
¹⁴ Etant unis à lui,
nous sommes délivrés,
car nous avons reçu
le pardon des péchés.

¹⁵ Ce Fils,
il est l'image
du Dieu que nul ne voit,
il est le Premier-né
de toute création.
¹⁶ Car c'est en lui
qu'ont été créées toutes choses
dans les cieux comme sur la terre,
les visibles, les invisibles,
les Trônes et les Seigneuries,
les Autorités et les Puissances.
Oui, par lui et pour lui
tout a été créé.

¹⁷ Il est lui-même
bien avant toutes choses
et tout subsiste en lui.
¹⁸ Il est lui-même
la tête de son corps
qui est l'Eglise ᶜ.

Ce Fils
est le commencement,
le Premier-né
de tous ceux qui sont morts,
afin qu'en toutes choses
il ait le premier rang.
¹⁹ Car c'est en lui
que Dieu a désiré
que toute plénitude
ait sa demeure.

²⁰ Et c'est par lui
qu'il a voulu
réconcilier avec lui-même
l'univers tout entier :
ce qui est sur la terre
et ce qui est au ciel,
en instaurant la paix
par le sang que son Fils
a versé sur la croix.

²¹ Or vous, autrefois, vous étiez exclus de la présence de Dieu, vous étiez ses ennemis à cause de vos pensées qui vous amenaient à faire des œuvres mauvaises ; ²² mais maintenant, Dieu vous a réconciliés avec lui par le sacrifice de son Fils qui a livré à la mort son corps humain, pour vous faire paraître saints, irréprochables et sans faute devant lui. ²³ Mais il vous faut, bien sûr, demeurer dans la foi ; elle est le fondement sur lequel vous avez été établis : tenez-vous y ᵈ fermement sans vous laisser écarter de l'espérance qu'annonce l'Evangile. Cette Bonne Nouvelle, vous l'avez entendue, elle a été proclamée parmi toutes les créatures sous le ciel, et moi, Paul, j'en suis devenu le serviteur.

Le combat de l'apôtre pour l'Eglise

²⁴ Maintenant, je me réjouis des souffrances que j'endure pour vous. Car, en ma personne, je complète, pour le bien de son corps – qui est l'Eglise – ce qui manque aux détresses que connaît le Christ ᵉ. ²⁵ C'est de cette Eglise que je suis devenu le serviteur, selon la responsabilité que Dieu m'a confiée à votre égard. Il m'a chargé d'annoncer sa Parole dans toute sa plénitude ²⁶ en vous faisant connaître le secret de son plan tenu caché depuis toujours, de génération en génération, mais qui s'accomplit de façon manifeste pour ceux qui lui appartiennent. ²⁷ Car Dieu a voulu leur faire connaître quelle est la glorieuse richesse que renferme le secret de son plan pour les non-Juifs. Et voici ce secret : le Christ est en vous ᶠ, lui en qui se concentre l'espérance de la gloire à venir.

²⁸ C'est ce Christ que nous, nous annonçons, en avertissant et en enseignant tout homme, avec toute la sagesse possible, afin de faire paraître devant Dieu tout homme parvenu à l'état d'adulte dans son union avec

---

a. 1.11 Autre traduction : *et persévérer jusqu'au bout. Avec joie, vous exprimerez votre reconnaissance au Père...*
b. 1.12 Dans l'ancienne alliance, les Juifs ont reçu la Terre promise comme héritage ; maintenant les non-Juifs sont co-héritiers avec eux de la nouvelle Terre promise, c'est-à-dire du royaume de Dieu.
c. 1.18 Jeu de mots : le Christ est à la fois la tête et à la tête de son Eglise.

d. 1.23 Autre traduction : *mais il faut, bien sûr, que par la foi, vous teniez...*
e. 1.24 D'autres comprennent : *car, en ma personne, je complète ce qui manque aux souffrances du Christ pour son corps, qui est l'Eglise.*
f. 1.27 Autre traduction : *parmi vous.*

le Christ. **29** Voilà pourquoi je travaille et je combats par la force du Christ qui agit puissamment en moi.

2 Je tiens, en effet, à ce que vous sachiez combien rude est le combat que je livre pour vous et pour les frères qui sont à Laodicée, comme pour tous ceux qui ne m'ont jamais vu personnellement. **2** Je combats pour eux afin qu'ils soient encouragés et que, unis par l'amour, ils accèdent ensemble, en toute sa richesse, à la certitude que donne la compréhension du secret de Dieu, à la pleine connaissance de ce secret, c'est-à-dire du Christ [a]. **3** En lui se trouvent cachés tous les trésors de la sagesse et de la connaissance.

4 J'affirme cela afin que personne ne vous égare par des discours séduisants. **5** Car même si je suis physiquement absent, je suis avec vous par la pensée, et c'est une joie pour moi de constater l'ordre qui règne parmi vous et la fermeté de votre foi en Christ.

Le Christ, la vraie sagesse

6 Aussi, puisque vous avez reçu le Christ, Jésus le Seigneur, comportez-vous comme des gens unis à lui : **7** enracinez-vous en lui, construisez toute votre vie sur lui et attachez-vous de plus en plus fermement à la foi conforme à ce qu'on vous a enseigné. Agissez ainsi en adressant à Dieu de nombreuses prières de reconnaissance.

8 Veillez à ce que personne ne vous prenne au piège de la recherche d'une « sagesse [b] » qui n'est que tromperie et illusion, qui se fonde sur des traditions tout humaines, sur les principes élémentaires qui régissent la vie dans ce monde, mais non sur le Christ. **9** Car c'est en lui, c'est dans son corps, qu'habite toute la plénitude de ce qui est en Dieu. **10** Et par votre union avec lui, vous êtes pleinement comblés, car il est le chef de toute Autorité et de toute Puissance. **11** C'est aussi dans l'union avec lui que vous avez été *circoncis, non d'une circoncision opérée par les hommes, mais de la circoncision que demande le Christ [c] et qui consiste à être dépouillé de ce qui fait l'homme livré à lui-même [d]. **12** Vous avez été ensevelis avec le

Christ par le baptême, et c'est aussi dans l'union avec lui que vous êtes ressuscités avec lui, par la foi en la puissance de Dieu qui l'a ressuscité des morts.

13 Et vous, qui étiez morts à cause de vos fautes, et parce que vous étiez des incirconcis, des païens, Dieu vous a donné la vie avec le Christ.

Il nous a pardonné
toutes nos fautes.
14 Car il a annulé
l'acte qui établissait
nos manquements
à l'égard des commandements [e].
Oui, il l'a effacé,
le clouant sur la croix.
15 Là, il a désarmé
toute Autorité, tout Pouvoir,
les donnant publiquement en spectacle
quand il les a traînés
dans son cortège triomphal
après sa victoire à la croix [f].

16 C'est pourquoi, ne vous laissez juger par personne à propos de ce que vous mangez ou de ce que vous buvez ou au sujet de l'observance des jours de fête, des nouvelles lunes ou des *sabbats. **17** Tout cela n'était que l'ombre des choses à venir : la réalité est en Christ. **18** Ne vous laissez pas condamner par ces gens qui prennent plaisir à s'humilier et à s'adonner à un « culte des *anges ». Ils se livrent à leurs visions, ils s'enflent d'orgueil sans raison, poussés par leurs pensées tout humaines. **19** Ils refusent de s'attacher au Christ, qui est le chef, la tête. C'est de lui que le corps tout entier tire sa croissance comme Dieu le veut [g], grâce à la cohésion et à l'unité que lui apportent les articulations et les ligaments.

---

d. **2.11** Autre traduction : *circoncision opérée par les hommes, mais de la « circoncision » qu'a subie le Christ lorsqu'il a été dépouillé de son corps humain.*

e. **2.14** D'autres comprennent : *car il a annulé, au détriment des ordonnances légales, l'acte qui nous était contraire* ou *car il a annulé l'acte qui nous accusait et qui nous était contraire par ses dispositions.*

f. **2.15** Allusion à la cérémonie romaine du triomphe. Derrière le char du général victorieux marchaient, sous les huées de la foule, les rois et les généraux vaincus.

g. **2.19** Autre traduction : *qui vient de Dieu.*

---

a. **2.2** Les manuscrits divergent. Certains ont, entre autres : *le secret de Dieu et du Christ.*

b. **2.8** La « sagesse » prônée par ces faux docteurs se composait d'un ensemble de spéculations.

c. **2.11** Autre traduction : *qu'opère le Christ.*

LA VIE EN CHRIST

La liberté en Christ

20 Vous êtes morts avec le Christ à tous ces principes élémentaires qui régissent la vie dans ce monde. Pourquoi alors, comme si votre vie appartenait encore à ce monde, vous laissez-vous imposer des règles du genre : **21** « Ne prends pas ceci, ne mange pas de cela, ne touche pas à cela !... » ? **22** Toutes ces choses ne sont-elles pas destinées à périr après qu'on en a fait usage ? Voilà bien des commandements et des enseignements purement humains ! **23** Certes, les prescriptions de ce genre paraissent empreintes d'une grande sagesse, car elles demandent une dévotion rigoureuse, des gestes d'humiliation et l'assujettissement du corps à une sévère discipline. En fait, elles n'ont aucune valeur, sinon pour satisfaire des aspirations tout humaines [a].

3 Mais vous êtes aussi ressuscités avec le Christ : recherchez donc les réalités d'en haut, là où se trouve le Christ, qui « siège à la droite de Dieu ». **2** De toute votre pensée, tendez vers les réalités d'en haut, et non vers celles qui appartiennent à la terre. **3** Car vous êtes morts, et votre vie est cachée avec le Christ en Dieu. **4** Le jour où le Christ apparaîtra, lui qui est votre vie, alors vous paraîtrez, vous aussi, avec lui, en partageant sa gloire.

La vie nouvelle

5 Faites donc mourir tout ce qui, dans votre vie, appartient à la terre, c'est-à-dire : l'inconduite, l'impureté, les passions incontrôlées, les désirs mauvais et la soif de posséder – qui est une idolâtrie. **6** Ce sont de tels comportements qui attirent la colère de Dieu sur ceux qui refusent de lui obéir [b]. **7** Et vous-mêmes aussi, vous commettiez ces péchés autrefois lorsqu'ils faisaient votre vie [c]. **8** Mais à présent, débarrassez-vous de tout cela : colère, irritation, méchanceté, insultes ou propos grossiers qui sortiraient de votre bouche ! **9** Ne vous mentez pas les uns aux autres, car vous vous êtes dépouillés de l'homme que vous étiez autrefois avec tous ses agissements, **10** et vous vous êtes revêtus

de l'homme nouveau. Celui-ci se renouvelle *pour être l'image* de son Créateur [d] afin de parvenir à la pleine connaissance. **11** Dans cette nouvelle humanité, il n'y a plus de différence entre *Juifs et non-Juifs, entre *circoncis et incirconcis, étrangers, barbares, esclaves, hommes libres : il n'y a plus que le Christ, lui qui est tout et en tous.

12 Ainsi, puisque Dieu vous a choisis pour lui appartenir et qu'il vous aime, revêtez-vous d'ardente bonté, de bienveillance, d'humilité, de douceur, de patience – **13** supportez-vous les uns les autres, et si l'un de vous a quelque chose à reprocher à un autre, pardonnez-vous mutuellement ; le Seigneur vous a pardonné : vous aussi, pardonnez-vous de la même manière. **14** Et, par-dessus tout cela, revêtez-vous de l'amour qui est le lien par excellence. **15** Que la paix instaurée par le Christ gouverne vos décisions. Car c'est à cette paix que Dieu vous a appelés pour former un seul corps. Soyez reconnaissants.

16 Que la Parole du Christ réside au milieu de vous dans toute sa richesse : qu'elle vous inspire une pleine sagesse, pour vous instruire et vous avertir les uns les autres ou pour chanter à Dieu de tout votre cœur des psaumes, des hymnes et des cantiques inspirés par l'Esprit afin d'exprimer votre reconnaissance à Dieu [e]. **17** Dans tout ce que vous pouvez dire ou faire, agissez au nom du Seigneur Jésus, en remerciant Dieu le Père par lui.

Les relations dans la famille

18 Femmes, soyez soumises chacune à son mari, comme il convient à des femmes qui appartiennent au Seigneur. **19** Maris, aimez chacun votre femme et ne nourrissez pas d'aigreur contre elles. **20** Enfants, obéissez à vos parents en toutes choses, c'est ainsi que vous ferez plaisir au Seigneur. **21** Mais vous, pères, n'exaspérez pas vos enfants, pour ne pas les décourager.

Les relations entre maîtres et esclaves

22 Esclaves, obéissez en tous points à vos maîtres terrestres, et pas seulement quand on vous surveille, comme s'il s'agissait de plaire à des hommes, mais de bon gré, parce que

---

a. **2.23** Autre traduction : *elles n'ont aucune valeur pour maîtriser les passions de la nature humaine.*
b. **3.6** Les termes : *sur ceux qui refusent de lui obéir* sont absents de certains manuscrits.
c. **3.7** L'Église de Colosses était surtout composée de non-Juifs.

d. **3.10** Voir Gn 1.26-27. Autres traductions : *qui se renouvelle à la ressemblance de l'image de son Créateur* ou *qui se renouvelle selon l'image de son Créateur.*
e. **3.16** Autre traduction : *inspirés par l'Esprit, sous l'action de la grâce.*

vous révérez le Seigneur. 23 Quel que soit votre travail, faites-le de tout votre cœur, et cela par égard pour le Seigneur et non par égard pour des hommes. 24 Car vous savez que vous recevrez du Seigneur, comme récompense, l'héritage qu'il réserve au peuple de Dieu. Le Maître que vous servez, c'est le Christ. 25 Celui qui agit mal recevra, quant à lui, le salaire que méritent ses mauvaises actions, car Dieu ne fait pas de favoritisme.

4 Maîtres, traitez vos serviteurs avec justice et d'une manière équitable, car vous savez que vous avez, vous aussi, un Maître dans le ciel.

Dernières recommandations

2 Que la prière soutienne votre persévérance [a]. Soyez vigilants dans ce domaine, pleins de reconnaissance envers Dieu. 3 Lorsque vous priez, intercédez en même temps pour nous afin que Dieu nous donne des occasions d'annoncer sa Parole, de proclamer le secret de son plan qui concerne le Christ. C'est à cause de ce message que je suis en prison. 4 Demandez donc à Dieu que, par ma prédication, je puisse faire connaître clairement ce message comme il est de mon devoir de le faire.

5 Conduisez-vous avec sagesse dans vos relations avec ceux qui n'appartiennent pas à la famille de Dieu, en mettant à profit toutes les occasions qui se présentent à vous. 6 Que votre parole soit toujours empreinte de la grâce de Dieu et pleine de saveur pour savoir comment répondre avec à-propos à chacun.

Salutations

7 Tychique [b], notre cher ami et notre frère, qui est un serviteur fidèle et notre collaborateur dans l'œuvre du Seigneur, vous mettra au courant de tout ce qui me concerne. 8 Je l'envoie exprès chez vous pour qu'il vous donne de mes nouvelles et qu'ainsi il vous encourage. 9 J'envoie avec lui Onésime [c], notre cher et fidèle frère, qui est l'un des vôtres. Ils vous mettront au courant de tout ce qui se passe ici.

10 Vous avez les salutations d'Aristarque [d], mon compagnon de prison, et du cousin de Barnabas [e], Marc [f], au sujet duquel vous avez reçu mes instructions : s'il vient vous voir, faites-lui bon accueil. 11 Jésus, encore appelé Justus, vous salue également. Ces hommes sont les seuls croyants d'origine juive qui travaillent avec moi pour le *royaume de Dieu. Ils ont été pour moi un encouragement !

12 Epaphras [g], qui est aussi l'un des vôtres, vous envoie également ses salutations. En serviteur de Jésus-Christ, il combat sans cesse pour vous dans ses prières, pour que vous teniez bon, comme des adultes dans la foi, prêts à accomplir pleinement la volonté de Dieu. 13 Je lui rends ce témoignage : il se dépense beaucoup pour vous, ainsi que pour ceux de Laodicée et de Hiérapolis.

14 Notre cher ami Luc [h], le médecin, et Démas [i] vous saluent. 15 Veuillez saluer de notre part les frères de Laodicée, ainsi que Nympha [j] et l'Eglise qui se réunit dans sa maison.

16 Lorsque cette lettre aura été lue chez vous, faites en sorte qu'elle soit également lue dans l'Eglise de Laodicée, et lisez vous-mêmes celle qui vous sera transmise par les Laodicéens [k].

17 Dites à Archippe : veille sur le ministère que tu as reçu dans l'œuvre du Seigneur, pour bien l'accomplir.

18 Moi, Paul, je vous adresse mes salutations en les écrivant de ma propre main. Ne m'oubliez pas alors que je suis en prison. Que la grâce de Dieu soit avec vous [l].

---

c. 4.9 Voir Phm 10-15.
d. 4.10 Voir Ac 19.29 ; 27.2.
e. 4.10 Voir Ac 9.27 ; 11.22,30.
f. 4.10 Ac 12.12,25 ; 13.13 ; 15.17-39.
g. 4.12 Voir 1.7.
h. 4.14 Voir 2 Tm 4.11 ; Phm 24.
i. 4.14 Voir 2 Tm 4.10 ; Phm 24.
j. 4.15 Certains manuscrits parlent de *Nymphas* (prénom masculin).
k. 4.16 Certains l'identifient avec la lettre dite *aux Ephésiens*.
l. 4.18 La lettre elle-même a été écrite par un secrétaire. Paul y ajoute quelques salutations de sa propre main (cf. 1 Co 16.21 ; Ga 6.11 ; 2 Th 3.17)

---

a. 4.2 Autre traduction : *Persévérez dans la prière*.
b. 4.7 Voir Ac 20.4.

PREMIERE LETTRE AUX THESSALONICIENS

La première lettre aux chrétiens de l'Eglise de *Thessalonique (port de *Macédoine, sur la mer Egée) a été écrite par l'*apôtre Paul avec la collaboration de *Silvain (Silas) et de *Timothée (1.1) : le « nous » prédomine dans le texte.

Le livre des Actes (17.1-4) raconte comment Paul annonça l'Evangile aux habitants de cette ville et, parmi eux, aux membres de la colonie juive. Il nous dit comment la colère des *Juifs l'amena à s'enfuir précipitamment.

Arrivé à Corinthe (vers 51 ou 52), Paul reçoit de Timothée de bonnes nouvelles de cette Eglise : les chrétiens ont tenu ferme dans la persécution et c'est pour Paul l'occasion d'exprimer sa reconnaissance à Dieu (ch. 1).

Le plaidoyer de l'apôtre au chapitre 2.1-12 pour défendre son ministère laisse entendre qu'il a été l'objet de calomnies. Mais il reprend aussitôt son action de grâces (2.13 à 3.13). Après une exhortation à vivre dans la sainteté (4.1-12), il clarifie un point de son enseignement sur la résurrection des morts et le retour du Seigneur (4.13 à 5.11).

Pour le reste, leur dit-il, « vous n'avez pas besoin qu'on vous en écrive... » (4.9 ; 5.1).

Cette lettre, à bien des égards extrêmement encourageante, mérite que l'Eglise d'aujourd'hui y puise joie et consolation.

Salutation

1 Paul, *Silvain et *Timothée saluent l'Eglise des Thessaloniciens [a] dans la communion avec Dieu le Père et avec le Seigneur Jésus-Christ.

Que la grâce et la paix vous soient accordées.

La foi et l'exemple des Thessaloniciens

2 Nous exprimons constamment notre reconnaissance à Dieu au sujet de vous tous lorsque, dans nos prières, nous faisons mention de vous : 3 nous nous rappelons sans cesse, devant Dieu notre Père, votre foi agissante, votre amour actif, et votre ferme espérance en notre Seigneur Jésus-Christ [b]. 4 Car nous savons, frères, que Dieu vous a choisis, vous qu'il aime. 5 En effet, la Bonne Nouvelle que nous annonçons, nous ne vous l'avons pas apportée en paroles seulement, mais aussi avec la puissance et la pleine conviction que donne le Saint-Esprit.

Et vous le savez bien, puisque vous avez vu comment nous nous sommes comportés parmi vous, pour votre bien. 6 Quant à vous, vous avez suivi notre exemple et celui du Seigneur, car vous avez accueilli la Parole au milieu d'épreuves nombreuses, mais avec la joie que produit le Saint-Esprit. 7 Aussi vous êtes devenus, à votre tour, des modèles pour tous les croyants de la *Macédoine et de l'Achaïe [c].

8 Non seulement l'œuvre accomplie chez vous par la Parole du Seigneur a eu un grand retentissement jusqu'en Macédoine et en Achaïe, mais encore la nouvelle de votre foi en Dieu est parvenue en tout lieu [d], et nous n'avons même pas besoin d'en parler. 9 On raconte, en effet, à notre sujet, quel accueil vous nous avez réservé et comment vous vous êtes tournés vers Dieu en vous détournant des idoles [e] pour servir le Dieu vivant et vrai 10 et pour attendre que revienne du ciel son Fils qu'il a ressuscité des morts, Jésus, qui nous délivre de la colère qui vient [f].

---

a. **1.1** *Silvain:* ou Silas. Voir Ac 15.22. *Timothée:* voir Ac 16.1. Silvain et Timothée ont collaboré à la fondation de l'Eglise de Thessalonique. *Thessalonique:* port du nord de la Grèce. Aujourd'hui Salonique. Voir Ac 17.1-9.

b. **1.3** Autre traduction: *nous nous rappelons sans cesse votre foi agissante, votre amour actif et votre ferme espérance, qui sont dus à notre Seigneur Jésus-Christ et que vous vivez devant Dieu.*

c. **1.7** *Macédoine:* Voir note 2 Co 1.16. *Achaïe:* Voir note 2 Co 1.1.

d. **1.8** S'explique par la situation portuaire de Thessalonique: des gens de partout y faisaient escale et les chrétiens pouvaient leur annoncer l'Evangile. De plus, Thessalonique se trouvait sur la voie égnatienne, l'une des grandes routes de l'Empire.

e. **1.9** La plupart des membres de l'Eglise étaient des non-Juifs.

f. **1.10** Au jugement dernier (voir 5.9; Jn 5.24; Rm 1.18).

PAUL ET LES CHRETIENS DE THESSALONIQUE

L'annonce de l'Evangile à Thessalonique

2 Vous-mêmes, frères, vous le savez aussi : l'accueil que vous nous avez réservé n'a certes pas été inutile. [2] Nous venions juste d'être maltraités et insultés à Philippes [a], comme vous le savez. Mais Dieu nous a donné toute l'assurance nécessaire pour vous annoncer, au milieu d'une grande opposition, la Bonne Nouvelle qui vient de lui.

[3] En effet, si nous invitons les hommes à croire, ce n'est pas parce que nous serions dans l'erreur, ou que nous aurions des motifs malhonnêtes ou que nous voulions les tromper [b]. [4] Non, c'est parce que Dieu nous a jugés dignes d'être chargés de la proclamation de l'Evangile et nous l'annonçons, pour plaire non aux hommes mais à Dieu qui juge nos cœurs.

[5] Jamais, vous le savez, nous n'avons eu recours à des discours flatteurs. Jamais nous n'avons tenté de vous exploiter sous le couvert de bonnes paroles : Dieu en est témoin [c] ! [6] Nous n'avons jamais cherché à être applaudis par les hommes, pas plus par vous que par d'autres, [7] alors même qu'en tant qu'*apôtres du Christ, nous aurions pu vous imposer notre autorité [d].

Au contraire, pendant que nous étions parmi vous, nous avons été pleins de tendresse. Comme une mère qui prend soin des enfants qu'elle nourrit [e], [8] ainsi dans notre vive affection pour vous, nous aurions voulu, non seulement vous annoncer l'Evangile de Dieu, mais encore donner notre propre vie pour vous, tant vous nous étiez devenus chers. [9] Vous vous souvenez, frères, de nos travaux et de toute la peine que nous avons prise. Tout en travaillant de nos mains jour et nuit pour n'être à charge à aucun de vous, nous vous avons annoncé la Bonne Nouvelle qui vient de Dieu. [10] Vous en êtes témoins, et Dieu aussi : nous nous sommes comportés, envers vous qui croyez, d'une manière *pure, juste et irréprochable. [11] Et vous savez aussi de quelle manière nous avons agi à l'égard de chacun de vous : comme un père le fait pour ses enfants, [12] nous n'avons cessé de vous transmettre des recommandations, de vous encourager et de vous inciter à vivre d'une manière digne de Dieu qui vous appelle à son *royaume et à sa gloire.

La foi et les souffrances des Thessaloniciens

[13] Et voici pourquoi nous remercions Dieu sans nous lasser : en recevant la Parole que nous vous avons annoncée, vous ne l'avez pas accueillie comme une parole purement humaine, mais comme ce qu'elle est réellement, c'est-à-dire la Parole de Dieu, qui agit avec efficacité en vous qui croyez.

[14] Vous l'avez montré, frères, en suivant l'exemple des Eglises de Dieu en *Judée qui appartiennent à Jésus-Christ, car vous aussi, vous avez souffert, de la part de vos compatriotes, les mêmes persécutions qu'elles ont endurées de la part des *Juifs [f]. [15] Ce sont eux qui ont fait mourir le Seigneur Jésus et les *prophètes. Ils nous ont persécutés [g] nous-mêmes, ils ne se soucient nullement de plaire à Dieu et se montrent ennemis de tous les hommes. [16] Ils essaient, en effet, de nous empêcher d'annoncer aux non-Juifs la Parole qui leur apporte le salut et *portent ainsi à leur comble les péchés* [h] qu'ils ont sans cesse commis. Aussi la colère de Dieu a-t-elle fini par les atteindre.

L'envoi de Timothée

[17] En ce qui nous concerne, chers frères, étant séparés de vous pour un temps – de corps mais non de cœur – nous avons fait beaucoup d'efforts pour vous revoir, car nous en avions le vif désir. [18] C'est pourquoi nous avons voulu aller chez vous – moi, Paul, je l'ai tenté à une et même deux reprises – mais *Satan nous en a empêchés.

[19] N'êtes-vous pas, en effet, vous aussi, notre espérance, notre joie et le prix de notre victoire, dont nous serons fiers en présence de notre Seigneur Jésus au jour de sa venue ?

a. 2.2 Voir Ac 16.19-24.
b. 2.3 L'apôtre évoque des accusations que les Juifs de Thessalonique ont dû lancer contre lui et que Timothée lui a sans doute rapportées.
c. 2.5 Voir note 2.3.
d. 2.7 Autre traductioon: *Nous aurions pu vous être à charge* (voir 2 Th 3.9).
e. 2.7 Autre traduction: *au contraire, pendant que nous étions parmi vous, nous avons été pleins de tendresse, comme une mère qui prend soin des enfants qu'elle nourrit.* [8] Ainsi...

f. 2.14 Voir Ac 17.5-6.
g. 2.15 Voir Ac 9.23, 29 ; 13.45, 50 ; 14.2, 5, 19 ; 17.5, 13 ; 18.12.
h. 2.16 Gn 15.16.

[20] Oui, c'est vous qui êtes notre fierté et notre joie !

3 C'est pourquoi, nous n'avons plus supporté d'attendre davantage et nous avons préféré rester seuls à Athènes. [2] Nous vous avons envoyé notre frère *Timothée[a], qui collabore avec nous au service de Dieu dans l'annonce de la Bonne Nouvelle du Christ. Nous l'avons chargé de vous affermir et de vous encourager dans votre foi, [3] afin que personne ne vienne à vaciller dans les détresses par lesquelles vous passez. Vous savez vous-mêmes qu'elles font partie de notre lot. [4] Lorsque nous étions parmi vous, nous vous avions prévenus que nous aurions à souffrir de nombreuses détresses. Et c'est ce qui est arrivé, vous le savez bien. [5] Ainsi, ne pouvant supporter d'attendre davantage, j'ai envoyé Timothée pour prendre des nouvelles de votre foi. Je craignais que le Tentateur ne vous ait éprouvés au point de réduire à néant tout notre travail.

[6] Mais voici que Timothée vient de nous arriver de chez vous[b], il nous a rapporté de bonnes nouvelles de votre foi et de votre amour. Il nous a dit en particulier que vous conservez toujours un bon souvenir de nous et que vous désirez nous revoir autant que nous désirons vous revoir.

[7] Aussi, frères, au milieu de nos angoisses et de nos détresses, vous nous avez réconfortés par la réalité de votre foi. [8] Oui, maintenant, nous nous sentons revivre, puisque vous tenez bon dans votre vie avec le Seigneur. [9] Comment, en réponse, pourrions-nous assez remercier notre Dieu pour vous, pour toute la joie que vous nous donnez devant lui ?

[10] C'est pourquoi, nuit et jour, nous lui demandons avec instance de nous accorder de vous revoir et de compléter ce qui manque à votre foi[c].

Prière

[11] Que Dieu notre Père lui-même et notre Seigneur Jésus aplanissent notre chemin jusqu'à vous. [12] Que le Seigneur vous remplisse, jusqu'à en déborder, d'amour les uns pour les autres et envers tous les hommes, à l'exemple de l'amour que nous vous portons. [13] Qu'il affermisse ainsi vos cœurs pour que vous soyez saints et irréprochables devant Dieu notre Père au jour où notre Seigneur Jésus-Christ viendra avec tous ses *anges[d].

INSTRUCTIONS

L'appel à une vie sainte

4 Enfin, frères, vous avez appris de nous comment vous devez vous conduire pour plaire à Dieu, et vous vous conduisez déjà ainsi. Mais, nous vous le demandons, et nous vous y invitons à cause de votre union avec le Seigneur Jésus : faites toujours plus de progrès dans ce domaine. [2] Car vous connaissez les instructions que nous vous avons données de la part du Seigneur Jésus. [3] Ce que Dieu veut, c'est que vous meniez une vie sainte : que vous vous absteniez de toute immoralité ; [4] que chacun de vous sache gagner une parfaite maîtrise de son corps[e] pour vivre dans la sainteté et l'honneur, [5] sans se laisser dominer par des passions déréglées, comme le font *les païens qui ne connaissent pas Dieu*[f]. [6] Qu'ainsi personne ne cause du tort à son frère dans ce domaine en portant atteinte à ses droits. Dieu, en effet, fait justice de toute faute de ce genre : nous vous l'avons déjà dit et nous vous en avons avertis. [7] Car Dieu ne nous a pas appelés à nous adonner à des pratiques dégradantes mais à vivre d'une manière sainte.

[8] Celui donc qui rejette cet enseignement rejette, non pas un homme, mais Dieu qui vous donne son Esprit Saint.

[9] Concernant l'amour fraternel, vous n'avez pas besoin d'instructions écrites de ma part, car Dieu vous a lui-même appris à vous aimer mutuellement. [10] C'est ce que vous faites envers tous les frères de la *Macédoine entière. Mais nous vous invitons, frères, à faire toujours plus de progrès [11] en mettant votre point d'honneur à vivre dans la paix, à vous occuper chacun de ses propres affaires, et à gagner votre vie par votre propre travail, comme nous vous l'avons

---

a. 3.2 Les manuscrits comportent plusieurs variantes: *collaborateur de Dieu, serviteur de Dieu, serviteur et collaborateur de Dieu.*

b. 3.6 Voir Ac 18.5. Timothée est venu de Thessalonique à Corinthe où Paul écrit cette lettre.

c. 3.10 Paul ayant dû quitter Thessalonique précipitamment (Ac 17.10) n'a pu leur donner que quelques éléments d'enseignement.

d. 3.13 Autre traduction: *avec tous ceux qui lui appartiennent.*

e. 4.4 Autre traduction: *que chacun de vous sache prendre femme d'une manière sainte et honorable.*

f. 4.5 Ps 79.6; Jr 10.25.

déjà recommandé [a]. [12] Une telle conduite vous gagnera le respect de ceux qui vivent en dehors de la famille de Dieu, et vous ne dépendrez de personne.

Les croyants décédés et le retour du Seigneur

[13] Nous ne voulons pas, frères, vous laisser dans l'ignorance au sujet de ceux qui sont décédés, afin que vous ne soyez pas tristes de la même manière que le reste des hommes, qui n'ont pas d'espérance.

[14] En effet, puisque nous croyons que Jésus est mort et ressuscité, nous croyons aussi que Dieu ramènera par Jésus et avec lui ceux qui sont morts [b].

[15] Car voici ce que nous vous déclarons d'après une parole du Seigneur [c] : nous qui serons restés en vie au moment où le Seigneur viendra, nous ne précéderons pas ceux qui sont morts. [16] En effet, au signal donné, sitôt que la voix de l'archange et le son de la trompette divine retentiront, le Seigneur lui-même descendra du ciel, et ceux qui sont morts unis au Christ ressusciteront les premiers. [17] Ensuite, nous qui serons restés en vie à ce moment-là, nous serons enlevés ensemble avec eux, dans les nuées, pour rencontrer le Seigneur dans les airs. Ainsi nous serons pour toujours avec le Seigneur.

[18] Encouragez-vous donc mutuellement par ces paroles.

5 Quant à l'époque et au moment de ces événements, vous n'avez pas besoin, frères, qu'on vous écrive à ce sujet : [2] vous savez fort bien vous-mêmes que le jour du Seigneur viendra de façon aussi inattendue qu'un voleur en pleine nuit [d].

[3] Lorsque les gens diront : « Maintenant règne la paix ! Maintenant nous sommes en sécurité ! », alors précisément, la ruine fondra subitement sur eux, comme les douleurs saisissent la femme enceinte, et aucun n'échappera.

[4] Mais vous, mes frères, vous n'êtes pas dans les ténèbres pour que le jour du Seigneur vous surprenne comme un voleur. [5] Car vous êtes tous enfants de la lumière, enfants du jour. Nous n'appartenons ni à la nuit ni aux ténèbres. [6] Ne dormons donc pas comme le reste des hommes, mais restons vigilants et sobres.

[7] Ceux qui dorment, dorment la nuit, et ceux qui s'enivrent, s'enivrent la nuit. [8] Mais nous qui sommes enfants du jour, soyons sobres : *revêtons-nous de la cuirasse* de la foi et de l'amour, et mettons *le casque* de l'espérance *du salut* [e]. [9] Car Dieu ne nous a pas destinés à connaître sa colère, mais à posséder le salut par notre Seigneur Jésus-Christ : [10] il est mort pour nous afin que, vivants ou morts, nous entrions ensemble, avec lui, dans la vie. [11] C'est pourquoi encouragez-vous les uns les autres et aidez-vous mutuellement à grandir dans la foi, comme vous le faites déjà.

Recommandations

[12] Nous vous demandons, frères, d'apprécier ceux qui travaillent parmi vous, qui vous dirigent au nom du Seigneur et qui vous avertissent. [13] Témoignez-leur une grande estime et de l'affection à cause de leur travail. Vivez en paix entre vous.

[14] Nous vous le recommandons, frères : avertissez ceux qui mènent une vie déréglée, réconfortez ceux qui sont découragés, soutenez les faibles, soyez patients envers tous. [15] Veillez à ce que personne ne rende le mal pour le mal mais, en toute occasion, recherchez le bien, dans vos rapports mutuels comme envers tous les hommes.

[16] Soyez toujours dans la joie. [17] Priez sans cesse. [18] Remerciez Dieu en toute circonstance : telle est pour vous la volonté que Dieu a exprimée en Jésus-Christ.

[19] N'empêchez pas l'Esprit de vous éclairer [f] : [20] ne méprisez pas les *prophéties ; [21] au contraire, examinez toutes choses, retenez ce qui est bon, [22] et gardez-vous de ce qui est mauvais, sous quelque forme que ce soit.

---

a. **4.11** Certains croyants, à cause d'une mauvaise compréhension de l'enseignement sur le retour du Seigneur, semblent avoir renoncé à travailler pour vivre aux crochets des autres chrétiens (voir 2.9; 2 Th 3.6-12). Une telle attitude a dû être favorisée par le mépris de la culture grecque pour le travail manuel que l'on réservait aux esclaves.

b. **4.14** Autre traduction: *que Dieu ramènera par Jésus ceux qui sont morts en croyant en lui.*

c. **4.15** Sans doute une parole de Jésus que Paul connaissait par la tradition orale et qui n'a pas été transmise par les évangiles.

d. **5.2** Voir Mt 24.43 et Lc 12.39.

---

e. **5.8** Es 59.17.

f. **5.19** Autre traduction: *N'éteignez pas l'Esprit.*

Prière et salutation

23 Que le Dieu de paix vous rende lui-même entièrement saints et qu'il vous garde parfaitement esprit, âme et corps [a] pour que vous soyez irréprochables lors de la venue de notre Seigneur Jésus-Christ.

24 Celui qui vous appelle est fidèle et c'est lui qui accomplira tout cela.

25 Frères, priez aussi pour nous.

26 Saluez tous les frères en leur donnant le baiser fraternel.

27 Je vous en conjure par le Seigneur : que cette lettre soit lue à tous les frères.

28 Que la grâce de notre Seigneur Jésus-Christ soit avec vous.

---

a. **5.23** D'autres comprennent: *et qu'il garde votre être entier, c'est-à-dire l'esprit, l'âme et le corps...*

DEUXIEME LETTRE AUX THESSALONICIENS

*La deuxième lettre de Paul aux Thessaloniciens a aussi été écrite avec la collaboration de *Silvain (Silas) et de *Timothée. Elle fut probablement écrite peu de temps après la première (en 51 ou 52), de la ville de Corinthe où les trois collaborateurs étaient réunis.*

*Paul continue à louer les chrétiens de *Thessalonique pour leur foi et leur fermeté dans la persécution (ch. 1). Au chapitre 2.1-11 il corrige une erreur au sujet du retour du Christ : certains Thessaloniciens avaient conclu de la persécution que le jour du jugement était déjà là. L'*apôtre leur dit que ce jour doit être précédé de l'apparition de « l'homme de la révolte », qui « s'élèvera au-dessus de tout ce qui porte le nom de Dieu et de tout ce qui est l'objet d'une vénération religieuse » (2.3-4).*

Au chapitre 3, après leur avoir demandé leurs prières, il leur recommande de s'éloigner de ceux qui ne veulent pas travailler, peut-être parce qu'ils pensaient que la fin des temps était imminente. « Que celui qui refuse de travailler renonce aussi à manger ! » (v.10). Paul met ainsi en garde ceux qui croiraient que la foi implique une fuite hors du monde et de ses responsabilités.

Salutation

1 Paul, *Silvain et *Timothée saluent l'Eglise des Thessaloniciens dans la communion avec Dieu le Père et avec le Seigneur Jésus-Christ.

² Que la grâce et la paix vous soient accordées par Dieu notre Père et par le Seigneur Jésus-Christ.

Prière de reconnaissance et encouragements

³ Nous devons toujours remercier Dieu à votre sujet, frères, et il est juste que nous le fassions. En effet, votre foi fait de magnifiques progrès et, en chacun de vous, l'amour que vous vous portez les uns aux autres ne cesse d'augmenter.

⁴ Aussi exprimons-nous dans les Eglises de Dieu notre fierté en ce qui vous concerne, à cause de votre persévérance et de votre foi au milieu de toutes les persécutions et de toutes les détresses que vous endurez.

⁵ Ici se laisse voir le juste jugement de Dieu qui désire vous trouver dignes de son *royaume pour lequel vous souffrez. ⁶ En effet, il est juste aux yeux de Dieu de rendre la souffrance à ceux qui vous font souffrir, ⁷ et de vous accorder, à vous qui souffrez, du repos avec nous. Cela se produira lorsque le Seigneur Jésus apparaîtra du haut du ciel, avec ses *anges puissants ⁸ et dans *une flamme. Ce jour-là, *il punira comme ils le méritent ceux qui ne connaissent pas Dieu*[a] et qui n'obéissent pas à l'Evangile de notre Seigneur Jésus. ⁹ Ils auront pour châtiment une

ruine éternelle, *loin de la présence du Seigneur et de sa puissance glorieuse*[b] ¹⁰ lorsqu'il viendra pour être en ce jour-là honoré dans la personne de ceux qui lui appartiennent[c] et admiré dans la personne de tous les croyants[d]. Et vous aussi, vous en ferez partie, puisque vous avez cru au message que nous vous avons annoncé.

¹¹ C'est pourquoi nous prions continuellement notre Dieu pour vous : qu'il vous trouve dignes de l'appel qu'il vous a adressé et que, par sa puissance, il fasse aboutir tous vos désirs de faire le bien et rende parfaite l'œuvre que votre foi vous fait entreprendre. ¹² Ainsi le Seigneur Jésus-Christ sera honoré en vous et vous serez honorés en lui[e] ; ce sera là un effet de la grâce de notre Dieu et Seigneur Jésus-Christ[f].

Ce qui précédera la venue du Seigneur

2 Au sujet de la venue de notre Seigneur Jésus-Christ et de notre rassemblement auprès de lui, nous vous le demandons, frères : ² ne vous laissez pas si facilement ébranler dans votre bon sens, ni troubler par une révélation, un message ou une lettre qu'on nous attribuerait, et qui prétendrait que le jour du Seigneur serait déjà là.

---

a. 1.8 Ex 3.2 ; Es 66.15 ; Jr 10.25.

b. 1.9 Es 2.10.

c. 1.10 Autre traduction : *de ses anges.*

d. 1.10 D'autres comprennent : *honoré par ceux qui lui appartiennent et admiré par tous les croyants.*

e. 1.12 Autre traduction : *honoré par vous... honorés par lui.*

f. 1.12 Autre traduction : *de notre Dieu et du Seigneur Jésus-Christ.*

³ Que personne ne vous égare d'aucune façon. Car ce jour n'arrivera pas avant qu'éclate le grand Rejet de Dieu, et qu'apparaisse l'homme de la révolte ᵃ qui est destiné à la perdition, ⁴ l'adversaire qui *s'élève au-dessus* de tout ce qui porte le nom *de dieu* ᵇ, et de tout ce qui est l'objet d'une vénération religieuse. Il ira jusqu'à s'asseoir dans le temple de Dieu ᶜ en se proclamant lui-même dieu. ⁵ Je vous disais déjà cela lorsque j'étais encore chez vous : ne vous en souvenez-vous pas ?

⁶ Vous savez ce qui le retient pour l'instant afin qu'il ne paraisse que lorsque son heure sera venue. ⁷ Car la puissance mystérieuse de la révolte contre Dieu est déjà à l'œuvre ; mais il suffira que celui qui le retient jusqu'à présent soit écarté ᵈ ⁸ pour qu'alors paraisse l'homme de la révolte. Le Seigneur Jésus *le fera périr par le souffle de sa bouche*ᵉ, et le réduira à l'impuissance au moment même de sa venue. ⁹ L'apparition de cet homme se fera grâce à la puissance de *Satan, avec toutes sortes d'actes extraordinaires, de miracles et de prodiges trompeurs. ¹⁰ Il usera de toutes les formes du mal pour tromper ceux qui se perdent, parce qu'ils sont restés fermés à l'amour de la vérité qui les aurait *sauvés. ¹¹ Voilà pourquoi Dieu leur envoie une puissance d'égarement pour qu'ils croient au mensonge.

¹² Il agit ainsi pour que soient condamnés tous ceux qui n'auront pas cru à la vérité et qui auront pris plaisir au mal.

L'appel à la fermeté dans la foi

¹³ Mais nous, nous devons sans cesse remercier Dieu à votre sujet, frères, vous que le Seigneur aime. En effet, Dieu vous a choisis pour que vous soyez les premiers ᶠ à être sauvés par l'action de l'Esprit qui vous a purifiés et par le moyen de votre foi en la vérité. ¹⁴ C'est à cela que Dieu vous a appelés par la Bonne Nouvelle que nous vous avons annoncée, Dieu vous a appelés, pour que

vous possédiez la gloire de notre Seigneur Jésus-Christ.

¹⁵ Demeurez donc fermes, frères, et attachez-vous aux enseignements que nous vous avons transmis, soit de vive voix, soit par nos lettres. ¹⁶ Notre Seigneur Jésus-Christ lui-même, et Dieu, notre Père, nous ont témoigné tant d'amour, et, par grâce, nous ont donné une source éternelle de réconfort et une bonne espérance. ¹⁷ Qu'ils vous remplissent de courage et vous accordent la force de pratiquer toujours le bien, en actes et en paroles.

L'appel à la prière

3 Finalement, frères, priez pour nous afin que la Parole du Seigneur se répande rapidement et qu'elle soit honorée ailleurs comme elle l'est chez vous.

² Priez aussi pour que nous soyons délivrés des hommes insensés et méchants ᵍ. Car tous n'ont pas la foi. ³ Mais le Seigneur, lui, est fidèle : il vous rendra forts et vous gardera du diable ʰ.

⁴ Voici l'assurance que nous avons à cause du Seigneur à votre sujet : vous faites ce que nous vous recommandons et vous continuerez à le faire. ⁵ Que le Seigneur dirige votre cœur vers l'amour de Dieu, et vers l'endurance que donne le Christ.

La nécessité de travailler

⁶ Nous vous recommandons, frères, au nom de notre Seigneur Jésus-Christ, de vous tenir à l'écart de tout frère qui mène une vie déréglée ⁱ et contraire à l'enseignement que nous lui avons transmis.

⁷ Vous savez bien vous-mêmes ce qu'il faut faire pour suivre notre exemple : nous n'avons pas eu une vie déréglée au milieu de vous. ⁸ Nous n'avons mangé gratuitement le pain de personne. Mais, de nuit comme de jour, nous avons travaillé, dans la fatigue et la peine, pour n'être à charge à aucun d'entre vous. ⁹ Pourtant, nous en aurions eu le droit, mais nous avons voulu vous laisser un exemple à imiter.

¹⁰ En effet, lorsque nous étions chez vous, nous vous avons donné cette recommandation : « Que celui qui refuse de travailler renonce aussi à manger ʲ » ! ¹¹ Or, nous

---

a. **2.3** C'est-à-dire l'homme sans foi ni loi, qui rejette tout attachement à Dieu et toute norme. De nombreux manuscrits ont : *l'homme du péché* (voir 1 Jn 2.18).

b. **2.4** Dn 11.36.

c. **2.4** Ez 28.2.

d. **2.7** Il n'est guère aisé d'identifier la réalité personnelle (*celui qui le retient*, v.7) et impersonnelle (*ce qui le retient*, v.6) qui retarde l'apparition de *l'homme de la révolte*.

e. **2.8** Es 11.4.

f. **2.13** Certains manuscrits ont : *dès l'origine*.

g. **3.2** L'apôtre fait sans doute allusion aux Juifs de Corinthe qui se sont opposés à Paul (voir Ac 18.12).

h. **3.3** Autre traduction : *du mal*.

i. **3.6** Voir 1 Th 2.9 ; 4.11 et note.

j. **3.10** Peut-être un dicton populaire que Paul leur avait cité lors de son passage chez eux.

apprenons que certains d'entre vous mènent une vie déréglée : ils ne travaillent pas et se mêlent des affaires des autres. ¹² Nous invitons ces personnes-là à suivre la recommandation suivante : au nom du Seigneur Jésus-Christ, travaillez dans la paix et gagnez vous-mêmes votre pain.

¹³ Et vous, frères, ne vous lassez pas de faire ce qui est bien. ¹⁴ Si quelqu'un ne se conforme pas aux instructions de cette lettre, signalez-le à tous et rompez toute relation avec lui, pour qu'il en éprouve de la honte. ¹⁵ Toutefois, ne le traitez pas en ennemi, reprenez-le comme un frère.

Prière et salutation

¹⁶ Que le Seigneur qui donne la paix vous accorde lui-même la paix de toute manière et en toutes circonstances. Que le Seigneur soit avec vous tous.

¹⁷ Cette salutation est de ma propre main, à moi, Paul. C'est ainsi que je signe toutes mes lettres : c'est là mon écriture[a].

¹⁸ Que la grâce de notre Seigneur Jésus-Christ soit avec vous tous.

---

a. 3.17 C'était l'habitude antique : après avoir dicté une lettre à un secrétaire, on l'authentifiait par sa signature et quelques mots autographes (comparer 1 Co 16.21 ; Ga 6.11 ; Col 4.18)

PREMIERE LETTRE A TIMOTHEE

Après une libération de sa première captivité romaine (Ac 28), que laissaient prévoir ses lettres aux Philippiens (Ph 1.25 ; 2.24) et à Philémon (Phm 22), Paul reprend la route pour accomplir sa mission. De *Macédoine, il écrit à *Timothée, un de ses collaborateurs qu'il affectionne particulièrement ; il lui recommande de rester à Ephèse pour y encourager et enseigner les chrétiens (1.3-4).

Cette lettre contient des avertissements et des conseils relatifs à la vie (ch. 2 à 4) et à la discipline dans l'Eglise (5 à 6.19) ; ils gardent toute leur valeur pour aujourd'hui.

Le chapitre 2 est consacré à la prière et à l'attitude des hommes et des femmes dans la communauté. Puis (ch. 3), Paul définit les qualités nécessaires aux dirigeants de l'Eglise et à leurs assistants. Au chapitre 4, il recommande personnellement à Timothée l'attachement à Dieu et le ministère de l'enseignement. Cet enseignement est d'autant plus nécessaire que des « prédicateurs de mensonges » prêchent des « récits absurdes et contraires à la foi » (4.1-4).

Dans la deuxième partie, Paul donne des conseils relatifs aux diverses catégories de personnes qui composent la communauté : les veuves (5.3-16), les responsables (5.17-25), les maîtres et les esclaves (6.1-2), les riches (6.17-19).

Cette lettre nous permet de mieux connaître la structure des Eglises locales : il y a plusieurs responsables (ou dirigeants) dans l'Eglise, et on précise les conditions de leur nomination et leurs fonctions. Certaines veuves ont un statut officiel. A côté des prières spontanées apparaissent des formulations plus élaborées et des cantiques (3.16). L'enseignement prend une grande importance, car il faut, non seulement exposer la vérité, mais encore lutter contre les erreurs qui se multiplient.

Salutation

1 Paul, *apôtre de Jésus-Christ, par ordre de Dieu notre *Sauveur et de Jésus-Christ notre espérance, ² salue *Timothée, son véritable enfant dans la foi.

Que Dieu le Père et Jésus-Christ notre Seigneur t'accordent grâce, bonté et paix.

La menace des enseignants de mensonge

³ En partant pour la *Macédoine, je t'ai encouragé à demeurer à Ephèse ᵃ pour avertir certains de ne pas enseigner de doctrines étrangères à la foi. ⁴ Qu'ils cessent de porter leur intérêt à des récits de pure invention et à des généalogies interminables ᵇ. Des préoccupations comme celles-ci font naître des spéculations au lieu de nous aider dans les responsabilités que Dieu nous confie dans l'œuvre de la foi.

⁵ Le but de cet avertissement est d'éveiller l'amour, un amour venant d'un cœur *pur, d'une bonne conscience et d'une foi sincère. ⁶ Certains se sont écartés de ces principes et se sont égarés dans des argumentations sans aucune valeur. ⁷ Ils se posent en enseignants de la *Loi mais, au fond, ils ne comprennent ni ce qu'ils disent, ni les sujets sur lesquels ils se montrent si sûrs d'eux-mêmes.

⁸ Nous savons que la *Loi est bonne, mais à condition d'être utilisée en accord avec son but. ⁹ Il faut savoir ceci : la Loi n'est pas faite pour ceux qui font le bien, mais pour les malfaiteurs et les rebelles, pour les gens qui méprisent Dieu et les pécheurs, pour ceux qui n'ont ni respect ni scrupule à l'égard de ce qui est sacré, ceux qui tueraient père et mère, les assassins, ¹⁰ les débauchés, les homosexuels, les marchands d'esclaves, les menteurs, les gens sans parole et, d'une manière générale, pour tous ceux qui commettent des actions contraires à l'enseignement authentique que vous avez reçu. ¹¹ Cet enseignement est conforme à la Bonne Nouvelle qui m'a été confiée et qui révèle la gloire du Dieu bienheureux.

La grâce de Dieu envers Paul

¹² Je suis reconnaissant envers celui qui m'a rendu capable de remplir cette tâche, Jésus-Christ, notre Seigneur. En effet, il m'a accordé sa confiance en me choisissant pour ce service, ¹³ moi qui, autrefois, l'ai offensé, persécuté et insulté. Mais il a eu pitié de moi

---

a. 1.3 Capitale de la province romaine d'Asie à l'ouest de l'Asie mineure.
b. 1.4 Il s'agissait de spéculations sur les origines et les descendants des patriarches cités en Gn 4-5 ; 9-11.

car j'agissais par ignorance, puisque je n'avais pas la foi. [14] Dans la surabondance de sa grâce, notre Seigneur a fait naître en moi la foi et l'amour que l'on trouve dans l'union avec Jésus-Christ.

[15] La parole que voici est certaine, elle mérite d'être reçue sans réserve : « Jésus-Christ est venu dans ce monde pour *sauver des pécheurs. » Je suis, pour ma part, l'exemple-type [a] d'entre eux. [16] Mais Dieu a eu pitié de moi pour cette raison : Jésus-Christ a voulu, en moi, l'exemple-type [b] des pécheurs, montrer toute l'étendue de sa patience, pour que je serve d'exemple à ceux qui croiraient en lui pour accéder à la vie éternelle.

[17] Au Roi éternel,
immortel,
invisible,
au seul Dieu,
soient honneur et gloire
pour l'éternité.
*Amen !

Garder la foi

[18] Timothée, mon enfant, voici le conseil que je t'adresse en accord avec les *prophéties prononcées autrefois à ton sujet : en t'appuyant sur ces paroles, combats le bon combat [19] avec foi et avec cette bonne conscience dont certains se sont écartés au point que leur foi a fait naufrage. [20] Parmi eux se trouvent Hyménée et Alexandre que j'ai livrés à *Satan [c] pour qu'ils apprennent à ne plus *blasphémer.

L'appel à la prière

2 Je recommande en tout premier lieu que l'on adresse à Dieu des demandes, des prières, des supplications et des remerciements pour tous les hommes. [2] Que l'on prie pour les rois et pour tous ceux qui sont au pouvoir, afin que nous puissions mener, à l'abri de toute violence et dans la paix, une vie qui exprime, dans tous ses aspects, notre attachement à Dieu et qui commande le respect. [3] Voilà ce qui est bien devant Dieu, notre *Sauveur, ce qu'il approuve. [4] Car il veut que tous les hommes soient sauvés et parviennent à la connaissance de la vérité.

[5] En effet, il y a un seul Dieu, et de même aussi un seul médiateur entre Dieu et les hommes, un homme : Jésus-Christ. [6] Il a offert sa vie en rançon pour tous. Tel est le témoignage qui a été rendu au moment voulu. [7] C'est pour publier ce témoignage que j'ai été institué prédicateur et *apôtre (je dis la vérité, je ne mens pas), pour enseigner aux non-Juifs ce qui concerne la foi et la vérité.

Sur l'attitude des hommes et des femmes dans la communauté

[8] C'est pourquoi je veux qu'en tout lieu les hommes prient en élevant vers le ciel des mains [d] *pures, sans colère ni esprit de dispute.

[9] Je veux que les femmes agissent de même, en s'habillant décemment, avec discrétion et simplicité. Qu'elles ne se parent pas d'une coiffure recherchée, d'or, de perles ou de toilettes somptueuses, [10] mais plutôt d'œuvres bonnes, comme il convient à des femmes qui déclarent vivre pour Dieu.

[11] Que la femme reçoive l'instruction dans un esprit de paix [e] et de parfaite soumission. [12] Je ne permets pas à une femme d'enseigner en prenant autorité sur l'homme. Qu'elle garde plutôt une attitude paisible. [13] En effet, Adam fut créé le premier, Eve ensuite. [14] Ce n'est pas Adam qui a été détourné de la vérité, c'est la femme, et elle a désobéi au commandement de Dieu, [15] mais elle sera *sauvée grâce à sa descendance [f]. Quant aux femmes, elles seront sauvées si elles persévèrent dans la foi, dans l'amour, et dans une vie sainte en gardant en tout le sens de la mesure.

Les dirigeants dans l'Eglise et leurs assistants

3 On dit : « Celui qui aspire à être un dirigeant dans l'Eglise désire une belle tâche. » Cette parole est certaine. [2] Il faut toutefois que le dirigeant soit un homme irréprochable : mari fidèle à sa femme [g], maître de lui-même, réfléchi et vivant de façon convenable. Qu'il soit hospitalier et capable d'enseigner. [3] Il ne doit pas être buveur ni querelleur, mais au contraire

---

a. **1.15** Autre traduction : *le pire*.

b. **1.16** Voir note 1.15.

c. **1.20** Voir note 1 Co 5.5.

d. **2.8** L'un des gestes de la prière chez les Juifs (Ex 9.29 ; 1 R 8.22).

e. **2.11** Autre traduction : *en silence*.

f. **2.15** Voir Gn 3.15. D'autres comprennent : *en devenant mère*.

g. **3.2** Cette interprétation est conforme aux inscriptions funéraires juives et païennes mises au jour. D'autres comprennent : *mari d'une seule femme* ou *qu'il n'ait été marié qu'une seule fois* (voir l'expression symétrique, pour les veuves, en 5.9).

aimable et pacifique. Que l'amour de l'argent n'ait sur lui aucune prise.

⁴ Qu'il dirige bien sa famille et maintienne ses enfants dans l'obéissance, en toute dignité. ⁵ Car, comment un homme qui ne dirige pas bien sa famille, serait-il qualifié pour prendre soin de l'Eglise de Dieu ? ⁶ Que ce ne soit pas un converti de fraîche date, de peur qu'il ne se laisse aveugler par l'orgueil et ne tombe sous la même condamnation que le diable ᵃ. ⁷ Enfin, il doit aussi jouir d'une bonne réputation parmi ceux qui ne font pas partie de la famille de Dieu afin de ne pas s'exposer au mépris public et de ne pas tomber dans les pièges du diable.

⁸ Il en va de même des diacres ᵇ. Ils doivent inspirer le respect : qu'ils soient des hommes de parole, sans penchant pour la boisson ni pour le gain malhonnête. ⁹ Ils doivent garder avec une bonne conscience la vérité révélée de la foi. ¹⁰ Il faut qu'eux aussi soient d'abord mis à l'épreuve. Ensuite, si on n'a rien à leur reprocher, ils accompliront leur service.

¹¹ Il en va de même pour les femmes diacres ᶜ : elles doivent inspirer le respect : qu'elles ne soient pas médisantes ; qu'elles soient maîtresses d'elles-mêmes et dignes de *confiance dans tous les domaines.

¹² Que les diacres soient des maris fidèles ᵈ ; qu'ils assument bien leurs responsabilités à l'égard de leurs enfants et de leur famille. ¹³ Car ceux qui remplissent bien leur ministère acquièrent une situation respectée et une grande assurance dans la foi en Jésus-Christ.

Le secret révélé

¹⁴ J'ai bon espoir de venir te rejoindre très bientôt ; je t'écris cependant tout cela ¹⁵ afin que, si ma venue devait être retardée, tu saches, en attendant, comment on doit se comporter dans la famille de Dieu, c'est-à-dire dans l'Eglise du Dieu vivant. Cette Eglise est une colonne qui proclame la vérité, un lieu où elle est fermement établie ᵉ. ¹⁶ Voici ce que nous reconnaissons ensem-ble : – il est grand le secret du plan

de Dieu, le Christ, qui fait l'objet de notre foi.

Il s'est révélé ᶠ ǀ comme un être humain,
et, déclaré juste ǀ par le Saint-Esprit,
il a été vu ǀ par les *anges.
Il a été proclamé ǀ parmi les non-Juifs.
On a cru en lui ǀ dans le monde entier.
Il a été élevé ǀ dans la gloire.

Les fausses doctrines des derniers temps

4 Cependant, l'Esprit déclare clairement que, dans les derniers temps, plusieurs se détourneront de la foi parce qu'ils s'attacheront à des esprits trompeurs et à des enseignements inspirés par des démons. ² Ils seront séduits par l'hypocrisie de prédicateurs de mensonges dont la conscience est comme marquée au fer rouge ᵍ. ³ Ces gens-là interdiront le mariage ʰ, et exigeront que l'on s'abstienne de certains aliments, alors que Dieu a créé toutes choses pour que les croyants, ceux qui connaissent la vérité, en jouissent avec reconnaissance.

⁴ En effet, tout ce que Dieu a créé est bon, rien n'est à rejeter, pourvu que l'on remercie Dieu en le prenant. ⁵ Car tout ce qu'il a créé est saint lorsqu'on l'utilise conformément à sa Parole et avec prière. ⁶ Expose cela aux frères, et tu seras un bon serviteur de Jésus-Christ, nourri des paroles de la foi et du bon enseignement que tu as fidèlement suivi. ⁷ Mais rejette les récits absurdes et contraires à la foi.

Encouragements adressés à Timothée

Entraîne-toi plutôt à rester attaché à Dieu. ⁸ L'exercice physique a son utilité, certes, mais celle-ci est limitée. L'attachement à Dieu, lui, est utile à tout puisqu'il possède la promesse de la vie pour le présent et pour l'avenir. ⁹ C'est là une parole certaine et qui mérite d'être reçue sans réserve.

¹⁰ En effet, si nous nous donnons du mal, et si nous luttons, c'est parce que nous avons

---

a. 3.6 Autre traduction : *sous l'accusation portée par le diable.*

b. 3.8 Le mot grec qui a donné par francisation le mot *diacre* signifiait *serviteur.*

c. 3.11 D'autres comprennent : *leurs femmes aussi doivent...*

d. 3.12 Voir note sur 3.2.

e. 3.15 L'apôtre emploie l'image de la colonne commémorative et celle du siège ou du trône. D'autres comprennent : *cette Eglise est la colonne et le rempart de la vérité.*

f. 3.16 Cantique ou confession de foi de l'Eglise primitive.

g. 4.2 La marque au fer rouge signalait les criminels et les esclaves fugitifs.

h. 4.3 Cette interdiction du mariage provenait sans doute de doctrines païennes qui voyaient dans la matière, et spécialement dans le corps et la sexualité, le siège du mal.

mis notre espérance dans le Dieu vivant qui est le bienfaiteur [a] de tous les hommes, et, au plus haut point, de ceux qui se confient en lui.

[11] C'est là ce qu'il te faut recommander et enseigner.

[12] Que personne ne te méprise pour ton jeune âge [b], mais efforce-toi d'être un modèle pour les croyants par tes paroles, ta conduite, ton amour, ta foi et ta *pureté.

[13] En attendant ma venue, consacre-toi à la lecture publique des Ecritures [c], à la prédication et à l'enseignement. [14] Ne néglige pas le ministère qui t'a été confié par grâce, sur la base d'une *prophétie, lorsque les responsables de l'Eglise t'ont imposé les mains [d]. [15] Prends ces choses à cœur, consacre-toi à elles, afin que tout le monde soit frappé de tes progrès. [16] Veille sur toi-même et sur ton enseignement. Sois persévérant en cela. En agissant ainsi, tu assureras ton salut et celui de tes auditeurs.

Les fidèles

5 Ne rudoie pas un homme âgé, mais encourage-le comme s'il était ton père. Traite de la même manière les jeunes gens comme des frères, [2] les femmes âgées comme des mères, les plus jeunes comme des sœurs, en toute *pureté.

Les veuves

[3] Occupe-toi des veuves avec respect, je veux dire de celles qui sont réellement privées de soutien. [4] Si une veuve a des enfants ou des petits-enfants, ceux-ci doivent apprendre, avant tout, à traduire leur attachement à Dieu dans l'attachement à leur propre famille. Qu'ils s'acquittent de leur dette envers leurs parents, car cela plaît à Dieu.

[5] La veuve qui est restée vraiment seule et privée de soutien met son espérance en Dieu et passe ses jours et ses nuits à faire toutes sortes de prières. [6] Quant à celle qui court après les plaisirs, elle est déjà morte, quoique vivante. [7] Transmets-leur ces avertissements

afin qu'elles mènent une vie irréprochable. [8] Si quelqu'un ne prend pas soin des siens, en particulier des membres de sa famille, il a renié la foi et il est pire qu'un incroyant.

[9] Pour être inscrite sur la liste des veuves assistées par l'Eglise, une femme doit être âgée d'au-moins soixante ans et avoir été une épouse fidèle à son mari [e]. [10] Elle doit être connue pour ses œuvres bonnes, avoir bien élevé ses enfants, ouvert sa maison aux étrangers, lavé les pieds de ceux qui appartiennent à Dieu [f], secouru les malheureux, et pratiqué toutes sortes d'actions bonnes.

[11] Quant aux veuves plus jeunes, n'accepte pas de les inscrire, car il arrive que leurs désirs se raniment et les éloignent du service du Christ ; elles veulent alors se remarier, [12] et encourent ainsi le reproche d'avoir rompu l'engagement de service qu'elles avaient pris auparavant. [13] Avec cela, elles prennent l'habitude de ne rien faire et elles passent leur temps à aller de maison en maison, et pas seulement pour n'y rien faire, mais encore pour se répandre en commérages, se mêler de tout et parler à tort et à travers.

[14] C'est pourquoi je préfère nettement que les jeunes veuves se marient, qu'elles aient des enfants, et tiennent bien leur ménage afin de ne pas prêter le flanc aux critiques de nos adversaires. [15] Il y en a, hélas, déjà plusieurs qui se sont détournées du droit chemin pour suivre *Satan.

[16] Si une croyante a des veuves dans sa famille, qu'elle subvienne à leurs besoins, et que l'Eglise n'en ait pas la charge pour pouvoir réserver son assistance aux veuves qui n'ont pas de soutien.

Les responsables dans l'Eglise

[17] Les responsables qui dirigent bien l'Eglise méritent des honoraires doubles [g], notamment ceux qui se dévouent au ministère astreignant de la prédication et de l'enseignement. [18] Car l'Ecriture déclare : *Tu ne mettras pas de muselière au bœuf qui foule le*

---

a. 4.10 Paul joue ici sur le double sens du mot grec qui signifie, selon les contextes, *bienfaiteur* ou *sauveur*.

b. 4.12 Le mot grec s'appliquait à tous ceux qui n'avaient pas dépassé la quarantaine.

c. 4.13 Comme celle qui se faisait dans les synagogues (Lc 4.16-21).

d. 4.14 Autre traduction : *Ne laisse pas en friche le don qui t'a été fait par grâce et qui t'a été accordé conformément à des paroles inspirées par Dieu, lorsque les responsables de l'Eglise t'ont imposé les mains.*

e. 5.9 Autre traduction : *qu'elle n'ait été mariée qu'une seule fois.* L'expression est symétrique à celle de 3.2,12.

f. 5.10 Laver les pieds de ses hôtes faisait partie des devoirs d'hospitalité (Lc 7.44). Généralement, un esclave rendait ce service aux invités, mais Jésus a demandé à ses disciples de s'acquitter eux-mêmes de cette humble tâche (Jn 13.4-5).

g. 5.17 Certains comprennent : *méritent un double honneur.*

grain[a] et encore : *L'ouvrier mérite son salaire*[b].

¹⁹ N'accepte pas d'accusation contre un responsable d'Eglise si elle n'est pas appuyée *par deux ou trois témoins*[c]. ²⁰ Ceux qui ont péché, reprends-les devant tous, afin que cela inspire de la crainte aux autres.

²¹ Je te conjure solennellement devant Dieu, devant Jésus-Christ et ses *anges élus, d'observer ces règles sans parti-pris ni favoritisme.

²² N'impose pas trop vite les mains à quelqu'un et ne t'associe pas aux péchés d'autrui. Conserve-toi *pur.

²³ Tu ne devrais pas boire exclusivement de l'eau : prends un peu de vin à cause de ton estomac et de tes fréquents malaises.

²⁴ Il y a des personnes dont les fautes sont évidentes avant même qu'on les juge. Pour d'autres, on ne les découvre que par la suite. ²⁵ Il en est de même des bonnes actions : chez certains, elles sont immédiatement apparentes, mais là où ce n'est pas le cas, elles ne sauraient rester indéfiniment cachées.

Les esclaves et les maîtres

6 Les croyants qui sont esclaves doivent consid. · leurs maîtres comme ayant droit à tout leur respect. Ils éviteront ainsi que le nom de Dieu soit *blasphémé et notre enseignement dénigré. ² Que ceux qui ont des maîtres croyants ne leur manquent pas de respect sous prétexte qu'ils sont des frères. Bien au contraire, qu'ils les servent d'autant mieux que ce sont des croyants bien-aimés qui bénéficient du bienfait de leur service.

Le faux et le vrai enseignant des vérités divines

Voilà ce que tu dois enseigner et recommander. ³ Si quelqu'un enseigne autre chose, et s'écarte des paroles de vérité de notre Seigneur Jésus-Christ et de l'enseignement conforme à la foi, ⁴ c'est un homme enflé d'orgueil, un ignorant qui a une passion maladive pour les spéculations et les controverses sur des mots. Qu'est-ce qui en résulte ? Des jalousies, des disputes, des dénigrements réciproques, des soupçons malveillants, ⁵ et des discussions interminables entre gens à l'esprit faussé. Ils ne connaissent plus la vérité, et considèrent la foi en Dieu comme un moyen de s'enrichir.

⁶ La véritable foi en Dieu est, en effet, une source de richesse quand on sait être content avec ce qu'on a. ⁷ Nous n'avons rien apporté dans ce monde, et nous ne pouvons rien en emporter. ⁸ Tant que nous avons nourriture et vêtement, nous nous en contenterons.

⁹ Ceux qui veulent à tout prix s'enrichir s'exposent eux-mêmes à la tentation et tombent dans le piège de nombreux désirs insensés et pernicieux qui précipitent les hommes dans la ruine et la perdition. ¹⁰ Car « l'amour de l'argent est racine de toutes sortes de maux[d] ». Pour s'y être abandonné, certains se sont égarés très loin de la foi, et se sont infligé beaucoup de tourments.

Combattre le bon combat de la foi

¹¹ Mais toi, homme de Dieu, fuis toutes ces choses. Recherche ardemment la droiture, l'attachement à Dieu, la fidélité, l'amour, la persévérance, l'amabilité. ¹² Combats le bon combat de la foi, saisis la vie éternelle que Dieu t'a appelé à connaître et au sujet de laquelle tu as fait cette belle profession de foi en présence de nombreux témoins[e].

¹³ Je t'adjure solennellement devant Dieu, source de toute vie, et devant Jésus-Christ qui a rendu témoignage devant Ponce *Pilate par une belle profession de foi : ¹⁴ observe ce commandement en restant *pur et irréprochable jusqu'à l'apparition de notre Seigneur Jésus-Christ ¹⁵ que Dieu suscitera au moment fixé :

Il est le Bienheureux,
l'unique Souverain,
il est le Roi des rois,
il est le Seigneur des seigneurs.
¹⁶ Lui seul est immortel.
Sa demeure est bâtie
au sein de la lumière
inaccessible à tous.
Nul parmi les humains
ne l'a vu de ses yeux,
aucun ne peut le voir.
A lui soient à jamais
l'honneur et la puissance !
*Amen.

---

a. 5.18 Dt 25.4.
b. 5.18 Lc 10.7.
c. 5.19 Dt 17.6.

d. 6.10 L'apôtre cite un proverbe populaire, retrouvé dans la littérature de l'époque.
e. 6.12 Sans doute au moment de son baptême. Dans l'Eglise ancienne, le baptême était accompagné d'une profession de foi du baptisé.

Aux riches

[17] Recommande à ceux qui possèdent des richesses en ce monde de se garder de toute arrogance et de ne pas fonder leur espoir sur la richesse, car elle est instable. Qu'ils placent leur espérance en Dieu, qui nous dispense généreusement toutes ses richesses pour que nous en jouissions. [18] Recommande-leur de faire le bien, d'être riches en œuvres bonnes, d'être généreux et de partager avec les autres. [19] Ils s'assureront ainsi pour l'avenir un beau capital placé en lieu sûr afin d'obtenir la vraie vie.

Dernières recommandations et salutation

[20] O Timothée, garde intact ce qui t'a été confié. Evite les discours creux et les arguments de ce que l'on appelle à tort « la connaissance », car ils sont contraires à la foi. [21] Pour s'y être attachés, plusieurs se sont égarés très loin de la foi. Que la grâce soit avec vous !

DEUXIEME LETTRE A TIMOTHEE

Paul est à nouveau en prison à Rome (1.8) mais les conditions de sa détention sont beaucoup plus rigoureuses que lors de sa première captivité dans cette ville (2.9). Il se sent abandonné des hommes (1.15 ; 4.10). Seul Luc est resté avec lui (4.11).

On peut situer la rédaction de cette lettre entre fin 66 et 68.

Paul demande à *Timothée de venir « au plus tôt » (4.9), avant l'hiver (4.21), avec le manteau et les parchemins qu'il a laissés à Troas (4.13). Mais il n'est pas sûr de le revoir : il sait que « le moment de son départ est arrivé » (4.6). Aussi ce texte a-t-il des allures de testament : le regard de Paul se pose à la fois sur son passé (ses souvenirs : 1.5-6,11 ; 3.10-11), son présent (son procès : 4.16) et son avenir proche (son « départ » imminent).

La lettre contient donc de nombreuses directives sur ce que Timothée devra faire pour rester fidèle à l'enseignement reçu. Dans la situation de persécution qui a amené Paul en prison, et en raison des enseignements erronés qui menacent les Eglises, Paul donne à Timothée des encouragements (ch. 1) pour supporter la souffrance (2.1-13) et pour défendre la vérité (2.14 à 4.15) : il devra éviter les discussions inutiles (2.14-26), s'éloigner des gens qui enseignent des erreurs (3.1-19), rester attaché à ce qu'il a appris (3.10-17) et prêcher la Parole (4.1-5). Car « toute l'Ecriture est inspirée de Dieu et utile pour enseigner, réfuter, redresser et apprendre à mener une vie conforme à la volonté de Dieu » (3.16).

Salutation

1 Paul, *apôtre de Jésus-Christ par la volonté de Dieu, chargé d'annoncer la vie promise par Dieu et accessible dans l'union avec Jésus-Christ, ² salue *Timothée, son cher enfant :

Que Dieu le Père et Jésus-Christ, notre Seigneur, t'accordent grâce, bonté et paix.

Paul remercie Dieu pour Timothée

³ Je suis reconnaissant envers Dieu, que je sers avec une conscience *pure, à l'exemple de mes ancêtres[a], lorsque continuellement, nuit et jour, je fais mention de toi dans mes prières. ⁴ Je me rappelle tes larmes[b] et j'éprouve un vif désir de te revoir afin d'être rempli de joie.
⁵ Je garde le souvenir de ta foi sincère, cette foi qui se trouvait déjà chez ta grand-mère Loïs et ta mère Eunice. A présent, elle habite aussi en toi, j'en suis pleinement convaincu.

Ravive la flamme !

⁶ C'est pourquoi je te le rappelle : ravive le don que Dieu t'a fait dans sa grâce lorsque je t'ai imposé les mains. ⁷ Dieu nous a donné un Esprit qui, loin de faire de nous des lâches, nous rend forts, aimants et réfléchis.

⁸ N'aie donc pas honte de rendre témoignage au sujet de notre Seigneur. N'aie pas non plus honte de moi qui suis ici en prison pour sa cause[c]. Au contraire, souffre avec moi pour l'Evangile selon la force que Dieu donne. ⁹ C'est lui qui nous a *sauvés et nous a appelés à mener une vie sainte. Et s'il l'a fait, ce n'est pas à cause de ce que nous avons fait, mais bien parce qu'il en avait librement décidé ainsi, à cause de sa grâce.

Cette grâce, il nous l'a donnée de toute éternité en Jésus-Christ. ¹⁰ Et maintenant elle a été révélée par la venue de notre Sauveur Jésus-Christ. Il a brisé la puissance de la mort et, par l'Evangile, a fait resplendir la lumière de la vie et de l'immortalité.

¹¹ C'est pour annoncer cette Bonne Nouvelle que j'ai été établi prédicateur, apôtre et enseignant. ¹² C'est aussi la raison de mes souffrances présentes. Mais je n'en ai pas honte, car je sais en qui j'ai mis ma *confiance et j'ai la ferme conviction qu'il est assez puissant pour garder tout ce qu'il m'a confié jusqu'au jour du jugement.

¹³ Tu as entendu de moi des paroles de vérité : fais-en ton modèle pour l'appliquer dans la foi et l'amour qui se trouvent dans l'union avec Jésus-Christ. ¹⁴ Garde intact, par l'Esprit Saint qui habite en nous, le bien précieux qui t'a été confié.

---

a. **1.3** Les ancêtres de Paul étaient des Juifs pieux (voir Ph 3.4-5).
b. **1.4** Au moment du départ de Paul d'Ephèse.

---

c. **1.8** Paul est prisonnier à Rome parce qu'il a prêché l'Evangile.

Le courage d'Onésiphore

[15] Comme tu le sais, tous ceux de la province d'*Asie m'ont abandonné, entre autres Phygèle et Hermogène. [16] Quant à Onésiphore, que le Seigneur manifeste sa bonté à toute sa famille. En effet, il m'a souvent réconforté et il n'a pas eu honte de moi parce que je suis en prison. [17] Au contraire, dès son arrivée à Rome, il s'est mis activement à ma recherche, et il a fini par me trouver. [18] Que le Seigneur lui donne d'avoir part à la bonté du Seigneur au jour du jugement. Tu sais aussi mieux que personne combien de services il m'a rendus à Ephèse.

Combats !

2 Toi donc, mon enfant, puise tes forces dans la grâce qui nous est accordée dans l'union avec Jésus-Christ. [2] Et l'enseignement que tu as reçu de moi et que de nombreux témoins ont confirmé[a], transmets-le à des personnes dignes de *confiance qui seront capables à leur tour d'en instruire d'autres.

[3] Tel un bon soldat de Jésus-Christ, prends, comme moi, ta part de souffrances. [4] Celui qui s'engage dans une expédition militaire ne s'embarrasse pas des affaires de la vie civile, afin de donner pleine satisfaction à l'officier qui l'a enrôlé. [5] On n'a jamais vu un athlète remporter le prix sans avoir respecté toutes les règles. [6] C'est au cultivateur qui travaille dur d'être le premier à jouir de la récolte[b]. [7] Réfléchis bien à ce que je te dis et le Seigneur te donnera de comprendre toutes ces choses.

L'exemple de Paul

[8] Souviens-toi de Jésus-Christ, ressuscité d'entre les morts, descendant de *David, conformément à l'Evangile que j'annonce. [9] C'est pour cet Evangile que je souffre, jusqu'à être enchaîné comme un criminel. La Parole de Dieu, elle, n'est pas enchaînée pour autant. [10] Je supporte donc patiemment toutes ces épreuves, à cause de ceux que Dieu a choisis, pour qu'eux aussi parviennent au salut qui est en Jésus-Christ, et à la gloire éternelle qui l'accompagne.

[11] Car ces paroles sont certaines :

Si nous mourons avec lui[c],
   avec lui nous revivrons,
[12] et si nous persévérons,
   avec lui nous régnerons.
Mais si nous le renions,
   lui aussi nous reniera.
[13] Si nous sommes infidèles,
   lui, il demeure fidèle,
car il ne pourra jamais
se renier lui-même.

Sers la vérité !

[14] C'est cela qu'il te faut rappeler sans cesse. Recommande solennellement devant Dieu d'éviter les disputes de mots : elles ne servent à rien – si ce n'est à la ruine de ceux qui les écoutent.

[15] Efforce-toi de te présenter devant Dieu en homme qui a fait ses preuves, en ouvrier qui n'a pas à rougir de son ouvrage, parce qu'il transmet correctement la Parole de vérité.

[16] Evite les discours creux et contraires à la foi. Ceux qui s'y adonnent s'éloigneront toujours plus de Dieu. [17] La parole de ces gens est comme une gangrène qui finit par dévorer tout le corps. C'est le cas d'Hyménée[d] et de Philète. [18] Ils se sont écartés de la vérité en prétendant que la résurrection a déjà eu lieu. Ainsi, ils sont en train de détourner plusieurs de la foi. [19] Cependant, le solide fondement posé par Dieu demeure ; il porte, en guise de *sceau, les inscriptions suivantes : *Le Seigneur connaît ceux qui lui appartiennent*[e] et « Qu'il se détourne du mal, celui qui affirme qu'il appartient au Seigneur ».

[20] Dans une grande maison, il n'y a pas seulement des vases d'or et d'argent, il y en a aussi en bois et en terre cuite. Les premiers sont réservés aux grandes occasions. Les autres sont destinés à l'usage courant.

[21] Eh bien, si quelqu'un se garde *pur de tout ce dont j'ai parlé, il sera un vase destiné à un noble usage, purifié, utile à son propriétaire, disponible pour toutes sortes d'œuvres bonnes.

[22] Fuis les passions qui peuvent assaillir un jeune homme. Fais tous tes efforts pour cultiver la foi, l'amour et la paix avec tous ceux qui font appel au Seigneur d'un cœur pur.

[23] Refuse les spéculations absurdes et sans fondement ; tu sais qu'elles suscitent des

---

a. 2.2 D'autres traduisent : *en présence de nombreux témoins.*
b. 2.6 Autre traduction : *le cultivateur doit travailler dur avant de jouir de la récolte.*
c. 2.11 Il s'agit très certainement d'un hymne de l'Eglise primitive (voir note 1 Tm 1.17).
d. 2.17 Voir 1 Tm 1.20.
e. 2.19 Nb 16.5.

querelles. [24] Or, il n'est pas convenable pour un serviteur du Seigneur d'avoir des querelles. Qu'il se montre au contraire aimable envers tout le monde, capable d'enseigner, et de supporter les difficultés. [25] Il doit instruire avec douceur les contradicteurs. Qui sait si Dieu ne les amènera pas ainsi à changer d'attitude pour connaître la vérité ? [26] Alors, ils retrouveront leur bon sens et se dégageront des pièges du diable qui les tient encore captifs et assujettis à sa volonté.

Les périls à venir

3 Sache bien que dans la période finale de l'histoire, les temps seront difficiles. [2] Les hommes seront égoïstes, avides d'argent, vantards et prétentieux. Ils parleront de Dieu d'une manière injurieuse et n'auront pas d'égards pour leurs parents. Ils seront ingrats, dépourvus de respect pour ce qui est sacré, [3] sans cœur, sans pitié, calomniateurs, incapables de se maîtriser, cruels, ennemis du bien ; [4] emportés par leurs passions et enflés d'orgueil, ils seront prêts à toutes les trahisons. Ils aimeront le plaisir plutôt que Dieu. [5] Certes, ils resteront attachés aux pratiques extérieures de la religion mais, en réalité, ils ne voudront rien savoir de ce qui en fait la force. Détourne-toi de ces gens-là !

[6] Certains d'entre eux s'introduisent dans les familles pour envoûter les femmes instables, au passé chargé, et entraînées par toutes sortes de désirs. [7] Elles veulent toujours en savoir plus, mais ne sont jamais capables de parvenir à une pleine connaissance de la vérité.

[8] De même qu'autrefois Jannès et Jambrès[a] s'opposèrent à *Moïse, de même ces hommes-là s'opposent à la vérité. Ils ont l'intelligence faussée et sont disqualifiés en ce qui concerne la foi. [9] Mais leur succès sera de courte durée, car leur folie éclatera aux yeux de tous, comme ce fut le cas jadis pour ces deux imposteurs.

Reste attaché à ce que tu as appris !

[10] Mais toi, tu as pu m'observer dans mon enseignement, ma conduite, mes projets, ma foi, ma patience, mon amour, mon endurance. [11] Tu as pu voir quelles persécutions et quelles souffrances j'ai endurées à Antioche, à Iconium et à Lystre[b]. Quelles persécutions,

en effet, n'ai-je pas subies ! Et chaque fois, le Seigneur m'en a délivré.

[12] En fait, tous ceux qui sont décidés à vivre dans l'attachement à Dieu par leur union avec Jésus-Christ connaîtront la persécution. [13] Mais les hommes méchants et les charlatans s'enfonceront de plus en plus dans le mal, trompant les autres, et trompés eux-mêmes.

[14] Pour toi, reste attaché à tout ce que tu as appris et reçu avec une entière conviction. Tu sais de qui tu l'as appris. [15] Depuis ton enfance[c], en effet, tu connais les Saintes Ecritures ; elles peuvent te donner la vraie sagesse, qui conduit au salut par la foi en Jésus-Christ.

[16] Car toute l'Ecriture est inspirée de Dieu et utile pour enseigner, réfuter, redresser et apprendre à mener une vie conforme à la volonté de Dieu. [17] Ainsi, l'homme de Dieu se trouve parfaitement préparé et équipé pour accomplir toute œuvre bonne.

Proclame la Parole !

4 C'est pourquoi, devant Dieu et devant Jésus-Christ, qui va juger les vivants et les morts, et dans la perspective de sa venue et de son règne, je te le recommande solennellement : [2] proclame la Parole, insiste, que l'occasion soit favorable ou non, convaincs, réprimande, encourage par ton enseignement, avec une patience inlassable. [3] Car le temps viendra où les hommes ne voudront plus rien savoir de l'enseignement authentique. Au gré de leurs propres désirs, ils se choisiront une foule de maîtres à qui ils ne demanderont que de leur caresser agréablement les oreilles. [4] Ils détourneront l'oreille de la vérité pour écouter des récits de pure invention. [5] Mais toi, garde, en toute circonstance, le contrôle de toi-même. Supporte les souffrances. Remplis bien ton rôle de prédicateur de l'Evangile[d]. Accomplis pleinement ton ministère.

Paul : la fin de la course

[6] Car, en ce qui me concerne, je suis près d'offrir ma vie comme une libation[e] pour

---

b. 3.11 *Antioche* de Pisidie (Ac 13.50), *Iconium* (Ac 14.5), *Lystre* (Ac 14.19).

c. 3.15 Allusion à Loïs et Eunice (1.5) qui ont initié Timothée à la connaissance des Ecritures. On enseignait l'Ancien Testament aux petits Juifs dès l'âge de 5 ans.

d. 4.5 Autre traduction : *Fais le travail d'un évangéliste.*

e. 4.6 Voir Ph 2.17 et note.

---

a. 3.8 Noms donnés par la tradition juive aux magiciens égyptiens qui s'étaient opposés à Moïse (Ex 7.11,12).

Dieu. Le moment de mon départ est arrivé. [7] J'ai combattu le bon combat. J'ai achevé ma course. J'ai gardé la foi. [8] Le prix de la victoire, c'est-à-dire une justice éternelle, est déjà préparé pour moi. Le Seigneur, le juste Juge, me le remettra au jour du jugement, et pas seulement à moi, mais à tous ceux qui, avec amour, attendent sa venue.

Dernières nouvelles de Paul

[9] Efforce-toi de venir me rejoindre dès que possible. [10] Car Démas [a] m'a abandonné : il a aimé le monde présent et il est parti pour *Thessalonique. Crescens s'est rendu en Galatie [b], *Tite en Dalmatie [c]. [11] Seul Luc est encore avec moi. Prends Marc [d] et amène-le avec toi ; car il m'est très utile pour mon ministère. [12] Quant à *Tychique, je l'ai envoyé à Ephèse [e].

[13] Lorsque tu viendras, rapporte-moi le manteau que j'ai laissé à Troas chez Carpus, ainsi que les livres, surtout les parchemins [f].

[14] Alexandre [g], l'orfèvre, a fait preuve de beaucoup de méchanceté à mon égard. *Le Seigneur lui donnera ce que lui auront valu ses actes* [h]. [15] Toi aussi, garde-toi de lui, car il s'est opposé avec acharnement à notre prédication.

[16] La première fois que j'ai eu à présenter ma défense au tribunal, personne n'est venu m'assister, tous m'ont abandonné. Qu'il ne leur en soit pas tenu rigueur. [17] C'est le Seigneur qui m'a assisté et m'a donné la force d'annoncer pleinement le message pour qu'il soit entendu par tous les non-Juifs. Et j'ai été délivré de la gueule du lion.

[18] Le Seigneur continuera à me délivrer de toute entreprise mauvaise et me *sauvera pour son *royaume céleste. A lui soit la gloire pour l'éternité. *Amen.

Salutations

[19] Salue Prisca, Aquilas, et la famille d'Onésiphore. [20] Eraste [i] est resté à Corinthe. Quant à Trophime, il était malade et je l'ai laissé à Milet.

[21] Tâche de venir avant l'hiver. Eubulus, Pudens, Linus, Claudia et tous les frères te saluent.

[22] Que le Seigneur soit avec toi et que sa grâce soit avec vous.

---

a. 4.10 Col 4.14 ; Phm 24.

b. 4.10 Peut-être la province romaine de Galatie ou alors la Gaule.

c. 4.10 Un district de l'Illyrie (qui porte encore ce nom) sur la rive est de l'Adriatique. Paul y avait commencé un travail d'évangélisation (voir Rm 15.19).

d. 4.11 Voir Ac 12.12,25 ; 13.5,13 ; 15.37.

e. 4.12 Quand il arrivera, Timothée pourra quitter Ephèse et rejoindre Paul (v.9).

f. 4.13 Ouvrages de valeur. Il s'agissait peut-être de copies de livres bibliques de l'Ancien Testament.

g. 4.14 Voir 1 Tm 1.20.

h. 4.14 Ps 28.4 ; 62.13 ; Pr 24.12.

i. 4.20 Voir Rm 16.23.

LETTRE A TITE

Après une libération de sa première captivité romaine (Ac 28), Paul a annoncé la Bonne Nouvelle en Crète, la plus grande des îles grecques. Auparavant, il n'y avait séjourné que peu de temps, comme prisonnier, lors de son voyage à Rome pour comparaître devant l'empereur (Ac 27. 7-8).

Lors de son départ de l'île, l'*apôtre y laisse *Tite, l'un de ses proches collaborateurs, d'origine non-juive (Ga 2.3), chargé à plusieurs reprises de missions délicates, en particulier à Corinthe (2 Co 2.12-13 ; 7.6-7). Il lui confie comme tâche de parachever, dans une situation assez difficile (1.12-13), l'organisation de l'Eglise qui y avait été fondée (Tt 1.5).

Paul donne rendez-vous à Tite avant l'hiver à Nicopolis, sur la côte ouest de la Grèce (3.12). Il écrit donc très certainement de *Macédoine où il a aussi rédigé, à cette même époque, 1 Timothée. Il existe d'ailleurs une grande parenté dans le vocabulaire, le style et le souci « pastoral » de ces deux lettres de l'apôtre à ses collaborateurs.

Après avoir rappelé les qualités nécessaires aux responsables dans les Eglises, l'apôtre dénonce les erreurs et les « spéculations juives » qui s'opposent à « l'enseignement véritable » (ch. 1). Puis il adresse des recommandations aux différents groupes qui composent l'Eglise (ch. 2) et termine la lettre en rappelant l'œuvre de la grâce divine qui conduit le croyant à vivre de manière conforme à l'Evangile (ch. 3).

Salutation

1 Cette lettre t'est adressée par Paul, serviteur de Dieu et *apôtre de Jésus-Christ. Ceux que Dieu a choisis, j'ai été chargé de les amener à la foi et à la pleine connaissance de la vérité qui est conforme à l'enseignement de notre foi, **2** pour qu'ils aient l'espérance de la vie éternelle. Cette vie nous a été promise de toute éternité, par le Dieu qui ne ment pas. **3** Au moment fixé, il a fait connaître sa Parole par le message qui m'a été confié, selon l'ordre de Dieu notre *Sauveur.

4 Je te salue, Tite, mon véritable enfant en notre foi commune :
Que Dieu le Père et Jésus-Christ notre Sauveur t'accordent la grâce et la paix.

L'établissement de responsables dans l'Eglise

5 Je t'ai laissé en Crète pour que tu achèves de mettre en ordre ce qui est resté en suspens, et que tu établisses dans chaque ville des responsables dans l'Eglise en suivant les directives que je t'ai données. **6** Chacun d'eux doit être un homme irréprochable et un mari fidèle à sa femme[a]. Il faut que ses enfants soient dignes de confiance, c'est-à-dire qu'on ne puisse pas les accuser d'inconduite ou d'insoumission.

7 En effet, il est nécessaire qu'un dirigeant d'Eglise soit irréprochable, puisqu'il a la res-

ponsabilité de la famille de Dieu. C'est pourquoi il ne doit être ni imbu de lui-même ni coléreux, ni buveur, ni querelleur, ni attiré par des gains malhonnêtes.

8 Qu'il soit, au contraire, hospitalier, ami du bien, réfléchi, juste, saint et maître de lui-même ; **9** qu'il soit fidèlement attaché à la parole certaine, qui est conforme à ce qui lui a été enseigné. Ainsi il sera en mesure d'encourager les autres selon l'enseignement authentique et de réfuter les contradicteurs.

Contre les enseignants de mensonge

10 Car nombreux sont ceux qui refusent de se soumettre à la vérité. Ils tournent la tête aux gens par leurs discours creux. On en trouve surtout parmi les gens issus du judaïsme. **11** Il faut leur fermer la bouche, car ils bouleversent des familles entières en enseignant ce qu'il ne faut pas, pour s'assurer des gains malhonnêtes. **12** Un Crétois, qu'ils considèrent comme un *prophète, a dit :

Les Crétois ont toujours été menteurs ;
ce sont des bêtes méchantes,
des gloutons et des fainéants[b].

13 Voilà un jugement qui est bien vrai. C'est pourquoi reprends-les sévèrement pour qu'ils aient une foi saine **14** en ne s'attachant pas à des spéculations juives et à des

---

a. **1.6** Autres traductions : *mari d'une seule femme* ou *qu'il n'ait été marié qu'une seule fois* (voir note 1 Tm 3.2).

b. **1.12** Vers du poète crétois Epiménide de Cnossos (6ᵉ siècle av. J.-C.).

commandements provenant d'hommes qui se sont détournés de la vérité.

¹⁵ « Pour ceux qui sont *purs, tout est pur ᵃ », mais pour des hommes souillés et incrédules, rien n'est pur. Leur pensée et leur conscience sont salies. ¹⁶ Certes, ils prétendent connaître Dieu, mais ils le renient par leurs actes, car ils sont détestables, rebelles et se sont disqualifiés pour toute œuvre bonne.

Recommandations à diverses catégories de fidèles

2 Toi, au contraire, parle selon ce qui est conforme à l'enseignement authentique. ² Dis aux hommes âgés d'être maîtres d'eux-mêmes, respectables, réfléchis, pleins de force dans la foi, l'amour et la persévérance.

³ Qu'il en soit de même des femmes âgées : qu'elles aient un comportement digne de Dieu ; qu'elles ne soient pas médisantes ni adonnées à la boisson. Qu'elles s'attachent plutôt à enseigner le bien : ⁴ qu'elles conduisent ainsi les jeunes femmes à la sagesse en leur apprenant à aimer leur mari et leurs enfants, ⁵ à mener une vie équilibrée et *pure, à être des maîtresses de maison bonnes et actives, à être soumises à leur mari. Ainsi la Parole de Dieu ne sera pas discréditée.

⁶ Recommande aussi aux jeunes gens de mener une vie équilibrée. ⁷ Sois toi-même en tout un modèle d'œuvres bonnes. Que ton enseignement soit fidèle et qu'il inspire le respect. ⁸ Que ta parole soit juste et inattaquable, afin que même nos adversaires soient couverts de honte, ne trouvant aucun mal à dire de nous.

⁹ Aux esclaves, tu recommanderas d'obéir à leurs maîtres en toutes choses. Qu'ils cherchent à leur donner satisfaction, qu'ils évitent de les contredire ¹⁰ et se gardent de toute fraude ; qu'ils se montrent au contraire dignes d'une entière confiance. Ainsi ils rendront attrayant l'enseignement de Dieu notre *Sauveur.

La grâce, source du salut

¹¹ En effet, la grâce de Dieu s'est révélée comme une source de salut pour tous les hommes. ¹² Elle nous éduque et nous amène à nous détourner de tout mépris de Dieu et à rejeter les passions de gens de ce monde. Ainsi nous pourrons mener, dans le temps présent, une vie équilibrée, juste et pleine de

respect pour Dieu, ¹³ en attendant que se réalise notre bienheureuse espérance : la révélation de la gloire de Jésus-Christ, notre grand Dieu et *Sauveur. ¹⁴ Il s'est livré lui-même en rançon pour nous, afin de nous délivrer de l'injustice sous toutes ses formes et de faire de nous, en nous *purifiant ainsi, un peuple qui lui appartienne et qui mette toute son ardeur à accomplir des œuvres bonnes.

¹⁵ Voilà ce que tu dois enseigner, dans quel sens il te faut encourager et reprendre les gens. Fais-le avec une pleine autorité. Que personne ne te traite avec mépris.

L'Evangile et ses conséquences dans la vie quotidienne

3 Rappelle à tous qu'ils ont à se soumettre aux gouvernants et aux autorités, qu'ils doivent leur obéir et être prêts à accomplir toute œuvre bonne. ² Qu'ils ne dénigrent personne mais qu'ils soient au contraire conciliants, courtois, et qu'ils fassent preuve d'une parfaite amabilité envers tous les hommes.

³ Car il fut un temps où nous-mêmes, nous vivions en insensés, dans la révolte contre Dieu, égarés, esclaves de toutes sortes de passions et de plaisirs. Nos jours s'écoulaient dans la méchanceté et dans l'envie, nous étions haïssables et nous nous haïssions les uns les autres. ⁴ Mais quand Dieu notre Sauveur a révélé sa bonté et son amour pour les hommes, il nous a sauvés. ⁵ S'il l'a fait, ce n'est pas parce que nous avons accompli des actes conformes à ce qui est juste. Non. Il nous a sauvés parce qu'il a eu pitié de nous, en nous faisant passer par le bain *purificateur de la nouvelle naissance, c'est-à-dire en nous renouvelant par le Saint-Esprit. ⁶ Cet Esprit, il l'a répandu avec abondance sur nous par Jésus-Christ notre Sauveur. ⁷ Il l'a fait pour que, déclarés justes par sa grâce, nous devenions les héritiers de la vie éternelle qui constitue notre espérance.

⁸ C'est là une parole certaine ; et je veux que tu insistes fortement sur ces choses, afin que ceux qui ont cru en Dieu s'appliquent à accomplir des œuvres bonnes. Voilà ce qui est bon et utile aux hommes.

L'attitude à avoir envers ceux qui causent des divisions

⁹ Mais évite les spéculations absurdes, l'étude des généalogies, les controverses et les polémiques au sujet de la *Loi, car elles sont inutiles et vides de sens. ¹⁰ Si quelqu'un cause des divisions, avertis-le, une fois, deux

---

a. 1.15 Voir Lc 11.41 et Rm 14.20.

fois, puis écarte-le de l'Eglise ; [11] car, tu peux en être certain, un tel homme est sorti du droit chemin : il fait le mal et prononce ainsi lui-même sa propre condamnation.

Dernières recommandations

[12] Quand je t'aurai envoyé Artémas ou *Tychique, hâte-toi de venir me rejoindre à Nicopolis [a], car c'est là que j'ai décidé de passer l'hiver.

[13] Aie soin de pourvoir au voyage de Zénas, le juriste, et d'Apollos, afin que rien ne leur manque. [14] Il faut que les nôtres aussi apprennent à accomplir des œuvres bonnes pour faire face à tout besoin. Ainsi, leurs vies ne seront pas improductives.

Salutations

[15] Tous ceux qui sont avec moi te saluent. Salue ceux qui nous aiment dans la foi. Que la grâce de Dieu soit avec vous tous.

a. **3.12** Plusieurs villes s'appelaient ainsi. Il s'agit sans doute de celle qui était située sur la côte adriatique de la Grèce (Nicopolis en Epire).

LETTRE A PHILÉMON

La lettre de Paul à Philémon traite une affaire privée. Elle est un plaidoyer en faveur d'un esclave du nom d'Onésime qui s'est converti auprès de Paul après s'être enfui de chez son maître, Philémon, un chrétien de la ville de Colosses. Paul demande à Philémon de l'accueillir comme un frère et de lui pardonner.

Paul écrit de prison, vers l'an 62, lors de sa première captivité romaine. Ce billet personnel était probablement joint à la lettre aux Colossiens dont *Tychique était le porteur (Col 4.7-9).

Cette lettre soulève la question de l'attitude du chrétien du premier siècle envers l'esclavage. Paul ne dicte pas une conduite précise au maître chrétien, il lui demande seulement de tirer les conséquences de sa foi.

Ce qui ressort surtout de cette lettre, c'est le zèle que déployait Paul aussi bien pour les affaires privées que pour les grandes causes, et Luther pouvait dire : « Paul imite auprès de Philémon et en faveur d'Onésime, ce que le Christ a fait en notre faveur auprès de son Père » : il compatit (10,20), il intercède (9,10), il prend sur lui les dettes (18,19).

Salutation

1 Paul, le prisonnier de Jésus-Christ, et *Timothée, notre frère, saluent Philémon [a], notre cher ami et notre collaborateur, ² ainsi qu'Appia [b] notre sœur, Archippe notre compagnon d'armes, et l'Eglise qui s'assemble dans ta maison. ³ Que Dieu notre Père et le Seigneur Jésus-Christ vous accordent la grâce et la paix.

Paul remercie Dieu pour la foi et l'amour de Philémon

⁴ Je ne cesse d'exprimer ma reconnaissance à Dieu lorsque je fais mention de toi dans mes prières, ⁵ car j'entends parler de l'amour et de la *confiance [c] que tu as envers le Seigneur Jésus et envers tous ceux qui lui appartiennent. ⁶ Je demande à Dieu que la solidarité qui nous unit à cause de ta foi se traduise en actes et qu'ainsi tout le bien que nous t'aurons amené à faire pour le Christ soit rendu manifeste [d]. ⁷ Car j'ai éprouvé une grande joie et un grand encouragement en apprenant comment tu mets ton amour en pratique. Frère, tu as en effet réconforté le cœur de ceux qui appartiennent à Dieu.

Requête

⁸ C'est pourquoi, malgré toute la liberté que le Christ me donne de te prescrire ton devoir, ⁹ je préfère t'adresser cette demande au nom de l'amour, étant ce que je suis : moi, Paul, un vieillard, et de plus, maintenant, un prisonnier à cause de Jésus-Christ. ¹⁰ Je t'adresse cette demande au sujet de mon enfant, Onésime, dont je suis devenu le père spirituel ici, en prison. ¹¹ Autrefois il t'était inutile, mais maintenant il est utile [e], à toi comme à moi.

¹² Je te le renvoie donc, lui qui est devenu comme une partie de moi-même [f]. ¹³ Personnellement, je l'aurais volontiers gardé auprès de moi : il aurait pu ainsi me rendre service à ta place alors que je suis en prison à cause de la Bonne Nouvelle. ¹⁴ Je n'ai cependant rien voulu entreprendre sans ton assentiment, pour que le bienfait que tu m'aurais ainsi accordé ne soit pas forcé, même en apparence, mais entièrement volontaire.

¹⁵ D'ailleurs, qui sait, peut-être Onésime a-t-il été séparé de toi pour un temps afin que tu le retrouves pour toujours, ¹⁶ non plus comme un esclave, mais bien mieux qu'un esclave : comme un frère très cher. Il l'est tellement pour moi ; combien plus le sera-t-il pour toi, en tant qu'homme et en tant que frère dans le Seigneur.

¹⁷ Par solidarité envers moi, accueille-le comme s'il s'agissait de moi-même. ¹⁸ Si tu as été lésé par lui ou s'il te doit quelque chose,

---

a. 2 Un fils spirituel de Paul (v.19), chrétien fortuné de Colosses chez qui se réunissait l'Eglise (v.2).

b. 2 Sans doute la femme de Philémon. *Archippe*, sans doute leur fils, exerçait un ministère dans l'Eglise de Colosses.

c. 5 Ou *foi*.

d. 6 Autre traduction : *que la communion qui t'unit à nous à cause de ta foi produise une meilleure connaissance de tous les biens que nous avons dans le Christ.*

e. 11 Jeu de mots sur le nom d'Onésime (=utile).

f. 12 Certains manuscrits ont : *et toi, reçois-le comme s'il était une partie de moi-même.*

porte cela sur mon compte[a]. [19] J'écris ce qui suit de ma propre main : « Moi Paul, je te rembourserai ses dettes » — et je ne veux pas te rappeler ici que toi aussi, tu as une dette à mon égard : c'est ta propre personne.

[20] Oui, frère, fais-moi cette faveur à cause du Seigneur : réconforte mon cœur pour l'amour du Christ. [21] Je t'adresse cette lettre avec la certitude que tu répondras à mon attente. Et même, je le sais, tu feras encore plus que je ne demande[b].

[22] En même temps, prépare-moi une chambre, j'ai bon espoir de vous être rendu bientôt, en réponse à vos prières.

Salutations finales

[23] Epaphras, qui est en prison avec moi à cause de Jésus-Christ, te fait bien saluer, [24] de même que Marc, Aristarque, Démas et Luc, mes collaborateurs.

[25] Que le Seigneur Jésus-Christ vous accorde sa grâce.

a. 18 Peut-être qu'en s'enfuyant de chez Philémon, Onésime avait-il commis quelque larcin. Paul propose à Philémon de le rembourser lui-même.
b. 21 On a vu dans ces mots une invitation discrète à affranchir Onésime. La tradition rapporte qu'il l'aurait fait et que l'ancien esclave serait devenu plus tard l'un des responsables de l'Eglise d'Ephèse.

LETTRE AUX HEBREUX

La lettre aux Hébreux est l'une des plus longues et des plus importantes du Nouveau Testament.

De son auteur, qui ne se nomme pas, on peut seulement dire que c'est un chrétien d'origine juive (« nos ancêtres » 1.1) versé dans la connaissance de l'Ancien Testament et, en particulier, du rituel décrit dans le livre du Lévitique. L'Evangile lui est parvenu par l'intermédiaire des premiers témoins (2.3).

Il s'adresse à des *Juifs convertis, comme lui, membres d'une Eglise qui lui est familière, à laquelle il espère rendre bientôt visite (13.19 et 23). La plupart des exégètes proposent Rome comme lieu de destination de la lettre (cf. 13.24). C'est là en tout cas que l'on trouve les premières traces de cette lettre (dans la lettre de Clément de Rome en 95-96). La mention de la persécution en 10.33-34 pourrait se rapporter à l'édit de l'empereur Claude en 49, qui chassa, pour quelques années, les Juifs de Rome. La lettre pourrait dater de 60-64.

L'auteur définit son écrit comme une « lettre d'encouragement » (13.22) ; de fait, recommandations et avertissements entrecoupent le développement doctrinal. Il semble en effet que ses interlocuteurs soient en butte à une opposition croissante. Les nombreuses mises en garde contre l'abandon de la foi (2.1-4 ; 4.1-11 ; 6.4-6 ; 10.26-31) qui s'insèrent dans une démonstration suivie de la supériorité du Christ sur les *anges (ch. 1 et 2), sur *Moïse et Josué (3.1 à 4.13) et sur les *grands-prêtres de l'ancienne *alliance (4.14 à 8.13) laissent à penser que ses destinataires étaient tentés de retourner au judaïsme. L'auteur leur montre la supériorité du sacrifice du Christ, accompli une fois pour toutes, sur ceux de l'ancien *Israël (9.1 à 10.18).

Pour les encourager, il leur donne en exemple les hommes de l'ancienne alliance qui avaient déjà la foi (ch. 11). Il les invite à garder « les yeux fixés sur Jésus » (12.2), modèle de persévérance dans l'adversité.

Cette lettre est fondamentale pour la compréhension du sens des sacrifices de l'ancienne alliance, qui pointaient vers le sacrifice du Christ, accompli une fois pour toutes.

Elle contient aussi des encouragements précieux qui gardent toute leur force pour les hommes de notre temps : « Nous n'avons pas un grand-prêtre qui serait incapable de se sentir touché par nos faiblesses. Au contraire, il a été tenté en tous points comme nous le sommes, mais sans commettre de péché. Approchons-nous donc du trône du Dieu de grâce avec une pleine assurance... » (4.15 et 16).

LA PERSONNE DU FILS DE DIEU

La révélation de Dieu par le Fils

1 A bien des reprises et de bien des manières, Dieu a parlé autrefois à nos ancêtres par les *prophètes. ² Et maintenant, dans ces jours qui sont les derniers ᵃ, c'est par son Fils qu'il nous a parlé. Il a fait de lui l'héritier de toutes choses et c'est aussi par lui qu'il a créé l'univers. ³ Ce Fils est le rayonnement de la gloire de Dieu et l'expression parfaite de son être. Il soutient toutes choses par sa parole puissante et, après avoir accompli la *purification des péchés, il siège dans les cieux à la droite du Dieu suprême.

⁴ Il a ainsi acquis un rang bien plus éminent que celui des *anges, dans la mesure où le titre que Dieu lui a donné est incomparablement supérieur au leur.

Le Fils de Dieu supérieur aux anges

⁵ En effet, auquel des *anges Dieu a-t-il jamais dit ceci :

*Tu es mon Fils ; aujourd'hui,
je fais de toi mon enfant ᵇ.*

Et encore :

---

a. 1.2 C'est-à-dire, la période finale de l'histoire qu'a inaugurée la venue de Jésus-Christ.

b. 1.5 Ps 2.7. Il s'agit de la formule d'intronisation du Messie-Roi.

*Je serai pour lui un Père
et lui, pour moi, sera un Fils [a].*

6 Mais lorsqu'il introduit le Premier-né dans le monde, il dit encore [b] :

*Que tous les anges de Dieu | se prosternent
devant lui [c].*

7 Au sujet des *anges, il dit :

*Il utilise ses anges comme des vents,
et ses serviteurs comme des flammes de feu [d].*

8 Mais au sujet du Fils, il dit :

*Ton trône, ô Dieu, subsiste | pour toute
éternité,
le sceptre de ton règne [e] | est sceptre d'équité.*
9 *Tu aimes la justice, | tu détestes le mal.
Aussi, ô Dieu, ton Dieu | a fait de toi un roi,
en répandant sur toi | une huile
d'allégresse, | te préférant ainsi | à tous tes
compagnons [f].*

10 Il dit aussi :

*C'est toi, Seigneur, | qui, au
commencement, | as posé les fondations
de la terre.
Le ciel est l'œuvre de tes mains.*
11 *Ils périront, mais tu subsistes,
tous s'useront comme un habit,*
12 *comme un manteau, tu les enrouleras,
comme un vêtement, tu les changeras.
Mais toi, tu es toujours le même, | tes années
ne finiront pas [g].*

13 Or, auquel des *anges Dieu a-t-il jamais dit :

*Viens siéger à ma droite
jusqu'à ce que j'aie mis tes ennemis
comme un escabeau sous tes pieds [h] ?*

14 En effet, que sont les anges ? Des esprits aux diverses fonctions, envoyés en service pour aider ceux qui vont hériter le salut.

Ne pas négliger le salut apporté par le Fils

2 Puisqu'il en est ainsi, nous devons prendre encore plus au sérieux les enseignements que nous avons reçus afin de ne pas être entraînés à la dérive. **2** En effet, la parole transmise à nos ancêtres par des *anges est entrée pleinement en vigueur et chaque infraction, chaque désobéissance, a reçu la sanction qu'elle méritait. **3** Alors, comment pourrons-nous échapper nous-mêmes au châtiment si nous négligeons un si grand salut ? Car ce salut a tout d'abord été annoncé par le Seigneur lui-même, ceux qui l'ont entendu en ont ensuite confirmé la validité pour nous **4** et Dieu a authentifié leur témoignage en y ajoutant le sien, c'est-à-dire, en accomplissant toutes sortes de signes miraculeux, d'actes extraordinaires, de manifestations diverses de sa puissance et en accordant à ces témoins, selon sa propre volonté, de recevoir chacun sa juste part de l'Esprit Saint.

Dieu a tout soumis au Fils

5 Car ce n'est pas à des *anges que Dieu a soumis le monde à venir dont nous parlons. **6** Au contraire, un texte de l'Écriture déclare :

*Qu'est-ce que l'homme, | pour que tu prennes
soin de lui ?
Qu'est-ce qu'un être humain | pour que tu
t'intéresses à lui ?*
7 *Tu l'as abaissé pour un peu de temps [i] | au-
dessous des anges,
tu l'as couronné de gloire et d'honneur [j],*
8 *tu as mis toutes choses sous ses pieds [k].*

En soumettant *toutes choses* à son autorité, Dieu n'a rien laissé qui puisse ne pas lui être soumis. Or actuellement nous ne voyons pas encore que tout lui soit soumis. **9** Mais voici ce que nous constatons : après avoir été *abaissé pour un peu de temps au-dessous des anges* [l], Jésus se trouve maintenant *couronné de gloire et d'honneur*, à cause de la mort qu'il a soufferte. Ainsi, par la grâce de Dieu, c'est pour tous les hommes qu'il a connu la mort.

---

a. **1.5** 2 S 7.14.
b. **1.6** Autre traduction : *lorsqu'il introduit de nouveau le premier-né dans le monde, il dit.*
c. **1.6** Ps 97.7 ; Dt 32.43 cité selon l'anc. version grecque.
d. **1.7** Ps 104.4 cité selon l'anc. version grecque.
e. **1.8** Certains manuscrits ont : *son règne.*
f. **1.9** Ps 45.7-8.
g. **1.12** Ps 102.26-28 cité selon l'anc. version grecque.
h. **1.13** Ps 110.1.

i. **2.7** Autre traduction : *quelque peu.*
j. **2.7** Certains manuscrits ajoutent : *tu l'as établi roi sur les œuvres de tes mains.*
k. **2.8** Ps 8.5-7 cité selon l'anc. version grecque.
l. **2.9** Durant le ministère terrestre de Jésus.

Le Fils, frère des hommes

10 En effet, Dieu, qui a créé tout ce qui existe et pour qui sont toutes choses, voulait conduire beaucoup de fils à participer à sa gloire. Il lui convenait pour cela d'élever à la perfection par ses souffrances celui qui devait leur ouvrir le chemin du salut [a]. **11** Car Jésus, qui *purifie les hommes de leurs péchés, et ceux qui sont ainsi purifiés partagent la même humanité [b]. C'est pourquoi il n'a pas honte de les appeler ses *frères* **12** lorsqu'il dit à Dieu :

*Je proclamerai à mes frères | quel Dieu tu es,
je te louerai | dans la grande assemblée [c].*

13 Il dit aussi : *Pour moi, je mettrai toute ma *confiance en Dieu* [d], et encore : *Me voici avec les enfants que Dieu m'a donnés* [e]. **14** Ainsi donc, puisque ces *enfants* sont unis par la chair et le sang, lui aussi, de la même façon, a partagé leur condition. Il l'a fait pour réduire à l'impuissance, par la mort, celui qui détenait le pouvoir de la mort, c'est-à-dire le diable, **15** et pour délivrer tous ceux qui étaient réduits à l'esclavage leur vie durant par la peur de la mort. **16** Car ce n'est évidemment pas pour porter secours à des *anges qu'il est venu ; non, c'est à la descendance d'*Abraham qu'il vient en aide. **17** Voilà pourquoi il devait être rendu, à tous égards, semblable à ses *frères* afin de devenir un *grand-prêtre plein de bonté et digne de confiance dans le domaine des relations de l'homme avec Dieu, en vue d'*expier les péchés de son peuple. **18** Car, puisqu'il a lui-même été éprouvé dans ce qu'il a souffert, il peut secourir ceux qui sont éprouvés.

Jésus supérieur à Moïse

3 C'est pourquoi, mes frères, vous qui appartenez à Dieu et qu'il a appelés à avoir part aux biens célestes, fixez vos pensées sur Jésus, le messager et *grand-prêtre de la foi que nous reconnaissons comme vraie. **2** Il est *digne de la confiance* de celui qui l'a établi dans ces fonctions, comme autrefois *Moïse* l'a été *dans toute la maison de Dieu* [f]. **3** En effet, Jésus a été jugé digne d'une gloire

bien plus grande que celle de Moïse, tout comme l'architecte qui a construit une maison reçoit plus d'honneur que la maison elle-même. **4** Il n'y a pas de maison sans constructeur et celui qui a construit toutes choses, c'est Dieu.

5 Moïse, pour sa part, a été *digne de confiance dans toute la maison de Dieu*, mais en tant que *serviteur*, chargé de rendre témoignage à ce que Dieu allait dire plus tard. **6** Le Christ, lui, est digne de confiance en tant que Fils, à la tête de sa maison. Et sa maison, c'est nous, si du moins nous gardons la pleine assurance et la fierté que nous donne notre espérance [g].

Le repos de Dieu pour ceux qui croient

7 C'est pourquoi, prenez à cœur ce que dit l'Esprit Saint :

Aujourd'hui, | si vous entendez la voix de Dieu,
8 *ne vous endurcissez pas, | comme l'ont fait vos ancêtres | lorsqu'ils se sont révoltés
et qu'ils ont, dans le désert, | voulu me forcer la main.*
9 *Oui, ce jour-là, vos ancêtres | m'ont défié | voulant me forcer la main
bien qu'ils m'aient vu à l'action | pendant quarante ans.*
10 *C'est pourquoi [h] | j'ai été plein de colère | contre cette génération-là.
Et j'ai dit : Leur cœur | s'égare sans cesse.
Oui, ils n'ont fait aucun cas | des chemins que je leur prescrivais.*
11 *C'est pourquoi, dans ma colère, | j'ai fait ce serment :
ils n'entreront pas dans mon repos [i] !*

12 Prenez donc bien garde, mes frères, que personne parmi vous n'ait le cœur mauvais et incrédule au point de se détourner du Dieu vivant. **13** Mais encouragez-vous les uns les autres, jour après jour, aussi longtemps qu'on peut dire *aujourd'hui*, afin qu'aucun d'entre vous ne se laisse tromper par le péché et ne *s'endurcisse*. **14** En effet, nous sommes associés au Christ, si toutefois nous conservons fermement, et jusqu'au bout, l'assurance que nous avons eue dès le début, **15** et cela aussi longtemps qu'il est dit :

---

a. **2.10** Autre traduction : *le chef du salut* (voir 12.2).
b. **2.11** Autre traduction : *ont tous la même origine : Dieu.*
c. **2.12** Ps 22.23.
d. **2.13** Es 8.17 cité selon l'anc. version grecque.
e. **2.13** Es 8.18.
f. **3.2** Nb 12.7.

g. **3.6** Certains manuscrits précisent : *fermement jusqu'à la fin.*
h. **3.10** Autre traduction : *...action. C'est pourquoi, pendant quarante ans, j'ai été...*
i. **3.11** Ps 95.7-11 cité selon l'anc. version grecque.

*Aujourd'hui, | si vous entendez la voix de
  Dieu,
ne vous endurcissez pas, | comme l'ont fait vos
  ancêtres | lorsqu'ils se sont révoltés a.*

16 En effet, qui sont ceux qui *se sont révol-
tés* contre Dieu après avoir entendu sa voix ?
N'est-ce pas tous ceux qui étaient sortis
d'Egypte sous la conduite de Moïse ? **17** Et
contre qui Dieu a-t-il été *plein de colère pendant quarante ans* ? N'est-ce pas contre ceux
qui avaient péché et dont *les cadavres sont
tombés dans le désert* b ? **18** Enfin, à qui a-t-il
*fait ce serment : ils n'entreront pas dans mon
repos* ? N'est-ce pas à ceux qui avaient refusé
de lui obéir ?

19 Nous voyons donc qu'ils n'ont pas pu
entrer dans le repos de Dieu parce qu'ils ne
lui ont pas fait confiance.

4 Ainsi donc, pendant que la promesse
d'entrer dans le repos de Dieu est toujours en vigueur, craignons que l'un d'entre
vous ne se trouve coupable c d'être resté en
arrière d. **2** Car nous aussi, nous avons
entendu la Bonne Nouvelle, tout comme
eux. Mais le message qu'ils ont entendu ne
leur a servi à rien, car ils ne se sont pas associés par leur foi à ceux qui l'ont reçu e. **3** En
effet, c'est nous qui croyons, qui entrons
dans ce repos, conformément à la parole de
Dieu, quand il a dit :

*C'est pourquoi, dans ma colère, | j'ai fait ce
  serment :
ils n'entreront pas dans mon repos !*

C'est ainsi que Dieu a parlé alors que son
œuvre était achevée depuis la création du
monde. **4** En effet, il est dit quelque part à
propos du septième jour : *Et Dieu se reposa le
septième jour de tout son travail* f.

5 Et, dans notre texte, il dit : *Ils n'entreront
pas dans mon repos.*

6 Il demeure donc établi que certains doivent entrer dans ce repos. Or, ceux qui ont
les premiers entendu cette Bonne Nouvelle
n'y sont pas entrés parce qu'ils ont désobéi à

Dieu, **7** c'est pourquoi Dieu fixe de nouveau
un jour, qu'il appelle *aujourd'hui*, lorsqu'il
dit beaucoup plus tard, dans les psaumes de
*David, ces paroles déjà citées :

*Aujourd'hui, | si vous entendez la voix de
  Dieu,
ne vous endurcissez pas.*

8 En effet, si Josué avait assuré le repos aux
Israélites, Dieu ne parlerait pas, après cela,
d'un autre *jour.* **9** C'est donc qu'un repos
reste pour le peuple de Dieu, un repos semblable à celui de Dieu le septième jour.
10 Car celui qui est entré dans le repos de
Dieu se repose de ses œuvres, comme Dieu
s'est reposé des siennes.

11 Empressons-nous donc d'entrer dans ce
repos afin que personne ne tombe dans la
désobéissance à l'exemple des Israélites.
12 Car la Parole de Dieu est vivante et efficace. Elle est plus tranchante que toute épée
à double tranchant et, pénétrant jusqu'au
plus profond de l'être, jusqu'à atteindre âme
et esprit, jointures et moelle g, elle juge les
dispositions et les pensées du cœur. **13** Nulle
créature n'échappe au regard de Dieu, tout
est à nu et à découvert aux yeux de celui à
qui nous devons rendre compte.

Un grand-prêtre qui nous permet de nous
approcher de Dieu

14 Ainsi, puisque nous avons en Jésus, le
Fils de Dieu, un *grand-prêtre éminent qui a
traversé les cieux, demeurons fermement
attachés à la foi que nous reconnaissons
comme vraie. **15** En effet, nous n'avons pas
un grand-prêtre qui serait incapable de se
sentir touché par nos faiblesses. Au contraire, il a été tenté en tous points comme
nous le sommes, mais sans commettre de
péché.

16 Approchons-nous donc du trône du
Dieu de grâce avec une pleine assurance. Là,
Dieu nous accordera sa bonté et nous donnera sa grâce pour que nous soyons secourus
au bon moment.

---

a. **3.15** Voir v.7,8.
b. **3.17** Nb 14.29,32.
c. **4.1** Autre traduction : *n'estime.*
d. **4.1** Autre traduction : *d'être arrivé trop tard.*
e. **4.2** Certains manuscrits portent : *car ils ne se joignirent pas par la foi à ceux qui l'avaient entendu.*
f. **4.4** Gn 2.2.

g. **4.12** D'autres comprennent : *elle pénètre
jusqu'au point de division de l'âme et l'esprit, des
jointures et de la moelle.*

LE MINISTERE SACERDOTAL
DU CHRIST

Le Christ, grand-prêtre et auteur du salut des siens

5 Tout *grand-prêtre est choisi parmi les hommes et il est établi en faveur des hommes pour leurs relations avec Dieu. Il est chargé de présenter à Dieu des offrandes et des sacrifices pour les péchés. [2] Il peut avoir de la compréhension pour ceux qui sont dans l'ignorance et qui s'égarent, parce qu'il est lui aussi exposé à la faiblesse. [3] A cause de cette faiblesse, il doit offrir des sacrifices, non seulement pour les péchés du peuple, mais aussi, de la même manière, pour les siens propres.

[4] De plus, on ne s'attribue pas, de sa propre initiative, l'honneur d'être grand-prêtre : on le reçoit en y étant appelé par Dieu, comme ce fut le cas pour *Aaron. [5] Il en est de même pour le Christ. Ce n'est pas lui qui s'est attribué, de son propre chef, l'honneur de devenir grand-prêtre, mais c'est Dieu qui lui a déclaré :

Tu es mon Fils ; aujourd'hui,
je fais de toi mon enfant [a]

[6] Et, dans un autre passage :

Tu es *prêtre pour toujours
dans la ligne de Melchisédek [b].

[7] Ainsi, au cours de sa vie sur terre, Jésus, avec de grands cris et des larmes, a présenté des prières et des supplications à celui qui pouvait le sauver de la mort, et il a été exaucé, à cause de sa soumission à Dieu [c]. [8] Bien qu'étant Fils de Dieu, il a appris l'obéissance par tout ce qu'il a souffert. [9] Et c'est parce qu'il a été ainsi amené à la perfection qu'il est devenu, pour tous ceux qui lui obéissent, l'auteur d'un salut éternel : [10] Dieu, en effet, l'a déclaré grand-prêtre *dans la ligne de Melchisédek.*

Recevoir une nourriture pour adultes

[11] C'est un sujet sur lequel nous avons bien des choses à dire, et qui sont difficiles à expliquer ; car vous êtes devenus lents à comprendre.

[12] En effet, après tout ce temps, vous devriez être des maîtres dans les choses de Dieu ; or vous avez de nouveau besoin qu'on vous enseigne les rudiments des paroles de Dieu. Vous en êtes venus au point d'avoir besoin, non de nourriture solide, mais de lait. [13] Celui qui continue à se nourrir de lait n'a aucune expérience de la parole qui enseigne ce qu'est la vie juste : car c'est encore un bébé. [14] Les adultes, quant à eux, prennent de la nourriture solide : par la pratique, ils ont exercé leurs facultés à distinguer ce qui est bien de ce qui est mal.

6 C'est pourquoi ne nous attardons pas aux notions élémentaires de l'enseignement relatif au Christ. Tournons-nous plutôt vers ce qui correspond au stade adulte, sans nous remettre à poser les fondements, c'est-à-dire : l'abandon des actes qui mènent à la mort et la foi en Dieu, [2] l'enseignement sur les différents baptêmes [d], l'imposition des mains, la résurrection des morts et le jugement éternel. [3] Nous allons donc nous occuper de ce qui correspond au stade adulte, si Dieu le permet.

[4] En effet, ceux qui ont été une fois éclairés, qui ont goûté au don du ciel, qui ont eu part au Saint-Esprit, [5] qui ont expérimenté combien la Parole de Dieu est bienfaisante et fait l'expérience des forces du monde à venir [6] et qui, pourtant, se sont détournés de la foi, ne peuvent être amenés de nouveau à changer d'attitude, car ils crucifient le Fils de Dieu, pour leur propre compte, et le déshonorent publiquement.

[7] En effet, lorsqu'une terre arrosée par des pluies fréquentes produit des plantes utiles à ceux pour qui on la cultive, Dieu la bénit. [8] Mais si elle ne produit que des buissons d'épines et des chardons, elle ne vaut rien, elle ne tardera pas à être maudite et on finira par y mettre le feu.

[9] Mes chers amis, même si nous tenons ici un tel langage, nous sommes convaincus que, dans ce que nous venons de dire, vous êtes du bon côté, celui du salut. [10] Car Dieu n'est pas injuste au point d'oublier l'activité que vous avez déployée, par amour pour lui, dans les services que vous avez rendus – et

---

a. 5.5 Ps 2.7.
b. 5.6 Ps 110.4.
c. 5.7 Ce passage se rapporte à l'agonie de Jésus à Gethsémané (Mt 26.36-46).

d. 6.2 Peut-être, puisque l'auteur s'adresse à des chrétiens issus du judaïsme, s'agit-il des ablutions juives, du baptême de Jean et du baptême chrétien.

que vous rendez encore – à ceux qui lui appartiennent. [11] Mais nous désirons que chacun de vous fasse preuve du même zèle pour amener votre espérance à son plein épanouissement jusqu'à la fin. [12] Ainsi vous ne vous relâcherez pas, mais vous imiterez ceux qui, par leur foi et leur attente patiente, reçoivent l'héritage promis.

Une espérance certaine

[13] Lorsque Dieu fit sa promesse à *Abraham, *il prêta serment par lui-même* [a], car il ne pouvait pas jurer par un plus grand que lui. [14] Il déclara : *Assurément, je te comblerai de bénédictions et je multiplierai ta descendance* [b]. [15] *Abraham attendit patiemment et c'est ainsi qu'il vit se réaliser ce que Dieu lui avait promis* [c].

[16] En effet, les hommes prêtent serment par un plus grand qu'eux. Le serment leur sert de garantie pour mettre fin à toute contestation. [17] De même, voulant donner aux héritiers de ce qu'il avait promis une preuve plus forte encore du caractère irrévocable de sa décision, Dieu a garanti sa promesse par un serment. [18] Ainsi, il nous a mis en présence de deux actes irrévocables, dans lesquels il est impossible que Dieu mente. Ces actes constituent un puissant encouragement pour nous qui avons tout quitté pour saisir fermement l'espérance qui nous est proposée.

[19] Cette espérance est pour nous comme l'ancre de notre vie, sûre et solide. Elle pénètre, par-delà le rideau, dans le *lieu très-saint [20] où Jésus est entré pour nous en précurseur. Car il est devenu *grand-prêtre *pour l'éternité dans la ligne de Melchisédek.*

La ligne de Melchisédek supérieure à celle d'Aaron

7 Ce *Melchisédek était, selon l'Ecriture, roi de Salem et *prêtre du Dieu très-haut. C'est lui qui a rencontré *Abraham quand celui-ci revenait de sa victoire sur les rois et qui l'a béni.* [2] Et c'est à lui qu'*Abraham a donné le dixième de tout son butin* [d].

Tout d'abord, le nom de Melchisédek signifie roi de justice. Ensuite, il est *roi de Salem,* ce qui veut dire : roi de paix. [3] En outre, l'Ecriture ne lui attribue ni père, ni

mère, ni généalogie. Elle ne mentionne ni sa naissance, ni sa mort. Elle le rend ainsi semblable au Fils de Dieu, et il demeure prêtre pour toujours.

[4] Remarquez quel rang éminent occupait cet homme pour qu'Abraham, le patriarche, lui donne la dîme de son butin. [5] Certes, la *Loi ordonne à ceux des *lévites qui sont prêtres de prélever la dîme sur le peuple d'Israël [e], c'est-à-dire sur leurs frères, bien que ceux-ci soient, comme eux, des descendants d'Abraham. [6] Mais Melchisédek, qui ne figure pas parmi les descendants de Lévi, a reçu la dîme d'Abraham. En outre, il a invoqué la bénédiction de Dieu sur celui qui avait reçu les promesses divines. [7] Or, incontestablement, c'est l'inférieur qui est béni par le supérieur.

[8] De plus, dans le premier cas, ceux qui perçoivent la dîme sont des hommes mortels ; dans le second, selon le témoignage de l'Ecriture, il s'agit de quelqu'un qui vit.

[9] Enfin, concernant Lévi, qui continue à percevoir la dîme – par l'intermédiaire de ses descendants – on peut même dire qu'il l'a versée à Melchisédek en la personne d'Abraham. [10] En effet, puisqu'il n'était pas encore né, il était encore en puissance dans la personne de son ancêtre Abraham lorsque Melchisédek a rencontré celui-ci.

Le Christ est prêtre dans la ligne de Melchisédek

[11] La Loi donnée au peuple d'Israël repose sur le sacerdoce lévitique. Or, s'il avait été possible d'atteindre la perfection par ce sacerdoce, pourquoi était-il nécessaire d'établir un autre *prêtre, *dans la ligne de Melchisédek,* et non pas *dans la ligne* d'*Aaron ? [12] Or, ce changement de sacerdoce entraîne forcément un changement de loi. [13] Car les affirmations du texte que nous venons de citer concernent un prêtre qui est d'une autre tribu que celle de Lévi, une tribu dont aucun membre n'a jamais été affecté au service de l'autel. [14] Comme on le sait bien, en effet, notre Seigneur est issu de la tribu de *Juda, et *Moïse n'a jamais parlé de sacerdoce pour cette tribu.

[15] Cela devient plus évident encore quand on considère ce fait : c'est sur le modèle de Melchisédek qu'un autre prêtre a été établi ; [16] et il n'est pas devenu prêtre en vertu d'une règle liée à la filiation naturelle, mais par la

---

a. **6.13** Gn 22.16.
b. **6.14** Gn 22.16-17.
c. **6.15** Pendant 25 ans ; la réalisation eut lieu par la naissance d'Isaac (Ga 17.2 ; 18.10 ; 21.5).
d. **7.2** Gn 14.17-20.

e. **7.5** Voir Nb 18.21.

puissance d'une vie indestructible. ¹⁷ Car il est déclaré à son sujet :

> *Tu es prêtre pour toujours*
> *dans la ligne de Melchisédek ᵃ.*

¹⁸ D'une part donc, la règle antérieure se trouve abrogée parce qu'elle était impuissante et inutile. ¹⁹ La Loi, en effet, n'a rien amené à la perfection. D'autre part, une meilleure espérance a été introduite, par laquelle nous nous approchons de Dieu.

Le Christ, grand-prêtre pour l'éternité

²⁰ En outre, tout cela ne s'est pas fait sans serment de Dieu. Les autres prêtres ont reçu la prêtrise sans un tel serment, ²¹ mais Jésus est devenu prêtre en vertu d'un serment que Dieu a prononcé quand il lui a dit :

> *Le Seigneur l'a juré, | il ne reviendra pas sur*
> *son engagement :*
> *tu es *prêtre pour toujours ᵇ*

²² Ainsi, Jésus est devenu le garant d'une *alliance meilleure.

²³ De plus, de nombreux *prêtres se succèdent parce que la mort les empêche d'exercer leurs fonctions à perpétuité.

²⁴ Mais Jésus, lui, parce qu'il demeure éternellement, possède le sacerdoce perpétuel. ²⁵ Voilà pourquoi il est en mesure de *sauver parfaitement ceux qui s'approchent de Dieu par lui, puisqu'il est toujours vivant pour intercéder en leur faveur auprès de Dieu.

²⁶ Jésus est donc bien le *grand-prêtre qu'il nous fallait : il est saint, pleinement innocent, indemne de tout péché, séparé des pécheurs et il a été élevé plus haut que les cieux. ²⁷ Les autres grands-prêtres sont obligés d'offrir chaque jour des sacrifices, d'abord pour leurs propres péchés, ensuite pour ceux du peuple. Lui n'en a pas besoin, car il a tout accompli une fois pour toutes, en s'offrant lui-même.

²⁸ Les grands-prêtres institués par la *Loi sont des hommes marqués par leur faiblesse. Mais celui que Dieu a établi grand-prêtre par un serment solennel, prononcé après la promulgation de la Loi, est son propre Fils, et il a été rendu parfait pour toujours.

Le Christ, grand-prêtre d'une alliance bien meilleure

8 Or, voici le point capital de ce que nous sommes en train de dire : nous avons bien un *grand-prêtre comme celui-ci, qui siège dans le ciel à la droite du trône du Dieu suprême. ² Il y accomplit le service du grand-prêtre dans le sanctuaire, c'est-à-dire dans le véritable tabernacle, dressé non par des hommes, mais par le Seigneur.

³ Tout grand-prêtre, en effet, est établi pour présenter à Dieu des offrandes et des sacrifices. Il faut donc que notre grand-prêtre aussi ait quelque chose à présenter. ⁴ S'il était sur terre, il ne serait même pas *prêtre. En effet, ceux qui présentent les offrandes conformément à la *Loi sont déjà là. ⁵ Ils sont au service d'un sanctuaire qui n'est qu'une image, que l'ombre du sanctuaire céleste. *Moïse en a été averti au moment où il allait construire le tabernacle : *Aie bien soin*, lui dit le Seigneur, *de faire tout conformément au modèle qui t'a été montré sur la montagne ᶜ.*

⁶ Mais maintenant, c'est un service bien supérieur qui a été confié à notre grand-prêtre car il est le médiateur d'une *alliance bien meilleure fondée sur de meilleures promesses.

L'ancienne et la nouvelle alliance

⁷ En effet, si la première alliance avait été sans défaut, il n'aurait pas été nécessaire de la remplacer par une seconde.

⁸ Or, c'est bien un reproche que Dieu adresse à son peuple lorsqu'il déclare :

> *Mais des jours vont venir, | dit le Seigneur,*
> *où je conclurai | avec le peuple d'*Israël | et*
> *celui de *Juda | une alliance nouvelle.*
> ⁹ *Elle ne sera pas | comme celle que j'ai conclue |*
> *avec leurs pères*
> *quand je les ai pris par la main | pour les*
> *faire sortir d'Egypte.*
> *Puisqu'ils n'ont pas été fidèles | à mon*
> *alliance,*
> *moi alors, je me suis détourné d'eux, | dit le*
> *Seigneur.*
> ¹⁰ *Mais voici quelle alliance je vais conclure |*
> *avec le peuple d'*Israël*
> *après ces jours, | dit le Seigneur :*
> *je placerai mes lois dans leur pensée,*
> *je les graverai dans leur cœur ;*
> *je serai leur Dieu,*
> *et ils seront mon peuple.*

---

a. 7.17 Ps 110.4.
b. 7.21 Ps 110.4.

c. 8.5 Ex 25.40.

*11 Ils n'auront plus besoin | de s'enseigner l'un
    l'autre
en répétant chacun | à son concitoyen | ou à
    son frère :*
*« Il faut que tu connaisses le Seigneur ! »
Car tous me connaîtront,
    du plus petit jusqu'au plus grand.
12 Car je pardonnerai leurs fautes,
    je ne tiendrai plus compte | de leurs péchés a.*

13 Par le simple fait d'appeler cette alliance-là *nouvelle,* le Seigneur a rendu la première ancienne ; or, ce qui devient ancien et ce qui vieillit est près de disparaître.

L'imperfection du rituel de l'ancienne alliance

9 Certes, la première *alliance avait un rituel pour le culte, ainsi qu'un sanctuaire qui était terrestre. 2 On avait, en effet, installé une tente – le tabernacle – partagée en deux : dans la première partie se trouvaient le chandelier et la table avec les pains offerts à Dieu. On l'appelait le « *lieu saint ». 3 Derrière le second rideau venait la partie de la tente qu'on appelait le « *lieu très-saint ». 4 Là étaient placés un brûle-parfum en or et le coffre de l'alliance, entièrement plaqué d'or. Ce coffre contenait un vase d'or avec de la manne, le bâton d'*Aaron qui avait fleuri et les tablettes de pierre sur lesquelles étaient gravées les paroles de l'alliance. 5 Au-dessus du coffre, les chérubins glorieux couvraient le *propitiatoire de l'ombre de leurs ailes. Mais ce n'est pas le moment de parler de chacun de ces objets en détail. 6 Cet ensemble étant ainsi installé, les *prêtres entrent en tout temps dans la première partie du tabernacle pour accomplir leur service. 7 Dans la seconde, le *grand-prêtre est le seul à pénétrer, et cela une seule fois par an. Or, il ne peut y entrer sans apporter le sang d'un sacrifice qu'il offre pour lui-même et pour les fautes que le peuple a commises par ignorance. 8 Le Saint-Esprit nous montre par là que l'accès au lieu très-saint n'est pas ouvert tant que subsiste le premier tabernacle. 9 Nous avons là une représentation symbolique des réalités de l'époque actuelle. Elle signifie que les offrandes et les sacrifices qu'on présente ainsi à Dieu sont incapables de donner une conscience parfaitement nette à celui qui rend un tel culte.

10 En effet, il n'y a là que des prescriptions concernant des aliments, des boissons et des ablutions diverses. Ces rites, d'ordre matériel, ne devaient rester en vigueur que jusqu'au temps où Dieu instituerait un ordre nouveau.

Le Christ, grand-prêtre des biens qu'il nous a acquis

11 Or, le Christ est venu en tant que *grand-prêtre pour nous procurer les biens qu'il nous a désormais acquis b. Il a traversé un tabernacle plus grand et plus parfait que le sanctuaire terrestre, un tabernacle qui n'a pas été construit par des mains humaines, c'est-à-dire qui n'appartient pas à ce monde créé. 12 Il a pénétré une fois pour toutes dans le sanctuaire ; il y a offert, non le sang de boucs ou de veaux, mais son propre sang. Il nous a ainsi acquis un salut éternel. 13 En effet, le sang des boucs et des taureaux et les cendres d'une vache que l'on répand sur des personnes rituellement impures 14 leur rendent la *pureté extérieure. Mais le Christ s'est offert lui-même à Dieu, sous la conduite de l'Esprit éternel, comme une victime sans défaut. A combien plus forte raison, par conséquent, son sang purifiera-t-il notre conscience des œuvres qui mènent à la mort afin que nous servions le Dieu vivant.

La nouvelle alliance, conclue par le sacrifice du Christ

15 Voilà pourquoi il est le médiateur d'une *alliance nouvelle, afin que ceux qui sont appelés reçoivent l'héritage éternel que Dieu leur avait promis. Car une mort est intervenue pour libérer de leur culpabilité les hommes qui avaient péché sous la première alliance.

16 En effet, lorsqu'il est question de testament, il faut que la mort du testateur soit constatée c, 17 car un testament n'entre en vigueur qu'après le décès de celui qui l'a établi : il est sans effet tant qu'il est en vie. 18 C'est pourquoi la première alliance non plus n'est pas entrée en vigueur sans aspersion de sang. 19 En effet, *Moïse a d'abord exposé au peuple entier tous les commandements tels qu'ils se trouvent consignés dans la *Loi. Puis il a pris le sang des veaux et des boucs avec de l'eau, de la laine rouge et une branche d'hysope, et il en a aspergé le livre

---

a. 8.12 Jr 31.31-34.

b. 9.11 Certains manuscrits ont : *les biens à venir.*
c. 9.16 En grec, le même mot signifie *testament* et *alliance, testateur,* et *celui qui conclut une alliance.*

ainsi que tout le peuple, ²⁰ en disant : *Ceci est le sang qui *scelle l'alliance que Dieu vient d'établir avec vous* [a].

²¹ Puis il a aspergé aussi, avec le sang, le tabernacle et tous les ustensiles du culte. ²² En fait, selon la Loi, presque tout est *purifié avec du sang, et il n'y a pas de pardon des péchés sans que du sang soit versé. ²³ Ces objets, qui représentaient des réalités célestes, devaient donc être purifiés de cette manière-là. Il fallait de même que les réalités célestes le soient, elles, par des sacrifices bien meilleurs.

Une fois pour toutes

²⁴ Car ce n'est pas dans un sanctuaire construit par des hommes, simple image du véritable, que le Christ est entré : c'est dans le ciel même, afin de se présenter maintenant devant Dieu pour nous.

²⁵ De plus, c'est chaque année que le *grand-prêtre de l'ancienne alliance pénètre dans le sanctuaire avec du sang qui n'est pas le sien ; mais le Christ, lui, n'y est pas entré pour s'offrir plusieurs fois en sacrifice. ²⁶ Autrement, il aurait dû souffrir la mort à plusieurs reprises depuis le commencement du monde. Non, il est apparu une seule fois, à la fin des temps, pour ôter les péchés par son sacrifice.

²⁷ Et comme le sort de tout homme est de mourir une seule fois — après quoi il est jugé par Dieu — ²⁸ de même, le Christ s'est offert une seule fois en sacrifice pour porter les péchés de beaucoup d'hommes. Et il viendra une seconde fois, non plus pour ôter les péchés, mais pour *sauver ceux qui attendent de lui leur salut.

L'inefficacité de la Loi et l'efficacité du sacrifice du Christ

10 La *Loi de *Moïse ne possède qu'une ombre des biens à venir et non pas l'image même de ces réalités. Elle ne peut donc en aucun cas amener à la perfection ceux qui s'approchent ainsi de Dieu sur la base des mêmes sacrifices offerts perpétuellement d'année en année. ² Si elle l'avait pu, ceux qui offrent ces sacrifices auraient depuis longtemps cessé de le faire car, *purifiés une fois pour toutes, ils n'auraient plus eu conscience d'aucun péché.

³ Mais, en fait, ces sacrifices rappellent chaque année le souvenir des péchés. ⁴ En effet, il est impossible que du sang de taureaux et de boucs ôte les péchés. ⁵ Voilà pourquoi, en entrant dans le monde, le Christ a dit :

*Tu n'as voulu | ni sacrifice, ni offrande :
tu m'as formé un corps.*
⁶ *Tu n'as pris nul plaisir | aux *holocaustes* [b], *|
aux sacrifices | pour le péché.*
⁷ *Alors j'ai dit : Voici je viens
— dans le rouleau du livre, | il est question
de moi —
pour faire, ô Dieu, ta volonté* [c].

⁸ Il commence ainsi par dire : « *Tu n'as voulu ni sacrifice, ni offrande, ni holocaustes, ni sacrifices pour le péché ; tu n'y a pris nul plaisir* ». *Pourtant, ces sacrifices sont offerts conformément à la Loi.* ⁹ Ensuite il déclare : *Voici, je suis venu pour faire ta volonté.* Ainsi il abolit le premier état des choses pour établir le second.

¹⁰ Et c'est en raison de cette *volonté* de Dieu que nous sommes *purifiés du péché, grâce au sacrifice que Jésus-Christ a offert de son propre *corps* une fois pour toutes. ¹¹ Tout *prêtre se présente chaque jour pour accomplir son service et offrir souvent les mêmes sacrifices qui, cependant, ne peuvent jamais ôter les péchés. ¹² Le Christ, lui, a offert un sacrifice unique pour les péchés, valable pour toujours, et il *siège à la droite de Dieu* ¹³ où il attend désormais que *Dieu mette ses ennemis comme un escabeau sous ses pieds* [d]. ¹⁴ Par une offrande unique, en effet, il a rendu parfaits pour toujours ceux qu'il purifie du péché. ¹⁵ C'est là ce que le Saint-Esprit nous confirme de son côté. Car il dit d'abord :

¹⁶ *Mais voici quelle alliance | je vais établir
avec eux
après ces jours-là, | dit le Seigneur :
je placerai mes lois dans leur cœur
et je les graverai dans leur pensée.*

¹⁷ Puis il ajoute :

*Je ne tiendrai plus compte | ni de leurs péchés,
ni de leurs fautes* [e].

---

b. **10.6** Sacrifice au cours duquel la victime était brûlée tout entière sur l'autel.

c. **10.7** Ps 40.7-9.

d. **10.13** Ps 110.1.

e. **10.17** Jr 31.33-34.

---

a. **9.20** Ex 24.8.

[18] Or, lorsque les péchés ont été pardonnés, il n'est plus nécessaire de présenter une offrande pour les ôter.

LA FOI ET LA PERSEVERANCE

Ne pas abandonner son assurance

[19] Ainsi donc, mes frères, nous avons une pleine liberté pour entrer dans le *lieu très-saint, grâce au sang du sacrifice de Jésus. [20] Il nous en a ouvert le chemin, un chemin nouveau et vivant à travers le rideau du sanctuaire[a], c'est-à-dire à travers son propre corps. [21] Ainsi, nous avons un *grand-prêtre éminent placé à la tête de la maison de Dieu. [22] Approchons-nous donc de Dieu avec un cœur droit, avec la pleine assurance que donne la foi, le cœur purifié de toute mauvaise conscience, et le corps lavé d'une eau pure.

[23] Restons fermement attachés à l'espérance que nous reconnaissons comme vraie, car celui qui nous a fait les promesses est digne de confiance. [24] Et veillons les uns sur les autres pour nous encourager mutuellement à l'amour et à la pratique du bien.

[25] Ne prenons pas, comme certains, l'habitude de délaisser nos réunions. Au contraire, encourageons-nous mutuellement, et cela d'autant plus que vous voyez se rapprocher le jour du Seigneur.

[26] En effet, si, après avoir reçu la connaissance de la vérité, nous vivons délibérément dans le péché, il ne reste plus pour nous de sacrifice pour les péchés. [27] La seule perspective est alors l'attente terrifiante du jugement et le feu ardent qui consumera tous ceux qui se révoltent contre Dieu.

[28] Celui qui désobéit à la *Loi de *Moïse est *mis à mort* sans pitié, *si deux ou trois témoins déposent contre lui*[b]. [29] A votre avis, si quelqu'un couvre de mépris le Fils de Dieu, s'il considère comme sans valeur le sang de l'*alliance, par lequel il a été *purifié[c], s'il outrage le Saint-Esprit, qui nous transmet la grâce divine, ne pensez-vous pas qu'il mérite un châtiment plus sévère encore ?

[30] Nous connaissons bien celui qui a déclaré : *C'est à moi qu'il appartient de faire justice ; c'est moi qui rendrai à chacun son dû*,

et encore : *Le Seigneur jugera son peuple*[d]. [31] Il est terrible de tomber entre les mains du Dieu vivant !

[32] Rappelez-vous au contraire les premiers temps où, après avoir reçu la lumière de Dieu, vous avez enduré les souffrances d'un rude combat. [33] Car tantôt vous avez été exposés publiquement aux injures et aux mauvais traitements, tantôt vous vous êtes rendus solidaires de ceux qui étaient traités de la même manière. [34] Oui, vous avez pris part à la souffrance des prisonniers et vous avez accepté avec joie d'être dépouillés de vos biens, car vous vous saviez en possession de richesses plus précieuses, et qui durent toujours.

[35] N'abandonnez donc pas votre assurance : une grande récompense lui appartient. [36] Car il vous faut de la persévérance, afin qu'après avoir accompli la volonté de Dieu vous obteniez ce qu'il a promis. [37] *Encore un peu de temps, un tout petit peu de temps*[e], et

celui qui doit venir viendra, | *il ne tardera
pas.*
[38] *Celui qui est juste à mes yeux* | *vivra par la
foi,*
mais s'il retourne en arrière, | *je ne prends
pas plaisir en lui*[f].

[39] Quant à nous, nous ne sommes pas de ceux qui *retournent en arrière* pour aller se perdre, mais de ceux qui ont *la foi* pour être *sauvés.

La foi des témoins de l'ancienne alliance

11 La foi est une façon de posséder ce qu'on espère, c'est un moyen d'être sûr des réalités qu'on ne voit pas. [2] C'est parce qu'ils ont eu cette foi que les hommes des temps passés ont été approuvés par Dieu.

[3] Par la foi, nous comprenons que l'univers a été harmonieusement organisé par la parole de Dieu, et qu'ainsi le monde visible tire son origine de l'invisible.

[4] Par la foi, Abel a offert à Dieu un sacrifice meilleur que celui de Caïn. Grâce à elle, il a été déclaré juste par Dieu qui a témoigné lui-même qu'il approuvait ses dons, et grâce à elle Abel parle encore, bien que mort.

[5] Par la foi, Hénoc a été enlevé auprès de Dieu pour échapper à la mort et *on ne le*

---

a. **10.20** C'est-à-dire dans le lieu très-saint, dans la présence même de Dieu.
b. **10.28** Dt 17.6.
c. **10.29** Autre traduction : *par lequel cette alliance a été consacrée.*

d. **10.30** Dt 32.35-36.
e. **10.37** Es 26.10 cité selon l'anc. version grecque.
f. **10.38** Ha 2.3-4 cité selon l'anc. version grecque.

trouva plus, parce que Dieu l'avait enlevé. En effet, avant de nous parler de son enlèvement, l'Ecriture lui rend ce témoignage : *il était agréable à Dieu*[a]. 6 Or, sans la foi, il est impossible de lui être agréable. Car celui qui s'approche de Dieu doit croire qu'il existe et qu'il récompense ceux qui le cherchent.

7 Par la foi, *Noé a construit un bateau pour *sauver sa famille : il avait pris au sérieux la révélation qu'il avait reçue au sujet d'événements qu'on ne voyait pas encore. En agissant ainsi, il a condamné le monde. Et Dieu lui a accordé d'être déclaré juste en raison de sa foi.

8 Par la foi, *Abraham a obéi à l'appel de Dieu qui lui ordonnait de partir pour un pays qu'il devait recevoir plus tard en héritage. Il est parti sans savoir où il allait. 9 Par la foi, il a séjourné en étranger dans le pays qui lui avait été promis, vivant sous les tentes, de même que *Isaac et *Jacob qui sont héritiers avec lui de la même promesse. 10 Car il attendait la cité aux fondements inébranlables dont Dieu lui-même est l'architecte et le constructeur.

11 Par la foi, Sara, elle aussi, qui était stérile, a été rendue capable de devenir mère alors qu'elle en avait depuis longtemps dépassé l'âge. En effet, elle était convaincue que celui qui avait fait la promesse est digne de *confiance. 12 C'est pourquoi aussi, d'un seul homme – plus encore : d'un homme déjà marqué par la mort – sont issus des descendants *aussi nombreux que les étoiles du ciel et que les grains de sable qu'on ne saurait compter sur le rivage de la mer*[b].

13 C'est dans la foi que tous ces gens sont morts sans avoir reçu ce qui leur avait été promis. Mais ils l'ont vu et salué de loin, et ils ont reconnu qu'ils étaient eux-mêmes *étrangers et voyageurs sur la terre*[c]. 14 Ceux qui parlent ainsi montrent clairement qu'ils recherchent une patrie. 15 En effet, s'ils avaient eu la nostalgie de celle dont ils étaient sortis, ils auraient eu l'occasion d'y retourner. 16 En fait, c'est une meilleure patrie qu'ils désirent, c'est-à-dire la patrie céleste. Aussi Dieu n'a pas honte d'être appelé « leur Dieu », et il leur a préparé une cité.

17 Par la foi, Abraham a offert Isaac en sacrifice lorsque Dieu l'a mis à l'épreuve. Oui, il était en train d'offrir son fils unique,

lui qui eu la promesse, 18 et à qui Dieu avait dit : *C'est par Isaac que tu auras une descendance*[d]. 19 Dieu, estimait-il, est assez puissant pour ressusciter un mort. Et son fils lui a été rendu : c'est une préfiguration.

20 Par la foi aussi, Isaac a béni Jacob et Esaü, en vue de l'avenir. 21 Par la foi, Jacob a béni, peu avant sa mort, chacun des fils de Joseph et *s'est prosterné pour adorer Dieu, en prenant appui sur l'extrémité de son bâton*[e].

22 Par la foi, Joseph, à la fin de sa vie, a évoqué la sortie d'Egypte des descendants d'*Israël, et a donné des instructions au sujet de ses ossements.

23 Par la foi, *Moïse, après sa naissance, a été tenu caché pendant trois mois par ses parents, car en voyant combien cet enfant était beau, ils ne se sont pas laissés intimider par le décret du roi.

24 Par la foi, Moïse, devenu adulte, a refusé d'être reconnu comme le *fils de la fille du pharaon*[f]. 25 Il a choisi de prendre part aux souffrances du peuple de Dieu plutôt que de jouir – momentanément – d'une vie dans le péché. 26 Car, estimait-il, subir l'humiliation que le Christ devait connaître constituait une richesse bien supérieure aux trésors de l'Egypte : il avait, en effet, les yeux fixés sur la récompense à venir.

27 Par la foi, il a quitté l'Egypte sans craindre la fureur du roi et il est resté ferme, en homme qui voit le Dieu invisible. 28 Par la foi, il a célébré la *Pâque et a fait répandre du sang sur les portes pour que l'*ange exterminateur ne touche pas les fils aînés des Israélites.

29 Par la foi, les Israélites ont traversé la mer Rouge comme une terre sèche ; alors que les Egyptiens, qui ont essayé d'en faire autant, ont été engloutis.

30 Par la foi, les murailles de *Jéricho se sont écroulées quand le peuple en eut fait le tour pendant sept jours.

31 Par la foi, Rahab la prostituée n'est pas morte avec ceux qui avaient refusé d'obéir à Dieu, parce qu'elle avait accueilli avec bienveillance les Israélites envoyés en éclaireurs. 32 Que dirai-je encore ? Le temps me manquerait si je voulais parler en détail de Gédéon, de Barak, de Samson, de Jephté, de *David, de Samuel et des *prophètes.

33 Grâce à la foi, ils ont conquis des royaumes, exercé la justice, obtenu la réalisation

---

a. 11.5 Gn 5.24 cité selon l'anc. version grecque.
b. 11.12 Gn 15.15.
c. 11.13 Gn 23.4.

d. 11.18 Gn 21.12.
e. 11.21 Gn 47.31 cité selon l'anc. version grecque.
f. 11.24 Ex 2.10.

de promesses, fermé la gueule des lions. ³⁴ Ils ont éteint des feux violents, échappé au tranchant de l'épée. Ils ont été remplis de force alors qu'ils étaient faibles. Ils se sont montrés vaillants dans les batailles, ils ont mis en fuite des armées ennemies ; ³⁵ des femmes ont vu leurs morts ressusciter pour leur être rendus.

D'autres, en revanche, ont été torturés ; ils ont refusé d'être délivrés, afin d'obtenir ce qui est meilleur : la résurrection. ³⁶ D'autres encore ont enduré les moqueries, le fouet, ainsi que les chaînes et la prison. ³⁷ Certains ont été tués à coups de pierres, d'autres ont été torturés, sciés en deux ou mis à mort par l'épée. D'autres ont mené une vie errante, vêtus de peaux de moutons ou de chèvres, dénués de tout, persécutés et maltraités, ³⁸ eux dont le monde n'était pas digne. Ils ont erré dans les déserts et sur les montagnes, vivant dans les cavernes et les antres de la terre.

³⁹ Dieu a approuvé tous ces gens à cause de leur foi, et pourtant, aucun d'eux n'a reçu ce qu'il leur avait promis. ⁴⁰ C'est que Dieu avait prévu quelque chose de meilleur pour nous : ils ne devaient donc pas parvenir sans nous à la perfection.

Courir avec endurance

12 C'est pourquoi, nous aussi qui sommes entourés d'une telle foule de témoins ª, débarrassons-nous de tout fardeau, et du péché qui nous cerne si facilement de tous côtés, et courons avec endurance l'épreuve qui nous est proposée. ² Gardons les yeux fixés sur Jésus, qui nous a ouvert le chemin de la foi ᵇ et qui la porte à la perfection. Parce qu'il avait en vue la joie qui lui était réservée ᶜ, il a enduré la mort sur la croix, en méprisant la honte attachée à un tel supplice, et désormais il siège à la droite du trône de Dieu.

³ Pensez à celui qui a enduré de la part des hommes pécheurs une telle opposition contre lui, pour que vous ne vous laissiez pas abattre par le découragement. ⁴ Vous n'avez pas encore résisté jusqu'à la mort dans votre lutte contre le péché, ⁵ et vous avez oublié cette parole d'encouragement que Dieu vous adresse comme à des fils :

Mon fils, ne prends pas à la légère la correction du Seigneur
et ne te décourage pas lorsqu'il te reprend.
⁶ *Car le Seigneur corrige celui qu'il aime :*
il châtie tous ceux qu'il reconnaît pour ses fils ᵈ.

⁷ Supportez vos souffrances : elles servent à vous corriger. C'est en fils que Dieu vous traite. Quel est le fils que son père ne corrige pas ? ⁸ Si vous êtes dispensés de la correction qui est le lot de tous les fils, alors vous êtes des enfants illégitimes, et non des fils.

⁹ D'ailleurs, nous avions nos parents terrestres pour nous corriger, et nous les respections. N'allons-nous pas, à plus forte raison, nous soumettre à notre Père céleste pour avoir la vie ? ¹⁰ Nos parents nous corrigeaient pour un temps limité, selon leurs idées, mais Dieu, c'est pour notre bien qu'il nous corrige, afin de nous faire participer à sa sainteté.

¹¹ Certes, sur le moment, une correction ne semble pas être un sujet de joie mais plutôt une cause de tristesse. Mais par la suite, elle a pour fruit, chez ceux qui ont ainsi été formés, une vie juste, vécue dans la paix.

¹² C'est pourquoi : *Relevez vos mains qui faiblissent et raffermissez vos genoux qui fléchissent ᵉ. ¹³ Faites-vous des pistes droites pour votre course ᶠ*, afin que le pied qui boite ne se démette pas complètement, mais qu'il guérisse plutôt.

Vivre une vie sainte

¹⁴ Faites tous vos efforts pour être en paix avec tout le monde et pour mener une vie de plus en plus sainte, sans laquelle nul ne verra le Seigneur. ¹⁵ Veillez à ce que personne ne passe à côté de la grâce de Dieu, qu'aucune racine d'amertume ne pousse et ne cause du trouble en empoisonnant plusieurs d'entre vous ᵍ.

¹⁶ Qu'il n'y ait personne qui vive dans l'immoralité ou qui méprise les choses saintes, comme Esaü qui, pour un simple repas, a vendu son droit d'aînesse. ¹⁷ Vous savez que plus tard, lorsqu'il a voulu recevoir la bénédiction de son père, il a été rejeté, car il n'a trouvé aucun moyen d'amener son père à revenir sur ce qu'il avait fait ʰ, bien qu'il l'ait cherché en pleurant.

---

a. **12.1** Il s'agit de tous ceux qui ont témoigné de leur foi.
b. **12.2** Voir 2.10.
c. **12.2** Autre traduction : *en renonçant à la joie qui lui revenait.*

---

d. **12.6** Pr 3.11-12 cité selon l'anc. version grecque.
e. **12.12** Es 35.3.
f. **12.13** Pr 4.26.
g. **12.15** Voir Dt 29.17.

Le royaume inébranlable

[18] Car vous ne vous êtes pas approchés, comme les Israélites au désert, d'une réalité que l'on pourrait toucher : un feu qui brûlait, de sombres nuées, des ténèbres et un ouragan. [19] Vous n'avez pas entendu de sonneries de trompettes, ni l'éclat d'une voix telle que ceux qui l'ont entendue ont demandé qu'elle ne s'adresse plus à eux. [20] En effet, ils ne pouvaient supporter l'ordre qui leur avait été donné : *Quiconque touchera la montagne – même si c'est un animal – sera tué à coups de pierres* [a]. [21] Le spectacle était si terrifiant que *Moïse* s'est écrié : *Je suis épouvanté* [b] et tout tremblant.

[22] Non, vous, au contraire, vous vous êtes approchés de la montagne de Sion, de la cité du Dieu vivant, de la Jérusalem céleste, avec ses milliers d'*anges en fête. [23] Vous vous êtes approchés de l'assemblée des fils premiers-nés de Dieu dont les noms sont inscrits dans les cieux. Vous vous êtes approchés de Dieu, le Juge de tous les hommes, et des esprits des justes qui sont parvenus à la perfection.

[24] Vous vous êtes approchés de Jésus, le médiateur d'une *alliance nouvelle, et de son sang répandu qui parle mieux encore que celui d'Abel [c]. [25] Prenez donc garde : ne refusez pas d'écouter celui qui vous parle. Les Israélites qui ont refusé d'écouter celui qui les avertissait sur la terre, n'ont pas échappé au châtiment. A combien plus forte raison en sera-t-il de même pour nous, si nous nous détournons de celui qui nous parle du haut des cieux.

[26] Celui dont la voix a fait alors trembler la terre fait maintenant cette promesse : *Une fois encore j'ébranlerai, non seulement la terre, mais aussi le ciel* [d]. [27] *Ces mots : une fois encore* signifient que tout ce qui peut être *ébranlé*, c'est-à-dire ce qui appartient à l'ordre ancien de la création, disparaîtra, pour que subsistent seules les réalités inébranlables. [28] Le *royaume que nous recevons est inébranlable : soyons donc reconnaissants et servons Dieu d'une manière qui lui soit agréable,

avec soumission et respect, [29] car notre Dieu est un *feu qui consume* [e].

Recommandations diverses

13 Que votre amour fraternel ne cesse pas de se manifester. [2] Ne négligez pas de pratiquer l'hospitalité [f] Car plusieurs, en l'exerçant, ont accueilli des *anges sans le savoir.

[3] Ayez le souci de ceux qui sont en prison, comme si vous étiez enchaînés avec eux, et de ceux qui sont maltraités, puisque vous aussi vous partagez leur condition terrestre.

[4] Que chacun respecte le mariage et que les époux restent fidèles l'un à l'autre, car Dieu jugera les débauchés et les adultères.

[5] Que votre conduite ne soit pas guidée par l'amour de l'argent. Contentez-vous de ce que vous avez présentement. Car Dieu lui-même a dit : *Je ne te laisserai pas : non, je ne t'abandonnerai jamais* [g]. [6] Aussi pouvons-nous dire avec assurance :

> *Le Seigneur vient à mon secours, | je n'aurai pas de crainte.*
> *Que pourraient me faire les hommes* [h] ?

[7] Souvenez-vous de vos anciens conducteurs qui vous ont annoncé la Parole de Dieu. Considérez l'aboutissement de toute leur vie [i] et imitez leur foi.

[8] Jésus-Christ est le même hier, aujourd'hui, et pour toujours. [9] Ne vous laissez pas entraîner par toutes sortes de doctrines qui sont étrangères à notre foi. Ce qui est bien, en effet, c'est que notre cœur soit affermi par la grâce divine et non par des règles relatives à des aliments. Ces règles n'ont jamais profité à ceux qui les suivent. [10] Nous avons un autel, mais les *prêtres qui servent dans le sanctuaire n'ont pas le droit de manger ce qui y est offert. [11] En effet, le sang des animaux offerts en sacrifice pour le péché est apporté dans le sanctuaire par le *grand-prêtre, mais leurs corps sont brûlés *en dehors du camp* [j]. [12] C'est pourquoi Jésus, lui aussi, est mort en dehors de la ville pour *purifier le peuple par son propre sang.

---

h. **12.17** Voir Gn 27.30-40. D'autres comprennent : *car il ne lui a pas été possible de changer d'attitude.*
a. **12.20** Ex 19.12-13.
b. **12.21** Dt 9.19.
c. **12.24** Abel est mort, victime de la méchanceté de son frère. Son sang criait vengeance (Gn 4.10). Jésus aussi est mort par suite de la méchanceté de ses « frères », mais son sang couvre les péchés de ceux qui croient en lui.
d. **12.26** Ag 2.6 cité selon l'anc. version grecque.

---

e. **12.29** Dt 4.24.
f. **13.2** Envers les chrétiens qui voyageaient, comme Abraham l'a fait envers les anges qu'il a accueillis (voir Gn 18.1-8).
g. **13.5** Jos 1.5.
h. **13.6** Ps 118.6 cité selon l'anc. version grecque.
i. **13.7** Autre traduction : *la manière dont ils ont vécu et sont morts.*
j. **13.11** Lv 16.27.

¹³ Allons donc à lui en sortant *en dehors du camp*, et acceptons d'être méprisés comme lui ¹⁴ car, ici-bas, nous n'avons pas de demeure permanente : c'est la cité à venir que nous recherchons. ¹⁵ Par Jésus, offrons donc en tout temps à Dieu un *sacrifice de louange*ᵃ qui consiste à célébrer son nom. ¹⁶ Ne négligez pas de pratiquer la bienfaisance et l'entraide : voilà les *sacrifices* auxquels Dieu prend plaisir.

¹⁷ Obéissez à vos conducteurs et soumettez-vous à eux, car ils veillent constamment sur vous en sachant qu'ils devront un jour rendre compte à Dieu de leur service. Qu'ils puissent ainsi s'acquitter de leur tâche avec joie et non pas en gémissant, ce qui ne vous serait d'aucun avantage.

¹⁸ Continuez à prier pour nous ! Car nous sommes convaincus d'avoir une bonne conscience, puisque nous sommes résolus à bien nous conduire en toute occasion. ¹⁹ Je vous demande tout particulièrement de prier pour que Dieu me permette de retourner au plus vite auprès de vous.

SALUTATIONS

²⁰ Le Dieu qui donne la paix a fait revenir d'entre les morts notre Seigneur Jésus qui est devenu le grand berger de ses brebis et a *scellé de son sang l'*alliance éternelle. ²¹ Que ce Dieu vous rende capables de faire le bien sous toutes ses formes, pour que vous accomplissiez sa volonté. Qu'il réalise lui-même en nous, par Jésus-Christ, ce qui lui est agréable. A lui soit la gloire pour l'éternité ! *Amen !

²² Je vous le demande, mes frères, accueillez avec patience cette lettre d'encouragement. Je vous l'adresse en y ajoutant ces quelques mots. ²³ Sachez que notre frère *Timothée a été libéré. S'il arrive assez tôt, je viendrai vous voir avec lui.

²⁴ Saluez tous vos dirigeants et tous ceux qui appartiennent à Dieu. Les frères d'Italie ᵇ vous saluent.

²⁵ Que la grâce de Dieu vous accompagne tous ! *Amen !

a. 13.15 Ps 50.14,23.

b. 13.24 Il s'agit sans doute de chrétiens originaires d'Italie qui saluent leurs compatriotes au pays. C'est l'un des indices qui ont amené certains à penser que la lettre a été adressée à une partie de l'Eglise de Rome. D'autres pensent que l'auteur se trouve en Italie, probablement à Rome, lorsqu'il écrit la lettre aux Hébreux qui serait alors adressée à des chrétiens d'origine juive vivant en Palestine.

LETTRE DE JACQUES

L'auteur de cette lettre se nomme seulement « *Jacques, serviteur de Dieu et du Seigneur Jésus-Christ ». On considère généralement qu'il s'agit du frère de Jésus (Mt 13.55), qui occupa une place éminente dans l'Eglise de *Jérusalem (Ga 2.9 et Ac 15.13-21) où il s'est consacré à l'annonce de la Parole aux *Juifs. Son autorité incontestée dans la communauté judéo-chrétienne explique bien le ton général de la lettre. L'origine juive de l'auteur ne fait en tout cas aucun doute : il appelle l'Eglise « *synagogue », rappelle l'exemple de Job et ceux d'*Abraham et de Rahab, cite à plusieurs reprises l'Ancien Testament.

Jacques s'adresse aux « douze tribus dispersées du peuple de Dieu », expression qui peut désigner l'ensemble des chrétiens, par analogie avec le peuple de Dieu de l'ancienne *alliance composée des douze tribus d'Israël.

La lettre de Jacques fonctionne surtout par association d'idées, suivant un genre littéraire qu'on retrouve dans le livre des Proverbes. On peut toutefois y discerner trois cycles : une double introduction (1.2-11 et 1.12-27), le corps de la lettre (2.1 à 5.6) et une conclusion (5.7-20). Dans chacune de ces sections Jacques revient sur trois thèmes qu'il développe à chaque fois :

— l'épreuve, la tentation et la persévérance ;
— la sagesse, la prière et la langue ;
— les riches et les pauvres, et la solidarité.

La lettre se termine par une réévaluation de la parole humaine : la prière, parole qui a une grande force, et la parole qui ramène l'égaré sur le chemin de la vérité (5.12-19).

L'intérêt de cette lettre réside en particulier dans le caractère très pratique et très actuel de ses exhortations. Elle rappelle l'exigence de mettre en pratique la Parole de Dieu.

Salutation

1 *Jacques, serviteur de Dieu et du Seigneur Jésus-Christ, salue les douze tribus dispersées du peuple de Dieu [a].

L'épreuve et la persévérance

[2] Mes frères, quand vous passez par toutes sortes d'épreuves [b], considérez-vous comme heureux. [3] Car vous le savez : la mise à l'épreuve de votre foi produit l'endurance. [4] Mais il faut que votre endurance aille jusqu'au bout de ce qu'elle peut faire pour que vous parveniez à l'état d'adultes et soyez pleins de force, des hommes auxquels il ne manque rien.

La sagesse et la prière

[5] Si l'un de vous manque de sagesse [c], qu'il la demande à Dieu qui la lui donnera, car il donne à tous généreusement et sans faire de reproche. [6] Il faut cependant qu'il la demande avec foi, sans douter, car celui qui doute ressemble aux vagues de la mer agitées et soulevées par le vent. [7] Qu'un tel homme ne s'imagine pas obtenir quoi que ce soit du Seigneur. [8] Son cœur est partagé, il est inconstant dans toutes ses entreprises.

Le pauvre et le riche

[9] Que le frère pauvre soit fier de ce que Dieu l'élève, [10] et le riche de ce que Dieu l'abaisse. En effet, il passera *comme la fleur des champs*. [11] Le soleil se lève, sa chaleur devient brûlante [d], et la plante se dessèche, *sa fleur tombe, et toute sa beauté* [e] s'évanouit. Ainsi en est-il du riche : il disparaîtra au milieu de ses activités.

La tentation et les mauvais désirs

[12] Heureux l'homme qui tient ferme face à la tentation [f], car après avoir fait ses preuves,

---

a. 1.1 Voir l'introduction.

b. 1.2 Autre traduction : *de tentations*.

c. 1.5 La sagesse dont parle Jacques est la sagesse pratique, comme dans le livre des *Proverbes* de l'Ancien Testament (voir Pr 2.3-6).

d. 1.11 Autre traduction : *le soleil se lève avec le vent du sud*.

e. 1.11 Es 40.6-7 cité selon l'anc. version grecque.

f. 1.12 Autre traduction : *l'épreuve*. En grec, tentation et épreuve s'expriment par le même mot, ce qui explique le lien entre ce verset et le suivant. Toute épreuve est aussi tentation.

il recevra la couronne du vainqueur : la vie que Dieu a promise à ceux qui l'aiment. [13] Que personne, devant la tentation, ne dise : « C'est Dieu qui me tente. » Car Dieu ne peut pas être tenté par le mal et il ne tente lui-même personne. [14] Lorsque nous sommes tentés, ce sont les mauvais désirs que nous portons en nous qui nous attirent et nous séduisent, [15] puis le mauvais désir conçoit et donne naissance au péché. Et le péché, une fois parvenu à son plein développement, engendre la mort. [16] Ne vous laissez donc pas égarer sur ce point, mes chers frères : [17] tout cadeau de valeur, tout don parfait, nous vient d'en haut, du Père qui est toute lumière [a] et en qui il n'y a ni changement, ni ombre due à des variations [b]. [18] Par un acte de sa libre volonté, il nous a engendrés [c] par la parole de vérité pour que nous soyons comme les premiers fruits de sa nouvelle création. [19] Vous savez tout cela, mes chers frères [d].

La Parole et l'obéissance

Mais que chacun de vous soit toujours prêt à écouter, qu'il ne se hâte pas de parler, ni de se mettre en colère. [20] Car ce n'est pas par la colère qu'un homme accomplit ce qui est juste aux yeux de Dieu. [21] Débarrassez-vous donc de tout ce qui souille et de tout ce qui reste en vous de méchanceté, pour recevoir, avec humilité, la Parole qui a été plantée dans votre cœur, car elle a le pouvoir de vous *sauver.

[22] Seulement, ne vous contentez pas de l'écouter, traduisez-la en actes, sans quoi vous vous tromperiez vous-mêmes. [23] En effet, si quelqu'un se contente d'écouter la Parole sans y conformer ses actes, il ressemble à un homme qui, en s'observant dans un miroir, découvre son vrai visage : [24] après s'être ainsi observé, il s'en va et oublie ce qu'il est. [25] Voici, au contraire, un homme qui scrute la *loi parfaite qui donne la liberté, il lui demeure fidèlement attaché et, au lieu de l'oublier après l'avoir entendue, il conforme ses actes : cet homme sera heureux dans tout ce qu'il fait. [26] Mais si quelqu'un

croit être religieux, alors qu'il ne sait pas tenir sa langue en bride, il s'illusionne lui-même : sa religion ne vaut rien. [27] La religion authentique et pure aux yeux de Dieu, le Père, consiste à aider les orphelins et les veuves dans leurs détresses et à ne pas se laisser corrompre par ce monde.

Riches et pauvres : la foi et les œuvres

2 Mes frères, gardez-vous de toutes formes de favoritisme : c'est incompatible avec la foi en notre glorieux Seigneur Jésus-Christ. [2] Supposez, en effet, qu'un homme vêtu d'habits somptueux, portant une bague en or entre dans votre assemblée, et qu'entre aussi un pauvre en haillons. [3] Si, voyant l'homme somptueusement vêtu, vous vous empressez autour de lui et vous lui dites : « Veuillez vous asseoir ici, c'est une bonne place ! » tandis que vous dites au pauvre : « Tenez-vous là, debout, ou asseyez-vous par terre, à mes pieds », [4] ne faites-vous pas des différences parmi vous, et ne portez-vous pas des jugements fondés sur de mauvaises raisons ?

[5] Ecoutez, mes chers frères, Dieu n'a-t-il pas choisi ceux qui sont pauvres dans ce monde pour qu'ils soient riches dans la foi et qu'ils héritent du *royaume qu'il a promis à ceux qui l'aiment ? [6] Et vous, vous méprisez le pauvre ? Ce sont pourtant les riches qui vous oppriment et qui vous traînent en justice devant les tribunaux. [7] Ce sont encore eux qui outragent le beau nom que l'on a invoqué sur vous [e].

[8] Si, au contraire, vous vous conformez à la *loi du royaume de Dieu [f], telle qu'on la trouve dans l'Ecriture [g] : *Tu aimeras ton prochain comme toi-même* [h], alors vous agissez bien. [9] Mais si vous faites des différences entre les personnes, vous commettez un péché et vous voilà condamnés par la *Loi, parce que vous lui désobéissez. [10] En effet, celui qui désobéit à un seul commandement de la Loi, même s'il obéit à tous les autres, se rend coupable à l'égard de toute la Loi. [11] Car celui qui a dit : *Tu ne commettras pas d'adultère*, a dit aussi : *Tu ne commettras pas*

---

a. 1.17 Certains comprennent : *Dieu, créateur des lumières,* c'est-à-dire des astres.
b. 1.17 On trouve plusieurs formulations de la fin du v.17 dans les manuscrits.
c. 1.18 Voir v. 15 ; c'est-à-dire *il nous a fait naître à la vie.*
d. 1.19 Certains manuscrits ont : *par conséquent, mes chers frères, que chacun...*

e. 2.7 Lors du baptême. D'autres comprennent : *le beau nom que Dieu vous a donné.*
f. 2.8 Autre traduction : *la loi qui surpasse toute autre loi.*
g. 2.8 D'autres comprennent : *si au contraire, en vous inspirant de cette parole de l'Ecriture : Tu aimeras ton prochain comme toi-même, vous accomplirez la loi du royaume de Dieu, vous faites bien.*
h. 2.8 Lv 19.18.

de meurtre ᵃ. Si donc, tout en évitant l'adultère, tu commets un meurtre, tu désobéis bel et bien à la Loi.

¹² Parlez et agissez donc comme des personnes appelées à être jugées par la loi qui donne la liberté. ¹³ Dieu jugera sans pitié celui qui n'a témoigné aucune pitié aux autres ; mais la pitié triomphe du jugement.

¹⁴ Mes frères, à quoi servirait-il à un homme de dire qu'il a la foi s'il ne le démontre pas par ses actes ? Une telle foi peut-elle le *sauver ? ¹⁵ Supposez qu'un frère ou une sœur manquent de vêtements et n'aient pas tous les jours assez à manger. ¹⁶ Et voilà que l'un de vous leur dit : « Au revoir, mes amis, portez-vous bien, restez au chaud et bon appétit », sans leur donner de quoi pourvoir aux besoins de leur corps, à quoi cela sert-il ? ¹⁷ Il en est ainsi de la foi : si elle reste seule, sans se traduire en actes, elle est morte ᵇ. ¹⁸ Mais quelqu'un dira :

—L'un a la foi, l'autre les actes ᶜ.

—Eh bien ! Montre-moi ta foi sans les actes, et je te montrerai ma foi par mes actes. ¹⁹ Tu crois qu'il y a un seul Dieu ? C'est bien. Mais les démons aussi le croient, et ils tremblent. ²⁰ Tu ne réfléchis donc pas ! Veux-tu avoir la preuve que la foi sans les actes ne sert à rien ᵈ ? ²¹ *Abraham, notre ancêtre, n'a-t-il pas été déclaré juste à cause de ses actes, lorsqu'il a offert son fils *Isaac sur l'autel ? ²² Tu le vois, sa foi et ses actes agissaient ensemble et, grâce à ses actes, sa foi a atteint son plein épanouissement. ²³ Ainsi s'accomplit ce que l'Ecriture déclare à son sujet : *Abraham a eu *confiance en Dieu, et Dieu, en portant sa foi à son crédit, l'a déclaré juste ᵉ, et il l'a appelé son ami ᶠ. ²⁴ Vous le voyez donc : on est déclaré juste devant Dieu à cause de ses actes, et pas uniquement à cause de sa foi. ²⁵ Rahab, la prostituée, n'a-t-elle pas aussi été déclarée juste par Dieu à cause de ses actes, lorsqu'elle a donné asile aux envoyés israélites et les a aidés à s'échapper

par un autre chemin ᵍ ? ²⁶ Car comme le corps sans l'esprit est mort, la foi sans les actes est morte.

Dompter sa langue

3 Mes frères, ne soyez pas nombreux à enseigner ; vous le savez : nous qui enseignons, nous serons jugés plus sévèrement.

² Car chacun de nous commet des fautes de bien des manières. Celui qui ne commet jamais de faute dans ses paroles est un homme parvenu à l'état d'adulte, capable de maîtriser aussi son corps tout entier.

³ Quand nous mettons un mors dans la bouche des chevaux, pour qu'ils nous obéissent, nous dirigeons aussi tout leur corps. ⁴ Pensez encore aux bateaux : même s'il s'agit de grands navires et s'ils sont poussés par des vents violents, il suffit d'un tout petit gouvernail pour les diriger au gré du pilote. ⁵ Il en va de même pour la langue : c'est un petit organe, mais elle se vante de grandes choses. Ne suffit-il pas d'un petit feu pour incendier une vaste forêt ? ⁶ La langue aussi est un feu ; c'est tout un monde de mal. Elle est là, parmi les autres organes de notre corps, et contamine notre être entier. Allumée au feu de l'enfer, elle enflamme toute notre existence.

⁷ L'homme est capable de dompter toutes sortes de bêtes sauvages, d'oiseaux, de reptiles, d'animaux marins, et il les a effectivement domptées. ⁸ Mais la langue, aucun homme ne peut la dompter. C'est un fléau impossible à maîtriser ; elle est pleine d'un venin mortel.

⁹ Nous nous en servons pour louer le Seigneur, notre Père, et nous nous en servons aussi pour maudire les hommes, pourtant créés *pour être ceux qui lui ressemblent* ʰ. ¹⁰ De la même bouche sortent bénédiction et malédiction. Mes frères, il ne faut pas qu'il en soit ainsi. ¹¹ Avez-vous déjà vu de l'eau douce et de l'eau salée jaillir d'une même source par la même ouverture ? ¹² Un figuier, mes frères, peut-il porter des olives, ou une vigne des figues ? Une source salée ne peut pas non plus donner de l'eau douce.

La sagesse qui vient d'en haut

¹³ Y a-t-il parmi vous quelqu'un de sage et d'expérimenté ? Qu'il en donne la preuve par sa bonne conduite, c'est-à-dire par des

---

a. 2.11 Ex 20.13-14 ; Dt 5.17-18.

b. 2.17 Autre traduction : *si elle ne se traduit pas en actes, elle est morte puisqu'elle n'est plus elle-même.*

c. 2.18 D'autres comprennent : *toi* (« faux » *croyant*), *tu prétends avoir la foi ; et moi j'ai les œuvres. Eh bien, montre-moi...* ou encore : *toi (Jacques), tu prétends avoir la foi ; et moi j'ai les œuvres. Eh bien...*

d. 2.20 Certains manuscrits ont : *morte.*

e. 2.23 Gn 15.6.

f. 2.23 Es 41.8.

g. 2.25 Voir Jos 2.1-21.

h. 3.9 Voir Gn 1.26-27.

actes empreints de l'humilité qui caractérise la véritable sagesse. [14] Mais si votre cœur est plein d'amère jalousie, si vous êtes animés d'un esprit querelleur, il n'y a vraiment pas lieu de vous vanter ; ce serait un défi à la vérité.

[15] Une telle sagesse ne vient certainement pas du ciel, elle est de ce monde, de l'homme livré à ses seules ressources, elle est démoniaque. [16] Car là où règnent la jalousie et l'esprit de rivalité, là aussi habitent le désordre et toutes sortes de pratiques indignes. [17] Au contraire, la sagesse qui vient d'en haut est en premier lieu *pure ; de plus, elle aime la paix, elle est modérée et conciliante, pleine de bonté ; elle produit beaucoup de bons fruits, elle est sans parti pris et sans hypocrisie.

[18] Ceux qui travaillent à la paix sèment dans la paix une semence qui aura pour fruit ce qui est juste.

Le danger des mauvais désirs

4 D'où proviennent les conflits et les querelles entre vous ? N'est-ce pas des désirs égoïstes qui combattent sans cesse en vous ? [2] Vous convoitez beaucoup de choses, mais vos désirs restent insatisfaits. Vous êtes meurtriers, vous vous consumez en jalousie, et vous ne pouvez rien obtenir. Vous bataillez et vous vous disputez. Vous n'avez pas ce que vous désirez parce que vous ne demandez pas à Dieu. [3] Ou bien, quand vous demandez, vous ne recevez pas, car vous demandez avec de mauvais motifs : vous voulez que l'objet de vos demandes serve à votre propre plaisir.

[4] Peuple adultère[a] que vous êtes ! Ne savez-vous pas qu'aimer le monde, c'est haïr Dieu ? Si donc quelqu'un veut être l'ami du monde, il se fait l'ennemi de Dieu. [5] Prenez-vous pour des paroles en l'air ce que déclare l'Écriture[b] ? – Dieu ne tolère aucun rival de l'Esprit qu'il a fait habiter en nous[c], [6] mais bien plus grande est la grâce qu'il nous accorde. – Voici donc ce que déclare l'Écriture : *Dieu s'oppose aux orgueilleux, mais il accorde sa grâce aux humbles*[d]. [7] Soumettez-vous donc à Dieu, résistez au diable, et il

fuira loin de vous. [8] Approchez-vous de Dieu, et il s'approchera de vous. Nettoyez vos mains, pécheurs, et purifiez votre cœur, vous qui avez le cœur partagé. [9] Prenez conscience de votre misère et soyez dans le deuil ; pleurez ! Que votre rire se change en pleurs et votre gaieté en tristesse ! [10] Abaissez-vous devant le Seigneur, et il vous relèvera.

Ne pas s'ériger en juge d'autrui

[11] Frères, ne vous critiquez pas les uns les autres. Celui qui critique son frère ou qui se fait son juge critique la *Loi et la juge. Mais si tu juges la Loi, tu n'es plus celui qui lui obéit, tu t'en fais le juge. [12] Or il n'y a qu'un seul législateur et juge, celui qui peut *sauver et faire périr. Mais pour qui te prends-tu, toi qui juges ton prochain ?

La tentation des richesses

[13] Et maintenant, écoutez-moi, vous qui dites : « Aujourd'hui ou demain, nous irons dans telle ville, nous y passerons une année, nous y ferons des affaires et nous gagnerons de l'argent. » [14] Savez-vous ce que demain vous réserve ? Qu'est-ce que votre vie ? Une brume légère, visible quelques instants et qui se dissipe bien vite. [15] Voici ce que vous devriez dire : « Si le Seigneur le veut, nous vivrons et nous ferons ceci ou cela ! » [16] Mais en réalité, vous mettez votre orgueil dans vos projets présomptueux. Tout orgueil de ce genre est mauvais. [17] Oui, « celui qui sait faire le bien et ne le fait pas, se rend coupable d'un péché. »

5 Et maintenant, écoutez-moi, vous qui êtes riches. Pleurez et lamentez-vous au sujet des malheurs qui vont fondre sur vous ! [2] Votre richesse est pourrie et vos vêtements sont rongés par les mites. [3] Votre or et votre argent sont corrodés et cette corrosion témoignera contre vous, elle dévorera votre chair comme un feu. Vous avez entassé des richesses, dans ces jours de la fin. [4] Vous n'avez pas payé leur juste salaire aux ouvriers qui ont moissonné vos champs. Cette injustice crie contre vous et les clameurs des moissonneurs sont parvenues jusqu'aux oreilles du Seigneur des armées célestes. [5] Vous avez vécu ici-bas dans les plaisirs et le luxe, vous vous êtes engraissés comme des animaux pour le jour où vous allez être égorgés. [6] Vous avez condamné, vous avez assassiné des innocents[e], sans qu'ils vous résistent.

---

a. 4.4 L'amour du monde est un *adultère* spirituel, une rupture de l'engagement envers Dieu pour se lier à un autre dieu.

b. 4.5 C'est-à-dire la citation de la fin du v.6.

c. 4.5 Autres traductions : *Dieu réclame pour lui seul l'esprit qu'il a fait habiter en nous* ou *l'Esprit que Dieu a fait habiter en nous désire d'un amour sans partage*.

d. 4.6 Pr 3.34 cité selon l'anc. version grecque.

e. 5.6 Autre traduction : *le Juste*.

Le courage dans l'épreuve

[7] Frères, patientez donc jusqu'à ce que le Seigneur vienne. Pensez au cultivateur : il attend les précieuses récoltes de sa terre. Il prend patience à leur égard, jusqu'à ce que tombent les pluies de l'automne et du printemps. [8] Vous aussi, prenez patience, soyez pleins de courage, car la venue du Seigneur est proche.

[9] Ne vous répandez pas en plaintes les uns contre les autres, frères, si vous ne voulez pas être condamnés. Voici que le Juge se tient déjà devant la porte. [10] Frères, prenez comme modèles de patience persévérante dans la souffrance les *prophètes qui ont parlé de la part du Seigneur.

[11] Oui, nous disons bienheureux ceux qui ont tenu bon. Vous avez entendu comment Job a supporté la souffrance. Vous savez ce que le Seigneur a finalement fait en sa faveur [a], parce que le Seigneur est plein de bonté et de compassion.

Une parole vraie

[12] Avant tout, mes frères, ne faites pas de serment, ni par le ciel, ni par la terre, ni par n'importe quoi d'autre. Que votre oui soit un oui authentique et votre non un non authentique, afin que vous ne tombiez pas sous le coup de la condamnation.

La prière solidaire

[13] L'un de vous passe-t-il par la souffrance ? Qu'il prie. Un autre est-il dans la joie ? Qu'il chante des cantiques. [14] L'un de vous est-il malade ? Qu'il appelle les responsables de l'Eglise, qui prieront pour lui, après lui avoir fait une onction d'huile au nom du Seigneur. [15] La prière faite avec foi *sauvera le malade et le Seigneur le relèvera. S'il a commis quelque péché, il lui sera pardonné. [16] Confessez vos péchés les uns aux autres et priez les uns pour les autres, afin que vous soyez guéris. Quand un juste prie, sa prière a une grande efficacité.

[17] Elie était un homme tout à fait semblable à nous. Il pria avec insistance pour qu'il ne pleuve pas et, pendant trois ans et demi, il ne tomba pas de pluie sur le sol. [18] Puis il pria de nouveau et le ciel redonna la pluie, et la terre produisit ses récoltes.

Conclusion : le retour de l'égaré

[19] Mes frères, si quelqu'un parmi vous s'égare loin de la vérité, et qu'un autre l'y ramène, [20] sachez que celui qui ramène un pécheur de la voie où il s'égarait le *sauvera de la mort et *permettra le pardon d'un grand nombre de péchés* [b].

---

a. 5.11 Autre traduction : *quel but le Seigneur se proposait d'atteindre.* Voir Jb 1 ; 2 ; 42.

b. 5.20 Pr 10.12.

PREMIERE LETTRE DE PIERRE

L'auteur de cette lettre se nomme au premier verset « Pierre, *apôtre de Jésus-Christ » et précise au chapitre 5 (v.1) qu'il fut « témoin des souffrances du Christ » : il s'agit donc de *Simon, fils de Jonas, originaire de Bethsaïda en *Galilée, que Jésus appela à le suivre.

Avec *Jacques et Jean, il fit partie de son cercle d'intimes. Ce fut lui qui, le premier, le reconnut comme *Messie, et qui, pourtant, le renia par trois fois. Mais il reconnut sa faute et Jésus lui pardonna. Pierre joua alors un rôle éminent au début de l'Eglise chrétienne, à la Pentecôte (Ac 2) et jusqu'à la Conférence de *Jérusalem (Ac 15). Jésus avait prédit qu'il mourrait martyr (Jn 21.18).

Pierre nous dit que c'est par *Silvain (Silas) qu'il a écrit cette lettre (5.12). Celle-ci se présente comme une circulaire écrite de « Babylone », c'est-à-dire, sans doute, de Rome, à des chrétiens de fraîche date (2.2), membres d'Eglises de différentes provinces d'*Asie mineure (la Turquie actuelle). Les nombreuses citations de l'Ancien Testament, les allusions à des faits et des rites de l'ancienne *alliance, l'exemple de Sara, les histoires de *Noé et d'*Abraham pourraient faire penser que ces Eglises étaient composées de chrétiens d'origine juive. Mais quelques expressions du texte laissent entendre que beaucoup de destinataires étaient d'origine non-juive, en particulier la formule : « Vous qui autrefois n'étiez pas son peuple » (2.10).

Le but de la lettre ressort clairement du contenu ; l'apôtre veut encourager les chrétiens à tenir ferme devant l'épreuve et la persécution imminente. Des enseignements sur le sens de la souffrance (1.3-9 et 3.18 à 5.10) encadrent un développement sur la bonne conduite que doit adopter le croyant au milieu d'un monde qui lui est hostile.

L'espérance du salut ultime, accompli par Jésus-Christ (1.3-25), et la certitude que Dieu est souverain sur toute autorité (2.13-17) doivent aider l'esclave à obéir à son maître, même s'il est injuste (2.18-25), la femme à vivre avec son mari, même s'il est incroyant (3.1-6), les chrétiens à aimer leur prochain, même s'il fait le mal (3.8-17).

Dans cette perspective, l'exemple du Christ est central : « Injurié, il ne ripostait pas par l'injure. Quand on le faisait souffrir, il ne formulait aucune menace, mais remettait sa cause entre les mains du juste juge » (2.23).

Cette lettre garde toute son actualité pour l'Eglise d'aujourd'hui : dans le monde sans Dieu où elle vit, se pose la question de son rapport avec la société qui l'entoure et du témoignage qu'elle rend par ses œuvres et ses paroles : « Si l'on vous demande de justifier votre espérance, soyez toujours prêts à la défendre, avec amabilité et respect » (3.15).

Salutation

1 Pierre, *apôtre de Jésus-Christ, salue ceux que Dieu a choisis et qui vivent en hôtes de passage, dispersés [a] dans les provinces du Pont, de Galatie, de Cappadoce, d'*Asie et de Bithynie [b]. [2] Dieu, le Père, vous a choisis d'avance [c], conformément à son plan, et vous lui avez été consacrés par l'Esprit, pour obéir à Jésus-Christ et être *purifiés par l'aspersion de son sang [d]. Que la grâce et la paix vous soient abondamment accordées.

L'ESPERANCE DU SALUT

Une espérance vivante

[3] Loué soit Dieu, le Père de notre Seigneur Jésus-Christ. Dans son grand amour, il nous a fait naître à une vie nouvelle, grâce à la résurrection de Jésus-Christ d'entre les morts, pour nous donner une espérance vivante. [4] Car il a préparé pour nous un

---

a. **1.1** Ce terme désignait généralement les Juifs de la Diaspora, c'est-à-dire des pays autres que la Palestine. Il s'applique aux chrétiens dispersés dans les provinces nommées de l'empire romain (voir Jc 1.1 et note).
b. **1.1** Cinq provinces d'Asie mineure (l'actuelle Turquie).
c. **1.2** Autre traduction : *vous a choisis selon ce qu'il connaissait d'avance* (voir 1.20 et Rm 8.29).

d. **1.2** Le vocabulaire de ce verset est emprunté à celui des sacrifices de l'ancienne alliance : l'aspersion du sang purifiait les objets et les personnes, préfigurant la mort du Christ qui nous purifie de nos péchés (voir Ex 24.3-8 ; 29.21 ; Lv 16.14-15). Ceux qui étaient aspergés avec le sang étaient mis symboliquement au bénéfice du sacrifice offert.

héritage qui ne peut ni se détruire, ni se corrompre, ni perdre sa beauté. Il le tient en réserve pour vous dans les cieux, 5 vous qu'il garde, par sa puissance, au moyen de la foi, en vue du salut qui est prêt à être révélé au moment de la fin.

6 Voilà ce qui fait votre joie, même si, actuellement, il faut que vous soyez attristés pour un peu de temps par diverses épreuves ; 7 celles-ci servent à éprouver la valeur de votre foi. Le feu du creuset n'éprouve-t-il pas l'or qui pourtant disparaîtra un jour ? Mais beaucoup plus précieuse que l'or périssable est la foi qui a résisté à l'épreuve. Elle vous vaudra louange, gloire et honneur, lorsque Jésus-Christ apparaîtra.

8 Jésus, vous ne l'avez pas vu, et pourtant vous l'aimez ; mais en plaçant votre *confiance en lui sans le voir encore, vous êtes remplis d'une joie glorieuse qu'aucune parole ne saurait exprimer, 9 car vous obtenez votre salut qui est le but de votre foi.

Les prophètes l'ont annoncée pour nous

10 Ce salut a fait l'objet des recherches et des investigations des *prophètes qui ont annoncé d'avance la grâce qui vous était destinée. 11 Ils cherchaient à découvrir à quelle époque et à quels événements se rapportaient les indications données par l'Esprit du Christ. Cet Esprit était en eux et annonçait à l'avance les souffrances du *Messie et la gloire dont elles seraient suivies. 12 Il leur fut révélé que le message dont ils étaient chargés n'était pas pour eux, mais pour vous. Et ce message vous a été communiqué maintenant par ceux qui vous ont annoncé la Bonne Nouvelle sous l'action de l'Esprit Saint envoyé du ciel ; les *anges eux-mêmes ne se lassent pas de le découvrir a.

LES IMPERATIFS DE LA VIE CHRETIENNE

Espérer

13 C'est pourquoi, tenez votre esprit en éveil b et ne vous laissez pas distraire ; mettez toute votre espérance dans la grâce qui vous

sera accordée le jour où Jésus-Christ apparaîtra.

Etre saints

14 Comme des enfants obéissants, ne vous laissez plus diriger par les passions qui vous gouvernaient autrefois, au temps de votre ignorance. 15 Au contraire, tout comme celui qui vous a appelés est saint, soyez saints dans tout votre comportement. 16 Car voici ce que Dieu dit dans l'Ecriture : *Soyez saints, car je suis saint* c.

Vivre en révérant Dieu

17 Dans vos prières, vous appelez Père celui qui juge impartialement tout homme selon ses actes. Par conséquent, pendant tout le temps qui vous reste à passer dans ce monde, manifestez par votre manière de vivre que vous le révérez.

18 Vous avez été libérés de cette manière futile de vivre que vous ont transmise vos ancêtres et vous savez à quel prix. Ce n'est pas par des biens qui se dévaluent comme l'argent et l'or. 19 Non, il a fallu que le Christ, tel un agneau *pur et sans défaut d, verse son sang précieux en sacrifice pour vous. 20 Dès avant la création du monde, Dieu l'avait choisi e pour cela, et il a paru, dans ces temps qui sont les derniers, pour agir en votre faveur. 21 Par lui, vous croyez en Dieu, qui l'a ressuscité des morts et lui a donné la gloire. Ainsi votre foi et votre espérance sont tournées vers Dieu.

Aimer

22 Par votre obéissance à la vérité f, vous avez purifié votre être afin d'aimer sincèrement vos frères. Aimez-vous donc ardemment les uns les autres de tout votre cœur g. 23 Car vous êtes nés à une vie nouvelle, non d'un homme mortel, mais d'une semence immortelle : la Parole vivante et éternelle de Dieu. 24 En effet, il est écrit :

*Tout homme est comme l'herbe des prés,
toute gloire humaine comme la fleur des
   champs.*

---

c. **1.16** Lv 19.2.
d. **1.19** C'étaient les conditions requises pour tout agneau offert en sacrifice (Ex 12.5 ; voir 1 Co 5.7). Pierre était présent lorsque Jean-Baptiste a désigné Jésus comme l'agneau qui ôte les péchés du monde (Jn 1.29).
e. **1.20** Autre traduction : *Il l'avait connu d'avance.*
f. **1.22** Certains manuscrits précisent : *par l'Esprit.*
g. **1.22** Certains manuscrits ont : *d'un cœur pur.*

---

a. **1.12** Autre traduction : *désirent le découvrir.*
b. **1.13** Litt. : *ceignez les reins de votre esprit.* Les contemporains de l'apôtre portaient une longue tunique qu'ils laissaient flottant dans la maison, mais lorsqu'ils voulaient marcher ou travailler, ils mettaient une ceinture autour des reins pour ne pas être gênés par les plis amples de cette tunique.

L'herbe sèche et sa fleur tombe,
[25] *mais la Parole du Seigneur demeure*
   éternellement [a].

Or, cette Parole, c'est la Bonne Nouvelle qui vous a été annoncée.

Croître en se nourrissant de la Parole

2 Rejetez donc toutes les formes de méchanceté et de ruse, l'hypocrisie, la jalousie, et toute médisance. [2] Comme des enfants nouveau-nés, désirez ardemment le lait pur de la Parole, afin qu'il vous fasse grandir en vue du salut, [3] puisque, comme dit l'Ecriture, vous avez *goûté combien le Seigneur est bon* [b].

Former un temple pour Dieu

[4] Il est la *pierre* vivante que les hommes ont *rejetée* mais que Dieu *a choisie* et à laquelle *il attache une grande valeur*. Approchez-vous donc de lui, [5] et puisque vous êtes vous aussi des pierres vivantes, édifiez-vous pour former un temple [c] spirituel et pour constituer un groupe de *prêtres consacrés à Dieu, chargés de lui offrir des sacrifices spirituels qu'il pourra accepter favorablement par Jésus-Christ. [6] Voici, en effet, ce qu'on trouve dans l'Ecriture à ce sujet :

J'ai choisi une pierre de grande valeur
et je la pose en Sion à l'angle de l'édifice.
*Celui qui met sa *confiance en elle*
ne connaîtra jamais le déshonneur [d].

[7] Pour vous donc qui croyez : l'honneur ! Mais pour ceux qui ne croient pas :

La pierre rejetée par les constructeurs
est devenue la pierre principale,
à l'angle de l'édifice [e],
[8] *une pierre qui fait tomber,*
un rocher qui fait trébucher [f].

Parce qu'ils refusent de croire à la Parole, il leur arrive ce qui était prévu pour eux [g] : ils tombent à cause de cette pierre.

[9] Mais vous, vous êtes une *race élue*, une *communauté de rois-prêtres*, une *nation sainte*, un *peuple que Dieu a libéré pour que vous célébriez bien haut les œuvres merveilleuses* [h] de celui qui vous a appelés à passer des ténèbres à son admirable lumière. [10] Car vous qui autrefois *n'étiez pas son peuple*, vous êtes maintenant *le peuple de Dieu*. Vous qui *n'étiez pas au bénéfice de la grâce de Dieu*, vous êtes à présent *l'objet de sa grâce* [i].

VIVRE DANS UN MONDE HOSTILE

Une bonne conduite au milieu des incroyants

[11] Mes chers amis, vous êtes dans ce monde comme des résidents temporaires, des hôtes de passage ; c'est pourquoi je vous le demande : ne cédez pas aux désirs de l'homme livré à lui-même : ils font la guerre à l'âme. [12] Ayez une bonne conduite au milieu des païens. Ainsi, dans les domaines mêmes où ils vous calomnient en vous accusant de faire le mal, ils verront vos bonnes actions et loueront Dieu le jour où il interviendra dans leur vie [j].

La soumission volontaire

[13] Pour l'amour du Seigneur, soumettez-vous à vos semblables, qui sont des créatures de Dieu : au roi qui détient le pouvoir suprême, [14] comme à ses gouverneurs chargés de punir les malfaiteurs et d'approuver les gens honnêtes. — [15] Car voici ce que Dieu veut : c'est qu'en pratiquant le bien, vous réduisiez au silence toutes les calomnies portées contre vous par les insensés, les ignorants. [16] Vous agirez ainsi en hommes libres, sans faire pour autant de votre liberté un voile pour couvrir une mauvaise conduite, car vous êtes des serviteurs de Dieu. — [17] Témoignez à tout homme le respect auquel il a droit, aimez vos frères en la foi, « révérez Dieu, respectez le roi » !

Les esclaves et leurs maîtres

[18] Serviteurs, soumettez-vous à votre maître avec tout le respect qui lui est dû, non seulement s'il est bon et bienveillant, mais aussi s'il est dur. [19] En effet, c'est un privilège

---

a. 1.25 Es 40.6-8.
b. 2.3 Ps 34.9.
c. 2.5 Le Temple de l'ancienne alliance préfigurait la Maison spirituelle constituée à présent par l'ensemble des croyants (1 Co 3.16 ; Ep 2.19-22).
d. 2.6 Es 28.16 cité selon l'anc. version grecque.
e. 2.7 Ps 118.22.
f. 2.8 Es 8.14.
g. 2.8 Autre traduction : *ce à quoi ils étaient destinés.*

---

h. 2.9 Ex 19.5-6 ; Es 43.20-21.
i. 2.10 Os 1.6,9 ; 2.1,25.
j. 2.12 Autre traduction : *et rendront gloire à Dieu le jour où il viendra les juger.*

que de supporter des souffrances imméritées, par motif de conscience envers Dieu. ²⁰ Quelle gloire y a-t-il, en effet, à endurer un châtiment pour avoir commis une faute ? Mais si vous endurez la souffrance tout en ayant fait le bien, c'est là un privilège devant Dieu.

²¹ C'est à cela que Dieu vous a appelés, car le Christ aussi a souffert pour vous, vous laissant un exemple, pour que vous suiviez ses traces. ²² *Il n'a commis aucun péché, ses lèvres n'ont jamais prononcé de mensonge*[a]. ²³ Injurié, il ne ripostait pas par l'injure. Quand on le faisait souffrir, il ne formulait aucune menace, mais remettait sa cause entre les mains du juste Juge. ²⁴ Il a pris nos péchés sur lui et les a portés dans son corps, sur la croix, afin qu'étant morts pour le péché, nous menions une vie juste. Oui, c'est par ses blessures que vous avez été guéris[b]. ²⁵ Car vous étiez comme des brebis errantes mais, à présent, vous êtes retournés vers le berger qui veille sur vous.

Les femmes et leurs maris

3 Vous de même, femmes, soyez soumise chacune à son mari, pour que si certains d'entre eux ne croient pas à la Parole de Dieu, ils soient gagnés à la foi sans parole, par votre conduite, ² en observant votre attitude respectueuse et *pure.

³ Recherchez non pas la beauté que donne une parure extérieure : cheveux habilement tressés, bijoux en or, toilettes élégantes, ⁴ mais celle qui émane de l'être intérieur : la beauté impérissable d'un esprit doux et paisible, à laquelle Dieu attache un grand prix. ⁵ Car c'est ainsi que se paraient autrefois les saintes femmes qui plaçaient leur espérance en Dieu, et elles étaient soumises à leur mari.

⁶ Tel était, par exemple, le cas de Sara : dans son obéissance à *Abraham, elle l'appelait : *mon seigneur*[c]. C'est d'elle que vous êtes les filles, si vous faites le bien sans vous laisser troubler par aucune crainte.

⁷ Vous de même, maris, vivez chacun avec votre femme en faisant preuve de discernement : elles ont une nature plus délicate. Traitez-les avec respect : elles doivent recevoir avec vous la vie que Dieu accorde dans sa grâce. Agissez ainsi afin que rien ne vienne faire obstacle à vos prières.

Faire le bien

⁸ Enfin, visez tous le même but, partagez vos peines, aimez-vous comme des frères et des sœurs, soyez bons, soyez humbles. ⁹ Ne rendez pas le mal pour le mal, ni l'injure pour l'injure. Répondez au contraire par la bénédiction, car c'est à cela que vous avez été appelés, afin de recevoir vous-mêmes la bénédiction. ¹⁰ Car,

> *Celui qui veut aimer la vie*
> *et voir des jours heureux*
> *doit veiller sur sa langue \ pour ne faire*
> *   aucun mal \ par ses paroles,*
> *et pour qu'aucun propos menteur \ ne passe*
> *   sur ses lèvres.*
> ¹¹ *Qu'il fuie ce qui est mal \ et fasse le bien ;*
> *qu'il recherche la paix \ avec ténacité,*
> ¹² *car les yeux du Seigneur \ se tournent vers les*
> *   justes :*
> *il tend l'oreille à leur prière.*
> *Mais le Seigneur s'oppose \ à ceux qui font*
> *le mal*[d].

Etre prêt à défendre son espérance

¹³ D'ailleurs, qui vous fera du mal si vous vous appliquez avec zèle à faire ce qui est bien ? ¹⁴ Et même s'il vous arrivait de souffrir parce que vous faites ce qui est juste, vous seriez heureux. *Ne craignez pas les hommes, ne vous laissez pas troubler.* ¹⁵ *Reconnaissez*, dans votre cœur, le Seigneur – c'est-à-dire le Christ – comme le Saint[e] ; si l'on vous demande de justifier votre espérance, soyez toujours prêts à la défendre, avec humilité[f] et respect, et veillez à garder votre conscience *pure. Ainsi, ceux qui disent du mal de votre bonne conduite, qui découle de votre consécration au Christ, auront à rougir de leurs calomnies. ¹⁷ Car il vaut mieux souffrir en faisant le bien, si telle est la volonté de Dieu, qu'en faisant le mal.

L'exemple par excellence

¹⁸ Le Christ lui-même a souffert la mort[g] pour les péchés[h], une fois pour toutes. Lui l'innocent, il est mort pour des coupables, afin de vous[i] conduire à Dieu. Il a été mis à mort dans son corps mais il a été ramené à la vie par l'Esprit.

---

a. **2.22** Es 53.9. Les versets 22-25 s'inspirent de la prophétie d'Esaïe 53 sur le Serviteur souffrant.
b. **2.24** Es 53.5.
c. **3.6** Gn 18.12.

d. **3.12** Ps 34.13-17.
e. **3.15** Es 8.12-13.
f. **3.16** Autre traduction : *tact*.
g. **3.18** Certains manuscrits ont : *a souffert*.
h. **3.18** Certains manuscrits précisent : *pour vous*.
i. **3.18** Certains manuscrits ont : *nous*.

19 Par cet Esprit, il avait déjà prêché aux hommes maintenant prisonniers du séjour des morts[a] qui autrefois s'étaient montrés rebelles, **20** alors que Dieu faisait preuve de patience pendant que *Noé construisait le bateau. Un petit nombre de personnes, huit en tout, y furent sauvées à travers l'eau. **21** C'est ainsi que vous êtes *sauvés maintenant, vous aussi : ces événements préfiguraient le baptême[b]. Celui-ci ne consiste pas à laver les impuretés du corps, mais à s'engager envers Dieu avec une conscience pure[c]. Tout cela est possible grâce à la résurrection de Jésus-Christ **22** qui, depuis son ascension, siège à la droite de Dieu, et à qui les *anges, les autorités et les puissances célestes sont soumis.

4 Ainsi donc, puisque le Christ a souffert[d] dans son corps, armez-vous aussi de la même pensée. En effet, celui qui a souffert dans son corps a rompu avec le péché **2** afin de ne plus vivre, le temps qui lui reste à passer dans son corps, selon les passions humaines, mais selon la volonté de Dieu. **3** C'est bien assez, en effet, d'avoir accompli dans le passé la volonté des païens, en vous adonnant à la débauche, aux passions mauvaises, à l'ivrognerie, aux orgies, aux beuveries et aux dérèglements associés aux cultes idolâtres. **4** Maintenant ils trouvent étrange que vous ne vous précipitiez plus avec eux dans la même vie de débauche, et ils se répandent en calomnies sur vous. **5** Ils en rendront compte à celui qui est prêt à juger les vivants et les morts. **6** C'est pour cela d'ailleurs que la Bonne Nouvelle a aussi été annoncée à ceux qui maintenant sont morts, afin qu'après avoir subi la même condamnation que tous les hommes dans leur corps[e], ils vivent selon Dieu par l'Esprit.

LA VIE COMMUNAUTAIRE

Au service les uns des autres

7 La fin de toutes choses est proche. Menez donc une vie équilibrée et ne vous laissez pas distraire, afin d'être disponibles pour prier. **8** Avant tout, aimez-vous ardemment les uns les autres, car *l'amour pardonne un grand nombre de péchés*[f]. **9** Exercez l'hospitalité les uns envers les autres, sans vous plaindre.

10 Chacun de vous a reçu de Dieu un don particulier : qu'il le mette au service des autres comme un bon gérant de la grâce infiniment variée de Dieu. **11** Que celui qui parle transmette les paroles de Dieu. Que celui qui sert accomplisse sa tâche avec la force que Dieu donne. Agissez en toutes ces choses de manière à ce que la gloire revienne à Dieu par Jésus-Christ, à qui appartiennent la gloire et la puissance pour l'éternité. *Amen !

Les souffrances inévitables

12 Mes chers amis, vous avez été plongés dans la fournaise de l'épreuve. N'en soyez pas surpris, comme s'il vous arrivait quelque chose d'anormal. **13** Au contraire, réjouissez-vous, car vous participez aux souffrances du Christ, afin d'être remplis de joie quand il paraîtra dans toute sa gloire. **14** Si l'on vous insulte parce que vous appartenez au Christ, heureux êtes-vous, car l'Esprit glorieux, l'Esprit de Dieu, repose sur vous.

15 Qu'aucun de vous n'ait à endurer une punition parce qu'il aurait tué, volé ou commis quelque autre méfait, ou encore parce qu'il se serait mêlé des affaires d'autrui ; **16** mais si c'est comme « chrétien » qu'il souffre, qu'il n'en éprouve aucune honte ; qu'il fasse, au contraire, honneur à Dieu en se montrant digne de ce nom. **17** Maintenant a lieu la première étape du jugement : il commence par le peuple de Dieu[g]. Et s'il débute par nous, quel sera le sort final de ceux qui refusent de croire à l'Evangile de Dieu ? **18** Comme le dit l'Ecriture, *si le juste est *sauvé à travers toutes sortes de difficultés, que vont devenir le méchant et le pécheur*[h] ?

19 Ainsi donc, que ceux qui souffrent parce qu'ils obéissent à la volonté de Dieu s'en remettent entièrement au Créateur, qui est fidèle, et qu'ils continuent à faire le bien.

---

a. 3.19 Autre traduction : *c'est alors (ou ainsi) aussi qu'il est allé proclamer sa victoire aux esprits célestes en prison.*

b. 3.21 D'autres comprennent : *c'était une préfiguration du baptême qui vous sauve à présent, qui ne consiste pas...* ou *par l'eau* **21** *qui vous sauve à présent, c'est-à-dire le baptême qu'elle préfigurait et qui...*

c. 3.21 Autres traductions : *mais le demander à Dieu d'avoir une conscience pure* ou *mais en la demande à Dieu faite par une conscience pure.*

d. 4.1 Certains manuscrits précisent : *pour vous,* ou *pour nous.*

e. 4.6 Autre traduction : *afin qu'après avoir été condamnés par les hommes dans leur corps.*

f. 4.8 Pr 10.12.

g. 4.17 Autre traduction : *le temple de Dieu.*

h. 4.18 Pr 11.31 cité selon l'anc. version grecque.

Recommandations aux responsables dans l'Eglise et aux croyants

5 Je ferai, à présent, quelques recommandations à ceux parmi vous qui sont responsables de l'Eglise. Je leur parle en tant que responsable comme eux et témoin des souffrances du Christ, moi qui ai aussi part à la gloire qui va être révélée. ² Comme des bergers, prenez soin du troupeau de Dieu qui vous a été confié. Veillez sur lui, non par devoir, mais de plein gré, comme Dieu le désire. Faites-le, non comme si vous y étiez contraints, mais par dévouement. ³ N'exercez pas un pouvoir autoritaire sur ceux qui ont été confiés à vos soins, mais soyez les modèles du troupeau. ⁴ Alors, quand le Chef des bergers paraîtra, vous recevrez la couronne de gloire qui ne perdra jamais sa beauté.

⁵ Vous de même, jeunes gens, soumettez-vous aux responsables de l'Eglise. Et vous tous, dans vos relations mutuelles, revêtez-vous d'humilité, car l'Ecriture déclare : *Dieu s'oppose aux orgueilleux, mais il accorde sa grâce aux humbles* a. ⁶ Tenez-vous donc humblement sous la main puissante de Dieu, pour qu'il vous élève au moment qu'il a fixé.

Encouragements

⁷ Déchargez-vous sur lui de tous vos soucis, car il prend soin de vous. ⁸ Ne vous laissez pas distraire, soyez vigilants. Votre adversaire, le diable, rôde autour de vous comme un lion rugissant, qui cherche quelqu'un à dévorer. ⁹ Résistez-lui en demeurant fermes dans votre foi, car vous savez que vos frères dispersés à travers le monde connaissent les mêmes souffrances. ¹⁰ Mais quand vous aurez souffert un peu de temps, Dieu, l'auteur de toute grâce, qui vous a appelés à connaître sa gloire éternelle dans l'union à Jésus-Christ, vous rétablira lui-même ; il vous affermira, vous fortifiera et vous rendra inébranlables.

¹¹ A lui appartient la puissance pour toujours. *Amen !

Salutations

¹² Par *Silvain, ce frère fidèle, je vous ai écrit assez brièvement pour vous encourager et vous assurer que c'est bien à la véritable grâce de Dieu que vous êtes attachés.

¹³ Recevez les salutations de l'Eglise qui est à Babylone b et que Dieu a choisie. Mon fils Marc c vous envoie aussi ses salutations.

¹⁴ Donnez-vous, les uns aux autres, le baiser fraternel. Paix à vous tous qui êtes unis au Christ.

---

a. 5.5 Pr 3.34 cité selon l'anc. version grecque.

b. 5.13 Plusieurs identifications de cette *Babylone* ont été proposées : l'ancienne capitale du royaume babylonien, une Babylone égyptienne (devenue le Vieux-Caire) qui abritait une importante colonie juive, et plus souvent, comme le fera l'Apocalypse, Rome. Cette désignation du lieu de séjour de l'Eglise souligne que le peuple de Dieu vit en *exil* parmi les païens, de même que les Juifs l'ont été après leur déportation à Babylone au 6ᵉ siècle av. J.-C.

c. 5.13 *Jean-Marc*, neveu de Barnabas, auteur de l'évangile selon Marc (voir Ac 12.12,25 ; 13.13 ; 15.37-39 ; Col 4.10 ; Phm 24). Le mot *fils* indique, semble-t-il, que Pierre l'a amené à la foi (comparer 1 Tm 1.2 ; Tt 1.4).

DEUXIEME LETTRE DE PIERRE

L'auteur de cette lettre se présente comme étant « *Simon Pierre, *apôtre de Jésus-Christ »
(1.1). Il a été témoin de la transfiguration et a entendu la voix de Dieu venue du ciel (1.16-18).
Il rappelle enfin que Jésus avait prophétisé que lui, Pierre, mourrait martyr (1.14).

Pierre ne nomme ni ses destinataires ni le lieu de destination de sa lettre. La mention d'une
première lettre (3.1) ne se réfère pas nécessairement à 1 Pierre, car il paraît probable que Pierre a
écrit plus de deux lettres dans sa vie. Les différences de style entre les deux lettres de Pierre peuvent
s'expliquer par le changement de secrétaire entre la première et la seconde lettre.

La lettre doit dater de la fin de la vie de Pierre. De fait, le genre littéraire de la lettre s'appa-
rente, à bien des égards, à celui du discours d'adieu : l'auteur prévient de son « départ », rappelle
ses enseignements passés (1.12-15), annonce la venue d'« enseignants de mensonges » qui tente-
ront de détruire son œuvre (ch. 2), et prend des mesures pour aider ses correspondants à se mettre
à l'abri de leur influence (1.15).

Après une invitation à joindre à la foi les qualités chrétiennes (maîtrise de soi, persévérance,
amour) (1.3-11), Pierre précise le but de sa lettre : « vous tenir en éveil par mes rappels » (1.13).
Le premier de ces rappels concerne la vérité de l'Evangile, fondé sur le témoignage oculaire et sur
la parole prophétique inspirée par le Saint-Esprit (1.16-21). Le chapitre 2 est consacré tout
entier à la menace des « enseignants de mensonges ». Au chapitre 3, Pierre replace le sort de ces
prédicateurs d'erreurs dans l'histoire du salut : il y a déjà eu un jugement par l'eau (le déluge), il
y aura un jugement par le feu. Mais Pierre rappelle que Dieu est patient : « Il ne veut pas qu'un
seul périsse. Il voudrait, au contraire, que tous parviennent à *changer de vie » (3.9).

Pierre termine par une mise en garde contre ceux qui tordent le sens des Ecritures (3.16).

Salutation

1 *Simon Pierre, serviteur et *apôtre de
Jésus-Christ, salue ceux qui ont reçu le
même privilège que nous : la foi. Ils la doivent à Jésus-Christ, notre Dieu et notre
*Sauveur, a accordé, car il est juste a.

² Que la grâce et la paix vous soient données en abondance par la connaissance de
Dieu et de Jésus, notre Seigneur.

L'appel de Dieu et ses effets

³ Par sa puissance, en effet, Dieu nous a
donné tout ce qu'il faut pour vivre dans
l'attachement au Seigneur, en nous faisant
connaître celui qui nous a appelés par la
manifestation de sa propre gloire et l'intervention de sa force. ⁴ Ainsi, nous bénéficions
des dons infiniment précieux que Dieu nous
avait promis. Il a voulu, par ces dons, vous
rendre conformes à ce que Dieu est b, vous
qui avez fui la corruption que les mauvais
désirs font régner dans ce monde.

⁵ Pour cette raison même, faites tous vos
efforts pour ajouter à votre foi la force de
caractère, à la force de caractère ᶜ la connaissance, ⁶ à la connaissance la maîtrise de soi, à
la maîtrise de soi l'endurance dans l'épreuve,
à l'endurance l'attachement à Dieu, ⁷ à cet
attachement l'affection fraternelle, et à
l'affection fraternelle l'amour.

⁸ Car si vous possédez ces qualités, et si
elles grandissent sans cesse en vous, elles
vous rendront actifs et vous permettront de
connaître toujours mieux notre Seigneur
Jésus-Christ. ⁹ Car celui à qui elles font
défaut est comme un aveugle, il ne voit pas
clair. A oublié qu'il a été *purifié de ses
péchés d'autrefois.

¹⁰ C'est pourquoi, frères, puisque Dieu
vous a appelés et choisis, redoublez d'efforts
pour éprouver dans toute leur force les effets
de cet appel et de ce choix : car si vous agissez ainsi, vous ne tomberez jamais. ¹¹ Ainsi
vous seront grand ouvertes les portes du
*royaume éternel de notre Seigneur et Sau-
veur Jésus-Christ.

---

a. 1.1 Autre traduction : *à ceux qui par la justice*
qui vient de Jésus-Christ, notre Dieu et notre Sau-
veur, ont reçu en partage le même privilège.
b. 1.4 D'autres comprennent : *vous faire vivre en*
communion avec lui.

c. 1.5 Autre traduction : *l'excellence morale.*

L'enseignement conforme à la vérité

[12] Voilà pourquoi je ne cesserai de vous rappeler ces choses, bien que vous les sachiez déjà et que vous soyez fermement attachés à la vérité qui vous a été présentée.

[13] Mais j'estime juste de vous tenir en éveil par mes rappels, tant que je serai encore ce monde. [14] Car je sais que je vais bientôt quitter ce corps mortel, comme notre Seigneur Jésus-Christ me l'a révélé. [15] Cependant, je prendrai grand soin que, même après mon départ, vous vous rappeliez toujours ces choses.

[16] En effet, nous ne nous sommes pas appuyés sur des histoires habilement inventées, lorsque nous vous avons fait connaître la venue de notre Seigneur Jésus-Christ dans toute sa puissance, mais nous avons vu sa grandeur de nos propres yeux. [17] Car Dieu le Père lui a donné honneur et gloire lorsque, dans sa gloire immense, il lui a fait entendre sa voix, qui disait : *Voici mon Fils bien-aimé, qui fait toute ma joie.* [18] Or cette voix, qui était venue du ciel, nous l'avons entendue nous-mêmes, puisque nous étions avec lui sur la sainte montagne [a].

[19] De plus, nous avons la parole des *prophètes, sur laquelle nous pouvons nous appuyer fermement [b], et vous faites bien de lui accorder votre attention : car elle est comme une lampe qui brille dans un lieu obscur, jusqu'à ce que le jour paraisse et que l'étoile du matin se lève pour illuminer vos cœurs.

[20] Sachez, avant tout, qu'aucune prophétie de l'Ecriture n'est le fruit d'une initiative personnelle [c]. [21] En effet, ce n'est pas par une volonté humaine qu'une prophétie a jamais été apportée, mais c'est poussés par le Saint-Esprit que des hommes ont parlé de la part de Dieu.

Les enseignants de mensonge

2 Autrefois, il y a eu des prophètes de mensonge parmi le peuple d'*Israël ; il en sera de même parmi vous. Ces enseignants de mensonge introduiront subtilement parmi vous des erreurs qui mènent à la perdition. Ils renieront le Maître qui les a rachetés et attireront ainsi sur eux une perdi-tion soudaine. [2] Beaucoup de gens les suivront dans leur immoralité et, à cause d'eux, la voie de la vérité sera discréditée. [3] Par amour de l'argent, ils vous exploiteront avec des histoires de leur propre invention. Mais il y a longtemps que leur condamnation est à l'œuvre et que la perdition les guette. [4] En effet, Dieu n'a pas épargné les *anges qui ont péché [d] : il les a précipités dans l'abîme où ils sont gardés pour le jugement, enchaînés dans les ténèbres [e]. [5] Il n'a pas non plus épargné le monde ancien, lorsqu'il fit fondre le déluge sur ce monde qui n'avait aucun respect pour lui. Il a néanmoins protégé *Noé, qui appelait ses contemporains à mener une vie juste, ainsi que sept autres personnes avec lui. [6] Il a condamné à la destruction les villes de *Sodome et de *Gomorrhe en les réduisant en cendres, pour donner à ceux qui se révoltent contre lui un exemple de ce qui leur arrivera.

[7] Il a délivré Loth, cet homme juste qui était consterné par la conduite immorale des habitants débauchés de ces villes. [8] Car, en les voyant vivre et en les entendant parler, cet homme juste qui vivait au milieu d'eux était tourmenté jour après jour dans son cœur intègre, à cause de leurs agissements criminels.

[9] Ainsi le Seigneur sait comment délivrer de l'épreuve ceux qui lui sont attachés, et réserver ceux qui font le mal pour le jour du jugement où ils seront châtiés. [10] Il punira tout particulièrement ceux qui, à la manière de l'homme livré à lui-même, s'abandonnent à leurs instincts corrompus et méprisent l'autorité du Seigneur. Imbus d'eux-mêmes et arrogants, ces enseignants de mensonge n'hésitent pas à insulter les êtres glorieux, [11] alors que les *anges eux-mêmes, qui leur sont pourtant bien supérieurs en force et en puissance, ne portent pas d'accusation offensante contre ces êtres devant le Seigneur. [12] Mais ces hommes-là agissent comme des animaux dépourvus de raison qui ne suivent que leurs instincts et sont tout juste bons à être capturés et tués, car ils se répandent en injures contre ce qu'ils ne connaissent pas. Aussi périront-ils comme des bêtes. [13] Le mal qu'ils ont fait leur sera payé en retour. Ces hommes trouvent leur plaisir à se livrer à la débauche en plein jour. Ils salissent et dés-

---

a. 1.18 Pierre fait allusion à la transfiguration. Voir Mt 17.1-5 ; Mc 9.2-7 ; Lc 9.28-35.

b. 1.19 Autre traduction : *De plus, nous considérons la parole des prophètes comme totalement certaine.*

c. 1.20 D'autres comprennent : *aucune prophétie de l'Ecriture ne peut être l'objet d'interprétation personnelle.*

---

d. 2.4 Peut-être les anges qui ont suivi Satan dans sa révolte contre Dieu.

e. 2.4 Certains manuscrits ont : *dans des puits obscurs.*

honorent par leur présence les fêtes auxquelles ils participent avec vous en prenant un malin plaisir à vous tromper [a].

[14] Ils ont le regard chargé d'adultère et d'un besoin insatiable de pécher, ils prennent au piège les personnes mal affermies, ils n'ont plus rien à apprendre en ce qui concerne l'amour de l'argent : ils sont sous la malédiction divine. [15] Ils ont abandonné le droit chemin et se sont égarés en marchant sur les traces de Balaam, fils de Béor, qui a aimé l'argent mal acquis ; [16] mais il a été rappelé à l'ordre pour sa désobéissance. C'est une ânesse muette qui, se mettant à parler d'une voix humaine, a détourné le *prophète de son projet insensé.

[17] Ces enseignants de mensonges sont comme des sources qui ne donnent pas d'eau, comme des nuages poussés par la tempête. Dieu leur a réservé une place dans les ténèbres les plus profondes. [18] Avec leurs discours grandiloquents mais creux, ils cherchent, pour satisfaire leurs désirs tout humains, à appâter par l'attrait de la sensualité ceux qui viennent à peine d'échapper du milieu des hommes vivant dans l'erreur. [19] Ils leur promettent la liberté – alors qu'ils sont eux-mêmes esclaves des passions qui les mènent à la ruine ; car tout homme est esclave de ce qui a triomphé de lui.

[20] Si, après s'être arrachés aux influences corruptrices du monde par la connaissance qu'ils ont eue de notre Seigneur et *Sauveur Jésus-Christ, ils se laissent de nouveau prendre et dominer par elles, leur dernière condition est pire que la première. [21] Il aurait mieux valu pour eux ne pas connaître le chemin d'une vie juste plutôt que de s'en détourner après l'avoir connu et d'abandonner le saint commandement qui leur avait été transmis. [22] Ils confirment la vérité de ces proverbes : *Le chien retourne à ce qu'il a vomi* [b] et « La truie à peine lavée se vautre de nouveau dans la boue ».

La venue certaine du Seigneur

3 Mes chers amis, voici déjà la deuxième lettre que je vous écris ; dans l'une comme dans l'autre, je cherche à stimuler en vous une saine manière de penser en vous rappelant l'enseignement que vous avez reçu. [2] Souvenez-vous, en effet, des paroles dites autrefois par les saints *prophètes, ainsi

que du commandement du Seigneur et Sauveur que vos apôtres vous ont transmis. [3] Sachez tout d'abord que, dans les derniers jours [c], des moqueurs viendront, qui vivront au gré de leurs propres désirs. Ils tourneront votre foi en ridicule en disant : [4] « Eh bien, il a promis de venir, mais c'est pour quand ? Nos ancêtres sont morts et depuis que le monde est monde, rien n'a changé ! »

[5] Mais il y a un fait que ces gens oublient délibérément : c'est que Dieu, par sa parole, a créé autrefois le ciel et la terre. Il a séparé la terre des eaux et il l'a rassemblée du milieu des eaux. [6] De la même manière, Dieu a détruit le monde d'alors par les eaux du déluge. [7] Quant à la terre et aux cieux actuels, ils sont réservés par cette même parole pour être livrés au feu : ils sont gardés en vue du jour du jugement où tous ceux qui n'ont aucun respect pour Dieu périront.

[8] Mais il y a un fait que vous ne devez pas oublier, mes chers amis : c'est que, pour le Seigneur, un jour est comme mille ans et *mille ans sont comme un jour* [d]. [9] Le Seigneur n'est pas en retard dans l'accomplissement de sa promesse, comme certains se l'imaginent, il fait simplement preuve de patience à votre égard, car il ne veut pas qu'un seul périsse. Il voudrait, au contraire, que tous parviennent à se convertir [e]. [10] Mais le jour du Seigneur viendra comme un voleur. En ce jour-là, le ciel disparaîtra dans un fracas terrifiant, les astres [f] embrasés se désagrégeront et la terre se trouvera jugée [g] avec tout ce qui a été fait sur elle. [11] Puisque tout l'univers doit ainsi se désagréger, quelle vie sainte vous devez mener et combien vous devez être attachés à Dieu, [12] en attendant que vienne le jour de Dieu et en hâtant sa venue ! Ce jour-là, le ciel en feu se désagrégera et les astres [h] embrasés fondront. [13] Mais nous, nous attendons, comme Dieu l'a promis, un nouveau ciel et une nouvelle terre où la justice habitera.

[14] C'est pourquoi, mes chers amis, dans cette attente, faites tous vos efforts pour que

---

a. 2.13 Certains manuscrits ont : *en se délectant dans vos repas fraternels.*

b. 2.22 Pr 26.11.

c. 3.3 Expression qui couvre l'ensemble de la période finale de l'histoire inaugurée par la venue de Jésus-Christ.

d. 3.8 Ps 90.4.

e. 3.9 Mot traduit ailleurs par *changer, changer de vie* ou *d'attitude.*

f. 3.10 Autre traduction : *les éléments.*

g. 3.10 Certains manuscrits ont : *sera consumé.*

h. 3.12 Autre traduction : *les éléments.*

Dieu vous trouve *purs et irréprochables à ses yeux, dans la paix qu'il donne.

¹⁵ Comprenez bien que la patience du Seigneur est le salut des hommes. Paul, notre frère bien-aimé, vous l'a aussi écrit avec la sagesse que Dieu lui a donnée. ¹⁶ Il l'a fait comme dans toutes ses lettres, où il aborde ces sujets. Certes, il s'y trouve des passages difficiles à comprendre, dont les personnes ignorantes et mal affermies déforment le sens, comme elles le font aussi – pour leur propre ruine – des autres textes de l'Ecriture.

Dernières recommandations

¹⁷ Quant à vous, mes chers amis, vous voilà prévenus. Prenez garde de ne pas vous laisser entraîner par l'égarement de ces hommes vivant sans respect pour Dieu et de perdre ainsi la position solide que vous occupez. ¹⁸ Au contraire, progressez sans cesse dans la grâce et dans la connaissance de notre Seigneur et *Sauveur Jésus-Christ. A lui soit la gloire dès maintenant et pour l'éternité. *Amen.

LES LETTRES DE JEAN

Dans cette première lettre, l'*apôtre Jean s'adresse à des chrétiens troublés par la prédication de gens qui enseignent des erreurs, auxquels il donne le nom d'« antichrists » : ils nient, en effet, l'humanité de Jésus, minimisent la gravité du péché et ses conséquences dans la relation avec Dieu, et méprisent les exigences de la morale chrétienne. Ces traits sont caractéristiques du mouvement philosophico-religieux connu plus tard sous le nom de gnosticisme. Les partisans de ce mouvement prétendaient être initiés à une « connaissance » spéciale, la « gnose ».

La lettre de Jean a donc un double but : polémique et pastoral, redresser et rassurer. Et l'apôtre de dire : « Tenez-vous soigneusement à l'enseignement que vous avez reçu dès le commencement » (2.24). Il leur rappelle donc ce qu'ils savent déjà.

L'apôtre fournit les critères qui permettent de reconnaître un chrétien : la foi au Christ incarné (4.2), l'obéissance aux commandements (2.3), l'amour fraternel (3.14).

Il est difficile de discerner dans cette lettre un plan très rigoureux : l'auteur procède par associations d'idées et par contrastes.

Après un prologue – qui n'est pas sans ressemblances avec celui de l'évangile – dans lequel l'apôtre rappelle qu'il « parle en témoin » (1.2), la lettre se poursuit par trois développements sur l'amour :

2.3-11 : ce n'est pas un commandement nouveau ;
3.11-24 : c'est une caractéristique du chrétien ;
4.7-21 : puisque Dieu est amour.

Ces développements sont entrecoupés de recommandations et de rappels au sujet du péché :

1.5 à 2.2 : confessé, il est pardonné par celui qui s'est offert en sacrifice ;
2.12-19 : c'est une caractéristique du monde ;
2.29 à 3.10 : le chrétien ne s'y adonne pas ;
5.16-20 : car il appartient au Fils de Dieu.

Cette lettre est d'une grande actualité dans le contexte où nous vivons : les tests d'authenticité chrétienne qu'elle propose restent toujours valables.

La deuxième lettre de Jean est adressée à « celle que Dieu a choisie et à ses enfants » (1.1). Qui se cache derrière cette formule ? Très probablement une Eglise, comme le suggère le passage du « tu » au « vous » aux versets 5 et 6.

La lettre est une sorte de résumé de la première : même accent sur le commandement d'amour (4-6), sur la mise en garde contre les antichrists (7-11) qui ne reconnaissent pas l'incarnation de Jésus-Christ. Son originalité se trouve dans les versets 10 et 11 où Jean donne des précisions sur la conduite à tenir avec eux : il ne faut pas les recevoir de peur d'être « complices de leurs œuvres mauvaises » (11).

La troisième lettre est adressée à un chrétien du nom de Gaïus, et traite de trois personnes : Gaïus, le destinataire (1-8), Diotrèphe (9-11) et Démétrius (12). Elle soulève la question du soutien et de l'aide à apporter aux enseignants itinérants, pratiqués par le premier et refusés par le deuxième. Jean loue le troisième pour son bon témoignage.

Première lettre de Jean

Le fondement : le message des apôtres

1 Nous vous annonçons le message de celui qui est la vie [a]. Nous vous annonçons ce qui était dès le commencement : nous l'avons entendu, nous l'avons vu de nos propres yeux, nous l'avons contemplé et nos mains l'ont touché. – **2** Celui qui est la vie s'est manifesté : nous l'avons vu, nous en parlons en témoins et nous vous annonçons la vie éternelle qui était auprès du Père et qui s'est manifestée pour nous. – **3** Oui, ce que nous avons vu et entendu, nous vous l'annonçons, à vous aussi, afin que vous aussi vous soyez en communion avec nous. Or, la communion dont nous jouissons est avec le Père et avec son Fils Jésus-Christ. **4** Si nous vous écrivons ces choses, c'est pour que notre joie [b] soit complète.

Dieu est lumière : la vie dans la lumière

5 Voici le message que nous avons entendu de Jésus-Christ et que nous vous annonçons : Dieu est lumière et il n'y a aucune trace de ténèbres en lui.

6 Si nous prétendons être en communion avec lui, tout en vivant dans les ténèbres, nous sommes des menteurs et nous n'agissons pas comme la vérité l'exige de nous. **7** Mais si nous vivons dans la lumière, tout comme Dieu lui-même est dans la lumière, alors nous sommes en communion les uns avec les autres et, parce que Jésus, son Fils, a versé son sang, nous sommes *purifiés de tout péché.

8 Si nous prétendons n'être coupable d'aucun péché, nous vivons dans l'illusion, et la vérité n'habite pas en nous. **9** Si nous reconnaissons nos péchés, il est fidèle et juste et, par conséquent, il nous pardonnera nos péchés et nous purifiera de tout le mal que nous avons commis.

10 Si nous prétendons ne pas être pécheur, nous faisons de Dieu un menteur et sa Parole n'est pas en nous.

2 Mes chers enfants, je vous écris ceci afin que vous ne péchiez pas. Si, toutefois, il arrivait à quelqu'un de commettre un péché, nous avons un Défenseur auprès du Père : Jésus-Christ le juste.

2 Car il a apaisé la colère de Dieu contre nous en s'offrant pour nos péchés – et pas seulement pour les nôtres, mais aussi pour ceux du monde entier.

Le commandement d'aimer

3 Voici comment nous savons que nous connaissons le Christ : c'est parce que nous obéissons à ses commandements. **4** Si quelqu'un dit : « Je le connais » sans obéir à ses commandements, c'est un menteur et la vérité n'est pas en lui. **5** Celui qui observe sa Parole montre par là qu'il aime vraiment Dieu de façon parfaite. C'est ainsi que nous savons que nous sommes unis à lui. **6** Celui qui prétend qu'il demeure en Christ doit aussi vivre comme le Christ lui-même a vécu.

7 Mes chers amis, ce n'est pas un nouveau commandement que je vous écris : il s'agit d'un commandement ancien que vous avez reçu dès le commencement, et ce commandement ancien, c'est le message que vous avez entendu.

8 Mais en même temps, c'est un *commandement nouveau* [c] que je vous écris : sa nouveauté se manifeste vraiment en Christ et en vous, car les ténèbres se dissipent et la lumière véritable brille déjà [d].

9 Celui qui prétend être dans la lumière tout en détestant son frère, est encore dans les ténèbres. **10** Celui qui aime son frère demeure dans la lumière, et par conséquent il est dans la lumière, aucun obstacle ne risque de le faire tomber. **11** Mais celui qui déteste son frère est dans les ténèbres : il marche dans les ténèbres sans savoir où il va, parce que les ténèbres l'ont rendu aveugle.

Enfants, pères et jeunes gens

12 Je vous écris ceci, enfants : vos péchés vous sont pardonnés à cause de ce que Jésus-Christ a fait. **13** Je vous écris ceci, pères : vous connaissez celui qui est dès le commencement. Je vous écris ceci, jeunes gens : vous avez vaincu le diable [e].

---

a. 1.1 Autre traduction : *nous vous écrivons au sujet de celui qui est la parole de vie.*
b. 1.4 Certains manuscrits ont : *votre joie.*

c. 2.8 Jn 13.34.
d. 2.8 Moïse avait déjà ordonné d'aimer son prochain (Lv 19.18), Jésus l'a réalisé dans sa propre vie, nous laissant un exemple à imiter. Son Esprit reproduit sa vie d'amour en nous. Nous pouvons donc donner à l'ancien commandement une dimension nouvelle.
e. 2.13 Autre traduction : *le mal.*

14 Je vous le confirme, enfants : vous connaissez le Père. Je vous le confirme, pères : vous connaissez celui qui est dès le commencement. Je vous le confirme, jeunes gens : vous êtes forts, la Parole de Dieu demeure en vous et vous avez vaincu le diable [a].

Face au monde mauvais et aux antichrists

15 N'aimez pas le monde ni rien de ce qui fait partie de ce monde. Si quelqu'un aime le monde, l'amour pour le Père n'est pas en lui. **16** En effet, tout ce qui fait partie du monde : les mauvais désirs qui animent l'homme livré à lui-même, la soif de posséder ce qui attire les regards, et l'orgueil qu'inspirent les biens matériels, tout cela ne vient pas du Père, mais du monde. **17** Or le monde passe avec tous ses attraits, mais celui qui accomplit la volonté de Dieu demeure éternellement.

18 Mes enfants, la dernière heure a commencé. Vous avez appris qu'un « anti-Christ » doit venir. Or, dès à présent, beaucoup d'antichrists sont là. Voilà pourquoi nous savons que nous sommes entrés dans la dernière heure. **19** Ces adversaires du Christ sont sortis de chez nous mais, en réalité, ils n'étaient pas des nôtres. Car, s'ils avaient été des nôtres, ils seraient restés avec nous. Mais ils nous ont quittés pour qu'il soit parfaitement clair que tous ne sont pas des nôtres.

Vous êtes bien enseignés

20 Vous, au contraire, vous avez reçu le Saint-Esprit [b] dont celui qui est saint vous a oints, et vous connaissez tous la vérité [c]. **21** Si je vous écris, ce n'est pas parce que vous ne connaissez pas la vérité, mais parce que vous la connaissez, et qu'aucun mensonge ne vient de la vérité. **22** Alors qui est le menteur ? C'est celui qui nie que Jésus est le Christ. Car « l'anti-Christ », c'est celui qui refuse de reconnaître le Père et le Fils. **23** Tout homme qui nie que Jésus est le Fils de Dieu ne connaît pas non plus le Père. Celui qui reconnaît que Jésus est le Fils de Dieu connaît aussi le Père. **24** C'est pourquoi, tenez-vous soigneusement à l'enseignement que vous avez reçu dès le commencement. Si ce que vous avez entendu dès le commencement demeure en vous, vous demeurerez aussi unis au Fils et

au Père. **25** Et voici ce qu'il vous a promis : la vie éternelle.

26 C'est au sujet de ceux qui vous entraînent dans l'erreur que je vous écris ces choses. **27** Quant à vous, l'Esprit [d] dont vous avez été oints par le Christ demeure en vous. Vous n'avez donc pas besoin que l'on vous instruise [e], car cet Esprit dont vous avez été oints [f] vous enseigne tout. Ce qu'il enseigne est vrai, il ne ment pas. Restez donc attachés à cet enseignement tel que vous l'avez reçu de l'Esprit.

28 Mes enfants, demeurez attachés au Christ pour qu'au moment où il paraîtra, nous soyons remplis d'assurance et que nous ne nous trouvions pas tout honteux loin de lui au moment de sa venue.

L'enfant de Dieu ne s'adonne pas au péché

29 Vous savez que le Christ est juste ; reconnaissez, par conséquent, que tout homme qui accomplit ce qui est juste est né de lui.

3 Voyez combien le Père nous a aimés pour que nous puissions être appelés enfants de Dieu – et nous le sommes ! Voici pourquoi le monde ne reconnaît pas qui nous sommes : c'est qu'il n'a pas connu le Christ. **2** Mes chers amis, dès à présent nous sommes enfants de Dieu et ce que nous serons un jour n'a pas encore été rendu manifeste. Nous savons que lorsque le Christ paraîtra, nous serons semblables à lui, car nous le verrons tel qu'il est. **3** Tous ceux qui fondent sur le Christ une telle espérance se rendent eux-mêmes *purs, tout comme le Christ est pur.

4 Celui qui commet le péché viole la *Loi de Dieu, car le péché, par définition, c'est la violation de cette Loi. **5** Or, vous le savez : Jésus est apparu pour ôter les péchés [g], et il n'y a pas de péché en lui. **6** Par conséquent, celui qui demeure uni à lui ne pèche pas et celui qui pèche ne l'a jamais vu et ne l'a jamais connu.

7 Mes enfants, que personne ne vous trompe sur ce point : est juste celui qui fait ce qui est juste, tout comme le Christ lui-

---

a. 2.14 Autre traduction : *le mal.*
b. 2.20 Autre traduction : *la Parole.*
c. 2.20 Certains manuscrits ont : *vous connaissez tout.*

d. 2.27 Autre traduction : *la Parole.*
e. 2.27 Allusion aux « instructeurs » des sectes prégnostiques qui prétendaient que la connaissance (la gnose) qu'ils transmettaient était indispensable au salut.
f. 2.27 Autre traduction : *cette Parole dont vous avez été oints...*
g. 3.5 Certains manuscrits ont : *nos péchés.*

même est juste. [8] Celui qui s'adonne au péché appartient au diable, car le diable pèche dès le commencement. Or, le Fils de Dieu est précisément apparu pour détruire les œuvres du diable. [9] Celui qui est né de Dieu ne s'adonne pas au péché, car la vie qui vient de Dieu a été implantée en lui et demeure en lui. Il ne peut pas continuer à pécher [b], puisqu'il est né de Dieu.

[10] C'est ainsi que se manifeste la différence entre les enfants de Dieu et les enfants du diable : celui qui ne fait pas ce qui est juste n'appartient pas à Dieu, pas plus que celui qui n'aime pas son frère.

L'amour, caractéristique du chrétien

[11] En effet, voici le message que vous avez entendu dès le commencement : aimons-nous les uns les autres. [12] Que personne ne suive donc l'exemple de Caïn, qui appartenait au diable [c] et qui a égorgé son frère. Et pourquoi l'a-t-il égorgé ? Parce que sa façon d'agir était mauvaise, alors que celle de son frère était juste.

[13] Mes frères, ne vous étonnez donc pas si le monde a de la haine pour vous. [14] Quant à nous, nous savons que nous sommes passés de la mort à la vie parce que nous aimons nos frères. Celui qui n'aime pas demeure dans la mort. [15] Car si quelqu'un déteste son frère, c'est un meurtrier, et vous savez qu'aucun meurtrier ne possède en lui la vie éternelle. [16] Voici comment nous savons ce que c'est que d'aimer : Jésus-Christ a donné sa vie pour nous. Nous devons, nous aussi, donner notre vie pour nos frères.

[17] Si un homme riche voit son frère dans le besoin et lui ferme son cœur, l'amour de Dieu ne peut être présent en lui ? [18] Mes enfants, que notre amour ne se limite pas à des discours et à de belles paroles, mais qu'il se traduise par des actes accomplis dans la vérité.

[19] C'est ainsi que nous saurons que nous appartenons à la vérité, et nous rassurerons notre cœur devant Dieu, [20] si notre cœur nous condamne d'une manière ou d'une autre ; car Dieu est plus grand que notre cœur et il connaît tout. [21] Mes chers amis, si notre cœur ne nous condamne pas, nous sommes pleins d'assurance devant Dieu. [22] Il nous donne tout ce que nous lui demandons, parce que nous obéissons à ses commandements et que nous faisons ce qui lui plaît. [23] Or, que nous commande-t-il ? De placer notre *confiance en son Fils Jésus-Christ et de nous aimer les uns les autres, comme il nous l'a lui-même prescrit.

[24] Celui qui obéit à ses commandements demeure en Dieu et Dieu demeure en lui. Et à quoi reconnaissons-nous qu'il demeure en nous ? A l'Esprit qu'il nous a donné.

Distinguer les vrais prophètes des prophètes de mensonge

4 Mais attention, mes chers amis, ne vous fiez pas à n'importe quel esprit ; mettez les esprits à l'épreuve pour voir s'ils viennent de Dieu, car bien des *prophètes de mensonge se sont répandus à travers le monde. [2] Voici comment savoir s'il s'agit de l'Esprit de Dieu : tout esprit qui reconnaît que Jésus-Christ est devenu véritablement un homme, vient de Dieu. [3] Tout esprit, au contraire, qui ne reconnaît pas ce Jésus-là [d] ne vient pas de Dieu. C'est là l'esprit de « l'anti-Christ » dont vous avez entendu annoncer la venue. Eh bien, dès à présent, cet esprit est dans le monde. [4] Vous, mes enfants, vous appartenez à Dieu et vous avez la victoire sur ces prophètes de mensonge, car celui qui est en vous est plus puissant que celui qui inspire ce monde. [5] Eux, ils font partie du monde. C'est pourquoi ils tiennent le langage du monde, et le monde les écoute. [6] Nous, nous appartenons à Dieu. Celui qui connaît Dieu nous écoute, mais celui qui n'appartient pas à Dieu ne nous écoute pas. De cette manière, nous pouvons distinguer l'esprit de la vérité de l'esprit de l'erreur.

---

a. **3.9** Il pourrait s'agir soit de la Parole (voir Jc 1.21 ; 1 P 1.23) soit de l'Esprit de Dieu, puissance de vie (Jn 3.5).

b. **3.9** Jean n'enseigne pas que le chrétien ne peut plus pécher et qu'il est devenu parfait (voir 1. 8,10), mais que sa vie n'est plus caractérisée par la pratique du péché. Certains comprennent : *Celui qui est né de Dieu ne pèche pas... Il ne peut pécher, puisqu'il est né de Dieu*, en soulignant que Jean procède par oppositions radicales (lumière/ténèbres, vérité/mensonge, Christ/antichrist) et que notre régénération, notre naissance de Dieu, n'est pas encore parfaite (Ga 4.19).

c. **3.12** Autre traduction : *au mal*.

d. **4.3** Quelques manuscrits ont : *qui divise Jésus*. Les erreurs combattues par Jean séparaient l'homme Jésus du Christ, Fils de Dieu. Le Christ ne serait venu en Jésus qu'au moment de son baptême et il l'aurait de nouveau quitté avant sa mort sur la croix.

Aimer parce que Dieu nous a aimés le premier

7 Mes chers amis, aimons-nous les uns les autres, car l'amour vient de Dieu. Celui qui aime est né de Dieu et il connaît Dieu. 8 Qui n'aime pas n'a pas connu Dieu, car Dieu est amour.

9 Voici comment Dieu a démontré qu'il nous aime : il a envoyé son Fils unique dans le monde pour que, par lui, nous ayons la vie. 10 Voici en quoi consiste l'amour : ce n'est pas nous qui avons aimé Dieu, mais c'est lui qui nous a aimés ; aussi a-t-il envoyé son Fils pour apaiser la colère de Dieu contre nous en s'offrant pour nos péchés.

11 Mes chers amis, puisque Dieu nous a tant aimés, nous devons, nous aussi, nous aimer les uns les autres. 12 Dieu, personne ne l'a jamais vu. Mais si nous nous aimons les uns les autres, Dieu demeure en nous et son amour se manifeste pleinement parmi nous.

13 Voici comment nous savons que nous demeurons en lui et qu'il demeure en nous : c'est par son Esprit qu'il nous a donné. 14 Nous l'avons vu de nos yeux et nous en parlons en témoins : le Père a envoyé son Fils pour être le *Sauveur du monde.

15 Si quelqu'un reconnaît que Jésus est le Fils de Dieu, Dieu demeure en lui et lui en Dieu. 16 Et nous, nous avons connu l'amour que Dieu nous porte et nous y avons cru. Dieu est amour : celui qui demeure dans l'amour demeure en Dieu, et Dieu demeure en lui. 17 Et voici pourquoi l'amour se manifeste pleinement parmi nous : c'est pour que nous ayons une entière assurance au jour du jugement, d'autant plus que notre situation dans ce monde est celle que le Christ a connue lui-même a.

18 Dans l'amour, il n'y a pas de place pour la crainte, car l'amour véritable chasse toute crainte. En effet, la crainte suppose la perspective d'un châtiment. L'amour de celui qui vit dans la crainte n'est pas encore parvenu à sa pleine maturité. 19 Quant à nous, nous aimons parce que Dieu nous a aimés le premier.

20 Si quelqu'un prétend aimer Dieu tout en détestant son frère, c'est un menteur. Car s'il n'aime pas son frère qu'il voit, il ne peut pas aimer Dieu qu'il ne voit pas. 21 D'ailleurs, le Christ lui-même nous a donné ce commandement : que celui qui aime Dieu aime aussi son frère.

Croire au Fils de Dieu

5 Celui qui croit que Jésus est le Christ est né de Dieu. Et celui qui aime le Père, qui fait naître à la vie, aime aussi les enfants nés de lui.

2 Voici comment nous savons que nous aimons les enfants de Dieu : c'est lorsque nous aimons Dieu lui-même et que nous obéissons à ses commandements. 3 Car aimer Dieu, c'est accomplir ses commandements. Ceux-ci, d'ailleurs, ne sont pas pénibles, 4 car tout ce qui est né de Dieu triomphe du monde, et la victoire qui triomphe du monde, c'est notre foi. 5 Qui, en effet, triomphe du monde ? Celui-là seul qui croit que Jésus est le Fils de Dieu.

6 Celui qui est venu par l'eau et par le sang, c'est bien Jésus-Christ : il n'est pas passé seulement par l'eau du baptême, mais outre le baptême, il est passé par la mort en versant son sang b. Et c'est l'Esprit qui lui rend témoignage, car l'Esprit est la vérité. 7 Ainsi il y a trois témoins : 8 l'Esprit, l'eau et le sang ; et les trois sont d'accord.

9 Nous acceptons le témoignage des hommes ; mais le témoignage de Dieu est bien supérieur, et ce témoignage, c'est celui que Dieu rend à son Fils. 10 Celui qui croit au Fils de Dieu possède ce témoignage en lui-même. Celui qui ne croit pas Dieu fait de lui un menteur, puisqu'il ne croit pas au témoignage que Dieu rend à son Fils. 11 Et qu'affirme ce témoignage ? Il dit que Dieu nous a donné la vie éternelle et que cette vie est en son Fils.

12 Celui qui a le Fils a la vie. Celui qui n'a pas le Fils de Dieu n'a pas la vie.

L'assurance chrétienne

13 Je vous ai écrit cela, pour que vous sachiez que vous avez la vie éternelle, vous qui croyez au Fils de Dieu. 14 Et voici quelle assurance nous avons devant Dieu : si nous demandons quelque chose qui est conforme à sa volonté, il nous écoute. 15 Et si nous savons qu'il nous écoute, nous savons aussi que l'objet de nos demandes nous est acquis.

16 Si quelqu'un voit son frère commettre un péché qui ne mène pas à la mort, qu'il prie pour ce frère et Dieu lui donnera la vie.

---

a. 4.17 Autre traduction : *car ce qui est vrai pour le Christ est vrai pour nous dans ce monde.*

b. 5.6 Le baptême a inauguré le ministère du Christ, qui s'est achevé par sa mort. C'est le même Jésus-Christ, Fils de Dieu, qui a été baptisé et qui est mort. Certains voient dans l'eau et le sang une allusion à Jn 19.34.

Il s'agit de ceux qui commettent des péchés qui ne mènent pas à la mort. Mais il existe un péché qui mène à la mort. Ce n'est pas au sujet de ce péché-là que je vous demande de prier. [17] Toute désobéissance à la *Loi est un péché, certes, mais tous les péchés ne mènent pas à la mort. [18] Nous savons que celui qui est né de Dieu ne commet pas le péché qui mène à la mort[a], car le Fils de Dieu le protège[b]. Aussi le diable[c] ne peut-il rien contre lui. [19] Nous savons que nous appartenons à Dieu, alors que le monde entier est sous la coupe du diable[d]. [20] Mais nous savons aussi que le Fils de Dieu est venu et qu'il nous a donné l'intelligence pour que nous connaissions le Dieu véritable: Ainsi, nous appartenons au Dieu véritable par notre union à son Fils Jésus-Christ. Ce Fils est lui-même le Dieu véritable et la vie éternelle.

Recommandation finale

[21] Mes chers enfants, gardez-vous des idoles.

---

a. **5.18** Voir 3.9 et note.

b. **5.18** Certains manuscrits ont : *celui qui est né de Dieu se garde lui-même*. Variante : *et il se tient lui-même sur ses gardes*.

c. **5.18** Autre traduction : *le mal*.

d. **5.19** Autre traduction : *du mal*.

Deuxième lettre de Jean

Salutation

[1] L'Ancien[a], à la Dame que Dieu a choisie[b] et à ses enfants que j'aime dans la vérité. Ce n'est pas moi seul qui vous aime, mais aussi tous ceux qui connaissent la vérité, [2] à cause de la vérité qui demeure en nous et qui sera éternellement avec nous.

[3] La grâce, la bonté et la paix qui nous viennent de Dieu, le Père, et de Jésus-Christ, le Fils du Père, seront avec nous pour que nous en vivions dans la vérité et dans l'amour.

Le commandement d'aimer

[4] J'ai éprouvé une très grande joie à voir certains de tes enfants vivre selon la vérité, comme nous en avons reçu le commandement du Père.

[5] A présent, chère Dame, voici ce que je te demande – ce n'est pas un commandement nouveau que je t'écris, c'est celui que nous avons reçu dès le commencement : aimons-nous les uns les autres. [6] Et voici en quoi consiste l'amour : c'est que nous vivions selon les commandements de Dieu. Tel est le commandement selon lequel nous devons vivre, comme vous l'avez entendu depuis le commencement : il n'a pas d'autre but que de vous amener à vivre dans l'amour.

La fidélité à la vérité

[7] Un grand nombre de personnes qui entraînent les autres dans l'erreur se sont répandues à travers le monde. Ils ne reconnaissent pas que Jésus-Christ est devenu véritablement un homme[c]. Celui qui parle ainsi est trompeur, c'est l'anti-Christ.

[8] Prenez donc garde à vous-mêmes, pour que vous ne perdiez pas le fruit de nos efforts[d], mais que vous receviez une pleine récompense. [9] Celui qui ne reste pas attaché à l'enseignement qui concerne le Christ, mais s'en écarte, n'a pas de communion avec Dieu. Celui qui reste attaché à cet enseignement est uni au Père comme au Fils.

[10] Si quelqu'un vient vous trouver et ne vous apporte pas cet enseignement, ne l'accueillez pas dans votre maison, et ne lui adressez pas la salutation fraternelle[e]. [11] Celui qui lui souhaiterait la bienvenue se rendrait complice de ses œuvres mauvaises.

Projet de visite

[12] J'aurais encore bien des choses à vous dire, mais je ne veux pas vous les communiquer avec du papier et de l'encre. J'espère pouvoir me rendre chez vous et m'entretenir avec vous de vive voix. Alors notre joie sera entière.

Salutation finale

[13] Les enfants de ta sœur que Dieu a choisie[f] t'adressent leurs salutations.

---

a. 1 C'était sans doute le titre sous lequel Jean était connu dans les Eglises, étant le seul apôtre encore en vie.

b. 1 Il faut très certainement prendre le terme de *Kyria* (féminin de *Kyrios*, le Seigneur) dans le sens symbolique : l'épître est adressée à une Eglise, ses *enfants* en sont les membres.

c. 7 Voir note 1 Jn 4.3.

d. 8 Certains manuscrits ont : *vos efforts.*

e. 10 Il s'agirait de la salutation d'accueil dans l'Eglise qui se réunissait à l'époque dans une maison (voir Rm 16.4 ; Phm 2). Certains comprennent : *ne l'accueillez pas chez vous et ne lui adressez pas de salutation.*

f. 13 C'est-à-dire, selon l'interprétation proposée du v.1, les membres de l'Eglise à laquelle appartient Jean.

Troisième lettre de Jean

Salutation et vœu

¹ L'Ancien [a], à mon bien cher Gaïus que j'aime dans la vérité.

² Cher ami, je souhaite que tu prospères à tous égards et que tu sois en aussi bonne santé physique que spirituelle.

L'attitude juste de Gaïus

³ Je me suis beaucoup réjoui lorsque des frères sont venus de chez toi et m'ont rendu ce témoignage : tu demeures attaché à la vérité et tu vis selon cette vérité. ⁴ Je n'ai pas de plus grande joie que d'apprendre que mes enfants vivent selon la vérité.

⁵ Cher ami, tu agis avec fidélité dans ce que tu accomplis pour les frères qui, de plus, sont des étrangers pour toi. ⁶ Ils ont rendu témoignage à ton amour devant l'Eglise. Tu agiras bien si tu pourvois à la suite de leur voyage d'une façon qui plaît à Dieu. ⁷ En effet, c'est pour proclamer le Christ qu'ils sont partis sans rien accepter de la part des non-croyants. ⁸ C'est donc notre devoir d'aider de tels hommes. Ainsi nous collaborerons à ce qu'ils font pour la vérité.

Les mauvais procédés de Diotrèphe

⁹ J'ai écrit quelques mots à l'Eglise, mais Diotrèphe, qui aime bien tout régenter, ne tient aucun compte de nous. ¹⁰ Aussi, quand je viendrai, je rendrai les autres attentifs à sa manière d'agir : il tient de méchants propos contre nous, et, non content de cela, il refuse de recevoir les frères de passage. En plus, ceux qui seraient désireux de les accueillir, il les en empêche et les chasse de l'Eglise.

¹¹ Cher ami, imite non le mal, mais le bien. Celui qui fait le bien appartient à Dieu ; celui qui commet le mal ne sait rien de Dieu.

Témoignage rendu à Démétrius

¹² Quant à Démétrius, tout le monde n'en dit que du bien, et la vérité elle-même témoigne en sa faveur. Nous aussi, nous nous associons à ce bon témoignage et tu sais que nous disons la vérité.

Projet de visite et salutation finale

¹³ J'aurais bien des choses à te dire, mais je ne veux pas les confier à l'encre et à la plume. ¹⁴ J'espère te voir bientôt et alors nous nous entretiendrons de vive voix.

¹⁵ Que la paix soit avec toi. Les amis te saluent. Salue nos amis, chacun personnellement.

---

a. 1 Voir note 2 Jn 1.

LETTRE DE JUDE

L'auteur de cette courte lettre se nomme « Jude, serviteur de Jésus-Christ et frère de *Jacques » (1.1). On considère généralement que ce Jacques est l'auteur de la lettre du Nouveau Testament, « le frère du Seigneur ». Ni Jacques ni Jude ne se prévalent d'ailleurs de cette parenté, ils préfèrent l'humble appellation de « serviteur de Jésus-Christ » (1.1).

Une des caractéristiques du texte de Jude est sa parenté avec la deuxième lettre de Pierre : les versets 6 à 13 se retrouvent, idée et vocabulaire, en 2 Pierre 2.

L'objet de cette lettre est de mettre les chrétiens en garde contre ceux qui « travestissent en débauche la grâce de Dieu en reniant Jésus-Christ » (3-4) ; l'auteur donne des exemples de jugement dans l'histoire du salut (*Sodome et *Gomorrhe, révolte de Qoré) (5-16). Certains de ces exemples ne se trouvent pas dans les textes bibliques mais dans la littérature juive connue de ses destinataires.

« Mais vous, mes chers amis... » (17 et 20) continue Jude : après le sombre tableau du jugement passé et futur, Jude demande d'user d'amour envers les égarés : « ayez de la pitié ! » dit-il à deux reprises.

La lettre se termine par une admirable prière à la gloire de Dieu (25).

Salutation

¹ Jude, serviteur de Jésus-Christ et frère de *Jacques, salue ceux que Dieu a appelés, qui sont aimés de Dieu le Père et gardés pour Jésus-Christ.

² Que la bonté, la paix et l'amour de Dieu vous soient pleinement accordés.

Objet de la lettre : avertir contre les faux docteurs

³ Mes chers amis, j'avais le vif désir de vous écrire au sujet du salut qui nous est commun. J'ai vu la nécessité de le faire maintenant afin de vous recommander de lutter pour la foi qui a été transmise une fois pour toutes à ceux qui appartiennent à Dieu. ⁴ Car des hommes dont la condamnation est depuis longtemps annoncée dans l'Ecriture se sont infiltrés parmi nous. Ils n'ont aucun respect pour Dieu et travestissent en débauche la grâce de notre Dieu en reniant Jésus-Christ, notre seul Maître et Seigneur.

Les faux docteurs et le sort qui les attend

⁵ Laissez-moi vous rappeler des faits que vous connaissez bien. Après avoir délivré son peuple de l'esclavage en Egypte, le Seigneur [a] a fait périr ceux qui avaient refusé de lui faire *confiance. ⁶ Dieu a gardé, enchaînés à perpétuité dans les ténèbres pour le jugement du grand Jour [b], les anges qui ont abandonné leur demeure au lieu de conserver leur rang.

⁷ Les habitants de *Sodome, de *Gomorrhe et des villes voisines se sont livrés de la même manière à la débauche et ont recherché des relations sexuelles contre nature. C'est pourquoi ces villes ont été condamnées à un feu éternel, elles aussi, et servent ainsi d'exemple [c].

⁸ Eh bien, malgré cela, ces individus font de même : leurs rêveries les entraînent à souiller leur propre corps, à rejeter l'autorité du Seigneur et à insulter les êtres glorieux du ciel. ⁹ Pourtant, l'archange Michel [d] lui-même, lorsqu'il contestait avec le diable et lui disputait le corps de *Moïse [e], se garda bien de proférer contre lui un jugement insultant. Il se contenta de dire : *Que le Seigneur te punisse [f] !*

¹⁰ Mais ces gens-là insultent ce qu'ils ne connaissent pas. Quant à ce qu'ils connaissent par instinct, comme les bêtes privées de raison, cela ne sert qu'à leur perte.

¹¹ Malheur à eux ! Ils ont marché sur les traces de Caïn [g] ; par amour du gain [h], ils sont tombés dans la même erreur que Balaam ; ils ont couru à leur perte en se révoltant comme Qoré [i]. ¹² Leur présence trouble vos repas communautaires. Ils se remplissent la panse sans vergogne, et ne

---

a. 5 Certains manuscrits ont ici : *Jésus.*

b. 6 Voir 2 P 2.4 et note.

c. 7 Gn 19.4-25.

d. 9 Voir Dn 10.13,21 ; 12.1 ; Ap 12.7.

e. 9 Voir Dt 34.6. Jude mentionne ici une tradition juive.

f. 9 Za 3.2.

g. 11 Gn 4.8.

h. 11 Balaam (Nb 22.7-35) illustre l'appât du gain qui caractérisait aussi les hérétiques (2 P 2.15).

i. 11 Nb 16.1-5. Sans doute, les hérétiques s'opposaient-ils aussi aux autorités régulières instituées dans les Eglises locales.

s'intéressent qu'à eux-mêmes. Ils sont pareils à des nuages qui ne donnent pas de pluie et que les vents emportent, à des arbres qui, à la fin de l'automne, n'ont encore donné aucun fruit : ils sont deux fois morts, déracinés. [13] Ils ressemblent aux vagues furieuses de la mer qui rejettent l'écume de leur honte, à des astres errants auxquels est réservée à perpétuité l'obscurité des ténèbres.

[14] A eux aussi s'applique la prophétie d'Hénoc [a], *le septième patriarche depuis Adam*, qui dit : *Voici, le Seigneur va venir avec ses milliers d'*anges [15] *pour exercer son jugement sur tous, et pour faire rendre compte, à tous ceux qui ne le respectent pas, de tous les actes qu'ils ont commis dans leur révolte et de toutes les insultes que ces pécheurs sacrilèges ont proférées contre lui* [b]. [16] Ces hommes-là sont d'éternels mécontents, toujours à se plaindre de leur sort, et entraînés par leurs mauvais désirs. Ils tiennent de grands discours et flattent les gens pour en tirer profit.

Progressez sur le fondement de votre foi très sainte

[17] Mais vous, mes chers amis, rappelez-vous ce que les *apôtres de notre Seigneur Jésus-Christ ont prédit. [18] Ils vous disaient : « A la fin des temps viendront des gens qui se moqueront de Dieu, qui vivront au gré des désirs que leur inspire leur révolte contre Dieu. » [19] Eh bien ! il s'agit de ces gens-là ! Ils causent des divisions, ils sont livrés à eux-mêmes et n'ont pas l'Esprit de Dieu.

[20] Mais vous, mes chers amis, bâtissez votre vie sur le fondement de votre foi très sainte. Priez par le Saint-Esprit. [21] Maintenez-vous dans l'amour de Dieu en attendant que notre Seigneur Jésus-Christ, dans sa bonté, vous accorde la vie éternelle. [22] Ayez de la pitié pour ceux qui doutent [c] ; [23] *sauvez ceux qui peuvent l'être en les arrachant au feu. Pour les autres, ayez de la pitié, mais avec de la crainte, en évitant jusqu'au moindre contact qui pourrait vous contaminer.

Doxologie

[24] A celui qui peut vous garder de toute chute et vous faire paraître en sa présence glorieuse, sans reproche et exultant de joie, [25] au Dieu unique qui nous a *sauvés par Jésus-Christ notre Seigneur, à lui appartiennent la gloire et la majesté, la force et l'autorité, depuis toujours, maintenant et durant toute l'éternité ! *Amen.

---

a. 14 Gn 5.21-24.
b. 15 Paroles extraites d'un ouvrage apocryphe intitulé *Livre d'Hénoc* (1.9) dont nous possédons une traduction éthiopienne. Il est aussi possible que l'auteur du *Livre d'Hénoc* et Jude aient puisé à une source extra-biblique commune.

c. 22 Certains manuscrits ont : *ceux qui doutent, cherchez à les convaincre.*

APOCALYPSE

Le livre de l'Apocalypse nous paraît généralement bien mystérieux. Le titre lui-même, « Apocalypse », peut nous induire en erreur. En fait, c'est la simple transcription française du mot grec signifiant « révélation » (1.1).

L'auteur évoque son nom à quatre reprises : Jean. Il se donne les titres de « serviteur de Dieu » (1.1), « frère des chrétiens » (1.9) et « porte-parole de Dieu » (22.9). La tradition la plus ancienne est unanime pour voir en lui l'*apôtre Jean, auteur de l'évangile et des trois lettres.

Ce texte semble avoir été écrit à la fin du règne de Domitien, quand la persécution s'est étendue à tout l'empire romain (90-95). Jean, parvenu alors à un âge très avancé, écrit de l'île de Patmos où il a été exilé (1.9).

Ses premiers destinataires sont les chrétiens de sept Eglises d'Asie mineure (la Turquie actuelle), auxquels le Seigneur adresse des lettres (ch. 2 et 3).

Le livre est rempli d'allusions à des textes des *prophètes de l'Ancien Testament. Il contient aussi beaucoup de chiffres symboliques dont le sens nous échappe parfois. En tout cas le chiffre sept, qui exprime la perfection divine, joue un rôle essentiel dans la structure et le contenu du livre. On peut ainsi distinguer sept grandes parties auxquelles s'ajoutent les chapitres d'introduction et de conclusion :

1. Les lettres aux sept Eglises (ch. 2 et 3)
2. Les sept *sceaux (4.1 à 8.6)
3. Les sept trompettes (8.7 à 11.19)
4. Les sept signes ou visions (12.1 à 15.8)
5. Les sept coupes de la colère de Dieu (16.1-20)
6. Les sept paroles sur Babylone (17.1 à 19.10)
7. L'aboutissement de l'histoire, en sept visions (19.11 à 21.8)
8. La nouvelle Jérusalem, épouse de l'Agneau (21.9 à 22.5)

Le déroulement du récit ressemble à celui d'un film : une série de visions qui s'enchaînent, avec des gros plans sur certains détails.

Le but du livre est clairement annoncé dès le premier verset : le texte se présente comme une « révélation » que « Dieu a confiée à Jésus-Christ, pour qu'il montre à ses serviteurs ce qui doit arriver bientôt » (1.1). Le message du livre a comme contexte la persécution qui sévissait contre les chrétiens : ils avaient besoin de savoir qu'il y a un jugement, que le mal ne régnera pas toujours, que la résurrection du Christ inaugure une ère nouvelle après laquelle vient la fin.

Aujourd'hui, l'Apocalypse reste un livre qui maintient les chrétiens en éveil, dans l'attente de « celui qui est, qui était et qui vient » (1.4). Il exprime l'espérance de l'Eglise tout entière qui, avec l'Esprit, peut dire : « Seigneur, viens bientôt ! »

Jésus, le témoin digne de foi

1 Révélation [a] de Jésus-Christ. Cette révélation, Dieu l'a confiée à Jésus-Christ pour qu'il montre à ses serviteurs ce qui doit arriver bientôt [b] ; et Jésus-Christ, en envoyant son *ange, l'a fait connaître à son serviteur Jean. ² En tant que témoin, celui-ci a annoncé la Parole de Dieu que Jésus-Christ lui a transmise par son propre témoignage : il a annoncé tout ce qu'il a vu. ³ Heureux celui qui donne lecture des paroles de cette prophétie et ceux qui les entendent, et qui obéissent à ce qui est écrit dans ce livre, car le temps est proche.

⁴ Jean salue les sept Eglises qui sont dans la province d'*Asie [c] : que la grâce et la paix

---

a. 1.1 Traduction du mot apocalypse. Cette révélation a été donnée par le Père au Fils, puis par le Fils à Jean par l'intermédiaire d'un ange.
b. 1.1 Ou : *d'une manière soudaine, inattendue.*

c. 1.4 Localisées dans un cercle de 80 kilomètres autour d'Ephèse, énumérées aux chapitres 2 et 3. Ces Eglises, selon certains, représentent les Eglises de tous les temps (sept symbolise la totalité).

vous soient données de la part de celui qui est, qui était et qui vient[a], de la part des sept esprits[b] qui se tiennent devant son trône [5] et de la part de Jésus-Christ, le témoin[c] digne de foi, *le premier-né d'entre les morts*[d] et le souverain des rois de la terre.

Il nous aime, il nous a délivrés de nos péchés par son sacrifice, [6] il a fait de nous un peuple de rois, *des *prêtres au service de Dieu*[e], son Père : à lui donc soient la gloire et le pouvoir pour l'éternité ! *Amen.

[7] *Voici ! Il vient*
  au milieu des nuées[f],
  et tout le monde le verra
  et même ceux qui l'ont percé
  et toutes les familles de la terre
  se lamenteront à cause de lui[g].
  Oui, amen !
[8] « Moi je suis l'Alpha et l'Oméga[h] »
  dit le Seigneur Dieu,
  celui qui est, qui était et qui vient,
  le Tout-Puissant[i].

La vision du Ressuscité

[9] Moi, Jean, votre frère, qui partage avec vous la détresse, le *royaume et la persévérance dans l'union avec Jésus, j'étais dans l'île de Patmos[j] parce que j'avais proclamé la Parole de Dieu et le témoignage rendu par Jésus. [10] Le jour du Seigneur[k], l'Esprit de Dieu se saisit de moi, et j'entendis derrière moi une voix forte, pareille au son d'une trompette. [11] Elle disait :

–Inscris dans un livre ce que tu vois, et envoie-le à ces sept Eglises : Ephèse, Smyrne, Pergame, Thyatire, Sardes, Philadelphie et Laodicée.

[12] Je me retournai pour découvrir quelle était cette voix. Et l'ayant fait, voici ce que je vis : il y avait sept chandeliers d'or [13] et, au milieu des chandeliers, quelqu'un qui ressemblait à un homme. Il portait une longue tunique, et une ceinture d'or lui entourait la poitrine[l]. [14] Sa tête et ses cheveux étaient blancs comme de la laine blanche, oui, comme la neige. Ses yeux étaient comme une flamme ardente [15] et ses pieds étincelaient comme du bronze incandescent au sortir d'un creuset. *Sa voix retentissait comme celle des grandes eaux*[m]. [16] *Dans sa main droite, il tenait sept étoiles, et de sa bouche sortait une épée aiguisée à double tranchant*[n]. Son visage était éblouissant comme le soleil quand il brille de tout son éclat.

[17] Quand je le vis, je tombai à ses pieds, comme mort. Alors il posa sa main droite sur moi en disant :

–N'aie pas peur. *Moi, je suis le premier et le dernier*[o], [18] le vivant. J'ai été mort, et voici : je suis vivant pour l'éternité ! Je détiens les clés de la mort et du séjour des morts. [19] Ecris donc ce que tu as vu, ce qui est, et ce qui va arriver ensuite. [20] Mais d'abord voici quel est le secret des sept étoiles que tu as vues dans ma main droite et des sept chandeliers d'or : les sept étoiles sont les *anges des sept Eglises et les sept chandeliers les sept Eglises.

LES LETTRES AUX SEPT EGLISES

A l'Eglise d'Ephèse

2 –A l'*ange[p] de l'Eglise d'Ephèse, écris : « Voici ce que dit celui qui tient les sept étoiles dans sa main droite et qui marche au milieu des sept chandeliers d'or : [2] Je connais ta conduite, la peine que tu prends et ta persévérance. Je sais que tu ne peux pas supporter les méchants : tu as mis à

---

a. **1.4** Paraphrase du nom de Dieu révélé à Moïse (Ex 3.14-15 ; comparer He 13.8). Un écrit juif le désignait comme « Celui qui est, qui était et qui sera » (Targum de Jérusalem).

b. **1.4** Le chiffre sept symbolise la perfection, la totalité.

c. **1.5** Qualification du Messie reprise d'Es 55.4.

d. **1.5** Voir Ps 89.28.

e. **1.6** Voir Ex 19.6.

f. **1.7** Dn 7.13. Dans plusieurs manifestations de Dieu, il est question des nuées (Ex 19.16 ; Es 6.4 ; Mc 9.7 ; Ac 1.9 ; comparer Mt 24.30 ; 25.31 ; 26.64).

g. **1.7** Za 12.10,14.

h. **1.8** Première et dernière lettres de l'alphabet grec (comparer 21.6 ; 22.13).

i. **1.8** Voir Ex 3.14. Le terme : *Tout-Puissant* est la traduction donnée par la Septante de l'expression : le Seigneur des armées célestes. Ce nom était aussi appliqué à l'empereur.

j. **1.9** Petite île de la mer Egée à une centaine de kilomètres d'Ephèse. Les autorités romaines y exilaient ceux qu'elles jugeaient indésirables.

k. **1.10** Cette expression (jour dominical) est déjà appliquée au premier jour de la semaine (dimanche) par Ignace d'Antioche, un contemporain de Jean.

l. **1.13** Vêtement du grand-prêtre (Ex 28.4 ; 29.5).

m. **1.15** Cette description renvoie à plusieurs textes de l'Ancien Testament : Dn 7.13 ; 10.5 ; 7.9 ; 10.6.

n. **1.16** Voir Es 49.2.

o. **1.17** Voir Es 44.6 et 48.12 où il s'agit de Dieu. Ici il est question du Christ (Ap 2 ; 8 ; 22.13).

p. **2.1** Ce terme signifie aussi : *messager, envoyé.*

l'épreuve ceux qui se prétendent *apôtres et qui ne le sont pas, et tu as décelé qu'ils mentaient. ³ Tu as de la persévérance, tu as souffert à cause de moi et tu ne t'es pas lassé.

⁴ J'ai cependant un reproche à te faire : tu as abandonné l'amour que tu avais au début. ⁵ Allons ! Rappelle-toi d'où tu es tombé ! Change et reviens à ta conduite première ! Sinon, je viendrai à toi, et j'ôterai ton chandelier de sa place si tu ne changes pas. ⁶ Voici pourtant une chose que tu as en ta faveur : tu détestes les œuvres des Nicolaïtes ᵃ, tout comme moi.

⁷ Que celui qui a des oreilles écoute ce que l'Esprit dit aux Eglises. Au vainqueur, je donnerai à manger du fruit de *l'arbre de vie*ᵇ qui est dans le paradis de Dieu. »

A l'Eglise de Smyrne

⁸ –A l'*ange de l'Eglise de Smyrne, écris : « Voici ce que dit celui qui est *le premier et le dernier*ᶜ, celui qui était mort et qui est à nouveau vivant :

⁹ Je connais ta détresse et ta pauvreté – et pourtant tu es riche. Je sais les calomnies de ceux qui se disent *Juifs mais qui ne le sont pas : c'est une *synagogue de *Satan. ¹⁰ N'aie pas peur des souffrances qui t'attendent. Voici, le diable va jeter plusieurs d'entre vous en prison, pour vous tenter, et vous connaîtrez dix jours ᵈ de détresse. Sois fidèle jusqu'à la mort, et je te donnerai la vie comme prix de ta victoire.

¹¹ Que celui qui a des oreilles écoute ce que l'Esprit dit aux Eglises. Au vainqueur, la seconde mort ᵉ ne causera pas de mal. »

A l'Eglise de Pergame

¹² –A l'*ange de l'Eglise de Pergame, écris : « Voici ce que dit celui qui tient l'épée aiguisée à double tranchant :

¹³ Je sais que là où tu habites, *Satan a son trône ᶠ. Mais tu me restes fermement attaché, tu n'as pas renié ta foi en moi, même aux

jours où Antipas, mon témoin fidèle, a été mis à mort chez vous, là où habite Satan. ¹⁴ J'ai pourtant quelques reproches à te faire : tu as chez toi des gens attachés à la doctrine de Balaam ᵍ qui avait appris au roi Balaq à tendre un piège devant les Israélites. Il voulait qu'ils participent au culte des idoles en mangeant les viandes provenant de leurs sacrifices et en se livrant à la débauche. ¹⁵ De même, tu as, toi aussi, des gens attachés à la doctrine des Nicolaïtes. ¹⁶ Change donc, sinon je viens à toi sans tarder et je vais combattre ces gens-là avec l'épée qui sort de ma bouche.

¹⁷ Que celui qui a des oreilles écoute ce que l'Esprit dit aux Eglises. Au vainqueur, je donnerai la manne cachée et une pierre blanche ; sur cette pierre est gravé un nom nouveau ʰ, que personne ne connaît sauf celui qui le reçoit. »

A l'Eglise de Thyatire

¹⁸ –A l'*ange de l'Eglise de Thyatire, écris : « Voici ce que dit le Fils de Dieu, dont *les yeux sont comme une flamme ardente et les pieds comme du bronze*ⁱ :

¹⁹ Je connais tes œuvres, ton amour, ta fidélité, ton service et ta persévérance. Je sais que tes dernières œuvres sont plus nombreuses que les premières.

²⁰ Pourtant, j'ai un reproche à te faire : tu laisses cette femme, cette Jézabel ʲ qui se dit prophétesse, égarer mes serviteurs en leur enseignant à participer au culte des idoles, en se livrant à la débauche et en mangeant les viandes des sacrifices. ²¹ Je lui ai laissé du temps pour qu'elle change, mais elle ne veut pas renoncer à son immoralité. ²² Voici : je la jette, elle et ses compagnons de débauche, sur un lit de grande détresse, à moins qu'ils ne changent en renonçant à agir selon son enseignement. ²³ Je livrerai ses *disciples à la mort. Ainsi, toutes les Eglises reconnaîtront que je suis celui qui sonde les pensées et les désirs secrets. Je donnerai à chacun de vous ce que lui auront valu ses actes.

²⁴ Quant à vous, les autres membres de l'Eglise de Thyatire, vous qui ne suivez pas

---

a. 2.6 Cette secte ne nous est connue que par ce que Jean en dit ici ; leur doctrine et leur morale se déduisent des versets 2,14,20,24.

b. 2.7 Gn 2.9.

c. 2.8 Voir note 1.17.

d. 2.10 C'est-à-dire pendant une période relativement brève.

e. 2.11 C'est-à-dire la mort éternelle, la mort physique étant la première (voir 20.6,14 ; 21.8).

f. 2.13 C'est-à-dire, y règne en maître. Pergame était célèbre pour ses temples d'idoles et pour la ferveur avec laquelle on y adorait l'empereur romain.

g. 2.14 Allusion à un devin, Balaam, que le roi Balaq a payé pour maudire les Israélites (Nb 22-24). N'ayant pas réussi, il eut recours à un autre moyen pour les décimer (Nb 25.1-2 ; 31.16).

h. 2.17 Les vainqueurs des jeux olympiques recevaient de telles pierres sur lesquelles était gravé leur nom.

i. 2.18 Voir Dn 10.6.

j. 2.20 Voir 1 R 16.31 ; 2 R 9.22.

cet enseignement et qui n'avez pas voulu connaître ce qu'ils appellent "les profondeurs de *Satan [a]", je vous le déclare : je ne vous impose pas d'autre fardeau. 25 Mais tenez fermement ce que vous avez jusqu'à ce que je vienne.

26 Au vainqueur, à celui qui continue à agir jusqu'à la fin selon mon enseignement, je donnerai autorité sur les nations : 27 *il les dirigera avec un sceptre de fer, comme on brise les poteries d'argile* [b], 28 ainsi que j'en ai reçu, moi aussi, le pouvoir de mon Père. Et je lui donnerai l'étoile du matin.

29 Que celui qui a des oreilles écoute ce que l'Esprit dit aux Eglises. »

A l'Eglise de Sardes

3 —A l'*ange de l'Eglise de Sardes, écris : « Voici ce que dit celui qui a les sept esprits de Dieu [c] et les sept étoiles : Je connais ta conduite, je sais que tu passes pour être vivant, mais tu es mort. 2 Deviens vigilant, raffermis ceux qui restent et qui étaient sur le point de mourir. Car je n'ai pas trouvé ta conduite parfaite devant mon Dieu. 3 Rappelle-toi donc comment tu as reçu et entendu la Parole : Obéis et change ! Car, si tu n'es pas vigilant, je viendrai comme un voleur et tu n'auras aucun moyen de savoir à quelle heure je viendrai te surprendre. 4 Cependant, tu as à Sardes quelques personnes qui n'ont pas sali leurs vêtements ; elles marcheront avec moi en vêtements blancs, car elles en sont dignes.

5 Le vainqueur portera ainsi des vêtements blancs, je n'effacerai jamais son nom du livre de vie, je le reconnaîtrai comme mien en présence de mon Père et de ses *anges.

6 Que celui qui a des oreilles écoute ce que l'Esprit dit aux Eglises. »

A l'Eglise de Philadelphie

7 —A l'*ange de l'Eglise de Philadelphie, écris : « Voici ce que dit le Saint, le Véritable, celui qui tient *la clé de *David* [d], celui qui ouvre et nul ne peut fermer, qui ferme, et nul ne peut ouvrir* [e] :

8 Je connais ta conduite. Voici : j'ai ouvert devant toi une porte que nul ne peut fermer. Je le sais : tu n'as que peu de puissance, tu as obéi à ma Parole et tu ne m'as pas renié. 9 Eh bien, je te donne des membres de la *synagogue de *Satan. Ils se disent *Juifs, mais ne le sont pas : ils mentent. Je les ferai venir se prosterner à tes pieds et reconnaître que moi, je t'ai aimé. 10 Tu as gardé le commandement de persévérer que je t'ai donné. C'est pourquoi, à mon tour, je te garderai à l'heure de l'épreuve qui va venir sur le monde entier pour éprouver tous les habitants de la terre. 11 Je viens bientôt, tiens ferme ce que tu as pour que personne ne te ravisse le prix de la victoire.

12 Du vainqueur, je ferai un pilier dans le *Temple de mon Dieu, et il n'en sortira plus jamais. Je graverai sur lui le nom de mon Dieu et celui de la ville de mon Dieu, la nouvelle *Jérusalem, qui descend du ciel d'auprès de mon Dieu, ainsi que mon nom nouveau.

13 Que celui qui a des oreilles écoute ce que l'Esprit dit aux Eglises. »

A l'Eglise de Laodicée

14 —A l'*ange de l'Eglise de Laodicée, écris : « Voici ce que dit celui qui s'appelle *Amen [f], le témoin digne de foi et véridique, *celui qui a présidé à toute la création de Dieu* [g]. 15 Je connais ta conduite et je sais que tu n'es ni froid, ni bouillant. Ah ! si seulement tu étais froid ou bouillant !

16 Mais puisque tu es tiède, puisque tu n'es ni froid, ni bouillant, je vais te vomir de ma bouche. 17 Tu dis : Je suis riche ! J'ai amassé des trésors ! Je n'ai besoin de rien ! Et tu ne te rends pas compte que tu es misérable et pitoyable, que tu es pauvre, aveugle et nu ! 18 C'est pourquoi je te donne un conseil : achète chez moi de l'or purifié au feu pour devenir réellement riche, des vêtements blancs pour te couvrir afin qu'on ne voie pas ta honteuse nudité, et un collyre pour soigner tes yeux afin que tu puisses voir clair. 19 *Moi, ceux que j'aime, je les reprends et je les corrige* [h]. Fais donc preuve de zèle, et change ! 20 Voici : je me tiens devant la porte et je frappe. Si quelqu'un entend ma voix et ouvre la porte, j'entrerai chez lui et je dînerai avec lui et lui avec moi.

---

a. 2.24 Il s'agit certainement d'un enseignement secret, réservé aux initiés de cette secte, qui s'accompagnait de pratiques immorales (v.20-21).

b. 2.27 Ps 2.8-9.

c. 3.1 C'est-à-dire l'Esprit de Dieu dans sa plénitude (comparer 1.4).

d. 3.7 Posséder la clé c'est pouvoir ouvrir, avoir autorité. Jésus est un descendant du roi David (Ac 2.30), il a toute autorité sur le royaume éternel promis à David.

e. 3.7 Es 22.20.

f. 3.14 C'est-à-dire celui en qui tout est vrai, certain, en qui toutes les promesses de Dieu sont accomplies (voir 2 Co 1.20).

g. 3.14 Voir Pr 8.22.

h. 3.19 Pr 3.12.

²¹ Le vainqueur, je le ferai siéger avec moi sur mon trône, comme moi-même, je suis allé siéger avec mon Père sur son trône après avoir remporté la victoire.

²² Que celui qui a des oreilles écoute ce que l'Esprit dit aux Eglises. »

LES SEPT SCEAUX

Une porte ouverte dans le ciel

4 Après cela, je vis une porte ouverte dans le ciel. Et la voix que j'avais entendu me parler au début et qui résonnait comme une trompette me dit :

—Monte ici, et je te montrerai ce qui doit arriver après cela.

La vision du trône de Dieu[a]

² A l'instant, l'Esprit se saisit de moi. Et voici : il y avait un trône dans le ciel. Et sur ce trône quelqu'un siégeait. ³ Celui qui siégeait avait l'aspect d'une pierre de jaspe et de sardoine. Un arc-en-ciel entourait le trône, brillant comme l'émeraude.

⁴ Autour du trône se trouvaient vingt-quatre trônes. Et sur ces trônes siégeaient vingt-quatre vieillards[b]. Ils étaient vêtus de blanc, et portaient des couronnes d'or sur la tête. ⁵ Du trône jaillissaient des éclairs, des voix et des coups de tonnerre. Devant le trône brûlaient sept flambeaux ardents, qui sont les sept esprits de Dieu. ⁶ Devant le trône s'étendait comme une mer de verre, transparente comme du cristal. Au milieu du trône et tout autour se tenaient quatre êtres vivants entièrement couverts d'yeux, devant et derrière.

⁷ Le premier d'entre eux ressemblait à un lion, le deuxième à un jeune taureau, le troisième avait le visage pareil à celui d'un homme et le quatrième était semblable à un aigle en plein vol. ⁸ Chacun de ces quatre êtres vivants avait six ailes couvertes d'yeux par-dessus et par-dessous. Jour et nuit, ils ne cessent de dire :

*Saint, saint, saint
le Seigneur,*[c]
le Dieu tout-puissant,
celui qui était,
qui est et qui vient.

⁹ Et chaque fois que les êtres vivants présentent leur adoration, leur hommage et leur reconnaissance à celui qui siège sur le trône, à celui qui vit éternellement, ¹⁰ les vingt-quatre vieillards se prosternent devant celui qui siège sur le trône et adorent celui qui vit éternellement. Ils déposent leurs couronnes devant le trône, ¹¹ en disant :

Tu es digne,
Seigneur notre Dieu,
qu'on te donne gloire,
honneur et puissance,
car tu as créé
tout ce qui existe,
l'univers entier
doit son existence
et sa création
à ta volonté.

Le livre scellé de sept sceaux et l'Agneau égorgé

5 Alors je vis dans la main droite de celui qui siégeait sur le trône un livre écrit à l'intérieur et à l'extérieur. Il était scellé de sept *sceaux[d]. ² Je vis aussi un *ange puissant qui proclamait d'une voix forte :

—Qui est digne d'ouvrir le livre et d'en rompre les sceaux ?

³ Mais personne, ni au ciel, ni sur la terre, ni sous la terre, n'était capable d'ouvrir le livre ni de le lire.

⁴ Je me mis à pleurer abondamment parce qu'on ne trouvait personne qui fût digne d'ouvrir le livre et de le lire. ⁵ Alors l'un des vieillards me dit :

—Ne pleure pas. Voici : il a remporté la victoire, le lion de la tribu de *Juda[e], *le rejeton de la racine de *David*[f], pour ouvrir le livre et ses sept sceaux.

⁶ Alors je vis, au milieu du trône et des quatre êtres vivants et au milieu des vieillards, un Agneau qui se tenait debout. Il semblait avoir été égorgé. Il avait sept cornes et sept yeux[g], qui sont les sept esprits de Dieu envoyés par toute la terre.

⁷ L'Agneau s'avança pour recevoir le livre de la main droite de celui qui siégeait sur le

---

a. 4.2 Cette vision rappelle en particulier la vision d'Ez 1.

b. 4.4 Très certainement, les représentants de l'ensemble des rachetés de l'ancienne et de la nouvelle alliance.

c. 4.8 Voir Es 6.3.

d. 5.1 Le livre est un testament en forme de rouleau. Chaque fois que l'on brisait un des sceaux, on pouvait donc lire une partie du testament.

e. 5.5 Titre du Messie se référant à Gn 49.8-10 où Juda est comparé à un lion.

f. 5.5 Voir Es 11.1,10.

g. 5.6 Dans la Bible, la *corne* symbolise la puissance, les *yeux* la connaissance, *sept* la perfection, la totalité (voir Za 3.9 ; 4.10).

trône. [8] Lorsqu'il eut pris le livre, les quatre êtres vivants et les vingt-quatre vieillards se prosternèrent devant l'Agneau. Ils avaient chacun une harpe et des coupes d'or remplies d'*encens qui représentent les prières de ceux qui appartiennent à Dieu. [9] Et ils chantaient un cantique nouveau :

Oui, tu es digne
de recevoir le livre,
et d'en briser les sceaux
car tu as été mis à mort
et tu as racheté pour Dieu,
par ton sang répandu,
des hommes de toute tribu,
de toute langue, de tout peuple,
de toutes les nations.
[10] Tu as fait d'eux
un peuple de rois et de *prêtres
au service de notre Dieu,
et ils régneront sur la terre.

[11] Puis je vis, et j'entendis la voix d'*anges rassemblés en grand nombre autour du trône, des êtres vivants et des vieillards. Ils étaient des milliers de milliers et des millions de millions . [12] Ils disaient d'une voix forte :

Il est digne,
l'Agneau qui fut égorgé,
de recevoir la puissance,
la richesse et la sagesse,
la force et l'honneur
et la gloire et la louange.

[13] Et toutes les créatures dans le ciel, sur la terre, sous la terre et sur la mer, tous les êtres qui peuplent l'univers, je les entendis proclamer :

A celui
qui siège sur le trône
et à l'Agneau
soient louange et honneur,
gloire et puissance
pour toute éternité.

[14] Les quatre êtres vivants répondaient : « *Amen », et les vieillards se prosternèrent et adorèrent.

Ouverture du premier sceau : le conquérant

6 Puis je vis l'Agneau ouvrir le premier des sept *sceaux et j'entendis l'un des quatre êtres vivants dire d'une voix de tonnerre :
—Viens !

[2] Et je vis venir un cheval blanc. Son cavalier [a] était armé d'un arc. Une couronne lui fut donnée, et il partit en vainqueur et pour vaincre.

Ouverture du deuxième sceau : la guerre

[3] Quand l'Agneau ouvrit le deuxième sceau, j'entendis le deuxième être vivant dire :
—Viens ! [4] Un autre cheval sortit : il était rouge feu. Son cavalier reçut le pouvoir de bannir la paix de la terre pour que les hommes s'entretuent, et une grande épée lui fut donnée.

Ouverture du troisième sceau : la famine

[5] Quand l'Agneau ouvrit le troisième sceau, j'entendis le troisième être vivant dire :
—Viens !
Et je vis venir un cheval noir. Son cavalier tenait une balance dans la main. [6] Et j'entendis comme une voix venant du milieu des quatre êtres vivants ; elle disait :
—Un litre de blé au prix d'une journée de travail [b] et trois litres d'orge pour le même prix. Quant à l'huile et au vin, épargne-les !

Ouverture du quatrième sceau : la mort

[7] Quand l'Agneau ouvrit le quatrième *sceau, j'entendis la voix du quatrième être vivant dire :
—Viens !
[8] Et je vis venir un cheval blême. Son cavalier s'appelle « La Mort » et il était suivi du séjour des morts. Il leur fut donné le pouvoir sur le quart de la terre de faire périr les hommes par l'épée, la famine, les épidémies et les bêtes féroces.

Ouverture du cinquième sceau : vision des martyrs

[9] Quand l'Agneau ouvrit le cinquième sceau, je vis, sous l'autel, les âmes de ceux qui avaient été égorgés à cause de leur fidélité à la Parole de Dieu et du témoignage qu'ils avaient rendu. [10] Ils s'écrièrent d'une voix forte :
—Maître saint et véritable, jusques à quand tarderas-tu à juger les habitants de la terre et à leur demander compte de notre mort [c] ?

---

a. **6.2** La vision des v.2-9 est inspirée de Za 1.8 ; 6.1-8.

b. **6.6** On a estimé que cela représentait environ dix fois le prix normal.

c. **6.10** Réminiscence de Za 1.12.

[11] Alors chacun d'eux reçut une tunique blanche, et il leur fut dit de patienter encore un peu de temps jusqu'à ce que soit au complet le nombre de leurs compagnons de service et de leurs frères qui allaient être mis à mort comme eux.

Ouverture du sixième sceau : le jour de la colère

[12] Puis je vis l'Agneau ouvrir le sixième sceau et il y eut un violent tremblement de terre. Le soleil devint noir comme une toile de sac, la lune tout entière devint rouge comme du sang. [13] Les étoiles du ciel s'abattirent sur la terre, comme font les fruits verts d'un figuier secoué par un gros coup de vent. [14] Le ciel se retira comme un parchemin qu'on enroule, et toutes les montagnes et toutes les îles furent enlevées de leur place. [15] Les rois de la terre et les hauts dignitaires, les chefs militaires, les riches et les puissants, tous les esclaves et tous les hommes libres, allèrent se cacher au fond des cavernes et parmi les rochers des montagnes. [16] Ils criaient aux montagnes et aux rochers :

—Tombez sur nous et cachez-nous loin du regard de celui qui siège sur le trône, loin de la colère de l'Agneau. [17] Car le grand jour de leur colère est arrivé, et qui peut subsister ?

Les cent quarante-quatre mille marqués du sceau de Dieu [a]

7 Après cela, je vis quatre *anges ; ils se tenaient debout aux quatre coins de la terre. Ils retenaient les quatre vents de la terre pour qu'aucun vent ne souffle ni sur la terre, ni sur la mer, ni sur aucun arbre.

[2] Et je vis un autre ange monter du côté de l'Orient. Il tenait le *sceau du Dieu vivant. Il cria d'une voix forte aux quatre anges auxquels Dieu avait donné le pouvoir de ravager la terre et la mer. [3] Il leur dit :

—Ne faites pas de mal à la terre, à la mer, ni aux arbres, tant que nous n'avons pas marqué du sceau le front des serviteurs de notre Dieu [b].

[4] J'entendis le nombre de ceux qui furent ainsi marqués : ils étaient cent quarante-quatre mille de toutes les tribus du peuple d'*Israël à porter cette marque : [5] douze mille de la tribu de *Juda marqués du sceau, douze mille de la tribu de Ruben, douze mille de la tribu de Gad, [6] douze mille de la tribu d'Aser, douze mille de la tribu de Nephtali, douze mille de la tribu de Manassé, [7] douze mille de la tribu de Siméon, douze mille de la tribu de Lévi, douze mille de la tribu d'Issacar, [8] douze mille de la tribu de Zabulon, douze mille de la tribu de Joseph, douze mille de la tribu de Benjamin, marqués du sceau.

L'Eglise triomphante

[9] Après cela, je vis une foule immense, que nul ne pouvait dénombrer. C'étaient des gens de toute nation, de toute tribu, de tout peuple, de toute langue. Ils se tenaient debout devant le trône et devant l'Agneau, vêtus de tuniques blanches et ils avaient à la main des branches de palmiers [c]. [10] Ils proclamaient d'une voix forte :

—Le salut appartient à notre Dieu qui siège sur le trône, et à l'Agneau.

[11] Et tous les *anges se tenaient debout tout autour du trône, des vieillards et des quatre êtres vivants. Ils se prosternèrent face contre terre devant le trône et ils adorèrent Dieu en disant :

[12] *Amen !
A notre Dieu soient la louange,
la gloire et la sagesse,
la reconnaissance et l'honneur,
la puissance et la force
pour toute éternité !
*Amen !

[13] Alors l'un des vieillards prit la parole et me demanda :

—Ces gens vêtus d'une tunique blanche, qui sont-ils et d'où sont-ils venus ?

[14] Je lui répondis :

—Mon seigneur, c'est toi qui le sais.

Il reprit :

—Ce sont ceux qui viennent de la grande détresse. Ils ont lavé et blanchi leurs tuniques dans le sang de l'Agneau. [15] C'est pourquoi ils se tiennent devant le trône de Dieu et lui rendent un culte nuit et jour dans son Temple. Et celui qui siège sur le trône *les abritera sous sa Tente* [d]. [16] Ils ne connaîtront plus ni la faim, ni la soif ; *ils ne souffriront plus des ardeurs du soleil*, ni d'aucune chaleur brûlante [e]. [17] Car l'Agneau qui est au milieu du trône prendra

---

a. 7.1 Voir Ez 9.
b. 7.3 Scène inspirée d'Ez 9.4.
c. 7.9 Lors de la fête des Cabanes, les Israélites entraient en cortège dans le Temple en chantant le Ps 118 et en agitant des branches de palmiers en signe de joie et de victoire.
d. 7.15 Es 4.6.
e. 7.16 Es 49.10.

soin d'eux comme un berger, il les conduira vers les sources d'eaux vives, et *Dieu lui-même essuiera toute larme de leurs yeux* ª.

Ouverture du septième sceau : un grand silence

8 Quand l'Agneau ouvrit le septième *sceau, il se fit dans le ciel un silence d'environ une demi-heure.

LES SEPT TROMPETTES

² Alors je vis les sept *anges qui se tiennent devant Dieu. Sept trompettes leur furent données.

³ Un autre ange vint et se plaça sur l'autel. Il portait un encensoir d'or. On lui remit de nombreux parfums pour les offrir sur l'autel d'or devant le trône avec les prières de tous ceux qui appartiennent à Dieu. ⁴ Et, de la main de l'ange, la fumée des parfums s'éleva devant Dieu, avec les prières de ceux qui appartiennent à Dieu.

⁵ L'ange prit l'encensoir, le remplit de braises ardentes prises sur l'autel et le lança sur la terre. Il y eut alors des coups de tonnerre, des voix, des éclairs et un tremblement de terre.

⁶ Alors les sept anges qui tenaient les sept trompettes s'apprêtèrent à en sonner.

Les quatre premières trompettes

⁷ Le premier *ange sonna de la trompette : aussitôt de la grêle ᵇ mêlée de feu et de sang s'abattit sur la terre. Le tiers de la terre fut brûlé, le tiers des arbres furent brûlés et toute plante verte fut brûlée.

⁸ Le deuxième ange sonna de la trompette : une énorme masse incandescente ressemblant à une montagne embrasée fut précipitée dans la mer. Le tiers de la mer devint comme du sang. ⁹ Le tiers des créatures vivantes dans la mer périrent et le tiers des bateaux furent détruits.

¹⁰ Le troisième ange sonna de la trompette : un grand astre enflammé, une sorte de globe de feu, tomba du ciel sur le tiers des fleuves et sur les sources d'eau. ¹¹ Cet astre se nomme « Absinthe ». Le tiers des eaux se transforma en un liquide amer comme l'absinthe et beaucoup d'hommes moururent pour avoir bu ces eaux parce qu'elles étaient devenues amères.

¹² Le quatrième ange sonna de la trompette : le tiers du soleil, le tiers de la lune et le tiers des étoiles furent frappés, de sorte que le tiers de leur lumière s'éteignit, et la clarté du jour, comme celle de la nuit, diminua d'un tiers.

L'annonce de trois malheurs

¹³ Alors je vis un aigle qui planait au zénith et je l'entendis crier d'une voix forte :

—Malheur, malheur, malheur aux habitants de la terre, quand retentiront les trois trompettes que les trois derniers *anges vont faire sonner !

La cinquième trompette – le premier malheur : déchaînement des forces de l'abîme

9 Puis le cinquième *ange sonna de la trompette ; et je vis un astre qui était tombé du ciel sur la terre. La clé du puits de l'abîme lui fut donnée. ² Il ouvrit le puits de l'abîme, et une fumée épaisse s'en éleva, comme celle d'une grande fournaise. Le soleil et l'air furent obscurcis par la fumée qui s'échappait du puits. ³ De cette fumée sortirent des sauterelles qui se répandirent sur la terre. Il leur fut donné un pouvoir semblable à celui des scorpions. ⁴ Elles reçurent l'ordre de ne pas faire de mal à l'herbe de la terre, ni à aucune plante verte, ni à aucun arbre, mais de s'attaquer seulement aux hommes qui ne portent pas le *sceau de Dieu sur le front. ⁵ Il leur fut donné, non pas de les tuer, mais de les torturer pendant cinq mois. La douleur qu'elles causaient ressemblait à celle qu'une piqûre de scorpion inflige à un homme. ⁶ En ces jours-là, les hommes chercheront la mort mais ils ne la trouveront pas. Ils l'appelleront de leurs *vœux, mais la mort les fuira.

⁷ Ces sauterelles ressemblaient à des chevaux harnachés pour la bataille. Elles avaient sur la tête comme des couronnes d'or, et leur face ressemblait à un visage humain. ⁸ Leur chevelure était pareille à celle des femmes, et leurs dents à celles des lions. ⁹ Leur thorax paraissait cuirassé de fer, et le bruit de leurs ailes évoquait le fracas d'une charge de chars tirés pour le combat par de nombreux chevaux. ¹⁰ Elles avaient des queues armées de dards comme celles des scorpions. C'est avec leur queue qu'elles pouvaient torturer les hommes pendant cinq mois.

¹¹ Elles avaient pour roi l'*ange de l'abîme qui s'appelle en hébreu Abaddon et en grec Apollyon.

¹² Le premier malheur est passé. Voici : deux malheurs encore viennent après lui.

---

a. 7.17 Es 25.8.
b. 8.7 Ces fléaux rappellent les plaies d'Egypte (comparer Ex 9.13-25).

La sixième trompette – le deuxième malheur : invasion d'une formidable armée

[13] Le sixième *ange sonna de la trompette. J'entendis alors une voix sortant des quatre cornes de l'autel d'or qui se trouve devant Dieu. [14] Elle disait au sixième ange qui tenait la trompette :

–Libère les quatre anges qui sont enchaînés au bord du grand fleuve, l'Euphrate [a].

[15] On délia donc les quatre anges tenus prêts pour cette heure, ce jour, ce mois et cette année, afin qu'ils exterminent le tiers de l'humanité. [16] Ils étaient deux cents millions de cavaliers. C'était leur nombre, tel que je l'entendis.

[17] Voici comment, dans ma vision, je vis les chevaux et leurs cavaliers : ils portaient des cuirasses rouge feu, bleu turquoise et jaune soufre ; les têtes des chevaux rappelaient celles des lions et leur gueule crachait du feu, de la fumée et du soufre. [18] Par ces trois fléaux qui sortaient de leur gueule : le feu, la fumée et le soufre, le tiers de l'humanité fut exterminé. [19] Car le pouvoir des chevaux se trouvait dans leur gueule et dans leur queue. En effet, leurs queues ressemblaient à des serpents, elles étaient pourvues de têtes qui leur servaient à nuire.

[20] Mais le reste des hommes qui avaient survécu à ces fléaux, ne renoncèrent pas à leurs façons d'agir ; ils ne cessèrent pas d'adorer les démons ainsi que les idoles d'or, d'argent, de bronze, de pierre et de bois, bien qu'elles soient incapables de voir, d'entendre et de bouger. [21] Ils ne renoncèrent pas à leurs meurtres, à leurs pratiques magiques, à leur immoralité et à leur malhonnêteté.

Le petit livre

10 Ensuite je vis un autre *ange puissant descendre du ciel, enveloppé d'une nuée. Un arc-en-ciel auréolait sa tête. Son visage rayonnait comme le soleil, et ses jambes ressemblaient à des colonnes de feu. [2] Dans sa main, il tenait un petit livre ouvert. Il posa son pied droit sur la mer et le gauche sur la terre. [3] Il se mit à crier d'une voix forte comme rugit un lion. Quand il eut crié, les sept tonnerres firent retentir leur voix.

[4] Quand ils eurent fini de parler, je me disposais à transcrire leur message, lorsqu'une voix venant du ciel me dit : « Garde sous le *sceau du secret les déclarations des sept tonnerres, ne les note pas. »

[5] Alors, l'*ange *que j'avais vu debout sur la mer et sur la terre leva la main droite vers le ciel* [6] *et jura solennellement* [b] *par celui qui vit éternellement, qui a créé le ciel et tout ce qui s'y trouve, la terre et tout ce qui s'y trouve, la mer et tout ce qui s'y trouve* :

–Désormais, il n'y aura plus de délai ! [7] Au jour où retentira la trompette du septième ange, tout le plan secret de Dieu s'accomplira, comme il l'a annoncé à ses serviteurs, ses *prophètes.

[8] De nouveau, la voix que j'avais entendue venant du ciel m'adressa la parole :

–Va, me dit-elle, prends le livre ouvert dans la main de l'ange qui se tient debout sur la mer et sur la terre.

[9] Je m'approchai donc de l'ange, en le priant de me remettre le petit livre.

–Tiens, me dit-il, mange-le. *Il te remplira l'estomac d'amertume, mais dans ta bouche, il sera doux comme du miel* [c] ! [10] Je pris donc le petit livre de la main de l'ange et je le mangeai. Dans ma bouche, il fut doux comme du miel, mais, après l'avoir mangé, mon estomac fut rempli d'amertume. [11] Alors on me dit :

–Tu dois encore *prophétiser concernant beaucoup de peuples, de nations, de langues et de rois.

Les deux témoins [d]

11 Je reçus un roseau, une sorte de baguette d'arpenteur, avec cet ordre :

–Debout, prends les mesures du *Temple de Dieu et de l'autel, compte [e] ceux qui s'y prosternent dans l'adoration. [2] Mais laisse de côté le parvis extérieur du Temple, ne le mesure donc pas, car il a été abandonné aux nations païennes ; elles piétineront la ville sainte pendant quarante-deux mois. [3] Je confierai à mes deux témoins la mission de *prophétiser, habillés de vêtements de deuil, pendant mille deux cent soixante jours. [4] Ces deux témoins sont les deux oliviers et les deux chandeliers qui se tiennent devant le Seigneur de la Terre. [5] Si quelqu'un veut leur faire du mal, un feu jaillit de leur bouche et consume leurs ennemis. Oui, si quelqu'un

---

b. 10.6 Voir Dn 12.7.

c. 10.9 Voir Ez 3.3.

d. 11.1 Scène inspirée d'Ez 40.1-5 et Za 2.5-7 ; 4.

e. 11.1 Le grec, dans ce verset, n'a qu'un seul verbe : *prends les mesures*, ce qui pourrait suggérer que ce sont ceux qui adorent qui composent le Temple.

---

a. 9.14 Fleuve de la Mésopotamie (dans l'Irak actuel) qui constituait la frontière orientale de l'empire romain.

veut leur faire du mal, c'est ainsi qu'il lui faudra mourir [a].

[6] Ces deux témoins ont le pouvoir de fermer le ciel pour empêcher la pluie de tomber durant tout le temps où ils *prophétiseront. Ils ont aussi le pouvoir de changer les eaux en sang et de frapper la terre de toutes sortes de plaies, aussi souvent qu'ils le voudront [b].

[7] Mais lorsqu'ils auront achevé de rendre leur témoignage, la bête qui monte de l'abîme combattra contre eux, elle les vaincra et les tuera. [8] Leurs cadavres resteront exposés sur la place de la grande ville qui s'appelle symboliquement *Sodome et Egypte [c], c'est la ville où leur Seigneur a été crucifié. [9] Des gens de tout peuple, de toute tribu, de toute langue et de toute nation regarderont leurs cadavres pendant trois jours et demi et s'opposeront à leur ensevelissement. [10] Tous les habitants de la terre seront dans la joie à cause de leur mort, ils s'en réjouiront et échangeront des cadeaux, car ces deux *prophètes leur auront causé bien des tourments.

[11] Mais au bout de ces trois jours et demi, un esprit de vie venu de Dieu entra en eux, et ils se dressèrent sur leurs pieds. La terreur s'empara de tous les assistants. [12] Une voix puissante venant du ciel cria aux deux témoins : « Montez ici ! » ; ils montèrent au ciel dans la nuée sous les regards de leurs ennemis. [13] Au même instant se produisit un grand tremblement de terre qui fit s'effondrer la dixième partie de la ville et, dans ce tremblement de terre, sept mille personnes périrent. Les survivants furent saisis d'effroi, et rendirent hommage au Dieu du ciel.

[14] Le deuxième malheur est passé ; voici, le troisième malheur vient rapidement.

La septième trompette : la venue du royaume du Christ

[15] Le septième *ange sonna de la trompette, et des voix retentirent dans le ciel :

—Le royaume du monde a passé maintenant aux mains de notre Seigneur et de son Christ. Il régnera éternellement.

[16] Et les vingt-quatre vieillards qui siègent devant Dieu sur leurs trônes se prosternèrent

la face contre terre, et adorèrent Dieu [17] en disant :

Seigneur Dieu tout-puissant
qui es et qui étais,
nous te disons
notre reconnaissance
car tu as mis en œuvre
ton immense puissance
pour établir ton règne.
[18] Les nations s'étaient soulevées
dans leur fureur,
mais ta colère est arrivée.
L'heure est venue
où tous les morts seront jugés
et où tes serviteurs
les *prophètes,
tous ceux qui t'appartiennent,
tous ceux qui te révèrent,
petits et grands,
seront récompensés.
C'est aussi le moment
où ceux qui détruisent la terre
seront détruits.

LES SEPT SIGNES OU VISIONS

[19] Alors s'ouvrit le Temple de Dieu qui est dans le ciel, et le coffre de son *alliance y apparut. Il y eut des éclairs, des voix, des coups de tonnerre, un tremblement de terre et une forte grêle.

Le signe de la femme enceinte

12 Alors un signe grandiose apparut dans le ciel : c'était une femme. Elle avait pour vêtement le soleil, la lune sous ses pieds et une couronne de douze étoiles sur sa tête. [2] Elle était enceinte, sur le point d'accoucher, et ses douleurs lui arrachaient des cris.

[3] Là-dessus, un autre signe parut dans le ciel, et voici : c'était un dragon [d] énorme, couleur de feu. Il avait sept têtes et dix cornes. Chacune de ses sept têtes portait un diadème. [4] Sa queue balaya le tiers des étoiles du ciel et les jeta sur la terre. Le dragon se posta devant la femme qui allait accoucher, pour dévorer son enfant dès qu'elle l'aurait mis au monde. [5] Or, elle enfanta un fils, un garçon qui est destiné à *diriger toutes les nations avec un sceptre de fer* [e]. Et son enfant fut enlevé auprès de Dieu et de son trône. [6] La femme

---

a. 11.5 Voir 2 R 1.

b. 11.6 Allusion à Elie (1 R 17.1) et à Moïse (Ex 7.17-21).

c. 11.8 *Sodome*, ville connue pour son immoralité ; *Egypte*, pays de l'esclavage dont Dieu a libéré son peuple sous la conduite de Moïse.

d. 12.3 Animal légendaire symbolisant le diable. Voir Es 27.1 et note.

e. 12.5 Ps 2.9.

s'enfuit au désert, où Dieu lui avait préparé un refuge pour qu'elle y soit nourrie pendant mille deux cent soixante jours.

7 Alors une bataille s'engagea dans le ciel : Michel [a] et ses *anges combattirent contre le dragon, et celui-ci les combattit avec ses anges ; 8 mais le dragon ne remporta pas la victoire et ne put maintenir leur position au ciel. 9 Il fut précipité, le grand dragon, le Serpent ancien [b], qu'on appelle le diable et *Satan, celui qui égare le monde entier. Il fut précipité sur la terre, et ses anges furent précipités avec lui.

10 Puis j'entendis dans le ciel une voix puissante qui disait :

Maintenant, le temps du salut
est arrivé.
Maintenant, notre Dieu
a manifesté sa puissance
et instauré son règne.
Maintenant, son *Messie
a pris l'autorité en mains.
Car l'Accusateur [c] de nos frères,
celui qui, jour et nuit,
les a accusés devant Dieu,
a été jeté hors du ciel.
11 Mais eux, ils l'ont vaincu
grâce au sang de l'Agneau
et grâce au témoignage
qu'ils ont rendu pour lui,
car ils n'ont pas aimé leur vie
jusqu'à redouter de mourir.
12 Réjouis-toi donc, ô ciel,
et vous qui habitez au ciel,
réjouissez-vous !
Mais malheur à la terre
et malheur à la mer :
le diable est descendu
vers vous rempli de rage
car il sait qu'il lui reste
très peu de temps.

13 Quand le dragon se vit précipité sur la terre, il se lança à la poursuite de la femme qui avait mis au monde le garçon. 14 Mais les deux ailes d'un grand aigle furent données à la femme pour qu'elle s'envole vers le désert jusqu'au lieu qui lui est réservé. Là elle doit être nourrie pendant un temps, deux temps, et la moitié d'un temps, loin du Serpent. 15 Le Serpent vomit de sa gueule, derrière la femme, de l'eau abondante comme un fleuve, pour qu'elle soit emportée dans ses flots. 16 Mais la terre vint au secours de la femme : elle ouvrit sa bouche et absorba le fleuve que le dragon avait vomi de sa gueule. 17 Alors, furieux contre la femme, le dragon s'en alla faire la guerre au reste de ses enfants, c'est-à-dire à ceux qui obéissent aux commandements de Dieu et qui s'attachent au témoignage rendu par Jésus. 18 Il se posta [d] sur le rivage sablonneux de la mer.

La bête qui monte de la mer [e]

13 Alors je vis monter de la mer une bête qui avait sept têtes et dix cornes. Elle portait sur ses cornes dix diadèmes et sur ses têtes étaient inscrits des titres insultants pour Dieu. 2 La bête que je vis avait l'allure d'un léopard, ses pattes ressemblaient à celles d'un ours et sa gueule à celle d'un lion. Le dragon lui donna sa puissance, son trône et une grande autorité. 3 L'une de ses têtes semblait avoir reçu un coup mortel, comme si elle avait été égorgée. Mais la blessure dont elle aurait dû mourir fut guérie. Là-dessus, le monde entier, rempli d'admiration, se rangea derrière la bête.

4 Les peuples adorèrent le dragon, parce qu'il avait donné son pouvoir à la bête. Ils adorèrent aussi la bête, en disant : « Qui est semblable à la bête ? Qui peut combattre contre elle ? » 5 Il lui fut donné une gueule pour proférer des discours arrogants et insultants contre Dieu. Elle reçut le droit d'exercer son autorité pendant quarante-deux mois. 6 Elle ouvrit sa gueule pour proférer des *blasphèmes et insulter Dieu, la Tente où il demeure et ceux dont la demeure est au ciel. 7 Il lui fut même permis de *faire la guerre à ceux qui appartiennent à Dieu et de les vaincre* [f]. Elle reçut autorité sur tout peuple, toute tribu, toute langue et toute nation. 8 Tous les habitants de la terre l'adoreront, tous ceux dont le nom n'est pas inscrit, depuis l'origine du monde, dans le livre de vie de l'Agneau égorgé. 9 Que celui qui a des oreilles écoute ! 10 Si quelqu'un doit aller en captivité, il ira certainement en captivité. Si quelqu'un

---

a. 12.7 Voir Dn 10.13,21 ; 12.1.
b. 12.9 Voir Gn 3.1ss.
c. 12.10 Sens du nom de Satan (voir Jb 1.7-12 ; 2.2-5 ; Za 3.1-5).

d. 12.18 Certains manuscrits relient ce verset à celui qui suit et ont : et je me tins.
e. 13.1 Les visions de ce chapitre rappellent celles de Dn 7.
f. 13.7 Dn 7.21.

doit périr par l'épée, il périra certainement par l'épée [a]. C'est là que ceux qui appartiennent à Dieu doivent faire preuve d'endurance et de foi.

La bête qui monte de la terre

[11] Ensuite je vis une autre bête monter de la terre. Elle portait deux cornes semblables à celles d'un agneau, mais elle parlait comme un dragon. [12] Cette nouvelle bête exerçait tout le pouvoir de la première bête en sa présence. Elle amenait la terre et ses habitants à adorer la première bête, celle qui avait été guérie de sa blessure mortelle. [13] Elle accomplissait des signes miraculeux, faisant tomber le feu du ciel sur la terre à la vue de tout le monde. [14] Par les signes miraculeux qu'il lui fut donné d'accomplir au service de la première bête, elle égarait tous les habitants de la terre. Elle leur demandait de faire une image de la bête qui avait été frappée de l'épée et qui était de nouveau vivante. [15] Il lui fut même donné d'animer l'image de la bête, et l'image se mit à parler et elle faisait mourir ceux qui refusaient de l'adorer.

[16] Elle amena tous les hommes, gens du peuple et grands personnages, riches et pauvres, hommes libres et esclaves, à se faire marquer d'un signe sur la main droite ou sur le front. [17] Et personne ne pouvait acheter ou vendre sans porter ce signe : soit le nom de la bête, soit le nombre correspondant à son nom. [18] C'est ici qu'il faut de la sagesse. Que celui qui a de l'intelligence déchiffre le nombre de la bête. Ce nombre représente le nom d'un homme [b], c'est : six cent soixante-six [c].

L'Agneau et les cent quarante-quatre mille rachetés

14 Alors je vis l'Agneau qui se tenait debout sur le mont Sion, et avec lui, les cent quarante-quatre mille qui portent son nom et le nom de son Père inscrits sur leurs fronts. [2] J'entendis une voix qui venait du ciel et qui résonnait comme de grandes eaux, comme le grondement d'un coup de tonnerre violent. C'était comme le son d'un orchestre de harpistes jouant de leurs instruments. [3] Tous ces gens chantaient un canti-

que nouveau devant le trône, devant les quatre êtres vivants, et devant les vieillards. Et ce cantique, personne ne pouvait l'apprendre excepté les cent quarante-quatre mille, les rachetés de la terre.

[4] Ce sont ceux qui ne se sont pas souillés avec des femmes, ils sont restés vierges. Ils suivent l'Agneau partout où il va. Ils ont été rachetés d'entre les hommes pour être offerts comme des premiers fruits à Dieu et à l'Agneau. [5] Il ne s'est pas trouvé de mensonge dans leur bouche. Ils sont irréprochables.

L'annonce du jugement et de la chute de Babylone

[6] Ensuite je vis un autre *ange volant au zénith. Il avait une Bonne Nouvelle éternelle à annoncer à tous les habitants de la terre, à toute nation, toute tribu, toute langue et tout peuple. [7] Il criait d'une voix forte :

—Révérez Dieu et donnez-lui gloire, car l'heure a sonné où il va rendre son jugement. Adorez donc celui qui a fait le ciel, la terre, la mer et les sources.

[8] Un second ange le suivit, disant :

—Elle est tombée, la grande Babylone [d] est tombée, celle qui a fait boire à toutes les nations le vin de sa furieuse prostitution.

[9] Un troisième ange les suivit, proclamant d'une voix forte :

—Celui qui adore la bête et son image et qui accepte de recevoir sa marque sur le front et sur la main, [10] devra aussi boire du vin de la fureur de Dieu. Ce vin lui sera versé pur dans la coupe [e] de la colère divine, et il souffrira des tourments dans le feu et le soufre devant les saints anges et devant l'Agneau. [11] La fumée de leur tourment s'élèvera à perpétuité. Quiconque adore la bête et son image, quiconque accepte la marque de son nom ne connaîtra aucun repos, ni de jour, ni de nuit.

[12] C'est là que les membres du peuple de Dieu, ceux qui obéissent aux commandements de Dieu et vivent selon la foi en Jésus, doivent faire preuve d'endurance.

---

a. **13.10** Les manuscrits contiennent plusieurs variantes pour ce verset.

b. **13.18** Autres traductions : *car c'est un chiffre humain* ou *un chiffre à votre portée.*

c. **13.18** Quelques manuscrits ont : *six cent seize.*

d. **14.8** L'ancienne Babylone en Mésopotamie était la capitale politique, économique et religieuse d'un empire mondial ; c'est à Babylone que le peuple de Dieu de l'ancienne alliance a été mené en exil.

e. **14.10** L'Ancien Testament représente souvent le jugement sous l'image d'une coupe (symbole du destin) donnée à boire (Ps 75.9 ; Es 51.17 ; Jr 25.15).

¹³ Puis j'entendis une voix venant du ciel me dire :

—Ecris : Heureux, dès à présent, ceux qui meurent unis au Seigneur. Oui, dit l'Esprit, car ils se reposent de toute la peine qu'ils ont prise, et ils seront récompensés pour leurs œuvres.

La moisson et la vendange

¹⁴ Alors je vis une nuée blanche sur laquelle siégeait quelqu'un qui ressemblait à un fils d'homme. Il avait sur la tête une couronne d'or et tenait à la main une faucille bien tranchante.

¹⁵ Puis un autre *ange sortit du *Temple, criant d'une voix forte à celui qui siégeait sur la nuée :

—Lance ta faucille et moissonne ! Car l'heure est venue de moissonner et la moisson de la terre est mûre.

¹⁶ Celui qui siégeait sur la nuée lança sa faucille sur la terre, et la terre fut moissonnée.

¹⁷ Un autre ange sortit du sanctuaire céleste, tenant lui aussi une faucille bien tranchante. ¹⁸ Puis un autre ange encore, l'ange préposé au feu, quitta l'autel et cria d'une voix forte à celui qui tenait la faucille tranchante :

—Lance ta faucille tranchante et vendange les grappes de la vigne de la terre, car ses raisins sont mûrs.

¹⁹ L'ange lança sa faucille sur la terre et vendangea la vigne de la terre. Il versa sa récolte dans le grand pressoir de la colère de Dieu. ²⁰ On écrasa les raisins dans le pressoir, hors de la ville. Le sang en sortit si abondamment qu'il atteignit la hauteur du mors des chevaux sur une étendue de mille six cents stades [a].

Le signe des sept derniers fléaux

15 Puis je vis dans le ciel un autre signe grandiose qui me remplit d'étonnement : sept *anges portant sept fléaux, les sept derniers par lesquels se manifeste la colère de Dieu. ² Je vis aussi comme une mer cristalline mêlée de feu. Ceux qui avaient vaincu la bête, son image et le nombre de son nom se tenaient sur la mer de cristal. S'accompagnant de harpes divines, ³ ils chantaient le cantique de *Moïse [b], le serviteur de Dieu, et le cantique de l'Agneau. Ils chantaient :

Seigneur, Dieu, Tout-Puissant,
tout ce que tu as fait
est grand et admirable.
Roi des nations,
ce que tu fais est juste
et conforme à la vérité !
⁴ Qui oserait, Seigneur,
refuser de te révérer
et de te rendre gloire ?
Car toi seul, tu es saint ;
et toutes les nations viendront
pour se prosterner devant toi,
car il deviendra manifeste
que tes actions sont justes.

LES SEPT COUPES DE LA COLERE DE DIEU [c]

⁵ Après cela je vis s'ouvrir dans le ciel le *Temple qui abritait le tabernacle du témoignage.

⁶ Les sept *anges porteurs des sept fléaux sortirent du Temple. Ils étaient vêtus de tuniques d'un lin pur, éclatant, et leur taille était serrée par une ceinture d'or.

⁷ L'un des quatre êtres vivants remit aux sept anges sept coupes d'or remplies de la colère du Dieu qui vit éternellement. ⁸ Alors la gloire et la puissance de Dieu remplirent le Temple de fumée [d], en sorte que personne ne put y pénétrer tant que les sept fléaux, déclenchés par les sept anges, ne s'étaient pas accomplis.

16 J'entendis une voix forte venant du Temple dire aux sept anges :

—Allez et versez sur la terre les sept coupes de la colère divine !

² Le premier s'en alla et versa sa coupe sur la terre. Un ulcère malin et douloureux frappa les hommes qui portaient la marque de la bête et qui adoraient son image.

³ Le deuxième ange versa sa coupe dans la mer ; celle-ci devint comme le sang d'un mort, et tous les êtres vivants de la mer périrent !

⁴ Le troisième ange versa sa coupe sur les fleuves et les sources : les eaux se changèrent en sang. ⁵ Alors j'entendis l'ange qui a autorité sur les eaux dire :

---

a. 14.20 Voir 21.16 et note.
b. 15.3 Voir Ex 15.

c. 15.5 Voir Es 6.4.
d. 15.8 Comparer Ap 8 et 9. Les fléaux rappellent les plaies d'Egypte.

–Tu es juste, toi qui es et qui étais, toi le Saint, d'avoir ainsi fait justice. [6] Parce qu'ils ont versé le sang de ceux qui t'appartiennent et de tes *prophètes, tu leur as aussi donné à boire du sang. Ils reçoivent ce qu'ils méritent.

[7] Et j'entendis l'autel qui disait :

–Oui, Seigneur, Dieu tout-puissant, tes arrêts sont conformes à la vérité et à la justice !

[8] Le quatrième *ange versa sa coupe sur le soleil. Il lui fut donné de brûler les hommes par son feu. [9] Les hommes furent atteints de terribles brûlures, et ils insultèrent Dieu qui a autorité sur ces fléaux, mais ils refusèrent de changer et de lui rendre hommage.

[10] Le cinquième ange versa sa coupe sur le trône de la bête. Alors de profondes ténèbres couvrirent tout son royaume, et les hommes se mordaient la langue de douleur. [11] Sous le coup de leurs souffrances et de leurs ulcères, ils insultèrent le Dieu du ciel, et ils ne renoncèrent pas à leurs mauvaises actions.

[12] Alors le sixième ange versa sa coupe dans le grand fleuve, l'Euphrate. Ses eaux tarirent, pour que soit préparée la voie aux rois venant de l'Orient.

[13] Je vis alors sortir de la gueule du dragon, de celle de la bête et de la bouche du faux prophète, trois esprits impurs ressemblant à des grenouilles.

[14] Ce sont des esprits démoniaques qui accomplissent des signes miraculeux ; ils s'en vont trouver les rois du monde entier pour les rassembler pour le combat du grand jour du Dieu tout-puissant.

[15] Voici : je viens comme un voleur ! Heureux celui qui se tient éveillé et qui garde ses vêtements, afin de ne pas aller nu, en laissant apparaître sa honte aux yeux de tous !

[16] Les esprits démoniaques rassemblèrent les rois dans le lieu appelé en hébreu Harmaguédon [a].

[17] Le septième ange enfin versa sa coupe dans les airs. Une voix forte, venant du trône, sortit du Temple.

–C'en est fait, dit-elle.

[18] Alors, il y eut des éclairs, des voix et des coups de tonnerre, et un violent tremblement de terre ; on n'en avait jamais vu d'aussi terrible depuis que l'homme est sur la terre. [19] La grande ville se disloqua en trois parties

et les villes de tous les pays s'écroulèrent. Alors Dieu se souvint de la grande Babylone pour lui donner à boire la coupe pleine du vin de son ardente colère. [20] Toutes les îles s'enfuirent et les montagnes disparurent. [21] Des grêlons énormes, pesant près d'un quintal, s'abattirent du ciel sur les hommes ; et ceux-ci insultèrent Dieu à cause du fléau de la grêle, car il était absolument terrible.

LES SEPT PAROLES SUR BABYLONE

Introduction : présentation de la prostituée

17 L'un des sept *anges qui tenaient les sept coupes vint me parler :

–Viens ici, me dit-il, je te montrerai le jugement de la grande prostituée [b] qui est assise sur les grandes eaux. [2] Les rois de la terre se sont livrés à la débauche avec elle, et les habitants de la terre se sont enivrés du vin de sa prostitution.

[3] Il me transporta alors en esprit dans un désert. Je vis une femme assise sur une bête au pelage écarlate. Cette bête était couverte de titres offensants pour Dieu, elle avait sept têtes et dix cornes. [4] La femme était vêtue d'habits de pourpre et d'écarlate, et parée de bijoux d'or, de pierres précieuses et de perles. Elle tenait à la main une coupe d'or pleine de choses abominables et d'obscénités dues à sa prostitution. [5] Sur son front, elle portait gravé un nom mystérieux signifiant : « La grande Babylone, la mère des prostituées et des abominations de la terre. » [6] Je vis qu'elle était ivre du sang de ceux qui appartiennent à Dieu et de ceux qui ont rendu témoignage à Jésus. A sa vue, je fus profondément bouleversé.

Première parole : le mystère de la prostituée

[7] L'*ange me demanda :

–Pourquoi t'étonnes-tu ainsi ? Je vais te dévoiler le mystère de la femme et de la bête qui la porte, cette bête aux sept têtes et aux dix cornes. [8] La bête que tu as vue était. Elle n'est plus, elle va monter de l'abîme pour aller à la perdition. Les habitants de la terre dont le nom n'est pas écrit dans le livre de vie depuis la fondation du monde, s'émerveilleront en voyant la bête, car elle était, elle n'est plus et elle viendra.

[9] C'est ici qu'il faut une intelligence éclairée par la sagesse.

---

a. 16.16 C'est-à-dire montagne de Meguiddo, ville située au pied du mont Carmel, où de sanglantes batailles eurent lieu autrefois (Jg 5.19 ; 2 R 23.29). C'est là, en particulier, que le fidèle roi Josias a perdu la vie lorsqu'il a voulu arrêter les armées égyptiennes (2 R 23.29). Zacharie rappelle ce désastre (12.11).

b. 17.1 La *prostitution,* dans l'Ancien Testament, renvoie souvent à l'idolâtrie.

Les sept têtes sont sept montagnes [a], sur lesquelles siège la femme. [10] Mais elles représentent aussi sept rois : cinq d'entre eux ont été renversés, un autre règne en ce moment, et un autre n'est pas encore venu. Une fois qu'il sera là, il ne doit rester que peu de temps. [11] Quant à la bête qui était et qui n'est plus, elle est elle-même un huitième roi. Elle est aussi l'un des sept [b] et elle va à la perdition.

[12] Les dix cornes que tu as vues sont dix rois qui ne sont pas encore parvenus au pouvoir. Mais ils recevront pendant une heure l'autorité royale et ils l'exerceront en commun avec la bête. [13] Ils poursuivent un même but et mettent leur puissance et leur autorité au service de la bête. [14] Ils feront la guerre à l'Agneau, mais celui-ci les vaincra, car il est le Seigneur des seigneurs et le Roi des rois. Les siens, ceux qu'il a appelés et élus, ceux qui lui sont fidèles, vaincront avec lui.

[15] L'*ange me dit ensuite :

—Les eaux que tu as vues, là où est assise la prostituée, représentent des peuples, des foules, des nations et des langues. [16] Mais les dix cornes que tu as vues, ainsi que la bête, prendront la prostituée en haine, elles la dépouilleront de tout ce qu'elle a et la laisseront nue ; elles dévoreront ses chairs et la consumeront par le feu. [17] Car Dieu leur a inspiré la résolution d'exécuter son propre plan, en faisant cause commune et en mettant leur pouvoir royal au service de la bête jusqu'à ce que toutes les décisions de Dieu soient accomplies.

[18] Cette femme que tu as vue représente la grande ville qui exerce son pouvoir sur tous les souverains du monde.

Deuxième parole : la chute de Babylone [c]

18 Après cela, je vis un autre *ange descendre du ciel. Il détenait un grand pouvoir, et toute la terre fut illuminée du rayonnement de sa gloire. [2] Il cria d'une voix forte :

Elle est tombée, elle est tombée,
la grande Babylone [d].
Et elle est devenue
un antre de démons,

repaire de tous les esprits impurs,
repaire de tous les oiseaux impurs [e],
et détestables.
[3] Car toutes les nations
ont bu le vin
de sa prostitution furieuse.
Les rois de la terre, avec elle,
se sont livrés à la débauche,
et les commerçants de la terre
ont fait fortune
grâce à son luxe
démesuré.

Troisième parole : le châtiment de Babylone

[4] Puis j'entendis encore une autre voix venant du ciel qui disait :

—*Sortez du milieu d'elle, membres de mon peuple* [f], afin de ne pas participer à ses péchés et de ne pas être frappés avec elle des fléaux qui vont l'atteindre. [5] Car ses péchés se sont amoncelés jusqu'au ciel, et Dieu s'est souvenu de toutes ses actions injustes. [6] Traitez-la comme elle a traité les autres, payez-la au double de ses méfaits. Et, dans la coupe où elle donnait à boire aux autres, versez-lui une mixture deux fois plus forte. [7] Autant elle a vécu dans la splendeur et le luxe, autant donnez-lui de tourments et de malheurs. « Je trône ici en reine, se disait-elle, je ne suis pas veuve, non jamais je ne connaîtrai le deuil ! »

[8] Voilà pourquoi, en un seul jour, elle verra tous les fléaux fondre sur elle : épidémie, deuil et famine. Elle-même sera consumée par le feu, car le Dieu qui a prononcé la sentence sur elle est un puissant Seigneur.

Quatrième, cinquième et sixième paroles : lamentations sur la ruine de Babylone

[9] Alors les rois de la terre qui ont partagé sa vie de débauche et de luxe pleureront et se lamenteront sur elle, en voyant monter la fumée de la ville embrasée. [10] Ils se tiendront à bonne distance, de peur d'être atteints par ses tourments : « Malheur ! Malheur ! gémiront-ils, la grande ville, ô Babylone, ville puissante ! Une heure a suffi pour l'exécution de ton jugement ! »

[11] Les marchands de la terre, eux aussi, pleurent et mènent deuil sur elle, car il n'y a plus personne pour acheter leurs marchandises : [12] leurs cargaisons d'or, d'argent, de pierres précieuses et de perles, leurs étoffes de fin lin, de pourpre, de soie et d'écarlate,

---

a. 17.9 Beaucoup d'écrivains romains (Virgile, Martial, Cicéron...) désignaient Rome comme la ville aux sept collines.
b. 17.11 Autre traduction : *Elle est aussi des sept.*
c. 18.1 Voir les prophéties de l'Ancien Testament sur la chute de Babylone (Es 3 ; 21 ; 47 ; Jr 50) et de Tyr (Ez 26 ; 27).
d. 18.2 Es 21.9.

e. 18.2 Voir Es 13.21. Certains manuscrits insèrent : *repaire de toutes les bêtes impures.*
f. 18.4 Jr 51.45.

leurs bois aromatiques et leurs bibelots d'ivoire, tous les objets en bois précieux, en bronze, en fer et en marbre, [13] la cannelle et autres épices, les parfums, la *myrrhe et l'*encens, le vin et l'huile, la farine et le froment, les ovins et bovins, les chevaux et les chariots, les corps et les âmes d'hommes.

[14] —Les objets de tes passions ont fui bien loin de toi. Raffinements et splendeur sont perdus pour toi ! Plus jamais on ne les retrouvera !

[15] Les marchands qui s'étaient enrichis par leur commerce avec elle se tiendront à bonne distance, de peur d'être atteints par ses tourments. Ils pleureront et mèneront deuil. [16] Ils diront :

—Quel malheur ! Quel malheur ! La grande ville qui se drapait de fin lin, de pourpre et d'écarlate, parée de bijoux d'or, de pierres précieuses et de perles ! [17] En une heure, tant de richesses ont été réduites à néant !

Tous les capitaines des bateaux et leur personnel, les marins et tous ceux qui vivent du trafic sur mer, se tenaient aussi à bonne distance [18] et se répandaient en cris à la vue de la fumée qui montait de la ville embrasée, disant :

—Quelle ville pouvait rivaliser avec la grande cité ?

[19] Ils se jetaient de la poussière sur la tête [a], ils criaient, pleuraient et se lamentaient :

—Malheur ! Malheur ! La grande ville, dont la prospérité avait enrichi tous les armateurs des mers ! En une heure, elle a été réduite à néant !

[20] Réjouis-toi de sa ruine, ciel ! Et vous, croyants, *apôtres et *prophètes, réjouissez-vous ! Car en la jugeant, Dieu vous a fait justice.

Septième parole : plus de trace de la grande cité mondaine

[21] Alors un *ange puissant prit une pierre semblable à une grosse meule et la jeta dans la mer en disant :

—Ainsi, avec la même violence, sera précipitée Babylone, la grande ville, et on ne la retrouvera plus [b] !

[22] Ah ! Babylone ! On n'entendra plus chez toi la musique des harpistes et des chanteurs ! Ni flûte, ni trompette ne résonnera plus dans tes murs ! On n'y verra plus

d'artisan d'aucun métier ! Le bruit de la meule s'y taira pour toujours. [23] La lumière de la lampe n'y brillera plus. Le jeune époux et sa femme ne s'y feront plus entendre. Tout cela arrivera parce que tes marchands étaient les puissants de la terre, parce qu'avec tes sortilèges, tu as trompé toutes les nations, [24] et que chez toi on a vu couler le sang des *prophètes et de ceux qui appartiennent à Dieu, ainsi que de tous ceux qu'on a égorgés sur la terre.

Sept paroles de louange

19 Après cela, j'entendis dans le ciel comme la voix puissante d'une foule immense qui disait :

Alléluia !
Loué soit notre Dieu !
C'est à lui qu'appartiennent
le salut et la gloire
ainsi que la puissance.
[2] Ses jugements sont vrais et justes
car il a condamné
la grande prostituée
qui corrompait la terre
par ses débauches,
et il lui a fait rendre compte
du sang des serviteurs de Dieu
répandu par sa main.

[3] Une seconde fois, ils dirent :

Alléluia !
Loué soit Dieu !
Car la fumée
de la ville embrasée
s'élève pour l'éternité !

[4] Alors les vingt-quatre vieillards et les quatre êtres vivants se prosternèrent devant le Dieu qui siège sur le trône, et l'adorèrent en disant :

—*Amen ! Loué soit Dieu !
[5] Et du trône partit une voix.
—Louez notre Dieu, disait-elle, vous tous ses serviteurs et vous qui le révérez, petits et grands.

Les noces de l'Agneau et de sa fiancée

[6] Et j'entendis comme la voix d'une foule immense, semblable au bruit de grandes eaux et au grondement violent du tonnerre. Elle disait :

Alléluia !
Loué soit Dieu !
Car le Seigneur,

---

a. **18.19** Geste symbolique du deuil et de la consternation dans l'Ancien Testament (voir Ez 27.30).

b. **18.21** Voir Jr 51.64.

notre Dieu tout-puissant,
est entré dans son règne.
[7] Réjouissons-nous,
exultons d'allégresse
et apportons-lui notre hommage.
Voici bientôt
les noces de l'Agneau.
Sa fiancée s'est préparée.
[8] Et il lui a été donné
de s'habiller
d'un lin pur éclatant.

Ce lin représente les actions justes[a] de ceux qui appartiennent à Dieu.

Les paroles authentiques de Dieu

[9] L'*ange me dit alors :

–Ecris : Heureux les invités au festin des noces de l'Agneau.

Et il ajouta :

–Ce sont là les paroles authentiques de Dieu.

[10] Alors je me prosternai à ses pieds pour l'adorer, mais il me dit :

–Ne fais pas cela ! Je suis ton compagnon de service et celui de tes frères qui sont attachés à la vérité dont Jésus est le témoin. Adore Dieu ! Car le témoignage rendu par Jésus est ce qui inspire la *prophétie de ce livre.

L'ABOUTISSEMENT DE L'HISTOIRE DU SALUT, EN SEPT VISIONS

Première vision : le cavalier sur un cheval blanc

[11] Là-dessus, je vis le ciel ouvert et voici, il y avait un cheval blanc. Son cavalier s'appelle « Fidèle et Véritable ». Il juge avec équité, il combat pour la justice. [12] Ses yeux flamboient comme une flamme ardente. Sa tête est couronnée de nombreux diadèmes[b]. Il porte un nom gravé qu'il est seul à connaître. [13] Il est vêtu d'un manteau trempé de sang. Il s'appelle La Parole de Dieu[c]. [14] Les armées célestes, vêtues de lin blanc et *pur, le suivent sur des chevaux blancs. [15] De sa bouche sort une épée aiguisée pour frapper les

nations. C'est lui qui sera leur berger car il les dirigera avec un sceptre de fer[d]. Il va aussi écraser lui-même le raisin dans le pressoir à vin de l'ardente colère du Dieu tout-puissant. [16] Sur son manteau et sur sa cuisse est inscrit un titre : « Roi des rois et Seigneur des seigneurs ».

Deuxième vision : le grand festin des charognards

[17] Puis je vis un *ange, debout dans le soleil, qui cria d'une voix forte à tous les oiseaux qui volent au zénith dans le ciel :

–Venez, rassemblez-vous pour le grand festin de Dieu [18] afin de dévorer la chair des rois, des chefs d'armées, des guerriers, la chair des chevaux et de leurs cavaliers, la chair de tous les hommes, libres et esclaves, petits et grands.

Troisième vision : la capture de la bête et du faux prophète

[19] Je vis la bête et les rois de la terre. Ils avaient rassemblé leurs armées pour combattre le Cavalier et son armée. [20] La bête fut capturée et, avec elle, le faux prophète qui avait accompli des signes miraculeux pour le compte de la bête. Par ces miracles, il avait trompé les hommes qui portaient la marque de la bête et qui avaient adoré son image. Ils furent tous deux jetés vifs dans l'étang ardent de feu et de soufre. [21] Les autres hommes furent tués par l'épée qui sort de la bouche du Cavalier. Et tous les oiseaux se rassasièrent de leur chair.

Quatrième vision : le dragon enchaîné pour mille ans

20 Puis je vis un *ange descendre du ciel. Il tenait à la main la clé de l'abîme et une grande chaîne. [2] Il se saisit du dragon, de ce Serpent ancien qui est le diable et *Satan. Il l'enchaîna pour mille ans. [3] Il le précipita dans l'abîme qu'il ferma au-dessus de lui[e], en y mettant des *scellés afin que le dragon ne puisse plus égarer les peuples avant le terme des mille ans. Après cela, il doit être relâché pour un peu de temps.

Cinquième vision : victoire finale sur Satan après son relâchement

[4] Ensuite je vis des trônes. On remit le jugement entre les mains de ceux qui y prirent place. Je vis aussi les âmes de ceux qu'on

---

a. 19.8 Autre traduction : la justification ou l'acquittement.
b. 19.12 Emblèmes de la domination universelle (comparer v. 16).
c. 19.13 Voir Jn 1.1.

d. 19.15 Voir Ap 2.27 ; 12.5.
e. 20.3 Voir Es 24.22.

avait décapités à cause du témoignage rendu par Jésus et à cause de la Parole de Dieu. Je vis encore tous ceux qui n'avaient pas adoré la bête ni son image et qui n'avaient pas reçu sa marque sur leur front et leur main. Ils revinrent à la vie [a] et régnèrent avec le Christ pendant mille ans.

5 C'est la première résurrection. Les autres morts ne revinrent pas à la vie avant la fin des mille ans. 6 Heureux et saints ceux qui ont part à la première résurrection. La seconde mort n'a pas prise sur eux. Ils seront *prêtres de Dieu et du Christ, et ils régneront avec lui pendant les mille ans.

7 Lorsque les mille ans seront écoulés, *Satan sera relâché de sa prison 8 et il s'en ira tromper les nations des quatre coins de la terre, Gog et Magog [b]. Il les rassemblera pour le combat, en troupes innombrables comme les grains de sable au bord des mers.

9 Les nations s'ébranlèrent sur toute la surface de la terre et investirent le camp du peuple de Dieu et la ville bien-aimée de Dieu. Mais un feu tomba du ciel et les consuma. 10 Alors le diable, qui les trompait, fut jeté dans l'étang de feu et de soufre : il y rejoignit la bête et le faux prophète et ils subiront des tourments, jour et nuit, pendant l'éternité.

Sixième vision : le jugement

11 Ensuite je vis un grand trône blanc et celui qui y était assis. Le ciel et la terre s'enfuirent loin de sa présence. Ils disparurent sans laisser de trace. 12 Je vis les morts, les grands et les petits, comparaissant devant le trône. Des livres furent ouverts. On ouvrit aussi un autre livre : le livre de vie. Les morts furent jugés, chacun d'après ses actes, suivant ce qui était inscrit dans ces livres. 13 La mer avait rendu ses naufragés, la mort et le royaume des morts avaient rendu ceux qu'ils détenaient. Et tous furent jugés, chacun conformément à ses actes. 14 Puis la mort et le séjour des morts furent précipités dans l'étang de feu. Cet étang de feu, c'est la seconde mort. 15 On y jeta aussi tous ceux dont le nom n'était pas inscrit dans le livre de vie.

Septième vision : le nouveau ciel et la nouvelle terre

21 Puis je vis *un ciel nouveau et une terre nouvelle* [c], car le premier ciel et la première terre avaient disparu, et la mer n'existait plus.

2 Je vis la ville sainte, la nouvelle *Jérusalem, descendre du ciel, d'auprès de Dieu, belle comme une mariée qui s'est parée pour son époux. 3 Et j'entendis une forte voix, venant du trône, qui disait :

Voici la Tente de Dieu avec les hommes. Il habitera avec eux ; ils seront ses peuples et lui, Dieu avec eux [d] *sera leur Dieu.* 4 *Il essuiera toute larme de leurs yeux. La mort ne sera plus et il n'y aura plus ni deuil, ni plainte, ni souffrance. Car ce qui était autrefois a définitivement disparu* [e].

5 Alors celui qui siège sur le trône déclara :
—Voici : je renouvelle toutes choses.
Il ajouta :
—Ecris que ces paroles sont vraies et entièrement dignes de confiance.
6 Puis il me dit :
—C'en est fait ! Je suis l'Alpha et l'Oméga [f], le commencement et le but. A celui qui a soif, je donnerai, moi, à boire gratuitement à la source d'où coule l'eau de la vie.
7 Tel sera l'héritage du vainqueur. Je serai son Dieu et il sera mon fils. 8 Quant aux lâches, aux infidèles, aux dépravés, meurtriers et débauchés, aux magiciens, aux idolâtres et à tous les menteurs, leur part sera l'étang ardent de feu et de soufre, c'est-à-dire la seconde mort.

LA NOUVELLE JERUSALEM, EPOUSE DE L'AGNEAU [g]

9 Alors l'un des sept *anges qui tenaient les sept coupes pleines des sept derniers fléaux vint me parler :
—Viens, me dit-il, je te montrerai la Mariée, l'Epouse de l'Agneau.
10 Il m'emmena en esprit sur une grande et haute montagne, d'où il me fit voir la ville sainte, Jérusalem, qui descendait du ciel,

---

a. 20.4 Autre traduction : *ils vécurent*. De même au v.5.

b. 20.8 Nom donné aux nations qui s'opposeront à la fin des temps au peuple de Dieu (voir Ez 38-39).

c. 21.1 Voir Es 65.17 ; 66.22.

d. 21.3 Voir Es 7.14 ; 8.1.

e. 21.4 Es 25.8.

f. 21.6 Voir note 1.8.

g. 21.9 La description de la nouvelle Jérusalem rappelle la vision de la Jérusalem restaurée d'Ez 40 à 48 et d'Es 60.

d'auprès de Dieu. [11] Elle rayonnait de la gloire divine. Son éclat rappelait celui d'une pierre très précieuse, celui d'un jaspe d'une transparence cristalline. [12] Elle était entourée d'une grande et haute muraille, percée de douze portes gardées par douze *anges, et sur ces portes étaient gravés les noms des douze tribus d'*Israël. [13] Les portes étaient orientées trois vers l'est, trois vers le nord, trois vers le sud et trois vers l'ouest. [14] La muraille reposait sur douze fondements qui portaient les noms des douze *apôtres de l'Agneau.

[15] Mon interlocuteur tenait, en guise de mesure, un roseau d'or pour mesurer la ville, ses portes et sa muraille. [16] La ville était bâtie en carré, sa longueur égalait sa largeur. L'*ange mesura donc la ville avec son roseau et trouva douze mille stades, sa longueur, sa largeur et sa hauteur étant d'égale dimension[a]. [17] Il mesura aussi la muraille et trouva cent quarante-quatre coudées, d'après la mesure humaine employée par l'ange.

[18] La muraille était construite en jaspe, la ville elle-même était d'or pur, transparent comme du cristal pur. [19] Les fondements de la muraille de la ville étaient ornés de toutes sortes de pierres précieuses, le premier de jaspe, le second de saphir, le troisième de chalcédoine, le quatrième d'émeraude, [20] le cinquième de sar... ne, le sixième de cornaline, le septième de chrysolite, le huitième de béryl, le neuvième de topaze, le dixième de chrysoprase, le onzième de turquoise, le douzième d'améthyste. [21] Les douze portes étaient douze perles ; chaque porte était faite d'une seule perle. L'avenue principale de la ville était d'or pur, transparent comme du cristal.

[22] Je ne vis aucun temple dans la ville : son temple, c'est le Seigneur, le Dieu tout-puissant, ainsi que l'Agneau. [23] La ville n'a besoin ni du soleil, ni de la lune pour l'éclairer, car la gloire de Dieu l'illumine et l'Agneau lui tient lieu de lampe. [24] Les nations marcheront à sa lumière et les rois de la terre viendront lui apporter leur gloire. [25] Tout au long du jour, les portes de la ville resteront ouvertes, car il n'y aura plus de nuit. [26] On y apportera tout ce qui fait la gloire et l'honneur des nations. [27] Rien d'impur ne pourra y pénétrer. Nul homme qui se livre à des pratiques abominables et au mensonge n'y entrera. Seuls y auront accès ceux qui sont inscrits dans le livre de vie de l'Agneau.

22 Finalement, l'*ange me montra le fleuve de la vie, limpide comme du cristal, qui jaillissait du trône de Dieu et de l'Agneau.

[2] Au milieu de l'avenue de la ville, entre deux bras du fleuve, se trouve l'arbre de vie. Il produit douze récoltes, chaque mois il porte son fruit. Ses feuilles servent à guérir les nations.

[3] Il n'y aura plus aucune malédiction. Le trône de Dieu et de l'Agneau sera dans la ville. Ses serviteurs lui rendront un culte : [4] ils verront sa face et porteront son nom sur leurs fronts. [5] Il n'y aura plus jamais de nuit. On n'aura donc plus besoin ni de la lumière d'une lampe, ni de celle du soleil, car le Seigneur Dieu répandra sur eux sa lumière. Et ils régneront éternellement.

CONCLUSION

[6] L'*ange me dit :

—Ces paroles sont vraies et entièrement dignes de foi. Dieu le Seigneur qui a inspiré ses *prophètes, a envoyé son ange, pour montrer à ses serviteurs ce qui doit arriver bientôt.

[7] —Voici, dit Jésus, je viens bientôt ! Heureux celui qui garde les paroles prophétiques de ce livre.

[8] Moi, Jean, j'ai entendu et vu tout cela. Après avoir entendu et vu ces choses, je me prosternai aux pieds de l'ange qui me les avait montrées, et j'allais l'adorer.

[9] —Non, me dit-il, ne fais pas cela ! Je suis ton compagnon de service et celui de tes frères, les *prophètes, et de ceux qui obéissent aux paroles de ce livre. Adore Dieu !

[10] Et il ajouta :

—Ne tiens pas secrètes les paroles prophétiques de ce livre, car le temps de leur accomplissement est proche. [11] Que celui qui commet le mal continue à mal agir. Que celui qui est impur continue à s'adonner à l'impureté ; mais que celui qui est juste continue à faire ce qui est juste, et que celui qui vit pour Dieu continue à vivre pour lui.

[12] —Oui, dit Jésus, je viens bientôt. J'apporte avec moi mes récompenses pour rendre à chacun selon ce qu'il aura fait. [13] Je suis l'Alpha et l'Oméga, le premier et le dernier, le commencement et la fin. [14] Heureux ceux qui lavent leurs vêtements. Ils auront le

---

a. 21.16 Les mesures de ce chapitre ne sont pas converties en mètres ou en kilomètres pour conserver le symbolisme des nombres bibliques.

droit de manger du fruit de l'arbre de vie et de franchir les portes de la ville. **15** Mais dehors les hommes ignobles, ceux qui pratiquent la magie, les débauchés, les meurtriers, ceux qui adorent des idoles et tous ceux qui aiment et pratiquent le mensonge.

16 Moi, Jésus, j'ai envoyé mon *ange pour rendre témoignage à ces vérités destinées aux Eglises. Je suis le rejeton de la racine de *David, son descendant. C'est moi, l'étoile brillante du matin.

17 Et l'Esprit et l'Epouse disent :

–Viens ! Que celui qui entend ces paroles dise :

–Viens ! Que celui qui a soif vienne.

Que celui qui veut de l'eau de la vie la reçoive gratuitement.

18 Moi, je le déclare solennellement à tous ceux qui entendent les paroles prophétiques de ce livre : si quelqu'un y ajoute quoi que ce soit, Dieu ajoutera à son sort les fléaux décrits dans ce livre. **19** Si quelqu'un retranche quelque chose des paroles prophétiques de ce livre, Dieu lui ôtera tout droit à l'arbre de vie et à la ville sainte décrits dans ce livre.

20 Le témoin qui affirme ces choses déclare :

–Oui, je viens bientôt !

Oh oui, qu'il en soit ainsi : Viens Seigneur Jésus [a] !

21 Que le Seigneur Jésus accorde sa grâce à tous.

---

a. 22.20 Voir l'acclamation araméenne : *Marana tha* (Notre Seigneur, viens) utilisée dans les cultes de l'Eglise primitive (1 Co 16.22).

Cartes et lexique

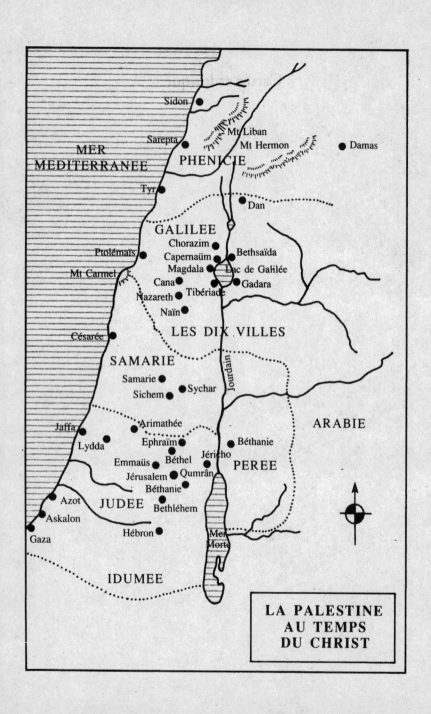

LA PALESTINE
AU TEMPS
DU CHRIST

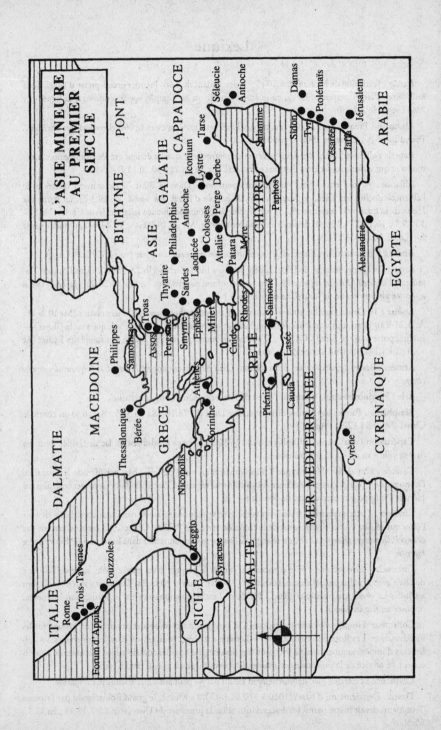

L'ASIE MINEURE AU PREMIER SIECLE

Lexique

Aaron : Frère aîné de Moïse (Ex 6.20 ; 7.7), descendant de Lévi. Premier grand-prêtre d'Israël. Tous les prêtres d'Israël, responsables du culte au tabernacle ou au Temple, appartiendront à sa lignée (Lv 7.35 ; voir He 7.4-19).

Abraham : Premier patriarche, ancêtre des Israélites, des Arabes et (spirituellement) des chrétiens. Père d'Isaac. A vécu entre 2000 et 1800 av. J.-C.

Acte de l'alliance : Nom des deux tablettes de pierre sur lesquelles étaient gravés les dix commandements et qui étaient renfermées dans le coffre sacré (Ex 25.16,21 ; 40.20 ; 1 R 8.6-9).

Alliance : Accord entre deux ou plusieurs personnes. Dans la Bible, il est souvent question de l'alliance conclue par Dieu, *le Suzerain*, avec le peuple d'Israël, *son vassal* (Ex 19.3-6). La lettre aux Hébreux la qualifie d'ancienne (8.13) par rapport à la nouvelle alliance faite par Jésus-Christ (He 8.6-13 ; 9.1 ; 10.15-17 ; 12.24), destinée à toutes les nations (Mt 28.19-20 ; Ac 10.44-47) et fondée sur la foi (Lc 22.20 ; 1 Co 11.25).

Amen : Mot hébreu signifiant: *qu'il en soit ainsi, certainement, en vérité* (voir 2 Co 2.20 ; Ap 3.14).

Ange : *Envoyé* ou *messager* de Dieu, appelé parfois « fils de Dieu » (Jb 1.6 ; 38.7). Dans l'Ancien Testament, l'*ange de l'Eternel* représente Dieu et se confond parfois avec lui (Ex 23.20-21 ; Jg 13.7-18); il annonce ainsi la venue de Jésus-Christ (voir Za 3.1-5).

Apôtre : Terme qui signifie: *envoyé*. Nom donné aux douze hommes que Jésus a choisis (Mt 10.2-42 ; Ac 1.21-23). Judas, qui se suicida, fut remplacé par Matthias (Ac 1.15-26). Paul, qui a vu le Christ ressuscité, porte aussi ce titre (1 Co 9.1). D'autres personnes qui, en particulier, ont fondé des Eglises (Ac 13.3 ; 14.4,14), sont aussi appelées «apôtres».

Armées célestes : Ensemble des êtres célestes. Dieu est souvent appelé *l'Eternel, le Seigneur des armées célestes*.

Asie : Province romaine occupant l'ouest de l'Asie mineure (Turquie actuelle).

Blasphème : Paroles insultantes dirigées contre Dieu (Ps 74.10-18 ; Es 52.5 ; Ap 16.9) ou contre le Christ (Mt 9.3 ; 12.31 ; Ap 13.5-6).

Capernaüm (aussi transcrit Capharnaüm) : Village du rivage nord-ouest du lac de Galilée. Jésus en fit « sa ville » au début de son ministère.

Césarée : Port de la Méditerranée à 50 kilomètres au nord de Jaffa, bâti par Hérode le Grand en l'honneur de César Auguste. Résidence du gouverneur romain. Césarée de Philippe fut reconstruite par Hérode Philippe près des sources du Jourdain.

Changer : Cette expression traduit un verbe grec se rapportant à une réorientation radicale de tout l'être, qui résulte en un changement de la façon de vivre (Ac 26.20). Ce mot, qui est aussi traduit par *changer d'attitude, changer de vie,* ou *changer de comportement,* est rendu dans beaucoup de Bibles par *se repentir*.

Circoncire, Circoncision : Rite consistant à couper le prépuce d'un enfant mâle, signe de l'alliance de Dieu avec Abraham et ses descendants (Gn 17.9-14). Dans le Nouveau Testament, les circoncis sont les Juifs. La «vraie circoncision» (Rm 2.29) dont il est parfois question est la purification intérieure, opposée au rite extérieur.

Collecteur d'impôts : Hommes préposés à la perception des impôts et des droits de passage sur les marchandises. Les Romains mettaient cet office aux enchères. Pour rentrer dans leurs débours, les collecteurs d'impôts augmentaient à leur profit les sommes dues par les contribuables. Comme, de plus, ils étaient au service de la puissance occupante, ils étaient méprisés et haïs par les Juifs.

Confiance : Le terme grec habituellement rendu par *foi* peut aussi être traduit par *confiance*.

David : Deuxième roi d'Israël (1010 à 970 av. J.-C.). Le Messie, le grand Roi, attendu par l'Ancien Testament, devait naître parmi ses descendants, selon la promesse de Dieu (voir 2 S 7.12-14 ; Es 11.1 ; 55.3).

Disciple : Personne qui a suivi l'enseignement d'un maître: Jean-Baptiste (Mt 9.14), Jésus (Mt 10.42 ; Lc 14.26,27,33 ; Jn 4.1 ; 6.6). Dans les Actes des Apôtres, les chrétiens sont souvent appelés *les disciples*.

Esaïe : L'un des plus grands prophètes de l'histoire d'Israël dont le ministère a duré à peu près de 740 à 680 av. J.-C. Il est souvent cité dans le Nouveau Testament.

Expier : C'est payer pour une faute par un châtiment considéré comme équivalent à la faute. En s'offrant lui-même en sacrifice, Jésus-Christ a expié le péché des hommes (Jn 10.18 ; Rm 3.23 ; 1 Co 15.3 ; Ep 5.2 ; He 9.14).

Fils de David : Nom que les Juifs donnaient au Messie, qui devait naître dans la lignée du roi David.

Fils de l'homme : Nom que le prophète Daniel a donné au Messie (Dn 7.13-14,27) et que Jésus a repris à son compte pour affirmer à la fois sa divinité (Lc 5.24) et sa solidarité avec l'humanité qu'il est venu sauver (Lc 19.10).

Galilée : Région nord de la Palestine, séparée de la Judée par la Samarie. C'est là que Jésus fut élevé et qu'il commença son ministère.

Gomorrhe : L'une des villes (avec Sodome) détruites à l'époque d'Abraham, symboles du vice et du jugement divin.

Grand-Conseil des Juifs : Tribunal religieux composé de 70 membres et présidé par le grand-prêtre. Il avait droit de vie et de mort (Ac 4.5-6,15 ; 5.21,27,34,41 ; 6.12,15 ; 23.2) mais, au premier siècle, il ne pouvait faire exécuter la sentence capitale qu'avec l'assentiment des Romains.

Grand-prêtre : Prêtre qui avait la fonction la plus importante dans la hiérarchie sacerdotale juive. Il présidait le Grand-Conseil, surveillait le sanctuaire et tous ceux qui y officiaient. Une fois par an, il pénétrait dans le lieu très-saint du Temple pour y porter le sang d'un sacrifice pour que ses péchés et ceux de tout le peuple d'Israël soient expiés (Lv 16). La lettre aux Hébreux démontre que Jésus est le Grand-prêtre de la nouvelle alliance (He 5.1-5 ; 7.27 ; 8.3-6).

Hérode : Nom de plusieurs souverains de la Palestine et des régions voisines. Le N.T. parle de :

1. Hérode le Grand (Lc 1.5), qui fit massacrer tous les petits enfants de Bethléhem (Mt 2.13,16), a régné de 37 à 4 av. J.-C. sur toute la Palestine.

2. Hérode le Tétrarque ou Antipas (Mc 6.14-17 ; Lc 3.1,19-20 ; 9.7-9), fils du précédent, a régné de 4 av. J.-C. à 39 ap. J.-C. sur la Galilée. Il épousa sa belle-sœur Hérodias, qui le poussa à faire assassiner Jean-Baptiste (Mt 14.1-12). Pilate lui envoya Jésus pour qu'il le juge (Lc 23.7-12 ; Ac 4.27).

3. Hérode Agrippa I (Ac 12.1-23), petit-fils d'Hérode le Grand, régna sur toute la Palestine. Il fit décapiter Jacques (Ac 12.1-2) et emprisonner Pierre (v.3,19). Il mourut en 44.

4. Hérode Agrippa II, son fils, a régné sur une région au nord de la Palestine. C'est devant lui que l'apôtre Paul comparut (Ac 25.13 à 26.32).

Holocauste : Sacrifice presque entièrement consumé en l'honneur de Dieu.

Insensé : Dépourvu d'intelligence ou de sagesse (1 S 21.13 ; Pr 7.22), qui se détourne de Dieu (Ps 14.1 ; 39.9 ; Jr 4.22 ; 50.38 ; Rm 1.22).

Isaac : Fils d'Abraham, né selon la promesse divine lorsque son père avait près de 100 ans.

Israël : Nom donné par Dieu à Jacob après sa lutte avec l'ange à Péniel (Gn 33.22-32), devenu le nom collectif de ses descendants. Après le schisme (1 R 11.31-37), ce nom a désigné le royaume du Nord, composé des dix tribus séparées de Juda et de Benjamin.

Jacob : Troisième patriarche, fils d'Isaac, héritier de la promesse divine, appelé aussi Israël; parfois: nom collectif des Israélites.

Jacques : Trois hommes portent ce nom dans le Nouveau Testament :

1. Jacques fils de Zébédée, l'un des Douze, associé à son frère Jean, décapité par Hérode Agrippa I en 44 (Ac 12.2).

2. Jacques fils d'Alphée, également l'un des Douze.

3. Jacques, le frère de Jésus, l'un des principaux responsables de l'Eglise de Jérusalem.

Jéricho : Ville à 8 kilomètres à l'ouest du Jourdain, à 11 kilomètres de son embouchure dans la mer Morte, à 27 kilomètres de Jérusalem; 240 mètres en-dessous du niveau de la mer; l'une des plus vieilles cités du monde.

Jérusalem : Capitale de la Palestine du temps de Jésus, à 52 kilomètres à l'est de la Méditerranée, à l'altitude de 770 mètres. Tous les Israélites devaient s'y rendre pour les grandes fêtes, puisque c'est là que se trouvait le seul Temple.

Jourdain : Le plus grand fleuve de la Palestine (320 kilomètres). Il descend de +800 mètres à -392 mètres, et traverse le lac de Galilée.

Juda, Judée : Juda, l'un des douze fils de Jacob, ancêtre d'une tribu d'Israël. Restée fidèle à la dynastie de David, celle-ci donna son nom au royaume constitué par les tribus de Juda et de Benjamin. La Judée était leur territoire; capitale: Jérusalem.

Juifs : Nom donné lors de l'exil aux habitants du royaume de Juda, puis, après le retour de la captivité babylonienne (538 av. J.-C.) à tous les Israélites.

Levain : Substance qui fait fermenter et «lever» la pâte à pain; c'est généralement un morceau de vieille pâte fermentée. Symbole d'une force, bonne ou mauvaise, qui agit de l'intérieur (Mt 16.11 ; 13.33 ; Mc 8.15 ; 1 Co 5.6-8 ; Ga 5.9).

Lévite : Descendant de Lévi, assistant des prêtres.

Lieu saint, très-saint : L'édifice qui se trouvait dans la cour du Temple était divisé en deux: le lieu saint et le lieu très-saint. Un voile séparait les deux parties. Ce voile s'est déchiré de haut en bas lors de la mort du Christ.

Loi : Règle de conduite imposée par Dieu ou par une autorité humaine. L'expression *la Loi* désigne les cinq livres de Moïse (Mt 5.17 ; 7.12 ; Lc 16.16 ; Jn 1.17 ; 2 Co 3.15) ou leur contenu, ou même l'ensemble de l'Ancien Testament (Jn 10.34; Rm 3.19). L'apôtre Paul utilise aussi le terme pour parler de la loi civile ou d'une force comparable à une loi physique (Rm 7.1,22-23 ; 8.2).

Macédoine : Province romaine occupant la partie nord de la Grèce. Villes: Philippes, Thessalonique, Bérée.

Marchepied : Tabouret sur lequel les rois en particulier posaient leurs pieds (2 Ch 9.18). La terre est le marchepied de Dieu (Es 66.1). Les ennemis du Christ deviendront un jour son marchepied (Ps 110.1 ; Ac 2.35 ; 1 Co 15.25), ce qui est un symbole de sa victoire totale.

Méchants : Nom donné, en particulier dans les Psaumes, à ceux qui s'opposent à Dieu et désobéissent à sa Loi.

Messie : Terme qui désignait, selon le sens du mot en hébreu, celui que l'on *oignait* d'huile sainte (prêtres, rois). Les prophètes ont annoncé un Oint par excellence, le Roi, fils de David, qui délivrerait le peuple et établirait son Royaume (Es 11.1-5 ; Jr 33.15-16). Ils ont aussi annoncé que ce Roi serait prêtre (Ps 110.1-4 ; Za 6.12-13). L'équivalent grec de Messie est *Christos*, qui a donné par francisation le nom de Christ.

Moïse : Grand libérateur et législateur des Israélites, adopté et élevé par la fille du pharaon; a passé 40 ans au désert du Sinaï; à 80 ans, Dieu l'envoie libérer les Israélites d'Egypte (vers 1440 ou 1280/1260 av. J.-C.). A reçu de Dieu la Loi régissant toute la vie d'Israël.

Myrrhe : Substance odorante de grand prix (Mt 2.11) utilisée pour diminuer les souffrances (Mc 15.23) et pour embaumer les morts (Jn 19.39).

Nazareth : Ville de Galilée où Jésus fut élevé.

Noé : Homme fidèle à Dieu qui a appelé ses concitoyens à changer de vie (2 P 2.5) avant que ne survienne le déluge, dont il a été le seul à échapper avec sa famille, grâce à une arche que Dieu lui avait demandé de construire.

Onction : Généralement: acte de consécration d'un prêtre ou d'un roi (parfois d'un prophète) à ses fonctions. L'Oint par excellence (*Christ* en grec) réunira les fonctions de prêtre, roi et prophète (voir *Messie*).

Outre : Peau de chèvre tannée utilisée pour le transport ou la conservation de l'eau, du lait ou du vin.

Pâque (fête de la) : L'une des trois grandes fêtes annuelles des Juifs. Elle commémorait la délivrance des Israélites du pays d'Egypte où ils étaient devenus esclaves. Normalement, la fête se célébrait à Jérusalem où l'on mangeait en famille un agneau sacrifié au Temple. Elle était suivie de la «semaine des pains sans levain».

Parabole : Récit utilisé pour illustrer un enseignement. Jésus a raconté beaucoup de paraboles pour faire comprendre à ses auditeurs les secrets du Royaume de Dieu.

Pharisiens : Membres du parti religieux juif le plus strictement attaché à l'observance de la Loi et des règlements que la tradition juive y avait ajoutés. Leur attachement à Dieu était souvent formaliste. Jésus a dénoncé leur hypocrisie (Mt 23).

Pilate : Gouverneur romain de la Palestine au temps de Jésus (26 à 36 ap. J.-C.).

Prêtre : Homme qui avait la fonction intermédiaire entre Dieu et les autres hommes, principalement parce qu'il offrait les sacrifices (c'est pourquoi on l'appelle aussi *sacrificateur*); il était encore chargé d'enseigner la Loi. Ce titre est donné dans le Nouveau Testament à tous les croyants (1 P 2.5,9 ; Ap 1.6; 5.10). Les prêtres étaient organisés en 24 classes dirigées chacune par un chef.

Prophète : Porte-parole de Dieu. Prophétiser, c'est parler sous l'inspiration de Dieu (voir 1 Co 14.3). Le prophète par excellence annoncé par Moïse est le Messie.

Propitiatoire : Ce terme dérive d'un verbe qui signifie: *couvrir*, d'où l'interprétation «couvercle», mais aussi « couvrir le péché, expier », d'où l'interprétation « propitiatoire ». C'est le sang répandu sur le coffre de l'alliance qui rendait Dieu « propice » au peuple. Le propitiatoire couvrait le coffre qui contenait les dix commandements: signe de la miséricorde de Dieu qui ne voyait plus les transgressions de la Loi mais seulement le sacrifice expiatoire destiné à les couvrir. Dans Rm 3.25, le mot propitiatoire est appliqué au Christ.

Prostitution : Bien qu'interdite par la Loi (Lv 19.29 ; 21.9 ; Dt 23.17), elle se pratiquait en Israël (Jos 2.1 ; Jg 11.1 ; 16.1), en particulier la prostitution sacrée qui accompagnait les cultes idolâtres cananéens. L'image de la prostitution a été utilisée par les prophètes pour dénoncer l'infidélité d'Israël qui abandonnait son Dieu pour adorer d'autres divinités (Es 1.21 ; Jr 2.20 ; 3.1-6 ; Ez 16.15-20 ; 23.1-21 ; Ap 17.1-4).

Pur, Purifier : La pureté est la qualité exigée pour entrer en relation avec Dieu. Sous l'ancienne alliance, Dieu a enseigné cette exigence à son peuple par des rites extérieurs. Dans le Nouveau Testament, il est surtout question de la pureté intérieure: la conscience doit être purifiée des péchés du passé (He 9.14 ; 1 Jn 1.7), nos motifs et nos actions doivent être exempts de tout mélange avec le mal.

Règne ou royaume : Le même terme grec est traduit dans les expressions *royaume* de Dieu et *règne* de Dieu.

Roseaux (mer des) : Bras de mer ou lagune franchi par les Israélites lors de leur sortie d'Egypte; nom donné par la suite à toute la mer au sud de la presqu'île du Sinaï ; d'où la traduction: *mer Rouge* adoptée par la version grecque et le Nouveau Testament (Ac 7.36 ; He 11.29).

Royaume de Dieu, des cieux : Sphère où Dieu règne, où sa volonté est accomplie. Ce royaume est à la fois actuel, là où Jésus règne sur nos motivations et nos actions, et futur, lorsque le règne de Dieu sera général et effectif et s'exercera sur un univers renouvelé. Pour éviter de prononcer le nom de Dieu, Matthieu parle du royaume des *cieux*.

Sabbat : Septième jour de la semaine juive, jour de repos consacré à l'Eternel (Ex 16.23 ; 35.2), rappelant le repos de Dieu après la création (Gn 2.1-4 ; Ex 20.8-11) et la fin de l'esclavage en Egypte (Dt 5.12-15). Le sabbat commençait le vendredi au coucher du soleil pour se terminer le samedi au même moment. Sa signification pour le chrétien ressort de He 4.3-4.

Sadducéens : Membres d'un parti religieux juif qui niait la résurrection des morts, l'existence des anges et des démons. Beaucoup de prêtres faisaient partie des sadducéens. Dans les évangiles, ils sont souvent associés aux pharisiens comme adversaires de Jésus.

Salomon : Troisième roi d'Israël (970 à 930 av. J.-C.), fils de David. Son règne fut particulièrement brillant. Construisit le Temple de Jérusalem.

Samaritain : Habitant de la Samarie, région au centre de la Palestine, entre la Judée et la Galilée. Les Samaritains n'avaient conservé que les cinq premiers livres de l'Ancien Testament. Ils adoraient Dieu sur le mont Garizim et attendaient la venue d'un nouveau Moïse. Les Juifs et les Samaritains n'avaient pas de relations entre eux (Jn 4.9). Les premiers chrétiens ont surmonté cette hostilité ancestrale (Ac 8.5-6).

Satan : Nom du diable signifiant : *accusateur* (voir Jb 1.6ss. ; 2.1ss. ; Za 3.1ss. ; Ap 12.10).

Sauver, Sauveur : Les mots grecs traduits par ces termes signifient, en grec courant : *mettre à l'abri du danger, rendre sain et sauf.* Dans le Nouveau Testament, ils s'appliquent à des guérisons (Mc 5.34), à la préservation de la vie (Lc 9.24) et à l'œuvre de salut du Christ qui fait que tout homme et toute femme qui met sa confiance en lui échappe à la perdition et qu'il ait la vie éternelle (Jn 3.16).

Sceau, Sceller : Sceller, apposer son sceau sur un objet c'était marquer qu'on en était le propriétaire. On scellait aussi des documents pour éviter qu'ils soient ouverts et modifiés (Dn 12.4). Le Saint-Esprit nous scelle (Ep 1.13) pour affirmer que nous appartenons à Dieu.

Silas, Silvain : Chrétien de Jérusalem qui accompagna l'apôtre Paul lors de son deuxième voyage missionnaire.

Simon : Nom de neuf personnages du Nouveau Testament. C'était aussi l'ancien nom de l'apôtre Pierre (voir Mt 16.17-18).

Sion : Nom de l'une des collines de Jérusalem, utilisé pour le Temple, la ville entière, ou même le peuple élu ou la cité céleste (Jr 6.23 ; He 12.22 ; Ap 14.1).

Sodome : L'une des villes (avec Gomorrhe) détruites par Dieu, à l'époque d'Abraham, symboles du vice et du jugement divin.

Spécialistes de la Loi : Hommes chargés d'étudier la Loi de Moïse, de l'interpréter et de l'appliquer aux détails de la vie quotidienne ; Esdras en est l'exemple par excellence dans l'Ancien Testament (Esd 7.6 ; Ne 8.1,4,9,13 ; 12.26,36). Par leur enseignement, les spécialistes de la Loi exerçaient une profonde influence sur le peuple. La plupart d'entre eux se sont opposés à l'enseignement de Jésus et ont persécuté les premiers chrétiens (Mt 21.15 ; Ac 4.5 ; 6.12).

Synagogue : Edifice où avait lieu, dans chaque ville et chaque village important, le culte juif (lecture de la Loi et des prophètes, prédication) et l'enseignement religieux.

Syrie : Au temps de Jésus-Christ: province romaine au nord de la Palestine. Capitale: Antioche.

Tabernacle : Demeure de Dieu parmi son peuple (Ex 25.9 ; Lv 8.10): tente contenant le coffre sacré dans le lieu très-saint et divers autres objets dans le lieu saint, entourée d'un parvis où se trouvaient l'autel des holocaustes et la cuve de bronze.

Temple : Sanctuaire de Jérusalem. Son centre était un édifice divisé en lieu saint (où les prêtres pénétraient tous les jours) et lieu très-saint (où seul le grand-prêtre entrait une fois par an). Le peuple restait dans les différentes cours du Temple (parvis des prêtres, des Israélites, des femmes, des non-Juifs) séparées par des portes et des portiques.

Thessalonique : L'une des principales villes de la Macédoine.

Timothée : Compagnon et collaborateur de Paul, emmené par l'apôtre au début de son deuxième voyage missionnaire, chargé de plusieurs missions de confiance.

Tite : Compagnon et collaborateur de Paul, fils de parents non-juifs (Ga 2.3). A accompagné l'apôtre à Jérusalem, fut envoyé par lui à Corinthe, organisa les Eglises de l'île de Crète.

Tychique : Chrétien de la province d'Asie, compagnon d'œuvre de Paul.

Tyr : Port phénicien (donc en territoire non-juif), dont Jésus et Paul ont parcouru le territoire.

Vœu : Engagement volontaire de se consacrer à Dieu ou de lui donner certains biens.

Vouer à l'Eternel : Le terme hébreu désigne une consécration exclusive à Dieu d'une chose ou d'une personne, ce qui impliquait dans certains cas leur destruction (voir Lv 27.28-29)